HISTORISCHE GÄRTEN HEUTE

Zum 80. Geburtstag von Professor Dr. Dieter Hennebo

HISTORISCHE GÄRTEN HEUTE

herausgegeben von Michael Rohde und Rainer Schomann

EDITION LEIPZIG

Übersetzungen aus dem
Englischen: Mic Hale, Melany Jacobs-Reynolds
Italienischen: Detlef Heikamp
Französischen: Beate Böckenhoff, Daniela Heinze,
Barbara Vogt

Bibliografische Information Der Deutschen Bibliothek
Die Deutsche Bibliothek verzeichnet diese Publikation
in der Deutschen Nationalbibliografie; detaillierte
bibliografische Daten sind im Internet über
http://dnb.ddb.de abrufbar.

ISBN 3-361-00567-1

© 2003 by Edition Leipzig
in der Seemann Henschel GmbH
www.edition-leipzig.de

2., durchgesehene Auflage 2004

Die Verwertung der Texte und Bilder, auch auszugs-
weise, ist ohne Zustimmung der Rechteinhaber
urheberrechtswidrig und strafbar. Dies gilt auch
für Vervielfältigungen, Übersetzungen, Mikrover-
filmungen und für die Verarbeitung mit elektronischen Systemen.

Umschlag, Layout: Oberberg · Seyde und Partner,
Lurette Seyde, Leipzig
Reproduktionen: Förster & Borries GmbH, Zwickau
Druck und Binden: Grafisches Centrum Cuno, Calbe
Printed in Germany

Gedruckt auf alterungsbeständigem Papier mit
chlorfrei gebleichtem Zellstoff.
Die Schreibweise folgt den Regeln der neuen
Rechtschreibung.

Umschlag:
Klostergarten Jagdschloss Clemenswerth
Seite 4/5:
Wasserpyramide im Fürst-Pückler-Park,
Branitz

Inhalt

11 Fritz Brickwedde
    Grußwort

13 Klaus Töpfer
    Vorwort

14 Michael Rohde · Rainer Schomann
    Einführung

16 Michael Rohde · Rainer Schomann
    Zum Wirken Dieter Hennebos

18 Gartenkunstgeschichte

20 Michael Seiler
    Betrachtungen über die allmähliche Vervollkommnung und Bereicherung eines historischen Gartens bei seiner Entstehung

26 Michel Baridon
    Über einige ursprüngliche Merkmale des deutschen Landschaftsgartens

30 Clemens Alexander Wimmer
    Tendenzen bei der Themenwahl im Fach Gartengeschichte/Gartendenkmalpflege seit 1987

38 John Dixon Hunt
    Plädoyer für eine Rezeptionsgeschichte von Gärten

42 Rainer Herzog
    Gartenkunst im Museum – Das Beispiel Schloss Fantaisie bei Bayreuth

48 Michel Conan
    Die kritische Rezeption von Gärten und Landschaften

52 Luigi Zangheri
    Islamische Einflüsse in der europäischen Gartenkunst am Beispiel der Villa Gamberaia

54 Garten- und Landschaftsarchitektur

60 Peter Latz
    Industriefolgelandschaft als Aufgabe der Gartenkultur – Drei Annäherungen

66 Paolo L. Bürgi
    Erinnerung und Imagination – Die Geschichte als Quelle der Inspiration

72 Johannes Stoffler
    Den Faden der Zeit weiterspinnen

78 Kai Krauskopf
    Natur statt Stadt – Die Verwandlung der Stadt in Natur

84 Michel Racine
    Momentaufnahmen einer Wiedergeburt der Gartenkunstgeschichte in Frankreich von 1970 bis 2000

92 Peter Wirtz
    Historische Gärten als Inspiration für die Gestaltung neuer Gartenanlagen

96 Udo Weilacher
    Die Eloquenz künftiger Landschaftsarchitektur

102 KUNSTGESCHICHTE UND GEISTESWISSEN-
SCHAFTEN

104 ADRIAN VON BUTTLAR
Über die Grenzen und Chancen der Gartenforschung aus der Sicht der Kunstgeschichte – Plädoyer für ein interdisziplinäres Aufbaustudium

108 ERIK A. DE JONG
»Austauschprozesse« – Zu den Konzepten von Stil, Epoche und Einfluss in Garten- und Landschaftsstudien

114 WERNER BUSCH
Emblematisch oder expressiv?
Die Bedeutung der Gartendebatte für die Malerei des späteren 18. Jahrhunderts

120 URSULA HÄRTING
Prestige und Magnificenza – Zu Funktion und Zweck gemalter Gärten in Belgien im 16. und 17. Jahrhundert am Beispiel des Rubensgartens

126 PETER STEPHAN
Wie historisch angemessen ist die (Wieder-) Herstellung verloren gegangener oder unausgeführter Gärten des Barock?

134 IRIS LAUTERBACH
Weg und Blick – Zur Visualisierung von Gartenstrukturen

140 HUBERTUS FISCHER
Kunst der Beschreibung – Park und Landschaft in Pücklers »Briefen eines Verstorbenen«

146 UMWELT- UND NATURWISSENSCHAFTEN

148 HARALD PLACHTER
Landschaftsgärten – Ein Anliegen des Naturschutzes?

154 KARL HEINRICH HARTGE
Der Boden als Standortfaktor – Gedanken zu Auswahlkriterien und Bodenentwicklungsabläufen in historischen Gärten

160 WOLFGANG HEYSER
Umwelteinflüsse auf Bäume – Jahrringanalytische Untersuchungen am Beispiel des Bremer Bürgerparks

166 PETER KÖNIGFELD
Die barocken Bleifiguren des Heckentheaters im Großen Garten zu Hannover-Herrenhausen – Anmerkungen zu Geschichte, Bestand und Restaurierung

172 WOLFGANG P. W. SPYRA
Anthropogene Anomalien – Chance und Perspektive für weitergehende Erkenntnisse in der Gartendenkmalpflege

178 INGO LEHMANN
Ökologische Informationen von historischen Parkanlagen in Mecklenburg-Vorpommern

184 MASSIMO VENTURI FERRIOLO
Landschaften und Gärten zwischen Ethik und Ästhetik – Das Projekt der menschlichen Welt und die Chimäre der Natur

190	POLITIK UND GESELLSCHAFT	246	DENKMALPFLEGE
192	HERMANN BRÖRING · ANDREA KALTOFEN Jagdschloss Clemenswerth – Das Engagement der Öffentlichkeit zum Wohle eines Kulturdenkmals	248	DETLEF KARG Pro Memoria – Vom Umgang mit Gartendenkmalen
200	ANDRZEJ MICHAŁOWSKI · CORD PANNING Die Restaurierungsarbeiten im Muskauer Park und deren positive Auswirkungen auf die deutsch-polnische Verständigung im Grenzraum an der Lausitzer Neiße	254	JAN WOUDSTRA Gartendenkmalpflege in Großbritannien
		262	ROLAND PUPPE »Man will Natur und Kunst beysammen haben« – Interdisziplinäre Studie zur Revitalisierung der Moritzburger Kulturlandschaft
208	HERMANN GRAF VON PÜCKLER Branitz nach der Wende	268	CHRISTIANE SEGERS-GLOCKE Gartendenkmalpflege in Niedersachsen – Ein Netzwerk im System Denkmalpflege
214	ERNST RAINER HÖNES Zum Stand des Denkmalschutzrechts in Deutschland	272	GÉZA HAJÓS Österreichische Gartendenkmalpflege – Theorie und Praxis am Beispiel von Schönbrunn in Wien
220	MECHTILD RÖSSLER Die Verknüpfung von Kultur und Natur – Der Schutz von historischen Gärten und Kulturlandschaften nach der UNESCO-Welterbekonvention	278	MICHAEL ROHDE Gartentechnik als Grundlage der Erhaltung von historischen Gärten
228	LUDWIG TRAUZETTEL Die Pflege der Wörlitzer Gärten seit 1982	284	RAINER SCHOMANN Der historische Garten als Dokument
234	JOACHIM WOLSCHKE-BULMAHN · PETER FIBICH »... nicht überall ist Sanssouci« – Anmerkungen zur Gartendenkmalpflege in der DDR	292	ANDRZEJ TOMASZEWSKI Im Blumengarten der Denkmalpflege
240	KLAUS VON KROSIGK Das Gartendenkmal ist sich selbst genug	296	BILDNACHWEIS

Gefördert durch
    Deutsche Bundesstiftung Umwelt und
    Institut für Grünplanung und Gartenarchitektur
      der Universität Hannover sowie
    Bürgerparkverein Bremen
    Deutsche Gesellschaft für Gartenkunst und
      Landschaftskultur e.V.
    Deutsche Stiftung Denkmalschutz
    Freundeskreis der Universität Hannover e.V.
    Gesellschaft der Freunde der Fachbereiche
      Gartenbau und Landespflege der
      Universität Hannover e.V.
    Klosterkammer Hannover
    Landkreis Emsland
    Lennart-Bernadotte-Stiftung
    Niedersächsische Gesellschaft zur Erhaltung
      historischer Gärten e.V.
    Pückler Gesellschaft e.V. Berlin
    Stiftung Edelhof Ricklingen
    Stiftung Fürst-Pückler-Park Bad Muskau
    VGH-Stiftung

GRUSSWORT

Kulturlandschaften, historische Parks und Gärten, städtisches Grün, sie alle haben eines gemeinsam: Natur und Kultur sind eng miteinander verbunden. Mal wird die Natur selbst artifizielles Objekt der Gestaltung durch den Menschen, mal fügt sie sich harmonisch mit anderen Zeugnissen menschlicher Kreativität zu einem großen Ganzen. Als gestaltete Natur sind alle genannten Kategorien Teil der grünen Umwelt des Menschen. Ihre Bewahrung erfordert ein Miteinander von Umweltschutz, Denkmalschutz, Gartengeschichte sowie Landschafts- und Stadtplanung. Dies umso mehr, als in den letzten Jahren eine Reihe von Gefährdungen deutlicher erkennbar wird, an deren erster Stelle Umweltbelastungen durch Schadstoffeinträge aus der Luft und aus dem Boden sowie durch Veränderungen der Wasserverhältnisse stehen. Nicht zu vernachlässigen ist darüber hinaus die Inanspruchnahme der Grünflächen durch Tourismus und Freizeitaktivitäten. Wie sehr Um- und Fehlnutzungen zum Verlust historischer Strukturen und Substanzen führen können, hat nach der Wiedervereinigung der besorgniserregende Zustand vieler wertvoller Parkanlagen in den neuen Ländern gezeigt.

Die vorliegende Publikation, die unmittelbar mit einer Tagung verknüpft ist, die im Zentrum für Umweltkommunikation der Deutschen Bundesstiftung Umwelt (DBU) im Jahr 2003 stattfindet, versteht es, umfassend das Thema »gestaltetes Grün« anzugehen. Von einer intensiven Gartengeschichtsforschung über die zeitgenössische Landschaftsarchitektur bis zur aktuellen Einbindung in politische Rahmenbedingungen wird ein weiter Bogen geschlagen. Solche Rahmenbedingungen, wie zum Beispiel die Weltkulturerbekonvention der UNESCO mit ihrer Definition von Kulturlandschaften, bestimmen wesentlich den Weg einer nachhaltigen Bewahrung der gestalteten Umwelt. Der gemeinsamen Berücksichtigung von Natur und Kultur sowie in einem weiteren Sinne der Nachhaltigkeit im Umgang mit den Gärten und Kulturlandschaften wird dabei zukünftig ein größeres Gewicht zukommen.

Die DBU fördert schon seit Aufnahme ihrer Arbeiten 1991 im Förderbereich »Umwelt und Kulturgüter« die Bewahrung national wertvollen historischen Grüns. Das Dessau-Wörlitzer Gartenreich, die Pücklerparks in Muskau und Branitz oder der historische Garten von Schloss Gottorf sind wohl die bekanntesten Beispiele. Neben der eigentlichen Beseitigung von Umweltschäden liegt ihr aber auch daran, Instrumentarien und Methoden zur vorsorgenden Bewahrung von Gärten zu schaffen. Hierzu gehört ebenso die Bereitstellung analytischer Instrumente wie die Erarbeitung tragfähiger Entwicklungskonzepte. Dabei widmet die DBU der Thematik »Kulturlandschaften« auch in Zusammenarbeit mit der UNESCO schon seit mehreren Jahren besondere Aufmerksamkeit.

Mit der vorliegenden Publikation und der schon erwähnten Tagung hofft die DBU, nützliche Anregungen für ihre weitere Förderarbeit zu bekommen.

Dr.-Ing. E. h. Fritz Brickwedde
Generalsekretär der Deutschen Bundesstiftung Umwelt

Dieter Hennebo in Chantilly während seiner letzten Hochschulexkursion »Ile de France«, 1987

Vorwort

Es ist mir eine große Freude, anlässlich des 80. Geburtstages meines alten Kollegen Professor Dr. Dieter Hennebo meine Erinnerung an diesen herausragenden Gelehrten niederschreiben zu dürfen. Sicherlich, viel zu kurz war die Zeit, in der ich persönlich mit Dieter Hennebo an der Universität in Hannover zusammenarbeiten konnte – zu kurz war daher auch die Zeit, in der er mir aus seinem so profunden Wissen, vor allem aber auch in seiner so überzeugenden Art Einblicke in das fantastische Reich der Gartenkultur ermöglichen konnte. Aber wie oft im menschlichen Leben war auch hier nicht die Quantität, sondern die Qualität entscheidend. Dieter Hennebo begeisterte mich, er überwältigte mich eben nicht mit der Vielzahl von Fakten und Interdependenzen. Diese Sachkenntnis kam keineswegs zu kurz, im Gegenteil. Es gelang Dieter Hennebo in dieser kurzen Zeit, Zusammenhänge nicht zu übersehen, Fakten nicht zu vergessen; es gelang ihm vielmehr, sie lebendig werden zu lassen, sie aus dem fachspezifischen Datenberg dem Laien so darzustellen, dass dieser in den Zusammenhängen mitdenken konnte. Vor allem aber: Er vermochte es immer wieder, die Freude an der Schönheit, an der Ästhetik von Gärten zu vermitteln, sie schlicht und einfach genießen zu lassen. Es war eine Freude, das eigene Auge von ihm führen zu lassen, gleichzeitig historische Bezüge zu belegen und immer wieder den Eindruck zu gewinnen, man habe persönliche Erfahrungen gemacht. Nie hatte der Eleve, der ich damals unter den Bewertungsmaßstäben der Sachkundigen war und noch heute bin, den Eindruck des nur Angelesenen, des aktuell Interessanten. So bleiben mir diese wenigen Stunden der intensiven Zusammenarbeit bis heute außerordentlich lebendig in Erinnerung. Noch heute sehe ich mich mit Studentinnen und Studenten, von Dieter Hennebo geleitet, beglückt durch Gartenanlagen in Holland wandern, um nur diese eine Exkursion zu erwähnen.

Häufig ertappe ich mich dabei, dass ich an einem Buch über historische Gärten oder über Gärten schlechthin nur schwer vorbeigehen kann. Wie viele Gelegenheiten hatte ich später, auf diese fast beiläufigen Erfahrungen und den Kontakt mit einem Kollegen hilfreich zurückzukommen, etwa bei der einen oder anderen Gartengestaltung der Ministerien in Berlin. Wie oft habe ich einen Umweg gemacht, um einen dieser historischen Gärten zu besuchen. Wie parat sind mir in den Diskussionen um die »alien species« die Erläuterungen in den Parkanlagen geblieben, mit ihren exotischen Gewächsen – bis heute eine wichtige Erfahrung, etwa bei der Diskussion über »access and benefitsharing and the sustainable use of genetic resources«, zur Konvention über die biologische Vielfalt –, wiederum nur als ein Punkt in einer Vielzahl von wichtigen Etappen.

Dieter Hennebo hat mir einen Bereich nahe gebracht, hat ihn mir wirklich vermittelt, den ich vor dieser Begegnung bestenfalls als ein Orchideenfach am Rande wissenschaftlicher Forschungstätigkeit beurteilt habe. Die Persönlichkeit dieses Hochschullehrers hat mir bis heute deutlich gemacht, wie wichtig gerade im gegenwärtig allein verwertungsbezogen beurteilten Wissenschaftsbetrieb die absolute Notwendigkeit dieses auf den ersten Blick für den Laien – und dazu gehören auch viele Politiker! – »nebensächlichen« Forschungsbereiches ist. Gärten in ihrem kulturgeschichtlichen Kontext sind unersetzliche, wichtigste Teile der kulturellen Identität, die mehr denn je in der dramatischen Globalisierung dieser Welt gesichert und offensiv vorangetrieben werden muss. Diese kulturelle Vielfalt ist Basis für gesellschaftliche Stabilität, so wie auch biologische Vielfalt Basis für Stabilität in der Natur ist. Professor Dr. Hennebo hat stets der steigenden Tendenz zur Einfalt die Verpflichtung zur Vielfalt erfolgreich entgegengesetzt.

Es ist eine Bestätigung der herausragenden Bedeutung dieses Gelehrten, dass sein 80. Geburtstag mit der Internationalen Fachtagung »Historische Gärten in Gegenwart und Zukunft – Bedeutung und Konsequenzen für den Umwelt- und Kulturgüterschutz« geehrt wird. Es hat mich außerordentlich gefreut, dass mir für diese Tagung die Schirmherrschaft angetragen worden ist. Sehr gerne bin ich dieser Bitte nachgekommen. Ich begrüße die Entscheidung der Deutschen Bundesstiftung Umwelt, diesen Fachkongress zu unterstützen und möchte auch allen anderen Förderern dieser wichtigen Tagung ebenfalls von Herzen danken.

Prof. Dr. Klaus Töpfer
Exekutivdirektor des Umweltprogramms der Vereinten Nationen

Einführung

»Jede Generation muß sich ihren Begriff
von der Vergangenheit selber machen.
Die Vergangenheit lebt; sie schwankt im Lichte
neuer Erfahrungen und Fragestellungen.
Das Spätere kommt aus dem Früheren;
es wirkt aber auch auf das Frühere zurück,
durch welches es bedingt ist.
So ist es denn Aufgabe: Kenntnisse,
alte wie neue, neu zu organisieren,
neue Aufgliederungen und Gewichts-
verteilungen vorzunehmen,
neuen Autoren zu einer alten Geschichte
das Wort zu geben.«

Golo Mann, Propyläen Weltgeschichte, 1960

Anlässlich des 80. Geburtstages von Professor Dr. Dieter Hennebo, dem Lehrer von Gartenkunstgeschichte und Gartendenkmalpflege, wird mit dem vorliegenden Buch versucht, die Bedeutung von Gartenkunstwerken in unserer Zeit aus verschiedenen Blickrichtungen unterschiedlicher Fachgebiete und gesellschaftlicher Institutionen zu sehen. 47 Wissenschaftler, Politiker und Eigentümer, aber auch Gartenarchitekten, Denkmalpfleger und Umweltschützer aus zehn Ländern äußern sich mit ihren Beiträgen zu aktuellen Fragen der Forschung über Gartenkunst und Gartendenkmalpflege, dem Umgang mit historischen Gärten sowie der gesellschaftlichen Wahrnehmung der Objekte dieser alten und bedeutenden Kunstkategorie. Gewachsenes Wissen, eine Fülle von Publikationen sowie vielfältige Forschungsinstitutionen und Forschungsansätze erfordern in allen Fachrichtungen – so auch in der Gartenkunstgeschichte – interdisziplinäre Auseinandersetzungen und gegenseitigen wissenschaftlichen Austausch. Im Sinne Golo Manns werden hier deshalb Erkenntnisse abermals organisiert und geordnet, um Impulse für neue Forschungen zu geben und Konsequenzen für den künftigen Umgang mit historischen Gärten und anthropogen geformten Landschaften als wichtige Teile unserer Umwelt zu gewinnen.

Beiträge zur Gartenkunstgeschichte zeigen neue Ansätze der Forschung und Methodik. So sollten die Entstehungsprozesse von Gärten gründlich aufgearbeitet und bewertet werden. Ihre Zuordnung zu Stilepochen hat im Verhältnis nationaler oder kultureller Eigenheiten Bedeutung. Es sollte jedoch auch der Einfluss anderer Kulturen auf die eigene Gartenkunst ebenso wie umgekehrt die Wirkung von Gestaltungen auf die Gärten anderer Länder mehr als zuvor beachtet und analysiert werden. Immer wichtiger für unser Verständnis scheint auch die Nutzungsgeschichte der Gärten und ihre sich ständig ändernde Rezeption zu werden.

Die zeitgenössischen Garten- und Landschaftsarchitekten planen Gartenanlagen und Landschaften im privaten wie gesellschaftlichen Auftrag und formen wie ihre Vorgänger unsere direkte und weitere Umwelt. Auch ihr Handeln und ihre Werke werden eines Tages bewertet und vielleicht sogar aufgrund einer dann formulierten Bedeutung geschützt. Wenn das Spätere aus dem Früheren kommt und es gleichzeitig wieder auf das Frühere zurückwirkt, wie Golo Mann schrieb, so muss die eigene Berufsgeschichte erforscht werden und bewusste Grundlage für künftiges Schaffen sein. Heutige Gartenkunst spiegelt das aktuelle Verhältnis des Menschen zur Natur wie auch die vielfältigen Ansprüche wider. Die Gestalter und Planer haben zudem aber die Möglichkeit, Wahrnehmung und Bewertung von Umwelt durch ihr Handwerk und ihre Kunst zu beeinflussen.

Kunsthistoriker und Geisteswissenschaftler haben stets wichtige Beiträge zur Erforschung historischer Gärten geleistet, da sie dieses Fachgebiet durchaus als Teil der Kunstgeschichte betrachten. Im Rahmen interdisziplinärer Forschung und Ausbildung sollten deshalb zum Beispiel Untersuchungen zu den Auswirkungen der Gartenästhetik auf die Malerei gefördert werden, denn oft nahm der reale Garten als Motiv in bildlichen Darstellungen aufgrund seiner gesellschaftlichen Bedeutung einen hohen Rang ein. Neue Sichtweisen zu Konzeption und Entstehung eines Gartens, zur Visualisierung von Gartenstrukturen bis hin zu einer angemahnten professionellen Kritik von Gartenkunst und Landschaftsarchitektur sind weitere aktuelle Impulse, die von den Autoren angeregt werden.

Vertreter der Umwelt- und Naturwissenschaften geben in Bezug auf Gartenkunstwerke nicht nur wichtige Hinweise auf Umwelteinflüsse und Entwicklungsprozesse von Vegetation, Boden, Wasser und Luft. Sie verweisen auch auf neue Untersuchungsmethoden, die inzwischen einen schonenderen Zugang zu Elementen und Werken aus Natur und Gartenkunst bieten. Seit einigen Jahren wächst das Verständnis ähnlicher Werte von Natur- und Denkmalschutz auch über den gemeinsamen Begriff der »Kulturlandschaft« hinaus. Interdisziplinäre Projekte zeigen modellhafte Ansätze für eine nachhaltige Zusammenarbeit. Es wird aber auch deutlich, dass über Begriffe wie »Landschaft«, »Natur« oder »Umwelt« ebenso wie über die unterschiedlichen Schutzgüter und Nutzungsformen gemeinsam neu nachgedacht werden sollte.

Politik und Gesellschaft haben stets eine große Rolle bei der Entstehung von Gartenanlagen, ihrer Präsentation und nicht zuletzt auch ihrer Bewahrung gespielt. Bürger und ihre politische Repräsentanz sorgten für gesetzliche Grundlagen. Die Einrichtung notwendiger Institutionen sowie deren personelle und finanzielle Ausstattung als Voraussetzung für eine qualitätvolle und dem gesellschaftlichen Auftrag gerecht werdende Umsetzung wurde jedoch bisher nur unzureichend erfüllt. Neuerdings ist aber zunehmendes Engagement nicht nur von öffentlichen nationalen und internationalen Einrichtungen, sondern auch durch private und kommunale Eigentümer hinsichtlich einer vermehrten Fürsorge für bedeutende historische Gärten festzustellen. Dieser Tendenz zuwider laufen jedoch historische Gartenanlagen – entgegen ihrer eigentlichen Bestimmung – Gefahr, lediglich als wirtschaftliche Ressource gesehen zu werden, und sind in der Folge einer unangemessenen, oftmals zerstörerischen Nutzung ausgesetzt.

Die Denkmalpflege hat in den letzten Jahrzehnten bezüglich des Fachgebiets der historischen Gärten eine beachtliche Entwicklung genommen. Inzwischen kann über die eigene Geschichte der Gartendenkmalpflege, deren Zukunft und aktuelle Wege des Schutzes und des Bewahrens von Gartenwerten reflektiert werden. Neue Modelle zeigen, dass Eigentümer und interessierte Bürger gemeinsam mit der staatlichen Denkmalpflege Fortschritte erreichen können. Forschungen zur fachgerechten Pflege historischer Gärten oder modellhafte interdisziplinäre Projekte zur Revitalisierung von Parks und Kulturlandschaften sind wünschenswert. Im Zuge heutiger Globalisierungstendenzen darf auch über eine »universelle denkmalpflegerische Philosophie« nachgedacht werden.

Mit dem vorliegenden Buch und der internationalen Fachtagung »Historische Gärten in Gegenwart und Zukunft – Bedeutung und Konsequenzen für den Umwelt- und Kulturgüterschutz« am 19. und 20. Juni 2003 bei der Deutschen Bundesstiftung Umwelt in Osnabrück möchten wir historische Gärten in ihrer Nutzungs- und Gestaltungsvielfalt als Informations- und Bedeutungsträger aktuell hervorheben. Es soll eine Reflexion über den Umgang des Menschen mit der von ihm geformten Umwelt und damit der Natur angeregt werden. Es wird deutlich, dass Gärten und ihre Gestaltung für uns heute vielleicht zu alltäglich sind, um in ihrer tatsächlichen gesellschaftlichen und kulturellen Relevanz ausreichend wahrgenommen zu werden.

Die Motive sind vielfältig: Historische Gärten werden trotz erheblicher Bemühungen um ihren Erhalt zunehmend zerstört. Ihre Bedeutung wird in Gesellschaft und Politik, aber auch von Landschaftsarchitekten und Vertretern anderer Fachdisziplinen unzureichend wahrgenommen. Die Beschäftigung mit Gärten ist zwar in Mode, doch profitieren die historischen Gartenkunstwerke nicht in entsprechendem Verhältnis davon, sondern verlieren aus widerstreitenden Interessen je nach der »Marktlage«. Das Zusammenwirken vieler Fachdisziplinen führt zu Standpunkten, Anregungen und Denkmodellen, vielleicht auch zu Forderungen und Konsequenzen, hoffentlich aber auch zu Taten für den Erhalt der historischen Gärten, denn sie sind es aus vielen Gründen wert, für uns und künftige Generationen bewahrt zu werden.

Unser Dank gilt den Autoren, die bereit waren, an dieser Publikation mitzuwirken. Ohne die großzügige ideelle wie finanzielle Unterstützung durch zahlreiche Institutionen war das Vorhaben nicht zu realisieren. Dank gilt ebenso all jenen, die uns mit Rat und Tat zur Seite standen.

Michael Rohde und Rainer Schomann
Hannover im Juni 2003

Zum Wirken Dieter Hennebos

Prof. Dr. Dieter Hennebo
Geb. 1923 in Oberschlesien, Medizinstudium bis zum Physikum in Berlin und Prag, Vorlesungen beim Medizinhistoriker Paul Robert Diepgen. Ab 1945 Gärtnerlehre. Danach Studium der Gartenarchitektur und Landschaftspflege (Humboldt-Universität Berlin), 1952 Dissertation über »Staubfilterung durch Grünanlagen«. Assistentenzeit bei Georg Pniower: Beginn einer Habilitationsschrift über Gartengeschichte – gefördert durch Wolfgang Sörrensen und Willy Kurth.
Ab 1956 Tätigkeiten an der Hessischen Lehr- und Forschungsanstalt für Gartenbau in Geisenheim, 1958 bis 1965 als Direktor der Gärtnerlehranstalt Essen. 1961 Lehrauftrag für Gartenkunstgeschichte an der TH Hannover (heutige Universität Hannover). 1962 nach der Habilitation Venia Legendi für »Geschichte der Gartenkunst«, 1965 hauptamtliche Vertretung dieses Fachs. Am 3. Juli 1987 letzte Vorlesung am Institut für Grünplanung und Gartenarchitektur der Universität Hannover. 1979 bis 1986 Vorsitzender des Arbeitskreises für Historische Gärten der Deutschen Gesellschaft für Gartenkunst und Land-

»Fruchtbarkeit, Ordnung, Pflege, Schönheit und Friede«. Das sind einige Stichworte, mit denen Dieter Hennebo zu Beginn seiner Vorlesungen zur Geschichte der Gartenkunst die Begriffe Gärten und Parks charakterisierte. Sein Anspruch war, die Vermittlung beruflicher Bildung und die Fähigkeit zur Bestimmung und Einordnung bzw. Typisierung der Gärten mit Fragen zum Umgang mit Gartendenkmalen zu verbinden. Es ging ihm darum, »sichtbar zu machen, welches die Antriebe für die Entwicklung von Gartenkunstwerken waren«, denn jede Zeit sei gekennzeichnet von der Gleichzeitigkeit der Ungleichzeitigkeit. Stile bezeichnete er als »Leitfossilien«, sie dienten der Übersicht und böten Orientierungsmerkmale. Seine Vorlesungen waren zugleich immer wieder von »ungeschriebenen« moralisch-witzigen Bemerkungen geprägt, die zeigten, dass er stets eine Integrationsfigur und ein Vermittler war. So meinte er, dass zwischen Pückler und Lenné deshalb ein Streit entstanden sei, »weil sich beide für die Größten hielten und das ist immer nicht so ganz gut«. Lichtwark dann habe die »Kooperation zwischen Gartenkünstlern und Architekten« gefordert. »Wie das so ist in unserem Beruf: Vorrangig war, sich gegenseitig zu streiten, nicht, auf ein Ziel hinzuarbeiten!« In seiner Vorlesung über den spätromantischen »universellen« Historismus gab Hennebo jedoch auch zu, dass bei ihm »noch weiße Flecken auf der Karte der Erkenntnis seien«.

Großes Anliegen Hennebos war nicht nur die Ausbildung der Studierenden und die intensive fachlich und persönlich geprägte Betreuung von Diplomanden und Doktoranden – die hilfreichen Korrekturen mit seinem legendären Bleistift waren bekannt –, sondern auch die stetige Aufarbeitung der Berufsentwicklung. So publizierte er schon 1956 über »Aufgaben des Gartenarchitekten und Landschaftsgärtners einst und jetzt« und in regelmäßigen Abständen immer wieder über die Geschichte des Berufsstandes und die Hochschulausbildung für Garten- und Landschaftsarchitekten.

Mit seinen Forschungen hat Dieter Hennebo Maßstäbe gesetzt. Allein das Wagnis, mit Alfred Hoffmann die »Geschichte der deutschen Gartenkunst« vorzulegen, das Wesen der Gartenkunst zu ergründen, sich – wie es 1962 im Vorwort des ersten Bandes über die mittelalterliche Gartenkunst heißt – »auf Quellen aus ganz unterschiedlichen Bereichen« zu stützen, da »die Geschichte der Gartenkunst« damals eben noch »ausgesprochenes Grenzgebiet« war, zeigt seine Wegbereitung für Forschung und Lehre. Schon seine gründliche Auswertung der zur Verfügung stehenden Schriften veranlasste Adrian von Buttlar kürzlich dazu, von einem »epochalen« Werk zu sprechen. Hennebo gab jedoch zu bedenken, dass einige Themen und Zusammenhänge späteren Forschungen vorbehalten bleiben müssten: »Die Forderung, auch die Ursachen und Einflussfaktoren des gartenkünstlerischen Geschehens, das Naturgefühl oder die Vorstellungen und Ansprüche der Gesellschaft zu erfassen, konnte nur bruchstückhaft berücksichtigt werden.« Es sind Aspekte und Problemstellungen, denen sich jede Generation neu stellen muss. So fragten Hennebo und Hoffmann im Vorwort des zweiten Bandes über »Renaissance und Barock«: »Wie soll man diese große Gartenepoche gliedern, wie die Fülle ihrer Erscheinungen und Vorstellungen ordnen oder das einzelne Gartenwerk einfügen und werten?« Hennebo hat es methodisch und inhaltlich vorgezeichnet. Er hat nämlich den kunstgeschichtlichen Anspruch, konkrete Werke und Künstler im Hinblick auf historische Entwicklungen, Abhängigkeiten und Einflüsse zu beschreiben, auf die Gärten angewandt. Und er bezog u.a. die kulturellen und gesellschaftlichen Bedingungen, die geistigen und sozialen Grundlagen, die Einflüsse des Erziehungs- und Bildungswesens, des Naturgefühls oder die in den Gartenschriften dargestellten Idealvorstellungen in seine Wertungen mit ein. Detlef Karg hielt 1993 zu Recht fest, dass Dieter Hennebo »die Gartenkunst aus ihrer isolierten Stellung innerhalb der anderen Künste herausgeführt« habe.

1967 begann Hennebo erste Artikel als Beiträge zur Geschichte des Stadtgrüns zu publizieren, ein Forschungsfeld, dem damals »in der deutschen Literatur niemals recht entsprochen« worden war. Schon die von ihm 1952 vorgelegte Dissertation über »Staubfilterung durch Grünanlagen« machte frühzeitig darauf aufmerksam, dass nicht nur private Gärten, sondern vor allem auch städtische Grünanlagen wie Alleen, Stadtparks, Wallgrünanlagen, Kuranlagen oder Friedhöfe einen unerlässlichen Beitrag zur Werterhöhung unserer städtischen Umwelt leisten und damit zur Lebensqualität beitragen. Folgerichtig erschloss er das

Thema in einer monografischen Reihe, fortgeführt von Doktoranden. 1970 übernahm er selbst den ersten Band für die Zeit der Antike bis zum Absolutismus, 1977 dann gemeinsam mit Erika Schmidt auch den zweiten, wieder auf neueren Forschungen beruhenden Band »Entwicklung des Stadtgrüns in England«.

Oftmals arbeitete Dieter Hennebo interdisziplinär, um die Erforschung historischer Gärten, die Instrumentarien und Durchsetzungsmöglichkeiten zu ihrer Erhaltung in den benachbarten Fachgebieten der Landschaftsarchitektur bekannt zu machen. So 1956 über den »Vegetations- und Auferstehungskult im frühen Altertum« oder 1978 durch einen Beitrag über »Städtische Baumpflanzungen in früherer Zeit« in dem von Franz Meyer herausgegebenen Handbuch über »Bäume in der Stadt«, das neben städtebaulichen Hinweisen auch Aspekte des Naturschutzes andeutet. Hennebo initiierte immer wieder Ausstellungen, wie die von 1966 über die barocke Gartenkunst zum Jubiläum des Großen Gartens in Hannover-Herrenhausen bis zu der im Jahr 2000 eröffneten Landesausstellung über »Historische Gärten in Niedersachsen«. Ähnlich wirksam waren seine Stellungnahmen auf Tagungen, auf Pressefahrten oder in Pressebeiträgen, zum Beispiel am 24. Januar 1995 in der Hannoverschen Allgemeinen Zeitung, als er »die Zerstörung des Herrenhäuser Schlosses als Teil der Geschichte des Großen Gartens« ansah und eine Rekonstruktion als »historische Lüge« bezeichnete. Diese und andere Standpunkte vertrat Hennebo auch in völlig unterschiedlichen Fachzeitschriften, was schon ein Blick auf sein Literaturverzeichnis in der Festschrift zum 70. Geburtstag zeigt. Die Beschäftigung mit dem Thema der Landesverschönerung weist zum Beispiel weit über die eigene Disziplin hinaus. 1956 erstmals durch einen Artikel von ihm aufgegriffen, fand sich 1960 in Gerd Däumel ein Doktorand, der vertiefend aufzeigte, dass Gartenkunstwerke eine besondere Verbindung von Natur und Umwelt darstellen können und heute als »Kulturlandschaften« durch Natur- und Denkmalschutz gleichermaßen Schutz genießen.

Die Erhaltung und Sicherung historischer Gärten als wertvolle Kulturgüter war schon gleich zu Beginn des Berufsweges von Dieter Hennebo ein Thema – als er beispielsweise 1955 einen Beitrag über »Bedeutung und Pflege unserer historischen Parke und Gärten« vorlegte. 1968 gab er die Anregung zur ersten flächendeckenden Inventarisation historischer Gärten, die dann in Niedersachsen durchgeführt worden ist. Die Denkmalpflege wurde seit den siebziger Jahren immer mehr zu seinem zentralen Anliegen. Es mündete schließlich 1985 in dem von ihm herausgegebenen Handbuch »Die Gartendenkmalpflege« – noch heute ein unerlässliches Grundlagenwerk, das 1988 endlich zur ersten Vorlesung über »Gartendenkmalpflege« in Deutschland von Erika Schmidt an der Universität Hannover führte. Beispielgebend wirkte Hennebo ebenso in der Praxis – seit Ende der 1970er-Jahre bis zu den neunziger Jahren vor allem durch die von bzw. mit ihm bearbeiteten Parkpflegewerke. Sein Engagement führte sogar zu »nicht genehmigten Gesprächen« zwischen Gartendenkmalpflegern aus Ost und West vor dem Fall der Mauer, was Karg 1993 zu Recht als Zivilcourage bezeichnet hat.

Vor mehr als 40 Jahren schrieb Hennebo zum 80. Geburtstag seines eigenen Lehrers, Professor Dr. Wolfgang Sörrensen: »Je älter wir werden, umso tiefer empfinden wir, daß der schönste Dank nicht zurückfließt, sondern weiter – nämlich auch wenn wir sehen, erleben dürfen, daß die Saat reift, die wir dem Nachwuchs anvertrauen.«

Michael Rohde und Rainer Schomann

Literatur
Hennebo, Dieter: Gast in Anthos. In: Anthos. 24. Jg. 2 (1985), S. 47f.
Schmidt, Erika: Laudatio auf Dieter Hennebo (anlässlich der Verleihung des Friedrich Ludwig von Sckell-Ehrenringes an Dieter Hennebo). In: Die Gartenkunst. 2 (1991), S. 284–287.
Karg, Detlef: Dieter Hennebo zum 70. Geburtstag. In: Brandenburgische Denkmalpflege. 2. Jg. 1 (1993), S. 108.
Schmidt, Erika/Hansmann, Wilfried/Gamer, Jörg: Gartenkunstgeschichte. Festschrift für Dieter Hennebo zum 70. Geburtstag. Worms 1994.
Buttlar, Adrian von: Der historische Garten als Gegenstand wissenschaftlicher Forschung im 20. Jahrhundert. In: Historische Gärten – Eine Standortbestimmung. Berichte zu Forschung und Praxis der Denkmalpflege in Deutschland. 11. Berlin 2003, S. 11–15.

schaftspflege (DGGL). 1986 bis 1991 Mitglied des Denkmalbeirats beim Berliner Senat. Mitglied anderer Fachbeiräte, u.a. für den Berliner Tiergarten, den Bremer Bürgerpark und den Schwetzinger Park. Bis 1993 über 27 Jahre Schriftleiter, u.a. für die Fachzeitschrift »Das Gartenamt« (heute Stadt & Grün).
Bis in die 1990er-Jahre zahlreiche Gutachten: für Ludwigsburg, Bruchsal, Maulbronn, Heidelberg, Nordkirchen, Kleve, Het Loo/Niederlande, Clemenswerth oder über die »Historischen Gärten in Celle«. 1995 bis 2000 Konzeption und Bearbeitung der Landesausstellung nebst Katalog »Historische Gärten in Niedersachsen«, noch heute als Wanderausstellung zu sehen.
Ehrungen und Auszeichnungen: 1985 Horst-Koehler-Preis in Berlin (Deutsche Gartenbaugesellschaft); 1986 Ehrenmitglied der Bücherei des Deutschen Gartenbaus e.V. in Berlin (fünfzigjähriges Bestehen); 1987 Ehrenmitglied der DGGL gemeinsam mit Per-Halby Tempel in Düsseldorf (hundertjähriges Bestehen); 1991 Sckell-Ehrenring in München, nach Gerda Gollwitzer, Pietro Porcinai, Günter Grzimek, Sven-Ingvar Andersson und Harri Günther (Bayerische Akademie der Schönen Künste); 1994 Verdienstkreuz am Bande des Verdienstordens der Bundesrepublik Deutschland in Berlin sowie Karl-Friedrich-Schinkelring als Deutschen Preis für Denkmalschutz in Essen, die höchste Auszeichnung auf diesem Gebiet in der BRD (Deutsches Nationalkomitee für Denkmalschutz).

GARTENKUNSTGESCHICHTE

Seit dem 20. Jahrhundert ist die Erforschung der europäischen Gartenkunstgeschichte mehr als die Darstellung der Form und Funktion von Gartenkunstwerken und ihre Zuordnung zu Stilepochen. Bereits im 19. Jahrhundert hat es beachtliche Versuche gegeben, Quellen zur Kulturgeschichte des Gartens zu erschliessen, zu ordnen und zu werten. Je nach dem Bestreben des jeweiligen Geschichtsschreibers und nach vorherrschendem Zeitgeist sind freilich unterschiedliche inhaltliche Gewichtungen vorgenommen worden.

In Deutschland hat der Gartenkünstler Gustav Meyer 1860 in einem Kapitel seines »Lehrbuches der schönen Gartenkunst« mit dem Titel »Historisch-ästhetischer Rückblick auf die Entwicklung der Gartenkunst in ihren einzelnen Stylarten und besondere Schilderung derselben« Grundlagen des »modernen Styls« angeboten. Auch Hermann Jäger verfolgte 1888 mit seiner »Gartenkunst und Gärten sonst und jetzt« noch einen ähnlichen Anspruch, nämlich das Schaffensvermögen der Gartenkünstler zu erhöhen. 1914 legte Marie Luise Gothein die »Geschichte der Gartenkunst« vor, die Aufstellung einer grossen Materialsammlung zur Einordnung des jeweiligen Gartens in die Gesamtentwicklung. Sie wollte aber auch das Verständnis für andere Künste wie die Villenbaukunst oder die der Skulptur fördern und die Bedeutung der Gärten aufzeigen. Als letztes umfassendes Werk dieses Typs gaben Dieter Hennebo und Alfred Hoffmann ab 1962 ihre dreibändige »Geschichte der deutschen Gartenkunst« heraus. In dieser Darstellung wurden bereits die Ursachen und Einflussfaktoren des gartenkünstlerischen Geschehens, das Naturgefühl oder die Vorstellungen und Ansprüche der Gesellschaft erfasst und in einen europäischen Rahmen eingebunden.

Seit Mitte des 20. Jahrhunderts mehren sich die Fachbeiträge und Monografien zur Gartenkunstgeschichte. Das Thema wird nun nicht mehr als Grenzgebiet aufgefasst, und überkommene Gartenkunstwerke besitzen heutzutage den Status von zu schützenden und zu pflegenden Kulturdenkmalen. Die gesellschaftliche Akzeptanz wie auch der Kulturtourismus haben sich inzwischen zu einem Motor für eine breit angelegte Beschäftigung mit der Gartenkunst entwickelt. Der internationale Austausch von Forschungen befördert darüber hinaus zunehmend den Wissenstransfer und deren Auswertung, regt zugleich aber auch immer neue Fragen zur Bedeutung der Gartenkunstgeschichte an.

Garteninsel und Park von Schloss Hünnefeld, Bad Essen

GARTENKUNSTWERKE SIND
ERGEBNISSE VON ENTSTEHUNGSPROZESSEN.
DER PLAN IST ENTWURF UND MUSS SICH
IN DER REALITÄT BEWEISEN.
DAS PROZESSHAFTE IN DER HISTORISCHEN
GARTENGESTALTUNG IST FÜR DAS VERSTÄNDNIS
DES WESENS DER GARTENKUNST
VON GROSSER BEDEUTUNG.

Michael Seiler

BETRACHTUNGEN ÜBER DIE ALLMÄHLICHE VERVOLLKOMMNUNG UND BEREICHERUNG EINES HISTORISCHEN GARTENS BEI SEINER ENTSTEHUNG

Kartierung der Vermessung des Klein-Glienicker Parks von Gustav Meyer, um 1845. Ausschnitt Bereich Pleasureground

Plan von Charlottenhof oder Siam (Detail). Kolorierte Lithografie von Gerhard Koeber, 1839

Grundsätzliche Feststellungen

In Anspielung auf Heinrich von Kleists 1805 an seinen Freund Rühle von Lilienstern gerichtete Schrift »Über die allmähliche Verfertigung der Gedanken beim Reden« möchte ich auf ein Phänomen bei der Entstehung historischer Gärten hinweisen, das alle, die sich mit dieser Materie beschäftigen, kennen und das in der sich zukünftig stärker verfeinernden Gartengeschichtsschreibung noch stärker zu würdigen sein wird. Es geht um den verändernden Einfluss des bereits Geschaffenen auf die noch nicht vollendete Gestaltung und umgekehrt, den korrigierenden Eingriff auf das Geschaffene aus der Sicht auf das vollendete Gesamtbild.

Es soll hier von den großen fürstlichen und königlichen Gärten die Rede sein, deren Erstanlage oder deren Umgestaltung sich oft in zwei Dezennien vollzog und in dieser Zeit in der Regel unter der künstlerischen Leitung desselben Gartenarchitekten oder Bauherrn lag. Nach biblischem Verständnis erstreckte sich die Schöpfung der Welt über sieben Tage. Nach jedem einzelnen besah sich der Schöpfer sein Werk, stellte fest, dass es gut war, und fuhr dann, angesichts und in Betrachtung des Geschaffenen, mit seinem Werk fort. Nicht anders ist es bei Malern, die zwar wie die Gartenkünstler die große Hauptidee ihres Bildes vor Augen haben, bei denen sich aber die Ausformung erst mit dem Blick auf das schon Geschaffene ändert und erweitert und denen mancher Einfall erst durch diese Rückkoppelung zuwächst. So kommt es zu den Änderungen und Übermalungen, den so genannten Pentimenti[1], welche die heutige Wissenschaft mit Röntgenbildern an den Tag bringt. Solche Selbstkorrekturen während des Gestaltungsprozesses oder nach etlichen Jahren sind in der Gartenkunst häufig, doch meist schwieriger nachzuweisen. Dass sich der Gartenkünstler von den Möglichkeiten des vorgefundenen Ortes inspirieren lässt und seine Ideen danach entwickelt, ist unbestrittene Meinung der Gartentheoretiker und -praktiker schon seit den Tagen des Barockgartens. In diesem Sinne schrieb Dézallier d'Argenville 1709: »Sollen die Anordnung und die Verteilung in einem Generalplan vollkommen sein, müssen sie der Lage des Geländes folgen: Denn die größte Kunst einen Garten gut anzulegen ist, die natürlichen Vorteile und Fehler des Ortes gut zu kennen und zu untersuchen, um von den einen zu profitieren und die anderen zu korrigieren; denn die Örtlichkeiten sind bei jedem Garten unterschiedlich.«[2] Stellvertretend für das Ein-

[1] »Reuelinien«, Untermalungen auf Gemälden oder Zeichnungen, die vom Künstler geändert wurden.

[2] D'Argenville, Dezallier: La Théorie et la Pratique du Jardinage, Paris 1709, S. 15: La disposition & la distribution d'un Plan général pour être parfaites, doivent suivre la situation du terrain: Car la plus grande science de bien disposer un Jardin, c'est de bien connoître & examiner les avantages & les défauts naturel de lieu, afin de profiter des uns, & de corriger les autres; les situations étant différentes à chaque Jardin.

[3] Sckell, Friedrich Ludwig von: Beiträge zur bildenden Gartenkunst. München 1825, S. 44.

[4] L'appetit vient en mangeant.

[5] L'idée vient en parlant.

[6] L'idée vient en travaillant.

gehen auf den genius loci im Landschaftsgarten sei Friedrich Ludwig von Sckell zitiert: »Vor allen Dingen muß sich der Gartenkünstler mit dem Platze und der Gegend, wo eine natürliche Garten-Anlage hervorgehen soll, in eine genaue Bekanntschaft setzen. Er muß alles, was die Natur sowohl im Innern, als Äußern bereits aufgestellt hat, mit der strengsten Aufmerksamkeit aufsuchen, prüfen und genau erwägen, was er für seine Anlage mit oder ohne Zusätze benützen und anwenden kann; weil dadurch nicht allein an Originalität, Wahrheit, Zeit und Genuß beträchtlich gewonnen, sondern auch an Kosten viel erspart werden kann.«[3] Bei der bei den Gartengestaltern des 19. Jahrhunderts noch üblichen Arbeitsweise, die Feinheiten der Geländemodellierung, der Wegeführung und insbesondere der Gehölzgruppierung erst im Gelände angesichts aller zusammenwirkenden Raumfaktoren endgültig festzulegen, nimmt es nicht wunder, dass angesichts des bereits Verwirklichten Verbesserungen und Korrekturen des im Entwurfsplan Festgehaltenen vorgenommen wurden. Kleist paraphrasiert in der oben genannten Schrift das französische Sprichwort »Der Appetit kommt beim Essen.«[4] in »Die Idee kommt beim Sprechen.«[5]. Für die gartenkünstlerische Arbeit im Gelände kann man weiter transformieren in »Die Idee kommt beim Arbeiten.«[6]. Ich will sagen, dass bei der Umsetzung einer Planungsidee der Gartenkünstler eine Selbstinspiration an dem bereits verwirklichten Eigenen erfährt, sich aber auch zugleich an dem vorgefundenen, räumlich erfahrenen Gelände und Bewuchs korrigiert und steigert. Es kommt zur glücklichen Integration und Steigerung durch das scheinbar Zufällige, so wie in der modernen Kunst das Gefundene, das Wesentliche im künstlerischen Prozess ist. Man muss sich immer wieder klar machen, dass bei der Umgestaltung eines vorhandenen Gartens der Künstler nicht etwa tabula rasa macht, sondern alles nur irgendwie Verwendbare, besonders die schon ausgereifte Vegetation, erhält und mit Vorteil in einen neuen künstlerischen Zusammenhang stellt. Außerhalb des Rahmens dieser Betrachtung sind natürlich Veränderungen, die der Gartenkünstler bzw. Bauherr in einem langen Leben angesichts der Änderung von Mode und Geschmack an seiner eigenen Schöpfung vornimmt.

Änderung im Plan oder im Gelände: zwei Beispiele

Ein interessantes Beispiel für das sich korrigierende Finden der endgültigen Form bietet Peter Joseph Lennés früheste Potsdamer Arbeit, die Gestaltung des

Entwurfsplan für den Pleasureground in Klein-Glienicke von Peter Joseph Lenné, 1816

Pleasureground Klein-Glienicke. Weg von der Kleinen Neugierde zum Schloss, 1986

Pleasuregrounds Klein-Glienicke. Die vorgefundene Situation ist in einem von J.G. Hellwig 1805 aufgenommenen Plan des gesamten Gutsgeländes dargestellt. Dort führt von der Kleinen Neugierde ein Weg in Rechtskurve die Erhebung zum Glienicker Herrenhaus hinauf. Lennés weitgehend verwirklichter Entwurfsplan für die Umgestaltung des Geländes zu einem Pleasureground sieht das explizite Gegenteil dieser Wegeführung vor, nämlich das Heraufführen bis zur Gebäudeecke in einer Linkskurve. Allerdings ist in den Plan schon mit Bleistift einskizziert, was dann tatsächlich im Gelände ausgeführt wurde: die Rückkehr zum vorgefundenen Prinzip einer leichten Linkskurve. Der Aufmaßplan des Glienicker Parks von Gustav Meyer aus dem Jahr 1845 belegt, dass aus der Bleistiftnotiz des Entwurfsplanes im Gelände eine sicherlich in ihrer Einfühlung in die Topografie vollkommenere, doch dem vorgefundenen Prinzip konforme Wegeführung wurde. Ihre gartenkünstlerische Überlegenheit besteht in der optimalen Blicklenkung durch den Weg als dem stummen Führer. Der Blick des Hinaufschreitenden gleitet mit jedem Schritt ein Stückchen weiter an der Fassade des später von Schinkel zur Villa umgebauten Herrenhauses entlang, um schließlich gemeinsam mit dem Fuß nahe der Gebäudeecke anzukommen. Die während der Ausführung aufgegebene Wegeführung des Entwurfsplanes hätte dem Auge weder die Südfassade des Schlosses gezeigt, noch sonst eine sinnvolle und befriedigende Bildsequenz ermöglicht.

Auf der Pfaueninsel hat Peter Joseph Lenné in enger Zusammenarbeit mit dem dortigen Hofgärtner Joachim Anton Ferdinand Fintelmann zwischen 1816 und 1834, also über einen Zeitraum von 18 Jahren, die vorgefundene Gestaltung Johann August Eyserbecks und deren spätere Umwandlung durch Fintelmann zur »ferme ornée«, zu einem neuen Gartenkunstwerk, geformt. Dabei wurde das bestehende Wegenetz weitgehend geändert und erweitert, in seinen künstlerisch brauchbaren Teilen jedoch auch beibehalten. Aus dem Jahr 1828 ist ein Plan von der Hand Joachim Anton Ferdinand Fintelmanns erhalten, der als Anlage für eine Denkschrift des Hofmarschalls von Maltzahn zu »Ferneren Vorschlägen zur Verschönerung der Pfaueninsel« vom 29. Februar 1828 gezeichnet wurde. Der Text dieser Denkschrift war, wie üblich, von Lenné verfasst.[7] Diesem Plan liegen keine exakten Aufmaße zugrunde, sondern die genaue Beobachtungsgabe und die groben Vermessungsmöglichkeiten des Hofgärtners Fintelmann. So könnte man die Feststellung, dass einer der reizvollsten Wege der Insel, der »Stellweg«, nördlich der großen Fontäne auf dem Fintel-

[7] GStAPK, 2.2.1. Nr. 20714, Blatt 171–174.

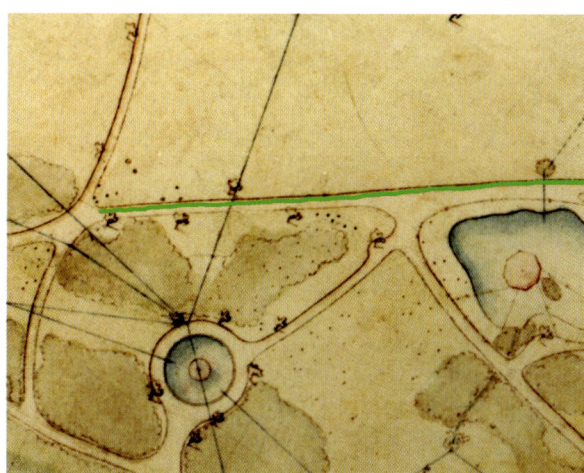

Pfaueninsel. Kartierung der Vermessung (Detail) von Gustav Meyer, 1845/50. Der im Text diskutierte Weg ist mit einem grünen Strich markiert.

»Situations's Plan der König.: Pfauen-Insel« (Detail) von Joachim Anton Ferdinand Fintelmann, 1828. Der im Text diskutierte Weg ist mit einem grünen Strich markiert.

mann-Plan mit einer starken Kurve nach Norden schwingt, für eine subjektive Darstellung durch Fintelmann halten, da diese ausgeprägte Kurve auf dem zeitlich späteren Plan nur als schwach gekrümmter Weg dargestellt ist. Dieser Plan ist eine auf einer 1845/50 durchgeführten Vermessung von Gustav Meyer beruhende Kartierung. Dass eine Korrektur der Wegekurve auch im Gelände stattgefunden hat, beweist ein seltener Fund. Bei den zu Lennés Zeiten weitestgehend nur leicht mit Lehm und Kies befestigten Wegen auf der Pfaueninsel sind die zwischen 1824 und 1840 gelegten historischen Wasserleitungen im Zweifelsfall ein wesentliches Indiz. Zum Schutz der teuren Rohrleitungen aus Ton und aus Gusseisen wurden diese bei Unterquerung des Weges in voller Breite des Weges mit einem Ziegelmantel umgeben. Ist nun das Wegebaumaterial aus Lehm und Kies zerstört bzw. verschlissen, bietet die tieferliegende Ziegelsteinkapsel einen eindeutigen Anhalt für den Wegeverlauf. Da diese Wasserleitungen sowohl im Fintelmann-Plan von 1828 als auch in dem genauen Aufmaßplan von Gustav Meyer von 1845/50 nachträg-

Freigelegte Ziegelsteinumhüllung der Tonrohr-Wasserleitung unter dem 1828 dargestellten Wegeverlauf, 2000

lich nach Erinnerung und Augenschein der Endpunkte eingetragen sind, ist ihre Ortung nur mit einer suchenden Sondierung möglich. Ist eine solche Leitung an einer Stelle gefunden, ist es leicht, sie zu verfolgen. Dies geschah mit der im Fintelmann-Plan sehr ungenau eingetragenen Tonrohrleitung vom Fontänen-Reservoir zur Obstpartie. Zu unserer Überraschung konnten wir in einiger Entfernung nördlich von dem heutigen Weg im Wiesenbereich die vollständig erhaltene Ziegelsteinkapselung über der Tonrohrleitung in Breite des Gartenweges ergraben. Ein Beweis, dass die nach dem Planvergleich zu vermutende Zurücknahme der starken Wegekurve wirklich im Gelände vollzogen wurde. Unter dem veränderten, in schwacher Kurve geführten Weg fand sich diese Tonrohrleitung ohne die obligate Ziegelsteinumhüllung. Die um 1836 weiter östlich verlegte neue Gusseisenleitung dagegen war unter der neuen Wegeführung ordnungsgemäß umhüllt. Daraus ist zu schließen, dass zum Zeitpunkt der Wegeveränderung die Tonrohrleitung bereits aufgegeben war. Als Grund für die Korrektur des Wegeverlaufs kann angenommen werden, dass die zum Schloss Pfaueninsel gerichtete Blickführung des Stellweges in der bei Fintelmann dargestellten Form zu unruhig war, während die spätere und noch heutige Form, das Schloss und den weiten Wiesenraum davor in einer langen, beruhigenden Bildsequenz zeigt. Die auf der Wiese freigelegten Ziegel der Umhüllung sind gärtnerische Pentimenti.

Die Erweiterung von Bedeutungsprogrammen im Gestaltungsprozess

Ein ungemein prägnantes Beispiel für das Heranreifen und immer stärkere Ausprägen einer Idee während eines längeren Gestaltungszeitraumes bietet der Park

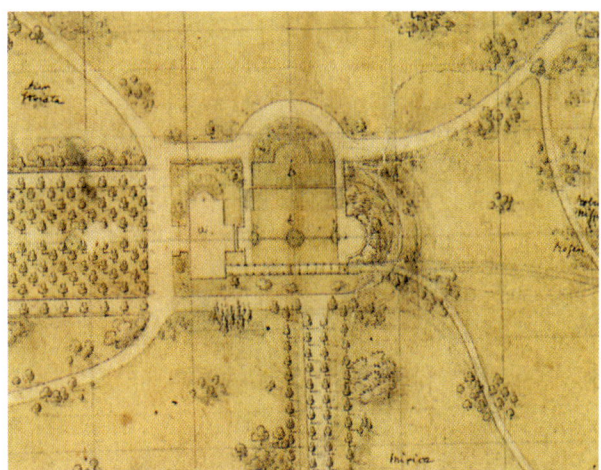

Arbeitsplan von Charlottenhof (Detail). Entwurf von Peter Joseph Lenné, Zeichner Gerhard Koeber

Charlottenhof und hier die Einfügung des Rosengartens in die Gebäude- und Gartenachse. 1825 war das Gut Charlottenhof ein tischebenes, teils sandiges, teils sumpfiges Gutsgelände im Süden des Parks Sanssouci, das der Kronprinz Friedrich Wilhelm (IV.) als Weihnachtsgeschenk erhielt. Lenné hatte diesem Geschenk Gestaltungspläne beigefügt. Schinkel baute 1826 bis 1829 unter Beteiligung des Kronprinzen und in enger Abstimmung mit Lenné das vorgefundene Gutshaus zu einem antiken Landhaus um. Dabei war es von Anfang an Wunsch des Kronprinzen, in die weite arkadische Landschaft im Zusammenhang mit dem Haus antike geometrische Gärten, wie sie Plinius d. J. beschrieben hatte, einzufügen. Ein von Lennés Mitarbeiter Gerhard Koeber gezeichneter Plan wählt die von Ost nach West verlaufende Achse von Haus und Terrasse als Basis für ein über den ganzen Garten gezogenes Koordinatenraster. Diese von Heinz Schönemann beschriebene Bedeutungs-Achse[8] entwickelte sich im Verlauf von neun Jahren immer weiter. Auf unserem Plan ist genau in diese Achse, am Ufer des Maschinenteiches, das 1827 nach Schinkels Plan erbaute Dampfmaschinenhaus platziert. Der Raum zwischen der die Terrasse beendenden Exedra und dem Dampfmaschinenhaus ordnet sich zu dieser Zeit der Herrschaft dieser Achse nicht unter, sondern ist ein freier Wiesenraum, durch den eine Blickbeziehung vom Parkteil südlich des Schlosses zum Tiroler Berg läuft. August Kopisch schrieb über die nachfolgende Veränderung dieses Bereichs 1854: »Der Raum zwischen der runden Bank und dem Maschinenhause war anfänglich als eine Aue behandelt worden. Im Jahre 1835 aber bestimmte ihn der Kronprinz zur Anlage eines konzentrisch geordneten Rosengartens. Kreis um Kreis sollten hier um eine mittlere Fontäne, die ein Stern von Wegen aussandte, alle erreichbaren Varietäten der schönsten Blume der Welt erblühen und duften, den Nord- und den Südwinden ward durch hohe Fliederhecken gewehrt, östlich und westlich aber durch anders geformte Parquets die Anmut vermannigfaltigt.«[9] Lenné hat diesem neun Jahre später eingefügten Rosengarten eine geometrische, jedoch nicht der Antike, sondern der Renaissance entlehnte Form gegeben, mit einem eigenen Schwerpunkt, dem großen, aus drei konzentrischen Wegen mit acht speichenartigen, ins Zentrum geführten Wegen gebildeten Rosenrad. Gegen die landschaftliche Weite ist diese Achse mit weichen malerischen Abpflanzungen unsichtbar gemacht. Im gleichen Jahr wurde auf dieser Achse im Westen der Hippodrom angelegt. Dieser ist wiederum ein direktes Pliniuszitat nach Schinkel. Form und Lage des Rosengartens erklären sich aus der sich immer stärker verdichtenden Ikonologie der Achse von Schloss Charlottenhof. Die Rose als Blume des Anfangs, der Morgenröte und des Ostens hat hier in dem Bedeutungsspiel ihren Platz gefunden. Auf Wunsch des bayerischen Königshauses hat Lenné 1851 die Form dieses, aus dem Ort und dem Wunsch des Bauherrn inspirierten Rosengartens auf der Roseninsel im Starnberger See wiederholt.

Für das Verständnis des Wesens der Gartenkunst und für die Gartengeschichte ist das Aufdecken der Änderungen im Entstehungsprozess eines Gartens und ihre Deutung und Bewertung von großem Wert. Besonders gartendenkmalpflegerische Untersuchungen bieten durch Bodenfunde und Plananalysen Gelegenheit, das Prozesshafte in der historischen Gartengestaltung bewusst zu machen und Arbeitsweisen einzelner Gartenkünstler zu charakterisieren.

Blick in den wiederhergestellten Rosengarten von Osten, 1998

Prof. Dr. Michael Seiler
Geb. 1939, Studium der Geodäsie sowie Garten- und Landschaftsgestaltung an der Technischen Fachhochschule und der Technischen Universität Berlin, jeweils mit Diplom-Abschluss. 1979 Leiter, später Oberkustos der Pfaueninsel. 1987 Promotion über die Geschichte des Landschaftsgartens Klein-Glienicke. Seit 1989 Honorarprofessor der Freien Universität Berlin. Seit 1993 Gartendirektor der Stiftung Preußische Schlösser und Gärten Berlin-Brandenburg. Am 13. September 2000 Verleihung des Friedrich-Ludwig-von-Sckell-Ehrenringes durch die Bayerische Akademie der Schönen Künste. Veröffentlichungen zur Geschichte des Landschaftsgartens und zur Gartendenkmalpflege, darunter »Das Palmenhaus auf der Pfaueninsel«, »Insel Potsdam«, »Pfaueninsel Berlin«, »Inszenierte Landschaften«.

[8] Schönemann, Heinz: Karl Friedrich Schinkel, Charlottenhof, Potsdam-Sanssouci. Stuttgart/London 1997

[9] Kopisch, August: Die Königlichen Schlösser und Gärten zu Potsdam. Berlin 1854, S. 182

Hat die landschaftliche Gartenkunst während der Zeit der Romantik in Deutschland einen prägenden Ausdruck gefunden? Kann man vom deutschen Garten des Zeitraums von 1780 bis 1850 sprechen? Sichtweisen und Interpretationsmöglichkeitn sind zu diskutieren.

Michel Baridon

Über einige ursprüngliche Merkmale des deutschen Landschaftsgartens

Pantheon am Großen Wallloch im Dessau-Wörlitzer Gartenreich, 2000

Bad Muskau, Blick zum Schloss, 2000

Als Hommage an einen bekannten deutschen Gartenhistoriker erscheint mein Beitrag vielleicht anmaßend und falsch eingesetzt. Warum sollte ich über deutsche Gärten schreiben wollen, wenn ich mich nicht auf deutsch ausdrücken kann und mein Wissen über deutsche Gärten ipso facto begrenzt und aus zweiter Hand ist? Meine einzige Ausrede ist, dass mir, während ich einen Kurs an der Ecole du Louvre über europäische Gärten gab, die Tatsache bewusst wurde, dass die deutschen Gärten des Zeitraums von 1780 bis 1850 einzigartige Merkmale besitzen, die bei ihrer Darstellung innerhalb eines europäischen Kontexts klar erkennbar sind.

Die allgemeine Öffentlichkeit spricht von dem italienischen Garten, dem französischen Garten, dem englischen Garten und meint damit, denke ich, dass die ersten beiden formal sind und der dritte nicht. Solche nationalen Zuordnungen sind praktisch, denn ein Garten wird, anders als ein Bild, stets mit einem konkreten Standort assoziiert; trotzdem erscheinen sie dem Historiker ungenau und irreführend, weil sie für eine Periodisierung nicht zweckdienlich sind. Der Renaissancegarten war in seiner Entstehung italienisch, wurde aber bald europäisch. Dies bedeutet nicht, dass er im übrigen Europa kopiert wurde. Gartenkünstler richteten sich nach den Italienern, weil der neue Gartenstil ihrer Vorstellung von der Darstellung der Natur entsprach. Gärten erhielten geometrische Formen, ihre Gestaltung hing von ihren Proportionen ab, das Wasser ihrer Fontänen wurde dazu gebracht, nach oben zu schießen, da Mathematik und Technik ein Thema waren, das Fürsten wie auch Künstler gleichermaßen beschäftigte.

Im 17. Jahrhundert übernahmen die Franzosen die Führung, da die Zentralisierung des Staates, herbeigeführt durch Heinrich IV., Ludwig XIII., Ludwig XIV. und deren Minister, es dem König ermöglichte, das ökonomische Leben des Landes zu organisieren und von der Entstehung wissenschaftlicher Akademien zu profitieren. In Versailles demonstrierten Louis XIV. und Le Nôtre, dass ein Sumpf in einen Garten umgewandelt werden konnte; aber das Ausmessen und die Umformung weiter Landstriche sowie die Verteilung von enormen Wassermengen erforderten – und erhielten – die volle Unterstützung der Académie des Sciences. Diese Verbindung von Politik, Wissenschaft und Ästhetik war so erfolgreich, dass sie den Absolutismus überlebte und den Zwecken eines aufgeklärten Despotismus, zum Beispiel bei Schönbrunn, Caserta, La Granja, Drottningholm und sogar Sanssouci, diente.

Blick vom Stibadium im Park Klein-Glienicke auf Potsdam. Kolorierte Lithografie von Carl Daniel Freydanck, 1838

Die englischen Landschaftsgärten kamen nach der glorreichen Revolution zustande, als klar wurde, dass die vom König eingebüßte Machtstellung von den großen Familien, deren »Einfluss« im Parlament vorherrschte, übernommen worden war. Das kulturelle Leben des Landes war dezentralisiert. Gleichzeitig förderte die Royal Society ein neues Interesse an Botanik, Chemie und Naturwissenschaften. Mit dem Aufkommen eines neuen, nicht-mechanistischen Weltbildes verlor die Darstellung der Natur ihre rigiden Wesenszüge; sie spiegelte die wachsende Bedeutung der Untersuchungsmethode durch Francis Bacon wider, welche sich auf die chronologische Ansammlung von Daten stützte. Auf den verschlungenen Pfaden des Landschaftsgartens näherte sich der Besucher dem Geist des Ortes nur allmählich, um nicht dessen Privatsphäre zu stören, und ihn bewegten die Überreste gotischer Architektur, die die Zeit wahrlich sichtbar machten. In Frankreich wurde die Nachahmung der neuen Gartenform von dem finanzkräftigen Bürgertum unterstützt, das sich über die neue geistige Bewegung auf dem Laufenden hielt, indem es mit den »philosophes« verkehrte.

In Deutschland war die politische Situation so, dass nur der preußische König und der Kaiser Österreichs genügend politische Macht besaßen, um sich als »aufgeklärte Monarchen« darzustellen; ansonsten entstand Sachsen als politische Seinsweise, die Wohlstand und Glanz besaß, und kleinere Adelshöfe traten als intellektuelle Zentren hervor, in denen man begann, die Allmacht der französischen Kultur in Frage zu stellen. Die Lehren Newtons und die Biowissenschaften gewannen in intellektuellen Kreisen langsam an Einfluss. Wörlitz ist ein gutes Beispiel. Johann Bernhard Basedow war dort eine vertraute Figur; man kannte ihn als einen, der die Ideen Rousseaus popularisierte; und Rousseau war, wie man sich erinnere, ein fähiger Botaniker und Bewunderer des Landschaftsgartens. Die Verhältnisse veränderten sich rapide in der zweiten Hälfte des 18. Jahrhunderts. In Wilhelmshöhe wurde der Barockgarten, der von Giovanni Guerniero für Karl von Hessen-Kassel in den ersten Dekaden des 18. Jahrhunderts entworfen wurde, nie vollendet; die Ergänzungen durch den Enkel und Urenkel Karls waren in einem völlig anderen Stil, den man in der frühen Phase als »pittoresk«, danach als »troubadour« bezeichnen kann. Der Troubadourstil der Löwenburg Jussows verrät schon ein Interesse für die Gotik als die Kunstform, die sich am besten mit dem Mittelalter der deutschen Nation assoziieren lässt. Andere Beispiele findet man bei Wörlitz, Potsdam, Berlin und Bayreuth, dessen Eremitage und Untere Grotte sehr frühe Beispiele der schauererregenden Gotik darstellen, die dem Sturm und Drang so lieb war.

Da ich gerade Wörlitz und Potsdam erwähnt habe, würde ich mich gern dem Konzept des »Gartenreichs« zuwenden, einer einzigartigen Innovation, die allein dem deutschen Landschaftsgarten eigen ist. Nachdem er Wörlitz im Mai 1788 besucht hatte, schrieb Goethe an Charlotte von Stein, dass die Betrachtung der Gärten von einem Boot aus so sei, als habe man einen Traum, in dem alle Dinge sich gegenseitig durchdringen, während man dahingleite. Dies unterstrich die Wichtigkeit der Kanäle und der Seen als verbindende Elemente zwischen den unterschiedlichen Gärten, die zusammen das erste Gartenreich in Deutschland darstellten. Außerdem betonte es die Wichtigkeit der Elbe, deren Gegenwart überall in Wörlitz zu spüren ist, wie wenn Franz von Anhalt-Dessau, Eyersbeck und Schoch vorhergesehen hätten, dass das biosphärische Schutzgebiet des Elbflusses eines Tages als administrative Einheit existieren würde.

Friedrich II. von Preußen mag zwar auf den »princillo« von Anhalt-Dessau herabgeschaut haben, aber seine Nachfolger wussten es besser; als Friedrich Wilhelm II. und Friedrich Wilhelm III. Lenné und Schinkel nach Potsdam bestellten, bildete sich ein weiteres Gartenreich heraus, und wiederum war es ein Fluss, die Havel, der als verbindendes Element, als das harmonisierende Merkmal fungierte. Später, als Hermann von Pückler-Muskau Bad Muskau entwarf, benutzte er dasselbe Konzept und machte die Neiße maßgebend für die Anordnung seiner Gärten.

Inwiefern war dies originell? Wasser hatte schon immer eine Schlüsselposition in Gärten innegehabt: Die Wasserfontänen der Renaissance drückten den Triumph der Mechanik aus; barocke Wasserspiegel ließen feine optische Effekte entstehen und verursachten eine Allgegenwärtigkeit des Lichts in den Gärten. Der Landschaftsgarten entgeometrisierte die Wasserspiegel und verwandelte sie in Behälter für lokale Farben, die dem angenehmen Nachgehen eigener Gedanken so förderlich waren. Flüsse wurden allmählich ebenso eingesetzt, bei Moulin Joli, Maupertuis oder Méréville, wenn auch in bescheidenerem Maße. Bei Wörlitz, Potsdam oder Muskau sah es anders aus: Gärten wurden auf beiden Seiten eines großen Flusses angelegt, der so zum zentralen Merkmal einer Landschaft avancierte, die sich über mehrere Meilen erstreckte. Auch wenn die Flüsse tatsächlich nicht immer sichtbar waren, wurden die Elbe, die Havel und die Neiße zur treibenden Kraft und verliehen jeweils dem gesamten Gartenreich Leben und Majestät. Dies deckt sich völlig mit den zeitgenössischen Vorstellungen der Wissenschaft, da der mächtige Fluss als Ausdruck der Energie der Natur erscheinen soll, als die Kraft, die Urformen in lebende Organismen umwandelt.

So beispielsweise auch Goethes enthusiastische Beschreibung von Wörlitz, in der die Natur sich dem Dichter offenbart, während er an ihr entlangtreibt wie ein Lustwandler, dessen Traum von Allwissenheit wahr wird. So versteht sich auch das intensive pantheistische Gefühl Hölderlins beim Anblick der großen Flüsse Deutschlands:

Nicht sie, die Seeligen, die erschienen sind,
Die Götterbilder in dem alten Lande,
Sie darf ich ja nicht rufen mehr, wenn aber
Ihr heimatlichen Wasser! Jetzt mit euch
Des Herzens Liebe klagt, was will es anders
Das Heiligtrauernde?

Oder auch seine Anrufung des Rheins, des Mains oder des Neckars.

Die Rolle, die ein großer Fluss im grundlegenden Entwurf des Gartenreiches spielte, hatte weitreichende Folgen: Wenn die Gärten erst nacheinander entdeckt wurden, indem man dem Verlauf des Wassers folgte, dann konnte die so zusammengefügte Landschaft nicht mehr als die exklusive Domäne des Genius loci erscheinen. Sie wurde ein Ausdruck der zeitgenössischen Naturphilosophie, ein synthetisches Kunstwerk, in welchem das kreative Genie des Menschen die innersten Abläufe der Natur durchdrang. Und über dieses synthetische Kunstwerk musste nachgedacht werden, entweder während man dahinglitt oder bei der Betrachtung der riesigen Fläche des Gartenreiches von diversen Aussichtspunkten innerhalb der verschiedenen Gärten aus. Dies bringt mich zu meinem letzten Punkt, der optischen Anordnung der Gärten.

In der Renaissance wurde ein Garten von oben gesehen, wie ein Bild, das flach auf dem Boden liegt, da dies eine einfache visuelle Erfassung seiner Proportionen ermöglichte. Im Zeitalter des Barock wurde der unendliche Raum eingeführt und der Fluchtpunkt zum Bestandteil der Gärten, entweder am Horizont (Versailles, Het Loo, andere Schöpfungen des nördlichen Barock) oder weit oben im Himmel (italienischer Barock). Im englischen Landschaftsgarten, wo »Überraschung« und »Feinheit« Schlüsselkonzepte darstellten, wurde eine Vielfalt an Blickpunkten geboten, einige sehr beschränkt, andere als »Aussicht«. Als sich diese neue Kunstform auf dem Kontinent verbreitete, hatte die geistige Bewegung ein Stadium erreicht, wo es nötig wurde, große Blickachsen zu eröffnen, und zwar durch den »Perfektionismus« – ein durch Rousseau popularisiertes Konzept, das den Menschen darstellte als einziges Lebewesen mit der Fähigkeit, seine eigene Natur unbegrenzt zu vervollkommnen. Es erschienen Türme im Landschaftsgarten – der Tour détruite in Désert de Retz, der Tour Gabrielle von Ermenonville, der Tour Marlborough von Trianon, die Pagoden in Kew und Chantelou.

Im Gartenreich fanden erneut Veränderungen statt: Die Vielfalt an Aussichtspunkten ergab eine geografische Sicht der Landschaft, die sich darbot als ein riesiges Gebiet, wo Felder, Dörfer und selbst Städte tatsächlich als Bestandteil einer Gartenlandschaft erscheinen konnten. Es war als ob – dies war das Zeitalter Alexander von Humboldts – man dazu gebracht wurde, einen großen Teil der Erdoberfläche mit den Augen eines Geografen zu entdecken. Es war außerdem so, als sei die Landschaft eine Gesamtschöpfung, die zu den Idealen des Volksparks korrespondierte, ein später entwickeltes Konzept in allen großen urbanen Parks des 19. Jahrhunderts und in Olmsteds Parksystemen. Aber dies ist ein anderes Thema.

Abschließend ist man stets versucht, einen kühnen Vorschlag zu machen. Meiner sieht wie folgt aus: Man spricht von dem italienischen, dem französischen und dem englischen Garten als reine Kennzeichen, die auf die Renaissance, den Barock und die Empfindsamkeit hinweisen. Warum sollten wir dann nicht auch vom deutschen Garten sprechen, als derjenigen Kunstform, die den Idealen der Romantik ihren stärksten Ausdruck verlieh?

Prof. Michel Baridon
Emeritus Professor an der Universität von Burgund. Gewinner der Auszeichnung Essai France-Télévision 1999.
Hauptveröffentlichungen: Le Gothique des Lumières. Paris 1991; Les Jardins. Paysagistes, Jardiniers, Poètes. Paris 1998; Le Jardin paysager anglais au 18° siècle. Dijon, Presses de l'Université de Bourgogne 2001; Jardins de Versailles. Arles 2001. Aufsätze zu verwandten Themen: Ruins as a Mental Construct. In: Journal of Garden History. Bd. 5.1. 1985; The Scientific Imagination and the Baroque Garden. In: Studies in the History of Gardens and Designed Landscapes. Bd.18.1.1998; The Garden of the Perfectibilists: Méréville and the Désert de Retz. In: Tradition and Innovation in French Garden Art. Hrsg. v. John Dixon Hunt und Michel Conan. University of Pennsylvania Press 2002.

Muskau. Kolorierte Lithografie von H. Mützel, aus: Hermann von Pückler-Muskau: Andeutungen über Landschaftsgärtnerei. Tafel 10

Die Forschung im Bereich von Gartenkunstgeschichte und Gartendenkmalpflege scheint von zufällig entstandenen Interessenschwerpunkten geprägt zu sein. Hinweise auf Ursachen und Defizite machen nachdenklich.

Clemens Alexander Wimmer

Tendenzen bei der Themenwahl im Fach Gartengeschichte / Gartendenkmalpflege seit 1987

Die Geschichte der Gärten war im 16. und 17. Jahrhundert eine philologische, im 18. eine ideengeschichtliche und im 19. eine gärtnerische Angelegenheit. Ende des 19. Jahrhunderts ist sie dann weitestgehend auf Kunstgeschichte eingeschränkt worden. Aus dem Bewusstsein der heutigen Zeit sollte sie eine allumfassende Geschichte sein, eine Geschichte des Gartenbaus, eine Geschichte der Pflanzen, eine Sozialgeschichte, eine Geschichte der Theologie, der Philosophie, der Malerei, der Literatur, eine Geschichte der Materialien und Techniken. Neben Gärten und Parks sollten gleichermaßen Friedhöfe, Gartenstädte, Sportplätze, Kulturlandschaften, Bücher usw. als Gegenstände der Gartengeschichte aufgefasst werden. Was die zeitliche Dimension betrifft, so werden in der Praxis des Fachs zur Zeit schon die 1970er-Jahre als historisch angesehen. Das Ende der DDR hat gezeigt, dass auch Perioden, die erst wenige Jahre zurückliegen, Geschichte sein können.

Während die aktuelle Freiraumplanung einen fachübergreifenden Anspruch durchaus für sich reklamiert, hat es die junge Wissenschaft »Gartengeschichte« offensichtlich noch schwer, sich von eingeschränkten Blickwinkeln zu lösen. Dies soll im Folgenden belegt werden. Es wird versucht, Defizite der Forschung herauszuarbeiten und dadurch Hinweise für ihre wünschenswerte Weiterentwicklung zu geben.

Gartengeschichte und Gartendenkmalpflege werden hier als ein Fach betrachtet, weil sie als Theorie und Praxis zusammengehören. Unter der Letzteren wird dabei nicht nur die Behandlung von staatlich anerkannten Denkmalen im Sinne der Denkmalschutzgesetze, sondern allgemein jede Bewahrung und Pflege historischer Gärten und Anlagen unabhängig von ihrem Schutzstatus verstanden, einschließlich der notwendigen Nebenaufgaben wie Archivarbeit, Plan- und Luftbildauswertung und Inventarisation.

Hieronymus im Gehäuse. Holzschnitt von Albrecht Dürer, 1511

Untersuchungsmethode

Alljährlich erscheint in den deutschsprachigen Ländern eine große Zahl von Artikeln, Büchern und Heften über historische Gärten, und an den Hochschulen mühen sich zahlreiche Studenten mit Arbeiten über historische Gärten. Seit der Einigung Deutschlands sind es durchschnittlich 450 Arbeiten pro Jahr. Niemand kann die behandelten Themen auch nur vollständig zur Kenntnis nehmen und im Kopf behalten, geschweige denn sich lesend durch diese Flut kämpfen. Eine Dokumentationsstelle für das Fach gibt es nicht. Als zentrales Hilfsmittel gilt die vom Verfasser ins Leben gerufene und privat erstellte Neuerscheinungsliste der deutschsprachigen Literatur zum Thema Gartengeschichte/Gartendenkmalpflege in der Zeitschrift »Die Gartenkunst«. Da sie nur alphabetisch geordnet ist, kann aber daraus schwer ein Überblick über die Teilgebiete gewonnen werden. Die anfangs ins Auge gefasste systematisch aufgegliederte Gesamtausgabe kam mangels eines Verlegers nicht zustande.

Beim Verfasser entstand bei der Durchsicht der rund 5 800 in den Jahren 1987 bis 2001 erschienenen Arbeiten der Eindruck, dass die Themen nicht gleichmäßig verteilt wären. Einige Bereiche wirkten über-, andere unterproportional vertreten. Ob diese Wahrnehmung gerechtfertigt war und ob es anderen ähnlich ging, ist nicht bekannt. Der Verfasser glaubte sich deshalb nützlich zu machen, wenn er die aufgenommenen Werke wenigstens in einer Strichliste thematisch erfasst und aufgrund dieser Einordnung auswertet.

Untergliederung des Fachs

Eine allgemein anerkannte Untergliederung des Fachs fehlt (Abb. oben). Professoren- und Assistentenstellen für Gartengeschichte/Gartendenkmalpflege sind trotz gewisser Varianten in der Bezeichnung und natürlich auch bestimmter persönlicher Vorlieben noch nicht grundsätzlich spezialisiert wie etwa Literatur- oder Kunsthistoriker. Die Komplexität einer objektiven Untergliederung der Wissenschaften geht u. a. aus dem neuerdings an Bibliotheken favorisierten Regelwerk »Regensburger Verbundklassifikation« hervor, das mehr als 800 Seiten umfasst. Wegen der bei einer Gliederung auftretenden Schwierigkeiten hatte der Arbeitskreis Historische Gärten der Deutschen Gesellschaft für Gartenkunst und Landschaftskultur e.V. seinerzeit beschlossen, bei der Publikation der Neuerscheinungen auf eine Gliederung ganz zu verzichten.

Die für die nunmehrige Auswertung verwendete Gliederung wurde anhand der Thementendenzen in der oben genannten Literaturliste erstellt. Um dem Rahmen dieses Beitrages zu entsprechen, mussten

Bücherschrank des Autors mit ausgeprägter Fächereinteilung

die Sachgruppen allerdings auf eine handhabbare Zahl reduziert werden. Dazu wurden sie an – zwangsläufig nicht völlig objektiven – Kriterien gemessen, die aus Sicht des Verfassers für die Forschung relevant sind:

- Solche Spezialthemen wurden unter größeren Gruppen subsumiert, die gleichartige Forschungsmethoden erfordern und deren gesonderte Ausweisung zu der Untersuchung wenig beitragen würde. Das bedeutet, dass zahlreiche Anlagentypen nicht extra aufgeführt wurden. Es versteht sich von selbst, dass Gutsparks, Stadtplätze, Villengärten häufig bearbeitet werden, Heckentheater, Labyrinthe, Pfarr- oder Heidegärten hingegen selten. Als Ausnahmen von dieser Regel wurden einige Themen ausgewiesen, bei denen eine geringe Bearbeitungshäufigkeit in auffallendem Missverhältnis zur Fülle des potentiellen Materials steht. Rechtsfragen wurden zu »Gartendenkmalpflege« gezählt, Fragen der historischen Nutzung von Gärten (hier auch: Gartenfeste) zu »Gartengeschichte und Soziologie«.
- Es wurden Spezialthemen ausgewiesen, die spezielle, fachübergreifende Arbeitsweisen erfordern wie jüdische Friedhöfe, Bauerngärten, islamische Gärten, Buchwesen, Gartentechnik, Garten und Malerei usw.
- Der topografische Bezugsrahmen wurde bei der Eingruppierung möglichst berücksichtigt, weil es unterschiedliche Arbeitsmethoden erfordert, je nachdem, ob die Anlagen einzeln, regional, national oder international betrachtet werden. Auf eine Ausweisung einzelner Bundesländer und auch die getrennte Aufführung Deutschlands, Österreichs und der Schweiz wurde verzichtet, weil eine Zuordnung aufgrund des Titels nicht immer möglich ist und die Ergebnisse ohne Bezug auf die Zahl der im Gebiet vorhandenen Anlagen keine Aussagekraft hätten.
- Eine Epochengliederung wurde nur für die übergreifenden gartenhistorischen Arbeiten und Biografien verwendet. Sie musste in diesem Rahmen grob bleiben. Eine Zuordnung der zahlreichen Einzeluntersuchungen zu Epochen ist oft nicht möglich. In einigen Ausnahmefällen (»Der Hausgarten von 1870 bis 1930«) musste die Einordnung willkürlich erfolgen.

- Aus Platzgründen wurden Geschichte und Denkmalpflege bei weniger häufig behandelten Gegenständen zusammengefasst.

Die Reduzierung der Sachgruppen schmälert die Präzision der Ergebnisse, war aber im Rahmen dieses kurzen Überblicks unvermeidlich.

Auswahl der Arbeiten

In die vorliegende Untersuchung flossen 5 355 der ca. 5 800 in die Literaturlisten aufgenommenen Schriften ein. Dies ist in der unterschiedlichen Zielsetzung begründet. Bei den Literaturlisten war der Aufnahmerahmen weit gesteckt. Es ging um einen möglichst vollständigen Überblick der Fundstellen. Daher fielen nur wenige Gattungen weg, wie Zeitungsbeiträge, Rezensionen, Beiträge zu allgemeinen Lexika. Hier dagegen geht es um ein Bild der Situation von Lehre und Forschung in der Gartendisziplin. So mussten wesentlich mehr Arbeiten ausgeschieden werden.

Es wurden berücksichtigt:
- Arbeiten, die in den Jahren 1987 bis 2001 erschienen und bis zum 31. Oktober 2002 erfasst waren,
- Übersetzungen aus fremden Sprachen,
- deutschsprachige Publikationen im Ausland,
- fremdsprachige Publikationen deutschsprachiger Autoren,
- Arbeiten aus allen Disziplinen, insofern sie sich vorrangig mit Gartengeschichte/Gartendenkmalpflege befassen,
- Beiträge verschiedener Autoren zu Sammelwerken,
- Mehrfachpublikationen der gleichen Arbeit und mehrere Auflagen eines Werkes,
- Monografien, auch wenn sie nur geringen Umfang haben,
- Diplom- und Magisterarbeiten.

Es schieden aus:
- Werke, bei denen Fragen historischer Gärten nur am Rande stehen, etwa Schlossführer, Fürsten- oder Architektenbiografien, Werke über Epochen der Geistesgeschichte oder dendrologische Führer,
- Sammelwerke mit einzeln erfassten Beiträgen,
- fremdsprachige Publikationen fremdsprachiger Autoren, auch wenn im Inland erschienen,
- fremdsprachige Übersetzungen von Arbeiten deutschsprachiger Autoren,
- im Ausland erschienene Schriften über Themen des deutschen Sprachraums,
- Tagungsberichte,
- Zwischenberichte von noch nicht abgeschlossenen Doktorarbeiten,
- Gutachten, Semesterarbeiten und ähnliche, nur in wenigen Exemplaren existierende Werke, weil sie nur fragmentarisch erfasst werden konnten.

Eingruppierung der Arbeiten

Für eine erschöpfende Auswertung müsste jede Arbeit thematisch, topografisch und chronologisch eingeordnet werden. Dies ist jedoch aufgrund der Titel oft nicht möglich. Daher wurde jedes Werk nur einmal erfasst. Wenn mehrere Themen abgedeckt waren, wurde der anzunehmende Themenschwerpunkt der Erfassung zugrunde gelegt. Die Vielzahl der Arbeiten, die (laut Titel) Geschichte und denkmalpflegerische Zielstellung behandeln, wurden unter »Gartendenkmalpflege« erfasst. Arbeiten, die nur »Der Garten in XY« heißen, wurden, wenn aus dem Zusammenhang nichts anderes zu entnehmen war, unter »Gartengeschichte« erfasst. Arbeiten, die mehrere Anlagen einer Person behandeln, wurden in der Regel unter »Biografien« eingeordnet (»Pücklers Parke«), sofern nicht der topografische Rahmen im Titel besonders hervorgehoben wird (»Villengärten von Muthesius in Berlin«). Es muss darauf hingewiesen werden, dass die Eingruppierung in Einzelfällen nicht zuverlässig vorgenommen werden konnte, wenn der Inhalt der Arbeiten nicht eindeutig aus dem Titel hervorging.

Dissertationen, Diplom- und Magisterarbeiten wurden nur als solche erfasst, wenn sie nicht durch den Druck Verbreitung auch außerhalb der Hochschulen gefunden haben. In diesem Fall, der ein Interesse des Buchmarktes erkennen lässt, wurden sie als Monografien erfasst.

Die Staatenbezeichnungen beziehen sich auf den heutigen Stand. Als Inland gelten hier Deutschland, Österreich und die Schweiz.

Ergebnisse und mutmassliche Ursachen

Unzureichende Präsenz bei der Themenwahl wurde – grob vereinfacht – in folgenden Bereichen konstatiert:
- überregionale Untersuchungen,
- Studien über die Zeit vor 1900,
- ausländische Themen,
- Kleingärten, Spiel- und Sportanlagen sowie Friedhöfe,
- Geschichte der Gartengeschichte/ Gartendenkmalpflege,
- praktische Fragen der Gartengeschichte (Gartenbau, Technik),
- historische Fachliteratur,
- interdisziplinäre Arbeiten.

Hierzu nun im Einzelnen: Am auffälligsten ist das starke Überwiegen der *Fallstudien*. Mehr als die Hälfte aller Arbeiten widmet sich einzelnen Anlagen, den Anlagen eines Ortes, eines Kreises oder Details einzelner Anlagen. Besonders stark ist der Anteil über einzelne Gärten bei den Abschlussarbeiten. 33 Prozent aller Arbeiten über einzelne Gärten sind Diplom-, Magister- oder Doktorarbeiten. Bei den epochenübergreifenden Arbeiten sind nur 14 Prozent Abschlussarbeiten, bei topografisch übergreifenden sogar nur 3,5 Prozent. Bei den biografischen Arbeiten sind 16 Prozent Abschlussarbeiten, bei denen über Friedhöfe nur 8 Prozent. Hierin zeigt sich offenbar, dass es bequemer und kostensparender ist, im Lande zu bleiben und sich nur einer einzigen Anlage zu widmen als zu reisen und Vergleiche zu ziehen. Womöglich spielen auch fehlende Sprachkenntnisse eine Rolle.

Die Theorie überwiegt offenbar die Praxis, indem nur 38 Prozent der Abschlussarbeiten und 36 Prozent der sonstigen Arbeiten über einzelne Anlagen im Inland sich mit Gartendenkmalpflege beschäftigen. Tatsächlich dürfte der Anteil etwas höher liegen, da viele der unter »Geschichte« eingestuften Arbeiten mit unpräzisen Titeln wie »Der Garten in XY« sich wahrscheinlich auch mit Denkmalpflege befassen.

Die verschiedenen *Epochen* der Gartengeschichte werden nicht gleichermaßen berücksichtigt. 23 Prozent aller ausdrücklich epochebezogenen Arbeiten sind dem 20. Jahrhundert, 21 Prozent dem (frühen) Landschaftsgarten, je 14 Prozent der Antike und dem Barock, 12 Prozent der Renaissance, 11 Prozent dem Mittelalter und nur 5 Prozent dem Eklektizismus gewidmet. Von den 18 epochenübergreifenden Abschlussarbeiten untersuchten zehn das 20. Jahrhundert, je sechs den Barock und den (frühen) Landschaftsgarten, fünf die Renaissance, eine das Mittelalter, keine einzige aber die Antike oder den Eklektizismus. Offenbar sind die Verdikte gegen die Kunst des späten 19. Jahrhundert immer noch nicht überwunden. An biografischen Arbeiten gibt es 45 Prozent zum 20., 42 Prozent zum 19. und nur 13 Prozent zu früheren Jahrhunderten. Zur scheinbar gleichmäßigen Berücksichtigung des 19. und 20. Jahrhunderts muss bemerkt werden, dass die meisten Arbeiten über Personen des 19. Jahrhunderts nur ganz wenigen Personen wie Lenné und Sckell gewidmet sind, die zufälligerweise im Untersuchungszeitraum Jubiläen hatten. Die wahren Verhältnisse in der Forschung werden bei den Abschlussarbeiten deutlicher: 65 Prozent der Abschlussarbeiten über Personen betreffen das 20. Jahrhundert, 33 Prozent das 19. und nur eine Arbeit (Marcus Köhler 1996) frühere Perioden. Die Gründe liegen höchstwahrscheinlich in den Schwierigkeiten, Archivmaterial aus früheren Jahrhunderten zu bewältigen. Von den Biografien getrennt wurden die Arbeiten über Firmen und Baumschulen erfasst, die in einer einzigen Diplomarbeit (Johannes Schweizer 1998 über die Abteilung Gartengestaltung der Fa. Späth) und 13 weiteren Veröffentlichungen bestehen. Dass den 14 Arbeiten über Firmen und Baumschulen 370 biografische Arbeiten gegenüberstehen, entspricht nicht der großen Bedeutung der Firmen für die Gartengeschichte.

Die weitaus meisten der *topografisch bezogenen Arbeiten* befassen sich naturgemäß mit Anlagen im Inland, nämlich 92 Prozent der Abschluss- und 87 Prozent der übrigen Arbeiten. An zweiter Stelle steht, ebenfalls naheliegend, das europäische Ausland mit 6 Prozent der Abschluss- und 11 Prozent der übrigen Arbeiten. Buch- und Zeitschriftenautoren reisen offenbar öfter und weiter als Studenten. Interessant ist, dass dann der Ferne Osten mit insgesamt 1 Prozent folgt, noch vor Nordamerika mit insgesamt 0,5 Prozent und den islamischen Ländern mit 0,4 Prozent. Afrika, Südamerika und Australien werden nicht behandelt.

Aus der Masse der Fallstudien und topografisch übergreifenden Arbeiten im Inland heben sich einige *Gartenkategorien* durch auffallend geringe Anteile ab: Friedhöfe mit 4 Prozent der Abschluss- und 14 Prozent der übrigen Arbeiten. Die Benachteiligung der Friedhöfe an den Hochschulen mag mit Abneigungen jüngerer Leute gegen Friedhöfe zu erklären sein. Friedhöfe außerhalb Europas werden gar nicht behandelt. Nur 4 Prozent der Abschlussarbeiten über Friedhöfe sind jüdischen Friedhöfen gewidmet, dagegen überproportionale 51 Prozent der übrigen Friedhofsarbeiten. Dies dürfte daran liegen, dass Dokumentationen jüdischer Friedhöfe besonders gefördert werden. An nächster Stelle stehen die wissenschaftlichen (botanischen und zoologischen) Gärten mit insgesamt 2 Prozent der Arbeiten, gefolgt von den Bauerngärten mit 1,5 Prozent, geistlichen Gärten mit 1,2 Prozent, Kleingärten mit 0,6 Prozent, Schulgärten mit 0,4 Prozent und Sport- und Spielanlagen mit 0,1 Prozent der Arbeiten. Offensichtlich sind Voreingenommenheiten aus dem 19. Jahrhundert, aufgrund derer Kleingärten, Sport- und Spielanlagen für unwürdige Forschungsgegenstände gehalten werden, noch immer stark verbreitet. Erstaunlich ist, dass an den Hochschulen im Untersuchungszeitraum nur zwei Arbeiten über Spiel- und Sportanlagen und nur eine einzige Arbeit über Kleingärten (Hartwig Stein 1998) nachgewiesen wurden. Aber auch die geringe Bearbeitung von Klostergärten und Kreuzwegen verwundert angesichts ihrer großen Zahl. Möchte man mit Religion nichts zu tun haben?

Der Geschichte und Pflege von *Kulturlandschaften* und ihrer Bestandteile sind 152 Arbeiten gewidmet, davon 23 Prozent Abschlussarbeiten. Einige Hochschullehrer (Jürgen Peters, Hans-Hermann Wöbse) widmen sich neuerdings diesem Thema verstärkt.

Arbeiten zu einzelnen *Ausstattungselementen* wie Wasseranlagen, Gartengebäuden und Plastiken (insgesamt 350) machen den größten Anteil nach den Arbeiten über einzelne Anlagen aus. Hiervon betreffen 25 Prozent Gewächshäuser, vornehmlich Orangerien. Dies ist eine Folge des Wirkens des Arbeitskreises Orangerien in Deutschland e.V. Allerdings sind solche Detailstudien kaum an Hochschulen üblich, indem dort nur 9 Prozent dieser Arbeiten angefertigt wurden. Von den Arbeiten über einzelne Anlagen wurden hingegen, wie erwähnt, 33 Prozent an Hochschulen angefertigt.

Die *Geschichte* der Landschaftsplanung ist mit 24 Arbeiten, darunter vier Diplomarbeiten, schwach vertreten. Noch schlechter steht es um die Geschichte der Gartengeschichte und Gartendenkmalpflege. Nur vier Aufsätze (von 1991) widmen sich insbesondere der Geschichte der Gartendenkmalpflege (vor allem Dieter Hennebo), keine einzige Arbeit befasst sich mit der Entwicklung der Gartengeschichte. Auch wenn in einzelnen Fallstudien frühere Bemühungen der Gartendenkmalpflege angesprochen werden, so scheint ein Ausweichen vor der Geschichte der eigenen Disziplin verbreitet zu sein, was schwer begreiflich ist.

Es ist nun auf den bedenklichsten Teil dieser Auswertung einzugehen, nämlich die Geschichte jenes Gebietes, das sich auftut, sobald die Idee zum Garten gefunden und der Entwurf gezeichnet ist. Hierunter ist die Geschichte der Gartentechnik, des Planzeichnens, der Pflanzenkultur, die Geschichte der Einführung, Züchtung, Verbreitung und Verwendung der Nutz- und Zierpflanzen, die Geschichte des Berufsstandes und seiner Institutionen, auch der Handelsgärtnereien und Baumschulbetriebe zu verstehen. Nur insgesamt 380 Arbeiten, das sind 7 Prozent aller Arbeiten, widmen sich solchen Themen. Von diesen 7 Prozent sind wiederum nur 7 Prozent Abschlussarbeiten. Am stärksten sind besetzt: Geschichte der Zierpflanzen (insgesamt 117 Arbeiten), Geschichte der Pflanzenverwendung (84 Arbeiten), Geschichte von Institutionen (46 Arbeiten), Geschichte der Gartentechnik (34 Arbeiten) und Geschichte des Obstbaues (31 Arbeiten). Hierbei ist noch zu berücksichtigen, dass die meisten Arbeiten zur Geschichte der Zierpflanzen (87 Prozent) und der Pflanzenverwendung (80 Prozent) nur kurze Aufsätze von eingeschränkter Aussagekraft sind. Diese eklatante Vernachlässigung der praktischen und ureigentlich gärtnerischen Fragen scheint auf der traditionellen Überheblichkeit der Akademiker gegenüber dem Handwerklichen zu beruhen. Sie beginnt mit den seinerzeit berechtigten Forderungen nach Verwissenschaftlichung des Gärtnerberufes im 19. Jahrhundert (Lenné u.a.) und erreichte ihren Höhepunkt mit der völligen Streichung der praktischen Tätigkeit in den Studienplänen der 1970er-Jahre. Die Isolierung der Studenten von der praktischen Arbeit wirkt sich als Erfahrungsmangel aus, sobald die Absolventen mit Ausführungsplanung und Bauleitung konfrontiert werden. Hieraus ergeben sich negative Konsequenzen, auch für die Gartendenkmalpflege. Die Klagen über schlechte Ausführung münden in Forderungen, die Ausbildung der Landschaftsgärtner in Gartendenkmalpflege zu verbessern. Die Qualität der Ausführung kann aber langfristig nur steigen, wenn auch die Hochschulen Forschung und Lehre mehr auf die Praxis ausrichten.

Zu den Grundlagen des Faches sollte auch die *historische Fachliteratur* zählen. Dies ist aber offensichtlich nur Theorie. Zwar erschienen 72 Nachdrucke, Neuausgaben und Transkriptionen historischer Gartenwerke sowie 25 Neuausgaben und Kommentare von Florilegien, und 77 Arbeiten befassen sich mit Bibliotheken, Bibliografien, historischen Büchern und Zeitschriften. Das sind zusammen aber nur 3 Prozent aller Arbeiten. Hierunter sind lediglich zwei Abschlussarbeiten (Uwe Drewen 1989, Anne Hahnenstein 1996). Hiermit stimmt überein, dass die Inanspruchnahme der Fachbibliotheken durch Hochschullehrer und Studenten nach langjährigen Erfahrungen aus der TU Berlin erstaunlich gering ist. Zwecks Verlassens der eigenen Denk- und Arbeitsräume (Abb. S. 31) erscheint ein gründliches Umdenken geboten zu sein.

Zum Schluss einige Zahlen zur *interdisziplinären Arbeit*. Es wurden 294 Arbeiten erfasst, die neben Gartengeschichte wesentlich auch Stadtplanung, bildende Kunst, Literaturwissenschaft, Soziologie und Philosophie einschließlich Ästhetik behandeln. Der Anteil von Arbeiten mit städtebaulichen Themen (66, davon 24 Abschlussarbeiten) ist naturgemäß hoch, weil hier Arbeiten über Gartenstädte, Dörfer und Siedlungen enthalten sind. Beliebt sind auch Arbeiten literaturgeschichtlicher Ausrichtung (75, davon nur sechs Abschlussarbeiten), Arbeiten über Gärten in der Malerei und anderen bildenden Künsten (61, davon acht Abschlussarbeiten) sowie Arbeiten mit soziologischem Schwerpunkt (51, davon zwei Abschlussarbeiten). Das Schlusslicht bilden Arbeiten philosophischer Ausrichtung (41, davon fünf Abschlussarbeiten), während solche mit theologischen Inhalten ganz fehlen. Auch die Geschichte der Floristik, der Zimmergärtnerei und der Balkongärtnerei wurde, von einem eher unterhaltsamen Büchlein (Binger/Hellemann 1988), einem Buch über Hyazinthengläser (Henle 2000) und einem Aufsatz (Schroeder 1990) abgesehen, nicht behandelt. Insgesamt ist der Anteil fachübergreifender Arbeiten mit 5 Prozent traurig gering.

Trotz einiger systembedingter Mängel der Erhebung dürfte ein aufgrund der verwendeten Datenmenge einigermaßen repräsentativer Überblick zustande gekommen sein, über den nachgedacht werden darf.

	Monografien	Aufsätze	Dissertationen	Diplom- und Magisterarbeiten	Gesamt
Gartengeschichte mehrerer Zeiten und Länder	40	12	1	2	55
Wörterbücher und Lexika	4	3			7
Gartengeschichte					
der Antike	4	20			24
des Mittelalters	2	15		1	18
der Renaissance	1	14		5	20
des Barock	6	11	2	4	23
des Landschaftsgartens	10	20	1	5	36
des Eklektizismus	1	8			9
des 20. Jahrhunderts	5	23	1	10	39
Gartengeschichte					
einzelner Orte und Kreise (Inland)	258	747	10	229	1244
einzelner Länder und Regionen (Inland)	57	65	2	10	134
allgemein (Inland)	9	22		2	33
allgemein (übriges Europa)	60	150	4	30	244
allgemein (Nordamerika)		11	1	2	14
allgemein (Islamische Länder)	3	10		1	14
allgemein (Ferner Osten)	10	9		8	27
Gartendenkmalpflege					
einzelner Orte (Inland)	30	409	3	384	826
einzelner Regionen (Inland)	1	53		2	56
allgemein (Inland)	13	161		3	177
allgemein (übriges Europa)		42		9	51
allgemein (übrige Welt)		1			1
Geschichte und Pflege					
der Friedhöfe einzelner Orte und Kreise (Inland)	101	63	1	20	184
der Friedhöfe einzelner Länder und Regionen (Inland)	7	6		1	14
der Friedhöfe (Inland)	8	12		3	23
der Friedhöfe (übriges Europa)	7	6		1	14
jüdischer Friedhöfe einzelner Orte und Kreise (Inland)	56	29		2	87
jüdischer Friedhöfe einzelner Regionen (Inland)	8	7			15
jüdischer Friedhöfe (Inland)	3	2		1	6
jüdischer Friedhöfe (übriges Europa)	3				3
der Kulturlandschaften	29	88		35	152
wissenschaftlicher Gärten	16	35	2	8	61
der Bauerngärten	9	30	1	3	43
der Kloster- und Pfarrgärten, Kreuzwege	3	10	2	19	34
von Kleingärten	7	10			17
von Schulgärten		6		4	10
von Spiel- und Sportanlagen		2		2	4

	Monografien	Aufsätze	Dissertationen	Diplom- und Magisterarbeiten	Gesamt
Geschichte und Pflege					
von Ausstattungselementen (In- und Ausland)	45	196	2	20	263
von Gewächshäusern	12	68		7	87
Biografien					
20. Jahrhundert	27	102	1	36	166
19. Jahrhundert	17	121	5	14	157
18. Jahrhundert und früher	6	39	1	1	47
Geschichte einzelner Betriebe	2	11		1	14
Geschichte					
des Gartenbaus	5	15			20
der Gartentechnik und Plangrafik	4	22		7	33
der Zimmer- und Balkongärtnerei	1	1			3
des Obstbaus	12	16	1	2	31
des Gemüsebaus	1	6			7
der Zierpflanzen	13	102		2	117
der Gemüse und Kräuter		1			1
der Pomologie	6	7			13
der Pflanzenverwendung	8	67	1	8	84
des Berufsstandes	5	8			13
von Institutionen	8	34		4	46
Ausbildung und Forschung		4			4
Museen, Museumsgärten, Institutionen	2	9			11
Gartengeschichte und Stadtplanung	9	33	2	22	66
Gartengeschichte und Literatur	25	44	2	4	75
Gartengeschichte und bildende Kunst	13	40		8	61
Gartengeschichte und Soziologie	8	41		2	51
Gartengeschichte und Philosophie		36		5	41
Geschichte der Pflanzen in Mythologie und Brauchtum	13	10		2	25
Geschichte der Gartengeschichte und -denkmalpflege		4			4
Geschichte der Landschaftsplanung	6	14		4	24
Reprints, Neuausgaben und Transkriptionen	58	14			72
Bibliografien, Buch- und Zeitschriftenwesen	24	52		1	77
Florilegien	13	12			25
Summe	1114	3236	46	959	5355

Thematische Aufteilung der 1987 bis 2001 erschienenen Arbeiten zu Gartengeschichte und Gartendenkmalpflege

Dr. Clemens Alexander Wimmer
Gartenhistoriker und Gartendenkmalpfleger. Beschäftigt sich seit der Promotion bei Dieter Hennebo 1985 freiberuflich mit Gärten und Ähnlichem. Zu höheren staatlichen Würden gelangte er nicht, wenn man von der Habilitation absieht, die ihm 2001 in Berlin zuteil wurde. Er fühlt sich in seinem Potsdamer Haus und Garten dennoch recht wohl und trägt hin und wieder zur Vermehrung der Fachliteratur bei.

DAS WISSEN ÜBER DIE WAHRNEHMUNG
VON GARTENKUNSTWERKEN IN IHRER ZEIT
UND IHRE INTEGRATION IN DIE GESCHICHTSSCHREIBUNG
KANN UNSER VERSTÄNDNIS
ÜBER IHRE BEDEUTUNG ERWEITERN.
ES DIENT LETZTLICH AUCH DER DENKMALPFLEGE.

John Dixon Hunt

PLÄDOYER FÜR EINE REZEPTIONSGESCHICHTE VON GÄRTEN

Die Geschichte stellt eine Erzählung dar, die von einer bestimmten Person an ein gegebenes Publikum unter gewissen Bedingungen herangetragen wird. Manchmal üben diese zufälligen Umstände ihren Einfluss auf die resultierende Geschichte in sichtbarer Weise aus, manchmal ist ihre Wirkung gering oder unscheinbar. Und es gibt noch andere Einschränkungen – nicht zuletzt dadurch, dass die Erzählung den wahren Sachverhalt wahrheitsgetreu wiedergeben sollte und ihre Grundelemente dokumentierbar sind.

Die Gartengeschichte ist da keine Ausnahme. Und für einen Großteil ihres Bestehens hat sie sich dafür entschieden, ihr Augenmerk auf die Gestaltung zu richten, d.h. auf die Übertragung der Form auf das Land durch Gärten und andere landschaftliche Veränderungen. Im Gegenzug sind diese Projektionen den Beiträgen von Gartenarchitekten und Mäzenen vorgelagert, zusammen mit denen der jeweiligen Technologien, die benutzt worden sind, um einen Entwurf umzusetzen. Bei einer Erzählung zur heutigen Arbeit oder der direkten Vergangenheit stehen Gartenarchitekt und Gestaltung im Brennpunkt des Interesses, da es oft die Architekten selbst sind, die ihre Arbeit präsentieren. Bernard Tschumis eigene Schriften über den Park La Villette sind zum Beispiel gänzlich symptomatisch für die Tatsache, wie die Geschichte einer modernen Stätte durch ihren Schöpfer überinterpretiert werden kann.

Die Quellen und Ressourcen einer solchen Geschichte sind zunächst die einzelnen Stätten selbst und das, was wir von ihren physischen Überresten ableiten können, ferner die Archivberichte zu Vorgang und Durchsetzung des Entwurfs sowie die verbalen und visuellen Nachweise in zeitgenössischen Schriften, die sich auf spezielle Schöpfungen und deren kulturellen Kontext beziehen. Eine der vielen Materialquellen in dieser letzten Kategorie ist der Beleg der von Besuchern gemachten Erfahrungen innerhalb dieser Schöpfungen, auf den man sich generell beruft, um eine Deutung der Gestaltung bzw. Neugestaltung einer Stätte zu unterstützen, wenn nach der ersten Projektion diese wesentlichen Veränderungen ausgesetzt waren.

Die »Geschichte der deutschen Gartenkunst«[1] von Dieter Hennebo und Alfred Hoffmann zum Beispiel veranschaulicht einen solchen Fall. Die Darstellung wird von Autoren vorgenommen, die sich im spezifischen, künstlerischen und kulturellen Material gut auskennen, ob die gedruckten Quellen nun stätten- oder archivspezifisch bzw. verbal- und visuellbezogen sind. Die longue duree der Gartenschöpfung vom Mittelalter bis zum frühen 19. Jahrhundert wird angesprochen und das Spektrum einer primär deutschen Geschichte erweitert, um sich, wo es sich anbietet, auf andere nationale Entwicklungen in einer immerhin sehr internationalen Kunstform zu berufen. Eine solche Erzählung wird natürlich um ihrer selbst willen vorgenommen, aber auch – wie in diesem Fall – aufgrund einer fortwährenden Besorgnis um die Erhaltung und den Schutz von Gärten. Dieses Interesse, dem innerhalb einer akademischen Institution landschaftsarchitektonischer Praxis nachgegangen wird, gibt der Gestaltungsgeschichte zwangsläufig eine bevorzugte Stellung, und zwar aus offensichtlichen Gründen. Um Gärten zu schützen und zu erhalten, müssen wir genau wissen, wie ihr ursprünglicher Zustand war und welche signifikanten Veränderungen es in verschiedenen und nachfolgenden Phasen der Revision und Umformung gab. Zeitgenössische Spezialisten sollten sich auch darum bemühen, die Entwurfsprozesse und -techniken früherer Kollegen auf demselben Gebiet zu verstehen.

In Anbetracht der festen Etablierung solcher Vorgehensweisen bei der Untersuchung historischer Gärten, von denen die Studie von Hennebo / Hoffmann so beispielhaft ist, möchte ich für eine Erzählalternative plädieren, die parallel zu anderen vorgetragen werden sollte. Dies wäre die Geschichte von der Nutzung der Gärten, ihrer Rezeption durch diejenigen, die nicht an ihrer Erschaffung beteiligt waren.[2] Das Material ist in vielen Fällen schon verfügbar, obwohl eine neue Geschichtsdarstellung zweifellos das Ausgraben und die genaue Überprüfung aktueller Dokumentationen erforderlich macht. Wir müssen jedoch darauf achten, dieses Material unabhängig von seiner Bestätigung eines ursprünglichen Gestaltungsprozesses zu verwenden. Wir haben uns dann zu fragen, was das Ausmaß und die Vorteile einer solchen Rezeptionsgeschichte wären. Sie würde ihr Augenmerk immer noch auf Hauptstätten richten, aber nicht etwa, weil diese Zeugen eines Gartenarchitekten sind, sondern weil sie eine Vielfalt an Reaktionen hervorgerufen haben. Andere Stätten anonymer oder geringerer Architekten würden eine entscheidende Rolle einnehmen, ebenso wie jenes große Materialgebiet, von dem wir normalerweise nicht wissen, was wir damit anfangen sollen – die imaginären Gärten der Schriftsteller und Maler.[3] Ein Beispiel dafür wäre jener bedeutende Vorschlag John Beales von 1659 zu einem Garten in den Backbury Hills von Herefordshire, der niemals ausgeführt wurde, aber, um zu verstehen, wie Gärten in einer Ära bedeutender Gartentheorie erlebt werden sollten, ein Dokument von beachtlicher Wichtigkeit darstellt.[4]

Eine Rezeptionsgeschichte müsste außerdem verschiedene Arten von Besuchern auseinanderhalten, diejenigen, die Erfahrungen aus dem näheren Umkreis aufzeichnen, sachkundig und vertraut mit den gestalterischen Initiativen des Mäzens, und diejenigen, die gänzlich von außen kommen und sich vielleicht auf örtliche Reiseführer, sobald diese Art von Publikation vorhanden war, verlassen. In der Bewertung der Besucherreaktionen würden wir uns von den selbstbestimmenden Etiketten befreien, die aus der Kunstgeschichte stammen und den früheren Kommentatoren normalerweise nie zugänglich waren: formal, informal, barock, rokokohaft. Selbst Erwartungen des Pittoresken müssen nach dem, was die Besucher unter diesem Begriff verstanden, überprüft werden. Diese Notwendigkeit, die Arten von Reaktionen, deren Motive und die sich daraus ergebenden Bedeutungen zu

[1] Hennebo, Dieter/ Hoffmann, Alfred: Geschichte der deutschen Gartenkunst. 3 Bde. Hamburg 1962–1965.

[2] Es gibt eine bedeutende und etablierte Tradition innerhalb der Literaturkritik, welche einen Vorschlag bezüglich der Methoden wie auch Vorzüge der Rezeptionsstudien macht, die der Gartengeschichte angepasst werden könnten. Dies ist nicht der richtige Ort, um die Hauptargumente zu wiederholen, die meist das Lesen von geschriebenen Texten betreffen. Aber da der Hauptexponent der Rezeptionstheorie, Wolfgang Iser, interessanterweise ein Deutscher ist, der mit der Schule der Rezeptionsästhetik an der Universität Konstanz in Verbindung stand, lohnt es sich an dieser Stelle, seinen Beitrag zu erwähnen und darauf hinzuweisen, dass seine Unterscheidung zwischen Rezeption und Wirkung sehr nützlich für die Diskussion ist.

Painshill. Blick auf die Grotte, 1999

[3] Ich habe versucht, Wege zu finden, diese Masse an imaginären Gärten in unser historisches und theoretisches Denken einzubauen. Siehe hierzu die von mir verfasste Monografie: Greater Perfections. The Practice of Garden Theory. London 1999, Kap. 5/6. Dieses Thema erfordert eine viel intensivere Diskussion.

[4] Ich habe dieses Beale-Projekt ausführlich besprochen: Ebd., Kap. 7. Der Text von Beales Brief wurde im Anhang des Bandes transkribiert, er befindet sich in: Samuel Hartlib and Universal Reformation. Studies in Intellectual Communication. Hrsg. v. Mark Greengrass, Michael Leslie, Timothy Rylor. Cambridge 1994. Vgl. auch von Peter Goodchild: No Phantasticall Utopia, but a Real Place: John Evelyn, John Beale, and Backbury Hill, Herefordshire. Garden History 19 (1991), S. 106–127.

[5] Symes, Michael: William Gilpin at Painshill. The Gardens in 1772. Painshill Park Trust 1994; Clarke, George (Hrsg.): Descriptions of Lord Cobham's Gardens at Stowe 1700–1750. Buckingham Record Society. Nr. 26 (1990), letztere Materialien sind ergiebig und komplex, und mit meinen kurzen Vorschlägen hier ist deren Potential noch längst nicht ausgeschöpft.

Stowe. Blick auf den Gothic Temple, 1999

unterscheiden, muss ebenfalls auf verbale und visuelle Darstellungen der Stätten angewandt werden. Wir könnten beispielsweise eine rudimentäre Taxonomie grafischer Arbeit erstellen. Manches davon wäre dann die Art, wie der Gartenarchitekt den Arbeitern vor Ort mitteilt, was sie zu tun haben. Das Nächste, das den von Alberti beschriebenen Prozess zeigt, würde demonstrieren, wie der Architekt seine eigenen Zweifel über ein Projekt klärt. Ein Weiteres könnte schließlich der Versuch des Gartenarchitekten sein, mit Modellen oder perspektivischen Zeichnungen ein Laienpublikum zu erreichen. Letzteres beinhaltet ansatzweise die Erwartungen des Architekten bezüglich der Besucherreaktionen, aber es gibt noch eine weitere Kategorie rein visueller und verbaler Reaktionen der Besucher auf eine Szene nach abgeschlossener Gestaltung und Umsetzung. Ein gutes Beispiel hierfür wäre William Gilpin bei Painshill, der Aussichten und Aussichtsplattformen zusammen mit einer groben Landkarte skizziert, um seine eigenen Schritte durch die Parkszenerie zu rekonstruieren. Gleiches gilt für die zusammengetragenen Dokumente zu Besuchen der Gärten von Stowe.[5] Das Interessante an diesem Materialkorpus ist, wie sehr sich diese Sicht auf die Gärten von Stowe von unserer konventionellen Geschichte der Stätte unterscheidet. Wir neigen dazu, die langsame Auflösung der geraden Linien, der Parterres, der axialen und anderen geometrischen Formen zu registrieren, doch jene Besucher waren von der Komplexität der Stätte fasziniert, den verschiedenen Erlebnissen innerhalb ihres Raumes und deren Architektur und Skulpturen sowie dem Verhältnis des schon überdimensionalen Gartens zu dem viel größeren Waldgebiet, das ihn umgab.

Beide Beispiele, jenes von Gilpin, dem Popularisierer des pittoresken Reisens in England gegen Ende des 18. Jahrhunderts, und die vielbesuchten Gärten von Stowe, ergeben ein weiteres wichtiges Element einer Rezeptionsgeschichte. Es gab ganz offensichtlich eine beträchtliche Zunahme an Berichten über Besucherreaktionen zur Zeit der Entwicklung des »modernen« Gartens, wie Horace Walpole und andere es nannten. Georg Gadamer argumentierte, dass ein besonderes Interesse an bzw. eine Beschäftigung mit dem »Erlebnis« ein Schlüsselmerkmal der Moderne sei. Doch ist es nicht einfach eine Frage der Menge an Beschreibungen, die sich dem Erleben von Gärten im Verlauf des 18. Jahrhunderts widmen. Dies könnte man genauso mit den zunehmenden Reisemöglichkeiten für die entstehende Klasse der Touristen begründen. Es ist die Tatsache, dass die Frage des Erlebens zum ersten Mal in technische Diskussionen zur Gestaltung eingebunden wird, was Abhandlungen wie Thomas Whatelys »Observations on Modern Gardening« (1770), Claude-Henri Watelets »Essai sur les jardins« (1774) oder Christian Cay Lorenz Hirschfelds »Theorie der Gartenkunst« (1775, 1779–1785) zeigen.

Die Rolle des Besuchers beginnt eine genauso große Bedeutung anzunehmen wie die des Gartenkünstlers im modernen Gartenwesen, das sich im späten 18. und frühen 19. Jahrhundert quer über Europa verbreitete. Indem wir jedoch mit der unbestreitbaren Betonung der Rezeption im »neuen« Gartenwesen konfrontiert werden, denke ich, können wir auch langsam erkennen, dass es früheren Gärten ebenfalls nicht an sehr wichtigen Rezeptionsberichten mangelte, freilich fragmentarischer und in der Anzahl weniger. Man denke nur daran, was uns die Notizen des Michel de Montaigne oder die Skizzen des Giovanni Guerra über italienische Gärten des späten 16. Jahrhunderts verraten könnten, wenn wir sie weniger als Bestätigungen einer architektonischen Gestaltungsgeschichte interpretieren, sondern im Sinne einer selbständigen Dokumentation darüber, wie diese Gestaltung aufgenommen und erfahren wurde. Dies sind Schlüsselaspekte einer Gartengeschichte, die nicht nur zu wenig Beachtung innerhalb unserer Darstellungen finden, sondern diese vielleicht erheblich verändern würden, wenn sie mehr Berücksichtigung fänden. Was zum Beispiel die Aussage der Gärten und ihre Ikonografie betrifft, ein Bereich, dem Gartenhistoriker aus der Kunstgeschichte wie auch der Literaturwissenschaft eine große Bedeutung beimessen, ist festzustellen, dass viele Besucher das, was anderen Dokumenten zufolge ursprünglich als die Botschaft des Gartens intendiert war, entweder vernachlässigten oder nicht bemerkten. Ferner erweitern die Agenden der Besucher oder deren instinktive Reaktionen auf einen Garten wie Pratolino oder die Villa Lante unser Verständnis für das, was jene Orte eventuell bedeuteten.

Wenn unser Interesse bezüglich historischer Gärten u. a. in der Frage liegt, wie wir sie erhalten, dann muss die Wahrnehmung der Gepflogenheiten des Geistes und des Verhaltens, die ursprünglich Einfluss auf das Besuchen von Gärten hatten, zu einem wesentlichen Werkzeug werden. Wir mögen zwar die physische Stätte mit großer Genauigkeit und mit Sorgfalt in den Details in ihrer ursprünglichen Form wieder rekonstruieren können, aber wir müssen auch sicherstellen, dass unsere heutigen Besucher Zugang zu den Bedeutungen und Erlebnissen erhalten, die solche Stätten ursprünglich hervorriefen. Nachdem eine besondere Stätte sich verändert und über viele Generationen hinweg Besucher empfangen hat, wird es ferner eine ganze Geschichte der Reaktionen geben, ein Palimpsest an Interpretationen. Diese sind, so möchte ich behaupten, ein genauso wichtiger Bestandteil der Bedeutung der jeweiligen Stätte wie das, was wir von ihren verschiedenen physischen Erscheinungsformen wissen.

Prof. Dr. John Dixon Hunt
Professor der Landschaftsgeschichte und Landschaftstheorie an der University of Pennsylvania, dort 1994 bis 2000 Vorsitzender des Instituts für Landschaftsarchitektur. Herausgeber der Zeitschrift »Studies in the History of Gardens« und der Serie »Penn Studies in Landscape Architecture« (University of Pennsylvania Press).
Autor zahlreicher Bücher und Artikel, jüngste Publikation: »The Picturesque Garden in Europe« (London 2003). Zur Zeit Beschäftigung mit einer Aufsatzreihe unter dem Titel »The Afterlife of Gardens« zur Rezeption von Gärten (im Auftrag des Verlages Reaction Books in London, erscheint voraussichtlich 2004).

Stowe. Temple of Concord and Victory (Detail), 1999

Wachsendes Interesse an Gartenkunst und ihrer Geschichte bedingt heute auch museale Präsentationen von beweglichen Zeugnissen der Gartenkultur. Sie dienen der Wissensaufbereitung und Wissensvermittlung. Vor allem können sie Zusammenhänge aufzeigen und zu weiterer Beschäftigung mit dem Thema anregen.

Rainer Herzog

Gartenkunst im Museum – Das Beispiel Schloss Fantaisie bei Bayreuth

Schloss Fantaisie mit Teppichbeet und Skulpturenschmuck aus der Phase des Historismus. Ansicht von Nordwesten, 2000

Gartenkunst-Museum Schloss Fantaisie. Luftaufnahme von Norden, 2002

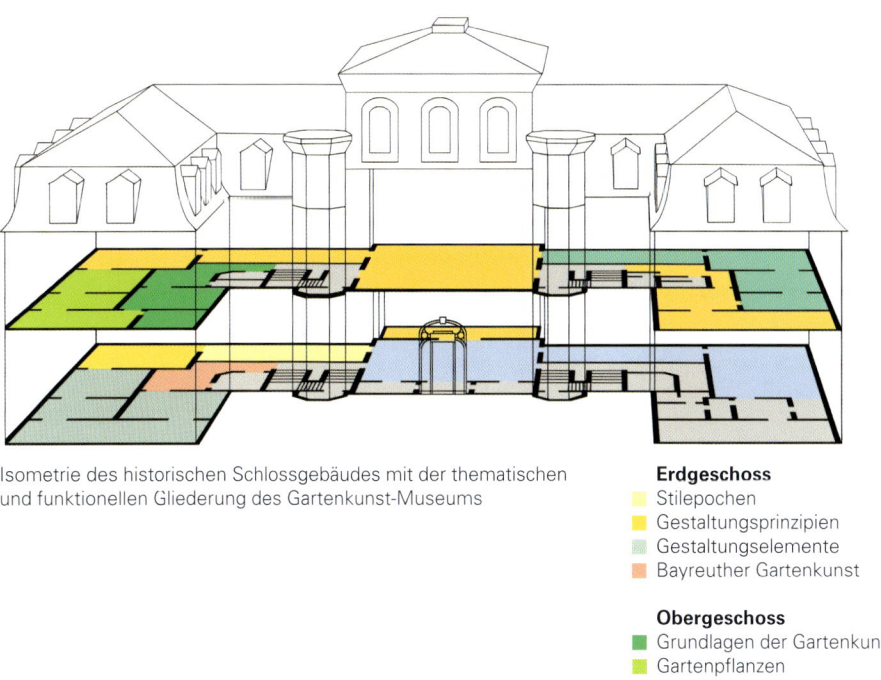

Isometrie des historischen Schlossgebäudes mit der thematischen und funktionellen Gliederung des Gartenkunst-Museums

Erdgeschoss
- Stilepochen
- Gestaltungsprinzipien
- Gestaltungselemente
- Bayreuther Gartenkunst

Obergeschoss
- Grundlagen der Gartenkunst
- Gartenpflanzen
- Schloss und Park Fantaisie
- Gartennutzung

Museumskonzept und Bildungsziel

In Deutschland wird das Wissen über die Geschichte der Gartenkunst traditionell durch Publikationen, Gartenführungen und Vorträge vermittelt, seit den 1950er-Jahren zunehmend auch durch temporäre, zuweilen sogar ständige Ausstellungen, die allerdings meist eine enge thematische oder lokale Eingrenzung aufweisen. Mit dem »Gartenkunst-Museum Schloss Fantaisie« eröffnete die Bayerische Verwaltung der staatlichen Schlösser, Gärten und Seen im Juli 2000 das erste deutsche Museum, das ausschließlich die Geschichte der Gartenkunst thematisiert. Spezielle Gartenkunstmuseen bieten die Möglichkeit, dauerhaft ein breit gefächertes Spektrum gartenhistorischer Themen in größeren zeitlichen, stilistischen, territorialen, geistigen und gesellschaftlichen Zusammenhängen zu verdeutlichen. In Erfüllung ihrer klassischen Aufgaben, originale Objekte aus vergangener Zeit zu sammeln, zu erforschen, öffentlich zu präsentieren und didaktisch zu erschließen, können sie Impulse zur weitergehenden Beschäftigung mit Gartenkunstgeschichte geben und dadurch zum Verständnis und letztlich zur Bewahrung des überkommenen gartenkulturellen Erbes beitragen.

Das Gartenkunst-Museum Schloss Fantaisie hat die Aufgabe, eine breite Öffentlichkeit über die Geschichte der Gartenkunst als Teil der Kunst- und Kulturgeschichte eingehend zu informieren. Bei der Ausarbeitung und Umsetzung des Museumskonzeptes ist allerdings darauf verzichtet worden, die Geschichte des Gartens erschöpfend darzustellen. Vielmehr wurde eine sinnvolle Beschränkung auf relevante und für die Mehrzahl der Besucher interessante Aspekte der Gartengeschichte vom 17. bis zum 19. Jahrhundert in Verbindung mit einer regionalen Begrenzung auf Süddeutschland, insbesondere auf Bayern und Franken, vorgenommen. Das vorrangige Bemühen bestand darin, Gartenkunstgeschichte anschaulich, einprägsam und lebendig zu erläutern, wobei dem originalen Objekt als Exponat, seiner Präsentation in einem schlüssigen Kontext und der Wissensvermittlung durch fachlich präzise und gut verständliche Ausstellungstexte besonderer Stellenwert beigemessen wurde. Hinzu kam die Absicht, die Museumsbesucher durch die Gestaltung der Ausstellung emotional anzusprechen und die verschiedenen Themen durch Abwechslungsreichtum, Farbenfreude und Überraschungseffekte sinnlich erfahrbar zu machen. Aufgrund seines didaktisch beispielhaften Konzeptes und seiner informativen Vorstellung im Internet fand das Gartenkunst-Museum Schloss Fantaisie inzwischen Eingang in das Geschichtslehrbuch der bayerischen Realschulen.

Als Museumsgebäude dient das von 1762 bis 1765 erbaute und 1850 teilweise umgestaltete Schloss Fantaisie. Unter Beachtung seiner architektonischen Gegebenheiten werden in zwanzig Räumen zwanzig Aspekte der Gartenkunstgeschichte behandelt, die wiederum zu einer inhaltlich sinnvollen Abfolge von sieben thematischen Einheiten zusammengefasst sind: I. Stilepochen (vom Mittelalter zur Moderne), II. Gestaltungsprinzipien (regelmäßige und landschaftliche Gartenkunst), III. Gestaltungselemente (Skulptur, Wasser, Bauwerke), IV. Grundlagen der Gartenkunst (Literatur, Personal, Werkzeug), V. Gartenpflanzen (Blumen, Obst und Gemüse, Orangen und Palmen), VI. Schloss und Park Fantaisie (Geschichte und Gestaltung, »Weißer Saal« als originärer Festsaal), VII. Gartennutzung (Möbel und Zierrat, Feste und Spiele, Kloster-, Bauern- und Bürgergärten, Volksgarten). In der Übergangszone zwischen Erd- und Obergeschoss wird außerdem das Sonderthema »Bayreuther Gartenkunst« behandelt. Am Ende des Museumsrundgangs steht noch einmal Fantaisie im Mittelpunkt: mit der »Galerie berühmter Besucher« und der Kopie des so genannten Spindler-Kabinetts, einer Raumvertäfelung, die der zunächst in Bayreuth und später in Potsdam tätige Ebenist Johann Friedrich Spindler 1765 für Schloss Fantaisie schuf.

Exponat und Didaktik

Bei der Vorbereitung und Einrichtung des Museums wurde besonderes Augenmerk auf die Sammlung und Auswahl der Exponate gelegt, um anhand originaler Ausstellungsstücke die Geschichte der Gartenkunst in einem logischen Zusammenhang vermitteln zu können. Die ausgestellten Kunstwerke wurden folglich nicht einfach aneinander gereiht, sondern konsequent zueinander in Beziehung gesetzt. Anhand einiger Beispiele sollen Aufgabe und Bedeutung der Exponate im konzeptionellen und didaktischen Kontext dargelegt werden.

Zur Einstimmung der Museumsbesucher auf das Thema Garten hängen im Foyer des Museums zwei Gemälde aus der Mitte des 18. Jahrhunderts gegenüber, die die Gegensätze bei der Gartenarbeit veranschaulichen: »Der Gärtner« verdeutlicht die gärtnerische Arbeit als mühevollen Broterwerb, aber auch den Stolz des Fachmanns auf das Ergebnis seines Wirkens; der »Knabe als Gärtner« spiegelt dagegen die gärtnerische Tätigkeit zum Zeitvertreib und die daraus erwachsende Freude wider.

Die im Museum anschließend vorgestellte, über einen Zeitraum von dreieinhalb Jahrhunderten reichende Entwicklung bayerischer Gartenkunst wird am Anfang und am Ende des Ausstellungsrundgangs durch zwei singuläre Exponate markiert: Im Foyer wird der einzige überkommene, jedoch im Zweiten Weltkrieg beschädigte Pfeiler einer um 1600 errichteten Pergola des bereits im 18. Jahrhundert völlig unterge-

Der Gärtner. Gemälde, deutsch, um 1750

gangenen Hortus Eystettensis präsentiert. Den zeitlichen Gegenpol dazu bildet im letzten Ausstellungsraum das Architekturmodell des Chinesischen Turms, das um 1950 im Zusammenhang mit dem Wiederaufbau des 1944 vollständig zerstörten Wahrzeichens des Englischen Gartens in München entstand. Beide Exponate machen eindringlich die Veränderungen oder gar Verluste bewusst, denen Gartenkunstwerke durch fehlenden Schutz, unzureichendes Wissen, mangelnde Pflege oder Zerstörungen durch Krieg und Naturkatastrophen ausgesetzt sind.

Das Ausstellungskonzept zielt auf die pointierte Darstellung relevanter Entwicklungen und Erscheinungen der Gartenkunst. So werden etwa die beiden grundsätzlichen Gestaltungsprinzipien, die regelmäßige und die landschaftliche Gartenkunst, im direkten Vergleich gegenübergestellt und ihre wesentlichen Gestaltungsmerkmale an den Gartenmodellen von Schleißheim und Schönbusch erläutert. Auch die fünf relevanten Gestaltungsformen des Wassers – Fontäne, Kaskade, Kanal, See und Bach – werden exemplarisch am Beispiel nur eines Gartens, des Schlossparks Nymphenburg, anhand von fünf eigens für das Museum produzierten Kurzfilmen vorgestellt. Stellvertretend für die Gartenskulptur des 18. Jahrhunderts stehen die Veits-

Knabe als Gärtner. Gemälde, französisch, um 1760

Literatur

Beer, Doris u.a.: Entdecken und Verstehen. 8. Realschule Bayern. Berlin 2002.

Habermann, Sylvia: Bayreuther Gartenkunst. Die Gärten der Markgrafen von Brandenburg-Culmbach im 17. und 18. Jahrhundert. Worms 1982.

Herzog, Rainer: Das Gartenkunst-Museum in Schloß Fantaisie bei Bayreuth. Geschichte – Konzeption – Realisierung. In: Jahrbuch der Stiftung Thüringer Schlösser und Gärten. Bd. 3 (1999). Lindenberg 2000, S. 128–134.

Ders.: Das Gartenkunst-Museum Schloß Fantaisie. Zur Entstehung, Einrichtung und Nutzung des ersten gartengeschichtlichen Museums in Deutschland. In: ARX. Burgen und Schlösser in Bayern, Österreich und Südtirol. 24. Jg. (2002), Nr. 1, S. 9–15.

Ders.: Die Pflanzenhäuser im Schloßpark Fantaisie. Ein Rekonstruktionsversuch. In: »Von der vortrefflichen Orangerie ...« und andere Gartengeschichten. Festschrift für Heinrich Hamann. Potsdam 2002, S. 208–223.

Janowitz, Esther: Gartenkunst-Museum Schloss Fantaisie. Museumsführer. München 2000.

Rohde, Michael: Gartenkunstmuseen oder Ausstellungen? In: Stadt und Grün. 50. Jg. (2001), Nr. 9, S. 619–623.

Sangl, Sigrid: Das Spindler-Kabinett. Ein Kleinod deutscher Ebenistenkunst aus Schloß Fantaisie. In: Weltkunst. 70. Jg. (2000), Nr. 8, S. 1368–1371.

Strebel, Inés: Die Gartenanlage von Schloß Fantaisie in Donndorf von 1757 bis 1795. In: Archiv für Geschichte von Oberfranken. Bd. 70. Bayreuth 1990, S. 123–206.

Internet: www.gartenkunstmuseum.de

höchheimer »Allegorien der vier Jahreszeiten« von Ferdinand Tietz und für die Gartenplastik des 19. Jahrhunderts die »Amazone« von August Kiss, deren ursprünglicher Standort im Schlosspark Fantaisie durch den inszenierten Blick aus dem Fenster des Ausstellungsraumes wirkungsvoll einbezogen wird.

Das Thema Gartenliteratur sollte zunächst in Form einer Fachbibliothek präsentiert werden, um die Vielzahl und das Spektrum gartenbaulicher und gartenkünstlerischer Publikationen zu verdeutlichen. Im verwirklichten Konzept wurde die »Literatur zur Gartenkunst« letztlich auf drei Bücher beschränkt, die aber von herausragender Bedeutung für die deutsche Gartenkunst des 18. und 19. Jahrhunderts waren und dementsprechend wie Pretiosen gezeigt werden: »La Théorie et la Pratique du Jardinage« von Antoine Joseph Dezailler d'Argenville mit der deutschen Übersetzung von Frantz Anton Danreitter, »Observations on the Theory and Practice of Landscape Gardening« von Humphry Repton und »Lehrbuch der schönen Gartenkunst« von Gustav Meyer. Diese Traktate werden von zwei Pflanzenbüchern gerahmt, die als Besonderheiten der botanischen Literatur gelten und zudem eine 300 Jahre umspannende Entwicklung der wissenschaftlichen Buchillustration widerspiegeln: das 1543 erschienene »New Kreuterbuch« von Leonhard Fuchs mit seinen großformatigen Holzschnitten und Jane Loudons »The Ladies' Flower-Garden« mit handkolorierten Lithografien aus dem Jahre 1843.

Beim Thema Gartenmöbel stehen zwei um 1900 gefertigte Liegestühle in unterschiedlicher Ausführung zwei repräsentativen Bänken gegenüber, die ihrerseits eine mehr als einhundertjährige Entwicklung der Gartenmöblierung dokumentieren: eine in der ersten Hälfte des 18. Jahrhunderts entstandene Holzbank aus dem Hofgarten Dachau und eine 1855 in England hergestellte Gusseisenbank mit reichem neogotischen Dekor. Ergänzend zeigt das Gemälde »Schluss der Saison« von Friedrich Stahl die verschiedenartige Möblierung eines öffentlichen Parks um 1900. Abgerundet wird das Thema durch einen Katalog mit Darstellungen unterschiedlicher Gartenmöbel aus Johann Gottfried Grohmanns »Ideenmagazin« und Friedrich August Leos »Magazin für Freunde des guten Geschmacks« – allerdings in Form von Reproduktionen, denn hier sind die Besucher zum Blättern eingeladen.

Schließlich sei noch auf die »Höfische Gartenszene« von Peter Jakob Horemans, dem Hofmaler der bayerischen Kurfürsten Karl Albrecht und Max III. Joseph, hingewiesen. Das um 1750 entstandene Gemälde dokumentiert die Vermischung von Elementen des Zier- und Nutzgartens, die im 18. Jahrhundert zum Beispiel für die Hofgärten in München, Würzburg und Veitshöchheim belegt ist. Da den Gartenfrüchten in diesem Gemälde eine zentrale Rolle zukommt, wurde es dem Thema Obst und Gemüse zugeordnet. Ein Ausschnitt des Gemäldes wurde gleichzeitig als Schlüsselmotiv des Gartenkunst-Museums Schloss Fantaisie ausgewählt und als Titelbild des Museumsführers, der Werbematerialien und des Internet-Auftrittes verwendet.

Der Garten als Exponat

In den Ausstellungsräumen wird die Geschichte der Gartenkunst anhand von Gemälden, Grafiken und Büchern, Gartenplänen und Gärtnerlehrbriefen, Architektur- und Gartenmodellen, Skulpturen, Porzellan, Gartenmöbeln, -zierrat und -werkzeugen erschlossen.

Foyer des Gartenkunst-Museums mit dem Fragment der Pergola aus dem Hortus Eystettensis, um 1600

Themenraum »Volkspark« mit dem Architekturmodell des Chinesischen Turms im Englischen Garten München, um 1950

Höfische Gartenszene. Gemälde von Peter Jakob Horemans, um 1750

Rainer Herzog
Geb. 1949. Abitur, danach Gärtnerlehre, Studium der Gartengestaltung und Landeskultur an der Humboldt-Universität Berlin und Landschaftsarchitektur an der Technischen Universität Dresden, Dipl.-Ing. 1976 bis 1983 Leiter des Barockgartens Großsedlitz, 1986 bis 1990 wissenschaftlicher Mitarbeiter der Wilhelma Stuttgart. Seit Juli 1990 stellvertretender Leiter der Gärtenabteilung der Bayerischen Verwaltung der staatlichen Schlösser, Gärten und Seen.
Zahlreiche Veröffentlichungen zur Gartenkunstgeschichte und Gartendenkmalpflege.

Die Einmaligkeit des Gartenkunst-Museums Schloss Fantaisie liegt jedoch im Zusammenwirken von Ort und Thema, in der wechselseitigen Verknüpfung von gartenhistorischer Ausstellung und historischem Garten. Zum einen ergeben die inszenierten Ausblicke aus den Fenstern verschiedener Themenbereiche in den Schlosspark eine wesentliche inhaltliche Erweiterung und Vertiefung der Ausstellung. Zum anderen bildet der historische Park die unverwechselbare Umgebung des Schloss- und damit des Museumsgebäudes. Mit seinen originalen Gestaltungselementen aus drei bedeutenden Entwicklungsphasen der deutschen Gartenkunst (Rokoko, Empfindsamkeit, Historismus) vermittelt er den Besuchern ein hohes Maß an gartenhistorischer Authentizität, vor allem aber die reizvolle Erfahrung, ein reales historisches Gartenkunstwerk mit allen Sinnen erleben zu können. Im Schlosspark wird zudem der unmittelbare Eindruck der zeitgenössischen Verwendung der Pflanzen als maßgebende Gestaltungselemente des historischen Gartens verdeutlicht, von Blumen und Blattpflanzen auf den Zierbeeten über alte Obstsorten und Spalierformen im Nutzgarten bis hin zu Heckenwänden und Laubengängen als »grüne Architektur« im formalen Gartenteil und fremdländischen Gehölzen als vegetabile Akzente der landschaftlichen Parkräume. Im 1764 erbauten Gartenpavillon werden überdies Wechselausstellungen von Gegenwartskünstlern zum Thema Garten bzw. Informationsausstellungen zu gartendenkmalpflegerischen Maßnahmen durchgeführt. Nicht zuletzt hat Fantaisie den Vorteil, dass sich mit Sanspareil, dem Hofgarten und der Eremitage drei bedeutende Objekte der Bayreuther Gartenkunst in unmittelbarer Nachbarschaft befinden.

Die bisherigen Erfahrungen zeigen, dass die im Gartenkunst-Museum Schloss Fantaisie dargebotene Wissensvermittlung zur Geschichte der Gartenkunst in Form einer komplexen musealen Einrichtung in direkter Verbindung mit einem vielfältigen gartenkulturellen Erbe positive Resonanz bei einem breiten Publikum findet und bei zahlreichen Besuchern sogar nachhaltiges Interesse für historische Gärten weckt.

DIE NEUEREN FORSCHUNGEN ÜBER
GARTEN- UND LANDSCHAFTSARCHITEKTUR
BERÜCKSICHTIGEN ZUNEHMEND ZUSAMMENHÄNGE
VON ENTSTEHUNG, REALISIERUNG UND NUTZUNG
DER GÄRTEN ODER LANDSCHAFTEN
UND REFELEKTIEREN ÜBER REZEPTIONEN.
DIE BEDEUTUNG DER OBJEKTE WIRD
DIFFERENZIERTER BEWERTET.

Michel Conan

DIE KRITISCHE REZEPTION VON GÄRTEN UND LANDSCHAFTEN

Ich kam mit Dieter Hennebo zu Beginn der Vorbereitungen für ein Kolloquium zur sozialen Rezeption von Barockgärten zum ersten Mal in Kontakt. Es schien passend, ihn um einen Beitrag zu einer anderen Sichtweise zu bitten, um unser Verständnis von der künstlerischen Bedeutung barocker Gärten zu erweitern, nachdem er sich so viele Jahre lang mit der wissenschaftlichen Untersuchung von historischen Gärten beschäftigt hatte. Da ich seinen Beitrag zu einer Ausstellung zum 300. Jubiläum des Großen Gartens Hannover-Herrenhausen kannte, hatte ich gehofft, dass es ihn reizen würde, uns einen Artikel über die Rezeption dieser Gärten zu liefern. Stattdessen schlug er vor, dass wir uns an jüngere Wissenschaftler wenden sollten. Schließlich luden wir Roland Puppe ein, der einen sehr interessanten Vortrag über sächsische Barockgärten (1697–1763), den Bankettsälen der Natur, auf der Dumbarton Oaks Tagung hielt. Ich möchte hier die Diskussionen beschreiben, die zur Organisation dieses Symposiums führten, als Demonstration der Kontinuität innovativer Beschäftigung mit der Gartengeschichte durch jüngere Wissenschaftler, welche die Pionierarbeit von Hennebo weiterführen. Es ist ein Tribut jüngster Entwicklungen in der Gartengeschichte an einen Wegbereiter der Erneuerung dieses Untersuchungsgebietes.

Während seines letzten Jahres als Leiter der Landschaftsstudien in Dumbarton Oaks hatte Joachim Wolschke-Bulmahn eine Tagung zum Thema Umweltschutz und Landschaftsarchitektur initiiert. Es war die Folge einer sehr anregenden Diskussion über die Rolle der Landschaftsarchitektur in der Verbreitung von Ideen, Absichten und Bedeutungen, die Landschaftsarchitekten ihren Projekten beimessen. Sie war von ihm zusammen mit Gert Gröning ausgelöst worden, vor allem durch seine eigenen Publikationen zur Verteidigung und Darstellung rassistischer Ideologien deutscher Landschaftsarchitekten unter dem nationalsozialistischen Regime und zum pro-einheimischen Pflanzenbestand, der von amerikanischen Landschaftsarchitekten befürwortet wird. Wie so viele gelehrte Diskussionen, die an die nationale Identität der Beteiligten grenzen, geriet auch diese außer Kontrolle. Sie kreiste um den zentralen Grundsatz eines Großteils der Gartengeschichte, nämlich, dass die Bedeutung eines Landschaftsentwurfs den Absichten entstammt, die durch den Auftraggeber und den Landschaftsarchitekten in der Bepflanzung, Architektur und Komposition umgesetzt werden, und den entwurfstechnischen Absichten, denen sie nacheifern. Dieser letzte Aspekt ist fundamental, denn er rechtfertigt die enorme Anstrengung, Vorbilder und Einflüsse in irgendeinem Werk ausfindig zu machen, als würde man die Etymologie seiner Bedeutung rekonstruieren. Folglich, wenn ein Entwurf von Jens Jensen Landschaftsmustern nachempfunden ist, die Nazi-Ideologien verkörpern sollen, dann fühlen wir uns vielleicht genötigt, zu behaupten, dass die Anspielung auf diese Ideologien zur Bedeutung des Entwurfs beiträgt. Darüber wurde heftig debattiert, wie man sich vorstellen kann.

Wir mögen uns jedoch die Frage stellen, ob die Nachahmung der Form eine Heraufbeschwörung der Bedeutung auch dann zur Folge hat, wenn die Formen in einen neuen kulturellen Kontext befördert werden, und auch, ob die Bedeutung einer Landschaft sich wirklich auf den Sinn beschränkt, den ihre Schöpfer ihr verleihen wollten. Man könnte behaupten, dass die Reaktion der Öffentlichkeit auf ein spezifisches Kunstwerk ihm neue Bedeutungen zukommen lässt, und die Signifikanz einer Landschaft, bis die Akzeptanz des Werkes durch seine Benutzer klar dokumentiert worden ist, nie vollständig etabliert sein kann. Dies wirft andere Themen auf, wie zum Beispiel die Frage nach dem jeweiligen Wert entgegengesetzter Beurteilungen eines Gartens zu verschiedenen Zeitpunkten in seiner Geschichte. Sind die Gärten von Versailles also als bedeutsam zu erachten, weil sie eine perfekte Antwort auf ihre natürliche Umgebung darstellen, wie John Evelyn behauptet, oder weil sie ein Symbol des Autoritarismus bilden, wie vom »Spectator« vorgeschlagen?

Die Diskussionen 1997 in Dumbarton Oaks über den Einfluss des Umweltschutzes auf die Landschaftsarchitektur lieferten einige bemerkenswerte Beispiele zur Kluft zwischen den Absichten, die ein landschaftliches Entwurfsprojekt verkörpert, und den Gründen, weshalb die Öffentlichkeit seine Bedeutung anerkennt. Gregory Cushman präsentierte eine Geschichte des Highway Bauprogramms im Staat Texas in der direkten Folgezeit der Weltwirtschaftskrise. Texas war aufgrund von Naturkatastrophen schon fast ruiniert, als die Wirtschaftskrise ausbrach. Straßen und Brücken waren durch Hochwasserfluten zerstört. Ein neues Straßenbauprogramm wurde unter der Leitung des holländischen Landschaftsarchitekten Jac Gubbels (1897–1976) vorgenommen, der danach strebte, aus seinem Entwurf eine Quelle des Lernens über die notwendige Achtung vor der Umwelt zu machen. Das Programm wurde von den ersten Nutzern als Erfolg gefeiert, die es als Einladung für den Tourismus und als pittoreske Wertschätzung der Natur verstanden.

Ein ähnliches Schicksal widerfuhr den sehr interessanten Entwürfen einer modernistischen Landschaft, die Campern und Autofahrern von der Ostküste durch die »Tennessee Valley Authority« zugänglich gemacht wurde. Brian Black hat darauf verwiesen, dass die ausschließliche Reaktion darauf die eines pittoresken Gefallens an den Seen, Wäldern und Schluchten gewesen sei, trotz der großen Bemühungen der föderalen Regierung, ein umweltbewusstes Verständnis für dieses Projekt zu verbreiten, und trotz anderer ähnlicher Projekte, die einige Jahre vor Ausbruch des Zweiten Weltkrieges in Erwägung gezogen wurden. Die ideologische Botschaft ging völlig an den Besuchern vorbei. Die Tatsache wurde nicht beachtet, dass die »Tennessee Valley Authority« die Fähigkeit einer föderalen Administration, das Land bestmöglich für die öffentliche Wohlfahrt zu verwalten, unter Beweis stellte, wo private Initiativen nur katastrophale Folgen für Umwelt, Familie und Zukunft ausgelöst hatten. Auf derselben Tagung erklärte Paul Kelsch, der persönlich Nachforschungen in New York betrieben hatte, wie die Öffentlichkeit den kleinen Garten »Time Landscape« aufgenommen hatte, der von Alan Sonfist geschaffen worden war. Dieser wollte verschiedene Waldarten darstellen, die auf der Insel von Manhattan vorkamen, indem er einen dreistufigen Garten baute und es der Natur selbst überließ, ihrer Entwicklung nachzugehen. Diese poetische Idee kann verschiedenartig interpretiert werden. Der Park wurde vonseiten begeisterter Ortsbewohner angenommen. Sie fassten den Entschluss, den Park zu säubern, die toten Blätter zusammenzurechen, nicht-heimische Pflanzenarten zu entfernen und heimische zu pflanzen. Somit konterkarierten sie die Absichten des Künstlers, die Natur sich selbst zu überlassen, und verunstalteten diesen Ort. Sicherlich könnte man dieser Tagung noch weitere Beispiele entnehmen, aber sie würden nur dieselbe Aussage bekräftigen, dass die Nutzer einer öffentlichen Landschaft dieser eine Bedeutung geben, die ihrer jeweiligen Auffassung, wie sie Natur oder Geschichte deuten, entspricht. Immer wenn die Interpretationen sich stark von den Absichten des Architekten oder Auftraggebers unterscheiden, ist es wahrscheinlich, dass deren Arbeit hochgradig missverstanden wird.

Literatur

Gröning, Gert/Wolschke-Bulmahn, Joachim: Politics, Planning and the Protection of Nature. Political Abuse of Early Ecological Ideas in Germany 1933–1945. Planning Perspectives 2 (1987), S.127–148.

Dies.: Der Drang nach Osten. Zur Entwicklung der Landespflege im Nationalsozialismus und während des Zweiten Weltkriegs in den »eingegliederten Ostgebieten«. Arbeiten zur sozialwissenschaftlich orientierten Freiraumplanung. Bd. 9. München 1987.

Wolschke-Bulmahn, Joachim: The Peculiar Garden – The Advent and the Destruction of Modernism in German Garden Design. In: Karson, Robin (Hrsg.): Art, Culture and Media under the Third Reich. University of Chicago Press, 2002.

Cushman, Gregory: Environmental Therapy for Soil and Human Erosion. Landscape Architecture and Depression-Era Highway Construction in Texas. In: Conan, Michel (Hrsg.): Environmentalism and Landscape Architecture. 2000.

Lambert, David: The Prospect of Trade: the Merchant Gardeners of Bristol in the Second Half of the 18th Century. In: Conan, Michel (Hrsg.): Aristocratic and Bourgeois Cultural Encounters in Garden Art 1550–1850. Dumbarton Oaks Colloquium XXIII. 2002.

Diese Bemerkungen sollen jedoch nicht so verstanden werden, dass die Bedeutung des Designs nicht präsent wäre. Ganz im Gegenteil, diese Fehldeutungen werden durch konkrete Reaktionen auf gewisse Aspekte der landschaftlichen Gestaltung hervorgerufen. Dies ist besonders der Fall, wenn das Missverständnis mit der öffentlichen Anerkennung eines Werkes einhergeht. Innovationen im Entwurf können klar erkannt werden, die Absicht, die ihnen zugrunde liegt, nicht, ihnen wird eine andere Bedeutung beigemessen. Außerdem kann es sich ergeben, dass einige Aspekte des Entwurfs von Besuchern und Nutzern einer Landschaft anerkannt werden, während sie andere ignorieren oder in den Hintergrund der Wahrnehmung drängen. So ist es verständlich, dass dieselbe Landschaft von verschiedenen Nutzern, selbst wenn sie Zeitgenossen sind, auf äußerst unterschiedliche Art bewertet werden kann. Auf der Nachfolgetagung 1998 zum Thema »Bürgerliche und aristokratische kulturelle Begegnungen in der Gartenkunst 1550–1850« demonstrierte David Lambert, wie verschiedenartig die Reaktionen der Bewohner von Bristol, je nach ihrem sozialen Status und ihrer Übereinstimmung mit »Whig«-Ideologien, auf neu angelegte Landschaftsgärten ausfielen. Er beleuchtete ferner die Tatsache, wie Repton, prominenter Landschaftsarchitekt in Bristol, durch die Reaktion der Aristokratie auf die Garteninnovationen der »Merchant-Venturer« lernte, seiner Ablehnung einiger ihrer Ideen Ausdruck zu verleihen und dafür andere für seine eigenen Zwecke zu übernehmen.

Eine Studie von Elizabeth Hyde zu den »Jardiniersfleuristes« Frankreichs im 17. Jahrhundert beschreibt sehr eindrucksvoll die Rolle, die der demonstrative Konsum bei der Herstellung wechselnder Geschmackskriterien wie auch die Rolle gedruckter Bücher bei deren aktueller Verbreitung spielte. Dagegen skizzierte Mark Laird bezüglich der Landschaftsgärten die unterschiedlichen Interpretationsweisen adliger Männer und Frauen im Britannien des 18. Jahrhunderts. Keine dieser Studien konzentrierte sich auf die Gartenrezeption, aber dennoch zeigte jede von ihnen, wie die Bedeutung von Gärten je nach Publikum variierte. Sie wiesen auch darauf hin, dass Gartenkünstler wiederum ebenfalls imstande waren, auf die öffentliche Reaktion auf Gärten einzugehen, entweder um sich den Wertschätzungskriterien bezüglich einiger Entwurfsmerkmale anzupassen oder um sie herauszufordern und durch ihr eigenes Design zum Geschmackswandel beizutragen. Auf derselben Tagung deckte Stephen Daniels das Versagen Reptons, einen solchen Wandel herbeizuführen, auf.

Anstelle eines Gegensatzes zwischen den Studien zu Absichten von Gartenkünstlern und denen zur Gartenrezeption durch die Öffentlichkeit schien so die Reihe von Vorträgen innerhalb dieser zwei Jahre eher dazu einzuladen, eine Wechselwirkung zwischen Entwurf und Rezeption zu sehen und sich mehr auf die Veränderungen in der Rezeption gewisser Gärten oder Landschaften im Lauf der Zeit zu konzentrieren.

1999 erforderte das Thema der Tagung »Landschaftsarchitektur und das Erleben von Bewegung« eine umfangreiche Beschäftigung damit, wie Gärten oder Landschaften von Besuchern oder Nutzern wahrgenommen werden. Wenn man untersucht, wie ein Ort erfahren wird, muss man sich selbstverständlich auch mit der Rezeption beschäftigen. Dies geschieht jedoch auf ganz besondere Art: Man konzentriert sich auf die Aneignung durch eine spezielle Person oder eine spezifische Gruppe, nicht durch ein verallgemeinertes Publikum, wie in der vorhergehenden Diskussion bereits angedeutet wurde. Obwohl man auf vieles reagieren könnte, will ich meine Bemerkungen nur auf den Beitrag von Stephen Bann beschränken. Um eine Diskussion über die neuen landschaftlichen Interpretationskriterien zu beginnen, insbesondere die Wichtigkeit tastbaren Erlebens und das Herunterspielen visuellen Erlebens in der Landschaftskunst wie auch in einigen Werken von Bernard Lassus, stellte er dar, dass die Künstler auf dem Weg waren, eine Beziehung zur Landschaft wiederzuentdecken, die den Einstellungen deutscher Künstler der späten Renaissance glich. Dieser Vortrag wollte nicht andeuten, dass Landschaftskünstler oder Lassus ihre Inspiration aus diesen Werken der Vergangenheit geschöpft haben, sondern vielmehr zeigen, dass die Kriterien für eine landschaftliche Wertschätzung sich nicht linear entwickelten. Er deutete darüber hinaus jedoch eine weitere Erfahrung an, die ich in Anbetracht unserer Diskussion für wichtiger erachte: Für Bann selbst war die Kenntnis der Landschaftskunst und des Werkes von Lassus der Entdeckung der Rolle des Tastens bei der Beurteilung alter deutscher Gemälde vorangegangen. Der Einfluss der phänomenologischen Diskussion zur Wahrnehmung hatte die Landschaftskunst erreicht und Künstler dazu veranlasst, einer landschaftlichen Schöpfung nachzugehen, die sich nicht nur auf ein visuelles Erleben gründet. Dieser Bruch mit drei Jahrhunderten des pittoresken Erfreuens an der Landschaft ist ein neueres Phänomen. Die Entdeckung dieser aufkommenden Einstellung erlaubte es Bann, eine ähnliche Attitüde zu erkennen, die bis zu Beginn des 17. Jahrhunderts existiert hatte und später vergessen worden war. Es zeigte sich, dass das vorsichtige Einsetzen einer zeitgenössischen Form der ästhetischen Bewertung ein neues Lesen alter Gemälde eröffnete, indem man das Augenmerk auf die entsprechenden Zeichen richtete, welche von Kritikern, die auf die reine Optik eingestellt waren, unbeachtet blieben. Dies lud zu einer erneuten Beschäftigung mit allen Begutachtungen ein, die in der Vergangenheit zu einem Kunstwerk, einem Garten oder einer Landschaft eventuell erfolgt waren, um die spezifischen Kennzeichen zu erfassen, auf die jene Gutachten reagiert hatten.

Im Verlauf des letzten Jahrhunderts hat die Gartengeschichte versucht, sich von Bewertungen der Gärten und Landschaften zu distanzieren und eine absolut akademische Haltung einzunehmen, indem sie empirische Beschreibungen lieferte, die mit materiellen Quellen übereinstimmten, wie auch semantische Analysen, die auf einem Verständnis der Gartenikonologie gründeten und historisch belegt werden konnten. Bewertungen, wenn sie erwähnt werden, verwendete man, um ein zu lösendes Problem der Interpretation darzustellen, nicht im Sinne eines Beitrags zum ästhetischen Verständnis des entsprechenden Werkes. Diese Einstellung scheint durch die Sprache der Postmoderne unterstützt zu werden, die eine gleichwertige Beschäftigung mit jedem Werk erfordert. Die Folgen sind, dass einerseits eine große Anzahl an neu entdeckten Landschaftsarchitekten oder Gartenkünstlern ans Licht gebracht wird, um das Pantheon regionaler oder nationaler Landschaftsarchitekten zu erweitern, und andererseits keine weiteren Bemühungen erfolgen, die ästhetische Bedeutung irgendeines Gartens weiterhin als Kunstwerk zu verstehen. Dennoch waren Gärten in der Vergangenheit ästhetischen Werturteilen ausgesetzt, wie es auch heute noch immer der Fall ist. Man könnte eine geschichtliche Abhandlung dieser Bewertungen schreiben. Diese Darstellung könnte es sich zum Ziel setzen, den Verlauf der wechselnden Geschmackskriterien bzw. die bewertenden sozialen Gruppen zu zeigen, sie müsste sich aber nicht auf ein solches Vorhaben beschränken. Wenn wir davon ausgehen, dass eine ästhetische Bewertung nicht einfach ein willkürliches Urteil darstellt, das über ein Kunstwerk, unabhängig von dessen Eigenschaften, gefällt wird, sondern eher eine Beurteilung aus einem gewissen Wahrnehmungshorizont heraus, die nur auf die spezifischen Merkmale reagiert, welche innerhalb dieses Rahmens sichtbar sind, dann wird es möglich, eine historische Untersuchung vorzunehmen, die zu jeder Bewertung die spezifischen Werkeigenschaften aufdeckt, auf die sie jeweils reagiert. Das macht es erforderlich, sich zwischen der ästhetischen Bewertung und dem jeweiligen Kunstwerk zu bewegen, um eine gleichzeitige kritische Analyse des kulturellen Umfelds und des Wahrnehmungshorizonts zu gewährleisten. Die Möglichkeiten eines solchen Verfahrens beleuchtete Tracy Ehrlich in ihrer Landschaftsstudie zur Villa Mondragone auf der Dumbarton Oaks Tagung im Jahr 2001, die die gesellschaftliche Rezeption barocker Gärten zum Thema hatte. Sie zeigte, wie sehr die Interpretation des englischen Landschaftsgartens als Darstellung einer idyllischen Landschaft es den Touristen des 18. Jahrhunderts und ihr selbst Ende des 20. Jahrhunderts ermöglicht hatte, die absichtliche Erschaffung einer bäuerlichen Landschaft durch die Borghese zu erkennen, die vor ihrer Villa bei Mondragone, Frascati, liegt und in der Tradition der Vergilschen Idylle und Bukolik zu verstehen ist.

Lance Neckar verwies auf eine weitere überraschende Wendung in der ästhetischen Bewertung. Er entdeckte das barocke Kunstprinzip in der Anlage der Schlossgärten von Howard, das später durch die erneute Interpretation der englischen Gartentradition im Sinne des Pittoresken und Sentimentalen durch Horace Walpole und Thomas Whately völlig verhüllt wurde. Abschließend möchte ich noch den sehr anregenden Bericht von Margherita Azzi Visentini erwähnen, der drei Jahrhunderte ästhetischer Begutachtungen der Gärten auf den Borromees Inseln umfasst. Diese gründen sowohl auf Lob als auch auf Verachtung für diesen Ort zu unterschiedlichen Zeiten und deuten an, dass diesem gesamten Werk ein intimes Geheimnis unterliegt. Diese Forschungsrichtung steckt immer noch in den Anfängen und wird in praktischer Hinsicht wohl, je weiter die Forschung voranschreitet, neu formuliert werden. Anlässlich einer von Géza Hajós organisierten Veranstaltung im Mai 2001 habe ich versucht, in einer Studie zu den Bildern von Versailles diese Gedanken umzusetzen. Ein Abdruck in der Zeitschrift »Die Gartenkunst« bietet die Möglichkeit zum Nachlesen und damit auch zu kritischen Reaktionen.

Prof. Michel Conan ist Soziologe und zur Zeit Leiter der Studien zur Landschaftsforschung und Kurator der Contemporary Design Collections von Dumbarton Oaks (www.Doaks.org). Seine Forschung konzentrierte sich auf Prozesse innerhalb des architektonischen Designs, auf Bewertungen öffentlicher Programme und die Kulturgeschichte der Gartenkunst. War maßgeblich daran beteiligt, eine Erneuerung der Gartengeschichte in Frankreich ab Mitte der 1970er-Jahre, durch die Herausgabe mehrerer Neuauflagen der Werke von Salomon von Caus (1620), Andre Mollet (1651), Charles Perrault (1677), William Gilpin (1799) und René Louis Girardin (1777) anzuregen. Verfasst Beiträge für Zeitschriften, Herausgeberbände und Symposien. Publizierte die Dictionnaire Historique de L'Art des Jardins (1997) und L'Invention des Lieux (1997) und gab drei Bände zu Dumbarton Oaks Tagungen heraus: Perspectives on Garden Histories (1999), Environmentalism and Landscape Architecture (2000) und Aristocrats and Bourgeois Cultural Encounters in Garden Art (2002).

IN DER ABENDLÄNDISCHEN GARTENKUNST TRATEN IMMER WIEDER PHÄNOMENE DES EINFLUSSES ANDERER KULTUREN AUF. UNTERSUCHUNGEN ÜBER DEN ORIENTALISMUS GEBEN ANREGUNGEN ZU ERWEITERTEN FORSCHUNGSTHEMEN.

Luigi Zangheri

ISLAMISCHE EINFLÜSSE IN DER EUROPÄISCHEN GARTENKUNST AM BEISPIEL DER VILLA GAMBERAIA

Generalplan der Gartenanlage der Villa Gamberaia von E. G. Lawson, um 1917

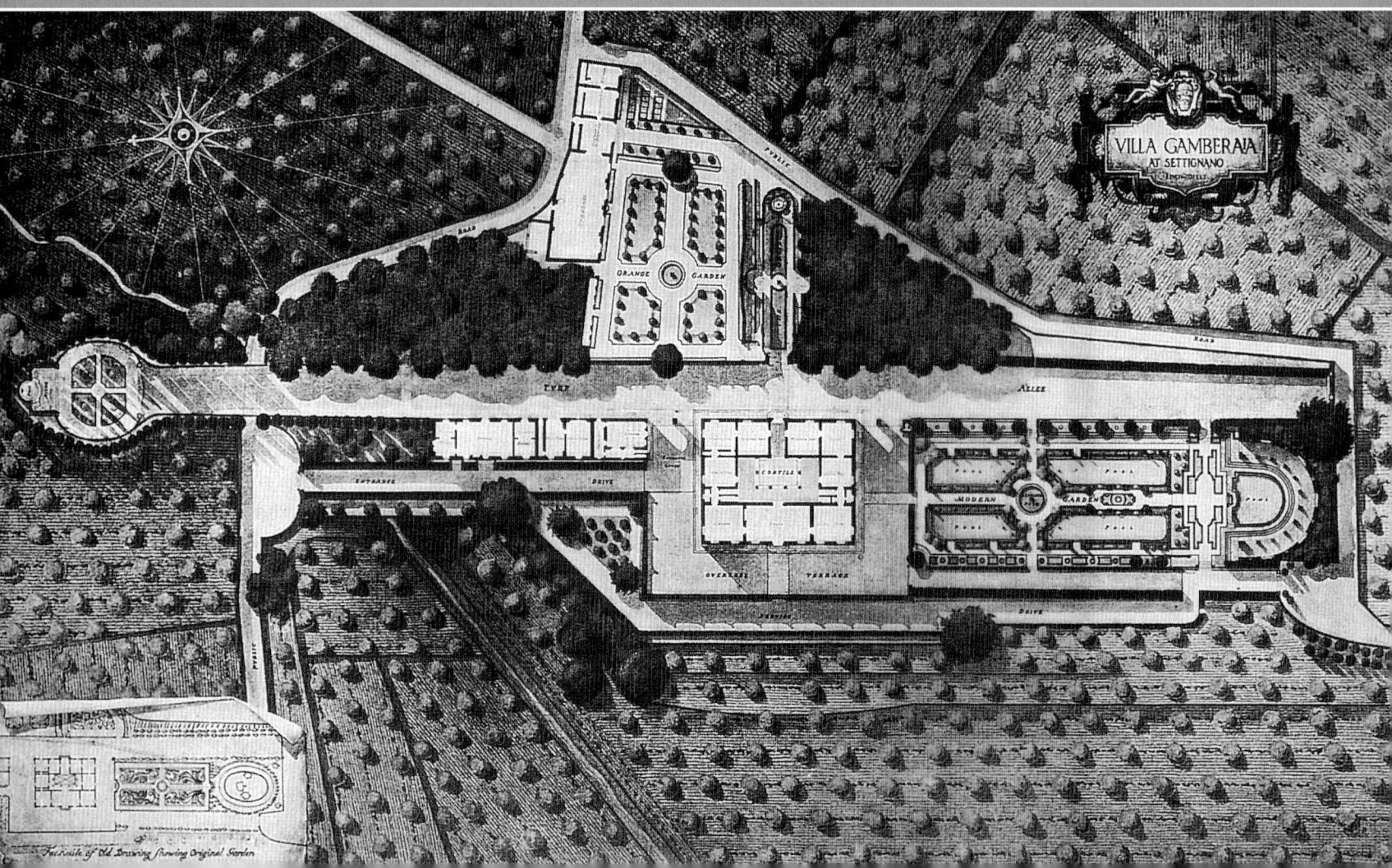

Das neue Parterre des Gartens der Villa Gamberaia. Entwurf von Prinzessin Ghika, vor 1919

Die Studien über den islamischen Garten sind bei weitem nicht so zahlreich wie jene über den abendländischen Garten. Bahnbrechend waren die Forschungen von Villiers-Stuart über die Rolle des Wassers in den indischen Gärten und über die andalusischen Gärten (1914) sowie die von Gothein über die indischen Gärten (1923).[1] Später haben sich vor allem Wissenschaftler aus den angelsächsischen Ländern mit den ersten systematischen Panoramen der historischen Gärten in der Welt des Islam befasst. Unter diesen sollte an die Kompendien von Crowe und Haywood »The Gardens of Mughul India« (1972), von Moynihan »Paradise as a Garden« (1979) und das Werk von Wilberg »Persian Gardens and Garden Pavilions« (1962), erinnert werden, Texte, auf die weiterhin Bezug genommen werden muss.[2] Dank des Werkes von Petruccioli »Il giardino islamico« (1994) und der internationalen Tagung »Gardens in the Time of the Great Muslim Empires« haben die Forschungen zum islamischen Garten in den letzten Jahren zugenommen.

Als neue Themen wurden die strukturellen und formalen Aspekte eingeführt: die räumliche Ausdehnung, die Rolle des Wassers, die Bepflanzung und die Architektur. Leider fehlen noch Beiträge über den Einfluss des islamischen auf den abendländischen Garten und vice versa. Diese Untersuchungen sind jedoch bereits angebahnt. Erste Überlegungen zum Thema des »Orientalismus« als Komponente des abendländischen Eklektizismus liegen vor. Auch der Zusammenhang zwischen europäischer Kolonisierung und abendländischer Beeinflussung in den islamisch-orientalischen Länder ist bereits angegangen worden.[3]

Es wäre gewagt, die Merkmale des islamischen Gartens zu verallgemeinern, ohne die regionale Charakteristik der einzelnen Länder zu berücksichtigen, in denen sich der Islam im Laufe seiner Geschichte ver-

[1] Villiers-Stuart, Constance Mary: Gardens of the Great Mughals. London 1913; Indian Water Gardens. In: Journal of the Royal Society of Arts. 1914. N. 62, S. 447–467; Spanish Gardens. London 1929; Gothein, Marie Luise: Die indischen Gärten (1923). Reprint. Berlin 2000.

[2] Crowe, Silvia/Haywood, Sheila: The Gardens of Mughul India. A History and Guide. London 1972; Moynihan, E.B.: Paradise as a Garden in Persia and Mughal India. New York 1979; Wilber, D.N.: Persian Gardens and Garden Pavilions. Vermont/Tokyo 1962.

[3] Unter den verfügbaren Texten siehe auch Patetta, Luciano: L'architettura dell'eclettismo. Fonti, teoria, modelli 1750–1900. Milano 1991; L'orientalismo nell'architettura italiana tra Ottocento e Novecento. Firenze 1999; Saner, Turgut: Wahrnehmung und Wahrheit: Das »Türkische« in der Architektur des Orientalismus. In: Sanat Tarihi Defterleri. Kunsthistorische Hefte. N. 6. Istanbul 2002, S. 73–90.

[4] Della Valle, Pietro: Viaggi descritti in lettere familiari. La Persia. I. Bologna 1677, S. 406–410.

[5] Die biografischen Informationen über Catherine Jeanne Ghika sind mir von ihrem Enkel Alexandre Ghika in einem Brief vom 31. Juli 1992 mitgeteilt worden.

[6] Die Villa wurde am 15. Februar 1896 von Ugo Fazzini zum Preis von 173 000 Lire erworben. Am 29. September 1924 verkaufte Prinzessin Ghika die Villa Gamberaia für 1,5 Millionen Lire an die Baronessa Matilda Cass Ledyard Broekhalst. Gegenwärtig gehört sie Luigi Zalum.

[7] Dieser gehörte einer alten Patrizierfamilie albanischer Herkunft an. Unter ihren Mitgliedern finden sich zahlreiche Woiwode, rumänische Premierminister, hohe Geistliche, Botschafter und Literaten.

[8] Berenson berichtet in seinen Tagebüchern über die Freundschaft mit Catherine Jeanne mit Florence Blood: »Vor 50 Jahren hatte ich damit begonnen, jenes Paradies zu frequentieren, das damals einer narzistischen rumänischen Dame gehörte, die auf mysteriöse Weise lebte, vielleicht in sich selbst und gewiss in die eigene Kreation verliebt: den Garten der Villa Gamberaia. Sie wohnte zusammen mit ihrer amerikanischen Freundin, Miss Blood, die mittelmäßig malte; und doch war sie es, die die Cézannes aus dem Besitz von Egisto Fabbri

Rahmender Blütenschmuck eines Bassins des Parterres, 1919

breitet hat. Das Wasser bildet ein wesentliches Element des islamischen Gartens, sowohl in symbolischer, funktioneller als auch materieller Hinsicht. Wenig beachtet ist jedoch seine hygienische Bedeutung in den heißen Ländern oder sein ästhetischer Aspekt, d. h. die Formen, in denen das Wasser in den islamischen Gärten verwendet worden ist. Noch immer ist nicht ausreichend betont worden, dass die islamischen Becken, Kanäle und Bäder nützliche Vorrichtungen sind, um die Hitze durch ein milderes Mikroklima zu lindern. Das nasse Element war in den Gärten und an den Höfen der heißen Länder eine funktionelle Konstante, die jedoch auch zu einer ästhetischen, auf die Architektur bezogenen Erscheinung wurde. Das große rechteckige Becken des Gartens von Cihil Sutun in Isfahan spiegelte die Pfeiler eines Pavillons wider, aber es bildete zugleich den privilegierten Ort für die denkwürdigen nächtlichen Feste Persiens zur Zeit der Safaviden.[4] Ebenso bezeugen noch heute die großen Bassins der Gärten von Kaschmir und die der Nazarí-Gärten in Andalusien gleichermaßen ihre Zierfunktion und ihre klimaverändernde Aufgabe.

Seit der zweiten Hälfte des 19. Jahrhunderts wurde durch Achille Duchêne der französische Garten des Grand Siècle neu belebt. In Italien wurden die formalen Gärten im Renaissancestil wieder Mode. In Spanien ist gleichzeitig ein Revival des spanisch-maurischen Gartens zu beobachten, wobei das Wasser als lebendig bewegtes Element aus grafisch wirkenden Strahlen und Kaskaden interpretiert wurde. Der maurische Garten hatte so viel Erfolg, dass er in zahlreichen Beispielen nicht nur im Mittelmeerraum, sondern sogar in Argentinien wiedererweckt wurde. Der Schriftsteller Enrique Larreta griff 1916 das andalusische Modell für seinen Garten in Buenos Aires auf.

Gering war der Einfluss des spanisch-maurischen Gartens in Italien: Gemeinhin waren hier der formale Renaissancegarten und die »Ars topiaria« verbreitet. Als Beispiel können die Anlagen der Villa Gamberaia in Settignano bei Florenz, die 1896 von der Prinzessin Catherine Jeanne Ghika[5] erworben worden waren[6], herangezogen werden. Florenz war damals eine faszinierende Begegnungsstätte. In den Palästen und Villen der Stadt lebten Aristokraten, Künstler und Literaten aus aller Welt. Catherine Jeanne war rumänischer Staatsangehörigkeit und wurde 1864 in Nizza als Tochter des Obersten Pietro Kesco und der Prinzessin Pulchérie Stuzda geboren. Sie hatte in Paris im Atelier von Emile Frémiet Malerei und Bildhauerei studiert und sich mit Eugenio Ghika[7] verheiratet. Catherine Jeanne verband ein leidenschaftlicher seelischer und künstlerischer Bund mit der amerikanischen Malerin Florence Blood. Später lebten sie in Settignano zusammen.[8]

Das neue Parterre, gesehen vom Balkon der Villa, 1919

so gut kopierte, dass ich erstaunt war. Ich habe ihr nie den Hof gemacht und wenn ich so zurückdenke, frage ich mich, ob sie darüber nicht gekränkt war. Ich erinnere mich an gewisse Ausbrüche von Feindschaft von ihr, die nur mit Nervosität erklärbar sind.« Berenson, Bernard: Tramonto e crepuscolo. Ultimi diari 1947–1958. Milano 1966, S. 55.

[9] »... fit des recherches et obtint les plans anciens des jardins, dont elle s'appliqua, avec ferveur, de les reconstituer tels qu'ils étaient à l'origine.«

[10] Siehe auch die Schriftrolle am Rande des von Edward G. Lowson um 1917 gezeichneten Plans der Villa Gamberaia, veröffentlicht von Cazzato, Vincenzo: The Rediscovery of the Villa Gamberaia in Images and Projects of the Early 1900s. Studies in the History of Gardens & Designed Landscapes. 2002. 22. N.1, S. 80–98.

Bis 1901 wurde das Parterre der Gärten der Villa Gamberaia, die bis heute allgemein als typisch italienische Renaissancegärten angesehen werden, erneuert. Bei genauerem Hinsehen bemerkt man jedoch ibero-islamische Einflüsse. Der Enkel Alexandre erinnert sich, dass seine Großmutter Catherine Jeanne Ghika sogleich nach dem Erwerb der Villa Gamberaia »mit Recherchen begann, sich alte Pläne der Gärten besorgte und sich mit feurigem Eifer der Wiederherstellung der Gärten, so wie sie ursprünglich einmal waren, hingab«.[9] Diese Aussage betrifft die Wiederherstellung des Nymphäums, das Neptun gewidmet ist, des »Gabinetto rustico«, der Villa und ihrer Nebengebäude, sie gilt jedoch nicht für die Reste des Broderie-Parterres und für das Kaninchengehege. Diese Anlagen befanden sich an der Südseite der Villa. Anstelle einer Wiederherstellung des ursprünglichen Zustandes hat die Prinzessin hier eine gänzlich neue Gartenanlage verwirklicht. Zuvor lag hier ein rechteckiger Garten, der in vier Kompartimente aus Blumenbeeten aufgeteilt war und in dessen Mitte sich ein kreisrundes Becken befand. Der Längsachse war das Kaninchengehege angefügt. Dieses bestand aus einem kleinen ovalen Becken, über dessen Wasserspiegel sich zwei felsige Inselchen mit Hütten für die Tiere erhoben.[10]

Der aus dem 17. Jahrhundert stammende Garten von Gamberaia wurde vollkommen verändert. Die Erdarbeiten begannen 1898 und konnten zwei Jahre später abgeschlossen werden. Vier Wasserbecken ersetzten die Beete, das Bassin des zukünftigen Kaninchengeheges wurde um die Hälfte verkleinert, halbkreisförmig umgestaltet und von einer konzentrischen Arkade aus Zypressenhecken gerahmt. Andere Zypressenhecken bildeten die längsseitige Begrenzung des Gartens in Form von grünen, lebenden Mauern. Nur vor der Gartenfassade der Villa war diese Einfassung unterbrochen, um den Bewohnern den Blick auf die Anlage freizugeben. Die neue Schöpfung erinnerte an einen »Hortus conclusus«, der nicht nur von den spiegelnden Wasserflächen, sondern auch von zahlreichen, emsig sprudelnden Strahlen belebt war. Die begrenzenden Beete waren mit Lilien, Rosenbäumchen und Oleander bepflanzt und von Buchsbaum eingefasst. Geometrisch geschnittene Sträucher und ein kreisrunder Springbrunnen schmückten das Zentrum der Anlage. In einer Rosenlaube stand ein Marmortischchen, Kletterpflanzen rankten sich an spiralförmig gedrehten Säulen empor, sodass hier auch Reminiszenzen an das Mittelalter gegenwärtig waren. Diese Ausführungen bildeten die erste Version des Gartens von Gamberaia.

Nach Abschluss der Arbeiten wurde der Garten für Besucher geöffnet, die seither die neue Gestaltung würdigten. Eines der ersten Zeugnisse stammt von

[11] »After various vicissitudes Gamberaia was bought a few years ago by Princess Ghika, who is ristoring the beautiful old-fashioned garden to its pristine splendor with infinite patience and taste.« Ross, Janet: Florentine villas. New York 1901, S.119.

[12] Wharton, Edith: Italian Villas and their Gardens. New York 1903, S.19–25; Latham, Charles: The Gardens of Italy. London 1905. II, S.114; Triggs, Inigo: The Art of Garden Design in Italy. London 1906, S.83f.; Sitwell, George: An Essay on the Making of Gardens. London 1909, S. 45; Hubbard, William H.V.: Note-taking in Italian Gardens. Villa Gamberaia. In: Landscape architecture. V. 1915, S. 57–66; Phillipps, E.M./Bolton, Arthur T.: The Gardens of Italy. London 1919, S. 314–324; Eberlein, Harold D.: Villas of Florence and Tuscany. Philadelphia 1922, S. 7; Gromort, Georges: Jardins d'Italie. Paris 1922, S. 32; Lowell, Guy: Smaller Italian villas & farmhouses. New York 1922, S. X, 31–33; Shepherd, Jock C./Jellicoe, Geoffrey A.: Italian Gardens of the Renaissance. London/New York 1927, S.121.

[13] »... most perfect small garden in Tuscany«; Acton, Harold: The Villas of Tuscany. London 1984, S. 276.

[14] Simonini, Gian Luca: Il giardino la Gamberaia e l'addizione di Catherine Jeanne Ghika. In: Storia urbana. 1998. N. 85, S.154.

Janet Ross, die im Jahr 1901 schrieb: »Nach wechselhaftem Schicksal wurde die Gamberaia vor einigen Jahren von der Prinzessin Ghika erworben, die dabei ist, diesen wunderschönen altmodischen Garten in seiner wertvollen Pracht mit unendlicher Geduld und Schönheitssinn wiederherzustellen.«[11] In der Folge mehrten sich die positiven Einschätzungen von Autoren, die vom Erfolg der Umgestaltung überzeugt waren, darunter Edith Wharton, Charles Latham, Inigo Triggs, George Sitwell, William H.V. Hubbard, Arthur T. Bolton, Harold Donaldson Eberlin, Georges Gromort, Guy Lowell, Jock Sheperd und Geoffrey Jellicoe.[12] Diese Autoren befanden die Anlage als eine der eindrucksvollsten Gartenschöpfungen der Renaissance, als den »perfekten kleineren Garten in der Toskana«.[13] Andere Elogen stammen aus der Feder von Vita Sackville-West, die Gamberaia 1919 besuchte. Gertrude Jeckyll bewunderte die Farbkompositionen der Blumen.[14]

Die Anlage wurde also als herausragendes Beispiel eines Renaissancegartens gefeiert, obwohl sie eben in den letzten Jahren des 19. Jahrhunderts von Grund auf erneuert und verändert worden war. Es ist daher falsch, diese moderne Planung als ein Stilzeugnis des Cinquecento zu betrachten. Es gibt aber eben auch keine älteren Vorbilder für die Wasser-Parterres, ein Vergleich der Rolle des Wassers im Garten der Villa Gamberaia mit dem zentralen Brunnen des Gartens von Bagnaia oder mit dem Brunnen auf dem »Isolotto« des Boboligartens vermag nicht zu überzeugen.

Stattdessen finden sich hauptsächlich Anregungen aus dem hispano-mohammedanischen Kulturkreis. Das Schauspiel der zahlreichen Wasserstrahlen, die an den Becken installiert sind, erinnert daran, dass im 19. Jahrhundert auch die Bassins der Alhambra und des Generalife von Granada mit diesem Schmuckelement ausgestattet wurden. Diesen Indizien kann man andere hinzufügen, zum Beispiel die mit Mäuerchen

Das Parterre der Villa Gamberaia, gesehen von der Exedra, 1922

Luftaufnahme des italienischen Gartens von Ambleville

Prof. Luigi Zangheri
Architekt und Professor für Garten- und Landschaftsgeschichte an der Fakultät für Architektur der Universität Florenz. Vizepräsident des Comité international des jardins historiques-paysages culturels ICOMOS-IFLA; Mitglied des National-Komitees für historische Gärten und Parks des Italienischen Ministeriums für Kulturgüter und kulturelle Aktivitäten; Generalsekretär der Accademia delle Arti del Disegno. Autor von mehr als 150 Veröffentlichungen über die Geschichte der Gartenarchitektur und Landschaft sowie über Denkmalpflege. War an der Restaurierung des Parks von Pratolino bei Florenz, des Klostergartens von Santa Chiara in Neapel und anderer historischer Gärten Italiens beteiligt.

eingefassten, über dem Bodenniveau fließenden Kanäle, das Schema der Bepflanzung oder die erhöhten und mit Marmor gepflasterten Wege, die teilweise mit Mosaiken aus weißem, rotem und schwarzem Kies dekoriert sind. Gleichfalls die Auswahl des Blumenflors und die Buchsbaumeinfassungen[15], die zusammen mit den Heckenwänden aus Zypressen eine lebendige, vegetabile Architektur bilden. Einem von Lowell 1922 publizierten Foto ist zu entnehmen, dass die Stützmauer des halbkreisförmigen Beckens und die Begrenzungsmauer der Exedra mit Majolika- bzw. Fayencefliesen verkleidet waren, an spanische Azulejos erinnernd.

Sicherlich trifft die Verwendung einer Exedra, formiert aus Zypressen, und der Gebrauch von farbigem Kies bei der Pflasterung auch für italienische Renaissancegärten zu. Auch der Kreuzgang von Santa Chiara in Neapel verdankt seinen Bekanntheitsgrad den Fayencefliesen, aber es sind in der Tat diese Elemente, die zum Eindruck des Islamischen im Garten der Gamberaia beitragen. Auch wenn es an Belegen mangelt, so ist es sehr wahrscheinlich, dass die Prinzessin Ghika nach Spanien reiste, begleitet von ihrer kränkelnden Mutter, die im mediterranen Klima gesundheitliche Besserung suchte. Man kann darüber hinaus in jeder Hinsicht davon ausgehen, dass sie hispano-maureske Gärten durch die Stiche von Philibert Joseph Girault Prangey, Wilhelm von Gail und Léon Auguste Asselineau oder durch Fotografien kannte. In einer Familie, die einst enge Bande an den ottomanischen Hof knüpften, ist das Interesse an der Kultur des mittleren Orients auch durch die Herkunft zu erklären.

Als Prüfstein für unsere Hypothese der islamischen Anregungen in der florentinischen Anlage kann der Vergleich mit dem Garten des Schlosses von Ambleville dienen. Dieser ist eine geometrische und materielle Replik der Gamberaia. Der französische Garten wurde um 1930 von De Tulle De Villefranche angelegt. Allerdings fehlen dort die vier Becken des Parterres und die erhöhten Wege, welche sie einrahmen. An ihrer Stelle findet man Rasen und Blumen, diese vermögen jedoch nicht die gleichen Empfindungen hervorzurufen, wie sie der Besucher im Garten der Gamberaia erlebt.[16] In Ambleville hatten zweifellos echte italienische Renaissancegärten als Vorbild gedient, vergleichbar mit der Gamberaia ist aber die Harmonie der Maßverhältnisse und die Meisterschaft des Gesamtplans. Da die Wasserparterres fehlen, mangelt dem französischen Garten das beseelende Hauptelement, das die Gamberaia so eindrucksvoll macht.

[15] Siehe insbesondere Rojo, J. Tito: Caratteristiche dei giardini ispano-moreschi. In: Giardini Islamici: architettura, ecologia. Hrsg. v. Matteini, Milena/Petruccioli, Attilio. Genova 2001, S. 27–52.

[16] Kretzulesco, Emanuela: Le jardin de l'absolu. Parma 2001, S. 269–275.

Aus dem Italienischen von Detlef Heikamp

Garten- und Landschaftsarchitektur

Waren es Gärtner, Baumeister und Gartenliebhaber, die in der Vergangenheit Gartenkunstwerke schufen, so sind es auch heute die Landschaftsplaner und Architekten sowie Autodidakten, welche grosse Verantwortung beim Umgang mit historischen Gärten tragen. Durch ihre Ausbildung und Berufserfahrung verfügen sie über das notwendige technische Fachwissen und die geeigneten planerischen Methoden, um sich der Problematik eines zu behandelnden Objekts zu nähern. Immer waren es beide Handwerke, das des Gärtners und das des Baumeisters, die Gestaltung und Form von Garten und Haus bestimmten. Mal das eine mehr und das andere weniger, mal musste der Gärtner auf das Haus reagieren, mal gestaltete der Baumeister Haus und Garten oder beide schufen zusammen ganze Landschaften. Ohne kreatives Vermögen war und ist sicherlich die qualitätvolle Gestaltung eines Gartens nicht möglich. Ebenso kann ohne das Wissen um die Grundbedingungen des Standorts, die Verhaltensweisen der Pflanzen sowie die notwendige Pflege der einzelnen Bestandteile und des Ganzen ein Garten, ein Park oder eine kunstvoll geformte Landschaft nicht bestehen.

Das Wesen des Gartens ist die Dynamik des prägenden Materials. Diese dem Bautypus innewohnende natürliche Kraft führt zu Wachstum, Leben und Tod. Die Aufgabe des pflegenden Gärtners ist es, ein Gleichgewicht zwischen den natürlichen Eigenschaften des Materials sowie die Kontinuität des Gestaltungsbildes zu bewahren. Insofern verändert sich ein gepflegter Garten im eigentlichen Sinne nicht, er wächst in einen vom Planer gewollten Bildzustand hinein und wird darin durch entsprechende gärtnerische Zuwendungen und Eingriffe gehalten. Finden wir heute Parks und Gärten in einem greisenhaften Zustand, so ist das eher ein Zeichen für einen entsprechenden Umgang mit dem Objekt und eine romantisierende Idealisierung von Natur als eine wirkliche Veränderung des ursprünglich beabsichtigten Gestaltungsbildes. Dennoch kann ein solcher Alterszustand nicht mit der Originalität der Substanz gleichgesetzt werden, da diese eine materielle wie immaterielle Komponente besitzt und als Ganzes eine geplante Wirkung erzeugt. Es ist also zu unterscheiden, ob ein Garten oder Park in seiner Form durch geeignete gärtnerische Pflege überkommen ist oder im Laufe der Zeit aus einem ursprünglich gewollten Bild herauswuchs. Vor diesem Problem stehen heutige Planer ebenso wie ihre Vorgänger in den vergangenen Jahrhunderten. Das Bild des Gartens bedarf der Pflege, ansonsten verändert sich die Aussage oder geht das Kunstprodukt verloren.

Aus historischen Gärten können Erkenntnisse für die heutigen Gartenarchitekten gewonnen werden. Auch die aktuellen Gartengestaltungen sind kreative, geistige Leistungen mit künftigem Anspruch auf Schutz, Erhalt und Würdigung. Durch den Umgang mit historischen Anlagen kann Achtung vor etwas Altem, nicht Aktuellem, erfahren werden. Er vermag deshalb eine Schule des Reifens für neue Generationen von Planern zu sein. Von der kategorischen Ablehnung des Alten über das Erkennen von Qualität bis zum bewussten Akzeptieren der fremden künstlerischen Leistung kann jeder Schritt, jede Stufe, jede Hürde der Ausbildung und Ausprägung des individuellen schöpferischen Vermögens durchlebt werden. Historische Gärten sind insofern Vorbilder und Ratgeber für die Nachfolger. Die Beschäftigung mit ihnen durch heutige Landschaftsplaner und Architekten ist deshalb Ausdruck für das eigene Berufsbild und Berufsverständnis.

Laubengang im Schlossgarten Schwetzingen

Es wird ein Plädoyer für die Verbindung
von vermeintlichen Gegensätzen gehalten,
Werte in Vergehendem gesehen
und für die Schaffung neuer Qualitäten
durch Wiederverwendung und Belebung
alter Orte geworben.

Peter Latz

Industriefolgelandschaft als Aufgabe der Gartenkultur – Drei Annäherungen

Der Wasserkanal (Abb. links) ist ein Artefakt, der in einer devastierten und pervertierten Situation natürliche Prozesse zum Ziel hat. Diese Prozesse laufen nach ökologischen Regeln ab, werden jedoch durch technologische Mittel initiiert und aufrecht erhalten. Der Mensch nutzt diesen Artefakt als Symbol für Natur, bleibt jedoch für den Prozess verantwortlich. Es ist das natürlichste und zugleich das künstlichste System.

Umweltzerstörung und -verschmutzung sind sicher immer noch die erste Konnotation, die wir mit dem Begriff »Schwerindustrie«, mit Bergwerken und Stahlfabriken, Braunkohlelöchern oder Kokereien verbinden. Das Bürgertum interessierte sich eher für Kunstsammlungen und Villen als für die Industriebauwerke der Industriedynastien, und unsere Landschaftsarchitekten versuchten, mit Grünräumen und Grünzügen gegen die Verschmutzung anzugehen.

In selbstverständlicher Gegenposition und später ökologischer »Correctness« gab es so gut wie keine Voraussetzungen für positive Assoziationen oder gar Veranlassung, ausgerechnet zu Antiräumen Wertschätzung aufzubauen und sich mit ihnen zu beschäftigen. Wenn, dann hieß das demontieren, Altlasten entsorgen, mit Hilfe natürlichen Bodens alle Reste von Landschaftsarchitekturen unter dem Grün englischer Gärten begraben und die heile Welt als bäuerliche Kulturlandschaft restaurieren zu lassen, die »Antiwelt« negierend.

Als Problem der Desindustrialisierung wird längst nicht mehr nur der Verlust von Arbeitsplatz und Einkommen beklagt, sondern ein Verlust an sozialer Mitte, von Orientierung, von vertrautem Raum, den offensichtlich die schicken, aber leider auch fern liegenden Stadtzentren nicht kompensieren können. Planer und Politiker erkennen spät und häufig widerwillig, dass die meisten Industrieanlagen, Maschinen und Gebäude im Mittelpunkt von Lebensräumen und Lebenszusammenhängen liegen.

Auch die Infrastruktur könnte in Zukunft eine andere Rolle spielen: obsolete Hafenbecken nicht mehr verfüllt, sondern zu Marinas und für Freizeitnutzungen umgestaltet, stillgelegte Bahnstrecken als Wanderwege ausgebaut, die großräumig Siedlungsräume verknüpfen können.

Industriearchäologie ist längst entwickelt und versucht, Wissensverluste, die mit dem Ende der Produktion sicher entstehen, aufzuhalten und auszugleichen. Auf einer ganz anderen Ebene und mit anderem Hintergrund zerfällt das Planer-Paradigma, Form folge ausschließlich einer Funktion; auf Freizeit also eine Freizeitarchitektur, auf Produktion eine Produktionsarchitektur, eine Maschine habe nur im Sinne ihrer Aufgabe eine Bedeutung, sei also schnellstens zu verschrotten, sobald sie nicht mehr voll funktioniert.

Doch das Wissen um die Produktion könnte faszinieren und eine neue ästhetische Wahrnehmung riesiger Produktionsmaschinen, beschrieben als Identifikationsobjekt, »Landmark« oder mythologischer Drache, könnte entdeckt werden. Vorstellen konnte man es sich nicht, geglaubt haben es nur wenige, und die Idee hat viele Gegner.

Nun aber steigen Touristen durch die Reste und Ruinen der Produktion, wie sie durch die Ruinen römischer Villen und untergegangener Städte wandern, wissbegierig, auf den Grund für die Fremdartigkeit des Gesehenen zu gelangen, Erklärungsmuster zu finden, neuen Umgang mit den Objekten zu erlernen und sie gelassen nach eigener Fantasie zu nutzen.

Die Räumlichkeiten werden Orte für Film, Musik, Tanz und Theater, gleich ob Klassik oder Rock, Orte für bildende Künste, museale Darstellung oder aktuelle Skulptur und Malerei. Es entstehen Werkstätten und Handwerke, die mit den alten Technologien umgehen oder die die neuen Sichtweisen auf Natur und eingewanderte Pflanzen in eine andere Art von gärtnerischem Management übertragen.

Es entstehen Räume für neue Sportarten, die, wie Klettern und Tauchen, mit fernen Landschaften verbunden sind; gemeinsame oder individualisierte Aktivitäten, wo sich der Einzelne den Raum für seine Tätigkeiten sucht, sich vom neuartigen Raum zu neuen anregen lässt.

Das alles ist verbunden mit dem geschichtlich überkommenen Kulturbegriff »Garten«, eines Gartens, in dem man arbeitet oder dessen Ruhe und Schönheit man kontemplativ genießt. Es wird verknüpft mit einem Bild von Landschaft, wo anstelle von Bergspitzen die technischen Gebirge als Orientierungsmerkmale chaotischer Stadträume dienen. Umgekehrt entsteht von ihren Spitzen aus eine ästhetisch-visuelle Beherrschung von Raum, die in diesen Gebieten vorher nie möglich schien.

So reflektiert unser Park in Duisburg den Versuch, sich einmal anders mit Landschaft und Natur auseinander zu setzen. Symbolträger für die Metamorphose der existierenden harten und rauen Industriestrukturen in einen öffentlichen Park, sind die Piazza Metallica oder das betonlabyrinth der Bunkergalerie, zu dem der rote Faden gefunden werden muss. Es ist die »physikalische Natur«, die so zum symbolischen Thema wird. Vom ersten Zeitpunkt ihrer Existenz an erodieren diese Strukturen durch natürliche physikalische Vorgänge.

Von außen bleibt die Silhouette der Hochöfen »Bild«. Im Inneren erlauben diese Orientierung und Herrschaft über das Panorama.

Also die Ästhetisierung der Gebilde, gleich den Skulpturen der Renaissance, Erinnerungsstrukturen, gleich dem Mühlrad oder der Schäferei, Sehnsucht nach dem Vergangenen, Selbsterlebten, oder Ästhetisierung im Mythos überlieferter geschichtlicher Interpretation.

Es sind die chaotischen Reste, die nach dem Industriezeitalter bleiben, mit denen wir uns neu und behutsam befassen müssen.

In einem völlig anderen Herangehen lassen sich die industriellen Reste als Informationsschichten im Informationssystem Landschaft begreifen und systematisch zu einem Element von Landschaft und Natur formulieren.

Landschaft und Freiraum bestehen aus einer Fülle von selektierbaren Informationsschichten. Diese können physisch existent sein, sichtbar oder unsichtbar, sie können Schichten des abstrakten Wissens oder Erinnerungen sein und innerhalb und außerhalb des Ortes liegen.

Die existierenden Informationsschichten, ihre Elemente und Regelsysteme, also lesbare Informationsschichten zu suchen und sie auf Regelsysteme zu überprüfen, die nach einer Metamorphose oder autark weiter benutzt werden könnten, diese offen zu legen

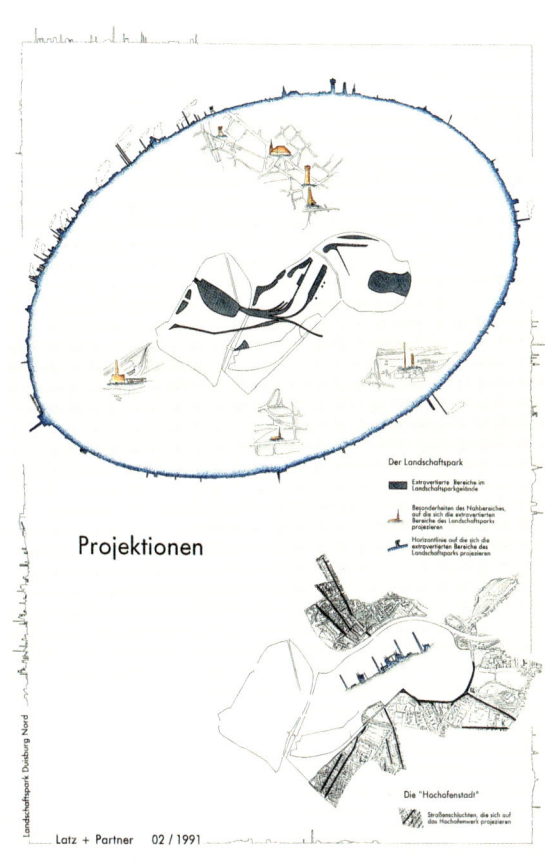

und die Grenzen ihrer Wirksamkeit darzulegen – diese Methode musste am Anfang der Industrie-Folgeprojekte stehen.

Dabei ist zu sehen: Regelsysteme sind neutral, Informationssysteme individualisierbar, gesellschaftlich formbar. Informationsschichten enthalten einen Trend, eine Absicht und ein Ziel, Stimmungen und Gefühle. Regelsysteme dagegen sind technokratisch rational, sie lassen sich entdecken und interpretieren.

Bedeuten konnte dies, dass die Regelwerke der Industriearchäologie nicht nur das Interesse am Industriehistorischen, an der Produktionsgeschichte umfassen, sondern dass ihre Elemente unabhängig davon ein Faszinosum darstellen und sie, obwohl schon länger vorhanden, in Teilen aufgrund der Neuartigkeit der Betrachtung aus ihrer rationalen Neutralität in eine semantische Qualität wechseln.

Die Erscheinungsformen werden mit nur schwer änderbaren Wertesystemen verbunden. Trennen und Verstecken durch Grünzüge und »Fernhalten« schien die »richtige« Strategie.

Industriebrachen, so sie denn nicht völlig abgeräumt und zugedeckt sind, erscheinen neutralen Besuchern zunächst chaotisch. Ein Durcheinander von Elementen und Anordnungsmustern, die den üblichen Erwartungen an Stadtraum widersprechen, lässt die Industriestädte orientierungslos erscheinen. Weil die Regelsysteme der Produktion weitgehend unbekannt bleiben, werden die verflochtenen Infrastrukturbänder für Stadt und Industrie, die Anordnung von Transportlinien für Energie, Massen und Personen als eine nicht mehr zu decodierende Menge an Information, als Durcheinander erlebt; als Chaos also, als die räumliche Richtungslosigkeit, aber auch als Labyrinth, dessen Rationalität im Verborgenen der Mythen bleiben kann.

Die Widersprüchlichkeit solcher Orte beängstigt. Die Furcht, das Ende nicht zu sehen, den Ausgang nicht zu kennen, kann gleichzeitig faszinieren und ähnlich dem mythischen Wald zu einer geistigen Durchdringung des Systems herausfordern.

Wenn wir unterstellen, dass im industriellen Prozess streng rational verfahren wird, dass hinter all dem Unverständlichen klar erfassbare Prinzipien im Einzelnen zu erkennen sein müssten, postulieren wir also existierende Regelsysteme, die das Chaos durchdringbar machen; wie zum Beispiel Bahndämme, die zunächst als Zufallsmuster im Raum erscheinen, als logische Anordnung »wie die Lokomotive fährt« analytisch darzulegen sind, oder wie die strengen Linien des ehemaligen Flusses und seiner unsichtbaren Einleitungen als Regel zu verstehen sind, wie Ingenieure Abwasser organisieren. Damit wird die Akzeptanz ver-

Die riesigen Bunkertaschen ...

größert, möglicherweise im entdeckten Regelwerk zu entwerfen, d. h. weiterzukommunizieren, also im Zeichensystem weiterzuarbeiten.

Praktisch könnte es sich dann auch darum handeln, der Versuchung nach Gesamtheit und Einheit zu widerstehen, den gestalterischen Impuls zu unterdrücken, das vorgefundene Chaos mit einem eigenen implantierten Regelsystem zu überdecken oder es in seinen Regelhaftigkeiten zu vereinheitlichen, um ihm zu entgehen; sei es im gängigen Muster der Adaption von Landschaft, das mit dem Erwartungsbild zukünftiger Besucher übereinstimmt, oder in einem völlig neuen, unter Mühen zu entwickelnden.

Die Frage muss sein, wie viel Information zerstört würde und wie viel Information eigentlich neu entwickelbar ist. Also nicht die Frage nach Chaos und Ordnung, sondern nach der Information als solcher. Allein aus einer Erklärung des Chaos als Überinformation kann Vereinheitlichung nur bedeuten, Information zu reduzieren, d. h. einen Großteil zu vernichten oder zumindest unsichtbar zu machen; eine fragwürdige Angelegenheit, wenn man anerkennen will, dass verschiedene Betrachter unterschiedliche Informationssysteme decodieren oder die Spannung gerade darin liegen kann, immer wieder neue Schichten zu entdecken und zu interpretieren.

Im Planungsprozess erhält so der Decodierungsversuch Vorrang vor der Suche nach Ganzheitlichkeit, die Strategie des Erhalts der Informationsschichten Vorrang vor dem geschlossenen Bild. Die Schichten bleiben getrennt. Erst der Fotograf erfindet die Landschaft (im semantischen Sinne).

In unseren Beispielen bleiben zwei Schichten bildhaft und ohne Interpretation. Es sind innerhalb des Planungsgeländes Bilder von den umgebenden Orten über das Faszinosum der »Aussicht«, und es sind die Bilder von all den Orten aus, in denen das Objekt von seiner Umgebung her als Park, als Kulisse oder »Landmark« aus der Stadt heraus eine Rolle spielt.

Wird es als Auszeichnung empfunden, als Industrieruine in die Liste des Welterbes aufgenommen zu werden, oder gilt es als attraktiver, ein Ballett, ein Konzert nicht vor gemalten Kulissen, sondern vor den verbliebenen Strukturen und Maschinen in den Räumlichkeiten und Hüllen der Industrienachbarschaft zu inszenieren und Alltagsbeschäftigungen in nachindustrielle Räume zu verlagern, so entwickelt sich, scheint es, ein neuer Typus von Park, von Landschaft.

Es entstehen Räume für Freizeit, jedoch auch des Wissens und des Erhalts historischer Technologien, Räume für Kultur und die Künste: die phantastische Landschaft, die nach der Industrie kommt.

Prof. Peter Latz
Dipl.-Ing. Landschaftsarchitekt ByAK, OAI Lux: 1964 Diplom an der Technischen Universität München, bis 1968 Ausbildung am Institut für Städtebau und Landesplanung der RWTH Aachen und Mitarbeit im Büro Prof. Kühn-Meurer für städtebauliche Projekte. Ab 1968 selbstständiger Landschaftsarchitekt und Stadtplaner in Partnerschaft, Arbeitsgemeinschaften mit Architekten, Soziologen und Ökonomen für städtische Planungen und auf dem Gebiet alternativer Technologien. 1968 bis 1973 Dozent an der Akademie für Baukunst in Maastricht. 1973 Professur für Landschaftsarchitektur in Kassel, seither Beschäftigung in Forschung und Projekten mit neuen Technologien zwischen Freiraum und Architektur. Ab 1983 Professur für Landschaftsarchitektur und Planung an der Technischen Universität München-Weihenstephan. Internationale Vortrags- und Lehrtätigkeit mit Gastprofessuren an der University of Pennsylvania (GSFA) und der Harvard University (GSD).
Internationale Auszeichnungen: 2001 Grande Médaille d'Urbanisme der Académie d'Architecture, Paris; 2000 Erster Europäischer Preis für Landschaftsarchitektur Rosa Barba, Barcelona.

… und das Auf und Ab der Gleisharfe verwandeln sich in eine phantastische »Land Art«.

DAS LEBEN MIT GÄRTEN UND
DIE BESCHÄFTIGUNG MIT DER GESCHICHTE
KÖNNTE DIE MENSCHEN WIEDER MIT
IHRER UMWELT VERBINDEN.

Paolo L. Bürgi

ERINNERUNG UND IMAGINATION –
DIE GESCHICHTE ALS QUELLE DER INSPIRATION

[1] Bürgi, Paolo: Dimensionen der Erinnerung. In: Topos 3. 1993, S. 42–48.

[2] Vgl. Parkanlage der Neuropsychiatrischen Klinik in Mendrisio, Bürgi, Paolo: Folies im Park. Eine Neugestaltung des Parco di Casvegno in Mendrisio 1987–1996. In Topos 42, 2003, S. 37–43.

Wer die Geschichte liebt, lässt sich von ihr faszinieren. Er versucht, sie mit den Augen ihrer Zeit zu sehen. Vielleicht ist es das Schwierigste, ihre anziehenden Seiten zu entdecken. Es entsteht der Wunsch, sie jemandem zu erzählen, sich in sie zu vertiefen, zu träumen, sich philosophischen Überlegungen hinzugeben. Eben in dieser Wiederentdeckung entsteht und entwickelt sich der Wunsch, die Geschichte zu reinterpretieren, ihre Werte zu ergründen und letztere in einer unserer Zeit angemessenen Sprache in einem Projekt zum Ausdruck zu bringen.

Dies soll eine Einladung dazu sein, die Erscheinung der Dinge zu hinterfragen. Es dient der Entdeckung des Ursprünglichen und sorgt dafür, dass die Erinnerung als Vermittler des Wundersamen erhalten bleibt. Die Geschichte wird respektiert, da von den Spuren der Vergangenheit ausgegangen werden muss, um neue Projekte zu realisieren.[1]

Wie kommt die Geschichte in das Projekt? Ich versuche, auf diese Frage zu antworten, indem ich einige meiner Erfahrungen als Landschaftsarchitekt zu Hilfe nehme.

FOLIES ZUM BEWUNDERN

In meinem Projekt für die Wiederherstellung, Aufwertung und Öffnung der Parkanlage der Neuropsychiatrischen Klinik in Mendrisio, Kanton Tessin, Schweiz (1987–1996), habe ich in einiger Entfernung von den wenig attraktiven Klinikbauten einen neuen Weg entworfen – als Entdeckungsreise durch die Vegetation der Parkanlage aus dem 19. Jahrhundert.[2] Dadurch sollte nicht nur die Aufmerksamkeit der Besucher auf den Spazierweg gelenkt werden, sondern der Weg sollte – wenn auch nur mit minimalen Mitteln realisiert

– belustigen, Neugierde wecken, zum Träumen anregen. Dieses sind einige der Empfindungen, die bei der Entdeckung eines Ortes, einer Stadt, eines alten Gartens, bei der Betrachtung einer Landschaft oder beim Eintauchen in eine Erzählung, in ein Musikstück und ein Abenteuer wahrgenommen werden können. »Wunder und Bewunderung« sind es, die uns noch nach vier Jahrhunderten im heiligen Wald von Bomarzo begleiten.[3] Es ist die »imaginäre Erzählung in Bildern und Akten«, die wir noch heute in dem Park Durazzo-Pallavicini aus dem 19. Jahrhundert nahe Genua erleben.[4] Dies sind nur zwei Beispiele von vielen.

Entlang des Spazierweges im Park von Mendrisio offenbaren sich »Folies«, Strukturen, die einzig und allein aus lebenden Pflanzen bestehen; darin hat der Baum eine spielerische Bedeutung, so wie dies während der Renaissance und des Barock der Fall war, in Zeitepochen, während derer Vergnügen, Wunder, Komik und Freude eine wichtige Rolle spielten. Die Folies sind als sehr einfache, fast asketische Objekte gedacht. Vielleicht liegt dies daran, dass ich überzeugt davon bin, dass sich gerade in der Schlichtheit das Wesentliche und die Kunst des Weglassens entdecken lassen. Dies ist ein ethischer Aspekt, wenn man bedenkt, wie viele der heutigen Kunstwerke sich den Verlockungen des Hedonismus, des Konsums und den herrschenden aktuellen Moden unterwerfen.

Der Wegeverlauf im Park von Mendrisio bietet dem Besucher eine Reihe von Überraschungen: Vom »Geschlossenen Kreis«, der aus gepflanzten Eichen besteht, deren Stämme sich bei zunehmendem Wachstum berühren werden, wodurch den Besuchern der Zugang zur umschlossenen Fläche verwehrt werden wird, zur »Steineichen-Kathedrale«, die einen Landschaftsausschnitt markiert. Von der »Falschen Perspektive«, einer optischen Täuschung, die durch Zypressenreihen erzielt wird, zur »Pflanzentorsion«, einer Reihe in unterschiedliche Richtungen gezogener Bäume. Von dem »Haus der Linden«, einer kegelförmigen Hütte, aus welcher der Himmel bewundert werden kann, zum »Ludischen Wald«, einem Gehölz aus Hainbuchen, dessen Anordnung verschiedene Perspektiven schafft. In diesem Projekt ist die Erinnerung an die Vergangenheit nicht nur bei der Wiederentdeckung der Überraschung, des Spiels und des Vergnügens präsent, sondern auch bei der Suche nach dem Wesentlichen, so wie es St. Augustin geschrieben hat: »Schönheit ist der Abglanz des Wahren.«

[3] Tagliolini, Alessandro: Storia del giadino italiano. Gli artisti, l'invenzione, le forme dall'antichità al XIX secolo. Florenz 1988, S. 206–209.

[4] Bürgi, Paolo: Mysterium und Verwunderung. In: Topos. 19. 1997, S. 19–22. Zur Villa Pallavicini a Pegli Fabio Calvi und Silvana Ghigino: Villa Pallavini a Pegli. L'opera romantica di Michele Canzio. Genua 1998.

Perspektivenwechsel im Parco di Casvegno von Mendrisio. Die entlang zweier, auf einen gemeinsamen Punkt zulaufender Geraden gepflanzten Zypressen erzeugen aus der einen Richtung betrachtet eine »falsche Perspektive« und Tiefenwirkung. Der Blick wird auf eine Gruppe aus Blutbuchen gelenkt. Aus der anderen Richtung blickend (vgl. S. 68) scheinen die Zypressenreihen parallel den Hang hinab zu verlaufen.

[5] Bürgi, Paolo: Cardada – Gedanken über einen Berg. In: Topos. 36. 2001, S. 6–12; Weilacher, Udo: Fugen im Panoramablick. In: Folio. Journal der Neuen Züricher Zeitung. 1. 2001, S. 66f.

Die Geschichte des Horizonts

Die gleiche Intention liegt einer weiteren meiner Arbeiten zugrunde, einem Landschaftsprojekt, das von 1997 an auf dem Berg oberhalb von Locarno realisiert wurde.[5] In einer Reihe punktueller Eingriffe wird meine Suche nach einer Zurückgewinnung und einer Annäherung an die Natur offenbar: die Wahrnehmung dessen, was hinter dem Horizont liegt, der Geschichte, die es zu erzählen gilt, der Bedeutung des Raumes. Die Landschaft, einschließlich tradierter historischer Erscheinungsformen ein Abbild der aktuellen Situation und Zeit, ist nunmehr ein Konsumobjekt, das mit anderen über einen Kamm geschert wird, das heute konsumiert wird und morgen nicht mehr denselben Wert hat. Eine Situation, die von den folgenden Worten des Schriftstellers Oscar Wilde mit extremer Klarheit beschrieben wird: »Wir leben in einer Epoche, in der das Überflüssige unsere einzige Notwendigkeit ist.« Warum? Man erreicht den Gipfel, hält an, isst etwas, betrachtet die Berge, um anschließend abzusteigen und in der Zukunft nach etwas mehr zu suchen. Wie ist diese moderne Freizeitbeschäftigung, die Abenteuerlust, die Lust nach neuen Sensationen entstanden? Vielleicht liegt es daran, dass die beschleunigten Rhythmen des heutigen Lebens nicht dem Ruhebedürfnis und der Entdeckung unserer selbst entsprechen? Aber hinter dem Horizont verbirgt sich die Geschichte, eine Geschichte, viele Geschichten, die zu erzählen sind: die letzten Besteigungen, die Verwendung des Gesteins, die Verbindungswege, die Kartografie, die mythischen Erzählungen, die mit dem Gebirge verbunden sind, die klimatischen Veränderungen, die Kontinentalverschiebung, die geologischen Zeiträume.

Insbesondere an Letztere knüpft das für mein Projekt gewählte Thema des auf dem Gipfel Cimetta in 1680 Meter Höhe gelegenen »Geologischen Observatoriums« an.[6] Es soll uns sensibilisieren, uns wundersame Phänomene erklären, uns helfen, die Dinge zu relativieren, uns in Anbetracht der geologischen Zeiten zur Bescheidenheit bekehren: Millionen von Jahren stehen unserer Vergänglichkeit gegenüber. Die insubrische Linie, die seit fast 100 Millionen Jahren die europäische Platte von der afrikanischen trennt, ist die Geschichte der Erde, und nicht nur der menschlichen, die in diesem Projekt zählt: ein großes Szenario, eine fantastische Geschichte, deren Dimensionen wir uns vielleicht nur nähern können, wenn wir uns bewusst machen, dass sich der Berg vor uns 60 Kilometer weiter links befinden müsste und dass das 300 Millionen Jahre alte Gestein viel älter ist als das metamorphe Gestein hinter uns. Es ist kein einfaches Unterfangen, die Gesteinsbildungs- und Kontinentalverschiebungsprozesse zu vermitteln, aber mit meinem Versuch möchte ich mich wenigstens einer Geschichtserzählung annähern, die eine Reise in der Fantasie anregen kann, einen Weg mit verschiedenen Leseebenen.

Gesteinsproben des Horizonts und Informationen zur Zeit auf dem »Geologischen Observatorium«

Das »Promontorio paesaggistico« – eine 45 Meter lange Passarelle, die sich an einem Steilhang zwischen Baumwipfeln dem See entgegenstreckt – führt uns dank der im Belag eingehauenen Zeichen dazu, über die Geschichte unseres Planeten zu reflektieren.[7] Die Aufmerksamkeit des Besuchers wird auf die Entstehung biologischer Materie gelenkt: von dem DNA-Molekül der Urmeere zur Zelle und zum Gewebe, von den Organismen und Individuen zu einer Population und von den Ökosystemen bis zum Universum, in dem die Erde ein lebendes System ist. Man überschreitet diese in den Granit eingravierten Zeichen bis man am Aussichtspunkt angelangt ist und einen wunderbaren Ausblick über die Seenlandschaft erhält. Die Schönheit des Blicks ist jedoch nicht Zweck an sich,

[6] Vgl. zum Geologischen Observatorium Bürgi, Paolo: Das »Osservatorio Geologico«. Die Präsenz der Vergangenheit. In: Anthos. 2. 2001, S. 20–23.

[7] Bürgi, Paolo: Das »Promontorio paesaggistico«. Die Geschichte des Horizonts. In: Anthos. 4. 2001, S. 26–29.

Das in 1800 Meter Höhe gelegene »Geologische Observatorium« – ein Rundumblick in die Gebirgslandschaft

Das »Promontorio paesaggistico« schwebt zwischen den Baumwipfeln und ermöglicht einen spektakulären Blick auf den Lago Maggiore und die Brissago-Inseln.

Raum ist nicht mehr derselbe. Die Landschaft, die verführt, befindet sich zwischen Realität und Imagination.[8]

Die Geschichte kommt in das Projekt wie die Poesie ins Alltägliche. Dieser Übergang maskiert nicht die Idee, uns etwas zu lehren, sie will eher versuchen, unsere Vorstellungskraft zu provozieren, uns mittels Indizien und Neugierde zu faszinieren, uns Fragen zu stellen. Manchmal ist es die Überraschung, die uns erfreut, manchmal ist es auch das Spiel, das uns einige physikalische Prozesse entdecken lässt, oder noch anderes.

REINTERPRETATION EINER VISION

Die Suche nach der Geschichte eines Ortes, nach seiner vergangenen Atmosphäre und Stimmung und ihre Gegenüberstellung mit den heutigen Gegebenheiten und Nutzungsansprüchen ist es, die mich auch in dem Projekt für eine Neugestaltung des Von-Alten-Gartens angeleitet hat. Von dem Barockgarten Franz von Platens[9] in der Stadt Hannover ist heute kaum noch etwas übrig. Einige alte Bäume lassen jedoch spüren, dass ihre Platzierung nicht zufällig ist. Zwei alte Mauern zeigen, dass wir uns innerhalb eines alten Gartens befinden. Eine Terrasse erinnert daran, dass sich hinter uns ein großes Schloss befand und dass der Garten weitläufig und wichtig gewesen sein muss. Man spürt, dass hier etwas war, das nicht mehr da ist, oder um es mit den Worten Ernest Hemingways in seinem Buch »Farewell to Arms« zu sagen: »I feel it under my shoes.«

Heute finden wir dort eine große Straße, Autobahnen führen in die Stadt und überqueren das, was einst

[8] Vgl. Bürgi, Paolo: Zeit entwirren. In: Garten + Landschaft. 2. 1998, S. 30f.

[9] Rettich, Hubert: Die Geschichte des Von-Alten-Gartens in Hannover-Linden. Diplomarbeit am Institut für Grünplanung und Gartenarchitektur der Universität Hannover 1988. Hannover 1988.

[10] Furttenbach, Joseph: Architectura recreationis. Fotomechanischer Nachdruck der Erstauflage Augsburg von Schultes, 1640. Berlin 1988.

sondern sie kann auch zur Gelegenheit für Entdeckungen werden, für die Entdeckung von Geschichten, die sich hinter dem verbergen, was man bewundert. Kurze informative Texte führen in einige Besonderheiten und in die Geschichte der Landschaft ein. Es kann zum Beispiel entdeckt werden, dass der unterhalb gelegene See, auf dem heute die Motorboote dahinsausen, schon zu Zeiten der Römer ein Transportweg war. Damals wurde das kostbare Gestein von Angera mit Segelschiffen auf dem See zu den römischen Siedlungen transportiert, die vor kurzer Zeit bei Ausgrabungen in der Gegend um Locarno entdeckt wurden. Die Appropriation der Erinnerung an die Vergangenheit führt den Besucher dazu, die umgebende Landschaft mit anderen Augen zu betrachten. Der Anblick des Sees wird ein anderer, die Dinge erhalten Sinn, der

Die Atmosphäre des Lago Maggiore, Blick vom Gipfel der Cimetta auf den großen See. Unten rechts im Bild das »Promontorio paesaggistico« und seine Beziehung zu den Brissago-Inseln und der umgebenden Landschaft.

Die in den Granitbelag des »Promontorio paesaggistico« gehauenen Zeichen lenken die Aufmerksamkeit des Besuchers auf die Entstehung biologischer Materie und unserer Welt. Im Vordergrund ein Zeichen, das auf die Ökosysteme hinweist.

die Beete des Barockgartens waren. Auch die Stadt hat sich einen Teil des Parks genommen, von dem, was einst so ein schöner Garten war, den man von Hannover aus aufsuchte. Franz von Platen ließ den Garten ab 1689 aus Prestigegründen anlegen, so wie heute die Stadt Hannover Landschaftsarchitekten einlädt, Parks und Gärten zu entwerfen, um der Stadt neues Prestige zu verleihen. So entsteht spontan die Frage danach, wie mit einer heutigen Formensprache diese fantastische Geschichte der Stadt vermittelt werden kann, ohne dabei auf die Rekonstruktion oder die gartendenkmalpflegerische Wiederherstellung von Teilen eines nicht mehr existenten Gartens zu verfallen, der im Grunde nur noch auf alten Stichen und in historischen Quellen besteht. Die Bedeutung dieses Ortes verführt jedoch dazu zu versuchen, seine Großartigkeit und seinen Eindruck zu vermitteln, indem starke Bezüge gewählt werden, die in der Lage sind, Emotionen zu erzeugen, indem sie poetische Momente schaffen.

Der Garten wird zum Eingangstor. Danach werden wir eine Folge von Räumen durchqueren, Akte einer musikalischen Reise: Das *Preludio*, der Eintritt in den Garten und der erste, von schmalwüchsigen Bäumen begrenzte große Raum.

Das *Thema*, der zweite große Raum, in dem Blumenbeete an die Atmosphäre des barocken Zeitalters erinnern. Die *Variazione*, ein weiterer Gartenraum mit Spiel- und Sportfeldern. Das *Intermezzo*, wo unter alten Bäumen kaum sichtbare Rasenparterres die ursprüngliche Zeichnung des Gartens widerspiegeln. Die *Gartenachse*, einst Beginn der imaginären Linie, die das Schloss des Premierministers Platen mit dem des Herzogs verband. Sie wird markiert durch Pappelreihen, die sehr eng stehen, um die von der Gartenachse auf die übrige barocke Gestaltung ausgehende Kraft zu simulieren, oder die in einem spitzen Winkel aufeinander zulaufen, um die nicht mehr vorhandene Tiefe des Gartens spürbar zu machen.

Das *Schloss*, die zentrale Architektur, wird inspiriert durch den *Heckengarten* Furttenbachs aus dem 17. Jahrhundert.[10] Räume, geschaffen aus zehn Meter hohen Wänden aus Kletterpflanzen, faszinieren die Gartenbesucher wie die Entdeckung eines Schlosses.

Linien, Flächen, Formen, Räume der Poesie, Entdeckungsreisen, um uns das zu vermitteln, was einmal ein außerordentlicher Ort war, Seiten einer fantastischen Geschichte, die uns wieder vorgelesen wird, wobei wir sie nur mit den Augen unserer Phantasie sehen.

Diese Wiederentdeckung von Orten und Landschaften lässt uns auch den Respekt zurückgewinnen gegenüber unserer Umwelt – fragil und vergänglich –, die manchmal nicht mehr in ihrer Komplexität wahrgenommen werden kann oder unserer »Kontrolle« entkommt. Aber die Umwelt prägt uns. Wenn es uns gelingt, den Reichtum, die Facettierung der Geschichte, die sich hinter dem Horizont verbirgt, zu erfassen, dann glaube ich, dass sich eine neue Beziehung zu unserer Umwelt einstellen wird, eine wiederentdeckte Sensibilität. Wir müssten uns nicht mehr in der heutigen Art um den Natur- und Landschaftsschutz kümmern, da er integrierter Bestandteil unserer täglichen Visionen ist. Wir würden verstehen, dass der Raum auch uns formt. Tatsächlich verliert der Mensch mehr und mehr seine Bindung zur Umwelt, zur Landschaft, und erkennt nicht mehr die ursprünglichen Werte: eine kulturelle und ethische Verarmung. Aber unsere Arbeit dient dem Wohlbefinden des Menschen und ihn mit der Natur zusammenzuführen, ist unsere Aufgabe.

Prof. Paolo L. Bürgi
Freischaffender Landschaftsarchitekt. Seit 1997 Professur für Landschaftsarchitektur an der Graduate School of Fine Arts der Universität Pennsylvania in Philadelphia; seit 2002 Gastprofessur an der Università Mediterranea degli Studi in Reggio Calabria, Italien. 1975 Diplom in Landschaftsarchitektur an der Ingenieurschule in Rapperswil, Schweiz; erhielt dafür den ersten Preis. Anschließend Eröffnung eines Studios in Camorino, Tessin. Verbrachte einige Zeit im Ausland. Treffen mit dem Architekten Luis Barragàn. Schwerpunkte seiner Arbeit sind die Freiraumplanung sowie die Gestaltung architekturbezogener Außenräume. Teilnahme an nationalen und internationalen Wettbewerben; gewann mehrere Preise. War Vorstandsmitglied des Bundes Schweizer Landschaftsarchitekten. Hält Vorträge und Workshops in Europa, den USA und Kanada. Werke in mehreren europäischen Ländern sowie in den USA und in Japan publiziert. Tätigkeit als Kritiker und Jurymitglied; schreibt für Topos und andere wichtige Landschaftsarchitekturzeitschriften.

Blick auf das Modell des Heckenschlosses des Von-Alten-Gartens Hannover. Rund zehn Meter hohe, parallel verlaufende Wände aus Kletterpflanzen schaffen grüne Räume zum Entdecken.

Modell des Heckenschlosses für den Von-Alten-Garten in Hannover. Verschiedene Öffnungen in den Heckenwänden ermöglichen Durchblicke.

Zeitgenössische Gartengestaltung
kann durchaus ein Mittel beim Umgang
mit historischen Orten sein.
Sie vermag verlorene Qualitäten und
fehlende Informationen zu ersetzen.
Ihre Verwendung ist ehrlich
und unmissverständlich.

Johannes Stoffler

Den Faden der Zeit weiterspinnen

Luftbild des ummauerten Mittelzeller Klosterbezirks von Süden mit seinen seeseitigen Gärten, 1998

»Eine Zukunft für unsere Vergangenheit!« lautete 1975 das kämpferische Motto des Europäischen Jahres des Denkmalschutzes. Es spiegelt die Aufbruchsstimmung der 1970er-Jahre wider, in welcher auch »die Gartendenkmalpflege [...] in der Phase des Sich-Bewusst-Werdens der immensen, durch Krieg und Wiederaufbau bzw. durch wirtschaftlich-technischen ‚Fortschritt' verursachten Substanzverluste zweifellos an Bedeutung gewonnen [hat].«[1] Die außerordentlichen Leistungen der Folgezeit, beispielsweise die wissenschaftliche Aufarbeitung der Grundlagen der Gartendenkmalpflege am Institut für Grünplanung und Gartenarchitektur der Universität Hannover durch Dieter Hennebo, stehen außer Frage. Dennoch ist augenfällig, dass der erwähnte Prozess der Bewusstwerdung von Anfang an auch die Sehnsucht nach einer geschönten Geschichte in sich trug, was bis heute eine Welle von Rekonstruktionen zur Folge und das Erscheinungsbild vieler unserer historischen Gärten auf Kosten ihrer authentischen Zeugenschaft gründlich verändert hat. Die Eigendynamik, welche die neue Bewegung aus ihrer Aufbruchstimmung heraus entwickelte, vergleicht Norbert Huse mit Goethes Zauberlehrling und konstatiert nüchtern: »Die Denkmalbegeisterung der siebziger und achtziger Jahre bewirkte einen Konsum und Verschleiß an real existierender historischer Substanz, deren Umfang erst zu ahnen ist.«[2] Viele Gärten erscheinen heute in einem Gewande, das zwar geschichtlich wirkt, aber von Annahmen und schöpferischen Ergänzungen durchwoben ist. Die Vermutung liegt nahe, dass nicht nur das Publikum die Aufgabe der Denkmalpflege in der »fachgerechten Anfertigung von Vergangenheit«[3] sieht, sondern dies auch zum Selbstverständnis vieler Gartendenkmalpfleger gehört, zumal ein großer Teil der Zunft eine entwerferische Ausbildung genossen hat.

Mut zum Fragment

Die Absage an den schöpferisch-rekonstruierenden Umgang mit Denkmälern, an das »illegitime Kind«[4] des Historismus, wie der Kunsthistoriker Georg Dehio 1905 das damalige Restaurationswesen bezeichnete, markiert den Wendepunkt zum modernen Denkmalbegriff, der heute auch auf Gartendenkmale angewendet werden muss. Einzig die Konservierung bzw. die regenerative Pflege eines Gartendenkmals bietet eine Chance, das Original nicht zu verfälschen, und gilt daher als »Regelfall und Hauptaufgabe der Gartendenkmalpflege«.[5] Ungleich schwieriger als die Konservierung von Gartenarchitekturen und -topografie gestaltet sich dabei die Erhaltung und Regeneration von Pflanzenbeständen, besonders was kurzlebige Pflanzungen anbetrifft. Eine Ersatzpflanzung kann nur dann den Wert des Denkmals erhalten, wenn sie nicht nur in Pflanzenart und Pflanzort dem Original entspricht, sondern auch die verfügbare Pflege die Entwicklung der Pflanzung im Sinne des historischen Vorläufers ermöglicht. Wo diese Bedingungen jedoch nicht gegeben sind, entfernt sich der Gartendenkmalpfleger schrittweise in die Gefilde seiner subjektiven Vorstellungskraft. So schwer es der Gartendenkmalpflege fallen mag, so wichtig ist es doch, sich einzugestehen, dass ein großer Teil der Originalsubstanz unserer historischen Gärten endgültig verloren und ein originalgetreuer Ersatz nicht mehr möglich ist. Diese Einsicht erfordert Mut zum Fragment und die Auseinandersetzung mit dem Vorhandenen, statt »wie gebannt auf die Lücken im Bestand zu starren und dort einst Gewesenes zu beschwören«.[6] Gern wird auch darüber hinweggesehen, dass ein gealterter, als Fragment erhaltener Garten nicht nur ein authentisches Geschichtszeugnis für den Sachverständigen ist, sondern auch für den Laien ein ästhetisches Erlebnis und ein attraktiver Ort geheimnisvoller, versunkener Geschichte sein kann.

Zeitgenössische Gestaltungen in Gartendenkmalen

Die alleinige Konservierung fragmentarisch erhaltener Gartendenkmale als Mittel ihrer Sicherung hat jedoch Grenzen. Dies ist sicherlich dann der Fall, wenn ein Gartendenkmal nur noch aus wenigen materiellen Geschichtszeugen besteht und sich in diesem Zustand aggressiven Flächenansprüchen stellen muss. Bei der politischen Abwägung mehrerer öffentlicher Interessen, die Anspruch auf dieses Gelände erheben, kann sich die Gartendenkmalpflege nur dann durchsetzen, wenn es gelingt, die Bedeutung des vorhandenen Gartens auch einer breiten Öffentlichkeit vor Augen zu führen. Das muss vorrangig durch einfallsreiche Aufklärung und Werbung geschehen, in deren Zentrum der Garten mit seiner überkommenen Substanz, aber auch seinen Zukunftsperspektiven stehen sollte.

Ein zeitgenössischer Entwurf muss sich an dieser Stelle in den Dienst von Gartendenkmalpflege stellen und deren Ziele unterstützen. Im Gegensatz zur Rekonstruktion kann er vorhandene historische Substanz umfassend in die Gestaltung integrieren. Geänderte Nutzungsansprüche sollten ebenso zu seinen Entwurfsparametern werden wie die Reaktion auf ein verändertes Umfeld. Ein Neuentwurf kann die Geschichte des Ortes mit heutigen Ausdrucksmitteln weitererzählen, ohne den Besucher mit einer historisierenden Fiktion zu täuschen. Dieses Vorgehen verlangt jedoch klare Rahmenbedingungen, die im Vorfeld zwischen Denkmalpflege und Investor sowie dem Planer festzulegen sind. Die folgenden fünf Abschnitte geben dafür

---

[1] Hennebo, Dieter: Gartendenkmalpflege in Deutschland. Geschichte – Probleme – Voraussetzungen. In: Gartendenkmalpflege. Grundlagen der Erhaltung historischer Gärten und Grünanlagen. Hrsg. v. Dieter Hennebo. Stuttgart 1985, S. 43.

[2] Huse, Norbert: Bedürfnisse nach Geschichte. In: Naturschutz und Denkmalpflege. Wege zu einem Dialog im Garten. Hrsg. v. Ingo Kowarik, Erika Schmid, Brigitt Sigel. Zürich 1998, S. 45.

[3] Bacher, Ernst: Kunstwerk und Denkmal – Distanz und Zusammenhang. In: Wilfried Lipp (Hrsg.): Denkmal – Werte – Gesellschaft. Frankfurt a. M./New York 1993, S. 269.

[4] Dehio, Georg: Denkmalschutz und Denkmalpflege im neunzehnten Jahrhundert. Festrede an der Kaiser-Wilhelms-Universität zu Straßburg, den 27. Januar 1905. In: Dehio, Georg/Riegl, Alois: Konservieren, nicht restaurieren. Streitschriften zur Denkmalpflege um 1900. Hrsg. v. Ulrich Conrads. Braunschweig 1988, S. 97.

[5] Schmidt, Erika: Gartendenkmalpflegerische Maßnahmen. Übersicht und Begriffserläuterung. In: Gartendenkmalpflege. Hrsg. v. Dieter Hennebo. Stuttgart 1985.

[6] Schmidt, Erika: Erhaltung historischer Pflanzenbestände, Möglichkeiten und Grenzen. In: Die Gartenkunst, H. 2. 1997, S. 270.

Anhaltspunkte. Das Beispiel der Mittelzeller Klostergärten zeigt Möglichkeiten und Probleme bei der Umsetzung dieser Anforderungen auf.

Anforderungen an zeitgenössische Gestaltungen in Gartendenkmalen

- Im Vorfeld des Entwurfs für eine zeitgenössische Gestaltung ist die Erstellung eines fachlich einwandfreien denkmalpflegerischen Gutachtens oder die Zusammenstellung adäquater Teilbeiträge als Diskussionsgrundlage unbedingt notwendig. Die Untersuchungen sollten die Anlagengeschichte und den aktuellen Bestand aufarbeiten sowie den Denkmalwert der Anlage präzise beschreiben und nachvollziehbar bewerten. Sie müssen Rahmenbedingungen formulieren, innerhalb welcher sich der Entwurf abspielen darf.
- Als Garant eines offenen und vielfältigen Planungsprozesses bietet es sich an, selbst bei kleineren Objekten das Konzept im Rahmen eines fachlich gesteuerten Wettbewerbs zu entwickeln. Wettbewerbe stellen eine gute Möglichkeit dar, die Öffentlichkeit über die Planungsaufgabe zu informieren und sie an die Bedeutung des Ortes heranzuführen. Zeitgenössische Gestaltungen für Gartendenkmale dürfen weder zur verwaltungsinternen noch zur privaten Angelegenheit werden.
- An einem Ort, der eine auch heute noch nachvollziehbare Geschichtlichkeit besitzt, muss eine inhaltliche Auseinandersetzung mit dieser das Hauptthema des Neuentwurfs sein. Die Gestaltung ist dabei jedoch nicht als historisierende Nachbildung zu verstehen, sondern als ein ergänzendes Werk, das im Sinne von Artikel 9 der Charta von Venedig »den Stempel unserer Zeit tragen«[7] muss. Sie soll sich nicht in den Vordergrund spielen, sondern den gleichberechtigten Dialog mit dem Denkmal suchen. Eingriffe in die historische Substanz müssen dokumentiert werden.
- Ist die Gestaltung nicht als temporäre Installation geplant, sondern wird sie als dauerhafte Ergänzung der Anlage begriffen, sollte ihr Material in Ansehnlichkeit alterungsfähig sein, um die Geschichte des Gartens weiterzuschreiben. Das Maß des Pflegeaufwands muss sich an den verfügbaren finanziellen und personellen Ressourcen orientieren.
- Weil die baulichen Veränderungen im Bereich des Denkmals oftmals erheblich sind, misst sich die Qualität eines Entwurfs auch daran, wie schlüssig er auf den Verlust einer raumprägenden Architektur reagiert oder neue bauliche Beeinträchtigungen des Denkmalumfelds in die Planungsaussage mit einbezieht.

Die Mittelzeller Klostergärten der Insel Reichenau: ihre Blüte und ihr Niedergang

»Reichenau, grünendes Eiland,
wie bist du vor andern gesegnet,
Reich an Schätzen, des Wissens
und heiligem Sinn der Bewohner,
Reich an des Obstbaumes Frucht
und schwellender Traube des Weinbergs:
Immerdar blüht es auf dir
und spiegelt im See sich die Lilie,
Weithin schallet dein Ruhm
bis ins neblige Land der Britannen.«

Als der Benediktinermönch Ermenrich von Ellwangen um 850 die begeisterten Verse[8] über die Klosterinsel Reichenau im Bodensee verfasste, stand sie in der beginnenden Blüte als eines der bedeutendsten Klöster des europäischen Mittelalters. Heute, rund 200 Jahre nach der Säkularisierung des Klosters, findet der Inselbesucher neben den drei Kirchen romanischen Ursprungs u.a. auch das Erbe der von Ermenrich besungenen Pflanzenkultur wieder: Die heutige »Gemüseinsel« mit ihren zahlreichen Gewächshäusern steht in direkter Nachfolge des »grünenden Eilands«. Keimzelle dieser Tradition sind die nur fragmentarisch erhaltenen Gärten des Klosters im Ortsteil Mittelzell der Insel.

Rund 100 Jahre nach seiner Gründung 724 entstanden im Kloster Reichenau zwei der bedeutendsten gartengeschichtlichen Quellen jener Zeit. Zum einen die Beschreibung eines Gartens von Abt Walahfrid Strabo, kurz Hortulus genannt, zum anderen der so genannte Sankt Galler Klosterplan. Dieser Plan ist ein maßstäblicher Idealplan einer Klosteranlage[9], der als Geschenk der Abtei Reichenau an das Kloster Sankt Gallen ging.

Das Dokument verzeichnet vier Gartentypen. Im Zentrum des Plans befindet sich neben der Kirche der Kreuzgang der Mönche. Er umschließt als Mittelpunkt schlicht einen Sevenbaum. Der eine immergrüne Busch steht für das Ganze, für den Baum des Lebens, der nach Augustinus die Weisheit, also »Christus selbst, den Lebensbaum im geistigen Paradies« darstellt.[10] Der Gemüsegarten des Plans verbindet hingegen den Nutzen mit der Schönheit. »Hier grünen die schön aufwachsenden Gemüsepflanzen«, ist auf dem Plan zwischen den zwei Doppelreihen der insgesamt 18 rechteckigen Beete zu lesen, ein Prinzip, welches auch im Wurz- und Arzneigarten des Plans wiederzufinden ist. Der Friedhof mit seinem mittig angeordneten Kreuz verweist als Baum- und Obstgarten, der auf den Gräbern der Mönche wächst, symbolhaft auf den immerwährenden Kreislauf des Lebens in Gott.

---

[7] Internationale Charta über die Konservierung und Restaurierung von Denkmälern und Ensembles (Denkmalbereiche) von 1964. In: Deutsche Gesellschaft für Gartenkunst und Landschaftskultur (Hrsg.): Historische Gärten in Deutschland. Denkmalgerechte Parkpflege. Neustadt 1964, S. 96.

[8] In der Übersetzung aus dem Lateinischen von Joseph Victor Freiherr von Scheffel in seinem 1855 erschienenen Roman »Ekkehard«. Kap. 5: Ekkehards Auszug.

[9] Hecht, Konrad: Der St. Galler Klosterplan. Sigmaringen 1983, S.13.

[10] Sennhauser, Hans Rudolf: St. Gallen. Klosterplan und Gozbertbau. Zur Rekonstruktion des Gozbertbaues und zur Symbolik des Klosterplanes. Zürich 2001, S. 28.

[11] Berschin, Walter: Karolingische Gartenkonzepte. Sonderdruck aus dem Freiburger Diözesan-Archiv. Bd. 104. Freiburg/Br. 1984, S. 22.

[12] Der so genannte »Stille Bezirk« des Sankt Galler Klosterplans und der Klosteranlage Reichenau umfasst Einrichtungen des Klosters, die in ihrer Konzeption der Stille bedürfen, wie das Krankenhaus, das Noviziat, und die Gärten. Zettler, Alfons: Die frühen Klosterbauten der Reichenau. Sigmaringen 1988, S. 46–133.

Auch wenn der Plan in seiner dargestellten Art und Weise nie verwirklicht wurde, so spiegeln sich in ihm zumindest teilweise die Erfahrungen mit der real existierenden Reichenauer Klosteranlage wider. Es bleibt deshalb festzuhalten, dass sich die Gärten des Sankt Galler Klosterplans wenigstens als Typus auf dem Klostergelände Reichenau befanden.[11] Heutige Grabungsbefunde lokalisieren den so genannten »Stillen Bezirk«[12] des Sankt Galler Plans mit seinen Gärten im Nordwesten des heutigen Reichenauer Klosterbezirks. Die genaue Lage der einzelnen Gärten ist, abgesehen vom Friedhof der Mönche mit seinen Knochenfunden, unbekannt.

Mit Beginn des Spätmittelalters verliert das Kloster rasch an Bedeutung. In der Renaissance wird der mittelalterliche Kreuzgang abgerissen und jenseits des Münsters neu gebaut, doch die Fundamente des alten Kreuzgangs bleiben im Erdreich erhalten. Der mittelalterliche »Stille Bezirk« ist auch in der Neuzeit durch Separatgärten geprägt, welche nun auf schlichten Wegkreuzen basieren und an die sich eine einfache Obstwiese anschließt. Erst die Säkularisation Anfang des 19. Jahrhunderts leitete den Niedergang der Gärten, die Verwahrlosung und den Abriss ein.[13] Das Gelände wurde in der Folgezeit als Acker und Obstgarten genutzt. Außer dem archäologischen Fundbereich, dem so genannten Pirminbrunnen und einem Weg sind auf dem heutigen ummauerten Gelände des nordwestlichen Klosterbezirks keine historischen Zeugnisse von wissenschaftlicher, heimatgeschichtlicher oder künstlerischer Bedeutung zu finden.[14] Da die Bewirtschaftung der Gärten nicht mehr rentabel ist, dominiert heute zunehmend das Brachland innerhalb der Klostermauern.

Die gesamten Klostergärten sind Teil des historischen Klosterbezirks von Mittelzell und als »Kulturdenkmal von besonderer Bedeutung« nach § 12 des Denkmalschutzgesetzes von Baden-Württemberg geschützt. Seit November 2000 ist die gesamte Insel Reichenau in die Welterbeliste der UNESCO eingetragen. Die große Öffentlichkeit, welche die Insel seit der Eintragung genießt, wollte die Gemeinde zur Stärkung des Inseltourismus nutzen. Um mit einer besonderen Sehenswürdigkeit auf die gartenkulturelle Leistung des Klosters hinzuweisen, entschied sie sich, verschiedene Planer zur Erarbeitung von Vorentwürfen für eine partielle Neugestaltung der Klostergärten einzuladen. Planungsbereich waren die ummauerten Klostergärten zwischen Münster und See. Hier befindet sich auch der »Stille Bezirk« des ehemaligen Klosters.

Geschichte vergegenwärtigen – Ein Gestaltungsvorschlag für die neuen Mittelzeller Klostergärten

Der Gestaltungsvorschlag von Lüpke und Stoffler für die Klostergärten setzt sich inhaltlich und formal mit den verschwundenen Reichenauer Gärten der Neuzeit und denen des Klosterplans von Sankt Gallen auseinander. Er will nicht nachbilden, sondern mit zeitgenössischen Mitteln eine Brücke aus der Geschichte der Gärten in die Gegenwart schlagen. Er will dem Betrachter keinen »Historienroman« erzählen, sondern ihn in unerwartet abstrakter Form zur inhaltlichen Auseinandersetzung mit dem Gelände und seiner heutigen Bedeutung herausfordern. Ein Klostergarten auf

[13] Zur Geschichte der Klostergärten siehe Stoffler, Johannes: Die Klostergärten der Insel Reichenau (Erscheint in: Hegau. Zeitschrift für Geschichte, Volkskunde und Naturgeschichte des Gebietes zwischen Rhein, Donau und Bodensee. Jahrbuch Nr. 60, 2003).

[14] Landesdenkmalamt Baden-Württemberg 1988: Verzeichnis der unbeweglichen Bau- und Kunstdenkmale, Kreis Konstanz, Gemeinde Reichenau, Stand April 2001. In: Landesdenkmalamt Baden-Württemberg: Klosterinsel Reichenau im Bodensee, Unesco-Weltkulturerbe, Arbeitsheft 8. Stuttgart 2001, S. 259 ff.

Schematische Darstellung des Sankt Galler Klosterplans mit seinen vier Gärten, die sich als Typus auf dem Klostergelände in Mittelzell befanden, um 820. 1. Kreuzgang, 2. Gemüsegarten, 3. Wurz- und Arzneigarten, 4. Friedhof

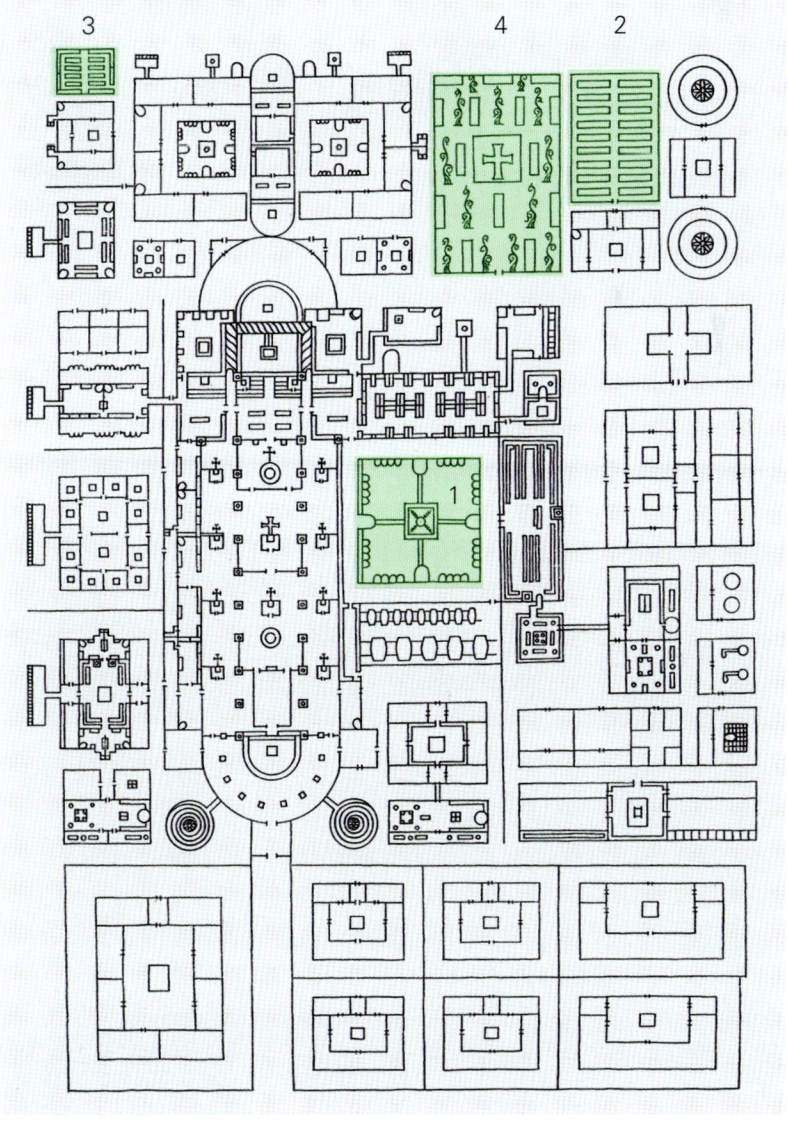

Gestaltungsvorschlag Reichenauer Klostergärten, 2002

weltlichem Grund und Boden kann nicht die universale christliche Ordnung des Mittelalters ausdrücken, er muss von ihrem Verlust Zeugnis ablegen. Die klare Organisation durch die Klostermauer und die Dominanz des Münsters erlaubt es nicht nur gestalterisch, sie fordert es inhaltlich, dem gebauten Geschichtszeugnis mit diffusen Anordnungen Dynamik entgegenzusetzen. Als Ergebnis entstanden einzelne Gärten, die in der Tradition der Sondergärten des Klosters stehen und sich als Blickfang auf einem gepflegten Rasenteppich präsentieren. Der Rasen verbindet die Elemente und ist Wirkungsfläche ihres Farbenspiels sowie der eindrucksvollen Klosterarchitektur.

Vier der fünf Gärten greifen thematisch die Gärten des Sankt Galler Klosterplans auf. Im Mittelpunkt des Geländes liegen die lang gestreckten Beete des Gemüsegartens als Urgarten des heutigen Gemüseanbaus auf der Insel. Hier werden von Bohnenkraut über Mohn bis Zwiebeln die einzelnen Pflanzen des Gemüsegartens des Klosterplans angebaut. Die Gemüsebeete sind mit Streifen aus Schwertlilien durchsetzt. Die Staude verbindet die Beete zu einem Ganzen und ist zugleich ein Tribut an die Blütenlust des Publikums. Die Schwertlilie ist aber auch eine Staude des Wurz- und Arzneigartens auf dem Klosterplan.

Ein Ort der Ruhe sollte an der Stelle entstehen, wo sich der mittelalterliche Kreuzgang befand. Mannshohe, spannungsvoll gestreute Eibenkugeln nehmen das Motiv des immergrünen Sevenbaums im Kreuzgang des Klosterplans auf. Es ist ein ungewohnter, ungeordneter Garten, der sich dort vor der Kulisse des Münsters ausbreitet, ein säkularisierter Garten, dem sein Zentrum abhanden gekommen ist. Die zahlreichen Bänke am Weg zum Pirminbrunnen bieten die Möglichkeit zu Rast und Betrachtung. Zweimal im Jahreszeitenturnus flackert ein Teppich aus Geophyten aus dem Rasen auf und markiert die Umrisse des versunkenen mittelalterlichen Kreuzgangs.

Der dritte Separatgarten ist der Baum- und Obstgarten in Form eines Kirschenhains, der sich sinnigerweise im Bereich des mittelalterlichen Friedhofs befindet und auf dessen Gelände heute kurioserweise eine Einsegnungshalle steht.

Die hypothetische Rekonstruktion des Wurz- und Arzneigartens von 1991, den der Klosterplan als vierten Garten anführt, wird als Zeitdokument in ihrer Form belassen und in die Gestaltung einbezogen.

Eine weitere Zeitschicht findet sich in dem fünften Garten, einem Nutzgarten mit Fischweiher und Obstwiese wieder, der sich aus Elementen des 18. Jahrhunderts herleitet.

Das Konzept vermeidet nach Möglichkeit Eingriffe in den archäologischen Fundbereich. So wurde der Bau neuer Wege auf das Nötigste reduziert und von Gebäudekonstruktionen abgesehen. Eventuelle Funde im Bereich des Fischweihers sollten im Rahmen einer Suchgrabung dokumentiert, die mittelalterliche Klostermauer repariert und ergänzt werden. Die geringen Unterhaltskosten machen eine dauerhafte Pflege der Gärten möglich und erlauben es ihnen so, im Rahmen des Konzepts zu altern. Der Gestaltungsvorschlag ist nicht zur Ausführung vorgesehen.

»Am langsamsten von allen Göttern wandeln wir,
Mit Blätterkronen schön geschmückte, schweigsame.«[15]

Diese Inschrift auf einer Uhr verweist auf die göttlichen Horen, welche in der griechischen Mythologie die Vorstellung vom zyklischen Wachsen und Reifen in der Natur verkörpern. Der von ihnen beschriebene langsame, aber beständige natürliche Wandel ist auch eines der Wesensmerkmale des Gartens. Dieses Merkmal rührt jedoch nicht nur von den ihnen innewohnenden biologischen Kreisläufen der Natur her, sondern kann auch in der wandelnden Gestaltung von Gärten in einer fortschreitenden Geschichte begriffen werden: ein gestalterischer Wandel, der auch in Gartendenkmalen unter bestimmten Bedingungen den Faden der Zeit weiterzuspinnen vermag. Es liegt deshalb in den Händen derer, die sich mit dem Kulturgut Gartendenkmal fachlich auseinandersetzen, ob sie das eingangs erwähnte Motto des Europäischen Jahres des Denkmalschutzes in seiner zukunftsfähigen Aussagekraft erfassen wollen oder sich im Zuge der Erzeugung perfekter historischer Stilbilder in Gärten beständig fragen müssen: »Welche Vergangenheit für unsere Zukunft?«[16]

Johannes Stoffler
Landschafts- und Freiraumplaner.
Geb. am 8. August 1971 in Freiburg/Br. Studium an den Universitäten Kassel und Hannover sowie an der Leeds Metropolitan University. 1999 Diplom an der Universität Hannover mit den Schwerpunkten Gartendenkmalpflege und Objektplanung. 1994 bis 1996 sowie 2000 bis 2002 Tätigkeit in Planungsbüros in Hannover und Zürich. 2002 Lehrauftrag für Gartengeschichte im Studiengang Landschaftsarchitektur an der Hochschule für Technik Rapperswil, Schweiz. Seit 2002 Assistent am Lehrstuhl für Landschaftsarchitektur der ETH Zürich mit dem Forschungsschwerpunkt Schweizer Gartengeschichte des 20. Jahrhunderts.

Blick vom Gemüsegarten auf das Münster und den ehemaligen Kreuzgang. Gestaltungsvorschlag Reichenauer Klostergärten, 2002

[15] Mörike, Eduard: Werke. Bd. 1: Gedichte. Zürich 1947, S.101.

[16] Buttlar, Adrian von: Welche Vergangenheit für unsere Zukunft? Festvortrag zum 147. Schinkelfest des Architekten und Ingenieur-Vereins zu Berlin. Gehalten am 13. März 2002. Hrsg. v. AIV zu Berlin.

DIE GRÜNPLANUNG IM STÄDTEBAU
HATTE IN DER GESCHICHTE BEREITS
EINEN HÖHEREN STELLENWERT ALS HEUTE.
IHRE MISSACHTUNG FÜHRT ZUR
ENTFREMDUNG VON MENSCH UND NATUR.
MANGELNDE LEBENSQUALITÄT IST
DIE FOLGE.

Kai Krauskopf

NATUR STATT STADT –
DIE VERWANDLUNG DER STADT IN NATUR

[1] Endell, August: Die Stadt als Natur. 1908.

[2] Denkschrift von Wilhelm Wortmann, 1943. In: Durth / Gutschow, S. 371.

Was sich in der Philosophie des 18. Jahrhunderts und in der Gestaltung englischer Landschaftsgärten anbahnte, wurde mit der französischen Revolution zur Forderung an eine ganze Nation: »Zurück zur Natur«.

Der positiv verstandene Begriff der Natur bestimmte fortan die gesamte Epoche der Moderne und mit ihr den Städtebau und die Grünplanung, die sich unter ihrem Banner annäherten und miteinander zu verschmelzen begannen.

DIE STADT ALS UN-NATUR

Mit der Großstadt des Industriezeitalters assoziierte man seit jeher ungünstige Wohn- und Arbeitsbedingungen für seine Bewohner. Seit Jean-Jacques Rousseau das unverdorbene Leben in der Natur gepredigt hatte, wurde man nicht müde, die Stadt als Un-Natur zu brandmarken, sie als Abweg in der Entwicklungsgeschichte der Menschheit zu betrachten. »Die große Stadt erscheint als Symbol, als stärkster Ausdruck der vom Natürlichen, Einfachen und Naiven abgewandten Kultur, in ihr häuft sich zum Abscheu aller Gutgesinnten wüste Genußsucht, nervöse Hast und widerliche Degeneration zu einem gräulichen Chaos.«[1] In der Ferne zur Natur begründet sich eine Bedrohung für Moral und Gesundheit, die unter Umständen sogar den «Volkstod»[2] herbeiführe. Die Ursache lag für Großstadtkritiker in erster Linie in einer planerischen Unterlassung. Ausschließlich in der Hand spekulierender Profitinteressen, würde im Sinne optimaler Grundstücksausnutzung auf dem Boden der Stadt nur dichte Bebauung entstehen, die keinerlei Raum für Licht, Luft und Sonne erlaubt.

Schon bevor die industrielle Großstadt überhaupt erst entstand, setzten Bestrebungen ein, diesen tat-

Perspektivische Ansicht der Salinenstadt Chaux von Ledoux

sächlichen oder eingebildeten Übeln der Stadt im Namen der Natur beizukommen. Für Architekten, Städteplaner und Gartenkünstler eröffnete sich fortan ein schier unermessliches Aufgabenfeld, das sie mit den unterschiedlichsten Entwürfen zu bewältigen dachten. Jeder erhob dabei für sich den Anspruch, am besten durch die jeweils vorgeschlagene Umgestaltung die Stadt mit Natur versöhnen zu können. Architekten entwarfen durchgrünte Ansiedlungen, die sie unter Begriffen wie »Gartenstädte«, »Stadtlandschaften« oder »organische Städte« in lebhafter Konkurrenz untereinander der regierenden Macht anzuempfehlen trachteten.

Neben all den pathetischen Aufrufen zur Rückkehr zur Natur schien keiner zu bemerken, dass die Paarung Stadt und Natur im Grunde genommen einen unvereinbaren Gegensatz darstellt. Stadt als Natur wäre folglich das Fehlen alles Artifiziellen, also auch der Gebäude und damit der Erforderlichkeit eines Architekten. Zu ihrer Existenzberechtigung halfen den Planern deshalb mythische Begriffe, die als Mittel dienten, zugleich den offenbaren Widerspruch zu überwinden und politisch wirksame Schlagworte aufzufahren, da durch die Bauaufgabe Städtebau eine größere Anzahl Menschen betroffen ist. Das Gegensatzpaar Natur – Stadt stand für die Zeit des 19. und 20. Jahrhunderts in Europa und der Neuen Welt unter einer derartigen Spannung, dass sich Städteplaner in der Regel gedrängt sahen, ihre Pläne als die naturgerechteste Lösung anzupreisen. So soll der anschließende Vergleich der unterschiedlichen Modelle darüber Aufschluss bringen, in welcher Weise und in welchem Grad man versuchte, Natur mit der Stadt zu verbinden.

AUFBRUCH INS GRÜN

Gegen Ende des 18. Jahrhunderts galt immer mehr das Land als der ideale Lebensraum des Menschen. Tatsächlich zeigten Statistiken, dass das Leben auf dem Lande zumindest für eine längere Lebenserwartung stand.[3] Die einfachste Form, dem Stadtleben zu entkommen, war die bereits in der Antike feststellbare

[3] Mumford, Lewis: Die Stadt – Geschichte und Ausblick. München 1980, S. 562.

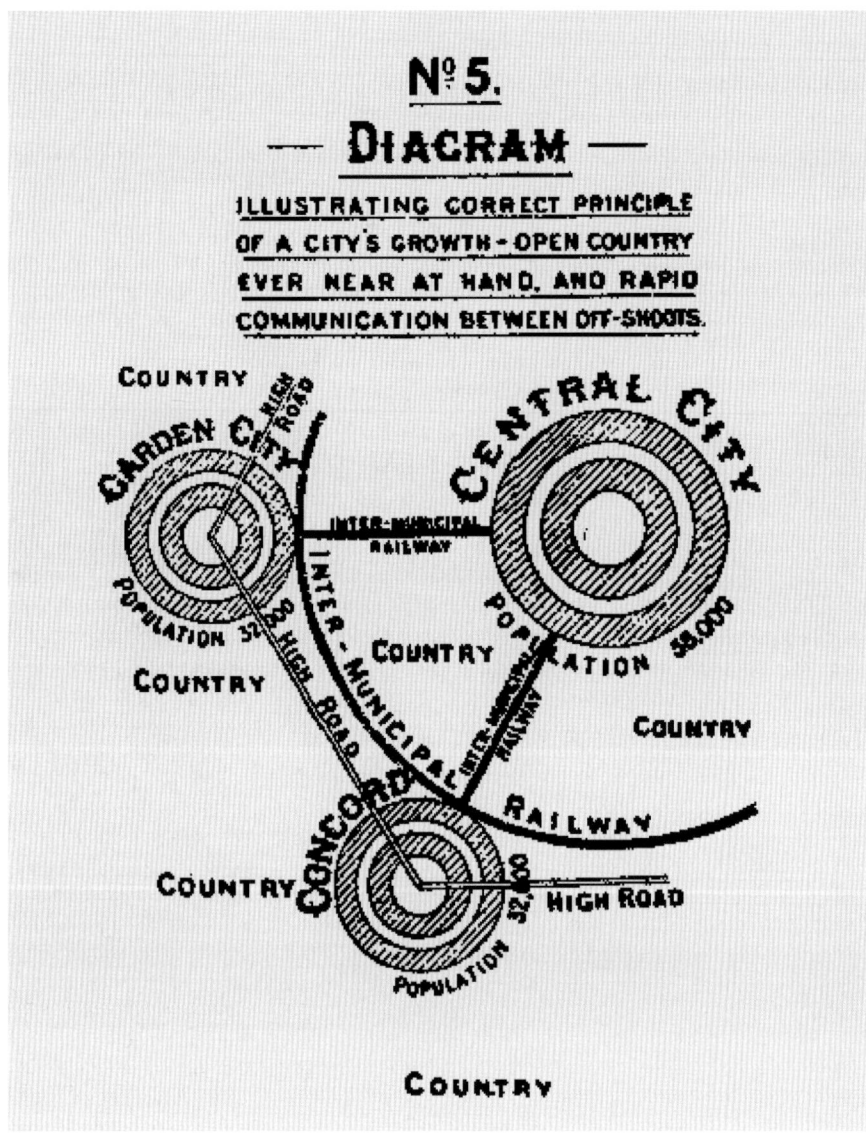

Ebenezer Howard, Garden cities of tomorrow, 1902

[4] Curdes, Gerhard/ Oehmichen, Renate: Künstlerischer Städtebau um die Jahrhundertwende – Der Beitrag von Karl Henrici. Köln 1981, S. 92.

[5] Harten, Hans-Christian/ Harten, Elke: Die Versöhnung mit der Natur. Reinbek 1989, S. 167.

[6] Ebd., S. 168, 171.

Neigung, außerhalb der Stadtmauern einen zweiten Wohnsitz zu errichten. Karl Henrici bezeichnete die Villenvororte des späten 19. Jahrhunderts als »gesündeste Glieder der Architektur« und die »fast einzigen duftigen Blüten« des modernen Städtegebildes.[4] Tatsächlich boten die Vorstädte mit ihren Gärten nicht nur für ihre Besitzer, sondern auch für die hindurchgehenden Stadtbewohner den erholsamen Anblick grüner Natur.

Allerdings wohnten nur wohlhabende Bürger in diesen bevorzugten Gebieten, die sich wie Ringe nach und nach um den Kernbereich der Großstadt legten. Während die Reichen in großer Zahl die Flucht in diese ruhigen und sauberen »Speckgürtel« suchten, arbeiteten sie weiterhin im Zentrum der Stadt. Unvermeidlich entwickelte sich deshalb ein lebhafter Pendlerverkehr, der wiederum neue Verkehrswege notwendig machte und die Unwirtlichkeit der ärmeren Wohngebiete in den inneren Bezirken verschärfte. Somit wohnen auch heute noch die Menschen vieler Städte strikt nach Einkommen getrennt im typischen »Moloch«, dessen Zentrum brodelt und der sich an seinen Rändern maßlos in die Landschaft frisst.

Der republikanische Aufbruch seit der Aufklärungsepoche verlangte statt dessen nach Formen des Zusammenlebens, in denen sich statt der hierarchischen eine egalitäre Gesellschaft verwirklichen konnte. Die Französische Revolution träumte die Utopie des Gemeinwesens, das seine Ordnungsstrukturen allein aus der wiedergefundenen Natur bezieht, der eine moralische Qualität zukommt.[5] Als Rousseau die Natur zum Kampfbegriff gegen das stark reglementierte höfische Gesellschaftsleben zum Symbol erhob, entwarf auch der französische Architekt Claude-Nicolas Ledoux seine Salinenstadt Chaux mitten hinein in die unberührte Natur. Bald darauf forderten Planer der Revolutionsepoche, ganz Frankreich mit Dörfern an den gesündesten Stellen zu bedecken, während man die großen Städte am liebsten in Weideland zurückverwandelt hätte. Zumindest aber dachte man daran, vorhandene Gemeinden in ihrer Größe zu beschränken und die enge Bebauung aufzulockern. In Entwürfen (1797/99), die der revolutionäre Wohlfahrtsausschuss im Sinne besserer Lebensbedingungen ausschrieb, erscheint die Stadt als großer Garten, mit breiten Straßen, vielen Grünflächen und bepflanzten Dachterrassen, Fahrzeuge sind verbannt. Feste und Mahlzeiten sollten auf einer gemeinsamen Fläche abgehalten werden. Für die Stadt der »republikanischen Öffentlichkeit« entwarfen die Planer Grünanlagen, die ohne Unterbrechung die ganze Stadt durchziehen, wobei breite Alleen als Verbindung dienen mussten. Im Zentrum dieses unausgeführten Plangebildes befand sich ein Park, der mit kulturellen Stätten besetzt war.[6]

Die Idee der Stadt in der Natur fand ihre Fortsetzung im früh industrialisierten England. Der Utopist Ebenezer Howard reagierte auf die unerträgliche Teilung der Metropole in eine proletarische, lebensfeindliche Mitte und eine wohlhabende, gesunde Peripherie mit der Idee der Gartenstadt, die ähnlich wie Ledoux' Salinensiedlung Wohnen und Arbeiten in einer im Grünen geplanten Gemeinde bündelte. Statt einer Ausdehnung in Ringen, empfahl Howard das Wachstum der Metropolen in Einzelsiedlungen aufzufangen, die in ausreichender Entfernung vom Stadtrand als in ihrer Ausdehnung limitierte »Satelliten« oder »Trabanten« im Grünen nacheinander entstanden. Das Städtewachstum wurde auf diese Weise sozusagen portioniert in übersichtliche, gut zu verwaltende Einheiten, die durch breite Grüngürtel getrennt waren. In jedem »Satellit« sollten die Bewohner durch eigene Beschäftigungs- und Versorgungseinrichtungen so unabhängig wie möglich von der »Mutterstadt« sein.

»Zellen« mit Grünkragen

Raymond Unwin und Barry Parker, die Howards Vorstellungen verwirklichen wollten, setzten auf das Einzelhaus mit angehängtem Kleingarten als primäre Einheit der Gartenstadt Letchworth bei London (1904). Schon bei Ledoux war es der private Kleingarten, der nicht nur zur wirtschaftlichen Autarkie der Gartenstadtbewohner, sondern auch zu ihrer psychischen Erbauung beitragen sollte. Als Mittelpunkt der Gemeinde installierten Unwin und Parker an höchster topografischer Stelle eine gemeinschaftlich genutzte Rasenfläche als »Grüne Mitte« und ließen dort strahlenförmig gerade Straßen abgehen, um Blicke von dort allseitig in die unbebaute Umgebung zu gestatten.[7] Grün rückte so bei jeder Gelegenheit ins Bild. Auch wenn sich die Idee der Gartenstadt in allen wichtigen Industrieländern verbreitete, gab man diese Siedlungsform in der Zeit nach dem Ersten Weltkrieg auf, da die Anziehungskraft der nahen Großstadt dennoch wieder zu Pendlerverkehr führte und die stetig weiter wachsende Stadt die einst weit draußen liegenden Gartenstädte aufsog. Fruchtbarer für das Projekt der Vermengung von Natur und Stadt erwies sich die englische Idee der »Satelliten«. Ernst May, der bei Unwin arbeitete, entwarf in sich räumlich abgeschlossene »Trabanten«-Siedlungen für Frankfurt. Die Stadterweiterung vollzog sich auch hier nicht durch dichtes Aneinanderfügen von Ringen, sondern in addierten Siedlungsinseln, die jeweils mit einem breiten Grünstreifen voneinander isoliert waren. Dabei kam es jetzt immer mehr darauf an, engen Kontakt zwischen Trabant und dem Großstadtkern herzustellen.[8]

Als weitere Alternative zum ungeregelten Flächenwachstum der Metropolen entstand schon 1882 die Idee der »Bandstadt«, die sich als schmaler Streifen im Gelände ausdehnt. Nach den Vorstellungen ihres Urhebers, Arturo Soria y Mata, entwickelt sie sich entlang einer versorgenden Verkehrsachse und ordnet ihre Elemente in Form von Bebauungsstreifen, Grünstreifen, Gartenstreifen und Industriestreifen parallel dazu an. Das Stadtgrün war nicht länger auf einzelne, streng abgeschlossene Parks beschränkt, sondern hatte als durchgehendes, unlimitiertes Band mit einem Mal verbindende wie trennende Aufgaben und damit eine strukturell gliedernde Funktion. Die Stadt

[7] Jackson, Frank: Sir Raymond Unwin – Architect, Planner and Visionary. London 1985, S.68.

[8] May, Ernst: Stadt-Landschaft. Vortrag am 20. Juni 1956 in Frankfurt a. M.

Frank Lloyd Wright, Broadacre City, Projekt 1934–1958

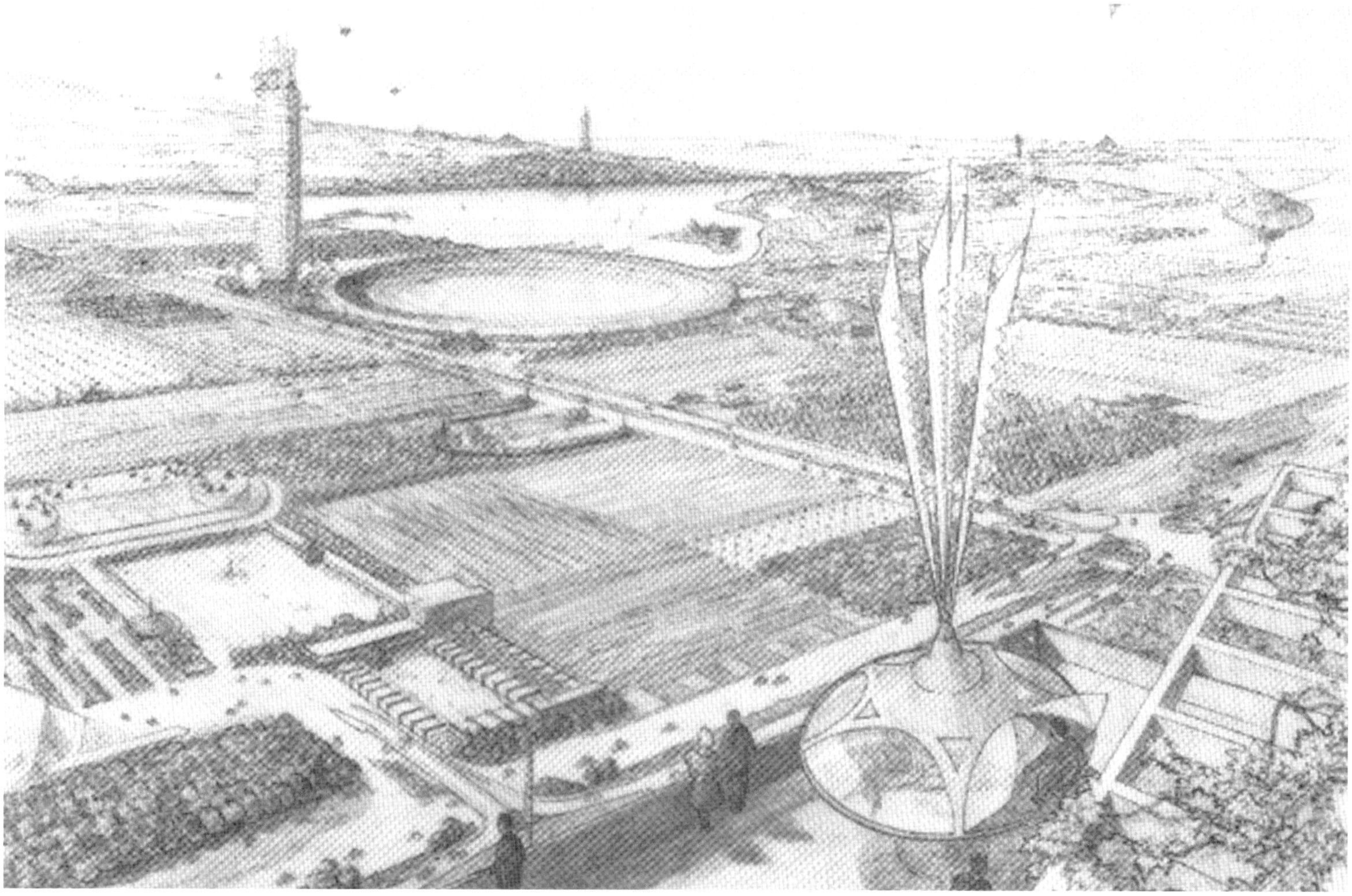

[9] Durth, Werner/ Gutschow, Niels: Träume in Trümmern. Planungen zum Wiederaufbau zerstörter Städte im Westen Deutschlands 1940–1950. Braunschweig 1988, S. 625.

[10] Schwarz, Rudolf: Von der Bebauung der Erde. Heidelberg 1949, S. 11.

[11] Wie Anm. 9, S. 686.

[12] Wie Anm. 9, S. 714.

[13] Le Corbusier: Grundlagen des Städtebaus. Stuttgart 1945, S. 100.

[14] Wagner, Martin. In: Hennebo, Dieter: Beiträge zur Geschichte des Stadtgrüns. In: Das Gartenamt 6 (1970), S. 276.

»fließt« als schmales Band durch die Landschaft, der sie sich geschmeidig anpasst und die das Grün in direkter Nähe für die Bewohner bereitstellt.

Während May, Le Corbusier oder Ludwig Hilberseimer auf mehrstöckige Wohnbebauung setzten, um die Bebauung des Bodens gering zu halten und ihn gemeinschaftlich zu genießen, lebte an anderer Stelle der Gedanke weiter, die Menschen in niedriger, aufgelockerter Bebauung anzusiedeln. Die »eigene Scholle«, der zu bewirtschaftende Kleingarten, sollte im Gegensatz zu den in Vielerlei beschränkten Mietskasernenbewohnern »weltanschaulich und geistig« erheben,[9] das Sesshaftwerden erleichtern und den »Willen zum Kind« stärken. Den dadurch zwangsläufig sich einstellenden Flächenverbrauch der Landschaft durch Häuser und Straßen, also einer Versündigung an der Natur, versuchte man durch besonders naturgemäßes, landschaftsbezogenes Bauen zu bewältigen.

SIEDELN IM GEISTE DER LANDSCHAFT

Aus dem Konzept der Bandstadt und dem zellenartig aufgebauten System der Howardschen Gartenstadt entstand die Idee der »Stadtlandschaft«, die besonders beim Wiederaufbau der im Zweiten Weltkrieg zerstörten europäischen Städte zum Tragen kam. Hans Bernhard Reichow zeichnete baumartig sich verzweigende Verkehrswege, an denen Siedlungszellen wie Blätter wuchsen. Mehrere »Zellen« gruppieren sich zu einer Einheit von 5000 bis 8000 Einwohnern mit einem gemeinsamen kulturellen und versorgenden Zentrum. Reichow nannte dieses Konstrukt nach englischem Vorbild »Nachbarschaften«. Die trennenden Grünzonen sollten den Verkehr aufnehmen, der im Sinne von »Adern« in ein organisch aufgefasstes System integriert wurde. Städteplaner wie Reichow oder Rudolf Schwarz, Wilhelm Wortmann und Hans Scharoun bemühten sich, die Stadt als organisches Gebilde aufzufassen, das Gesellschaft, Architektur und Landschaft in stärkster Anlehnung an die Natur organisierte. Der Städtebauer müsse »die Werdewünsche der Erde«[10] erfüllen. Die ideale Stadtlandschaft sei ewig wie die Gesetze der Landschaft in der sie entsteht.[11] Auf diese Weise wurde versucht, gleichzeitig auf biomorphem wie auf topografischem Wege sich der Natur anzugleichen. So konnte Karl Elkart aus Hannover konstatieren, dass Landschaft nicht mehr vor der Großstadt geschützt zu werden braucht, wenn die Großstadt als »Stadtlandschaft« in das umgebende Land hineinwächst.[12] Grün als stadtgestaltende Kraft dominiert gegenüber der Wohnbebauung, die sich in schlichtester und zurückhaltenster Weise hinter Bäumen verbirgt oder als Hochhaus aus einer weiten, »parkartigen Rasenlandschaft«[13] erhebt. In gleichem Sinne wie die Bebauung ist vermieden, dass sich die Grünflächen als eigenständiges Kunstwerk zu erkennen geben. So offenbart sich in Martin Wagners Wunsch, das Stadtvolk »mit sanitärem Grün«[14] zu »versorgen«, eine ausgesprochen funktionalistische Auffassung. Bei den wichtigsten geplanten oder ausgeführten »Stadtlandschaften« wie der Berliner »Kollektivplan« (1946), der »Kollegialplan« für Hannover (1948), die Wiederaufbaupläne für Köln (1951), der Wiederaufbau Hamburg-Altonas (1955–1958), dem Berliner Hansa-Viertel (1957) oder der Neugründung »Sennestadt« bei Bielefeld (1954) sollte das Stadtgrün nicht an sich Aufmerksamkeit erheischen, sondern

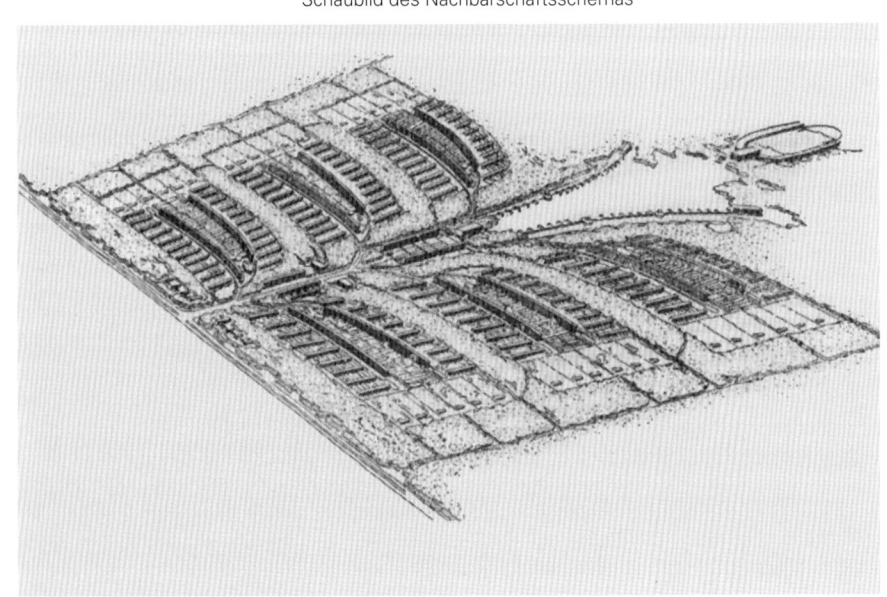

Hans Bernhard Reichow, Schaubild des Nachbarschaftsschemas

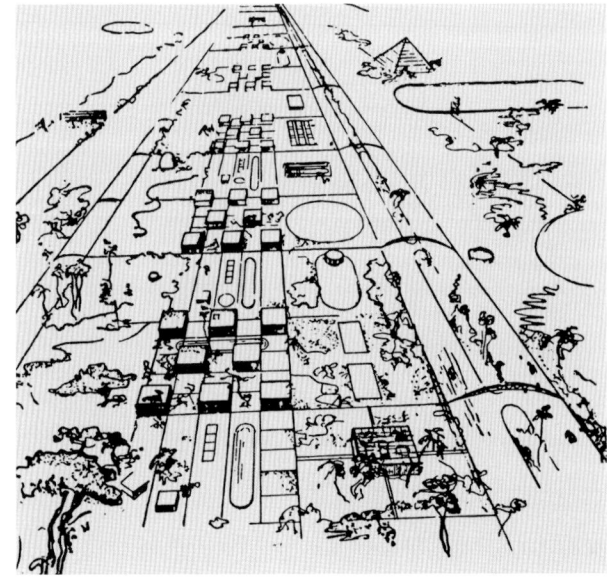

Iwan Leonidow, Bandstadt Magnitogorsk, Projekt 1930

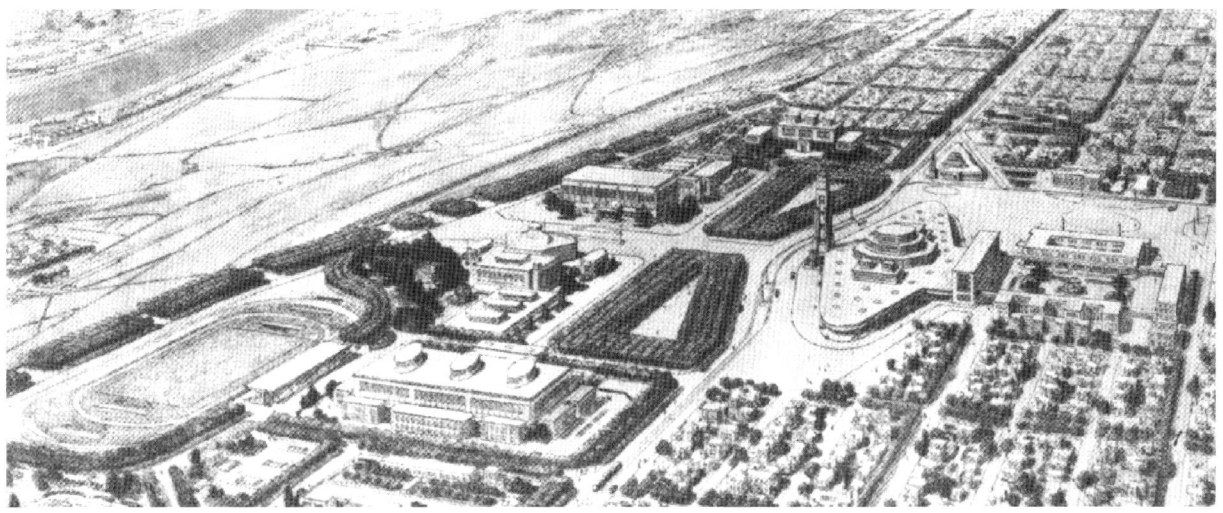

Tony Garnier, Cité Industrielle, 1917

Dr. Kai Krauskopf
Geb. 12. Oktober 1965 in Kiel. Nach der Schulzeit in Stuttgart und Hochdahl bei Düsseldorf. Ab 1989 Studium an der Hochschule für bildende Künste in Hamburg. 1994 Diplom am Fachbereich Industriedesign. Weiteres Studium mit Promotion 2002 im Fachbereich Architektur. Wissenschaftlicher Mitarbeiter an der Universität Darmstadt.

Licht und Luft durch die Bebauung fluten lassen und den Eindruck vermitteln, Häuser würden auf einem grünen Teppich stehen und mit der weiten Natur verknüpft sein. Unlimitierte, im Sinne einer gesunden Stadt verwendete Landschaftsstreifen ersetzten vielerorts den klassischen »Park« mit seinen Rabatten und Hecken.

Dort, wo Macht und Städtebauer vorbehaltlos übereinstimmten und kurzsichtige Interessen des Immobilienmarktes ausgeschaltet werden konnten, kam es vereinzelt tatsächlich zum »durchgrünten« Wohnen. Die Auflösung der steinernen Stadt in der Natur scheint gelungen. Da allerdings lebendiges, nachbarschaftliches Zusammenleben immer noch und insbesondere in der verfehmten dichten, gründerzeitlicher Etagenhausbebauung der großen Städte stattfindet, fehlt der Nachweis, dass die »Auflockerung« der Städte nach dem Zweiten Weltkrieg mehr als die Zerstörung historisch gewachsener Milieus gebracht hat.

Architektur stellt sich mittlerweile in vermehrtem Maße wieder als autonome, raumbildende Kunst dar. Hier wäre nun für folgende Untersuchungen die Frage interessant, ob und inwieweit die Grünplanung beginnt, sich von ihrer landschaftsplanerischen Bindung zu lösen, um wieder auf eigenständigere Weise den Menschen in der Stadt ein Bild der Natur zu bieten.

Rudolf Schwarz, Industrieband mit Wohnsiedlungen, Dörfern, Städten und Hauptstadt

Rudolf Schwarz, Geäder und Blattwerk

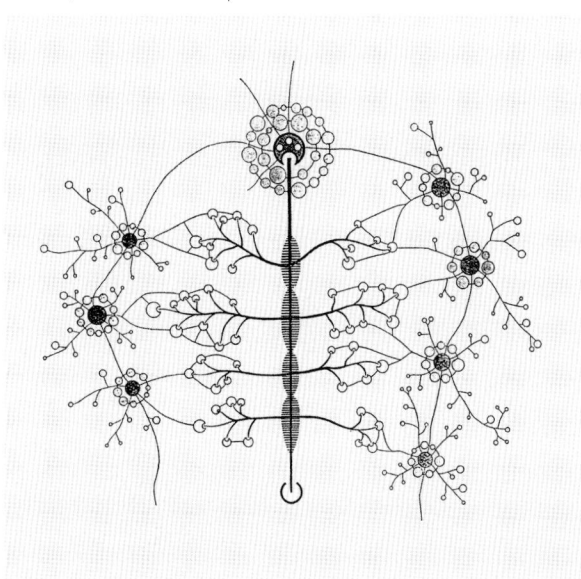

DIE INVENTARISIERUNG UND BEWERTUNG
HISTORISCHER GÄRTEN IN FRANKREICH
ENTWICKELTE SICH ZUM MOTOR
FÜR DAS AKTUELLE INTERESSE AN GARTENKUNST
DER VERGANGENHEIT UND GEGENWART.

Michel Racine

MOMENTAUFNAHMEN EINER WIEDERGEBURT DER GARTENKUNSTGESCHICHTE IN FRANKREICH VON 1970 BIS 2000

[1] Maumené, Albert/ Duchêne, Achille: Quatre siècles de jardins à la Française. 1910; Maumené, Albert/André, René Édouard: Deux siècles de jardins à l'anglaise. 1911.

NACH DEM DUNKEL

Aus heutiger Sicht scheint es verwunderlich, dass das Wort »Garten« nach dem Zweiten Weltkrieg für über 30 Jahre aus dem theoretischen Diskurs sowie der praktischen Tätigkeit von Architekten, Stadtplanern und Historikern wie auch ganz allgemein im Bewusstsein der Franzosen verloren gehen konnte. Hatte es denn nicht zu Beginn des 20. Jahrhunderts eine Bewegung gegeben, die Geschichte der Gärten in Europa[1] sowie im Nahen und Fernen Osten neu zu beleuchten, und waren nicht moderne Gärten erschaffen worden, die von der Tradition des »französischen Gartens« sowie der Wiederentdeckung der arabisch-andalusischen Gärten beeinflusst waren? So hätte man doch in der Nachkriegszeit Urbanistikprogramme erwarten können, welche die Schöpfung privater und öffentlicher Gärten im modernen Sinne förderten. Es darf hierbei allerdings nicht vergessen werden, dass die Franzosen in dieser Zeit zuallererst modernen Wohnkomfort und technische Produkte erstrebten, darunter vor allem das Automobil. Während der Wohlstandsjahre der Nachkriegszeit gab die Erwartung einer auf Technik begründeten glanzvollen Zukunft mehr Anlass zum Träumen, als es der Begriff der »Grünfläche« und seine Geschichte vermochten. Dieser, von den Vertretern eines radikalen Modernismus erfunden, war in der folgenden Zeit vielmehr mit der Vorstellung des Gartens als etwas Altmodischem verbunden. Allein ein kleiner Kreis aufgeklärter und wohlhabender Liebhaber pflegte die Schöpfung privater Gärten, die die Erinnerung an die Gartengeschichte wach hielten. Dies waren die »Gentleman«-Gärtner wie Charles de Noailles, die bedeutende Gärten erschufen und pfleg-

Champfleury, um 1983

Garten eines »habitant-paysagiste«, wie von Bernard Lassus zu Beginn der 1970er-Jahre untersucht. Quesnoy, Norden

[2] Insbesondere Monique Mosser, die in der Folge unaufhörlich für eine Entstehung der Gartenkunstgeschichte kämpfte.

[3] Das Patronatskomitee von URBI besteht aus Georges Aperghis, Fernand Braudel, Michel Foucault, Éric Hobsbawm, Bernard Lassus, Alain Sarfati.

[4] Racine, Michel: Les rocailleurs marseillais. In: L'inventaire général dans les Bouches-du-Rhône. Sondernummer der Zeitschrift »Marseille«. 1978; Architecture rustique des rocailleurs. Le Moniteur. Paris 1981.

[5] Racine, Michel (Hrsg.): Inventaire des jardins d'intérêt paysager, historique et botanique, de la région Provence-Alpes-Côte d'Azur. Mit Beiträgen von F. Binet, E. Boursier-Mougenot, M. Mattio, J. P. Olive, Diren Paca, Mission du paysage, Ministère de l'Équipement. Aix-en-Provence/Paris 1983.

ten und hierbei manchmal auch die wenigen Landschaftsgärtner wie Russel Page beratend hinzuzogen, die sich auf diese Klientel spezialisiert hatten.

Angesichts des Massenwohnungsbaus ohne jeglichen Bezug zur Natur und der drohenden Gefahr des Verlustes zahlreicher Parks und Gärten kam dann in den 1970er-Jahren insbesondere im Umfeld der Stadtplanung, der Architektur und der bildenden Kunst eine kritische Haltung auf. Wie auch in Italien und England, begannen einige Vorreiter zu handeln, um die französischen Gärten wieder in Erinnerung zu rufen und sie vor allem als Inspirationsquelle für Neuschöpfungen zu nutzen sowie das kulturelle Erbe zu retten. Die Arbeiten des Bildhauers und Landschaftsarchitekten Bernard Lassus aus den Jahren 1970 bis 1975 über die »habitants-paysagistes«, die Anwohner als Gartengestalter, führten die Sehnsucht der Vorstadtbewohner nach der Landschaft und die herausragende Bedeutung des einfachen Gartens vor Augen. Die Ausstellung »Jardins en France, 1760–1820«, die von Kunsthistorikern vorbereitet[2] und 1977 von der Caisse Nationale des Monuments Historiques et des Sites gezeigt wurde, war ein bedeutender Schritt bei der Erneuerung des Interesses an der Gartengeschichte.

Seit 1979 förderte Michel Conan, Ingenieur und Soziologe am Verkehrsministerium, das Interesse der Raumplanungsspezialisten sowie eines breiteren Publikums an der Gartengeschichte durch verschiedene Publikationen. Mit »Le Temps des Jardins« rief er eine Nachdruckreihe wichtiger Grundlagenwerke ins Leben, während er zugleich mit der Zeitschrift URBI[3] das Studium der Stadtentwicklung verfolgte, das Aspekte der Geschichte, des Gartens, der Landschaft und der bildenden Kunst mit berücccsichtigte, ohne dabei deren soziale Dimension außer Acht zu lassen. Die Recherchen, die wir zwischen 1976 und 1981 zu den »rocailleurs«[4], den Gestaltern von Steingrotten, durchgeführt haben, sowie das Inventar ihrer Werke in bürgerlichen Gärten der Provinz am Ende des 19. Jahrhunderts führten uns dahin, eine regionale Inventarreihe der französischen Gärten ins Leben zu rufen.

Der Erstellungsprozess der Inventare und der Unterschutzstellungsakten

1981 wurde mit Unterstützung des Verkehrsministeriums eine kleine Arbeitsgruppe gegründet, um die Gärten von besonderem landschaftlichen, historischen oder botanischen Interesse der Region Provence-Alpes-Côte d'Azur[5] zu inventarisieren. Zur Sammlung der wichtigsten Daten wurde ein systematisch zu handhabendes Inventarisierungsformular entwickelt, in dem unterschiedliche Quellen und Informationsmittel festgehalten werden: der Kontakt mit Gartenliebhabern, Archivrecherchen, Fotografien, Zeichnungen,

Gärten von Albertas, Bouc-Bel-Air, Provence. Parterre, in einen Obstgarten umgestaltet, 1983

architektonische Risse sowie botanische Verzeichnisse. Ziel war nicht eine erschöpfende Gesamtdarstellung, sondern ein allgemeines – wenn auch unvollständiges – Gesamtbild des Kulturerbes der Region zu liefern, eine regionale Gartentypologie zu etablieren und die nötigen Erhaltungs- und Unterhaltungsmaßnahmen für die herausragendsten Gärten in die Wege zu leiten, ohne dabei die einfachen Gärten zu vernachlässigen, die ein verkannter Reichtum der Städte sind.

Nach drei Jahren Forschung mit drei halben Stellen stand den Autoren ein vorläufiges Inventar von über mehr als 300 Gärten der Region zur Verfügung, von denen um die 30 durch Inventarisierungsbeschreibung, Pläne, Zeichnungen und Fotografien umfassend dokumentiert waren. Zahlreiche Gärten, die trotz ihres besonderen historischen, landschaftlichen oder botanischen Interesses in Vergessenheit geraten waren, wurden so wieder in das Licht der Aufmerksamkeit gerückt, darunter auch einige Werke von internationaler Bedeutung, deren Rettung dringende Maßnahmen erforderte. Die Studie ließ auch die Bedeutung herausragender Ensembles von Gärten ermessen: der Kranz von Landhausgärten des 17. und 18. Jahrhunderts um Aix-en-Provence und die Gärten der Côte d'Azur, darunter die malerischen Wintergärten des 19. Jahrhunderts sowie die »mediterranen« Gärten vom Beginn des 20. Jahrhunderts. Bezeichnenderweise enthielt die ICOMOS-Gartenliste lediglich zehn Gärten in dieser Region, darunter nur einen einzigen im Gebiet der Alpes-Maritimes. Durch die Ergebnisse wurden die Departements angeregt, ihren Bestand erneut zu

Plan der Gärten von La Tour d'Aygues (Detail), 1783

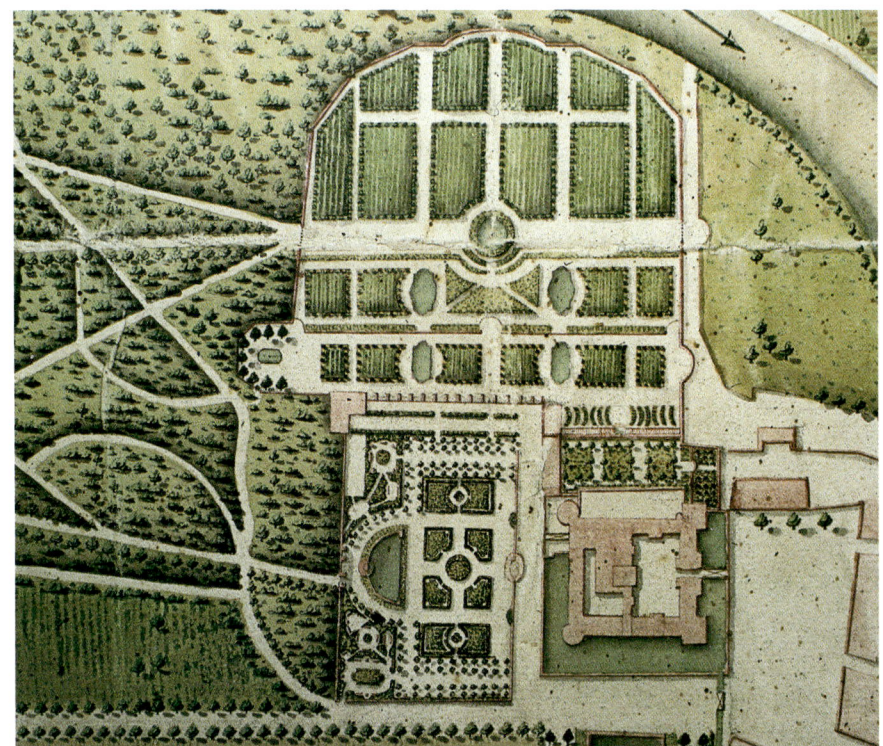

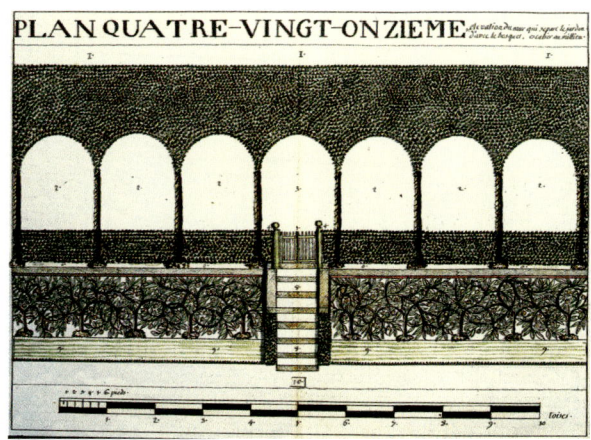 

Château de La Bâtisse, Auvergne. Zeichnungen von Jean-Baptiste Girard, Ende 18. Jahrhundert

überprüfen. 1988 betraute dann das Departement der Côte d'Azur Ernest Boursier-Mougenot, der das vorläufige Inventar erstellt hatte (66 erhobene Gärten), mit einem umfassenden Inventar, das im selben Jahr begonnen wurde. Dieses 1994 veröffentlichte Inventar enthält Erfassungsbögen zu 315 Gärten und führt eine geografische Klassifizierung – der Küstenstreifen (203 Gärten), der mittlere Bereich bis zur Fruchtgrenze der Olivenbäume (99 Gärten) und das Hochgebiet (13 Gärten) – wie auch eine historische Typologie ein:
- Bis 1820, Epoche des formalen Gartens (80 Gärten)
- 1821 bis 1910, Epoche des unregelmäßigen Landschaftsgartens (111 Gärten)
- 1911 bis 1950, Rückkehr des geometrischen Gartens (76 Gärten)

Die Ergebnisse des vorläufigen Inventars der Region Provence-Alpes-Côte d'Azur regten die Verkehrs- und Kultusministerien dazu an, die Unternehmung zwischen den Jahren 1980 und 2000 auch in den anderen Regionen fortzuführen. Sämtliche 22 Regionen Frankreichs wurden nun erfasst. Auf diese Weise wurden zahlreiche in Vergessenheit geratene Gärten in den Regionen Aquitaine, Centre, der Normandie sowie der Franche-Comté aufgearbeitet. 1990 wurde auf der Grundlage der Auswertung der vorläufigen Inventare

Garten von La Moutte, in La Côte d'Azur, von Stéphen Liégard, 1887. Der Garten wurde vom Conservatoire du Littoral 1991 zurückgekauft.

eine Liste mit über 3500 Gärten von besonderem Interesse erstellt.⁶ Zugleich beauftragten die Verkehrs- und Kulturministerien Michel Conan mit der Erarbeitung einer Terminologie der Gartenkunst sowie einer methodischen Vorgehensweise für die Zuständigen der Inventarisierung. Die Begriffssammlung führte 1997 zu einer ersten Publikation, dem »Dictionnaire historique de l'Art des Jardins« von Michel Conan,⁷ das im Jahre 2000 durch das von Marie-Hélène Bennetière herausgegebene »Vocabulaire typologique et technique«⁸ ergänzt wurde. Wenn auch die umfangreichen Inventarisierungen eine Erhebung mehrerer Tausend Gärten in Frankreich ermöglicht hat, so

lichen Verwaltungsangestellten und der Bevölkerung ab, die die Arbeit übernehmen müssen, da das Thema auf nationaler, staatlicher Ebene keine vorrangige Stellung mehr hat. Abgesehen vom Elsaß haben sich bislang nur wenige Regionen für die Fortführung umfangreicher Inventare entschlossen. Aber trotz der Schwierigkeit, viele dieser Inventare nutzbar zu machen, hat die umfangreiche Bearbeitung der Garteninventare es doch schon ermöglicht, mehrere Tausend Gärten von besonderem Interesse ausfindig zu machen, ihnen eine eigene Existenz unabhängig vom zugehörigen Gebäude zukommen zu lassen sowie die dringendsten Schutzmaßnahmen in die Wege zu leiten. Es ist also die

⁶ Direction de l'Architecture et de l'Urbanisme, Ministère de l'Équipement. Paris 1993.

⁷ Conan, Michel: Dictionnaire historique de l'Art des jardins. Paris 1997.

⁸ Bennetière, Marie-Hélène: Jardin, Vocabulaire typologique et technique. Paris 2000.

⁹ Racine, Michel / Boursier-Mougenot, Ernest / Binet, Françoise: Gardens of Provence and of the French

Château de La Bâtisse, Auvergne

Parc Boussard, Lardy, Essonne. Entwurf von Joseph Marrast, 1926

muss doch die Auswertung sehr differenziert ausfallen. Die Ergebnisse eines Inventars hängen vor allem vom Wissensstand und der Motivation der Auftraggeber und -nehmer ab, denn nur diese garantieren die Kontinuität einer solch langwierigen Aufgabe.

Nachdem einige der Beteiligten den notwendigen Wissensstand mitbrachten oder sich aneigneten, wurden die Inventare angelegt, deren Informationen für Akten zur Unterschutzstellung und einige Publikationen⁹ genutzt wurden. Einige aber blieben ungenutzt.¹⁰ Im Jahre 2001 haben die zuständigen Ministerien¹¹ ein Register der 4600 Inventarakten angelegt und in der Folge soll eine Zählung der Informationen vorgenommen werden, um sie den schon bestehenden Dokumenten in der Datenbank des Kulturministeriums hinzuzufügen, damit sie in allen Regionen zugänglich sind.

Was die Durchführung der regionalen Inventarisierung betrifft, so hängt diese vom Engagement der ört-

Rangliste, die eine umfassendere Dokumentation der Gärten ausgelöst hat. Im Anschluss an die regionale Inventarisation wurden auf der Grundlage des Gesetzes über historische Baudenkmäler¹² sowie desjenigen zum Schutze von Naturdenkmälern und Stätten künstlerischer, historischer, wissenschaftlicher, malerischer oder legendärer Prägung¹³ zahlreiche Akten zur Unterschutzstellung angelegt. Beide Gesetze enthalten zwei Schutzebenen, den Listeneintrag sowie die Einstufung in die Rangliste. Unter den heute 1592 geschützten Parks und Gärten und den 525, die in Schutzstufen eingeteilt sind, werden zahlreiche erst seit etwa 20 Jahren geschützt. Die Region Provence-Alpes-Côte d'Azur zum Beispiel zählt heute 160 geschützte Gärten. Vor 1983 waren es nur 32. Infolge der 1983 abgeschlossenen Inventarisation sind also 128 Akten zur Unterschutzstellung angelegt worden. Die Erhebung der geschützten Gärten hat im Jahre 2002 zu einer Publi-

Riviera. 1987; Desnoyers, Gérard: Jardins de Franche-Comté. 1992.

¹⁰ Und sind vermutlich auch nicht weiter nutzbar zu machen.

¹¹ Kulturministerium (Ministère de la Culture et de la Communication) und Umweltministerium (Ministère de l'Écologie et du Développement durable).

¹² Loi sur les monuments historiques, 1913.

¹³ Loi sur les sites historiques, 1930.

[14] Delègue, Quitterie und Hung, Damienne: Liste des parcs et jardins protégés au titre des monuments historiques. Ministère de la culture et de la Communication, Bureau des jardins et du patrimoine paysager, Direction de l'architecture et du patrimoine. 2002.

[15] Die 1982 registrierte Charta von Florenz ergänzt die Internationalen Chartas von Athen (1931) und von Venedig (1962) über historische Bausubstanz.

[16] Mosser, Monique/ Teyssot, Georges (Hrsg.): L'Histoire des jardins de la Renaissance à nos jours. Mailand 1990/Paris 1991.

[17] Le Dantec, Jean-Pierre: Jardins et Paysages. Paris 1996.

[18] Baridon, Michel: Les Jardins. Paysagistes, jardiniers, poètes. Paris 1998.

kation geführt.[14] Dieser folgt voraussichtlich im Jahre 2004 ein Verzeichnis des Kulturerbes geschützter Gärten, das an die Liebhaber gerichtet ist.

Ein Vergleich der Ergebnisse der Garteninventare in Frankreich mit denen Italiens und Großbritanniens wäre sehr fruchtbar. Mit der Inventarisierung der europäischen Gärten ist schon Anfang der achtziger Jahre begonnen worden, gleichzeitig mit der Ausarbeitung der Charta von Florenz[15] durch das Internationale Komitee für historische Gärten ICOMOS-IFLA. In Großbritannien zum Beispiel hat man ein Programm zur Inventarisation durch das 1982 gegründete Zentrum zur Erhaltung der historischen Gärten entwickelt.

In Italien wurden ein nationales Inventar unter der Leitung des Kulturministeriums und ein regionales Inventar erarbeitet. Während die Beschreibungen beider Inventare nahezu identisch sind, unterscheiden sich ihre inhaltlichen und ausführenden Aspekte erheblich. Die wenigen nationalen Inventarakten werden für weiterführende Forschungen den Universitäten überlassen. Auf regionaler Ebene ist das Beispiel der Toskana bemerkenswert. Seitdem das Inventar 1983 begonnen wurde, hat ein Wissenschaftler in Zusammenarbeit mit einem Fotografen nach einer detaillierten bibliografischen Recherche innerhalb von zwei Jahren 2 000 Gärten in einer überblickenden Darstellung erfasst.

VON DEN GÄRTEN HIN ZU DEN GÄRTNERN

Mit der Dokumentation der Gärten ist auch die Zahl der wissenschaftlichen Recherchen, Kolloquien und neuer Berufsausbildungen gewachsen – mit der Zahl der Liebhaber ist auch die Praxis der Gartenarbeit sowie die Anzahl von Gartenschauen, Ausstellungen, Gartenbesuchern und Monografien angestiegen. Der Kenntnisstand der Spezialisten und Liebhaber sowie des breiten Publikums ist ebenso unaufhörlich gewachsen wie die Wissbegier, insbesondere bezüglich der Gartenarchitekten, die aus der Anonymität wieder hervorgetreten sind. In der Forschung haben individuelle und gemeinschaftliche Initiativen zugenommen. Mit zahlreichen Beiträgen hat 1990 »L'Histoire des jardins de la Renaissance à nos jours«,[16] herausgegeben von Monique Mosser und Georges Teyssot, die jüngsten Forschungsergebnisse zu den wichtigsten Werken der Gartenkunst in Europa und ihrer Schöpfer zusammengetragen, in Frankreich betrifft dies insbesondere Bernard Palissy, Hubert Robert und die Duchênes.

Durch historische Übersichtswerke wie die von Jean-Pierre Le Dantec[17] und Michel Baridon[18] wurden Gärtner und Landschaftsarchitekten sowie weitere Persönlichkeiten, die prägend für die Geschichte des Gartens in Frankreich waren, bekannt. Nachdem in der

Lateinischer Garten von Ohan S. Berberyan, Palm Beach, USA

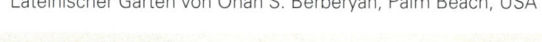

Château de La Bâtisse, Auvergne. Plan von Jean-Baptiste Girard, Ende 18. Jahrhundert

Lateinischer Garten in Palm Beach, USA

Michel Racine
Geb. 1942 in Rabat, Marokko. Landschaftsarchitekt, Stadtplaner, Architecte DPLG (staatlich diplomierter Architekt). Ausbildungsleiter an der École Nationale Supérieure du Paysage in Versailles sowie deren Ableger am Mittelmeer in Marseille. Dozent am D.E.A. zum Thema Gärten, Landschaft, Territorien an der Architekturhochschule in Paris-La Villette. Korrespondenz-Mitglied des Internationalen Komitees für Historische Gärten ICOMOS – IFLA. Autor zahlreicher interdisziplinärer Studien über Wohn- und Landschaftsqualität. Gründer von ARPEJ 1983, Association pour l'art des paysages et des jardins (Landschafts- und Gartenkunstverband), Begründer der nationalen Kampagne Visitez un jardin en France zur Förderung des Gartenbesuchs.
Letzte Publikationen: Le Tourisme de jardins. AFIT, Ministère du Tourisme, 1995; Jardins en France. Actes Sud, 1997–2003; Créateurs de jardins de la Renaissance au XXe siècle. Actes Sud. Bd.1/2, 2001/02; Jardins »au naturel«. Actes Sud/ENSP, 2001; L'eau grande. Fotografien von Jean-Christophe Ballot, Créaphis 2001; Le tourisme de jardins en France. AFIT, 2002

Gartenkunstgeschichte der Wissensstand über die Kenntnis einzelner Gärten weit hinausgewachsen ist, haben zahlreiche Forscher das Studium der jeweiligen Biografien verfolgt. Anhand einer Neugruppierung konnte so eine Geschichte der Garten- und Landschaftsarchitekten von der Renaissance bis in die Gegenwart geschrieben werden, die sowohl die in Frankreich tätigen französischen und ausländischen als auch die im Ausland tätigen französischen bzw. frankophonen Gartenkünstler umfasst. Dieses Projekt haben die Autoren zwischen 1996 und 2002[19] mit dem Ziel geleitet, den Einfluss der französischen Kultur auf diesem Gebiet über den langen Zeitraum hinweg besser einschätzen zu können. Vergleichbare Arbeiten werden zur Zeit vielerorts in Europa vorbereitet. Es wäre von großem Nutzen, die Entwicklung der Berufsstände der Garten- und Landschaftsgestaltung ebenso einer vergleichenden Studie verschiedener europäischer Länder zu unterziehen. Hierzu könnte nun mit der Erarbeitung eines Wörterbuchs der europäischen Gartenarchitekten begonnen werden.

[19] Racine, Michel (Hrsg.): Créateurs de jardins et de paysages en France de la Renaissance au début du XIXe siècle. Actes Sud/École nationale supérieure de paysage. 2002.

HISTORISCHE GÄRTEN SIND VORBILDER, KÖNNEN VOM PLANER ERLEBT WERDEN UND WIRKEN DURCH IHRE QUALITÄTVOLLE GESTALTUNGSKRAFT INSPIRIEREND – SIE BESITZEN DIE MACHT DES BEISPIELS.

Peter Wirtz

HISTORISCHE GÄRTEN ALS INSPIRATION FÜR DIE GESTALTUNG NEUER GARTENANLAGEN

Greenacre Park im Winter. Verfremdung in einem Pocketpark

Het Loo. Disproportion zwischen Kies und grüner Fläche

Historische Gärten können in vieler Hinsicht Beispiele für aktuelle Gartenplanungen bieten. Das gilt für gelungene, heute noch gut funktionierende Anlagen ebenso wie für eher negative Beispiele. Die gesellschaftlichen und materiellen Bedingungen haben sich in heutiger Zeit derart verändert, dass man annehmen darf, dass sich auch die Empfindungen und Erwartungshaltungen wie auch die psychologische Wirkung der Gärten auf den Nutzer geändert haben. Dies ist vor allem bei historischen Gärten zu spüren, die restauriert oder gar rekonstruiert worden sind. Hier gilt es jedoch zu bedenken, dass ehemals historische Qualitäten verfälscht sein können und derartig behandelte Anlagen deshalb nicht automatisch als gelungene Gärten gelten. Diese Anlagen erscheinen dann zwar historisch, sind es aber größtenteils eben doch nicht.

Diese Einschätzung wird meiner Meinung nach viel zu selten diskutiert, bietet jedoch einerseits Reflexionen über die Sinnhaftigkeit von Rekonstruktionen, andererseits vor allem auch Ideen zur Planung und Gestaltung neuer Gärten. Eine kritische Auseinandersetzung über zeitgenössische Maßstäbe ist schließlich für Studierende der Landschaftsarchitektur und Denkmalpflege unerlässlich.

Kritik an Rekonstruktionen aus Sicht eines Landschaftsarchitekten

Ein sehr interessantes Beispiel ist der Schlossgarten von Het Loo in Holland. Die Rekonstruktion des barocken Königinnen- und Königsgartens ist durch ein 1977 von Dieter Hennebo vorgelegtes Gutachten im niederländischen Parlament beschlossen worden. Hennebo diskutierte hierin die möglichen Varianten, eine Neuplanung dieses Bereichs kam für ihn aber schon damals nicht in Frage. Sie widerspreche der kultur- und kunstgeschichtlichen Bedeutung von Het Loo,

Allied Bank Tower Plaza, Dallas. Magisches Zusammenspiel von Wasserrauschen und Baumlaub

dem Wert früherer Zustandsstadien und schließlich auch der musealen Zweckbestimmung, die natürlich die gesamte Anlage einschloss. Neben den immer noch nicht vollends ausgewerteten Archivalien, die den Zustand um 1700 hervorragend dokumentieren, fanden sich nach archäologischen Ausgrabungen zahlreiche historische Substanzen.

Manchmal kann es hilfreich sein, die überkommenen historischen bzw. rekonstruierten Gärten nicht aus der Sicht eines Denkmalpflegers zu betrachten, sondern aus der eines Gestalters. Meiner Empfindung nach ist das Ergebnis in Het Loo aus dieser Perspektive nach nunmehr rund 20 Jahren enttäuschend, weil u.a. die Baulichkeiten immer noch zu neu wirken und die Broderien schon von ihrer Farbwirkung her sehr ungewohnt sind. Wenn auch historisch korrekt, wirken die Proportionen der Kieswege gegenüber den Pflanzenflächen überdimensioniert (Abb. S. 93). Somit stellt sich die Interaktion Fußgänger-Raum-Geometrie der Gartenteile nur schwach dar. Der Königinnengarten erscheint hingegen als eine gelungene Gestaltung, voller Spannung, gut proportioniert und mit interessanter Raumwirkung.

Im Gegensatz zu dieser subjektiven Auffassung über die rekonstruierte Gestalt der barocken Anlagen mag die damalige Empfindung der Nutzer eine völlig andere gewesen sein. Die Brillanz dieser Gartenschöpfung am königlich-niederländischen Hof wurde zu jener Zeit sicher in den höchsten Tönen gepriesen. Die aufwendige Rekonstruktion hat letztlich sehr wohl einen informationsreichen, dennoch für meinen »Geschmack« aber einen sterilen und unbefriedigenden Garten produziert.

Im Vergleich dazu erscheinen mir die ebenfalls rekonstruierten Barockgärten wie Vaux-le-Vicomte oder der Große Garten in Hannover-Herrenhausen – wenn auch beide früher entstanden und partiell mit neu integrierten Gestaltungen – gelungener. Sie ergeben einen besseren räumlichen Eindruck, weisen ein passenderes Verhältnis von Wegen und Pflanzflächen auf, sind in ihren Strukturen klarer gegliedert und bieten interessantere perspektivische Ansichten.

Kritik an Neuplanungen in historischen Gärten

Im Gegensatz zu den soeben angeführten Beispielen sind natürlich auch Rekonstruktionen – obwohl nicht Gegenstand der Denkmalpflege – denkbar und möglicherweise angebracht. So ist die angebliche Wiederherstellung des Berliner Lustgartens sehr diskussionsfähig. Eine wirkliche Rekonstruktion des Entwurfs von Karl Friedrich Schinkel hätte aus meiner Sicht eine viel reizvollere und »wärmere« Variante geboten, die nicht zuletzt auch für die heutigen Besucher attraktiver gewesen wäre. Es wären angenehme Wege mit wassergebundenen Decken gebaut worden, und man hätte auf Granitbalken oder die moderne Wasserskulptur in der Mitte verzichtet. Doch nun fehlt dem Garten nach meiner Einschätzung ein »Seelenleben«, das im städtischen Umfeld Berlins lindernd gewirkt hätte.

Städtische Gärten heute

Wie gut jüngere Gärten hinsichtlich ihrer Gestaltung und Funktion heute wirken, zeigen zwei städtische Parkanlagen: Kiley's Allied Bank Tower Plaza in Dallas aus den achtziger Jahren und Halprin's Freeway Park in Seattle aus den siebziger Jahren.

Beide Beispiele geben noch heute eine gute Antwort auf die eingangs erwähnten veränderten städtebaulichen Bedingungen. Schon nach wenigen Schritten begibt sich der Spaziergänger in eine andere Dimension, in eine von ihm nicht vermutete, fremde Welt. Die umgebende Stadt ist zwar noch wahrnehmbar, aber nun rückt ein magisches Zusammenspiel verschiedener Laubbäume, die sich in Wasseranlagen spiegeln, in den Vordergrund. Die Parkanlagen wirken in sehr unterschiedlicher Weise mit ihrer atmosphärischen Frische, ihren gefilterten Lichteffekten und ansprechenden Gesteinskörpern wie friedvolle Häfen. Es sind Orte der Erholung und Inspiration.

Heute lebt der größte Teil der Erdbevölkerung in Städten. Hier verursachen die bebauten Verdichtungen der städtischen Ausbreitung (»urban sprawl«) und die nahe gelegenen Gewerbe- und Industrieanlagen Luftverschmutzungen und damit dramatisch zunehmende Krankheiten wie Allergien oder Asthma. Außerdem wirkt sich der unerträgliche Lärm, der Stress eines hektischen Lebensrhythmus sehr negativ auf die Städter aus. Kinder können den Wechsel der Jahreszeiten kaum noch wahrnehmen. DAS sind die eigentlichen Herausforderungen für Landschaftsarchitekten. Die Gärten müssen auf diese Fragen Antworten geben!

Historische Gärten als Inspiration für Form und Funktion neuer Gärten

Zwei herrliche Beispiele liegen in New York nur 500 Meter voneinander entfernt. Der Centralpark von Frederik Law Olmstedt und Calbert Vaux, die schon vor rund 150 Jahren visionär diese zukünftige Problematik geahnt hatten, sowie der in den achtziger Jahren angelegte Greenacre-Pocketpark an der 51. Straße (Abb. S. 92). Sie stellen große bzw. kleine grüne Lungen in der Großstadt dar und bieten Möglichkeiten für einen anderen Rhythmus und notwendige Erholung. Olmstedt hatte sogar noch einen anderen, einen in der Gartenkunstgeschichte häufig gewünschten, positiv idealistischen Versuch im Auge, dass nämlich derartige öffentliche Parkanlagen allen gesellschaftlichen Klassen offen stehen sollten.

Im Pocketpark wurde auf sehr eingeschränktem Raum versucht, mit geringen Niveauunterschieden zu spielen und die Geräusche von Wasseranlagen gegen den Großstadtlärm einzusetzen. Die Laubkronen der Bäume bieten ein wohltuendes Dach, und interessante Pflasterbeläge werden aus dem Park bis auf die Bürgersteige geführt. Hier zeigt sich alles in höchster Qualität! Und in der Tat finden sich hier heute Geschäftsleute neben Handwerkern und »Nannies«, um zur Mittagszeit ein Sandwich einzunehmen.

Aber auch frühere historische Gärten können Anregungen für zukünftige Gartengestaltungen bieten. So zeigen die Renaissancegärten der Villa Lante einen kontrollierten Übergang von geometrischen Grünarchitekturen zu der Komplexität wilder Natur ebenso wie kontrastierende Bereiche von Licht und Schatten, von sonnenreichen, trockenen Partien zu wasserreichen Frischen. Die Proportionen der Gartenteile zueinander sind hervorragend aufeinander abgestimmt, die Perspektiven perfekt und die »dritte Dimension«, auch im flachen Unterteil, ist sehr interessant verteilt. Nirgendwo wird es langweilig. In diesem Meisterwerk der Gartenkunst strahlt eine andere Welt, findet sich ein anderer Rhythmus ein. Die völlig unterschiedlichen Materialien und Texturen wirken äußerst bereichernd für Geist und Seele. Auch hier lassen sich Parallelen zu den oben genannten Beispielen finden. Schon nach nur 30 Metern nach dem Eintreten aus der Stadt Bagnaia befindet man sich in einer völlig anderen Welt.

Ich halte besonders die Beispiele historischer Gärten für inspirierend, die einen positiven Kontrast zu den städtebaulichen Verdichtungen mit ihren negativen Aspekten unseres heutigen Lebens aufzeigen können. Wir brauchen neue Gestaltungen in den Städten und können in den historischen Anlagen viele Lehrstücke finden. Andererseits ist mancher Umgang mit zerstörten historischen Gärten wie dem Berliner Lustgarten zumindest fraglich, nicht zuletzt, weil er meiner Einschätzung nach an den Bedürfnissen unserer Zeit vorbeigeht. Es ist eine Herausforderung, neue Parks und Gärten anzubieten, welche die genannten positiven Qualitäten für die Bevölkerung bieten. Sie sollen nicht allein nur den Entwerfer glücklich machen. Diese Aufgabe wird künftig wieder an Bedeutung gewinnen. Die gründliche Analyse von vorbildhaften historischen Gärten ist also nicht nur hilfreich, sondern eine Notwendigkeit, sie muss deshalb bereits in den Hochschulen der Landschaftsarchitektur beginnen.

Peter Wirtz
Geb. 1961 in Schoten bei Antwerpen. Nach einem Musikstudium (Flöte und Kammermusik) Studium der Landschaftsarchitektur an der Cornell University in Ithaca, New York. Seit 1991 im familiären Büro gemeinsam mit Jacques und Martin Wirtz als freischaffender Landschaftsarchitekt tätig.
Letzte Projekte u.a.: Jubilee Park in London, Alnwick Castle Garden in Alnwick Northumberland, Ernsting´s Family Campus in Lette, Münsterland, Privatgärten in Belgien und im Ausland.

Central Park. »The Mall«, wo sich die Kutschen der Reichen mit armen Fußgängern mischen sollten.

DIE AUSEINANDERSETZUNG MIT
LANDSCHAFTSARCHITEKTUR DER JÜNGEREN
VERGANGENHEIT UND DEREN ÜBERKOMMENEN
OBJEKTEN IST FÜR DAS AUSBILDEN
VON SPRACHE UND FORM AKTUELLER
WIE ZUKÜNFTIGER GARTENGESTALTUNG
MASSGEBLICH.

Udo Weilacher

DIE ELOQUENZ KÜNFTIGER LANDSCHAFTSARCHITEKTUR

»Inselspringen« in Winterthur, 1968

Sulzer Bürohochhaus in Winterthur von Suter & Suter Architekten, Basel

Parkplatz und Reflecting Pool am Sulzer Hochhaus in Winterthur, 1968

ERHALTENSWERTE PROJEKTE DER GEGENWART ALS ERSTE VOKABELN EINER ZUKÜNFTIGEN GESTALTERISCHEN SPRACHE

Die Suche nach einer zeitgemäßen und eigenständigen gestalterischen Sprache ist in der gegenwärtigen Landschaftsarchitektur noch immer von höchster Aktualität, denn die Notwendigkeit, mit ihren Werken endlich wieder in angemessener, gesellschaftlich relevanter Weise mit den Menschen über das gespannte Verhältnis zu Natur und Umwelt zu kommunizieren, hat angesichts der anhaltenden globalen ökologischen Krise nichts an Dringlichkeit verloren. Dabei erwies sich mittlerweile, dass rein ökologisch, einseitig funktional oder ausschließlich historisch hergeleitete Erneuerungsansätze zu kurz greifen. So schweift der Hilfe suchende Blick in den letzten Jahren wieder zu den gestalterisch eloquenten Nachbardisziplinen Architektur und bildende Kunst, während die Sicht auf das zeitgenössische Schaffen der eigenen Fachdisziplin immer mehr eingetrübt wird. Das Fehlen einer fundierten Theorie aktueller Landschaftsarchitektur und die daraus resultierende Unsicherheit verantwortlicher Fachleute in der kritischen Reflexion gegenwärtiger Entwicklungstendenzen führt offensichtlich dazu, dass gerade viele qualitätvolle Freiraumprojekte aus der jüngsten Vergangenheit mitsamt ihrem wertvollen Informationsgehalt für eine Weiterentwicklung der Landschaftsarchitektur oft leider unbemerkt verloren gehen.

[1] Weilacher, Udo: Visionäre Gärten. Die modernen Landschaften von Ernst Cramer. Basel/Berlin/Boston 2001, S. 168–173.

[2] Memmesheimer, Paul Artur/Upmeier, Dieter/Schönstein, Horst Dieter: Denkmalrecht Nordrhein-Westfalen. Kommunale Schriften für NRW 46. Köln 1981. 2. neu bearb. und erw. Aufl. 1989.

Zum Beispiel im Schweizerischen Winterthur

Mit dem 1966 fertig gestellten Bürohochhaus 222 (Abb. S. 97) setzte der internationale Technologiekonzern Sulzer in Winterthur nicht nur ein Zeichen wirtschaftlicher Prosperität. Mit dem eleganten, etwa 92 Meter hohen Bau und seiner schlanken Fassade aus Aluminium, Glas und Stahl prägte das renommierte Basler Architekturbüro Suter und Suter zugleich die städtische Silhouette der altehrwürdigen Schweizer Industriestadt. Die gläserne Lobby des vierundzwanziggeschossigen Hochhauses mit ihrem kühnen Dach aus großformatigen Betonfertigelementen auf schlanken Stützen, umgeben von prächtigen Solitärbäumen, empfängt den Besucher noch heute in repräsentativer Atmosphäre. Sein Automobil darf der Gast hingegen unmittelbar daneben auf einem großen, aber ziemlich verwahrlosten Parkplatz abstellen, der in keiner Weise der Eleganz der Architektur etwas Adäquates hinzuzufügen hat. Kaum einer der Besucher ahnt, dass er auf dem Weg von seinem Auto zur Lobby einen Platz überquert, der zur gleichen Zeit wie die Architektur von einem der renommiertesten Schweizer Gartenarchitekten der Nachkriegszeit gestaltet wurde und zu den elegantesten Platzflächen der Stadt gehörte. Nur bei genauerem Hinsehen ahnt man noch, dass sich die gesamte Platzgestaltung gekonnt aus dem quadratischen Gebäudegrundriss herleitete. Gebäude und Außenraum bildeten einst ein stimmiges Ensemble, welches der Zürcher Gartenarchitekt Ernst Cramer (1898–1980) gemeinsam mit den Architekten entwickelt hatte.[1]

Würde man eine Inventarliste des Areals erstellen, fänden sich vermutlich noch alle Bauteile, die man zur Wiederherstellung dieses ehemals attraktiven Platzes bräuchte. Danach wären nur noch der neue Besitzer von Gebäude 222, ein großer Immobilienkonzern, sowie die Mieter der 16 000 Quadratmeter Bürofläche, darunter einige renommierte Technologiekonzerne und ein führendes Schweizer Finanzunternehmen, davon zu überzeugen, dass die Abdichtung des ehemals eleganten »reflection pools« vor der Südostfassade, der Verzicht auf einige Parkplätze und die Renovierung der Asphaltfläche finanziell zu verkraften wären. Schon könnte sich Winterthur wieder an einem bemerkenswerten Ensemble aus Architektur und gestaltetem Freiraum erfreuen, das nicht nur als anschauliches historisches Dokument einer bestimmten Phase der wirtschaftlichen und kulturellen Entwicklung einer Schweizer Industriestadt gelten kann. Der rekonstruierte Platz würde darüber hinaus auch wieder seiner ursprünglichen Funktion als qualitativ hochwertiger Stadt- und Lebensraum gerecht werden. Während sich Eigentümer und Mieter andernorts die Pflege des Firmenimages durch Kultursponsoring im Allgemeinen sowie bei der Förderung von Kunst am Bau im Besonderen viel Geld kosten lassen, fehlt in diesem im wahrsten Sinne des Wortes »nahe liegenden« Fall offenbar das Bewusstsein für das eigene kulturelle Erbe. Doch die Verantwortung dafür tragen die einflussreichen Projekteigentümer und vermögenden Mieter nicht alleine.

Die Ursachen unbemerkter Substanzverluste

In den vergangenen Jahrzehnten ist nicht nur in der Schweiz, sondern auch in Deutschland eine Vielzahl solch bemerkenswerter Platz-, Park- und Gartenanlagen des mittleren und späten 20. Jahrhunderts der unterlassenen Unterhaltung und Pflege, der unprofessionellen Verstümmelung oder dem Abbruch zum Opfer gefallen. Der Bestand an originaler garten- und landschaftsarchitektonischer Substanz aus den letzten fünf Jahrzehnten des vergangenen Jahrhunderts schrumpft beständig, was teilweise zu gravierenden Lücken im kulturgeschichtlichen Beziehungsgefüge und örtlich sogar zum Verlust von kultureller Identität führt. Obgleich in fortschrittlichen Denkmalschutzgesetzen[2] bestimmter deutscher Bundesländer mittlerweile bewusst darauf verzichtet wurde, ein Mindestalter oder starre Zeitgrenzen für schützenswerte Projekte festzulegen und obwohl damit die Chance bestünde, auch exquisiten zeitgenössischen Projekten einen gewissen Schutz zukommen zu lassen, tun sich die Verantwortlichen mit der kritischen Bewertung von Anlagen aus der jüngsten Vergangenheit offenbar schwer und nutzen die gesetzlichen Möglichkeiten nicht aus.

Diese Unsicherheiten seitens der Projekteigentümer, der Urheber und der Fachexperten, auch aus dem Bereich der Landschaftsarchitektur, haben vielfältige Ursachen. Während einerseits das Fehlen finanzieller Mittel von den Projekteigentümern oft als Hauptgrund für mangelnde Schutz- und Erhaltungsmaßnahmen angeführt wird, lastet andererseits gerade auf städtischen Freiflächen in vielen Fällen ein Verwertungsdruck, der inzwischen stellenweise so groß ist, dass weitreichende Entscheidungen über Renovierung, Umänderung oder Überbauung von Freiräumen jeglicher Art immer rascher getroffen werden müssen. Bis die notwendigen Informationsgrundlagen, sofern überhaupt vorhanden oder gar in elektronischen Datenbanken erfasst, ermittelt sind und gesetzlicher Schutz greift, ist es meistens schon zu spät. Dieser Mechanismus wirkt selbst in jenen seltenen Fällen, in denen eine mögliche Unterschutzstellung nicht von vornherein von den Flächeneigentümern oder den

Projektentwicklern als Damoklesschwert für die freie Verwertung ihres kostbaren Grundeigentums betrachtet wird. »Vor allem in der Schweiz«, stellte Georg Mörsch im Mai 2000 in der Neuen Zürcher Zeitung fest, »wird Denkmalpflege mit absolutem Entwicklungsverbot gleichgesetzt. Generell überwiegt der Eindruck, ein Grundstück sei erst dann entwicklungsreif, wenn es möglichst von jeder Altbausubstanz gereinigt sei.«[3]

FEHLENDE ZEITLICHE DISTANZ ALS ENTSCHEIDUNGSHEMMNIS

Gravierender für den Verlust an wertvoller landschaftsarchitektonischer Substanz ist jedoch, dass die Urheber, sprich die verantwortlichen Landschaftsarchitektinnen und -architekten die Projekte der letzten Jahrzehnte – sowohl die eigenen als auch die Schöpfungen der Vätergeneration – oft lediglich als Teil ihrer persönlichen Vergangenheit betrachten und sie aus mangelndem Selbstbewusstsein oder aus Unsicherheit in der kritischen Selbstreflexion der Grauzone zwischen Geschichte und Gegenwart überlassen, ohne deren Qualitäten und damit deren künftige Schutzwürdigkeit gewissenhaft zu erörtern. Einige der gesetzlichen Bestimmungen, die beim Schutz von Objekten der Gegenwart zur Zurückhaltung mahnen, ermutigen allerdings nicht gerade zum Diskurs über aktuelle Anlagen: »Die Erkenntnis, ob ein Gebäude der Gegenwart im öffentlichen Interesse erhaltenswert ist, setzt die Möglichkeit kritischer Reflexion, mithin regelmäßig auch zeitliche Distanz voraus. Die Gegenwart kann ihre wirklich bedeutenden und charakteristischen Leistungen in der Regel nicht beurteilen, zumal sie nicht weiß, was nachfolgt«, heißt es beispielsweise in einem Kommentar zum Denkmalrecht Nordrhein-Westfalens.[4] Die generelle Scheu der Landschaftsarchitekten, sich mit den eigenen Arbeiten dem öffentlichen Diskurs zu stellen, manifestiert sich besonders anschaulich in der nach wie vor geringen Zahl an belangvollen, theoretisch fundierten Publikationen über aktuelle Garten- und Landschaftsarchitektur. Auch der Tagespresse sind, von wenigen bemerkenswerten Ausnahmen wie etwa der Neuen Zürcher Zeitung einmal abgesehen,[5] kaum nennenswerte Artikel zu diesem Thema zu entnehmen. So bleibt in vielen Fällen der dringend notwendige fachliche und öffentliche Meinungsbildungsprozess über den kulturellen Wert aktueller Freiraumgestaltung aus. Selbst fortschrittliche Schutzbestimmungen kommen deshalb nicht zur Anwendung, weil es – im Unterschied etwa zu Fragestellungen des aktuellen Umwelt- und Naturschutzes – an öffentlichem Interesse und fachlichem Bewusstsein mangelt.

FEHLENDE THEORIE AKTUELLER LANDSCHAFTSARCHITEKTUR ALS KERNPROBLEM

An der letztgenannten Problematik haben in entscheidendem Maße auch die Fachleute ihren Anteil, denn von ihnen würde man noch eher als von den eigentlichen Projektautoren jene Qualifikation erwarten, die das obige Zitat aus dem Kommentar zum Denkmalrecht Nordrhein-Westfalens in Zweifel zieht: die Fähigkeit zur kritischen Reflexion und zur Beurteilung gegenwärtiger Landschaftsarchitektur, auch ohne zu wissen »was nachfolgt«. Die Bewertung gegenwärtiger Landschaftsarchitektur darf ihre Legitimation und ihre Gültigkeit weder nur aus der vergleichenden Betrachtung des Vorhergehenden beziehen, noch darf man sie dazu verdammen, jahrzehntelang auf das Nachfolgende warten zu müssen. Vielmehr sollte sie sich mit Blick auf das Gegenwärtige aktueller Bezugs- und Wertsysteme bedienen können, die nicht nur auf den Kenntnissen aus der Gartenkunstgeschichte, sondern vor allem auf einer fundierten Theorie aktueller Landschaftsarchitektur basieren müssen. Diese Theorie wird sich analog zur aktuellen Architekturtheorie eindringlich mit der Frage nach dem Wesen und dem Warum aktueller und zukünftiger Landschaftsarchitektur auseinander zu setzen haben, während die Frage nach den Funktionen und dem Wie der Landschaftsarchitektur in den Hintergrund rücken wird.

Die populistische Forderung nach Landschaftsarchitekten, die gefälligst bauen und nicht philosophieren sollen, hat die Impuls- und Urteilskraft des Fachgebietes schon zu lange nachhaltig geschwächt. Nicht nur zum Abbau des gravierenden Theoriedefizits im eigenen Fachgebiet werden daher an den universitären Studiengängen für Landschaftsarchitektur die Fähigkeiten zur kritischen Reflexion und zur Beurteilung gegenwärtiger Landschaftsarchitektur als fachliche Kernkompetenzen stärker als bislang zu vermitteln sein.[6] Die künftigen Absolventen der Universitäten werden schließlich nicht nur als Urheber, als Auftragnehmer und Entwerfer, sondern auch als Auftraggeber, als beratende Experten oder Fachjournalisten in der Landschaftsarchitektur tätig sein und schon bald entscheidend mitbestimmen, ob die Zukunft tatsächlich, wie uns die Kulturpessimisten heute voraussagen, unter Gesichts- und Geschichtslosigkeit leiden wird.

NEUE PROMEMORIEN?

Die Projektautoren in der Landschaftsarchitektur können jedoch noch auf andere, fundamentalere Weise ihren Beitrag zur Theoriebildung liefern und müssen nicht zwingend die Diskussion über ihre eigenen Projekte selbst aktiv in Gang setzen. Die fachlich fundierte

[3] Mörsch, Georg: Denkmalpflege im Umbruch. Die gewachsene Bausubstanz als Element der Stadtentwicklung. In: Neue Zürcher Zeitung Nr. 111. 13./14. Mai 2000, S.101.

[4] Wie Anm. 2, Teil B. § 2 Abs.10, S. 46.

[5] Vgl. auch die Rubrik »Gärten« im Monatsmagazin NZZ Folio.

[6] Am Zentrum für Gartenkunst und Landschaftsarchitektur CGL in Hannover wird unter der Federführung des Instituts für Grünplanung und Gartenarchitektur der Universität Hannover im Jahr 2003 eine neue Juniorprofessur »Theorie aktueller Landschaftsarchitektur« eingerichtet werden.

[7] Kienast, Dieter: Von Gärten – Gardens. Basel/Berlin/Boston 1997; Kienast, Dieter/ Vogt: Außenräume – Open Spaces. Basel/Berlin/Boston 2000; Dies.: Parks und Friedhöfe – Parks and Cemetries. Basel/Berlin/Boston 2001.

[8] Hennebo, Dieter: Gartendenkmalpflege. In: Flora Colonia 3/4. 1986/89, S.140.

[9] Weilacher, Udo: Visionäre Gärten. Die modernen Landschaften von Ernst Cramer. Basel/Berlin/Boston 2001.

und aussagekräftige Diskussion aktueller Landschaftsarchitektur durch externe Experten wird nämlich auch dadurch erheblich erschwert, dass es allzu oft an geeigneten Projektdokumentationen in Wort und Bild mangelt. Ob bei der Konzeption von Landschaftsarchitekturführern, beim Schreiben kurzer Fachartikel oder umfassender Monografien: Stets stellt sich vor allem im deutschsprachigen Raum das gleiche, im Prinzip leicht zu behebende Problem, dass Landschaftsarchitekten im Unterschied zu Architekten noch immer zu wenig Wert auf die professionelle Dokumentation ihrer Projekte legen. Exzellente Dokumentationen wie jene des Zürcher Landschaftsarchitekten Dieter Kienast (1945–1998) zählen zu den rühmlichen Ausnahmen in der Branche.[7] Sicher ist dabei von Belang, dass etwa ein Park oder ein Garten nie »schlüsselfertig« der Öffentlichkeit übergeben wird, sondern erst nach Jahren – wenn alles gut geht – jenen Idealzustand erreicht, den man in ausgefeilten Plan- und Bildpräsentationen zu prophezeien versuchte. Die einseitige Fixierung einer Profession, die paradoxer Weise vorwiegend mit lebendigen Materialien arbeitet, auf fertige Bilder und objekthafte Projekte mag dabei ebenfalls eine entscheidende Rolle spielen. Dennoch wäre es förderlich, wenn die professionelle Projektdokumentation – vielleicht sogar im Sinne der von Dieter Hennebo immer wieder geforderten »Promemorien«[8] – zum festen, selbstverständlichen Bestandteil der beruflichen Praxis werden würde.

Ernst Cramer sorgte als begeisterter Fotograf zumeist selbst für die Fotodokumentation seiner Projekte, bewahrte Originalpläne und Skizzen zu Lebzeiten so gut es ging auf, überließ jedoch die schriftliche Projektdokumentation in der Regel wenigen engagierten Fachjournalisten seiner Zeit. Damit war zumindest

Entwurfsplan vom »Garten des Poeten« auf der G 59 in Zürich von Ernst Cramer, 1959

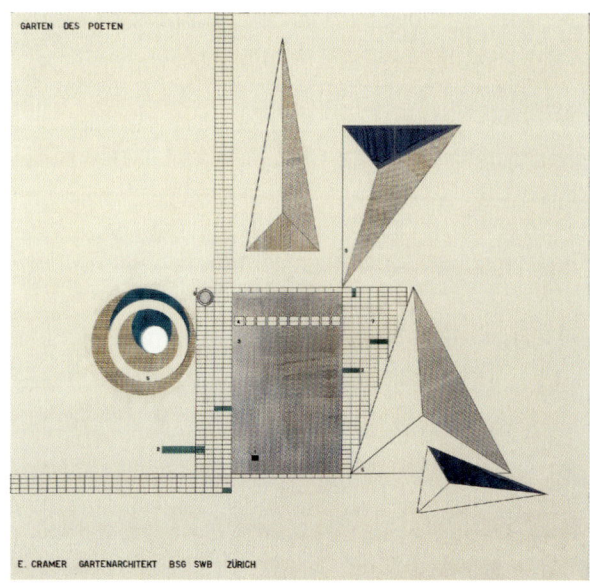

ein Teil der wichtigsten Grundlagen für eine wissenschaftliche Untersuchung und Dokumentation seiner bedeutendsten Werke aus den Jahren 1929 bis 1980 vorhanden, doch ohne die fachgerechte Archivierung aller verfügbaren Ressourcen könnte heute weder fundiert über die Bedeutung des Œuvres von Cramer diskutiert, noch mit legitimem Nachdruck der Schutz bestimmter Werke, wie des Platzes am Bürohochhaus Sulzer in Winterthur, gefordert werden. Bei dynamischen Kunstwerken wie Gärten und Parks ist der Verlust an gartenhistorischen Quellen und Dokumenten geradezu fatal. Diesem Informationsschwund wird in der Schweiz erst seit der Gründung spezieller Archive teilweise Einhalt geboten.

Gartenarchive in der Schweiz

1982 wurde auf Initiative des damaligen Bundes Schweizerischer Garten- und Landschaftsarchitekten und des Interkantonalen Technikums Rapperswil das heutige »Archiv für Schweizer Landschaftsarchitektur« (ASL), eingerichtet, welches sich seither der Archivierung von Zeugnissen der eidgenössischen Gartenkunst- und Landschaftsarchitekturgeschichte widmet. Das ASL sorgt in Kooperation mit den »Archives de la construction moderne« an der Eidgenössischen Technischen Hochschule in Lausanne vor allem für die Sammlung und Erhaltung von Nachlässen Schweizer Gartenarchitekten. Allein der Nachlass von Cramer, der in mehr als sechs Jahrzehnten über 1 000 Projekte in der Schweiz und dem benachbarten Ausland realisierte, umfasst etwa 5 000 Plandokumente, Tausende von Fotografien, Negativen und Skizzen sowie eine ganze Reihe von Modellen. Der gesamte Bestand wurde in den Jahren 1997 bis 2001 im Rahmen eines Dissertationsprojekts an der ETH Zürich systematisch computergestützt als Nachlass-Datenbank aufgearbeitet.[9]

Dem Werdegang des Gartenarchitekten Cramer zu folgen heißt, einen roten Faden durch sechs Jahrzehnte der Entwicklungsgeschichte der Schweizer Garten- und Landschaftsarchitektur zu legen. Sein Werk ist zugleich ein Spiegel gesellschaftspolitischer Veränderungen in diesem kleinen Land, das die eigene kulturelle Identität nicht zuletzt immer wieder über seine spezielle Beziehung zur Landschaft definierte. Da der Garten von jeher als idealisiertes Abbild von Natur und Landschaft galt, dient er noch heute als wertvoller Indikator des Verhältnisses zwischen Mensch und Umwelt. Cramer war Zeit seines Lebens einer der begabtesten Interpreten dieses Verhältnisses, darunter auch auf der Interbau 1957 in Berlin, der Gartenbauausstellung G59 in Zürich, der Internationalen Gartenbauausstellung in Hamburg 1963 oder bei seinen

Der »Garten des Poeten«, nach der Ausstellung demontiert, mit Blick zum Zürichsee

zahlreichen privaten und öffentlichen Projekten. Wer das Werk des Querdenkers Cramer verstehen will, kommt daher nicht umhin, sich auch mit den Grundzügen der Entwicklung von Architektur, Städtebau, Landschaftsplanung sowie bildender Kunst in der Schweiz zu beschäftigen.

Vokabeln einer neuen Sprache

Ernst Cramer ist trotz seiner zentralen Bedeutung für die europäische Gartenarchitekturgeschichte selbstverständlich keine singuläre Erscheinung, und die Geschichte der Landschaftsarchitektur wird kontinuierlich um neue, interessante und kulturgeschichtlich relevante Kapitel erweitert. Damit diese Kapitel nicht nur in der Fachliteratur, sondern auch in der täglichen Lebensumwelt in Form von bemerkenswerten Projekten aus allen Zeitabschnitten der Geschichte ablesbar bleiben und zur Identität des jeweiligen Ortes beitragen können, ist es erforderlich, die Entwicklung einer Theorie der aktuellen Landschaftsarchitektur voranzutreiben. Aus dieser sind u. a. die zentralen Bewertungskoordinaten und Beurteilungskriterien für den Erhalt bedeutender, aktueller und womöglich sogar zukünftiger Landschaftsarchitekturprojekte herzuleiten. Erhaltenswerte Projekte der Gegenwart – also potentielle Kulturdenkmale von morgen – könnten die ersten Vokabeln jener zeitgemäßen gestalterischen Sprache sein, der die aktuelle Suche gilt, um in Zukunft wieder in adäquater, nonverbaler Weise mit dem Menschen über die Qualitäten von Natur und Umwelt kommunizieren zu können.[10] Wer den Verlust dieser neuen Vokabeln billigend in Kauf nimmt, riskiert die Sprachlosigkeit zukünftiger Landschaftsarchitektur.

Der »Theatergarten« auf der IGA 1963 in Hamburg von Ernst Cramer

Prof. Dr. Udo Weilacher
Geb. 1963 in Kaiserslautern. Nach einer Gärtnerlehre Studium der Landschaftsarchitektur an der TU München-Weihenstephan und an der California State Polytechnic University Pomona/Los Angeles. 1993 bis 1997 wissenschaftlicher Assistent an der Universität Karlsruhe. 1997 bis 2001 Oberassistent und Lehrbeauftragter für Landschaftsarchitektur an der ETH Zürich, Departement Architektur. 2001 Promotion über »Visionäre Gärten. Die modernen Landschaften von Ernst Cramer (1898–1980)«. Seit Oktober 2002 Professur für Landschaftsarchitektur und Entwerfen an der Universität Hannover. Zahlreiche Buchbeiträge und Veröffentlichungen in Fachzeitschriften sowie seit 1999 regelmäßig im Magazin NZZ Folio der Neuen Zürcher Zeitung. Letzte Buchpublikation: gemeinsam mit Peter Wullschleger Landschaftsarchitekturführer Schweiz. Basel/Berlin/Boston 2002.

[10] Vgl. Weilacher, Udo: Zwischen Landschaftsarchitektur und Land Art. Basel/Berlin/Boston 1996/99.

Kunstgeschichte und Geisteswissenschaften

Innerhalb der Kunstwissenschaft, der Erforschung aller Künste, beschäftigt sich der wichtige Zweig der Kunstgeschichte als selbstständige Kulturwissenschaft mit konkreten Kunstwerken und Künstlern im Hinblick auf historische Entwicklungen, Abhängigkeiten und Einflüsse.

Schon im 19. und frühen 20. Jahrhundert, als sie sich vor allem um formale Stilfragen kümmerte, begann sie sich zu anderen Wissenschaften – so auch zur Gartenkunstgeschichte – in Beziehung zu setzen und ihren Forschungsgegenstand generell als Ausdruck der Geistesgeschichte zu sehen. Auf der Grundlage der Ikonografie – ein methodischer Ansatz der Kunstgeschichte zur Erforschung und Deutung von Bildgegenständen – entwickelte sich vor wenigen Jahrzehnten die Ikonologie. Aus ihrer Betrachtungsweise und der Erklärung der Zusammenhänge von Inhalten in Werken der bildenden Kunst, aber auch durch die Beschäftigung mit der übergeordneten Idee selbst, die sich aus den ikonografischen Einzelheiten eines Kunstwerks ergibt, können wertvolle Hinweise für Gestaltungstendenzen in der Gartenkunst folgen.

Zu den Kunstwissenschaften zählt auch die Kunstphilosophie als die Lehre von den erkenntnistheoretischen, ethischen und metaphysischen Grundlagen der Kunst wie auch die Kunsttheorie. Letztere betrachtet die Kunst als einen allgemeinen Gegenstand menschlichen Könnens, Erfahrens und Erkennens, der in Beziehung gesetzt wird zu anderen Handlungen und Produktionen menschlicher Kulturtätigkeit. Wie sehr heutzutage wissenschaftlicher Austausch mit der Gartenkunstgeschichte gefordert ist, zeigen Spezialgebiete der Kunsttheorie: die Ästhetik als die Theorie des Schönen und seiner Erscheinungsformen; die Semiotik als die Lehre von der künstlerischen Kommunikation und den damit verbundenen Zeichensystemen und -prozessen; die Hermeneutik als die Lehre vom Sinn der Kunst und der Kunstwerke sowie von den Methoden, sie zu deuten und zu verstehen; die Kunstpsychologie, die sich mit Prozessen der Wahrnehmung von Kunstwerken beschäftigt, bis hin zur Kunstsoziologie als Theorie der vielfältigen Beziehungen zwischen Kunst und Gesellschaft. Alle von der Kunstwissenschaft wahrgenommenen Forschungsfelder sind auf die historischen Gärten als Kunstwerke anzuwenden, um ihre Bedeutung erneut und aktuell in einem erweiterten Betrachtungshorizont zu ergründen.

Der Maler und seine zweite Frau im Garten. Gemälde (Detail) von Peter Paul Rubens.

DIE FORSCHUNG ÜBER GÄRTEN UND GARTENKUNST
MUSS WEITERGEFÜHRT, WISSEN DOKUMENTIERT
UND FORSCHUNGSWILLE ZUSAMMENGEFÜHRT WERDEN.
IDEENREICHTUM,
ENGAGEMENT UND MUT ZUM WISSENSCHAFTLICHEN
DISKURS KÖNNTEN EINE EBENE
DER AUFBAUENDEN SPEZIALISIERUNG ERMÖGLICHEN.
NICHT NEUE WISSENSCHAFTLICHE EINRICHTUNGEN
IM HERKÖMMLICHEN SINNE SIND GEFRAGT,
SONDERN EINE OPTIMALE, KREATIVE NUTZUNG
DER BESTEHENDEN RESSOURCEN.

Adrian von Buttlar

ÜBER DIE GRENZEN UND CHANCEN DER GARTENFORSCHUNG AUS DER SICHT DER KUNSTGESCHICHTE – PLÄDOYER FÜR EIN INTERDISZIPLINÄRES AUFBAUSTUDIUM

Gärten erfüllen seit jeher eine Vielfalt von Funktionen: Sie dienten der symbolischen Deutung der Welt, der Kontemplation der Natur (und ihres Schöpfers), der utopischen und faktischen Repräsentation von Macht und gesellschaftlicher Ordnung, dem höfischen, geselligen und familiären Leben, erotischen Vergnügungen, ästhetischer, moralischer und naturwissenschaftlicher Bildung, nicht zuletzt Erholung, Gesundheit, Spiel und Sport – um nur die wichtigsten zu nennen. Ihre künstlerische Gestaltung war immer untrennbar mit den wechselnden materiellen und ideellen Anforderungen der Nutzer und Auftraggeber verbunden, ihre Realisierung und Pflege sind und bleiben das Gemeinschaftswerk vieler Köpfe und Hände.

Die Komplexität der Gartenkunst spiegelt sich in der Vielfalt von Forschungsinteressen, die das historische Gartenerbe verstärkt in den letzten Jahren auf sich gezogen hat. Kann die Kunstgeschichte, die lange eine federführende Rolle in der historischen Gartenforschung beanspruchte, die Fülle von heterogenen Erkenntnissen aus anderen Disziplinen noch integrieren oder brauchen wir mittlerweile eine interdisziplinäre »Gartenwissenschaft«?

RÜCKBLICK

Blickt man auf die relativ junge Geschichte der Erforschung historischer Gärten seit dem späten 19. Jahrhundert zurück, kommt der Kunstgeschichte eine zwar wichtige, aber doch begrenzte Rolle zu.[1] Gerade erst begannen sich Lehrbuchtheorie und historische Gartenforschung zu verselbständigen. Viele gartenhistorische Betrachtungen um und nach der Jahrhundertwende – beispielsweise zur Wiederentdeckung des formalen Gartenstils – stammten aus der Feder von

[1] Eine Forschungsgeschichte zum Thema Gartenkunst steht m.W. noch aus. Als kursorischen Überblick vgl. Buttlar, Adrian von: Der historische Garten als Gegenstand wissenschaftlicher Forschung im 20. Jahrhundert. In: Historische Gärten – Eine Standortbestimmung. Berichte zu Forschung und Praxis der Denkmalpflege in Deutschland 11. Publikation des Fachkolloquiums am 25. und 26. Oktober 2000 anlässlich der Europäischen Messe für Denkmalpflege und Stadterneuerung in Leipzig (denkmal 2000). Berlin 2003, S. 11–15.

Fachleuten des Gartenbaus oder von Architekten und waren in ihrem Erkenntnisinteresse an Theorie und Praxis der modernen Gartenarchitektur gebunden, die damals auf die Überwindung des landschaftlichen Stils zielte.[2]

Ein zwar im Rahmen, aber angesichts der männlich dominierten Wissenschaft noch in einer »Nische« unseres Faches entstandener Klassiker wie Marie Luise Gotheins »Geschichte der Gartenkunst« (1914) stand mit der umfassenden Darstellung einer Kunstgattung, die weder im akademischen Ausbildungskanon noch im fachwissenschaftlichen System der Künste letztlich einen autonomen Status erlangt hatte, lange allein.[3] Die Kunstwissenschaft akzeptierte die »vergängliche« Gartenkunst damals allenfalls als Appendix von Architektur und Stadtbaukunst oder als räumliche Matrix von Skulptur – also in ihren dauerhaften monumentalen Strukturen.[4] Insofern galt das Interesse weiterhin zunächst dem formalen Garten, der auch bei Gothein noch neun Zehntel der Darstellung beanspruchte.

Franz Hallbaums Monografie über Friedrich Ludwig von Sckell und den wenige Jahre zuvor durch die Reformgartenbewegung diskreditierten Landschaftsgarten (1927) stellte einen bemerkenswerten Schritt zur historischen Anerkennung genuin gartenkünstlerischer Leistungen dar.[5] Mit dem Instrumentarium der Stilgeschichte wurden seine Formwerte analysiert und in ihrer Entwicklung differenziert. Damit schienen aber die engeren Fachgrenzen im Sinne Heinrich Wölfflins bereits erreicht. Wesentliche Anregungen zu Verständnis und Interpretation des Landschaftsgartens, die Hallbaum einleitend referiert, kamen – den Forderungen etwa Wilhelm Diltheys oder Max Dvoráks entsprechend – aus der Geistes- und Literaturgeschichte, die den philosophisch-ästhetischen Gartendiskurs wiederentdeckt hatte.[6]

Der Kunstgeschichte gelang es damals noch, die Stilebenen des Gartens mit seinen Bedeutungsperspektiven zu verbinden und die historische Quellenbasis rasch zu verbreitern.

Neben der Untersuchung einzelner Lebenswerke von mittlerweile monografisch gewürdigten Gartenkünstlern wie Le Nôtre (schon 1912), Sckell (1927) oder Lenné (1937)[7] trug vor allem die kunsttopografische Literatur, die ihrerseits häufig auf die historische Lokal- und Heimatforschung angewiesen war, zur Verbreitung des materiellen Fundaments der Geschichte der Gartenkunst bei, die zunächst häufiger regional umrissen wurde.[8] Als Dieter Hennebo und Alfred Hoffmann Anfang der 1960er-Jahre ihre monumentale dreibändige »Geschichte der Deutschen Gartenkunst« publizierten, vollbrachten sie – das zeigt die Integration von Stilgeschichte, politischer Geschichte, Gartentheorie, Topografie und Ikonografie – eine beispiellose Syntheseleistung aus heterogenen Erkenntnissen, wie sich schon an den über 1200 Titeln des Literaturverzeichnisses ablesen lässt.[9] Eine solche Synthesis erscheint angesichts der Vielfalt und Vieldimensionalität neuer Forschungsfragen und Forschungsergebnisse heute von Einzelnen kaum noch wiederholbar.

Gartendenkmalpflege – eine neue Fokussierung

Die von verschiedensten Fachdisziplinen vorangetriebenen Forschungen zur Gartenkunst haben in den letzten Jahrzehnten nicht nur die Kenntnis des Denkmalbestandes und die Zahl wiederentdeckter Gartenkünstler noch einmal vervielfacht, sondern auch durch die Analyse der künstlerischen Strukturen der Gärten, etwa bezüglich des Anteils anderer Kunstgattungen sowie der ikonografischen Programme und ikonologischen Zusammenhänge, große Fortschritte gemacht.[10] Die Forschungen zum Landschaftsgarten verstehen sich heute weitgehend als Bildwissenschaft. Die vertieften Erkenntnisse sind nicht zuletzt einer methodischen Öffnung zur Theorie der Gartenkunst, zur Rezeptionsästhetik und Rezeptionsgeschichte zu verdanken, deren Diskurse nun detaillierter – auch unter Aspekten der Kulturanthropologie – seitens der Literaturwissenschaft untersucht werden. Literaturwissenschaftler stellen ein besonders fruchtbares Kontingent der neueren Gartenforschung.[11] Die Auftraggeberrolle der Höfe, des Adels und Bürgertums und der zunehmende Rezeptionsanteil des Betrachters an der Konstituierung des Kunstwerks forderten darüber hinaus kultursoziologische Fragestellungen nach Wahrnehmung, Funktion und Gebrauch der Gärten heraus.[12] Wiederum ist ein breites Spektrum von Disziplinen involviert und jeder Einzelforscher auf den dilettierenden Blick in »Nachbars Garten« angewiesen. Von den Gartenarchitekten und Landschaftspflegern – angeregt durch das Vorbild Hennebos – wurden die vernachlässigten Bereiche des Stadtgrüns und der grünen Moderne in Angriff genommen.[13] Die globalisierende Betrachtung der Gartenkunst und die Ausweitung des Feldes hin zum Begriff der Kulturlandschaft[14] fordern weitere Grenzüberschreitungen.

Materielle Substanz und Infrastruktur der Gärten – Gartenbau und Gartentechnik, Gärtnerstand und Pflanzenhandel, Gartenbotanik und historische Pflanzenverwendung[15] – waren angesichts dieses geistes- und gesellschaftswissenschaftlichen Überhangs lange ausgeblendet worden. Erst mit der Etablierung der Gartendenkmalpflege seit den 1970er-Jahren, an der ein weiteres Mal Hennebo und seine Schüler entscheidenden Anteil hatten, nahmen auch Forschungen zu

[2] Blomfield, Reginald: The formal Garden in England. London 1901. Zur Rolle der Architekten in der deutschen Gartenreformbewegung vgl. Schneider, Uwe: Hermann Muthesius und die Reformdiskussion in der Gartenarchitektur des frühen 20. Jahrhunderts. Worms 2000.

[3] Gothein, Marie Luise: Geschichte der Gartenkunst. 2 Bde. Jena 1914, 1926, Nachdruck München 1988. Zur Sonderrolle Gotheins vgl. Göttler, Christine: Marie Luise Gothein. In: Barbara Hahn: Frauen in den Kulturwissenschaften – von Lou Andreas-Salome bis Hannah Arendt. München 1994, S. 44–62.

[4] Z.B. Rose, Hans: Spätbarock. München 1922.

[5] Hallbaum, Franz: Der Landschaftsgarten. Sein Entstehen und seine Einführung in Deutschland unter Friedrich Ludwig von Sckell. München 1927.

[6] Z.B. Weiser, C.F.: Shaftesbury und das deutsche Geistesleben. Leipzig/Berlin 1916; Biese, Alfred: Das Naturgefühl im Wandel der Zeiten. Leipzig 1926.

[7] Corpechot, L.: André Le Nôtre. Paris 1912; Hinz, Gerhard: Peter Joseph Lenné und seine bedeutendsten Schöpfungen in Berlin und Potsdam. Berlin 1937.

[8] Z.B. Lohmeyer, Karl: Südwestdeutsche Gärten des Barock und der Romantik mit ihren in- und ausländischen Vorbildern. Saarbrücken 1937.

[9] Hennebo, Dieter/Hoffmann, Alfred: Geschichte der deutschen Gartenkunst. 3 Bde. Hamburg 1962–1965.

[10] Die aus der Renaissanceforschung Aby Warburgs, Erwin Panofskys u.a. hervorgegangene Methode der Ikonologie wurde m. W. zuerst von Hans Aurenhammer in seiner Untersuchung zur Ikonografie und Ikonologie des Wiener Belvedere-Gartens ange-

wandt: Wiener Jahrbuch für Kunstgeschichte. Bd. XVIII (1956), denen zahlreiche Analysen etwa zu Villa d' Éste in Tivoli von R. Coffin (1960), Bomarzo von H. Bredekamp (1985) usw. sowie zu barocken Gartenprogrammen folgten. Für den Landschaftsgarten u.a. etwa K. Woodbridge zu Stourhead (1970), G. B. Clarkes Aufsatz über Lord Cobhams »Gardening Programme in Stowe« (1973), v. Buttlar: Der Englische Landsitz 1715–1760. Symbol eines liberalen Weltentwurfs (1982), Ulrich Müllers Dissertation über Rousham (1996), Erhard Hirschs Interpretation von Wörlitz als »Zierde und Inbegriff des 18. Jahrhunderts" über Wörlitz (1985) und Géza Hajós über Romantische Gärten der Aufklärung um Wien (1989).

[11] Für England u.a.: Mack, Maynard: The Garden and the City – Retirement and Politics in the later Poetry of Pope 1731–1743. Toronto/Buffalo/London 1969; John Dixon Hunt mit zahlreichen Beiträgen zur Gattungsproblematik und Medialität der Gärten; für Deutschland: Gerndt, Siegmar: Idealisierte Natur. Stuttgart 1981; Niedermeier, Michael: Erotik in der Gartenkunst. Leipzig 1995; Gamper, Michael: »Die Natur ist republikanisch«. Zu den ästhetischen, anthropologischen und politischen Konzepten der deutschen Gartenliteratur im 18. Jahrhundert. Würzburg 1998; zuletzt Oesterle, Guenter/ Tausch, Harald (Hrsg.): Der imaginierte Garten. Göttingen 2001.

[12] Kehn, Wolfgang: Adel und Gartenkunst in Schleswig-Holstein in der zweiten Hälfte des 18. Jahrhunderts. In: Degn, Christian/Lohmeier, Dieter (Hrsg.): Staatsdienst und Menschlichkeit. Studien zur Adelskultur des späten 18. Jahrhunderts in Schleswig-Holstein und Dänemark. Neumünster 1980; Ders.: Kultur als Verwirklichung der Natur. Über den Zusammen-

diesem Themenkreis einen beachtlichen Aufschwung. Die denkmalpflegerische Erfassung, Wiederherstellung, Pflege, touristische Erschließung und didaktische Vermittlung der mittlerweile immer populärer werdenden historischen Gärten bietet die Chance, die Vielfalt der heterogenen Forschungsansätze, die nun nicht mehr von einer einzigen Fachdisziplin integriert werden können, auf ein gemeinsames Ziel hin zu fokussieren und somit interdisziplinäre Forschung zu initiieren.

Interdisziplinarität – aber wie?

Noch bis in die späten 1980er-Jahre wurde die Gartendenkmalpflege in erster Linie von sachkundigen Garten- und Landschaftsarchitekten wahrgenommen, denen andere Fächer Hilfsdienste leisteten. In Österreich war es ausnahmsweise ein Kunsthistoriker, Géza Hajós, der als Bereichsleiter im Österreichischen Bundesdenkmalamt von der gartenhistorischen Forschung ausgehend den Denkmalschutz für historische Gärten durchsetzte.[16] Zahlreiche Netzwerke von Fachleuten aus verschiedenen Disziplinen, wie die internationalen Denkmalschutzorganisationen, der Arbeitskreis Historische Gärten der Deutschen Gesellschaft für Gartenkunst und Landschaftskultur e.V. (DGGL), die 1991 eingerichtete Arbeitsgruppe »Kommunale Denkmalpflege« oder auch Vereine und Stiftungen wie das Bündnis privater Gartenbesitzer »Castellum Nostrum« (ab 1990) in den Niederlanden, waren am Prozess der Institutionalisierung der Gartendenkmalpflege beteiligt, deren Parkpflegewerke interdisziplinäre Ansätze erfordern und zumeist auch erfüllen.[17] Die Forschung tut sich jedoch noch immer schwer, interdisziplinäre Projekte zu realisieren. In dem Forschungsprojekt »Historische Gärten in Schleswig-Holstein« (1991 bis 1996) haben wir den Versuch gemacht, nicht nur Lehre, Forschung, Theorie und Praxis, sondern auch inhaltlich Gartenkunstgeschichte, Landesgeschichte, Kulturgeschichte und regionale Gartentopografie mit Aspekten der Gartenbotanik und der Gartendenkmalpflege zu verbinden. Die Ergebnisse und Erkenntnisse sollten zwar primär der Wissenschaft dienen, zugleich aber in anschaulicher Form an einen breiteren, außerfachlichen Interessentenkreis vermittelt werden, um an Aufmerksamkeit und Verantwortungsgefühl der Öffentlichkeit zu appellieren, ohne deren Engagement Erhaltung und Pflege historischer Gärten nicht durchsetzbar sind. Mit zwei Auflagen des über 700 Seiten umfassenden Dokumentationsbandes wurde tatsächlich eine relative Breitenwirkung erzielt, die ein erhöhtes Engagement und Nachfolgeprojekte auslöste. Darüber hinaus führte das von der damaligen Kultusministerin Marianne Tidick und der Deutschen Forschungsgemeinschaft geförderte Projekt, das als

unkonventioneller Modellversuch der Beteiligung zahlreicher Noch-Studierender im Verbund mit außeruniversitären Spezialisten mit dem »Kulturpreis aktuell« des Sparkassen- und Giroverbandes ausgezeichnet wurde, 1993 zur Einrichtung einer Fachstelle für Gartendenkmalpflege am Schleswig-Holsteinischen Landesamt, die mit der Mitherausgeberin besetzt wurde.[18] Die Schwierigkeiten, über die Fachgrenzen hinaus eine vielköpfige und heterogene Forschungsgruppe für eine relativ lange Zeit zusammenzuführen und am Ende über eine Addition von Einzelerkenntnissen hinauszukommen, um der babylonischen Sprachverwirrung Herr zu werden, sind jedoch nicht zu unterschätzen. Die seit einigen Jahren in Hannover, Dresden, Kiel und Berlin durchgeführten interdisziplinären Forschungskolloquien für Magister, Diplomanden und Doktoranden aus diversen Ausbildungsgängen haben schon erheblich zum wechselseitigen Verstehen unterschiedlicher fachlicher Ansätze und Fragestellungen beigetragen, andererseits aber auch gezeigt, dass Gartenforschung in Deutschland noch immer ein von Einzelkämpfern getragenes insuläres Dasein führt. Der komplexe und höchst aktuelle Gegenstand erfordert heute jedoch neue und dauerhaftere Formen, vor allem ein polyperspektivisches, interdisziplinäres Denken. Weder die in Mode kommenden Gartenkunstmuseen, die auf Popularisierung und Vermittlung des Wissens zielen, noch elitäre Forschungsinstitute für bereits ausgewiesene Spezialisten nach dem Modell Dumbarton Oaks können – trotz erfolgreicher Bilanzen – dieses Ziel entscheidend voranbringen

Aufbaustudium als Initialzündung

Womöglich wird mit dem allgegenwärtigen, aber schwer umzusetzenden Ruf nach interdisziplinärer Forschung das Pferd von hinten aufgezäumt. Vielleicht sollte man sich auf zukünftige Generationen konzentrieren und zunächst mit einem Ausbildungszentrum, das die unterschiedlichen Fachdisziplinen de facto zusammenführt, einer neuen Qualität den Boden bereiten. Inwieweit das seit 1961 von Hennebo zu großem Ansehen geführte Fachgebiet am Institut für Grünplanung der Universität Hannover nach den Diskussionen der letzten Jahre diesen oder einen anderen Weg beschreiten wird, scheint noch offen.[19] Interesse an der Stärkung eines interdisziplinären Gartenfaches wird auch aus Nordrhein-Westfalen signalisiert.[20] Prädestiniert für eine solche Aufgabe wäre zweifellos ein Verbund von Berlin und Potsdam – einst Standorte der von Lenné gegründeten Gärtnerlehranstalt. Mit ihrer reichen gemeinsamen Gartentradition, der hervorragenden Gartenbaubibliothek an der Technischen Universität, einer erfahrenen Gartendenkmalpflege und zahlreichen, das Gartenfach tangierenden Studiengängen an insgesamt fünf Universitäten verfügt diese Region über ein besonders attraktives Potenzial.

Mein Plädoyer zielt in Zeiten knapper Kassen nicht auf die Einrichtung eines neuen, teuren Instituts mit festen Mitarbeitern, Professuren und aufwendiger Infrastruktur, sondern auf die Begründung eines interdisziplinären und transuniversitären Aufbaustudiums »Gartenwissenschaft«, das die vorhandenen Ressourcen optimal nutzt. Dabei könnte man sich des Modells bedienen, das die Fondazione Bennetton seit Jahren erfolgreich für ihre Sommerkurse praktiziert, und auch den von der Deutschen Forschungsgemeinschaft getragenen Graduiertenkollegs einiges abschauen: Eine handverlesene Gruppe von »Graduates« aus verschiedenen Fachdisziplinen wird über zwei bis drei Jahre von einem Team wechselnder Lehrkräfte aus allen beteiligten Institutionen (die in diesem Rahmen lediglich einen Teil ihres Pflichtdeputats ableisten) sowie von weiteren, sporadisch einzuladenden Gastdozenten aus dem In- und Ausland in einem breiten Kanon von Gartenthemen unterrichtet. Dieser könnte von der internationalen Gartenkunstgeschichte über Naturphilosophie, Literaturgeschichte und Umweltethik, Botanik, Naturschutz und praktische Gartenbaulehre bis zu Stadt-, Garten- und Landschaftsplanung, Gartendenkmalpflege und Parkmanagement reichen, gemeinsame Exkursionen und Projekte inbegriffen. Der Phantasie für eine sinnvolle Strukturierung, die die Möglichkeiten an einzelnen Hochschulen bereits angebotener Studiengänge weit übersteigt, sind kaum Grenzen gesetzt. So könnten sich – bei relativ bescheidenem Aufwand – über ihre Fachdisziplin hinaus ausgebildete Gartenfachleute für vielseitige Berufsfelder profilieren und ihr Spezialgebiet im Kontext komplexerer Fragestellungen verorten. Aus der gemeinsamen Betreuung der Studierenden und ihrer Abschlussarbeiten könnte auch auf der Seite der Lehrenden ein zwangloser Austausch entstehen, der gleichsam von selbst zu gemeinsamer Forschung anregt. Die vielen Anstöße, die Dieter Hennebo in seiner langen Forschungs- und Lehrtätigkeit gegeben hat, wären in einem interdisziplinären Ausbildungsprojekt optimal fortzuschreiben. Da es in erster Linie um die Koordination vorhandener Ressourcen – also weniger um eine investive als um eine organisatorische und intellektuelle Leistung – geht, wäre am Ende vielleicht sogar das überstrapazierte Schlagwort »Synergieeffekt« einmal am Platz.

hang von Landschaftsgartenkunst, Menschenbild und aristokratischem Verständnis in den Briefen des Grafen F. L. Stolberg. In: Nordelbingen. Bd. 52 (1983); Ders.: »Die Natur gemeinschaftlich betrachten«. Zum Zusammenhang von Freundschaft, ästhetischer Naturerfahrung und »Gartenrevolution« in der Spätaufklärung. In: Mauser, Wolfram/ Bekker-Cantharino, Barbara (Hrsg.): Frauenfreundschaft, Männerfreundschaft – Literarische Diskurse im 18. Jahrhundert. Tübingen 1991. Zu einem anderen Themenbereich, der Festkultur vgl. Härting, Ursula (Hrsg.): Gärten und Höfe der Rubenszeit im Spiegel der Malerfamilie Brueghel und der Künstler um Peter Paul Rubens. Ausst.-Kat. München 2000.

[13] Mit der Publikationsreihe »Geschichte des Stadtgrüns« (ab 1979) setzte eine verstärkte Bearbeitung der öffentlichen Volksparks und Stadtgärten ein, die sich bald ins 20. Jahrhundert ausdehnte. Insbesondere die Beiträge von Erika Schmidt, Gert Gröning, Uwe Schneider und Joachim Wolschke-Bulmahn haben zur Erkenntnis der politischen und ideologischen Funktion der Gartenkunst im Kaiserreich und während des Nationalsozialismus beigetragen. Heute berühren sich historische Gartenforschung und aktuelle Gartenkunstkritik in der Analyse der zeitgenössischen Gartenkunst.

[14] Hajós, Géza: Das ganze Land ein Garten. In: Historische Gärten. Wie Anm.1, S. 63–69, 82–86.

[15] Stellvertretend für viele ungenannte Beiträge stehen Forschungen von Marcus Koehler (Pflanzenhandel), Martina Nath-Esser, Michael Seiler (Historische Pflanzenverwendung), Gerda Gollwitzer (Bäume), Klaus Stritzke (Alleenpflege), Clemens Alexander Wimmer (Gartenpflanzen, Gärtnerdynastien), Forschungen zu den Florilegien des 17.–19. Jahrhunderts, Untersuchungen zu Gewässern, Wegebau, Orangerien, Gewächshäusern usw.; zur Genese der deutschen Gartendenkmalpflege im Überblick: Krosigk, Klaus von: Gartendenkmalpflege. In: Historische Gärten. Wie Anm.1, S.16–21.

[16] Österreichische Gesellschaft für historische Gärten (Hrsg.) Hajós, Géza: Historische Gärten in Österreich – vergessene Gesamtkunstwerke. Wien/ Köln/Weimar 1993.

[17] Leitlinien zur Erstellung von Parkpflegewerken. Arbeitskreis Historische Gärten der DGGL. H. 4. 1990, S.17–22.

[18] Buttlar, Adrian von/ Meyer, Margita Marion (Hrsg.): Historische Gärten in Schleswig-Holstein. Heide 1996, 1998. Buttlar, Adrian von. In: Mitteilungen der Residenzen-Kommission der Akademie der Wissenschaften zu Göttingen. Jg. 5 (1995). Nr.1, S. 30–32.

[19] Das künstliche Paradies. Symposium des Instituts für Grünplanung und Gartenarchitektur der Universität Hannover 1996. In: Die Gartenkunst. 1997. 1, S.1–134; Projekt Herrenhausen. Möglichkeiten zur Gründung und Schwerpunkte eines Forschungszentrums für Gartenkunst und Landschaftsarchitektur 30. und 31. März 2001, siehe www.laum. uni-hannover.de/cgl/index. html

[20] Hier böte sich eine entsprechende Einrichtung neben dem neuen Gartenkunstmuseum Benrath und dem Gartenzentrum Schloss Dyck in Kooperation mit den Universitäten des Landes NRW als Netzwerk an.

Prof. Dr. Adrian von Buttlar
Studium der Kunstgeschichte, Archäologie und Soziologie in München und London. 1977 Promotion, wissenschaftlicher Assistent in München und Augsburg, 1984 Habilitation. 1985 bis 2001 Professor an der Christian-Albrechts-Universität zu Kiel, seit 2001 mit Schwerpunkt Kunst- und Architekturgeschichte der Moderne an der Technischen Universität Berlin. Forschungen und Publikationen zur Geschichte der Gartenkunst, zur Architekturgeschichte des 18. und 20. Jahrhunderts sowie – als langjähriger Vorsitzender des Landesdenkmalrates Berlin – zu aktuellen Problemen der Denkmalpflege und Denkmalpolitik.

Die Entwicklung von Gestaltungsstilen in der Gartenkunst war ein dynamischer Prozess. Sie ist nicht ausschliesslich von Vorbildern und Nachahmern bestimmt, sondern ebenso vom Geschmack, der Funktionalität sowie von individuellem Wissen. Die bestehende gartenkunsthistorische Gliederung nach Stilen und Epochen sollte vor dem Hintergrund neuerer Forschung überdacht werden.

Erik A. de Jong

»Austauschprozesse« – Zu den Konzepten von Stil, Epoche und Einfluss in Garten- und Landschaftsstudien

Ein holländischer Garten und ein französisches Gebäude mit eleganten Parterres zeigen verschiedene »Arten, etwas zu tun«. Kupferstiche von Jan van der Groen, aus: Den Nederlandtsen Hovenier, Amsterdam 1669

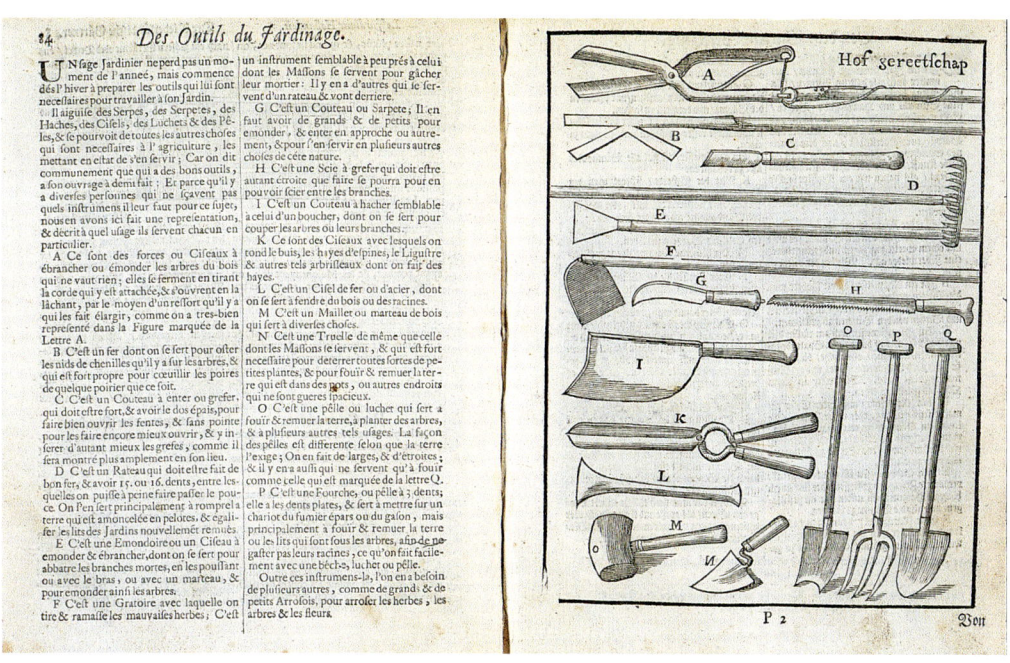

Gartengeräte repräsentieren spezifische »Arten, etwas zu tun« und die Erhaltung von Gärten. Jan van der Groen, aus: Le Jardinier Hollandois, 1669

Es ist immer noch üblich, Gärten und gestaltete Landschaften zu bewerten, indem »Stil« und »Epoche« als ihre unverwechselbaren Merkmale benutzt werden. Das aus dem 19. Jahrhundert stammende kunstgeschichtliche Konzept der nationalen Stile hat zudem die Gartengeschichte geprägt, indem das Konzept des »Einflusses« in einer bestimmten Periode als Maßstab für eine kulturelle Überlegenheit herangezogen wird.

Die Verbreitung eines Stils wird als letzter Qualitätsbeweis gesehen, als ob Formen, mitsamt ihres ursprünglichen Inhalts, in einer linearen Bewegung von einem Kontext in den anderen versetzt würden. Sich einem solchen Einfluss auszusetzen, wird oft immer noch als Schwäche und mangelnde Kultur erachtet, während es gleichzeitig die einzig korrekte Möglichkeit darstellt, Dinge zu übernehmen, die beispielsweise »französisch« oder »englisch« sind. In diesem Sinne sehen wir, wie die Bezeichnungen »italienischer«, »französischer« und »englischer« Stil immer noch weltweit in Gebrauch sind, was die Interpretation von Gärten und Landschaften aus anderen Blickwinkeln verbietet.

Es wird Zeit, einen neuen Blick auf die Sache zu werfen. An vielen Beispielen können wir sehen, dass schon etablierte Gartenkulturen ihr Interesse an Le Nôtre und französischen Gärten nicht vorwiegend zum Zwecke einer direkten Nachahmung bekundeten, sondern dass dies als Bestandteil eines Rezeptions- und Austauschprozesses innerhalb einer internationalen, intellektuellen und künstlerischen Debatte galt. Statt Le Nôtre zu kopieren, war ein Großteil der Gartenkunst des späten 17. Jahrhunderts auf ein eklektisches Zusammentragen und Transformieren erpicht – so ist der Klassizismus eklektisch per definitionem –, wie auch darauf, neue Vorlieben in bestehende Traditionen einzubetten. Es ist die Spannung zwischen Konvention, entstanden durch örtliche Traditionen, die ihren Wert unter Beweis gestellt hatten, und Innovation, die neuen Ideen und Moden folgte und diese in das Bestehende einfügte, die wir näher untersuchen sollten.[1]

Die Rolle der Amateurgärtner muss zum Beispiel stärker berücksichtigt werden. So beschäftigt sich die Gartengeschichtsforschung immer noch vornehmlich mit professioneller und »ursprünglicher Gestaltung« in Verbindung mit Stil und Epoche. Die Briefe des holländischen Aufsehers der Gärten des *stadholder*-Königs Willhelm III., Hans Willem Bentinck (1651–1709), scheinen einen Austausch über zentrale Themen der Gartenkultur zu beinhalten. Bentinck hielt nach seinem Besuch Frankreichs in diplomatischer Mission Kontakt

[1] Für eine ausführliche Abhandlung zum Gegenstand dieses Artikels vgl. meinen Beitrag: Of Plants and Gardeners, Prints and Statues: Reception and Exchange in Northern European Baroque Garden Culture. In: Social Reception of Baroque Gardens. Trustees for Harvard University. Washington D.C. (erscheint 2004).

Johann Moritz von Nassau-Siegen. Gemälde von Johannes de Baen, nach 1668. Mauritshuis, Den Haag

[2] Japikse, N.: Correspondentie van Willem III en van Hans Willem Bentinck. Deel I en II. Den Haag: Rijksgeschiedkundige Publicaties, 1917–1928. Nr. 24. II, Brief 376.

mit Henri Jules de Bourbon (1643–1709), dem Besitzer von Chantilly. 1699 schickte er ihm nicht nur einen Plan des Labyrinths für seinen Garten bei Zorgvliet Den Haag, sondern auch Gehölze. Sein Plan für eine Plantage von Bourbon zeigt, dass die Gartenkultur nicht auf der abstrakten Essenz eines nationalen Stils und einseitigem Einfluss, zum Beispiel französische Überlegenheit gegenüber holländischer Praxis, gründet.[2] Entwürfe, Stiche, Pflanzen und Ertrag eines Gartens können Teil der diversen Funktionen und charakteristische Merkmale sein, die einen Garten ausmachen. Sie stellen wichtige Aspekte sowohl einer intellektuellen Kommunikation als auch eines materiellen Austausches unter Gärtnern dar.

Dass es in der zweiten Hälfte des 17. Jahrhunderts ein Bewusstsein über verschiedene Methoden der gärtnerischen Arbeit gab, lässt sich auch aus anderen Quellen erschließen. In einem Brief vom 16. Juli 1686 schrieb der Intellektuelle und Gartenschriftsteller John Evelyn (1620–1705) an Robert Berkeley, der damals in Den Haag lebte, dass »Gärten dort [in den Niederlanden] so allgemein betroffen sind (die Enge des Landes, und der karge Lebensstil der Einwohner, wodurch ihnen die meisten anderen Arten der Zerstreuung versagt bleiben), dass ihre Verehrung der Flora und die Parterreanlagen erstaunlich sind, und obwohl die Franzosen gegenwärtig mit ihren gigantischen Gestaltungen, ihrem Versailles und anderen bedeutungsvollen Werken, vielleicht prahlen können, sind Gärten doch nirgendwo [sonst] so gepflegt und exakt gehalten«[3]. Evelyn verweist hier auf eine Verbindung zwischen Geografie, Lebensstil und spezifischen Methoden der gärtnerischen Pflege, und seine Kriterien beruhen auf dem Ausmaß, dem Charakter, der Pflege und der Liebe zu Blumen.[4]

In seinem Werk »Den Nederlandtsen Hovenier«, das 1669 gleichzeitig in einer holländischen und einer kombiniert französisch-deutschen Ausgabe veröffentlicht wurde, bezeichnet Jan van der Groen (ca. 1635 bis 1672) die Gartenarbeit als eine »Art, etwas zu tun«, also etwas auf »holländische Weise« oder »auf die französische Art« zu machen. (Abb. S. 108) Diese Bemerkungen scheinen traditionell nebeneinander zu existieren, entwickelt durch spezielle Eigenschaften im Hinblick auf Klima, Landschaft, Auftraggeber, den kulturellen Kontext und die Technologie, so betont van der Groen. Solche Vorstellungen bestätigen, dass verschiedene Formen des Gartenwesens alternative Systeme des Wissens und der Praxis verkörperten, die studiert und ausgetauscht werden konnten.

Eine Beobachtung der »Arten, etwas zu tun« anstelle eines »Stils« wird uns davor bewahren, »Einfluss« in der Gartenkultur als Resultat eines Prozesses zu verstehen; vielmehr sollte er als Rezeptions- und Austauschprozess selbst definiert werden. Als Teil der materiellen Kultur hing der Garten von Angebot und Nachfrage ab, ein Prozess, der durch Geschmack oder den Wunsch nach Neuheit und Erfindung aufgrund einer Unvollkommenheit oder eines völligen Mangels an lokalen Konventionen bestimmt wurde. Dies führte zu der Notwendigkeit, von externem Wissen Gebrauch zu machen, um auf erfolgreichere »Arten, etwas zu tun« zurückzugreifen. Man wendete gängige Methoden an und beschäftigte ausländische Gärtner oder Spezialisten anderer Berufe. Selbst Samen, Pflanzen, Tiere, Plastiken, Backsteine, Baumaterial, Stiche und Bücher wurden herangeschafft, um den Erfolg zu maximieren.

Dieser Prozess der Tradition und Innovation begünstigte eine eklektische Einstellung des Gartenliebhabers wie auch des Mäzenen, weil die entsprechende Gestaltung nicht durch die Autonomie des Stils definiert oder erlebt wurde, sondern vielmehr durch die zusammengestellten Teile, die Geschmack, Wissen und Fachkenntnis repräsentierten. Im Gefolge von Handel, Kriegführung und Diplomatie schufen kultu-

[3] »... Gardens are there so universaly affected (the narownesse of the Country, and Frugality of the Inhabitsms, denying them most other diversions) that their Veneration of Flora, and the Perterre is extraordinary; and though the French at present, may boast of their vast designes, their Versailles, and other portentous workes; yet Gardens are no where so spruce, and accuratley kept.« Chambers, Douglas: Elysium Britannicum not printed neere ready &c: The »Elysium Britannicum« in the Correspondence of John Evelyn. In: O'Malley, Therese/Wolschke-Bulmahn, Joachim (Hrsg.): John Evelyn's »Elysium Britannicum« and European Gardening. Washington D.C. 1998, S.107–131.

[4] Zum Verhältnis zwischen Geografie, Klima, Kultur und Bräuchen in der »Kunst-Geografie« Veldman, Ilja: »Kunstgeografie« in de zestiende eeuw: Nederlanders en hun kunst. Nederlanders in de ogen van een Italiaan. In: Kunstlicht. De Geografie van de Verbeelding 11. Nr. 4 (1990), S.25–31.

Plan von Potsdam. Kolorierte Zeichnung von Samuel von Suchodoletz, 1679/80

[5] Brewer, John/Porter, Roy (Hrsg.): Consumption and the World of Goods. London/New York 1997.

[6] Wendland, Folkwin: Berlins Gärten und Parke von der Gründung der Stadt bis zum ausgehenden neunzehnten Jahrhundert. Frankfurt a.M./ Berlin/Wien 1979; Hassels, Michael (Hrsg.): Potsdamer Schlösser und Gärten. Bau- und Gartenkunst vom 17. bis 20. Jahrhundert. Potsdam 1993, S. 37–66; Schacht, Markus/Meiner, Jörg (Hrsg.): Onder den Oranjeboom. Nederlandse kunst en cultuur aan Duitse vorstenhoven in de zeventiende en achttiende eeuw. München 1999, Kat.Nr. 8/1–8/86.

[7] Wert, Guido de (Hrsg.): Soweit der Erdkreis Reicht. Johann Moritz von Nassau-Siegen 1604–1679. Kleef 1979.

[8] Wendland, Folkwin: wie Anm. 6, S.15–42; Schacht, Markus/Meiner, Jörg: wie Anm. 6, Kat.Nr. 8/29–38.

[9] Ebd., Kat.Nr. 8/9–38.

[10] Zu Memhardt vgl. Galland, Georg: Hohenzollern und Oranien. Neue Beiträge zur Geschichte der Niederländischen Beziehungen im 17. und 18. Jahrhundert, und Anderes. Strassburg 1911, S.1–41. Zu seinen Fähigkeiten, die ihm an der Simon Stevin Schule für Mathematik an der Universität Leiden vermittelt wurden, vgl. Taverne, Ed: In't land van belofte: in de nieue stadt. Ideaal en werkelijkheid van de stadsuitleg in de Republiek 1580 bis 1680. Maarsen 1978.

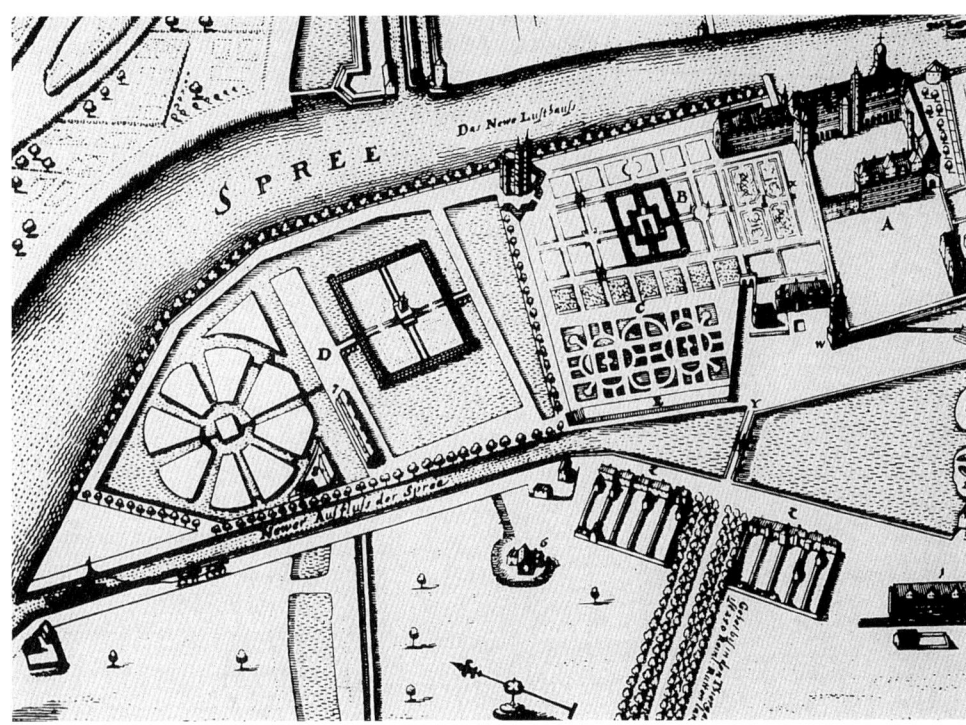

Plan von Berlin mit dem Lustgarten des Großen Kurfürsten an der Spree, angelegt von Johann Gregor Memhardt. Kupferstich von Martin Zeiller-Merian, 1652

relle Verknüpfungen die Grundlage für einen europaweiten Austausch von Wissen, Ideen, Materialien, Gütern, Technologie und Menschen. Gärten waren Teil eines steigenden Interesses an Gebrauchsartikeln und Luxusgütern. Sie gehörten zu dem wachsenden, auffälligen Konsum der Eliten, während sich die Staaten und Hofkulturen herausbildeten, beispielsweise in Holland, Schweden, den deutschen Einzelstaaten und Russland.[5]

Werfen wir nochmals einen Blick auf das, was ich »Einfluss als Austauschprozess« genannt habe. Gehen wir davon aus, dass solche Orientierungen dann aufkamen, als die gesellschaftlichen Veränderungen den Wunsch und die Forderung nach Gärten bzw. deren Erneuerung mit sich brachten. Neue Entwicklungen ließen sich von erfolgreichen Beispielen und Vorgehensweisen anderenorts leiten, um kurzfristig gute und verlässliche Resultate zu erzielen. Dies unterstellt ein Erkennen der Unterschiede. Diese Vorbilder – hauptsächlich ausländische – konnten, nachdem sie einmal studiert worden waren, neue Moden einführen und der regionalen Interpretation unterworfen werden, sodass wertvolle regionale Praktiken und die Neuheiten aufeinander abgestimmt waren.

Ferner kommen gewisse Einzelpersonen der Forderung nach solchen Veränderungen in der Gesellschaft entgegen und fungieren als treibende, Pionierarbeit leistende Kraft innerhalb des Austauschprozesses, lenken ihn und beeinflussen private und professionelle Bereiche, vielleicht sogar die Gartenkultur insgesamt.

Auch mussten sich diese Menschen Fachkenntnisse aneignen, um die gewünschten Veränderungen in der Gartenkultur herbeizuführen. Ein solches Wissen konnte zum einen örtlich über Netzwerke organisiert werden und somit die Infrastruktur verändern, zum anderen aber profitierte man auch überregional von Menschen und Kenntnissen. Letzteres kann dem Wunsch nach Bildung entsprochen und so im Sinne eines Talentaustausches die Aus- bzw. Einwanderung angeregt haben. Zusätzlich wurde dadurch Wissen in Form von Literatur, Drucken und Karten importiert. Solche Aktionen konnten sich zu einem Materialienerwerb ausweiten, um das erwünschte Fachwissen zu erzielen. Wir müssen uns jedoch folgende Fragen stellen: Hatte man mit neuen Wegen gärtnerischer Arbeit Erfolg? Wurden Innovationen verstanden oder missverstanden, nachdem sie eingeführt worden waren? War die Aufmerksamkeit nur auf spezifische Merkmale fixiert? Was waren denn wirklich die Grundvoraussetzungen für eine Entwicklung?

Solche Austauschprozesse hatten schließlich ihren eigenen zeitlichen Verlauf. Waren sie nur in ihrer Anfangsphase als oberflächliche Modeerscheinung erfolgreich, um bald von anderen Modellen abgelöst zu werden? Blieb ein solcher Austausch über einen längeren Zeitraum gültig, als Träger von Wissen und Fachkenntnis, auch nachdem sich Mode und Geschmack gewandelt hatten? War ein derartiges Streben nach neuem Wissen rein technischer Natur oder lassen sich daraus, innerhalb eines gegebenen Kontexts, auch theoretische und kulturelle Implikationen für die Gartenkultur allgemein schließen? Und auf welche Art und Weise durchbrachen solche Austauschprozesse und deren Wirkungen gesellschaftliche Barrieren?

Um ein Beispiel zu nennen: Während der Machtausweitung der Kurfürsten von Brandenburg im späten 17. Jahrhundert spielte die Gartenkunst eine zentrale Rolle.[6] Eine treibende Kraft war Johann Moritz von Nassau-Siegen (1604–1679), Feldmarschall in der Armee der holländischen Republik und ab 1647 kurbrandenburgischer Statthalter in Kleve. Als Kenner und Gestalter weitläufiger Gärten in Kleve war er zentrale Figur eines interessierten Kreises von Mitgliedern des Fürstenhauses von Oranien sowie von Künstlern, Architekten, Gärtnern, Wissenschaftlern, Sammlern und Hofbediensteten. Dies eröffnete ihm den Zugang zu fachlichen Informationen über Innovationen und Güter aus der ganzen Welt.[7] Johann Moritz war also in der Lage, Wissen, Güter und Personal zu organisieren. Ähnliches sehen wir bei Persönlichkeiten anderer deutscher Höfe wie auch am Hofe Zar Peters des Großen, bei Aristokraten in Schweden oder bei englischen und holländischen Siedlern auf dem amerikanischen Kontinent. 1664 riet Johann Moritz dem Kurfürsten Friedrich Wilhelm, der mit einer holländischen Prinzessin von Oranien verheiratet war, Potsdam mit Gärten zu verschönern. Die Umsetzung der Ideen erfolgte in diesem Fall durch Fachleute, die in Holland geboren oder ausgebildet worden waren. So wurde 1688 die Anlage von Alleen in Potsdam von dem holländischen Gärtner Diederik de Langelaer durchgeführt. 1640, zehn Jahre zuvor, hatte schon der Österreicher Georg Memhardt (1607–1678), in Holland als Ingenieur für Festungsanlagen ausgebildet, in Brandenburg eine Anstellung erhalten. Er schuf gemeinsam mit dem Gärtner Michael Hanff (tätig von 1639 bis 1673) den Berliner Lustgarten und dessen Architektur.[8]

Solche Verbindungen mit der holländischen Kultur wurden bis vor kurzem als »holländischer Einfluss« interpretiert, ohne zu fragen, worin dieser eigentlich bestand.[9] Der Stil des Lustgartens ähnelt in keiner Weise einem Garten dieser Zeit in Holland. Auch sind die Alleen in Potsdam nicht als »holländisch« zu bezeichnen. Die Essenz der holländischen Verbindung liegt nicht im Gesamtstil des Gartens, sondern in den gartenbaulichen Fertigkeiten Langelaers in Potsdam im Sinne von Bepflanzen und Pflegen sowie dem Fachwissen von Memhardt in Berlin, der die Geometrie zur Gestaltung nutzte und vor Ort umsetzen konnte, zwei wesentliche Kenntnisse seiner holländischen Ausbildung.[10]

Die Erschaffung des Lustgartens war ein eklektischer Prozess, denn hier wurden Fachkenntnisse, Kunstfertigkeiten und Materialien organisiert und interpretiert. Dies ist u.a. anhand der Einführung der Gartenskulptur aus Holland erkennbar, denn für diesen Ort schuf der flämische Bildhauer François Dieussart (in Den Haag tätig von 1641 bis 1661, seinem Todesjahr) eine Skulptur des Großen Kurfürsten. Auch Statuen aus Italien wurden verwendet.

Als Johann Sigismund Elßholtz (1623–1688) ab 1656 Leiter des Lustgartens war, schrieb er »Vom Garten-Baw«[11]. Dies war ein eklektisches Werk, das seine Ideen aus vielen weiteren Quellen bezog – genauso wie auch van der Groen sein eigenes Buch aus divergierenden Quellen zusammensetzte, wie von dem Franzosen Loris (1629), dem holländisch-flämischen Vredeman de Vries (1583) oder dem Deutschen Böckler (1664). Es ist in einem solchen Fall nicht korrekt zu behaupten, dass »die Förderung der Gartenarchitektur und des Gartenbaus durch den Kurfürsten auf holländische Vorbilder zurückgeht«[12]. Sicherlich gab es ein Interesse an holländischen Fachkenntnissen und Materialien als Bestandteil einer Gartengestaltung, aber es war ein komplexer Prozess, mit dem Ziel, dieses Wissen in Brandenburg und benachbarten Länden einzuführen, wie es bereits Elßholtz beschrieb.

Auch heute noch wird ein fachwissenschaftlicher Austausch in diesem Sinne gepflegt. So führte das kürzlich gegründete »Perennial Perspectives Movement« schwedische, deutsche, holländische und englische Gärtner, Garten- und Landschaftsarchitekten, Ökologen und andere Berufssparten zusammen. Zugleich werden neue Park- und Gartenkonzepte vorgestellt, u.a. durch den holländischen Gartenkünstler Piet Oudolf (1945 geboren) für Standorte in Enköping (Schweden), Wisley (England), Hannover (Deutschland) und New York (USA). Dieser Austausch – früher wie heute – zeigt letztlich ein komplexes Handeln. Die Rezeptionen in der Garten- und Landschaftskultur nachzuvollziehen, ist eine lohnende wie auch notwendige Tätigkeit.

Dr. Erik A. de Jong
Gastprofessor für Garten- und Landschaftsstudien am Bard Graduate Center in New York; befasst sich mit der Theorie, Praxis und Rezeption von Garten- und Landschaftsgestaltung, ihrer sozialen Vergangenheit und ihrer Position in der Kultur der Gegenwart. Hat in Europa und den Vereinigten Staaten vielfach gelehrt, Vorträge gehalten und Veröffentlichungen vorgelegt wie auch verschiedene Garten- und Landschaftsausstellungen organisiert.
Berater für (internationale) Projekte zur Gestaltung und Wiederherstellung von Gärten und Landschaften sowie zu Ausbildungsmaßnahmen; Senior Fellow im Bereich Garten- und Landschaftsstudien bei Dumbarton Oaks, Washington DC; Ehrenmitglied der Swedish Foundation for Dendrology and Park Culture in Stockholm.

[11] Cölln an der Spree 1666. Das erste Gartenbuch in deutscher Sprache. Die 2. Aufl. 1672 bezieht sich bei den Illustrationen auf Jan van der Groens »Den Nederlandtsen Hovenier«.

[12] »... the advancement of garden architecture and horticulture by the Elector goes back to Dutch examples«. Schacht, Markus/Meiner, Jörg: wie Anm. 6, Kat.Nr. 8/33.

Blick in den Berliner Lustgarten. Johann Stridbeck d.J., 1690/91

GÄRTEN SIND NICHT NUR ORTE VON FUNKTIONALITÄT.
INSBESONDERE IN DER VERGANGENHEIT WAREN SIE
AUSDRUCK DES JEWEILIGEN ZEITGEISTES.
JE NACH INTENTION DES GARTENKÜNSTLERS ODER
GARTENLIEBHABERS KONNTE DIE GESTALTUNG
MEHR ALS NUR EIN BILD VERMITTELN –
SIE WAR AUCH ANLASS ZU ASSOZIATIONEN
UND STIMMUNGSBILDUNGEN.

Werner Busch

EMBLEMATISCH ODER EXPRESSIV?
DIE BEDEUTUNG DER GARTENDEBATTE FÜR DIE MALEREI DES SPÄTEREN 18. JAHRHUNDERTS

Gartengeschichte als Teil der Kunstgeschichte hat es immer noch schwer – trotz des wachsenden öffentlichen Interesses an historischen Gärten. Immerhin steigt die Zahl der Magisterarbeiten und Dissertationen zu diesem Thema. Was allerdings noch gänzlich fehlt, sind Untersuchungen zu den Auswirkungen der Gartenästhetik auf Struktur, Status und Funktion der Bilder vor allem im fortgeschrittenen 18. Jahrhundert. Zu einem Zeitpunkt also, als der englische Garten schrittweise seine traditionellen ikonografischen und literarischen Verweise aufgibt und verstärkt auf die Wirkmächtigkeit der möglichst unmerklich gestalteten Naturbilder setzt, die aus sich heraus durch ihre Wirkung den Gartenwanderer nicht mehr im klassischen Sinne belehren, sondern in einen »mood« versetzen sollen, der ihn letztlich zur Selbsterfahrung führt. Gartenbild und Betrachteranteil sind aufeinander angewiesen. Dieser Wandel im Verhältnis Bild und Betrachter ist grundsätzlicher Natur und bedingt zentrale Merkmale der Kunst der Moderne – und der Anteil der Gartengeschichte an dieser Neumodellierung scheint nicht gering zu sein. Dazu seien vorab vier Thesen geäußert:

- Nachdem Gärten über Jahrhunderte bestimmten Ordnungen und Bedeutungsdimensionen verpflichtet waren, also eine Art kodifizierte Sprache befolgten, generieren sie ihre Bedeutung nur primär aus sich heraus. Das hat einschneidende Konsequenzen für die Bedeutung des Einzelzeichens und damit für das Text-Bild-Verhältnis. Der Garten ist nicht mehr objektiv übersetzbar, sondern nur subjektiv erfahrbar.
- Das klassische *imitatio naturae*-Konzept aristotelischer Tradition wird insofern außer Kraft gesetzt, als das Naturvorbild nicht mehr Anlass zu reiner künstlerischer Idealisierung gibt, um so Natur in ihrer

Emblematisch: Ver (Frühling). Kupferstich von Johann Wolfgang Baumgartner, um 1750. Privatbesitz. Im Zusammenhang mit der Frühlingsdarstellung fungiert Christus primär als Gärtner, wie Vers Joh. 20 deutlich macht. Christus steht einem französischen Garten vor, mit Parterre, Boskett, einem Pavillon und Statuen. Wie die Natur der göttlichen Zeitenordnung untersteht, so der Garten dem Gestaltungswillen seines Besitzers, der ihm durch Ausstattung und Ordnung nachvollziehbaren Sinn gibt.

Fülle und ihren Möglichkeiten als Abbild göttlicher oder staatlicher Ordnung vorzuführen, sondern in seiner jeweiligen Beschaffenheit als ausdruckshaltig begriffen wird. Sie vermag der Gartenkünstler hervorzukehren und zu steigern. Der jeweiligen Verfasstheit entspricht eine jeweilige individuelle Inanspruchnahme.

- Der neue Garten verändert das klassische Schönheitskonzept, das auf bestimmten Ordnungs- bzw. Kompositionsprinzipien, auf einer Konzeption räumlicher Entfaltung, vor allem aber auf einem Harmoniebegriff beruht, der Ausgewogenheit, Korrespondenz, Erfüllung in einer absoluten Form fordert. Seit Addison können ästhetische Prinzipien zum Tragen kommen, theoretisch gefasst vor allem mit den Begriffen des Erhabenen und des Pittoresken, die den klassischen Ausgleich verweigern, jedoch durch ihre besondere Ausdrucksdimension gerechtfertigt werden.
- Der Garten als real existierend, als anschaulich und körperlich erfahrbar, als zunehmend öffentliche Institution scheint in relativer Breite Erfahrungen zu ermöglichen, auch Erfahrungen reflexiver Natur, die das Gefüge der Künste grundsätzlich verändern, etwa Kunstkritik etablieren.

1976 hat Ronald Paulson ein höchst folgenreiches Buch zur Bedeutung in der englischen Kunst des 18. Jahrhunderts unter dem Titel »Emblem and Expression« geschrieben.[1] In Einleitung und erstem Kapitel weist er darauf hin, dass Bedeutung auf zweierlei Weise gestiftet werden kann: auf der Basis tradierter Bedeutungssetzung, mithin emblematisch bzw. ikonografisch und für den jeweiligen Kunstgegenstand aufgrund besonderer Wirkmächtigkeit jeweils neu generiert, mithin expressiv. Etwas versteckt im zweiten Kapitel, das dem poetischen Garten gewidmet ist und das im englischen Garten im Laufe des 18. Jahrhunderts eine Entwicklung vom emblematischen zum expressiven Modus sieht, deutet Paulson an, woher er die Idee zu seinem Titel bezogen hat: von dem englischen Gartenhistoriker John Dixon Hunt, der 1971 in »Eighteenth-Century Studies« einen Aufsatz mit dem Titel »Emblem and Expressionism in the Eighteenth-Century Landscape Garden« veröffentlicht hat.[2] Hunt wiederum lässt keinen Zweifel daran, dass sein Titel auf einer historischen Quelle beruht, die Paulson seltsamerweise nicht zitiert, obwohl sie seinem Argument entscheidendes historisches Gewicht hätte geben können. Zu Recht sieht Paulson in dem fortschreitenden Verlust an Verbindlichkeit in der Kunstsprache des

[1] Paulson, Ronald: Emblem and Expression. Meaning in English Art of the Eighteenth Century. London 1976.

[2] Ebd., S. 25, Anm. 23.

18. Jahrhunderts ein hermeneutisches bzw. semiotisches Problem, und eben dies war auch schon dem 18. Jahrhundert bewusst. Es scheint kein Wunder zu sein, dass es in der Kunstwissenschaft zuerst in der Gartentheorie thematisiert wurde und von hier Rückwirkung auch auf Theorie und Praxis der bildenden Kunst gehabt hat. Denn schon der englische Garten des frühen 18. Jahrhunderts in der Tradition Popes, Addisons oder Kents ist bei aller politischen Programmatik, und somit emblematischen Dimension, die die Überzeugungen der »patriots«, des oppositionellen Adels, bezeichnete, nicht ohne assoziationstheoretische Implikationen in der Tradition von John Locke zu denken. Die Oppositionellen »in waiting«, die auf das Ende der korrupten Administration Walpole hofften – worauf sie allerdings bis 1742 warten mussten –, verstanden ihre Gärten nicht nur als Gegenentwürfe zum französischen Regelgarten, in dem sie zu Recht ein Abbild absolutistischer Staatsauffassung sahen, sondern im Sinne von Horaz auch als Rückzugsorte Exilierter, die in antikischem Gewand, in ungemein anspielungsreicher, nicht selten auch satirischer Form in der Ausstattung ihrer Gärten die gegenwärtigen politischen Verhältnisse kritisierten und zugleich ein ethisch fundiertes Gegenbild entwarfen.

So sehr sie in der Gartenmöblierung, sei es durch von Inschriften geschmückte Tempelbauten oder durch ebenfalls nicht selten beschriftete Statuen, auf konventionelle mythologische oder allegorische Bildersprache setzten, die tagespolitische Anspielung, den eigentlichen »wit« verstand man nur, wenn man zu assoziieren vermochte und der Garten hierzu ästhetische Vorleistungen erbrachte. Er konnte dies nur durch Bildhaftigkeit. Der Gartenwanderer im nicht regelhaften Garten konnte zwar zu Punkten geführt werden, die jeweils bestimmter Bedeutung unterstellt waren und in der Summe ein Programm ergaben, doch mussten sie wie zufällig erfahren werden. Das heißt, der Weg von einem Punkt zum nächsten vollzog sich nicht in abstrakter Folgerichtigkeit, unter klarer Bedeutungsscheidung der Teile des Gartens wie in der französischen Tradition, sondern in einer Art Transformationsprozess von einer Erfahrung zu einer anders gearteten. Schon diese Differenzerfahrung verursachte ästhetisches Vergnügen. Die Folge war, dass die eindrücklichen Bilder zunehmend auf bestimmte Ausdruckscharaktere hin ausgelegt wurden.

Über diese Ausdruckscharaktere reflektiert eines der erfolgreichsten englischen Gartentraktate, Thomas Whatelys »Oberservations on Modern Garden-

Expressiv: Blot Nr.11 von Alexander Cozens, London 1785/86. Cozens' so genanntes blot-Verfahren, das aus ungegenständlichen Tuschspuren auf dem Papier, halb bewusst von einer Landschaftsvorstellung gesteuert ist, lässt für den Betrachter Assoziationen zu, die je nach der vorgenommenen Flächenstrukturierung als nah, weit entfernt, frei oder beengt, heiter oder dramatisch erscheinen können. Auf ungegenständliche Weise wird Ausdruck gestiftet. Landschaft ist eine Vorstellung, kein Träger bestimmten vorgängigen Sinns.

ing« von 1770, das schon 1771 in der dritten Auflage erschien und in eben diesem Jahr bereits in einer deutschen Übersetzung herauskam.[3] Da diese Übersetzung ohne Nennung des Autors erschien, hat man lange gebraucht, um zu erkennen, dass Whately die wohl wichtigste Quelle überhaupt für das bedeutendste deutsche Gartentraktat des 18. Jahrhunderts, Hirschfelds fünfbändige »Theorie der Gartenkunst« von 1779 bis 1785, darstellt. In der Vorrede zur deutschen Übersetzung heißt es von deren Herausgeber Zeiher: »Der Verfasser der gegenwärtigen Schrift [Whately] macht eine Grundlage von einem ganzen Lehrgebäude über dasjenige, was uns die Natur Schönes, Erhabenes, Schreckliches, Melancholisches, Sanftes, Einsames, in ihren Auftritten darbieten, und die menschliche Seele in eine ihrer Größe gemäße Verfassung setzen kann.«[4] Das bezeichnet genau, was Whately bezweckt: Die Ausdruckscharaktere der gestalteten Natur sollen in ihren Wirkmechanismen vorgeführt werden. Am differenziertesten schreibt Whately darüber im Kapitel »Vom Charakter«. Es lohnt sich, diese Passage in voller Länge zu zitieren, denn sie resümiert die englische Gartenentwicklung, sie prägt die Gegenüberstellung von »emblematic« und »expressive«, verwirft den emblematischen Gartentyp und propagiert den expressiven. In der deutschen Übersetzung lautet sie: »Man hat in dieser Absicht Statuen, Inschriften und so gar Gemälde, Vorstellungen aus der Geschichte und Fabellehre, und eine unzählbare Menge von Sinnbildern [devices] eingeführt. Daher hatten die heidnischen Gottheiten und Helden ihre verschiedenen angewiesenen Oerter in den Waldungen und Fluren eines Garten. Natürliche Wasserfälle wurden durch Wassergötter verunstaltet [disfigured]: und Säulen wurden blos darum aufgerichtet, um sie mit Stellen aus den alten Autoren zu zieren [...] Alle diese Erfindungen sind vielmehr Sinnbilder, als Ausdrücke [All these devices are rather emblematical than expressive]. Sie können als witzige Einfälle angesehen werden, um abwesende Vorstellungen in das Gedächtnis zurück zu führen: allein sie machen keinen unmittelbaren Eindruck. Denn sie müssen untersucht, verglichen, ja auch wohl gar erklärt werden, ehe man ihre ganze Absicht recht verstehen kann. Und obgleich eine Anspielung auf ein beliebtes oder wohl bekanntes Stück aus der Geschichte, Dichtkunst oder mündlichen Ueberlieferung, dann und wann einen Auftritt beleben, oder ihm ein würdiges Ansehen geben kan: so sollte doch eine solche Anspielung, da sie natürlicherweise nicht zu dem Garten gehört, niemals ein Hauptwerk ausmachen. Sie sollte scheinen, durch die Beschaffenheit der Scene veranlaßt worden zu seyn; sie sollte in einem beyläufigen Bilde bestehen, das nothwendig dahin gehörte; das nicht mühsam gesucht, nicht mit Fleiß dahin gesetzt wäre. Sie sollte

Mrs. Sheridan als heilige Cäcilie. Schabkunstblatt von William Dickinson nach Sir Joshua Reynolds, 1775

die Stärke einer Metapher haben, ohne die umständliche Weitläufigkeit einer Allegorie zu verraten [...] Jedoch die Gartenkunst treibt ihre Ansprüche höher, als auf Nachahmung. Sie ist vermögend, Originalcharaktere zu schaffen, und vielen Scenen Ausdrücke zu geben, welche alle diejenigen übertreffen, die sie von Anspielungen erborgen könnte.«[5] Dies ist erstaunlich klug bemerkt, nicht nur die Ablehnung der gesamten mehrhundertjährigen Bildersprache imponiert, sondern vor allem die Unterscheidung von Metapher und Allegorie und der Hinweis auf die Originalcharaktere, Charaktere also, die im jeweiligen Arrangement des Naturbildes aufgrund ihrer Wirkmächtigkeit neu gestiftet werden. »... man bemerkt sie bey dem ersten Augenblicke«, schreibt Whately, »und unser Gefühl unterscheidet sie von den übrigen.«[6] Erst dies löst im Nachsinnen über unsere erregten Gefühle Gedankenassoziationen aus, wirkt allein auf ästhetischem Wege. Objektive auktoriale Sinnsetzung wird abgelöst durch subjektive Erfahrung, die deswegen so wirksam ist, weil sie Selbsterfahrung bedeutet und als solche nicht substituierbar erscheint. Sie gibt, wie Schiller das später ausdrücken sollte, das Gefühl von Freiheit durch Schönheit.

Nun ist Whately in der Lehre von den individuell durch Natur gestifteten Charakteren nicht ohne Vorbild. Zuerst scheint sie William Shenstone entwickelt zu haben, dessen »Unconnected Thoughts of Garde-

[3] Whately, Thomas: Observations on Modern Gardening. Illustrated by Descriptions. London 31771; Ders.: Betrachtungen über das heutige Gartenwesen, durch Beispiele erläutert. Leipzig 1771.

[4] Ebd., S. 4f.

[5] Ebd., S.184–186, 188; vollständige Passage zweisprachig und mit Kommentar: Busch, Werner (Hrsg.): Landschaftsmalerei. In: Geschichte der klassischen Bildgattungen in Quellentexten und Kommentaren. Bd. 3. Berlin 1997, S.195–201.

[6] Ebd., S.188.

[7] Shenstone, William: Unconnected Thoughts on Gardening. In: Ders.: Works in Prose and Verse of William Shenstone. London 1764. Bd. 2, S.124–148.

[8] Zu allen diesen Gedanken, kurz und präzise: Dobai, Johannes: Die Kunstliteratur des Klassizismus und der Romantik in England. Bd.1. 1700–1750. Bern 1974, S. 573–578.

Mrs. Elizabeth Sheridan. Gemälde von Thomas Gainsborough, 1785/86. National Gallery of Art, Washington D.C.

ning« ebenso wie seine Briefe, die um sein Mustergut »The Leasowes« kreisen, sowie seine ästhetischen Fragmente und vor allem Gedichte in seinen 1764 posthum veröffentlichten Werken erschienen sind.[7] Er gibt einer »theory of agreeable sensations« Ausdruck, betont die Bildhaftigkeit der miteinander verbundenen Gartenteile, spricht von ihrer Wirkung als »grand … savage … melancholy … horrid … beautiful«. Von William Hogarth hat er die Idee der »waving line« geerbt, die die Schönheit im Fortschreiten durch den Garten erhält, er prägt den Begriff des »landskip garden«, der im Deutschen übernommen wurde und wird, ohne dass noch reflektiert würde, dass damit ein Garten mit Bildern wie in der Landschaftsmalerei gemeint ist.[8]

Dass das Emblematische und das Expressive Modi sind, die eine grundsätzliche Entscheidung für das eine oder das andere verlangen, sei an einem einzigen Beispiel aus der englischen Porträtmalerei demonstriert, und zwar anhand zweier Künstler, die ein- und dieselbe Person darstellen, einmal »emblematisch«, einmal »expressiv«, und die sich ihres unterschiedlichen Tuns durchaus bewusst sind. Sie propagieren konkurrierende Modelle von Kunst. 1775 hat Sir Joshua Reynolds, der Präsident der Royal Academy, Mrs. Sheridan, Elizabeth Anne Linley, in der Rolle der heiligen Cäcilie, der Patronin der Musik, verewigt.[9] Verewigt auch insofern, als ihr Ehemann, der Theaterschriftsteller und -unternehmer Richard Brinsley Sheridan, ihr, die weithin als die schönste Stimme Englands galt und aus einer berühmten Musikerfamilie stammte, nach ihrer Heirat 1773 weitere öffentlichen Auftritte verboten hatte, allein in privaten Soireen konnte man sie noch hören. Nicht nur galt ihre Stimme als engelsgleich, sondern auch ihre Schönheit. Bei Reynolds sitzt Elizabeth auf einem flachen Stuhl am Orgelportativ, aus den Wolken dringt himmlisches Licht und erleuchtet sie, zwei Engel singen zu ihrer Musik. Das ganzfigurige Profil streicht ihre griechische Schönheit heraus und verklärt sie in besonderem Maße. Reynolds bemüht den gesamten klassischen Apparat, malt ein Gegenstück zu Raffaels berühmter heiliger Cäcilie. Charakter wird durch die konventionelle Rollenangleichung gestiftet.

Mit einem derartigen Apparat konnte man spielen wie auf dem Portativ, er stand zur Verfügung, und der Karikaturist James Gillray hat sich die Vorlage auch nicht entgehen lassen.[10] Auf die fünfundfünfzigjährige, offenbar garstige Lady Cecil Johnston, Tochter von Lord Delawarr, zeichnet er eine Variante. Hier wird nur ihre Hässlichkeit ins Licht gesetzt, statt der beiden Engel machen Katzen Musik. Die Dissonanz steht zur Diskrepanz von Namen und Rolle, zum emblematischen Missverhältnis von Text und Bild in Konsonanz. Der Apparat gibt's her.

Ganz anders Thomas Gainsborough, Reynolds Konkurrent und Antipode, der mit Elizabeth und ihrer Familie seit Kindertagen befreundet und selbst ein großer Musikliebhaber war. Er hat sie mehrfach gemalt: mit ihrem Bruder Thomas um 1768, mit ihrer Schwester Mary 1772, als ovales Brustbild um 1775 und als Krönung seiner gesamten Porträtkunst um 1785/86 als großes Ganzfigurenporträt[11]. Hier scheint die Dargestellte mit der Natur zu verschmelzen, zugleich von ihr einen atmenden Rhythmus zu empfangen. Es ist das Bild eines »rural retirement«, wie es Shenstone propagiert hatte, zu dessen Kreis Gainsborough, der selbst permanent vom Rückzug aufs Land träumte, engen Kontakt unterhielt, vor allem über Richard Graves, der 1778 die »Recollections« von Shenstone herausgegeben hatte. Die Landschaft, in die Elizabeth eingebettet ist, erscheint bereits herbstlich, die Sonne sinkt, der Ausdruck ist melancholisch – durchaus angemessen für die unglückliche Künstlerin, deren Ehemann sich mit einer Schönen nach der anderen in der Stadt vergnügte und sie Trost in der Natur suchen ließ. Sie schaut sinnend auf den Betrachter, spielt versonnen mit ihrem Gazeschal im Schoß, der »mood« der Natur ist der ihre. Alle Farben ihres Kleides, ihrer Haare, ihrer Schärpe, ihrer Haut finden sich in Abtönungen in der Natur wieder. Das Sitzmotiv mit ausgestreckten Beinen deutet eine aufsteigende Diagonale von links nach rechts an, mit der die durchgehende und durchaus sichtbar gebliebene Pinselduktus von rechts oben nach links unten korrespondiert. Die entsprechende Bewegung durchdringt Person, Natur und künstlerische Faktur; ein leichter Wind bewegt alles Erscheinende und weht für die Erinnerung fort – oder, wie Whately es für den expressiven Modus ausgedrückt hat: »Und indem man die […] Gegenstände verläßt, die eine so große Würkung verursacht haben, so kan man durch Gedanken, über Gedanken, die zwar in Graden weit von einander unterschieden sind, dennoch aber allezeit im Charakter übereinkommen, so weit geführt werden, bis man sich über alle bekannte Vorwürfe hinauf zu den erhabensten Begriffen schwinget und in eine geistige Betrachtung alles dessen entzückt wird, was man groß und schön nennen kan, was man in der Natur sieht, im Menschen fühlt, oder der Gottheit zuschreibt.«[12]

St. Cecilia. Radierung von James Gillray, 1782

Prof. Dr. Werner Busch
Geb. 1944 in Prag, Studium der Kunstgeschichte in Tübingen, Freiburg, Wien und London. Promotion 1973 über William Hogarth. Nach einer kurzen Beschäftigung am Zentralinstitut für Kunstgeschichte in München 1974 bis 1981 wissenschaftlicher Assistent am Kunsthistorischen Institut der Universität Bonn. Dort 1980 Habilitation mit einer Arbeit zum deutschen 19. Jahrhundert. 1981 bis 1988 Professur für Kunstgeschichte an der Ruhr-Universität Bochum. 1983 bis 1985 Leitung des Funkkollegs »Kunst«. Ab 1988 Lehrstuhl für Kunstgeschichte an der Freien Universität Berlin. Arbeiten zum holländischen 16. und 17., vor allem aber zum europäischen 18. und deutschen 19. Jahrhundert. Letzte Publikationen: Das sentimentalische Bild. München 1993; Landschaftsmalerei. Berlin 1997 und Caspar David Friedrich: Ästhetik und Religion. München 2003.

[9] Penny, Nicholas (Hrsg.): Ausst.-Kat. Reynolds, Royal Academy of Arts. London 1986, Kat.Nr. 94.

[10] Ebd., Kat.Nr. 204.

[11] Zu letzterem ausführlicher: Busch, Werner: Das sentimentalische Bild. Die Krise der Kunst im 18. Jahrhundert und die Geburt der Moderne. München 1993, S. 444–448.

[12] Wie Anm. 3, S. 191f.

GÄRTEN WAREN UND SIND WESENTLICHE
BESTANDTEILE DER UMWELT DES MENSCHEN.
SIE DIENTEN DER PRODUKTION VON
NAHRUNGSMITTELN UND STANDEN ALS ORTE DER
REPRÄSENTATION IM BLICKFELD
GESELLSCHAFTLICHER WAHRNEHMUNG.
DIE DARSTELLUNG VON GÄRTEN IN DER MALEREI
ZEIGT UNS VIELES ÜBER DAS VERHÄLTNIS
DER MENSCHEN ZU IHNEN.

Ursula Härting

PRESTIGE UND MAGNIFICENZA – ZU FUNKTION UND ZWECK GEMALTER GÄRTEN IN BELGIEN IM 16. UND 17. JAHRHUNDERT AM BEISPIEL DES RUBENSGARTENS

[1] Abgesehen von der Unkenntnis gartentechnischer Terminologie (Hippe und Hacke mit Beil) ist zu beobachten, dass Kunsthistoriker Accessoires aus dem Gartenbereich nicht in dem Maß würdigen, wie sie ihre Aufmerksamkeit etwa mathematischem oder astrologischem Gerät als Porträtbeigabe widmen.

[2] Ekkart, Rudolf E.O.: Beeld en zelfbeeld in de Nederlandse kunst 1550–1750. Einleitung Nederlands Kunsthistorisch Jaarboek. Zwolle 1995, S. 46. »Niederlande« meint Holland und Belgien, wobei Letzteres meist mit Flandern gleichgesetzt wird.

»Rechts oben hängen in Kopfhöhe des Haushälters ein sichel- und ein hakenförmiges Gartengerät an der Wand, vielleicht sehen wir hier den Haushälter Pierfrancesco de' Medicis (1487–1525).«

Handelt es sich vielleicht um das früheste Porträt eines Gärtners? (Abb. S. 121). Das hier beschriebene Gemälde von Franciabigio (1482–1525) ist immerhin sehr früh datiert, es stammt aus dem Jahr 1523.[1]

Es scheint sinnvoll, dass Kunst- und Gartenhistoriker gemeinsam Fragen an dieses anonyme, rätselhafte Porträt stellen, um gemeinschaftlich mit der Kompetenz beider Lehren einer Identifizierung der Person und der korrekten Benennung des Gartengeräts näher zu kommen. Wie weit man kommt, wenn man interdisziplinär Fragen an ein Bild zu stellen bereit ist, soll dieser Beitrag zeigen. Generell darf man sagen, dass Italien ein gut erforschtes Gebiet ist, was Einfluss, Kunst und Gärten anbelangt.

Dagegen schrieb der holländische Kunsthistoriker Rudolf Ekkart vor einigen Jahren, dass das Studium der Porträtkunst in den Niederlanden lange Zeit vernachlässigt wurde, da neben der Kunstgeschichte sehr viele Disziplinen befragt werden müssten.[2] Ob er dabei auch an die Gartenkunstgeschichte dachte, ist nicht verbürgt. Ekkart schloss seine Betrachtung mit den Worten, dass die Porträt-Ikonografie noch unabsehbare »onbetreden gebieden« (unbetretene Gebiete) aufweise. Interdisziplinarität zwischen Kunst- und Gartenkunstgeschichte ist immer noch Brachland. Zwar wurde bislang die Nützlichkeit eines realen Gartens gesehen, seine gesellschaftliche Bedeutung seit dem 16. Jahrhundert und sein Einzug in die niederländische Malerei des 16. und 17. Jahrhunderts aber verkannt. Daran scheiterte die Erkenntnis, dass der Garten als Motiv in der belgischen Grafik und Malerei einen hohen Status einnahm.

Haushälter von Pierfrancesco de' Medici (?). Gemälde von Il Franciabigio, Jacopo Cennini (?), 1523. Hampton Court Palace, London

ZU FUNKTION UND ZWECK VON GÄRTEN IM 16. UND 17. JAHRHUNDERT IN BELGIEN

Adel und vermögende Bürger, in Selbsteinschätzung und Geltungsdrang der Hocharistokratie gleichgestellt, orientierten sich – typisch auch für Belgien in der frühen Neuzeit – an Charakter und Prestige höfischer Sammlungen und Gärten.[3] Der Garten in der Stadt besaß dabei einen noch höheren Rang als das Landgut, das seit der Antike Erholung und Prestige versprach.

Seit der Renaissance im 16. Jahrhundert versuchten Schriftsteller wie Erasmus von Rotterdam und Justus Lipsius nördlich der Alpen, Lehren der Antike in die zeitgenössischen geistigen Fundamente einzubinden. Dieter Hennebo hat diesen Umstand schon früh und bereits ausführlich geschildert.[4]

In den Niederlanden bestand für Renaissancearchitekten die Forderung, die antiken Ordnungen zu übernehmen und sie in die zeitgenössische Baukunst zu übertragen. Bei Hans Vredeman de Vries (1526–1609), dem einflussreichsten Gartendesigner des 16. Jahrhunderts, findet sich diese Intention, wenn er dem Leser seiner »Architectura« eine Kombination aus antikem und neuem Formenvokabular vorschlägt: »Denn es schickt sich nicht vbel, wenn man das alte mit dem newen maessiglich schmucket.«[5] Nicht allein die reale Baukunst unter Zuhilfenahme antiker Formen, sondern auch der Zweck der Gebäude sollte aus der Antike schöpfen. Die Villa Rustica gehörte zu solch nachahmenswerten antiken Lebenskonzepten. David Coffin fasste zusammen, dass das Konzept der antiken römischen Villa bedeutender war als ihre architektonische Form.[6] Ziel und Zweck war es, ein Landhaus mit Gärten zur Erholung und Muße zu besitzen. Die antiken Autoren, die über Architektur sprachen, hatten ihre Thesen formuliert. Für den Besitz eines Landsitzes sprachen: *Commoditas* (Bequemlichkeit) und *Sanitas* (Gesundheit), klare Luft und Ruhe, daneben *Bellezza* – ästhetisches Vergnügen an der Architektur und Plaisir im Garten, Freude an Grün und Blumen. Der vierte Begriff aus dem antiken Kanon lautet *Magnificenza*, und er dominiert die vorigen. Denn mit dem Besitz eines solchen Anwesens erlangte man vor allem Würde und Prestige, woran die Gartenbesitzer des 16. und 17. Jahrhunderts hauptsächlich interessiert waren.

Hans Vredeman charakterisierte diese Land-, Wohnhaus- und vor allem Gartenbesitzer innerhalb und außerhalb der Stadt als die »van eenighe macht oft reputatie«. Dass diese Oberschicht von einiger Re-

[3] Ausführlich dazu Härting, Ursula: Over doel, functie en vorm van nederlandse tuinen in de zestiende en zeventiende eeuw. In: De wereld is een tuin. Hans Vredeman en de Tuinkunst van de Renaissance. Ausst.-Kat. Gent 2002, S. 88–106.

[4] Hennebo, Dieter/Hoffmann, Alfred: Geschichte der Deutschen Gartenkunst. Bd. 2. Hamburg 1965.

[5] Zit. n. Zimmermann, Petra Sophia: Hans Vredeman de Vries – ein »uomo universale«? In: Koninklijke Nederlandse Oudheidkundige Bond. Bulletin. 2001/1, S. 3.

[6] Coffin, David R.: The Villa in Renaissance Rome. Princeton 1979, S. 241. Man gründete im 16. Jahrhundert sein Wissen vor allem auf erhaltene literarische, nur rudimentär überlieferte, nicht vollständig übersetzte Werke der Antike und noch nicht auf archäologisches Wissen; Baetens, R.: Villa Rustica dans la région anversoise aux temps modernes. In: La culture de l'habitat Colloque Antwerpen. Turnhout 1991, S. 159–177.

[7] Cockx-Indestege, Elly/Nave, Francine de (Hrsg.): Christoffel Plantijn en de exacte wetenschappen in zijn tijd. Brüssel 1989, S. 83, 87; vgl. dazu Anm. 3.

Der Maler und seine zweite Frau im Garten. Gemälde von Peter Paul Rubens. Bayerische Staatsgemäldesammlungen München, Alte Pinakothek

[8] Zit. n. Lisken-Pruss, Marion: Studien zum Œuvre des Gonzales Coques (1614/18–1648). Bonn 2002, Kat. 8. Ich danke der Autorin sehr herzlich für die Überlassung eines Exemplars ihrer Dissertation. Zu van Dycks Interesse am grünen (Bildhinter-) Grund seit etwa 1630 Filipczak, Z. Zaremba: Reflections on Motifs in Van Dycks's Portraits. In: Anthony van Dyck. Ausst.-Kat. Washington 1991, S. 59. Zum Garten als Motiv: Klinge, Margret: Porträtdarstellungen auf der Terrasse, im Hof und Garten. In: Gärten und Höfe der Rubenszeit. Ausst.-Kat. Hamm 2000, S.121–128;

putation tatsächlich großes Interesse an Gärten hatte, belegt u.a. die Tatsache, dass noch die dritte Auflage von Charles Estiennes »De Landtwinninge en de Hoeve …« in Antwerpen in der enormen Höhe von 1600 Exemplaren erschien.[7]

Und wenn in Antwerpen der Garten von Peter Paul Rubens (1577–1640), des immer wieder gern titulierten barocken Malerfürsten, mit diesen seit der Antike gültigen Annehmlichkeiten in der Stadt lag, entsprach das einem noch höheren Anspruch. Denn dieser Garten besaß alle antiken Vorzüge und darüber hinaus noch in stärkerem Maße *Magnificenza*, denn innerhalb der Stadt waren Grund und Boden teuer. Und niemand außer Rubens hatte an einem Wohnhaus mit Atelier einen innerstädtischen Garten mit Portikus, Loggia, Wegen, Blumenbeeten und Fontäne. Zu seinen Lebzeiten besaßen allein die Gouverneure Belgiens, die Erzherzöge Albert und Isabella, einen solchen direkt an ihrem Brüsseler Palast gelegenen Park mit architektonischen Einbauten.

Mit dem Besitz eines solchen Stadtgartens maß sich Rubens, der Maler, der Handwerker, ein geradezu hocharistokratisches Selbstwertgefühl zu. Und in solchem Empfinden malte und dokumentierte Rubens sich selbst mit seiner zweiten Frau in seinem Garten. Ähnlich dachte die belgische Oberschicht, die sich repräsentativ im kleinen Kabinettbild oder im aristokratischen, lebensgroßen Ganzfigurenbild mit Blick auf den Garten konterfeien ließ – ohne in jedem Fall auch einen solchen zu besitzen, in keinem Fall jedoch einen wie den an Rubens' Haus in Antwerpen. Der ideologische Anspruch von Gartenbesitz und Besitz eines gemalten Porträts im Garten fällt hier fast zusammen, obwohl der Garten realiter durch seine ständige Unterhaltung die weitaus teuerste Form solchen Prestigedenkens ist.

Der belgische Maler Gonzales Coques (1614/18 bis 1684) hatte mit einer Fülle von Porträts mit Blick auf einen Garten an der künstlerischen Verbreitung dieses Prestigegefühls unter den Wohlhabenden in den südlichen Niederlanden bedeutenden Anteil.[8] Coques ist unter dem Spitznamen »Der kleine van Dyck« bekannt. Er gilt als der in den 1640er- bis 1670er-Jahren innerhalb Flanderns, insbesondere in Antwerpen und Brüssel, in hohem Ansehen stehende, bedeutendste flämische Porträtmaler. Die notwendige Nahsicht seiner kleinformatigen Bildnisse verschafft einem Motiv wie dem Garten oder einem Gartendetail besondere Aufmerksamkeit. Woraufhin man unter den Auftraggebern von Porträts dieses prestigeförderliche Motiv sicherlich mit Bedacht wählte. Diesem Gesichtspunkt wurde aus kunsthistorischer Sicht bislang nicht genügend Beachtung geschenkt. Daneben zeigt das folgende Exempel, welche kunsthistorische Erkenntnis dem Motiv des gemalten Gartens inne liegen kann.

Ein Edelmann und seine Gattin im Park

Das dargestellte Ehepaar blieb bisher anonym. Es scheint, dass die Sachlage, was den Namen oder die Herkunft des Malers und die Identifizierung des Paares anbelangt, früher und eindeutig entschieden worden wäre, hätte man sich den Gartenausblick vergegenwärtigt. Zunächst wurde er ausschließlich als Renommierkulisse verkannt. Auf bislang nicht gestellte Fragen, die zur Identifikation des Ehepaares führen, gehe ich im Folgenden ein.

Früher wurde dieses exzellente Gemälde einem der bekanntesten Bildnismaler Hollands zugeschrieben: Frans Hals (1581/85?–1666). Dann galt das fast lebensgroße, anonyme Porträt längere Zeit als ein Hauptwerk des holländischen Meisters Abraham van den Tempel (1622/23–1672).[9] Die Kunsthistoriker Hans Vlieghe und Kathlijne van der Stighelen schrieben das Bildnis versuchsweise Gonzales Coques zu.[10]

Das Berliner Gemälde zeigt auf höher gelegener Terrasse das vornehm gekleidete Ehepaar, die modische Garderobe ist stark vom Stofflichen van Dycks bestimmt. Selbstbewusst schaut der »Nobleman« (Edelmann) auf den Betrachter und weist mit signifikanter Geste nach unten zum Garten. Dass es sich um ein adliges Paar handelt, ist leicht an dem Degen zu erkennen, einem Vorrecht des Adels. Im Gegensatz zu den kleinformatigen Porträts von Coques, die das Intim-Familiäre ausdrücken, bezeugt dieses Bildnis einen äußerst hohen, repräsentativen Geltungsanspruch des Paares.[11] Glamouröse Technik und Stil kann man sowohl in den großen wie den kleinen Formaten von Coques beobachten. Galant hält der Herr die Hand seiner Gattin: fein gemalte Hände sind Kennzeichen der späten Werke von Coques. Es handelt sich mit Sicherheit um ein Gemälde des »kleinen Van Dyck«. Soweit die kurze kennerschaftliche Einlassung mit diesem Ehepaarbildnis, die hier kurz resümiert wurde. Dass für die Zuschreibung allein ein flämischer Porträtmaler in Betracht kommt, zeigt sich an der Darstellung des Gartens.

Der Garten im Berliner Bild

Das kleinformatige Bildnis von Rubens mit Frau und Kind im Garten aus den 1630er-Jahren wird als inspirierend für die kleinformatigen Auftragsporträts von

Ein Edelmann und seine Gattin im Park. Hier identifiziert als Lord Cavendish und seine zweite Frau Margaret. Gemälde von Gonzales Coques. Staatliche Museen zu Berlin, Gemäldegalerie

Stighelen, Kathljine van der: Der Parterregarten als Bühne des Bürgertums. In: Gärten und Höfe der Rubenszeit. Internationales Symposium im Gustav-Lübcke-Museum der Stadt Hamm 2001. In: Die Gartenkunst. 14. Jg. H. 2002/1, S. 81–90.

[9] Martina Friedrich lehnte die Zuschreibung an van den Tempel ab.

[10] Lisken-Pruss: wie Anm. 8, S.7; in ihrem kürzlich publizierten Œuvreverzeichnis zu diesem flämischen Meister findet sich das qualitativ herausragende Gemälde unter den ungesicherten Zuschreibungen von Gonzales Coques.

Gonzales Coques angesehen (Abb. S.122). Auf diesem berühmten Gemälde sieht man die ebenso berühmte Loggia, die man noch heute im Antwerpener Garten des Hauses von Rubens bewundern kann.[12] Zwei Statuen, Venus und Apollo, stehen in dieser Loggia rechts und links von einem steinernen Tisch. Eine Grafik belegt darüber hinaus, wie im Jahr 1684 der illustre Rubensgarten aussah, Prestigeobjekt der Bewohner und Reiseziel der Hautevolee bereits im 17. Jahrhundert. Mit dieser Grafik warb stolz der damalige Besitzer, oben im Medaillon zu sehen, für sein berühmtes Anwesen.[13]

Der Blick auf die Loggia bietet sich dem heutigen Besucher, wenn er den Innenhof des Hauses in Antwerpen durch das Tor an der Straße betritt und weiter durch den steinernen dreibogigen Portikus in den tiefer gelegenen Blumengarten schaut.[14] Und eben dieser Blick öffnet sich auch im Berliner Ehepaarbildnis. Pose und Gestus des Edelmannes verweisen auf einen gewissen Besitzerstolz. Es kann sich nicht nur um eine beliebige Adaption handeln, dafür waren der Garten und der verstorbene Besitzer zu prominent, die in der Darstellung groß angelegte Ansicht zu bedeutend. Park und Geste wirken wie ein persönliches Anliegen des Auftraggebers.

Den architektonischen Einbauten kommt dabei weit mehr Bedeutung zu als den Gartenbeeten oder der räumlichen Trennung zwischen Portikus und Loggia, zwischen denen tatsächlich einige Stufen und wohl noch eine Terrasse mit Balustrade lagen. Die Gebäude alludieren eher die tatsächlichen Bauten, als dass sie als korrekte Ansicht gelten dürfen. Eine Beobachtung, die sich mit der Entstehung des Gemäldes im Atelier erklärt. So spricht das Berliner Gemälde von *Magnificenza*, darf aber keinesfalls als tatsächliches Erscheinungsbild des Gartenausblicks um 1660 gewertet werden.

Könnte es sich bei den Dargestellten um Bewohner des ehemaligen Rubenshauses handeln? Rubens Witwe Hélène Fourment wohnte vermutlich bis etwa 1645/46 dort und vermietete das Haus am Wapper anschließend an Lord Cavendish (1592–1676)[15] und

[11] Ebd.; das Berliner Bild gehört zu den aristokratischen Maßen in Coques' Werk, denn durchschnittlich gilt ein weitaus kleineres Maß für seine Doppel- oder Gruppenbildnisse. Neben dieser technischen Aussage bewogen Lisken-Pruss kompositionelle und stilistische Gründe, das Bild nicht in sein Werk aufzunehmen.

[12] Ebd., S.11. Zur Loggia als Detail: Gärten und Höfe der Rubenszeit. Ausst.-Kat. Hamm 2000, Vorspann.

[13] Ebd., Kat.Nr.148.

[14] Härting, Ursula: Rubens' Garten in Antwerpen. In: Ebd., S. 59–66; Heinen, U.: Rubens' lispianischer Garten. In: Gärten und Höfe der Rubenszeit. Internationales Symposium im Gustav-Lübcke-Museum der Stadt Hamm 2001. In: Die Gartenkunst. 14. Jg. H. 2002/1, S.1–8.

[15] Dictionnary of National Biography. London 1937/38, vol. III. Sein Bildnis von W. Hollar gestochen, London NPG D 9873.

[16] Ebd.

[17] Gordenker, Emilia E. S.: Anthony van Dyck and the representation of dress. Turnhout 2001, S.10.

[18] Hausbesitzer zwischen 1688–1692. All diese Eigentumsangaben verdanke ich der Hilfsbereitschaft von Rutger Tijs, Antwerpen. Die beiden überlieferten Radierungen des Rubenshauses von J. van Croes nach J. Harrewijn datieren aus der Zeit Hilwerves, dazu Hamm 2000: wie Anm.8, S. 347–350, hier Abb. 2.

Innenhof und Garten. Kupferstich von Jacob Harrewijn nach J. van Croes. Museum Plantin-Moretus, Antwerpen

William Cavendish. Kupferstich von Lucas Emil Vorsterman. Westfälisches Landesmuseum für Kunst und Kulturgeschichte, Münster

seine zweite Frau Margaret (1623–1673), Ehrendame der Königin Henrietta Maria von England.[16] Die beiden Royalisten waren während des Bürgerkriegs auf den Kontinent geflohen und lebten in Antwerpen im Exil. Neben physiognomischer Ähnlichkeit sichern Bart und Haartracht über breiter Stirn die Identifizierung des abgebildeten Herrn mit Lord William Cavendish. Die Datierung des Berliner Gemäldes muss demnach früher angesetzt werden als bislang angenommen, da zumindest William zu Ende des Jahres 1660 wieder in England lebte. Er gilt noch heute als der bedeutendste Autor in der Geschichte der klassischen Dressur. William und Margaret gehören im Berliner Porträt des »kleinen Van Dyck« auffallend und augenscheinlich zu »a limited group of sitters: the courtiers of Charles I of England«.[17]

Nach den Cavendishs bewohnte Jacomo van Eyck als Besitzer Rubens' Haus mit Garten. Seine Witwe verkaufte es anschließend ihrem Bruder, dem Kanoniker Hendrik Hilwerve.[18] Dessen Aussehen übermittelt das Medaillon in der Grafik oberhalb des Gartens (Abb. S.124).

Der Gartenausschnitt ist in dem Gemälde der Berliner Sammlung keine beliebige Kulisse, durch sein Einbeziehen gewinnt das Porträt an ereignishaftem Charakter, es wird zum narrativen Ereignisbild und erweitert die historische Bedeutsamkeit des Besitzers. Die Funktion des Gartens im Gemälde ist nicht nur standesgemäße Bühne, sondern dient kunsthistorisch der eindeutigen Einordnung ins belgische Milieu und der Identifizierung der Personen – niemals hätte ein holländischer Künstler diesen illustren belgischen Garten einem holländischen Aristokratenpaar als Hintergrundbühne zubemessen. Niemals hätte ein holländischer Auftraggeber der Mitte des 17. Jahrhunderts sich diesen Garten erbeten und sich mit ihm als Porträthintergrund geschmückt. Die Zuschreibung an einen nord-niederländischen Künstler, sei es Frans Hals oder van den Tempel, war mit dem Moment der Identifizierung des Gartens auszuschließen.

Ein Resümée

Bislang führte die Vernachlässigung des Gartenmotivs in diesem Bild dazu, dass weder die Herkunft des Malers geklärt werden konnte noch das Ehepaar identifiziert wurde. Vermutlich liegt diese Achtlosigkeit in der generellen Verkennung der Bedeutung des Gartens. Doch mit noblesse oblige und orientiert an den antiken Lebenskonzepten lässt sich der Anspruch an den Garten für die Lebenswelt im 16. und 17. Jahrhundert gut beschreiben, der Ausdruck gilt sowohl für reale wie für gemalte Gärten. Die Anlagen aus dieser Zeit sind zwar nicht erhalten, da sie aber in so vielen Porträts überliefert sind, lässt sich leicht ermessen, welch großes gesellschaftliches Prestige und Renommée ein Garten damals vermittelte, gleichgültig, ob er wirklich vorhanden oder nur gemalt war. Doch sollte er in einer künstlerischen Darstellung nicht ungeprüft als reales Abbild gesehen werden, zu sehr gilt er als prestigehafte Folie, als idealer Hintergrund oder manches Mal ausschließlich als Renommierkulisse.

Dieser Beitrag soll als Auftakt zu einem offenen Austausch zwischen Kunst- und Gartenhistorikern verstanden werden. Es ist Zeit, im interdisziplinären Miteinander Fragen zu stellen, tauschen wir uns aus im Gespräch über den Garten, die Gartenkunst, die Gartenkunstwerke, über Kunst, die viele Disziplinen betrifft und die Erkenntnis aller fördert.

Dr. Ursula Härting
Geb. 1954 in Essen. Freie Kunsthistorikerin, öffentlich bestellte und vereidigte Sachverständige für niederländische Malerei des 16. und 17. Jahrhunderts. Studium der Kunstgeschichte, Rheinischen Volkskunde, Christlichen und Klassischen Archäologie in Bonn. Volontariate an Museen in Essen und Hamburg. Promotion mit einem Werkverzeichnis des flämischen Kleinfigurenmalers Frans Francken II. (1589–1642), publiziert 1983/89.
Zahlreiche Veröffentlichungen und Vorträge über niederländische Malerei des 16. und 17. Jahrhunderts. 2000 Konzept und Ausführung der Ausstellung »Gärten und Höfe der Rubenszeit« für das Gustav-Lübcke-Museum, Hamm; Herausgeberin des gleichnamigen Katalogs und des Tagungsbandes.

Herzlicher Dank geht an James Fitzmaurice, Thomas Fusenig, Michael Rohde, Rainer Schomann und Rutger Tijs für ihre Unterstützung bei der Abfassung des Beitrags. Der umfangreiche wissenschaftliche Apparat wird demnächst publiziert.

IN EINER ZEIT, IN DER REKONSTRUKTIONEN
UND NEUBAUTEN VON ZERSTÖRTEN OBJEKTEN
GESELLSCHAFTLICH KONSENSFÄHIG SIND,
WIRD AUCH ÜBER DIE ERSTMALIGE AUSFÜHRUNG
HISTORISCHER ENTWÜRFE
NACHGEDACHT WERDEN DÜRFEN.
ERST WENN ENTSPRECHENDE GEDANKEN
UND THESEN FORMULIERT SIND, KÖNNEN SIE
KONTROVERS DISKUTIERT WERDEN.

Peter Stephan

WIE HISTORISCH ANGEMESSEN IST DIE (WIEDER-)HERSTELLUNG VERLOREN GEGANGENER ODER UNAUSGEFÜHRTER GÄRTEN DES BAROCK?

HISTORISCHE ANGEMESSENHEIT ALS EIN ZENTRALES DENKMALPFLEGERISCHES KRITERIUM

Sehr viel deutlicher als in der Praxis lehnen die Grundsätze der Gartendenkmalpflege die Rekonstruktion verloren gegangener Gärten oder die Errichtung von Gärten nach alten Plänen ab. So heißt es in Art. 17 der Charta von Florenz: »Wenn ein Garten spurlos verschwunden ist oder sich nur Vermutungen über seine Beschaffenheit zu verschiedenen Zeiten anstellen lassen, kann keine Nachbildung zu Stande kommen, die als historischer Garten anzusprechen wäre. In solch einem Fall wäre das von überlieferten Formen inspirierte Werk (angelegt anstelle eines alten Gartens oder an einem Ort, wo zuvor kein Garten bestand) als historisierende Schöpfung oder als Neuschöpfung zu bezeichnen, womit jegliche Einstufung als historischer Garten ausgeschlossen bleibt.«[1]

DA DIE DENKMALPFLEGE NICHT GENAU FESTLEGT, WAS SIE FÜR HISTORISCH ANGEMESSEN HÄLT, SIND MEHRERE DEFINITIONEN MÖGLICH

Der Kernpunkt dieser Behauptung ist die Frage nach der Historizität. Dieser Aspekt ist in der Tat wesentlich. Umso bedauerlicher ist es, dass die Charta es versäumt, ihn zu erläutern. Auch lässt sie offen, nach welchen Kriterien zwischen historisch, historisierend und unhistorisch unterschieden wird. Am Beispiel der barocken Gartenkunst will der vorliegende Beitrag den Begriff »historisch« aus der Sicht der Kunstgeschichte präzisieren, um ihn als denkmalpflegerische Kategorie erneut in die Diskussion einzubringen.[2]

Grundsätzlich sind mehrere Definitionskriterien denkbar: Zunächst kann man die Historizität eines (wieder)hergestellten Gartens von der »Ähnlichkeit

[1] Petzet, Michael: Principles of Monument Conservation. (Hefte des deutschen Nationalkomitees XXX). München 1999, S. 72–78.

[2] Einen Überblick über die allgemeine Problematik bietet Hennebo, Dieter: Gartenpflege in Deutschland. Geschichte, Probleme, Voraussetzungen. In: Die Gartendenkmalpflege. Grundlagen der Erhaltung historischer Gärten und Grünanlagen. Stuttgart 1985, S. 11–48.

zum Original oder zum Entwurf« abhängig machen. In diesem Sinne stellen Gärten wie Hannover-Herrenhausen oder Ludwigsburg ein Problem dar. Ganze Teile wurden in einer Art und Weise neu gestaltet, die zwar dem Geschmack der Besucher entgegenkommt, historisch aber nicht belegt ist. Wie aber verhält es sich, wenn – wie in Het Loo – archäologische Befunde sowie schriftliche und bildliche Quellen Rückschlüsse auf die ursprüngliche Gestalt weitgehend, aber eben doch nicht hundertprozentig zulassen? Streng genommen ist auch Het Loo in seiner heutigen Gestalt nicht historisch. Andererseits kann man den Standpunkt vertreten, dass Abweichungen dann hinnehmbar sind, wenn der Gesamteindruck nicht verfälscht wird.

Gravierender als derart formale und technische Aspekte erscheinen indes jene Kriterien, die ein bestimmtes Kunst- und Geschichtsverständnis reflektieren. Beispielsweise kann man behaupten, die Wiedererrichtung eines verschwundenen Gartens spiegele eine historische Kontinuität vor, die es gar nicht gibt. Auch kann man die Ansicht vertreten, es widerspreche dem Zeitgeist, Flächen im Stil einer vergangenen Epoche neu zu gestalten.

Noch mehr als in der Gartendenkmalpflege sind derartige Bedenken jüngst in der Debatte um den Wiederaufbau des Berliner Stadtschlosses laut geworden. So verwiesen die Gegner des Schlosses auf die »letztlich von Hegel abhängige Idee einer unaufhaltsamen Progression der Historie – auch der Kunsthistorie«. Zugleich wurde kein geringerer als Karl Friedrich Schinkel mit der Auffassung bemüht, dass »mit dem Wiederholen des Historischen das Historische zugrunde geht« und dass historisch handeln das sei, »wodurch das Neue herbeigeführt und Geschichte fortgesetzt wird«.[3] Als Folge dieser Sichtweise erschien ein wieder aufgebautes Stadtschloss vielen als eine »gruselige Fälschung«, als ein »zweites Las Vegas« oder als ein »Remake«.[4]

DIE BISHERIGEN DEFINITIONEN KÖNNEN ZU SCHLUSSFOLGERUNGEN FÜHREN, DIE SICH GEGEN DENKMALPFLEGERISCHE ANLIEGEN RICHTEN

Derartige Überlegungen leuchten zunächst ein. Jedoch führen sie rasch zu Schlussfolgerungen, die zumindest nicht im Interesse der Denkmalpflege liegen. Was die »Vortäuschung einer historischen Kontinuität« betrifft, so scheint die Gartendenkmalpflege sich anders als die Baudenkmalpflege darauf berufen zu können, dass Gärten nach Art. 2 der Charta von Florenz vorwiegend

[3] Schreiber, Mathias: Das verrückte Traumbild. In: Der Spiegel 3/2001, S.184.

[4] Vgl. Stephan, Peter: Da capo, Schlüter! Das Berliner Stadtschloss »im Zeitalter seiner technischen Reproduzierbarkeit«. In: http://www.kunstgeschichte.uni-freiburg.de/Online-Publikationen/Stephan_Stadtschloss_Da_Capo.

Innenhof des Dresdner Zwingers mit den Brunnenbecken, den Rasenparterres und der Sandfläche, 2000

Luftaufnahme des Dresdner Zwingers, 1943

[5] Wie Anm.1, S.72.

[6] Diese Vorstellung war nach dem Zweiten Weltkrieg zumindest in der Stadtplanung weit verbreitet. In einem Tagebucheintrag vom September 1947 beklagte der Architekt und Literat Max Frisch den Erhalt von Denkmalen um ihrer selbst willen als eine »Perversion ins Museale« und forderte stattdessen: »Auch wo das Neue jedenfalls minderen Wertes sein wird, ist es wichtiger, daß es geschaffen wird, wichtiger als die Bewahrung, deren Sinn damit nicht geleugnet wird«. In: Frisch, Max: Tagebuch 1946–1949. In: Gesammelte Werke in zeitlicher Folge. Hrsg. von Hans Mayer u.a. Bd.II.2. Frankfurt a.M. 1976, S. 510–512.

[7] Wie Anm.1, S.73.

[8] Hans, Andreas: Karl Friedrich Schinkel als Künstler. München 2001.

aus Pflanzen, also aus lebendigem Material bestehen. Die Charta zieht daraus den Schluss, Gärten seien grundsätzlich erneuerbar.[5] Allerdings lässt sich gerade dieser Sachverhalt auch gegen Maßnahmen anführen, die in der Gartendenkmalpflege unumstritten sind. Man kann nämlich auch zu dem Schluss gelangen, dass die ständige Erneuerung einer per se vergänglichen Substanz nicht weniger als die Nachbildung eines verschwundenen Gartens eine falsche historische Kontinuität suggeriert, weshalb auch schon das bloße Reparieren abzulehnen sei. Viel sinnvoller wäre es, historische Gärten in regelmäßigen Abständen völlig neu anzulegen und so immer wieder neue Kunstwerke hervorzubringen, wie dies auch der Praxis vergangener Jahrhunderte entsprochen habe.[6]

Gegen derartige Folgerungen argumentiert die Charta von Florenz, dass ein historischer Garten deswegen erhaltenswert sei, weil er »Zeugnis von einer bestimmten Kultur, einem Stil, einer Epoche, eventuell auch von der Originalität eines einzelnen schöpferischen Menschen ablegt« (Art. 5) oder als Schauplatz eines historischen, mythischen oder literarischen Geschehens eine »denkwürdige Tatsache vergegenwärtigt« (Art. 8).[7] Eben diese Kriterien legen es aber auch nahe, ein verloren gegangenes Kulturgut durch Rekonstruktion zurückzugewinnen.

Was das »Gestalten im Geist der Gegenwart« betrifft, so ist es gerade unter dem Gesichtspunkt der Historizität äußerst problematisch, sich auf Hegel und Schinkel zu berufen, besonders in der Debatte um die Rekonstruktion eines barocken Denkmals. Hegel versteht unter der Progression der Kunsthistorie die durch das Wirken des Weltgeistes bedingte, unumkehrbare und zyklische Abfolge primitiver, klassischer und romantischer Stilstufen – ein Modell, das sich mit dem tatsächlichen Verlauf der Kunstgeschichte keineswegs deckt und das auf die denkmalpflegerische Diskussion schon gar nicht anwendbar ist. Ebenso wenig passt das Schinkelzitat in diesen Zusammenhang. Schinkel ging es darum, sich durch die Vorbildlichkeit der antiken und der gotischen Architektur nicht zu einem bloßen Kopieren verleiten zu lassen, sondern die historische Formensprache weiterzuentwickeln und für moderne Bauaufgaben nutzbar zu machen. Im Zeitalter des Klassizismus und Historismus war dies für den preußischen Hofbaumeister ein unerlässlicher Akt der Selbstvergewisserung. Heute ist ein solcher Schritt indes völlig überflüssig geworden. Im Zeitalter der Moderne und der Postmoderne ist jedes rekonstruierte Barockdenkmal gegen den Verdacht gefeit, Ausdruck der zeitgenössischen Kunstauffassung zu sein.[8]

Stattdessen verdeutlichen die beiden Zitate eines: Wenn etwas unhistorisch ist, dann der Versuch, die Frage, wann und wie ein barockes Denkmal rekonstruiert werden darf, im 21. Jahrhundert anhand der Geschichtsphilosophie der Aufklärung oder des Kunstverständnisses der Romantik zu beantworten.

WAS IN DER DENKMALPFLEGE ALS HISTORISCH ANGEMESSENEN ZU GELTEN HAT, ERGIBT SICH AUS DER JEWEILIGEN GENESE DES EINZELNEN DENKMALS

Aufgrund dieser Erkenntnis möchte ich im Gegenzug folgende These aufstellen: Ob eine denkmalpflegerische Maßnahme historisch angemessen ist oder nicht, kann allein nach den Kriterien beurteilt werden, die für seine Konzeption und Entstehung maßgeblich waren. Im Fall eines Denkmals aus der Zeit des 17. oder der ersten Hälfte des 18. Jahrhunderts wäre dies die barocke Kunsttheorie. Demnach handelt es sich zumindest bei dem architektonischen Garten des französischen Typus meist um eine Konzeptionskunst, deren künstlerischer Wert vor allem im geistigen Entwurf, in der Invention, liegt.

Der Begriff der Invention leitet sich aus der Rhetorik ab, die von der Renaissance bis zur Aufklärung das theoretische Fundament aller Kunstgattungen bildete. Die Invention (wörtl. Auf-Findung) umfasst sowohl die Festlegung eines angemessenen Generalthemas als auch die davon abhängigen Einzelheiten: Stilfiguren, Metaphern, Ausdrucksweise, Sprache und Vortragsweise. Was im Einzelnen geziemend ist und was

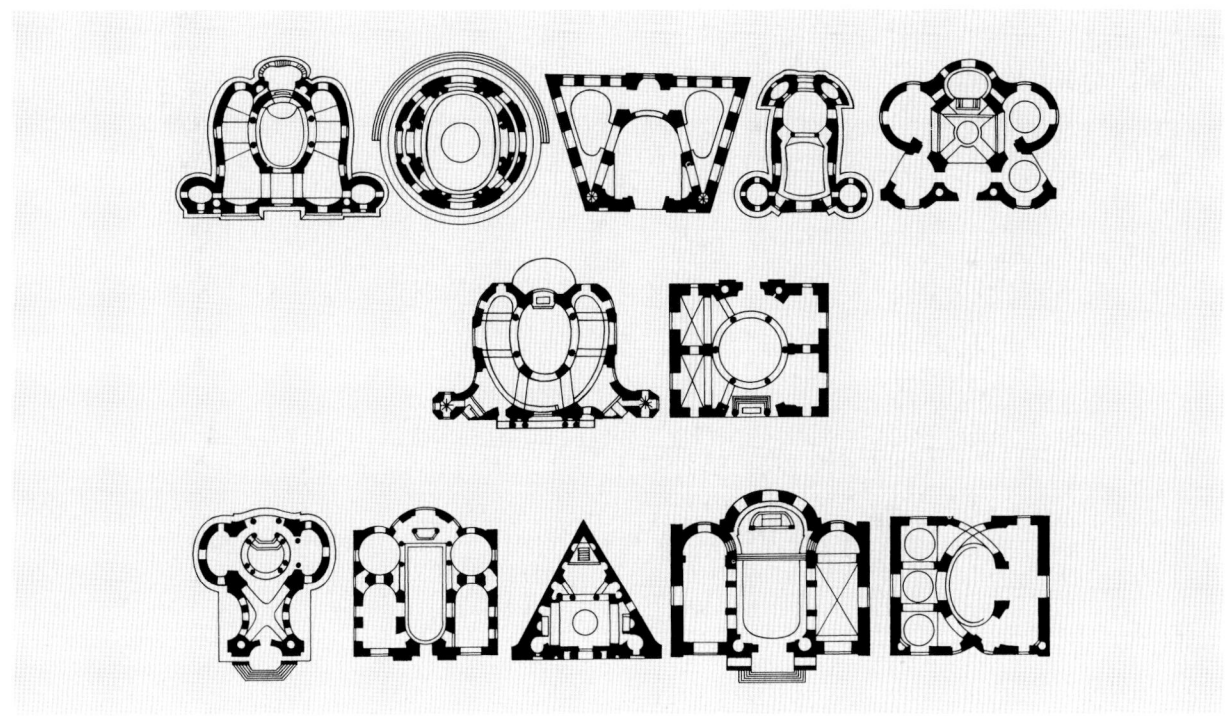

Entwurf für zwölf Kirchen zum Ruhme Ludwigs XIV. von Thomas Gobert. In entsprechender Reihenfolge ergeben die Grundrisse die gespiegelte Buchstabenfolge LOVIS LE GRAND.

nicht, richtet sich nach den Kriterien der Topik, etwa dem Charakter des Auftraggebers (Alter, Geschlecht, Beruf, Vorlieben, Herkunft, sozialer Stand), aber auch nach den zeitlichen und örtlichen Rahmenbedingungen, unter denen das Werk entsteht. Anders als im 19. Jahrhundert oder heute blieb dem Künstler also kaum Spielraum für subjektives Empfinden und spontane Eingebungen. Stattdessen hatte er in dem reichhaltigen Schatz der literarischen, archäologischen, kunstgeschichtlichen, historischen, philosophischen und theologischen Überlieferung die richtigen Elemente »ausfindig« zu machen und zu einem großen Ganzen zusammenzusetzen. Somit galt die Invention als die eigentliche Leistung eines Künstlers, als der wahre Beweis seiner Ingeniosität.[9] Im Bereich der Allegorie konnte die Invention sogar die mystischen Analogien zwischen Jenseits und Diesseits aufdecken, weshalb ihr auch erkenntnistheoretische Qualitäten, wenn nicht ein Offenbarungsgehalt zugesprochen wurden. Als ein intellektueller und durchweg rationaler Akt unterschied sie sich dennoch grundlegend vom »Impromptú«, dem geistreichen Einfall oder der von außen zugetragenen Idee.[10] Mit dem inspirierten Genie des 19. Jahrhunderts hat der barocke Inventionskünstler daher nichts gemein.

Nach vollbrachter Invention wurde das gedankliche Konstrukt in einem zweiten Schritt, der »Elocutio«, konkretisiert. Es galt, die Rede, ein Gedicht oder ein Theaterstück »in Worte zu kleiden«, eine Komposition in Noten zu setzen, einen Garten oder ein Gebäude in der Planzeichnung festzuhalten. Und wie die Rede und das Gedicht in der »Pronuntiatio« vorgetragen wurden, hat man das Theaterstück und die Komposition aufgeführt und den Garten oder das Bauwerk in lebender oder toter Materie verdinglicht.

Die weitgehende Reduzierung der schöpferischen Tätigkeit auf die Invention veranlasste den Dichter Georg Philipp Harsdörffer (1607–1658) sogar zu der Feststellung, nach abgeschlossener Invention sei ein Gedicht bereits »fertig biß auf die Wort«[11]. Die Umsetzung in Materie war nur noch ein sekundärer Akt. So bezeichnete Johann Christoph Gottsched die Invention als »die Seele« eines Gedichtes, wohingegen die äußere Form nur den »Habit« bilde.[12] Da der schöpferische Akt in der Invention erfolgte, war der künstlerische Gehalt eines barocken Gartens oder Bauwerks im Ausführungsentwurf ebenso klar festgehalten wie eine Dichtung im Manuskript oder ein Musikstück in der Partitur. Zur ausgeführten Fassung bewahrte der Künstler hingegen immer eine gewisse »Distanzhaltung«.[13] Es ist daher nicht ganz richtig, wenn Gottfried Kiesow in seiner »Einführung in die Denkmalpflege« grundsätzlich feststellt, dass der künstlerische Wert der Malerei, der Architektur, der Skulptur und des Kunstgewerbes im Unterschied zur Literatur und zur Musik so sehr an die Originalsubstanz gebunden sei, dass Werke mit dem Verlust derselben unwiederbringlich verloren gingen und daher nicht reproduzierbar seien.[14] Diese Äußerung ist einem Kunstverständnis verpflichtet, das die nach subjektivem Empfinden vom

[9] Vgl. Ueding, Gert / Steinbrink, Bernd: Grundriß der Rhetorik. Geschichte, Technik, Methode. 3. Aufl. Stuttgart 1994

[10] Vgl. Dammann, Rolf: Der Musikbegriff im deutschen Barock. 3. Aufl. Köln 1995, S.115f.

[11] Zit. nach Meid, Volker: Barocklyrik. Stuttgart 1986, S. 31.

[12] Gottsched, Johann Christoph: Anleitung zur Poesie, darinnen ihr Ursprung/Wachstum/Beschaffenheit und rechter Gebrauch untersuchet und gezeiget wird. o.O. 1725, S. 95.

[13] Wie Anm. 11, S. 32.

[14] Kiesow, Gottfried: Einführung in die Denkmalpflege. 3. Aufl. Darmstadt 1995, S.115.

Auf den ursprünglich geplanten Zwingergarten weist besonders der plastische Schmuck des Wallpavillons mit seinen Satyrhermen, Blumengirlanden und Fruchtkörben hin.

Konsolen an der nordwestlichen Bogengalerie des Zwingers mit Orangenbäumen, um 1930

[15] Stephan, Peter: Neuschöpfung und Ergänzung. Gedankenspiele zur nachträglichen Realisierung des Dresdner Zwingergartens und zum Einfluss der Rhetorik auf die barocke Gartenkunst. In: Die Gartenkunst. Bd. 15, 1(2003), S. 53–84

[16] Über die Geschichte des Zwingers siehe Marx, Harald: Matthäus Daniel Pöppelmann und der Dresdner Zwinger. Vom Festbau zum Museum. Frankfurt a. M. 2000 (dort weiterführende Literatur).

[17] Zur Bedeutung des Zwingers als Gartenarchitektur hat sich schon Hennebo, Dieter: Geschichte der deutschen Gartenkunst. Bd. 2: Der architektonische Garten. Renaissance und Barock. Hamburg 1965, S. 182–184, grundlegend geäußert.

Künstler gestaltete oder nach seinen Vorgaben bearbeitete Materie für ebenso wichtig hält wie den gedanklichen Gehalt. Eine solche Vorstellung ist der Ideenwelt des Barock jedoch fremd.

WIE DER DRESDNER ZWINGER ALS FALLBEISPIEL ZEIGT, HANDELT ES SICH ZUMINDEST BEI GÄRTEN DES BAROCK UM KONZEPTIONSKUNST

Wie hoch der gedankliche Gehalt gerade in der barocken Gartenkunst sein konnte, wird am Beispiel des Dresdner Zwingers besonders anschaulich. Da ich diesen Aspekt anderen Orts bereits eingehend erörtert habe, beschränke ich mich hier auf allgemeine Angaben:[15] Der Zwinger wurde 1709/11 als eine Orangerie begonnen. An der Stelle des heutigen Innenhofes war ein Garten mit vier Brunnen und bunten Broderieparterres geplant, der jedoch niemals zur Ausführung gelangte. Die gegenwärtige Gestaltung, die den ursprünglichen Plan nur grob paraphrasiert, geht auf die Restaurierungsphase von 1924 bis 1936 zurück.[16] Der Architekt des Zwingers, Matthäus Daniel Pöppelmann, hatte ursprünglich vorgesehen, im Garten, auf den Konsolen und den Dächern der Galerien hunderte Pomeranzenbäume auszustellen.[17] Die kostbaren Früchte, die wegen ihrer goldenen Farbe und ihrer exotischen Herkunft als Pendants der sagenhaften Hesperidenäpfel angesehen wurden, symbolisierten den Lohn, den August der Starke wie sein mythologischer Protagonist Herkules für seine persönliche Tugend empfangen hatte. Dieser Lohn konkretisierte sich politisch im Reichsvikariat, das der Kurfürst nach dem Tod Kaiser Josephs I. im Jahre 1711 ausübte. Insofern spielten die Pomeranzen auch auf den goldenen Reichsapfel an.

Die Art, mit der Pöppelmann den Herrschaftsgedanken Augusts des Starken in Architektur, Gartenkunst und Bauplastik rhetorisch umzusetzen gedachte und mit der er die unterschiedlichsten Elemente der Herrscherpanegyrik unter dem Generalthema eines Hesperidengartens (bzw. der Pomeranzenzucht) im Einzelnen vereinte, entspricht sämtlichen Vorgaben einer Invention.

Der intellektualistische Zug des Zwingers offenbart sich aber auch in dem Stichwerk, das Pöppelmann 1729 mit dem Titel »Vorstellung und Beschreibung des ... so genannten Zwinger=Gartens Gebäuden, Oder Der Königl. Orangerie zu Dreßden ...« herausgab. Ohne dieses Werk wäre die Konzeption des Zwingers nämlich nicht nur unverständlich, sondern auch unvoll-

Titelallegorie aus dem Kupferstichwerk von Matthäus Daniel Pöppelmann, 1729

[18] Oechslin, Werner: Architektur und Alphabet. In: Carl Peter Braegger (Hrsg.): Architektur und Sprache. München 1982, S. 216–254; Dart, Thurston: Eye Music. In: The New Grove. Dictionary of Music and Musicians. Bd. 8. 2. Aufl. London/New York 2000, S. 482f.; Severin, Karl (Hrsg.): Fünfundzwanzig Figurengedichte des Barock. München 1983.

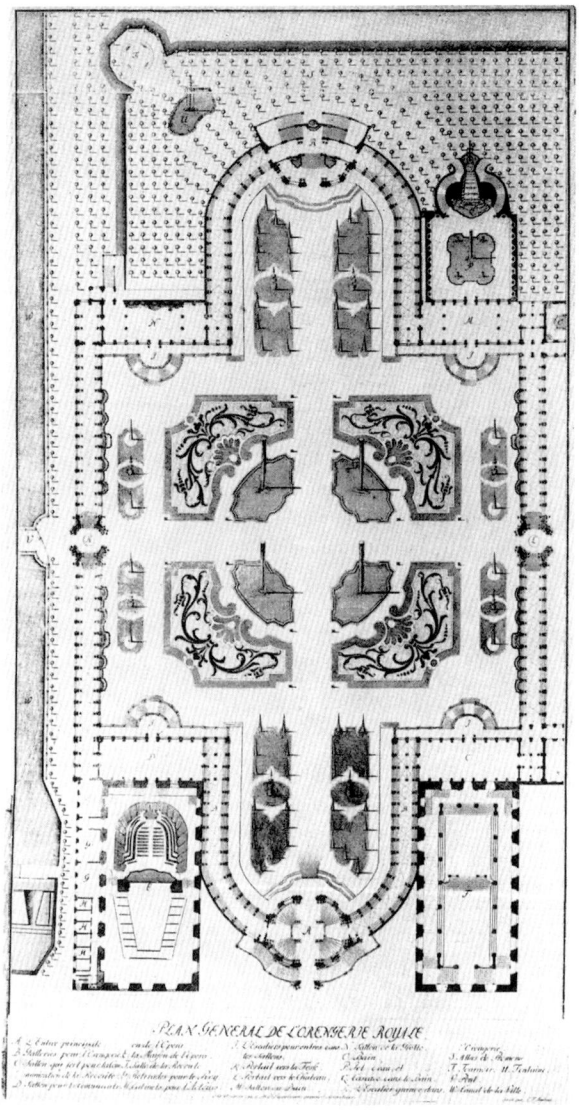

Grundrissprojektion des als Garten vollendeten Zwingers aus dem Kupferstichwerk von Matthäus Daniel Pöppelmann, 1729

ständig. Zunächst wird die ikonologische Aussage des Bildprogramms durch den allegorischen Titelkupfer wesentlich ergänzt und sogar ideologisch überhöht. Letzteres gilt nicht nur für den Ruhm des Königs, der in Gestalt der polnisch-sächsischen Heldenehre verherrlicht wird, sondern auch für den Entwurf des Architekten, der in der Sphäre des Himmels von Genien der Baukunst präsentiert und somit transzendiert wird. Im Verhältnis dazu erscheint die ausgeführte Fassung nur noch als der »Habit« einer göttlichen Idee.

Nicht weniger aufschlussreich ist der Grundriss mit dem nicht mehr realisierten Garten. Er verdeutlicht, wie sehr Pöppelmann sich die Muster der geplanten Broderieparterres, die Konturen der Brunnen und die Anordnung der Bäume mit den Außenmauern der Gebäude, den Treppenläufen außerhalb und innerhalb der Pavillons sowie mit den Kreuzgratgewölben der Galerien als eine Einheit gedacht hatte. Unterschiedlichste Elemente, die vor Ort in keinerlei Zusammenhang gestanden hätten und nur eingeschränkt wahrnehmbar gewesen wären, fügen sich im Grundriss zu einem ornamental durchgestalteten Bildteppich zusammen. Wie der Titelkupfer schafft der Grundriss eine Metaebene, auf der die Synthese von Gartenkunst und Architektur symbolisch wie formal abstrahiert wird. Das Stichwerk wird damit in mehrfacher Hinsicht zu einem integralen Bestandteil der Anlage als Gesamtkunstwerk.

In ihrer Abstraktion erinnern Titelkupfer und Grundriss an andere Formen barocker Gedankenkunst. Der Titelkupfer weist deutliche Parallelen zur Deckenmalerei auf, bei der es sich oft um die Visualisierung philosophischer oder theologischer Traktate, wenn nicht um eine bildliche Offenbarung der himmlischen Ideenwelt handelt. Der Grundriss gemahnt an die Alphabetarchitektur, wo Gebäude über bestimmten Buchstaben errichtet werden, die ein Monogramm oder sogar eine ganze Wortfolge ergeben. Bezeichnenderweise handelt es sich dabei um eine reine Gedankenarchitektur, deren Symbolik sich dem Betrachter im ausgeführten Zustand nur mit Hilfe des Planes erschlossen hätte. Letzteres gilt auch für Figurengedichte und die Augenmusik, wo die Schrift oder die Notenzeichen nach geometrischen Mustern arrangiert sind, die sichtbar, aber nicht hörbar sind.[18]

Schließlich enthält das Zwinger-Stichwerk auch Entwürfe, von denen bereits feststand, dass sie nicht mehr realisiert würden. Dass Pöppelmann sie dennoch in sein Werk aufnahm, zeigt erneut, welchen Wert er der Idee an sich beimaß.

UNTER BESTIMMTEN UMSTÄNDEN IST DIE GARTENKUNST DES BAROCK ÄHNLICH REPRODUZIERBAR BZW. NACHTRÄGLICH REALISIERBAR WIE MUSIK ODER LITERATUR

Aufgrund ihres Charakters als Konzeptionskunst stehen Monumente wie der Dresdner Zwinger den Werken von Dichtung und Musik doch sehr viel näher als Kiesow behauptet. Es drängt sich daher die Frage auf, weshalb ein vollständig verschwundener Barockgarten nicht ebenso wiederherstellbar sein sollte, wie eine Komposition und ein Theaterstück nach 300 Jahren abermals aufgeführt werden können. Obwohl Hörgewohnheiten sich grundlegend geändert haben und wir über die barocken Musizierpraktiken letztlich noch weniger wissen als über das Gartenhandwerk des 17. und 18. Jahrhunderts, käme kein Musikkritiker auf den Gedanken, von einem Remake oder einer Neuschöpfung zu sprechen. Wir tragen ja nicht einmal Bedenken, Werke, die für einen einmaligen Anlass und eine ganz bestimmte Rahmenhandlung komponiert wurden (wie Händels Krönungshymnen für König Georg I.) in heimischem Ambiente auf CD zu hören.

Erst recht sollte es möglich sein, Pöppelmanns Plan für den Zwingergarten zu realisieren, würde das noch bestehende Ensemble doch erst dadurch in seiner formalen wie in seiner gedanklichen Konzeption verständlich. Der so vervollständigte Zwinger gliche einer barocken Oper, deren letzter Akt niemals gespielt wurde und die nun in ihrer vollständigen Fassung aufgeführt wird. Natürlich wissen wir nicht, ob man von Pöppelmanns Plan nicht doch abgewichen wäre, aber diese Ungewissheit besteht bei jeder postumen Uraufführung.

Angesichts dieser Analogien ist es sinnvoller, nicht von einer »Rekonstruktion«, sondern von einer »Reproduktion« verloren gegangener Gärten zu sprechen. Dabei geht es nicht darum, einen Gegenstand wiederherzustellen oder zu kopieren, sondern eine Idee ein zweites Mal hervorzubringen oder vorzuführen (= reproducere). Nicht von ungefähr spricht der Titel von Pöppelmanns Stichwerk von einer »Vorstellung« des Zwingergartens. Bei der Anlegung eines bislang noch nicht ausgeführten Planes wäre dagegen von einer »späten Realisierung« zu sprechen.

Allerdings darf man den Vergleich zwischen Gartenarchitektur und Musik oder Dichtung nicht überstrapazieren. Aufgrund seiner Öffentlichkeitswirkung und seiner (relativen) Dauerhaftigkeit prägt ein Garten die Umwelt in ganz anderem Maße als Werke der Musik oder Literatur, die meist in geschlossenen Räumen aufgeführt werden und viel vergänglicher sind. Aus diesem Grund kann die Aufführungspraxis alter Musik- und Bühnenstücke von der werkgetreuen Interpretation bis zur absichtlichen Verfremdung reichen und ist nicht an einen Ort gebunden. Dagegen hat das (erneute) Anlegen eines historischen Gartens ausschließlich an dem dafür vorgesehenen Ort und weitestgehend in der von seinem Schöpfer vorgesehenen Formensprache zu erfolgen. Wo dies nicht möglich ist, haben wir es in der Tat mit historisierenden Schöpfungen oder Neuschöpfungen zu tun. Dasselbe gilt aber auch für die Wiederherstellung von Landschaftsgärten, bei denen es sich nicht um Inventionskunst handelt. Sie nach denselben Kriterien zu behandeln wie den geometrischen Garten des 17. und 18. Jahrhunderts, wäre ebenso wenig historisch wie die Weigerung, Pöppelmanns Zwingergarten unter Berufung auf Hegel und Schinkel nicht auszuführen.

Dr. Peter Stephan
Geb. 1963. Erststudium der Alten Geschichte, Alten Kirchengeschichte, Christlichen Archäologie in Freiburg und Heidelberg. 1990 Magisterexamen. 1990 bis 1996 Zweitstudium der Kunstgeschichte und Klassischen Archäologie in Würzburg und Freiburg. 1996 Promotion über die Tiepolofresken der Würzburger Residenz. 1997/98 Ausbildung zum Lektor. Seit 1999 Lehraufträge in Freiburg, Colchester und Göteborg. 1999 bis 2000 Forschungsstipendium der Gerda-Henkel-Stiftung. 2000 bis 2003 Mitarbeiter im Freiburger Sonderforschungsbereich 541. Ab Juni 2003 Mitarbeiter im DFG-Projekt »Gartenräume, politische Räume. Der Wandel der Gartenkunst in Thüringen von 1750–1900« an der Universität Jena.
Neben Veröffentlichungen zur Gartenkunst, u.a.: Die Fassadensysteme des sog. »Schlüterhofs« im Stadtschloss zu Berlin. Freiburg 2000; Prinz Eugens »Wunderwürdiges Kriegs- und Siegslager«. Das Obere Belvedere in seiner ursprünglichen Gestalt. Freiburg 2000; Der Hofgarten in Veitshöchheim: Landschaft im Rokoko als ein Raum der »sanften Selbstdisziplinierung«. In: Kaufmann, S. (Hrsg.): Ordnungen der Landschaft. Natur und Raum technisch und symbolisch entwerfen. Würzburg 2002, S. 209–246; »Im Glanz der Majestät des Reiches«. Tiepolo und die Würzburger Residenz. Die Reichsidee der Schönborn und die politische Ikonologie des Barock. 2 Bde. Weißenhorn 2002.

Zweiter Vorentwurf für einen Pavillon von Matthäus Daniel Pöppelmann. Schon in dieser frühen Planungsphase zeichnet sich die Einbeziehung der Pomeranzenbäume in das architektonische Gesamtkonzept ab.

Die Forschung zu historischen Gärten führt uns immer eindringlicher vor Augen, welche überragende Bedeutung sie und die Gartenkunst in der Vergangenheit besassen. Aspekte der zeitgenössischen Sinneswahrnehmungen, des Blickens oder der Bewegung im Raum sind aufzuarbeiten.

Iris Lauterbach

Weg und Blick – Zur Visualisierung von Gartenstrukturen

Frascati, Villa Aldobrandini, Ansicht des Platzes zwischen Casino und Wassertheater. Radierung und Kupferstich von Dominique Barrière, 1647

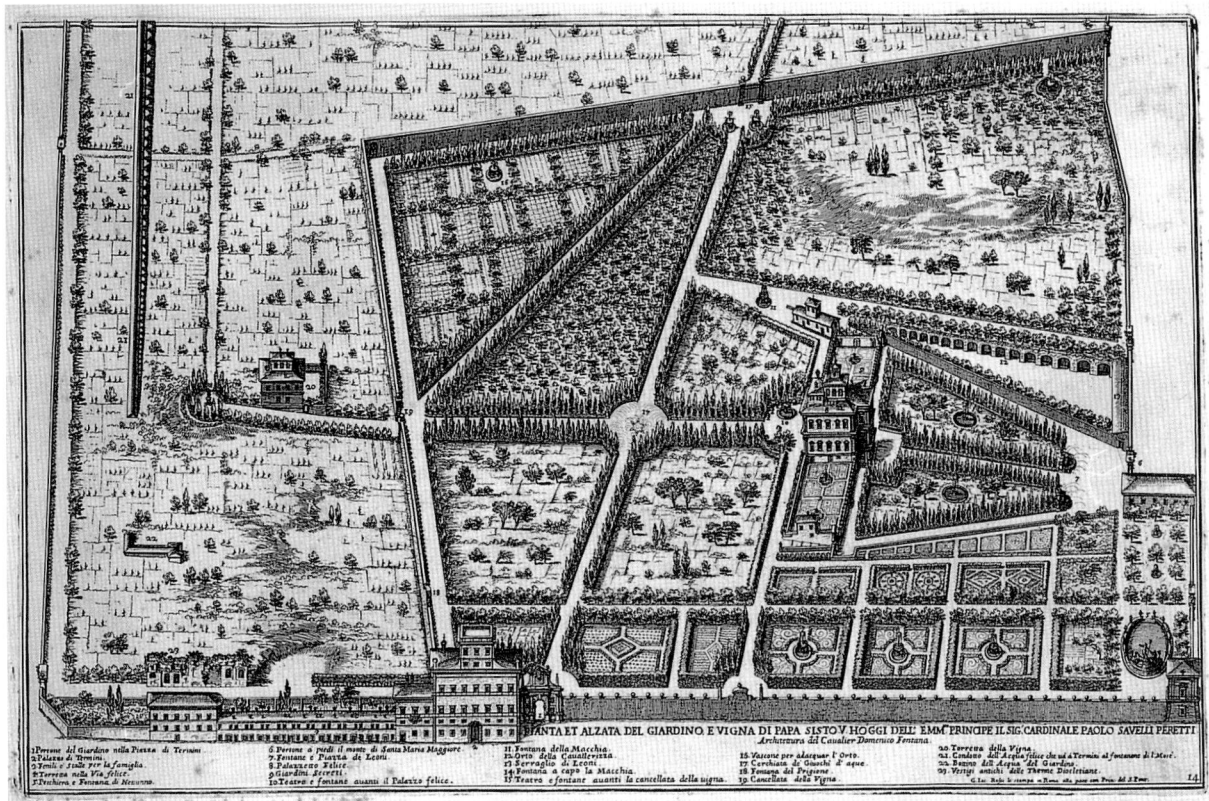

Rom, Villa Montalto, Vogelschau. Radierung und Kupferstich von Giovanni Battista Falda, vor 1683

»Durchwandeln wir den Hain, / Und selbst der Horizont gehorsam unsern Winken, / Die Pfade steigen oder sinken, / Die Aussicht schließt, erweitert sich. Wir trinken / In der Veränderung Zaubereyn / Mit jedem Schritt uns neue Wollust ein.«[1]

Gartenkunst ist Raumkunst. Es ist eines der Ziele historischer Gartenforschung, die differenzierte Entwicklung dieser Raumstrukturen über die Jahrhunderte hinweg herauszuarbeiten. Da die Werke der Gartenkunst anders als die Architektur überwiegend aus den vergänglichen Materialien der Natur geformt werden, ist es umso schwieriger, sich der Gestaltung und Wirkung vergangener historischer Gartenräume bewusst zu werden. Die Gartendenkmalpflege hat u. a. die Aufgabe, komplexe räumliche Wirkungen und Vorstellungen präsent werden zu lassen, um den individuellen Charakter des Gartenkunstwerks zu vermitteln.

Die Arten der Sinneswahrnehmung beim Besucher eines Gartens sind freilich vielfältiger Natur. Durch die künstlerische Gestaltung der flüchtigen Elemente Wasser und Luft hervorgerufene Effekte etwa sprechen das Gehör ebenso an wie das Gefühl und verleihen Gartenräumen Eigenarten, die in ihrer Abfolge vom Besucher erfahren werden sollen. So hat die Gartenkunst auch unter dem Aspekt der akustischen Gestaltung von Klangräumen im Laufe der Jahrhunderte eine Entwicklung durchlaufen, die bisher nur unzureichend untersucht worden ist.

Wenn sich die Kunstgeschichte als Bildwissenschaft primär mit der visuellen Wahrnehmung von Gärten beschäftigt, so kann dies also nur einen unter mehreren Aspekten erfassen. Dass die Gesetze der Optik und der Perspektive für die Anlage von Gärten der Renaissance und des Barock ebenso wie für den Landschaftsgarten eine wichtige Rolle spielen, ist bekannt, auch die komplexe Vorstellung, letzterer sei eine Abfolge von »Bildern der Natur« nach dem Vorbild der Landschaftsmalerei. Versucht man zu begreifen und nachzuvollziehen, von welchen visuellen Vorstellungen die ursprüngliche Gestaltung von Gartenräumen ausging, hat man den Blick auf zeitgenössische Wiedergaben und Beschreibungen zu lenken. Wie für den Bereich der Architektur stellt sich für die Gartenkunst die Frage nach der Medialisierung: Wie wird das dreidimensionale Raumgebilde im zweidimensionalen Medium des Bildes wiedergegeben, also des Gemäldes, der Grafik, der Fotografie, der bewegten Bilder? Welchen Strategien der Visualisierung folgt die Darstellung? Die Kunstgeschichte bezieht in ihren Bildbe-

[1] Jacques Delille: Die Gärten. Deutsche Übersetzung von Christian Friedrich Traugott Voigt. Leipzig 1796, S. 24.

[2] Neuere Literatur zu Gartenveduten in Stichwerken des deutschsprachigen Raumes: Völkel, Michaela: Das Bild vom Schloß. Darstellung und Selbstdarstellung deutscher Höfe in Architekturstichserien 1600 bis 1800. München/ Berlin 2001; Bibliografie der vor 1750 erschienenen deutschen Gartenbücher. Zusammengetr. v. Clemens Alexander Wimmer unter Mitarbeit v. Iris Lauterbach. Hrsg. v. d. Bücherei des Deutschen Gartenbaues e.V. Berlin. Nördlingen 2003; zu italienischen und französischen Stichwerken vgl. die Einführungen zu den Nachdrucken in der Reihe Architectura recreationis, Nördlingen: Falda/Venturini (1994, 1996), Perelle (im Druck); Lauterbach, Iris: »Tous les temps et tous les lieux« – Das Bild der europäischen Gartenkunst in Druckwerken des 17. und 18. Jahrhunderts. In: Imprimatur. Ein Jahrbuch für Bücherfreunde, Neue Folge XVII (2002), S. 37–64; neuere Literatur zu Fragen der Bewegung im Garten: Jöchner, Cornelia: Die höfische Gesellschaft im Garten. Soziale Interaktion als Bildstrategie barocker Gartenveduten. In: Geselligkeit und Gesellschaft im Barockzeitalter. Bd. 2. Wiesbaden 1997, S. 833–853; Dies.: Barockgarten und zeremonielle Bewegung. Die Möglichkeiten der Allée couverte. Oder: wie arrangiert man ein incognito im Garten? In: Zeremoniell als höfische Ästhetik in Spätmittelalter und früher Neuzeit. Hrsg. v. Jörg Jochen Berns u. Thomas Rahn. Tübingen 1995, S. 471 bis 483; Verschragen, Jeroen Leo: Die »stummen Führer« der Spaziergänger. Über die Wege im Landschaftsgarten. Frankfurt a.M. u.a. 2000.

[3] Krause, Katharina: Les plus excellents Bastiments de France. Architekturgeschichte in den Stichwerken des Ancien Régime. In: architectura 1 (1995), S. 29–57.

Salzburg, Mirabellgarten. Kupferstich von Franz Anton Danreiter, um 1728

griff verschiedene Medien ein: Gerade bei Fragen nach Raumwirkung sowie kinästhetischer Gestaltung und Wahrnehmung ist die Berücksichtigung filmischer Techniken vielversprechend.

Für die historische Gartenkunst ist die Erforschung einer Geschichte sowohl des Sehens als auch der Bewegung im Raum von wesentlicher Relevanz. Konzentriert man sich zunächst auf die Zeit vor der Erfindung fotografischer Wiedergabe- und Reproduktionstechniken, kommt der Darstellung von Gärten in druckgrafischen Blättern, und zwar vor allem in Vedutenserien, in diesem Kontext besondere Bedeutung zu. Diese Überlegung geht von der Annahme aus, dass die Abfolge der Tafeln eine übliche, gewünschte bzw. ideale Bewegung vor Augen führt. Zusätzliche Kommentare zur Sicht auf Gärten liefern die Tätigkeiten der als so genannte Staffagefiguren wiedergegebenen Gartenbesucher. Auftraggeber, Künstler und die im 17. und 18. Jahrhundert zwischen Rom und Paris, Amsterdam, Augsburg und Nürnberg erstarkenden Verlage kalkulierten ihre Visualisierungsstrategien für eine durch Reisen und Handel zunehmend internationalisierte Öffentlichkeit. Eine systematische Auswertung und Analyse des hier nur in der Skizze vorgeführ- ten Bildmaterials, das über die Bewegung im Garten Auskunft geben kann, hat sich daher auf einen europäischen Horizont zu beziehen.[2]

Die großen Vogelschauansichten und Reliefpläne in den topografischen Werken, die seit dem späten 16. Jahrhundert erschienen, verzeichnen als Teil des landesherrlichen Territoriums zahlreiche Gärten. Lange Zeit blieben diese auch in der Wiedergabe an die Architektur gebunden. In dem umfangreichen Stichwerk von Jacques Androuet Ducerceau[3] zur französischen Zivilbaukunst erscheinen Architektur und Garten in einheitlich detaillierter Darstellung, in der Vogelschau wie auch im Reliefgrundriss. Die erste repräsentative Publikation der Neuzeit, in deren Mittelpunkt nicht ein Schloss, sondern ein Garten mit seiner künstlerischen Ausstattung steht, ist der 1620 in Frankfurt am Main publizierte »Hortus Palatinus« des französischen Gartenarchitekten und Brunnenkünstlers Salomon de Caus. Das Abschreiten der Parterres, Brunnen, Grotten und des Pomeranzenhauses im Heidelberger Schlossgarten fordert den fokussierten Blick auf die einzelnen Gartenattraktionen, die herausgelöst aus ihrem Kontext auf Tafeln wiedergegeben sind.[4] Die Gesamtwahrnehmung des Gartens hat Jacques Fouquières in seiner bekannten Vedute der Heidelberger Anlage vor Augen geführt: Zum konzentrierten Blick auf das Detail kontrastiert der ideale Panoramablick aus der Vogelschau, der den Garten als Bestandteil des fürstlichen Territoriums zeigt. Die Abfolge von Gesamtplan und Einzelansichten greifen spätere Gartenpublikationen auf. Immer wieder lässt sich aus Veduten zu einzelnen Gärten das künstlerische Problem ablesen, wie die Raumfolge der Gärten und ihre einzelnen Attraktionen wiederzugeben seien.

Im Verlauf des 17. Jahrhunderts entwickelte sich das zweidimensionale Abbild der Gartenkunst vom Einzelmotiv zur dekorativen Gartenszene. Die französischen Vedutisten Dominique Barrière und Israël Silvestre stellen die Gärten und Brunnenanlagen italienischer und französischer Villen bzw. Landhäuser als Raumfolgen von malerisch komponierter Gesamtwirkung dar (Abb. S. 134). Der in Rom tätige Giovanni Battista Falda greift nicht nur auf diese französische Tradition der malerischen Vedute zurück, sondern kombiniert sie mit Darstellungstechniken der Landes- und Stadttopografie und führt sowohl das Relief des Terrains als auch die Landschafts- und Stadtkulisse in die Gartendarstellung ein (Abb. S. 135).

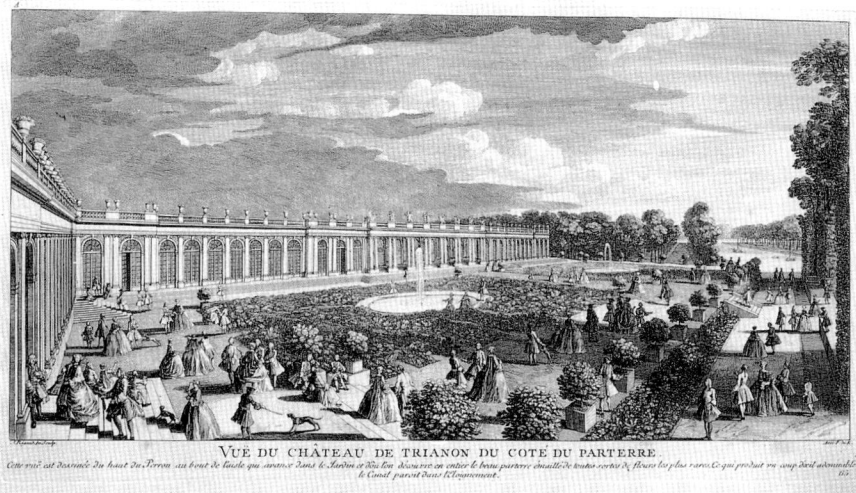

Versailles, Ansicht des Grand Trianon. Radierung von Jacques Rigaud, 1728–1752

Tafel von Johann Christoph Volkamer, aus: Nürnbergische Hesperides. Bd.1. Nürnberg 1708

Wird der Betrachter dieser Vedutenserien punktuell zu einzelnen Gartenattraktionen geführt, kommt im frühen 18. Jahrhundert im Werk von Salomon Kleiner erstmals eine Bildregie ins Spiel, die den Eindruck einer gleitenden Bildstrecke vermittelt.[5] Wie alle anderen Folgen auch, missachtet sie das, was der den Wegen folgende Besucher im Garten zwar sieht, aber nicht für sehenswert hält, und führt zu bestimmten Stand- und Blickpunkten. Kleiners Folge kunstvoller Perspektiven lässt fotografische Techniken wie Zoom und Weitwinkel assoziieren. In den Salzburger Gartenansichten Franz Anton Danreiters fällt eine Ansicht aus ungewöhnlicher, sitzender Perspektive auf, die zur Vogelschau und der Ansicht aus Kavalierperspektive hinzukommt.

Mittels neuer Bildkonzepte waren die Verlage mehr und mehr darum bemüht, einem an Gartenkunst interessierten europäischen Publikum möglichst viele verschiedene Aspekte von Gartenentwurf und -gestaltung vor Augen zu führen. So entstand etwa das ungewöhnliche Bildkonzept Johann Christoph Volkamers für seine »Nürnbergischen Hesperiden« (1708 bis 1714), die Pflanzenkatalog und Vedutenserie miteinander kombinieren. Der mit seinen Plänen und Ansichten englischer Landsitze bekannt gewordene Kupferstecher John Rocque machte seit den 1730er-Jahren die Darstellungsmethode des Gartengrundrisses mit »view boxes«[6] populär: Auf großformatigen Tafeln wird der Gartenplan rundum ergänzt durch gerahmte Bildchen einzelner Gartenbauten. Der Betrachter hat die in anderen Publikationen meist getrennten Aspekte Gesamtanlage und Detail auf einen Blick vor sich. Die Darstellung als Plan mit »view boxes« ist aus der Stadttopografie vertraut und sollte sowohl in der Garten- als auch der Stadtbaukunst später weite Verbreitung finden. Die Ungleichzeitigkeit des Abschreitens

[4] Lauterbach, Iris: Jardins de la Renaissance en Allemagne et en Autriche. In: Architecture, jardin, paysage. L'environnement du château et de la villa aux XVe et XVI siècle. Paris 1999, S. 219–234.

[5] Prange, Peter. Salomon Kleiner und die Kunst des Architekturprospekts. Augsburg 1997.

[6] Harris, John: The Palladian Revival. Lord Burlington, His Villa and Garden at Chiswick. Ausst.-Kat. Montréal u.a. 1994/95, S. 218.

[7] Lauterbach, Iris: Einführung zum Nachdruck von Georges-Louis Le Rouge »Jardins anglo-chinois à la mode«, 21 Hefte, Nördlingen 2003.

der Gartenszenen wird in die Gleichzeitigkeit des Bildes übersetzt. Durch die Multiplizierung der Szenen in einem Bild wird die Erfassung der Raumfolgen beschleunigt: Die Augen bewegen sich, nicht die Füße.

Die Ausrichtung auf das Schloss in der Mittel- und Symmetrieachse war schon im 17. Jahrhundert, etwa bei Silvestre, sowie seit den dreißiger Jahren des 18. Jahrhunderts, beispielsweise bei Jacques Rigaud, durch schräge Ansichten variiert worden (Abb. S. 137). In der visuellen Wahrnehmung von Schlossarchitektur und Garten begann sich also relativ früh eine perspektivische Verschiebung abzuzeichnen, die für eine Neubewertung der Gartenkunst steht. Die geschwungene, dem Terrain folgende Wegeführung ist eines der Kennzeichen des Landschaftsgartens. In englischen Vedutenfolgen der 1750er- und 1760er-Jahre, etwa bei William Woolett und Thomas Sandby sowie später William Chambers, wird das Landhaus, sofern vorhanden, endgültig in die Rolle einer von vielen Staffagearchitekturen des Gartens zurückgedrängt. Die Bildfolgen führen die flüssige Bewegung des lustwandelnden Spaziergängers vor, der in seinem kontinuierlichen, von keiner abrupten Wendung unterbrochenen Gang auf dem Weg ab und an innehält, um den Blick auf eine Gartenszene zu werfen. Die Seheindrücke sind auf Augenhöhe festgehalten. Jacques Delille hat 1782 diese für den Landschaftsgarten charakteristische Bewegung des Spaziergängers und dessen quasi filmisch gleitende individualisierte Wahrnehmung in einem langen Poem, wie eingangs ausschnittsweise zitiert, beschrieben. Auch Friedrich Ludwig von Sckell beruft sich in seinem Lehrbuch (erste Ausgabe 1818) auf die vor seinem inneren Auge schwebende ideale Linie, der er mit seiner berühmten »Methode, nach der Natur zu zeichnen« zu folgen hofft.

Die Vielfalt des im Laufe des 18. Jahrhunderts in Europa publizierten Bildmaterials zur Gartenkunst ist von den weniger informierten oder neu für das Fachgebiet entflammten Gartenliebhabern nicht ohne weiteres zu überblicken. Es lassen sich daher im Laufe des 18. Jahrhunderts von verlegerischer und künstlerischer Seite entwickelte Bestrebungen herausarbeiten, eine größere Zahl von Gartenbildern zusammenfassen, neu ordnen und dem Publikum mit neuem Material in attraktiver Form präsentieren. Als Werk des »Ingénieur-géographe du Roi«, Verlegers, Gartenkünstlers und Stechers Georges-Louis Le Rouge erschien in Paris eine umfangreiche Stichserie, die mit knapp 500 Tafeln jede bis dahin bekannte Bildersammlung zur Gartenkunst in den Schatten stellte: die von der Jahreswende 1774/75 an bis Anfang der 1790er-Jahre in 21 Heften erschienenen »Jardins anglo-chinois«.[7] Als ausgebildeter Militärkartograf, der sich in friedlicheren Zeiten nicht mehr der Topografie der Kriegsführung, sondern der Gartentopografie widmete, steht Le Rouge in der Geschichte der Vedute nicht allein. Wahrnehmung und Wiedergabe des Territoriums – ob zur Kriegsführung genutzte Landschaft oder künstlerisch gestalteter Garten – erforderten gleichermaßen Überlegungen zur Erschließung durch Wege und Blicke. In Le Rouges Gartenheften fließen mehrere Traditionen von Gartenveduten und Verlagskonzepten zusammen. Der größere Teil der Tafeln, originale Musterentwürfe für Landschaftsgärten, wurde nach eigens für dieses Werk angefertigten Vorzeichnungen radiert. Der Verleger hat jedoch auch in einem erstaunlichen Umfang fremde Vorlagen kopieren lassen. Die Analyse des Stichwerks wirft daher ein bezeichnendes Licht auf einen Aspekt der Verlagsstrategie im späten 18. Jahrhundert. Le Rouge wollte seinem Publikum eine Vielfalt europäischer Gartenformen nahe bringen, die er ohne das Verfahren der Kopie nicht hätte vermitteln können. Die Umsetzung der kopierten Vorlagen in Le Rouges Werk bedeutete in den meisten Fällen eine drastische Verkleinerung und »Zersplitterung« des Formats und Veränderung des Bildausschnitts. Einzelne Motive wurden ausgewählt, ihres Hintergrundes beraubt und als Einzelbildchen präsentiert. Als »Raumkunstwerke« konnte der Betrachter von Le Rouges Tafeln die wiedergegebenen Gärten – etwa Chambers' Kew Gardens – nicht mehr nachempfinden, allenfalls Einzelmotive zusammenzählen. Eine Wegeführung oder Blickregie war den Nachstichen nicht mehr zu entnehmen. Der Rezeption der dargestellten Motive und Anlagen tat dieser Umgang mit den Vorlagen offenbar keinen Abbruch. Le Rouges Hefte zum anglo-chinesi-

Kew Gardens, Surrey, Gartenpartie mit Alhambra, Pagode und Moschee. Radierung von Edward Rooker nach William Marlow, William Chambers, 1763

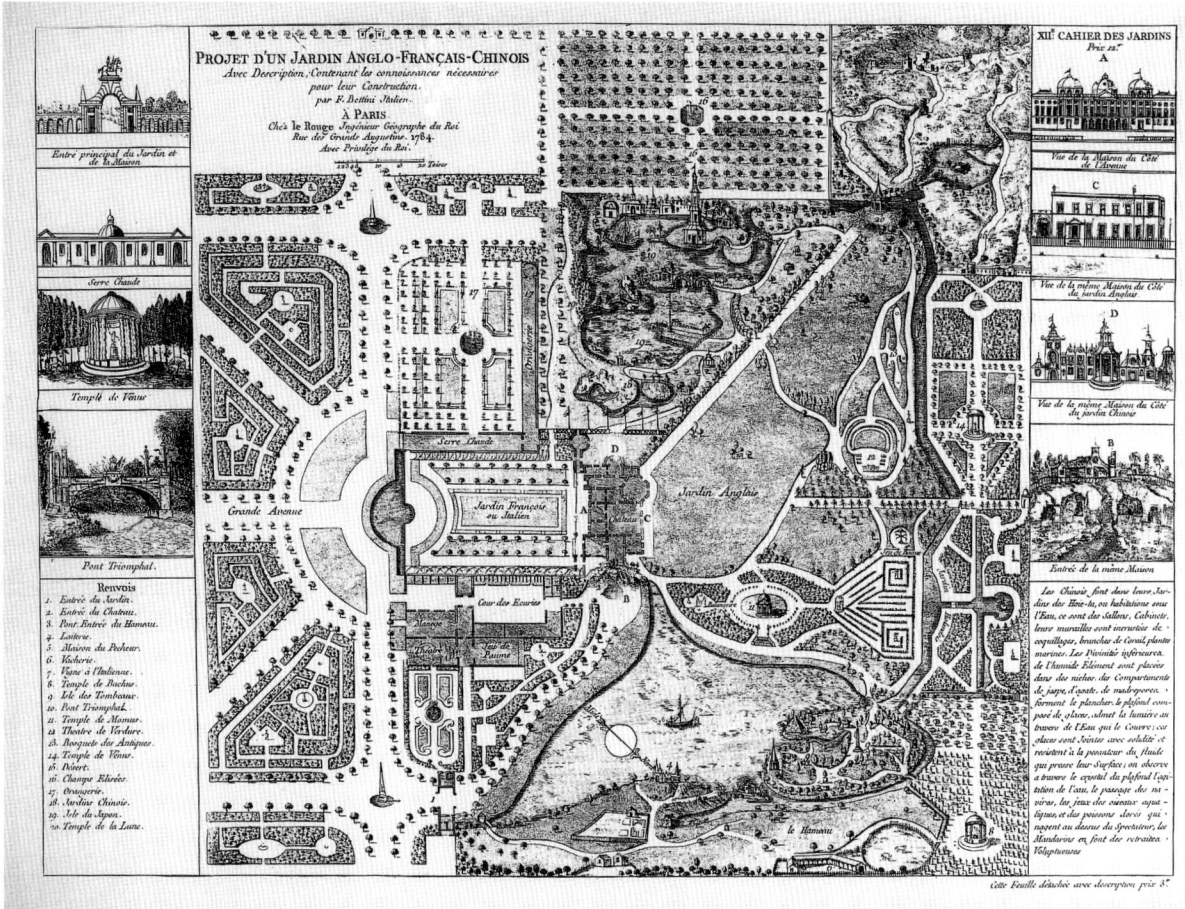

Entwurf von Francesco Bettini für einen »Jardin Anglo-Français-Chinois«, 1784

Dr. Iris Lauterbach
Studium der Kunstgeschichte und der romanischen Philologie an den Universitäten Mainz, Pavia (Collegio Ghislieri) und Paris (Paris IV). 1985 Promotion, Dissertation »Der französische Garten am Ende des Ancien Régime«, betreut von Prof. Dr. Jörg Gamer. Anschließend wissenschaftliche Museumsassistentin in Fortbildung bei den Staatlichen Museen Preußischer Kulturbesitz Berlin, wissenschaftliche Mitarbeiterin am Institut für Christliche Archäologie und Kunstgeschichte der Albert-Ludwigs-Universität Freiburg/Br., Forschungsstipendiatin an der Bibliotheca Hertziana, Rom (Max-Planck-Institut). Seit 1991 Forschungsreferentin am Zentralinstitut für Kunstgeschichte, München. Forschungen zur Geschichte der europäischen Gartenkunst in der frühen Neuzeit.

schen Garten boten dem Gartenliebhaber eine große Auswahl an Motiven, die suggerierte, die Anlage eines Landschaftsgartens sei ein Zusammenstellen von Motiven aus dem Musterkatalog. Die Arbeit mit dem weitverbreiteten Werk Le Rouges mag die schon von Zeitgenossen kritisierte Tendenz, im anglo-chinesischen Garten Einzelmotive in kleinteiligem Ambiente zusammenzustellen, nur noch verstärkt haben. Der Betrachter von Le Rouges Tafeln springt quer durch mehrere europäische Länder, von Europa nach China und zurück, durch verschiedene Epochen und Gartenstile. Dies ist einerseits für Le Rouges die Abwechslung suchende Vorgehensweise charakteristisch, andererseits spiegelt sich hier die Vielfalt europäischer Gartenkunst im letzten Drittel des 18. Jahrhunderts, die konservative Strömungen neben aktuellen Entwicklungen verzeichnete.

Im Garten ist der Choreografie des Schrittes die Regie des Blickes überlagert. Die Visualisierung des Gartens in Bild und Bildfolge vollzieht beide Strukturen nach und führt gleichzeitig in der zweidimensionalen Bildkomposition gestrafft und konzentriert Raumeindrücke zusammen, die sonst nur sukzessive erfasst werden könnten. Die Erforschung historischer Bildquellen zur Gartenkunst kann helfen, das Verständnis dafür zu entwickeln, dass historische Gärten nicht nur Grünflächen für erholungsbedürftige Großstädter sind, sondern darüber hinaus differenzierte ästhetische Seherfahrungen und Raumerlebnisse ermöglichen.

Cinisello Balsamo bei Mailand, Ansicht einer Partie des Gartens von Ercole Silva. Radierung, 1813

Um Gärten beschreiben zu können,
müssen sie betrachtet und erlebt worden sein.
Der Gesamtzusammenhang von Objekt,
Umgebung und gesellschaftlichem Hintergrund
sollte gesehen werden.
Das Beschreiben von Gärten heisst,
sie zu verstehen suchen,
um Kritik, Ästhetik und Praxis
miteinander zu verbinden.

Hubertus Fischer

Kunst der Beschreibung – Park und Landschaft in Pücklers »Briefen eines Verstorbenen«

Hermann von Pückler-Muskau. Lithografie aus: Andeutungen über Landschaftsgärtnerei. Bl.Nr.XIII, 1833

Hermann Fürst Pückler-Muskau. Lithografie von Th. Sohn

Gartenkunst und Landschaftsarchitektur verspüren heute einen Mangel: Es fehlt ihnen die professionelle Kritik. Selbst die Architekturkritik weist im deutschen Blätterwald kaum mehr als drei, vier Namen von Bedeutung auf. Oft müssen sie das Nachbarterrain mitbestellen, ohne dass dies den Gärten immer gut bekäme. Kritik heißt hier zuallererst Kunstkritik, sie kann sich nicht nur auf Kenntnisse stützen. Ihr muss, um Interesse für ihren Gegenstand zu wecken, auch eine Kunst zu Gebote stehen: die vernachlässigte »Kunst der Beschreibung«. Die Alten nannten das »Ekphrasis« und fanden die Frage keineswegs trivial, wie und mit welchen sprachlichen Mitteln insbesondere Kunstgegenstände, Denkmäler und Bauten zu beschreiben waren. Freilich hatten sie auch eine Antwort parat, indem ihnen die Rhetorik Regeln zur Verfertigung solcher Beschreibungen an die Hand gab.

Nach rhetorischen Mustern kann man heute nicht mehr greifen, da sich der Kunstbegriff seit der Goethezeit grundlegend gewandelt hat.[1] Indessen hat am Ende dieser Zeit, von Goethe selbst noch enthusiastisch in den »Berliner kritischen Blättern« rezensiert, ein Bestseller das deutsche Publikum begeistert, der die Beschreibung geradezu beispielhaft als literarische Kunstform generiert. Fürst Pücklers »Briefe eines Verstorbenen«[2], anonym in vier Bänden ab 1830 in München, später in Stuttgart erschienen, sind über weite Strecken das Testament eines »Parkomanen« (199), genauer, das Resultat »meine[r] langen Park- und Garten-Jagden durch halb England« (5), und, wie man ergänzen darf, durch Irland, Wales und Holland. Von Pückler lernen heißt vom Schriftsteller lernen (der glücklicherweise auch ein Gartenkünstler war).

Die Eigenart dieser Kunstform besteht darin, dass sie Beschreibung und Kritik, Ästhetik und Praxis miteinander verbindet. Ihrem Inhalt nach nimmt sie private Gärten und Parks ebenso wie öffentliche Anlagen und Landschaften, ja sogar »Stadtlandschaften« in sich auf. Sie isoliert die Elemente nicht gegeneinander und stellt sie auch nicht bloß nebeneinander; sie zielt vielmehr auf den ästhetisch gelungenen oder misslungenen Zusammenhang des jeweiligen Ensembles. Dieses umfasst Architektur und Natur, Bau und Baum, Ruine und Blume, Bergwerk und Wald, Milchkeller und Gewässer, Weg und Wohnung, Innen und Außen, das Nützliche und das Schöne, selbst wenn »der größte Teil des Terrains aus Felsen und unbebautem Gebirge besteht, das seine Renten nur in romantischen Schönheiten und prachtvollen Aussichten bezahlt« (174). Das alles folgt einer Ästhetik, die einerseits mit den aus-

[1] Vgl. Szondi, Peter: Poetik und Geschichtsphilosophie I. Antike und Moderne in der Ästhetik der Goethezeit [...]. Hrsg. v. Senta Metz und Hans-Hagen Hildebrandt. 2. Aufl. Frankfurt a. M. 1976.

[2] Zit. wird mit Seitenzahl in Klammer nach der Ausgabe: Pückler-Muskau, Hermann Fürst von: Briefe eines Verstorbenen. Vollständige Ausgabe. Neu hrsg. v. Heinz Ohff. Berlin 1986.

[3] Fried, Michael: Absorption and Theatricality: Painting and Beholder in the Age of Diderot. Berkeley/Los Angeles/London 1980, S. 89.

[4] Wichtige Anregungen und Hinweise verdanke ich dem Aufsatz von Günter Herzog: Picturesque Sisters: Das »Bild« als intermediales Medium in Literatur, Malerei und Gartenkunst des 18. Jahrhunderts. In: Sister Arts. Englische Literatur im Grenzland der Kunstgebiete. Hrsg. v. Joachim Möller. Marburg 2001, S. 76–92.

[5] »In narration as well as in description, facts and objects ought to be painted so accurately as to form in the mind of the reader distinct and lively images. Every useless circumstances ought indeed to be suppressed, because every such circumstances loads the narration; but if a circumstance be necessary, however slight, it cannot be described too minutely. The force of language consists in raising complete images; which cannot be done till the reader, forgetting himself, be transported as by magic into the very place and time of the important action, and be converted, as it were, into a real spectator, beholding everything that passes. In this view, the narrative in an epic poem ought to rival a picture in the liveliness and accuracy of its representations: no circumstance must be omitted that tends to make a complete image; because an imperfect image, as well as any other imperfect conception, is cold and uninteresting.«
Home Lord Kames, Henry: Elements of Criticism. 3 Bde. Edinburgh 1762. Reprint New York/London 1967. III. Kap. 21, S. 174f.

[6] Zit. n. Pevsner, Nikolaus: Architektur und Design: Von der Romantik zur Sachlichkeit. München 1971, S. 90.

zeichnenden Attributen »malerisch«, »pittoresk« und »romantisch« operiert, andererseits mit den Kategorien »Mannigfaltigkeit«, »Varietät« und »Abwechslung« Vorhandenes wie Gestaltetes klassifiziert. Es sind die aus der rekursiven Kommunikation zwischen Dichtung, Malerei und Gartenkunst hervorgegangenen Leitworte und Leitbegriffe der Landschafts- und Landschaftsgarten-Ästhetik. Das macht ihre Zeitgebundenheit aus, aber der »modern pictorial thought«[3] in Pücklers Briefen weist über diese Zeit hinaus.

Die Beschreibung hatte bereits im 18. Jahrhundert im Zusammenhang mit der Forderung nach Bildhaftigkeit besondere Aufmerksamkeit gefunden.[4] Nach dem Vorgang des Earl von Shaftesbury und des Barons Melchior von Grimm stellte Henry Home Lord Kames in seinen »Elements of Criticism« von 1762 für die Anlage literarischer Erzählungen und Beschreibungen folgende Prinzipien auf: »In Erzählungen wie auch in Beschreibungen müssen Fakten und Objekte so akkurat dargestellt werden, dass im Kopf des Lesers klare und lebhafte Bilder entstehen. Alle unnötigen Umstände müssen unbedingt niedergehalten werden, da jeder dieser Umstände die Erzählung überlädt; wenn aber ein Umstand bedeutend ist, wie immer geringfügig er auch sei, so kann er gar nicht zu genau beschrieben werden. Die Kraft der Sprache besteht darin, vollständige Bilder entstehen zu lassen; was nicht möglich wird, solange nicht der Leser, sich selbst vergessend, wie durch Zauberei in Raum und Zeit der wesentlichen Handlung versetzt wird, und sich, alles was geschieht betrachtend, in einen wahren Zuschauer verwandelt. In dieser Hinsicht muss es das erzählende Element eines Epos in der Darstellung mit der Lebhaftigkeit und Akkuratesse eines Bildes aufnehmen: Keinen Umstand vernachlässigend, der ein ganzheitliches Bild ausmachen könnte, weil ein unvollständiges Bild ebenso wie jede andere unvollständige Schöpfung kalt ist und uninteressant.«[5]

Eingelöst hat Pückler diese Forderungen, zumal die Verwandlung des Lesers in »a real spectator«, vor allem in seinem zehnten Brief, der die Beschreibung von Hawkstone Park enthält: »Es scheinen hier durchaus alle Elemente für die günstigste Lage vereinigt, wie Du aus einer einfachen Beschreibung selbst entnehmen wirst.« Der erste Kunstgriff besteht darin, appellativ ein weiträumiges »Panorama« von einem idealen Punkt zu imaginieren: »Wirf also Deine Geistesaugen auf einen Erdfleck von solchem Umfang, daß Du, vom höchsten Punkt darin, rund umher den Blick über fünfzehn verschiedene Grafschaften schweifen lassen kannst. Drei Seiten dieses weiten Panoramas heben und senken sich in steter Abwechslung mannigfacher Hügel und niedriger Bergrücken gleich den Wogen der bewegten See und werden am Horizont von den höchst seltsam geformten, zackigen Felsen und hohen Gebirgen von Wallis umgeben, die sich auf ihren beiden Enden sanft nach der vierten Seite der Aussicht, einer fruchtbaren, von Tausenden hoher Bäume beschatteten Ebene abdachen, welche in dämmernder Ferne, da, wo sie mit dem Himmelsgewölke zusammenfließt, von einem weißen Nebelstreif, dem Meer, begrenzt wird.« (545f.)

Nach diesem panoramatischen Rundblick, der sich zu einem geschlossenen, weil je vom Horizont begrenzten Rundbild formt, geht es in die Staffelung von Fern- und Nahsicht, die den zunächst fingierten Betrachterstandpunkt nun gleichsam als »real« erleben lässt. Es tritt das ein, was Home mit der Wendung »es mit der Lebhaftigkeit und Akkuratesse eines Bildes aufnehmen« umschrieben hat: »Das Walliser Gebirge ist zum Teil mit Schnee bedeckt, und alles fruchtbare Land dazwischen so eng mit Hecken und Bäumen durchwirkt, daß es in der Ferne mehr den Anblick eines lichten Waldes gewährt, den hier und da Gewässer mit unzähligen größeren und kleineren Wiesen und Feldern durchschneiden. Gerade in der Mitte dieser Szene stehst Du nun auf einer Berggruppe, über die nahen Wipfel alter Buchen- und Eichenwälder hinschauend […] An einer der finstersten Stellen dieser Wildnis erheben sich die uralten Ruinen der ›Roten Burg‹, ein prachtvolles Andenken aus den Zeiten Wilhelms des Eroberers.« (545)

Die Ruine als Fluchtpunkt der Erinnerung zeigt den Übergang zur Komplettierung des Bildes an, das erst jetzt zum Raum des Parks sich rundet: »Nun denke Dir noch, daß diese ganze romantische Berggruppe, die sich, ganz für sich allein bestehend, aus der Ebene erhebt, fast in regelmäßigem Kreis von den silberhellen Wellen des Hawk-Flusses umströmt wird, und dieser so natürlich eingeschlossene Raum der Park von Hawkstone ist …« (545) Bis dahin folgt die Beschreibung dem Muster eines Bildes, das von einem bestimmten Standpunkt aus betrachtet wird. Es ist zuerst ein Panorama, das sich dann über Fern- und Nahsicht zum darin eingeschlossenen Bild des Parks verengt. Was aber Park und Garten im Inneren auszeichnet, Partien, Bilder, Ausblicke, erschließt sich nur in fortlaufender Bewegung. Humphry Repton schrieb in seinen »Sketches and Hints on Landscape Gardening« von 1794: »Der Maler nimmt von einem festgelegten Punkt aus seinen Blick auf; der Gärtner aber überschaut seine Szenerie aus der Bewegung, und selbst von verschiedenen Fenstern der gleichen Hausfront aus sieht er die Dinge in unterschiedlichen Situationen. Für eine genaue Wiedergabe der Landschaftsgestaltung des Gärtners müßte man also Bilder malen mit den Blicke aus jedem einzelnen Fenster und sogar Zeichnungen anfertigen von jedem einzelnen Ort, wie er sich schon bei dem geringfügigsten Stellungswechsel auf der Auffahrt, den Fuß- und Fahrwegen verändert.«[6]

Im Unterschied zum gemalten Bild und zur Zeichnung bietet die Beschreibung die Möglichkeit, den sich verändernden Blicken zu folgen. Die kinästhetische Rezeption der Park- und Gartenbilder lässt sich nämlich im Medium der Sprache deskriptiv und narrativ aus dem bewegten Fußgängerblick nachvollziehen. »Über einen weiten Wiesenplan, von Eichen beschattet und von weidenden Pferden bedeckt, wanderten wir auf sehr nassem Boden […] den Kupferfelsen zu. Diese erheben sich über einen hohen Abhang alter Buchen wie eine darüberhängende Mauer und sind oben mit schwarzem Nadelholz gekrönt, was einen herrlichen Anblick gewährt. In dieser natürlichen Mauer befindet sich die erste Hauptpartie des Parks, die ›Grotte‹ genannt. [Sie] besteht aus mehreren Höhlen mit allerlei Steinen und Metallerzen inkrustiert, in welchen einige angebrachte Öffnungen, die mit bunten, brillantartig geschliffenen, kleinen Glasscheiben ausgesetzt sind, in der Dunkelheit täuschend Aladinschen Edelsteinen gleichen.« (546f.)

Der Wechsel der Bilder lässt den Leser von Partie zu Partie gelangen, bis ihm spielerisch mit jenem Vermögen über eine Klippe hinweggeholfen wird, das immer schon sein Begleiter war. Gemeint ist die »Einbildungskraft«, die in Joseph Addisons Abhandlung »On the Pleasures of Imagination« von 1712 ihre auf dem Landschaftsbild (»landskip«) aufbauende Theorie gefunden hat.[7] So heißt es in der weiteren Beschreibung: »Bei einem aus Stämmen und Ästen erbauten Pavillon, der […] eine pittoreske Aussicht auf einen barock gestalteten Berg darbot […], wandte sich nun der Weg noch mehr in das Innere des Waldes und führte uns zu der sogenannten ›Schweizerbrücke‹ […] Da das Geländer zum Teil heruntergefallen und die Passage etwas schwindlig war, so würde hier für meine gute Julie […] alles weitere Vordringen ein Ende gehabt haben. Wie gut ist es also in solchen Fällen, einen so unermüdlichen Führer im Reich der Einbildungskraft zu besitzen, wie Du an mir hast, der Dich sofort mit leichter Mühe über die Teufelsbrücke hinüberschwingt, und Dir nun einen turmartigen Felsen zeigt, der aus den glatten Buchen schwarz hervortritt …« (547)

Im Rahmen seiner Theorie der Einbildungskraft diskutierte Addison auch das Verhältnis von gemalten und geschriebenen Bildern. Einerseits gab er dem Gemälde in mimetischer Hinsicht den Vorzug, denn »ein Gemälde trägt eine wahrhaftige Ähnlichkeit mit seinem Original in sich, zu der Buchstaben und Silben überhaupt nicht in der Lage sind. Farben sprechen alle Sprachen, aber Worte werden nur von den einen oder anderen Menschen oder Nationen verstanden«[8]. Andererseits hielt er dafür, dass geschriebene und gelesene Bilder unter Umständen lebendigere geistige Vorstellungsbilder als die gesehenen und gemalten Bil-

Warwick Castle, Warwickshire. Burganlage im Landschaftsgarten

der erzeugten. Das trifft für Pücklers »Kunst der Beschreibung« zweifellos zu. »Worte, wenn sie gut gewählt sind, haben so große Kraft in sich, dass uns eine Beschreibung häufig eine lebhaftere Idee vermittelt als der Anblick der Dinge selbst. Mit der Hilfe von Worten empfindet der Leser in seiner Vorstellung eine Szene als in stärkeren Farben gezeichnet und mit mehr Leben gamalt als beim letztendlichen Betrachten der Szene selbst, die die Worte beschreiben. In diesem Fall scheint der Dichter die bessere Natur zu schaffen, er beschreibt in der Tat die Landschaft ihr gemäß, gibt ihr aber energischere Züge, steigert ihre Schönheit, und belebt das ganze Werk so, dass die Bilder, die von dem Objekt selber ausgehen, im Vergleich mit denen, die aus den Ausdrücken entstehen, schwach und matt erscheinen.«[9]

[7] The Spectator, ed. with an Introduction and Notes by Donald F. Bond. 5 Bde. Oxford 1965. Wiederabdruck 1987.

[8] »a Picture bears a real Resemblance of its Original, which Letters and Syllables are wholly void of. Colours speak all Languages, but Words are understood only by such a People or Nation.« The Spectator 416 (wie Anm. 7), S. 559.

Ein eindrückliches Beispiel dafür findet sich in einem späteren Teil der Beschreibung von Hawkstone Park. Nachdem der Erzähler den Leser auf eine Terrasse »mit einzeln durch den Wald gehauenen Prospekten« (548) geführt und jene turmartige Säule hat besteigen lassen, »von wo man eben das früher beschriebene Panorama der fünfzehn Grafschaften staunend überblickt«, erklärt er, »und geleite [ich] Dich wieder einen langen, langen Weg erst durch den Wald, dann über Wiesenhügel und durch eine schmale Schlucht, hierauf wieder mühsam einen Berg hinan, zu der prachtvollen Ruine, dem schauerlich gelegenen ›Roten Schloß‹«. Die genaue Beschreibung der ausgedehnten Anlage mit »malerischer Felsengasse« gipfelt in einem Turm, in dessen Innerem ein unabsehbarer Brunnen liegt. »Wenn man über die feste und wohlverwahrte Barriere, die ihn umgibt, hinunterblickt, erregt der Kontrast der Turmhöhe über Dir, in welche der Himmel hineinschaut, und der bodenlosen Tiefe unter Dir, wo ewige Nacht herrscht, einen ganz eigenen Eindruck. Man wähnt hier Verzweiflung und Hoffnung in *einem* Bilde allegorisch vereinigt zu sehen.« (549) Unstreitig berührt dieses »Bilder [...], die aus den Ausdrücken entstehen« geistig und emotional stärker, da dem Gegenstand mittels effektvoller Repräsentation ein verweisender Sinn eingeschrieben ist.

So kunstvoll die Beschreibung, so gut gesetzt die Kritik. Sie wird als Überbeanspruchung der »Einbildungskraft« ironisch indiziert und im zweiten Schritt als Ausgrenzung der »Afterkunst« stilistisch markiert: »Mit einem etwas starken Sprung der Einbildungskraft gelangten wir [...] zu der Hütte eines Neuseeländers [...] nach einer Zeichnung Cooks vor vielen Jahren aufgebaut [...] und mit Pfeilen, Tomahawks, Schädeln gefressener Feinde und anderen dieser niedlichen Kleinigkeiten versehen, die den unschuldigen Luxus jener Naturkinder ausmachen.« Keiner Beschreibung würdig, unterliegen die »Anlagen der Afterkunst« bloßer Aufzählung, fallen damit schon stilistisch der Nicht- oder Verachtung anheim: »Hiermit beschlossen wir unsere Promenade, und ließen noch ungesehen (als dieses herrlichen Ganzen unwürdige Flecken) eine Höhle, wo ein Automat den Einsiedler spielt und ein Gedicht hersagt, eine alberne Darstellung des Neptun von Sandstein, verbunden mit einem chinesischen Tempel von Holz, und eine moderne Zitadelle, ebenfalls von Holz, wo bei Feierlichkeiten und auf Bestellung mehrere Kanonen gelöst werden können.« (548f.)

Aus der Kunstkritik wandern Gärten und Parks heute immer mehr in den Reiseteil, auch weil sich Agenturen inzwischen auf Gartentouren spezialisiert haben.[10] Der Schriftsteller wusste, dass dies ein literarischer Abstieg war: »... doch ich versteige mich zu weit und war auf gutem Wege, in den Ton eines Reisebeschreibers von Profession zu fallen, der ennuyieren zu dürfen glaubt, wenn er unterrichtet – obgleich er den Unterricht selbst gewöhnlich erst durch mühsames Nachlesen der Lokalbücher erlangt.« (45) Bei Pücklers Fahrten in die Parks gilt es, die »Phantasie-Pferde« (56) anzuspannen. Damit sie in Bewegung bleiben, muss der Park freilich danach sein. Er muss die Bildproduktion der Einbildungskraft unmerklich und unentwegt stimulieren. Das trifft besonders auf den Park von Kenmare zu.

Ihn zeichnet aus, »daß Kunst und Natur sich [...] vollständig die Hand bieten. Es sei genug, zu sagen, daß die erste sich nur durch die vollständigste Harmonie bemerkbar macht, übrigens in der Natur ganz aufgegangen zu sein scheint.« Es handelt sich demnach um eine Kunst, die sich selbst zum Verschwinden bringt: »... daher kein Baum noch Busch mehr wie absichtlich hingepflanzt sich zeigt; die Aussichten nur nach und nach, mit weiser Ökonomie benutzt, sich wie notwendig darbieten; jeder Weg so geführt ist, daß er gar keine andere Richtung, ohne Zwang, nehmen zu können scheint; der herrlichste Effekt von Wald und Planzungen durch geschickte Behandlung, durch Kontrastieren der Massen, durch Abhauen einiger, Lichten anderer, Aufputzen oder Niedrighalten der Äste erlangt worden ist – so daß der Blick bald tief in das Walddunkel hinein, bald unter, bald über den Zweigen hingezogen und jede mögliche Varietät im Gebiet des Schönen hervorgebracht wird, ohne doch irgendwo diese Schönheit nackt vorzulegen, sondern immer verschleiert genug, um der Einbildungskraft ihren nötigen Spielraum zu lassen; – denn ein vollkommener Park, oder mit anderen Worten: eine durch Kunst idealisierte Gegend soll gleich einem guten Buch wenigstens ebensoviel neue Gedanken und Gefühle *erwecken*, als es ausspricht.« (174)

Auf die kreative Rezeption, den ästhetisch erzeugten Surplus für Intellekt und Emotion kommt es an. Diese Rezeption wird aber nur ausgelöst, wenn die Einbildungskraft freies Spiel hat, und das hat sie nur, wenn es Unschärfen gibt (»verschleiert genug«). Letztere aktivieren die Einbildungskraft des Adressaten, der sein Vergnügen darin findet, etwas zu entdecken und in seinem Geist zu vollenden. Ähnlich bei der Beschreibung von Warwick Castle: »Den Fluß auf der anderen Seite mußt Du Dir nun noch tief unter dem Schloßplatz denken, und daß er von den bisher beschriebenen Stellen nicht gesehen wird, sondern erst aus den Fenstern des bewohnten Schloßteils nach außen hin [...] zugleich mit dem herrlichen Park sichtbar wird, der überall durch Wald am Horizont geschlossen ist, was der Phantasie so viel Spielraum läßt, und wieder für sich eine neue höchst romantische Aussicht bildet.« (529) Das von Pückler formulierte Surplus qua Einbildungskraft hat seine Entsprechung in Lessings

---

[9] »Words, when well chosen, have so great a Force in them, that a Description often gives us more lively Ideas than the Sight of Things themselves. The Reader finds a Scene drawn in Stronger Colours, and painted more to the Life in his Imagination, by the help of Words, than by actual Survey of the Scene which they describe. In this Case the Poet seems to get the better Nature; he takes indeed, the Landskip after her, but gives it more vigorous Touches, heightens its Beauty, and so enlives the whole Piece, that the Images which flow from the Object themselves appear weak and faint, in Comparison of those that come from the Expressions.« The Spectator 416 (wie Anm.7), S. 560f.

[10] Vgl. z.B. Maletzke, Elsemarie: Schaut meinen Garten, ihr Würmer! In: FAZ. Nr. 253. 31.Okt. 2002, S. R1.

Theorie des »fruchtbaren Augenblicks«: »Dasjenige aber nur allein ist fruchtbar, was der Einbildungskraft freies Spiel läßt. Je mehr wir sehen, desto mehr müssen wir hinzu denken können. Je mehr wir darzu denken, desto mehr müssen wir zu sehen glauben.«[11]

Von Leerstellen, Vagheiten, transitorischen Unschärfen kann sich die »Kunst der Beschreibung« immer noch inspirieren lassen. Warum sollte der, der in einen Landschaftsgarten hineingeht, nicht mit einem »Buch« der Gedanken und Gefühle wieder herauskommen? Es werden andere als zu Pücklers Zeiten sein, aber es lohnt, sie aufzuschreiben. Denn was auf Entdeckung und Ergänzung im Geist des Betrachters angelegt ist, wird erst durch diesen Akt der kreativen Rezeption vollendet. Insofern *braucht* der historische Landschaftsgarten den Betrachter als Mitschöpfer, und diese Mitschöpfung wird in die »Kunst der Beschreibung« eingehen. Es ist keine einfache Kunst, insbesondere wenn sie die Ensemblewirkung wiedergeben will. So zitiert Pückler Woburn Abbey: »Diese [Blumengärten] erschienen mir nun besonders reizend, dabei so zweckmäßig mit den Gebäuden verwoben und so mannigfaltiger Art, daß eine genügende Beschreibung schwer ist.« (523) Zur Unterstützung der Einbildungskraft kann man sich bei Gelegenheit auch der Zeichnung bedienen: »Um Dir meine Beschreibung wenigstens einigermaßen anschaulich zu machen, füge ich einen Grundplan bei, der Deiner Einbildungskraft zu Hilfe kommen muß.« (529)

Aber, dies auch eine Warnung für bildgläubige Gartenhistoriker, die Zeichnung kann trügen: »Jeden Tag überzeuge ich mich mehr, daß die breiten, zu offenen Aussichten, welche hier fast ganz verbannt sind, alle Illusion zerstören. Einige ganz alte Anlagen abgerechnet, findest Du fast kein Haus oder Schloß in England, dessen An- und Aussicht nicht vielfach durch hohe Bäume unterbrochen wäre. In den Abbildungen davon wird man getäuscht, weil die Zeichner gewöhnlich, da ihre Hauptabsicht ist, die Architektur des Gebäudes und seinen Umfang zu zeigen, die davorstehenden Bäume weglassen.« (720) Nicht unwichtig für die Beschreibung ist schließlich der Zeitpunkt, zu dem die »Park- und Gartenreise« (515) unternommen wird. Der intellektuellen Operation der Analyse kommt die laublose Zeit zustatten, da Strukturen deutlicher zutage treten: »Die jetzige Zeit«, schreibt Pückler in einem Dezemberbrief, »ist aber gerade die beste für den, welcher diesen Gegenstand studieren will, da die laublosen Bäume überall die Durchsicht gestatten und man so bei einer Umgehung der künstlichen Landschaft alles schon übersehen, die gewonnenen Effekte verstehen und das ganze, wie einen Plan auf dem Papier, beurteilen sowie die Bestandteile jeder Pflanzung in ihrer absichtlichen Ordnung erkennen kann.« (515) Indes treten Vegetation, Wetter und Beleuchtung in den Vordergrund, sobald sich die »Kunst der Beschreibung« den »Pleasures of Imagination« zuwendet.

Neben dem analytischen und ästhetischen gibt es auch den praktischen Aspekt. Dieser ist bei Pücklers Park- und Gartenbeschreibungen sogar von besonderer Wichtigkeit, da es immer auch um Impulse für eigene Kreationen geht. »Dein feiner Geschmack würde tausend neue Ideen hier schöpfen, um nachher noch lieblichere Details hervorzubringen, soweit Lokalität und Mittel hinreichen, teils durch geschickte Anwendung der Blumenfarben, teils durch graziöse Formen oder durch erhöhte Beleuchtung, welche sinniges Öffnen und Verdecken so sehr zu steigern imstande ist.« (839) Entgegen mancher Vermutung stellt dieser praktische Aspekt eine besondere Herausforderung für die »Kunst der Beschreibung« dar; denn von der »Akkuratesse eines Bildes« hängt es ab, ob den dargestellten Schöpfungen der »Kunst der Landschaftsgärtnerei« (586) neue Ideen für die eigenen Gestaltungen zu entnehmen sind. So verweilt die Beschreibung von Cashbury Park und Ashridge Park ausführlich bei den verschiedenen Gartenformen, um dann mit dem Satz zu schließen: »Nimm es immer als ein kleines Opfer an [...] daß ich so treu diese Details Dir beschreibe, die bei unseren eigenen Plänen und Bauten doch nicht ohne Nutzen sein möchten und wenigstens gewiß noch mühsamer zu *schreiben als zu lesen* sind.« (522)

Wenn Pückler Capability Brown den »Garten-Shakespeare Englands« (553) genannt hat, so darf er selbst als Deutschlands »Garten-Scott« gelten. Es ist an der Zeit, den »Meister der Beschreibung« zu entdecken, damit der Kritik der Gartenkunst durch Vorbild und Beispiel wieder zu Ansehen und öffentlicher Wirkung verholfen wird. Ein erster Schritt wäre getan, wenn im Studium der Landschaftsarchitektur mehr als bisher der alte Gedanke beherzigt würde: »Worte, wenn sie gut gewählt sind, haben so große Kraft in sich, dass uns eine Beschreibung häufig eine lebhaftere Idee vermittelt als der Anblick der Dinge selbst.«[12]

Prof. Dr. Hubertus Fischer
Geb. 1943. Studium der Germanistik, Geschichte und Philosophie in München und Hamburg. Assistenzprofessor an der Freien Universität Berlin. Seit 1982 Professor für Ältere deutsche Literatur an der Universität Hannover. Gastprofessuren in Kairo und Posen. Bücher und Aufsätze zur Älteren und Neueren Literatur, Geschichte, Naturwahrnehmung, Umwelt und Karikatur.

[11] Lessing, Gotthold Ephraim: Laokoon oder über die Grenzen der Malerei und Poesie (Berlin 1766). Stuttgart 1976, S. 22f.

[12] Wie Anm. 9.

Umwelt- und Naturwissenschaften

Historische Gärten sind Teile unserer Umwelt. Unsere Städte, Dörfer und Landschaften werden von Gärten, Parks oder Alleen in besonders charakteristischer Weise geprägt. Viele Menschen erfreuen sich während des ganzen Jahres an den Eindrücken, welche die wechselnden Erscheinungsformen der Gärten ihnen vermitteln. Sie geniessen den Aufenthalt in künstlerisch wertvoll gestalteten Parks, die aufgrund ihres hervorragenden Pflegezustandes oder ihrer Strukturvielfalt wie Oasen wirken.

Historische Gärten sind keine Welten im Abseits. Sie gehören zu unserem Lebensraum und unterliegen deshalb auch den Bedingungen, die von der Natur und den Menschen selbst geschaffen werden. Die Gärten befinden sich daher in einem Spannungsfeld von dynamischen Prozessen auf der einen Seite sowie gegensteuernden und korrigierenden Massnahmen auf der anderen. Gärtnerische Pflege ist in diesem Geschehen immer ein notwendiges Regulativ gewesen, durch das die gestalterischen Anforderungen im Einklang mit den natürlichen Bedingungen und Entwicklungen gehalten wurden. Sie sah jedoch nur den begrenzten Ort, den Garten oder Park, die Allee oder gestaltete Landschaft, also jene Lebensbereiche des Menschen, die von ihm künstlich verändert waren. Gärtnerische Pflege war vor allem Handeln, das sich auf Erfahrungen aus dem Umgang mit der Natur stützte, die scheinbar gleich blieb. Heute wissen wir selbstverständlich, dass dies nicht der Fall ist. Im Kleinen wie im Grossen verändert sich unsere Umwelt. Ob vom Menschen beeinflusst oder durch eigene Dynamik, muss im Einzelnen untersucht und festgestellt werden, wenn ablaufende Prozesse zu unerwünschten Beeinträchtigungen führen.

Die Forschung in den Bereichen der Umwelt- und Naturwissenschaften hat dazu beigetragen, dass vieles von dem, was in einem Garten geschieht, besser verstanden werden kann. Sie hat gezeigt, dass auch diese künstlichen Welten nicht isoliert gesehen werden können und dürfen, wenn man sie erfolgreich bewahren will. Interdisziplinärer Wissens- und Gedankenaustausch stellt sich insofern als Notwendigkeit dar. Er fördert die Zusammenarbeit unterschiedlicher Fachbereiche und das Verständnis für andere Interessen an diesen Objekten. Durch die wissenschaftliche Forschung erkennen wir den Rahmen unserer Möglichkeiten, historische Gärten in Gegenwart und Zukunft zu erhalten. Die Chance besteht, wenn wir sie letztlich als Teile unserer Umwelt verstehen und behandeln.

Weiden und Eichen im Park Remplin

LANDSCHAFTSGÄRTEN UND IHRE UMGEBUNG SIND BEISPIELE DAFÜR, DASS KULTUR UND NATUR KEINE GEGENSÄTZE DARSTELLEN. SIE KÖNNEN UNS HEUTE NOCH DIE EHRFURCHT VOR UND DAS LEBEN MIT DER NATUR VERMITTELN. ÜBER DEN BEGRIFF »KULTURLANDSCHAFT« WERDEN GEMEINSAME INTERESSEN UND PERSPEKTIVEN VON DENKMALPFLEGE UND NATURSCHUTZ DEUTLICH.

Harald Plachter

LANDSCHAFTSGÄRTEN – EIN ANLIEGEN DES NATURSCHUTZES?

Zwischen Denkmalpflege und Naturschutz scheint es nur wenige Berührungspunkte zu geben. Zu unterschiedlich sind die Schutzobjekte: Baumonumente, Gärten auf der einen Seite, vom Menschen unberührte Natur, wild lebende Tiere und Pflanzen andererseits. Erst in den letzten Jahren werden gemeinsame Interessen und Perspektiven deutlich, etwa zum gemeinsamen Begriff der »Kulturlandschaft« oder zu gemeinsamen Zielen bei der Tourismuslenkung. Es zeigt sich aber auch, dass manche innerfachlichen Probleme durchaus ähnlich sind. Beide – Denkmalpflege wie Naturschutz – verfolgen bis heute in der Praxis weitgehend statisch-konservierende Ansätze und geraten damit in Konflikt mit den Nutzern der Schutzobjekte, aber auch mit eigenen Paradigmen der Natur- bzw. Kulturdynamik. Landschaftsgärten enthalten beides, Kulturmonumente und Natur, wenngleich diese planerisch und gärtnerisch gestaltet ist. Dass beide bedeutende Objekte der Denkmalpflege sind, ist unbestritten. Ihr naturschutzfachlicher Wert und vor allem ihr Beitrag zu gemeinsamen Strategien von Naturschutz und Denkmalpflege sind hingegen bisher kaum diskutiert.

NATURSCHUTZ IM WANDEL DER ZEIT

Naturschutz gilt in weiten Kreisen der Öffentlichkeit als modernes Anliegen, induziert durch die eklatanten Arten- und Ökosystemverluste der zurückliegenden Jahrzehnte. Als gesellschaftliche Aufgabe hat er sich jedoch bereits im ausgehenden 18. und in der ersten Hälfte des 19. Jahrhunderts etabliert. Im Wesentlichen sind es zwei, allerdings grundverschiedene Wurzeln, aus denen naturschützerische Ziele entstanden sind. Zum einen war es das Streben der Romantik nach Landschaftsgestaltung, wie sie in den Gemälden

Landschaftsgarten Wörlitz mit Goldener Urne, Synagoge und St.-Petri-Kirche

und Landschaftsgärten dieser Zeit ihren Ausdruck fand, zum anderen der Protest gegen die offensichtlichen Naturzerstörungen, die durch neue wasserbauliche und landwirtschaftliche Technologien verursacht wurden. Aus der ersten Wurzel hat sich das entwickelt, was wir heute als »Landschaftspflege« bezeichnen, aus der zweiten der »Naturschutz im engeren Sinn«, der »Arten- und Biotopschutz«. War die Landschaftspflege in den Zeitgeist eingebettet und ihre Instrumente einschließlich der Landschaftsplanung Ausdruck des kulturellen »Mainstreams«, so hat sich der Naturschutz von Anfang an als Gegenbewegung zur anscheinend grenzenlosen Technik-Euphorie der Zeit verstanden. Er gründet auf naturwissenschaftlichen, rationalen Analysen, dokumentiert mit ihrer Hilfe »Naturverluste« und sucht diese mit protektiven Mitteln zu vermindern.

Wenngleich Ansätze, etwa erste Maßnahmen gegen industrielle Rauchschäden, bereits in der zweiten Hälfte des 19. Jahrhunderts zu verzeichnen sind, ist Umweltschutz hingegen eine Disziplin, die sich erst im Zuge der meist stofflichen Belastungen und der Abfallproblematik des industriellen Wiederaufbaus nach dem Zweiten Weltkrieg formierte. Charakteristisch ist sein anthropozentrisches, mechanistisches Konzept, in dessen Mittelpunkt letztlich die menschliche Gesundheit und die Nutzbarkeit natürlicher Ressourcen stehen. Natur wurde hier lange Zeit nur als »Medium« und als »black box« verstanden.[1]

Es ist bis heute nicht gelungen, Landschaftspflege, Denkmal-, Natur- und Umweltschutz zu einem harmonischen Konzept zu vereinigen. Die stereotype Verwendung von Doppelbegriffen wie »Natur- und Umweltschutz« macht diese konzeptionellen Brüche deutlich, und selbst das deutsche Bundes-Naturschutzgesetz verwendet im Text durchgängig den Doppelbegriff »Naturschutz und Landschaftspflege«. Ein wesentlicher Grundwert ist Umwelt- und Naturschutz gemeinsam: die Position, in der beide den Menschen im Verhältnis zur Natur bzw. Umwelt sehen. Mensch und Natur werden als Widersacher verstanden: die Natur bis zu einem gewissen Grad bedrohlich, der Mensch als »Eingreifer«, »Naturvernichter«, jedenfalls als Subjekt, das die (harmonischen) natürlichen Abläufe stört. Diese konzeptionelle Antizipation von Mensch und Kultur auf der einen Seite und Natur auf der anderen sitzt tief, nicht nur bei den Naturschützern selbst, sondern ebenso in der kulturellen Grundhaltung unserer Zeit.[2] Hier »Kulturlandschaft«, vom Menschen gestaltete »Umwelt«, dort »wilde Natur«. Diese

[1] Plachter, Harald: Naturschutz. Stuttgart 1991.

[2] Plachter, Harald/Rössler, Mechthild: Cultural Landscapes: Reconnecting Culture and Nature. In: Droste, Bernd von / Plachter, Harald / Rössler, Mechthild (Hrsg.): Cultural Landscapes of Universal Value. Jena 1995, S.15–18.

[3] Plachter, Harald: A Central European Approach for the Protection of Biodiversity. In: Ogrin, D. (Hrsg.): Nature Conservation Outside protected Areas. Conf. Proc. Ministry of Environment and Physical Planning. Ljubljana 1996, S. 91–118.

[4] Phillips, A.: The Nature of Cultural Landscapes – a Nature Conservation Perspective. Landscape Res. 23. 1998, S. 21–38.

[5] Bundesdenkmalamt Wien (Hrsg.): Denkmal – Ensemble – Kulturlandschaft am Beispiel Wachau. Wien 1999.

Grundhaltung erschwert nicht nur den Umgang mit Natur, sie behindert ebenso die Konkretisierung des Theorems der »nachhaltigen Entwicklung«, das gerade von der Synthese ökologischer, sozialer und ökonomischer Strategien ausgeht.

Landschaft als gemeinsame Kommunikations- und Aktionsbasis

Auffällig ist, dass der Naturschutz trotz seiner naturwissenschaftlichen Ausrichtung über lange Zeit ein relativ diffuses Natur-Bild hatte. Geschützt werden sollte vom Menschen möglichst unberührte Natur. Doch ob die Natur, die im konkreten Fall geschützt werden sollte, tatsächlich diesen Qualitätsanspruch erfüllte, wurde oft nicht hinreichend hinterfragt. Erst als sich großflächig die Aufgabe der meisten prä- und frühindustriellen Nutzungsformen abzeichnete, wurde deutlich, wie tief greifend der Mensch diese anscheinend doch »natürlich funktionierende« Natur bereits geprägt hatte. Die Konsequenz war, dass diese Natur, jedenfalls in der vorliegenden Form, eben nicht ohne den Menschen auskam und dort, wo die »passende Nutzung« ausfiel, diese durch Pflege- und Managementmaßnahmen des Naturschutzes selbst substituiert werden musste. Erst das schärfte das Nachdenken darüber, welche Natur überhaupt geschützt werden soll, wie ökologische und kulturelle Dynamik sich in ein solches Konzept einfügen ließen.

In Europa traten diese Probleme besonders auffällig zu Tage. Sorgfältige Analysen zeigten, dass es unberührte Natur nicht gibt, dass der überwiegende Teil der doch beachtlichen Biodiversität Europas heute an durchgängig genutzte Landschaften gebunden ist und – noch problematischer – dass in der Vergangenheit hohe Biodiversität häufig durch degradierende Nutzungsformen wie Waldweide oder Ackerbau in Hanglagen entstanden ist.[3] Die Nachhaltigkeit isolierter Schutzbemühungen für einzelne Arten oder Lebensräume stand zunehmend infrage, wenn sich die Landschaft darum herum tief greifend veränderte.

Seit einigen Jahren erkennt auch der Naturschutz zunehmend, dass viele Strategien und Ziele nicht auf Objekt-, sondern nur auf Landschaftsebene sinnvoll zu bearbeiten sind. Diese Ebene ist auch die entscheidende in der Kommunikation mit jenen, die die Natur nutzen. Land- oder forstwirtschaftliche ebenso wie touristische Entscheidungen sind letztlich auf Landschaftsausschnitte bezogen. Im europäischen Naturschutz nimmt zunehmend der Schutz von Kulturlandschaften eine zentrale Position ein.[4]

Aber was ist eine Landschaft und – noch schwerer zu beantworten – was ist eine »Kultur-Landschaft«? Naturwissenschaften, die sich überwiegend mit Land-

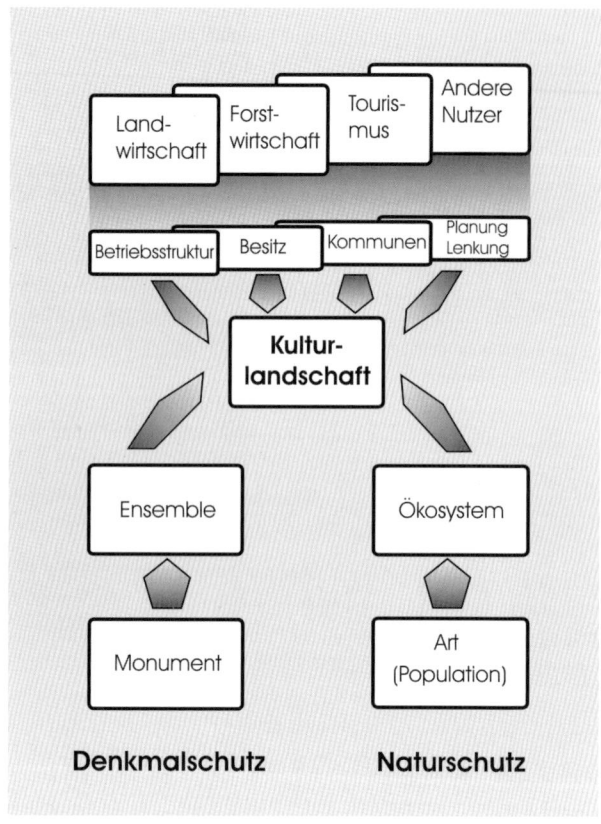

Kulturlandschaft als gemeinsame Kommunikationsbasis zwischen Landnutzung, Denkmalpflege und Naturschutz

schaften beschäftigen, wie die Geografie oder die Landschaftsökologie, geben hierzu keine einheitliche Auskunft. Wohl nur wenige Fachbegriffe sind so diffus geblieben wie der Begriff der Landschaft, vielleicht nicht zuletzt deshalb, weil er zwangsläufig einen breit interdisziplinären Ansatz impliziert.

Die Denkmalpflege hat einen ganz ähnlichen Weg hinter sich. Stand zunächst das einzelne Monument im Mittelpunkt aller Betrachtungen (vergleichbar den Arten im Naturschutz), trat später das Ensemble hinzu (den Ökosystemen in der Natur vergleichbar). Nun beschäftigt sich auch die Denkmalpflege zunehmend mit Kulturlandschaften und hat dabei ganz ähnliche definitorische und konzeptionelle Probleme wie der Naturschutz.[5] Seit 1992 ist es möglich, Kulturlandschaften für die Welterbeliste der UNESCO zu nominieren. Die bisherige Erfahrung zeigt, wie grundlegend unterschiedlich die Perzeption von Kulturlandschaften in den einzelnen Disziplinen ist und – darüber hinaus – wie schwierig es ist, Wertkriterien für Landschaften zu definieren, die von allen mitgetragen werden können. So reicht die Palette von Landschaften, die auf die Welterbeliste eingeschrieben werden, von »Geplanten Landschaften« (designed landscapes, wie Gärten) über »Organisch gewachsene Landschaften« (organically evolved landscapes, wie rurale Landschaften) bis zu »Assoziativen Landschaften« (spiritual landscapes, wie heilige Stätten).[6] Sind für den Naturschützer »wertvolle« Landschaften meist solche, in denen natürliche ökologische Prozesse noch dominieren, also bestenfalls halbnatürliche »traditionell« bewirtschaftete Landschaften, sieht der Denkmalpfleger den Wert einer Landschaft gerade darin, dass hier vorrangig der menschliche Einfluss prägend ist, wie dies zum Beispiel bei Terrassenlandschaften oder Landschaftsgärten[7] offensichtlich der Fall ist. Letztere gewinnen, wenn sie aus Geldmangel verwildern, häufig an naturschutzfachlichem Wert, wie das aktuelle Fallbeispiel der Landschaftsgärten in Mecklenburg-Vorpommern zeigt.[8]

Eine Gemeinsamkeit gibt es dennoch zwischen Denkmalpflegern und Naturschützern: die retrospektive, konservierende Grundhaltung, mit der sie Maßnahmen planen und ausführen. Geschützt werden soll statisch der »ursprüngliche« Zustand, dabei häufig verkennend, dass die Schutzobjekte selbst aus einem kontinuierlichen Wandel entstanden sind, ein Urzustand häufig weder definierbar noch erwünscht ist und vor allem Landschaften einer ständigen Dynamik unterliegen, aus der sich letztlich ein wesentlicher Teil ihres Wertes ergibt. Der statische Erhalt von Landschaften würde nicht nur ökologischen, sondern auch kulturellen Prinzipien widersprechen.

Einbettung des Landschaftsgartens Wörlitz (Vordergrund) in die umgebende Auenlandschaft der Elbe (Hintergrund)

LANDSCHAFTSGÄRTEN:
KUNST-NATUR ODER NATUR-KUNST?

Mitteleuropa verfügt über eine auffallend breite Palette herausragender Landschaftsgärten.[9] Einige von ihnen wurden inzwischen zum Welterbe erklärt, wie etwa das Dessau-Wörlitzer Gartenreich oder bald auch der Park Muskau. Landschaftsgärten sind bis heute ein exklusives Thema des Denkmalschutzes geblieben. Für den Naturschutz scheinen sie ohne Interesse, handelt es sich doch offensichtlich um völlig nach menschlichen Prinzipien gestaltete Natur. Eigentlich gäbe es aber gewichtige Gründe, die auch den Naturschutz bewegen sollten, sich intensiver als bisher mit Landschaftsgärten zu beschäftigen.

Naturschutz, so wie er heute ist, insbesondere der Teil der Landschaftspflege, wäre ohne die Idee des Landschaftsgartens undenkbar. In seinem Konzept wurde erstmals bewusst Landschaft unter Berücksichtigung »wilder Natur« (auch wenn es Pseudowildnis war) geplant und gestaltet. Überhaupt, Landschaft nicht zum Zwecke der land- und forstwirtschaftlichen Nutzung, sondern als Ausdruck sowohl kultureller als auch ökologischer Prinzipien zu gestalten, war neu. Wildnis als Wertkomponente an sich hat bis heute nichts von ihrer Aktualität verloren. Es ist bemerkenswert, dass sich auch der amerikanische Naturschutz in wesentlichen Zügen auf den Wert von Wildnis stützt[10] und in der Realität mit der Auswahl der Nationalparks doch genau jene grandiosen, monumentalen Landschaften geschützt hat, die hinsichtlich ihrer ästhetischen Attraktivität mit den europäischen Anlagen vergleichbar sind.

Landschaftsgärten vereinen explizite Kulturmonumente mit einer teils geometrisch gestalteten, teils pseudonatürlichen, abgestuft »wilden« Umgebung, die u.a. im Sinne der Landesverschönerungstendenzen gestaltet wurde. Sichtachsen leiten den Blick auf diese Kulturmonumente. Aber ein Landschaftsgarten hat nicht nur »interne« Sichtachsen. Regelmäßig reichen diese weit über den eigentlichen Garten hinaus, stellen die Verbindung mit der umgebenden Landschaft her. In der Tat geht die Verbindung zwischen Landschaftsgarten und Umland weit über solche Sichtachsen hinaus. Das Konzept des Gartenreiches Dessau-Wörlitz zeigt dies exemplarisch. Die insgesamt sieben Gartenanlagen (Wörlitz, Luisium, Oranienbaum, Sieglitzer Berg, Georgengarten, Großkühnau, Mosigkau) sind nicht regellos in diesem Gebiet verstreut, sie sind vielmehr über die zwischen ihnen liegende Matrix der »normalen« Landschaft harmonisch miteinander verbunden. Fürst Friedrich Franz von Anhalt-Dessau, der Erbauer des Gartenreiches, hat diese Matrix keineswegs unverändert belassen. Im Wegenetz und an verstreuten Kunstobjekten wird dies offensichtlich, der Eingriff geht aber weit darüber hin-

[6] World Heritage Convention, UNESCO 1972. Operational Guidelines 2002, siehe Rössler in diesem Band.

[7] Haber, W.: Concept, Origin and Meaning of »Landscape«. In: Droste, Bernd von/Plachter, Harald/Rössler, Mechthild (Hrsg.): Cultural Landscapes of Universal Value. Jena 1995, S. 38–41.

[8] Lehmann, Ingo: Beitrag in diesem Band.

[9] Maier-Solg, F./Greuter, A.: Landschaftsgärten in Deutschland. Frechen 2000.

[10] Primack, R.B.: Essentials of Conservation Biology. Sunderland/Mass. 1993.

Parkähnliche, halboffene Landschaft im Biosphärenreservat »Flusslandschaft Elbe« zwischen Dessau und Wörlitz. Die Landschaftsstruktur ist ebenso von Menschen gestaltet wie jene der Gärten.

Naturnahe Überschwemmungsaue der mittleren Elbe mit Extensivgrünland und Auwaldresten im Hintergrund. Das Foto S. 149 zeigt den entgegengesetzten Blick vom gleichen Standort.

aus. Das, was heute viele als halbnatürliche, parkartige Weidelandschaft begreifen, ist ebenso durchgängig gestaltet wie der Garten selbst. Und auch die tatsächlich naturnahen Reste der Elbaue sind integrierter Teil des landschaftlichen Gesamtkonzepts.

Die Frage drängt sich auf, wo unter diesem Aspekt die Trennlinie der Zuständigkeit von Denkmalpflege und Naturschutz verläuft. Die Gärten sind offensichtlich Zuständigkeitsbereich der Denkmalpflege, die Auwaldreste der Elbe augenscheinlich Sache des Naturschutzes. Aber kann man so trennen? Wären die Gärten ohne die einbettende Landschaft noch das, was sie sind? Und was ist mit der halboffenen Parklandschaft? Sie beherbergt heute nachweislich hohe Naturschutzwerte, viele Vogelarten, Fledermäuse, totholzbewohnende Insekten. Aber die inzwischen betagten Eichen leben nicht ewig. Wer soll über die Zukunft dieser Parklandschaft entscheiden und ist das

mit divergierenden, vielleicht sogar konkurrierenden Konzepten möglich?

Was für Dessau-Wörlitz gilt, hat im Prinzip für alle Landschaftsgärten Bedeutung. Landschaft ist eben nicht der Garten allein, isoliert herausgehoben, sondern oftmals im Zusammenhang mit der gestalteten bis hin zur überkommenen umliegenden Landschaft zu sehen. Moderne Managementkonzepte, die aus Gründen der Besuchersteuerung Garten und Landschaft zu trennen suchen, vielleicht sogar mit einem Zaun, werden dem ursprünglichen Vorhaben nicht gerecht.

Wenn aber die umgebende Landschaft zum Garten gehört, wie soll sie aussehen? Hier verbinden Denkmalpflege und Naturschutz übereinstimmende Interessen, Ansatzpunkte für gemeinsame Konzepte. Die ländlich geprägten europäischen Kulturlandschaften haben sich in Interaktion der Kultur mit der Natur entwickelt. Standörtliche und klimatische Faktoren prägen die lokale Kultur, wie es sich zum Beispiel in verschiedenen Baustilen niederschlägt. Umgekehrt hat diese Kultur die umgebende Natur geprägt, unter anderem über Landnutzungsmuster. Die technisch nun mögliche Emanzipation von den natürlichen Beschränkungen, die Globalisierung von Landnutzungstechnik, Märkten und Kulturen hat diese Interaktion fast überall zum Erliegen gebracht. Es entstehen weltweit sehr ähnliche Agrarlandschaften, deren lokale Raumzuordnung kaum noch möglich ist.

Die Verluste an Naturwerten durch diese kontinentale, ja globale Landschaftsuniformierung sind immens, und damit einher geht ein ebenso großer Verlust an kulturellen Traditionen, an »Heimat«, in der man sich aufgrund gut erkennbarer Spezifika zuhause

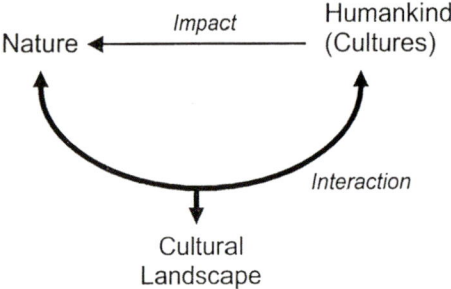

Kulturlandschaften sind durch gegenseitige Wechselwirkungen von Kultur und Natur entstanden und haben ihre Charakteristik örtlichen Spezifika zu verdanken. Aufgrund technologischer Emanzipation wird der menschliche Einfluss heute zunehmend zum einseitigen Eingriff. Die Landschaften verlieren ihre Charakteristik

fühlen kann. Für die Gärten stellt sich vor allem die Frage, inwieweit derartige Einheitslandschaften noch eine passende Umgebung sein können.

LANDSCHAFTSGÄRTEN ALS KATALYSATOREN EINES NEUEN NATURVERSTÄNDNISSES

In der Synthese zwischen Kultur und Natur war das Konzept der Landschaftsgärten dem heutigen Zeitgeist in mancher Hinsicht voraus. Die anthropogen bedingte Veränderung der Natur hat heute ein Ausmaß erreicht, dem nicht mehr allein durch punktuelle Schutzmaßnahmen begegnet werden kann. Nötig sind einerseits flächendeckende Naturschutzansätze unter Einschluss der Nutzflächen, wie sie seit langem gefordert werden,[11] andererseits eine zumindest teilweise Aufhebung des beschriebenen Mensch-Natur-Gegensatzes. Harmonie mit der Natur ist unter den heutigen sozialen und wirtschaftlichen Bedingungen nicht möglich, sehr wohl aber ein besseres Verständnis dafür, dass der Mensch trotz aller technischen Errungenschaften ein Teil der Natur geblieben ist. Nötig sind neue Nutzungsformen, die mit den ökologischen Prozessen arbeiten, die die Natur bereitstellt, anstatt gegen sie. Der ökologische Landbau ist solch ein Ansatz. Weitere müssen folgen.

Basis solcher ökologischen Technologiekonzepte ist aber ein verändertes Naturverständnis in der breiten Öffentlichkeit, in der Lernen von der Natur, Kommunikation mit der Natur und Ehrfurcht vor ihren Schöpfungen wieder Bedeutung erlangen, in der die Pole Kultur und Natur nicht als Gegensatz, sondern als Kontinuum verstanden werden. Landschaftsgärten sind im Grunde einem solchen Konzept verhaftet.

In einem erweiterten Kontext, unter Einschluss der umgebenden Landschaft und der in ihr noch vorhandenen naturnahen Elemente, könnten Landschaftsgärten einen wesentlichen Beitrag zu einem besseren Verständnis von Natur und der Rolle des Menschen in ihr leisten. Landschaftsgärten gewinnen für Touristen zunehmend an Attraktivität. Der Besucher assoziiert mit ihnen sicherlich zunächst einmal die kulturell geprägten Elemente eines solchen Gartens – und ist vielleicht erstaunt über seine »Wildheit«. Dass dies geplante, gestaltete (Pseudo-)Wildnis ist, sollte ebenso vermittelt werden wie die konzeptionelle Einbettung in die umgebende Landschaft. Es ist dann in vielen Fällen nur noch ein kleiner Schritt, die Besucher auch an wirkliche Wildnis, aber ebenfalls an die Problematik des Erhalts ruraler Kulturlandschaften heranzuführen.

Selbst in stadtnahen Landschaftsgärten, in denen es anscheinend keine »wilde« Natur mehr gibt, ist das möglich. Gefährdete Arten, wie etwa die Wasseramsel, brüten dort an den Bächen. Und die Isar fließt vorbei, der letzte alpine Wildfluss auf deutschem Boden. Was Wildnis bedeutet, welche Regeln sie hat, wie sie sich von Pseudowildnis und schließlich von gestaltetem Kultur-Garten unterscheidet, lässt sich hier in hervorragender Weise zeigen. So wird erkennbar, dass unsere Landschaften, nicht nur die Landschaftsgärten, eben nicht aus einem: hier Natur – dort Kultur, sondern aus einem Kontinuum gleitender Übergänge bestehen.

Konkrete Ansätze zu einem solch erweiterten (oder vielleicht nur revitalisierten) Konzept der Landschaftsgärten haben sich im Gartenreich Dessau-Wörlitz aufgrund seines Status als Biosphärenreservat ergeben. Gleichzeitig ist Dessau-Wörlitz Welterbestätte. Beides, das weltweite System der Biosphärenreservate und die Welterbekonvention, sind Initiativen der UNESCO. Während in der Welterbekonvention der protektive Schutz herausragender Kultur- und Naturschöpfungen im Mittelpunkt steht, hat das Programm »The Man and the Biosphere«, dessen Teil die Biosphärenreservate sind, die Entwicklung nachhaltiger naturschonender Nutzungsweisen zum Ziel. Was also liegt näher, als – dem ursprünglichen Konzept folgend – die Gärten wieder in die umgebende Landschaftsmatrix einzubetten. Nicht nur im materiellen Sinn, wie es durch die Landschaftspflegemaßnahmen der Biosphärenreservatsverwaltung bereits geschieht, sondern immateriell, indem man den Besuchern beides im Kontext anbietet. Schon heute ist es möglich, von der Goldenen Urne im Garten Wörlitz »hinaus« in die Landschaft zu wandern, zur Elbe, zu den Biberburgen an ihren Seitengewässern. Zu wenige Besucher tun dies. Noch zu getrennt sind die Konzepte der Besucherlenkung von Denkmalpflege und Naturschutz. Nicht hier eine Gartenführung und dort, zwei Tage später, eine ornithologische Führung wären das Ziel, sondern ein Spaziergang oder eine Radtour, die beide Aspekte der Landschaft im Zusammenhang zeigen.

Landschaftsgärten als Orte der Naturbegegnung, ein vielleicht auf den ersten Blick überraschender Gedanke. Aber waren sie das nicht schon in ihrer ursprünglichen Konzeption? Orte, in denen der Mensch in der Natur Ruhe und Entspannung finden konnte, in der jeder auf seine Weise mit der Natur kommunizieren, seinen Weg zur Natur finden konnte? Diesbezügliche gemeinsame Initiativen von Denkmalpflege und Naturschutz sind noch bescheiden. Ein guter Ansatz war die Veranstaltung »Stille« im Gartenreich Wörlitz, die im Herbst 2001 Menschen ganz unterschiedlicher Kultur- und Naturanschauung zusammenführte.

Prof. Dr. Harald Plachter
Studium der Biologie und Chemie in Erlangen, dort 1978 Promotion. 1978 bis 1990 Leiter des Referates Artenschutz und Grundlagen des Biotopschutzes beim Bayerischen Landesamt für Umweltschutz. Nach Lehraufträgen für Naturschutz in Erlangen und Ulm 1987 Habilitation für das Fach Zoologie an der Universität Ulm. 1990 Berufung auf den neu eingerichteten Lehrstuhl für Naturschutz am Fachbereich Biologie der Philipps-Universität Marburg. Seither dort – inzwischen mit einer weiteren Kollegin – Leiter des Fachgebietes Naturschutz. Seit 1992 Mitglied der deutschen Delegation zur Welterbekonvention der UNESCO, seit 1994 im deutschen Nationalkomitee des MAB-Programms der UNESCO. Schwerpunkte seiner Forschungstätigkeit sind die Entwicklung von Kulturlandschaften und die Präzisierung von Naturschutzzielen in Agrarlandschaften. Veröffentlichung von mehr als 150 wissenschaftlichen Arbeiten, unter anderem ein Lehrbuch über Naturschutz.

[11] Erz, W.: Naturschutz – Grundlagen, Probleme und Praxis. In: Buchwald, K./Engelhardt, W. (Hrsg.): Handbuch für Planung, Gestaltung und Schutz der Umwelt. Bd. 3. 1980, S. 560–637; Rat von Sachverständigen für Umweltfragen: Konzepte einer dauerhaft umweltgerechten Nutzung ländlicher Räume. Sondergutachten. Deutscher Bundestag, Drucksache 13/4109. 1996.

DER BODEN IST EIN BESTIMMENDES KRITERIUM FÜR DIE MÖGLICHKEITEN, EINEN GARTEN ZU GESTALTEN UND ZU ENTWICKELN. NUTZUNGSFORMEN UND NEUE VERFAHREN SEINER BEARBEITUNG VERÄNDERN IHN UND BEWIRKEN SO WIEDERUM REAKTIONEN. OHNE KENNTNIS UND BEACHTUNG DIESER FAKTOREN IST DIE DAUERHAFTE ERHALTUNG VON PARKS UND GÄRTEN NICHT GEWÄHRLEISTET.

Karl Heinrich Hartge

Der Boden als Standortfaktor – Gedanken zu Auswahlkriterien und Bodenentwicklungsabläufen in historischen Gärten

[1] Wahrig, Gerhard: Deutsches Wörterbuch. 1975, S. 4319.

[2] Patten, B.C.: System Analysis and Simulation in Ecology. New York 1971.

Boden im pedologischen, bodenkundlichen Sinne ist ein »Etwas«, das sich aus einer Ausgangssubstanz entwickelt. Er ist also etwas anderes als diese Ausgangssubstanz, obgleich er im Verlaufe seiner Entwicklung immer einige ihrer Eigenschaften mit sich trägt. Diese Beschreibung ist ungenau bis auf den Umstand, dass es sich um eine Entwicklung, also einen zeitlich zu betrachtenden Vorgang handelt. Daher ist die Frage strittig, ab wann ein Sediment ein Boden ist. Auch die Frage, ob ein Substrat, auf dem Pflanzen wachsen, immer ein Boden ist, bleibt der weiteren Diskussion vorbehalten.

Der Ausdruck »Boden« kommt in unserer Sprache als Einzelwort und in zusammengesetzten Wörtern vor. Von den Letzteren kann man zum Beispiel im Deutschen Wörterbuch von Wahrig 55 substantivische Einträge finden.[1] Sie gehören unterschiedlichen Sachbereichen an, aber auch verschiedenen semantischen Kategorien. So haben die Worte Bodenbelag, Bodenfreiheit, Bodenfenster, Bodensatz, Bodenständigkeit und Bodenturnen außer den beiden ersten Silben nicht viel gemeinsam. Das führt zu vielerlei Gedankenverbindungen und daher auch Überschneidungen in der Bedeutung und damit sicher auch gelegentlich zu Missverständnissen. Wenn man grob einteilen will, dann kann man den Begriff Boden sowohl in ideellen als auch in realen Systemen als Element antreffen. Die Abgrenzung von Systemen bleibt aber stets willkürlich, weil sie durch eine Person vorgenommen wird. Denn es ist immer und ausschließlich der Mensch, der eine Grenze definiert, d.h. zu einer solchen erklärt.[2] Es gibt auch Kombinationen aus diesen beiden Gruppen von Systemen. So ist zum Beispiel eine Bodensystematik ein ideelles System aus realen Elementen.

Die abstrakte Ebene

Die Redewendung »jemand steht auf dem Boden der Tatsachen« ist ein besonders deutlicher Fall einer abstrakten Verwendung des Wortes. Ähnlich wirken die Bemerkungen, man habe bei einer Stellungnahme »den Boden unter den Füßen verloren« oder bei einer Diskussion den »sicheren Boden verlassen«. Hier hat das Wort die Bedeutung einer Basis, auf der man fest stehend argumentiert. Basis bedeutet aber auch Fundament, mithin Unterlage oder Bezugsebene für irgendetwas, was sich sicher abstützen muss.

Von der philologischen Seite her gibt es hier sicher noch viele Anknüpfungen, denen allen wohl gemeinsam ist, dass mit dem Wort Boden stets die Vorstellung von etwas Verlässlichem, aber auch Endgültigem verbunden ist. Das findet sich auch in den Redewendungen wieder, dass man eine Idee oder ein Vorhaben »getrost begraben« oder dass man dergleichen »in Grund und Boden verdammen« könne. Das ist nicht nur in der deutschen Sprache so. Das Wort für Boden im Englischen, Französischen, Italienischen und Spanischen stammt vom lateinischen »solum« mit der Bedeutung: »unterster Teil jeder Sache, bald Boden, bald Grund, die Grundfläche, die Unterlage«.[3] Im Russischen hat das Wort für Boden ebenfalls die Bedeutung von Grund, und zwar sowohl im abstrakten als auch im konkreten Sinn. In Kombination mit anderen Begriffen ergibt es die Bedeutung unserer Worte »infolge« und »wegen«.[4]

Es gibt indessen noch einen zweiten Aspekt, mit dem der Begriff Boden von alters her verbunden ist, nämlich den von Leben und Fruchtbarkeit. Diese gedanklichen Kombinationen sind in der griechischen Antike mit der Gottheit Gaia symbolisiert, der Allmutter, die gleichzeitig Wachstum und Leben repräsentiert. Die Vorstellung vom Lebendigsein des Bodens durchzieht die ganze Antike, wenn zum Beispiel Vergil von Erschöpfung der Böden und der Notwendigkeit spricht, sie ausruhen zu lassen.[5] Die hinter dieser Ausdrucksweise stehende Auffassung des Bodens als etwas Lebendigem hat sich bis heute erhalten, wie der Ausdruck »Mutterboden« für den obersten Bodenhorizont zeigt. Sie stützt sich auf den Sachverhalt, dass biologische Umsetzungen hier sichtbar ablaufen und dass die Bedingungen für das Keimen vieler höherer Pflanzen hier besonders günstig sind. An diesen Sachverhalt knüpfen sich bis heute Postulate über die Erhaltung der Naturnähe der Böden als Lebensvoraussetzung für die Menschheit.[6] Das Gewicht, dass die biologische Komponente für unser Verständnis hat, geht auch daraus hervor, dass schon in der klassischen Antike Parallelen zwischen der Betrachtungsweise von Vorgängen im Boden und der Humanmedizin gezogen wurden.[7] In der Fachdisziplin Bodenkunde, graeco-lateinisch Pedologie, steht das Wort Boden »in seinem herkömmlichen Sinne für die natürliche Umgebung, in der Festlandpflanzen wachsen, sollte er Horizonte entwickelt haben oder nicht. Ein Boden besteht aus einem oder mehreren Pedons, die auf allen Seiten durch Nichtboden gebunden werden, oder durch Pedons von verschiedenem Charakter hinsichtlich eines oder mehrerer für eine Bodenserie ermittelter Merkmale.«[8]

Dieser Vorstellung liegt die Idee zugrunde, dass ein Boden wie ein Individuum gegen seine Umgebung abgrenzbar ist, eine Betrachtungsweise, die aus biologischen Gedankengängen stammt. Im Geobereich ist sie eigentlich gegenstandslos und gehört in dieser Hinsicht in den Bereich ideeller Systeme.[9] Die Tatsache, dass ein Pedon als in die Tiefe nicht abgegrenzt bezeichnet wird, wäre dann auch kein Widerspruch.

Die konkrete Ebene

Der Garten als Inbegriff immer währenden pflanzlichen Gedeihens und seine Eigenschaft als Idealzustand für die menschliche Umwelt ist bereits im Alten Testament verankert.[10] Im dritten Kapitel, Vers 23, kann man lesen, dass es erst der Sündenfall war, der den Menschen dieses Paradies verlieren ließ. Danach musste er das Feld bebauen, und zwar »im Schweiße seines Angesichtes«. Für eine Gartenanlage blieb ihm zunächst keine Zeit. Die Großen der Welt, soweit sie nicht barbarische Neueroberer waren, haben aber sicher schon sehr früh versucht, sich auf Erden ein Paradies zu schaffen, und das ist eben ein Garten. Die Ausführung und Erhaltung oblag dann jedoch anderen. Aus der Antike sind geradezu sprichwörtlich die »Hängenden Gärten der Semiramis« bekannt. Von Cäsar weiß man, dass er eine Gartenanlage am rechten Tiberufer besaß.[11] In welcher Art die vornehme Welt diese Anlagen der Mächtigen seitdem als Vorbild nahm, ist hier nicht zu untersuchen.

Ein Aspekt der Schaffung solcher Anlagen soll jedoch an dieser Stelle hervorgehoben werden. Seit den Zeiten der griechischen Antike, ab etwa 400 v. Chr. und entsprechend wenige Jahrhunderte später in Rom, sind detaillierte Kenntnisse über die Eignung verschiedener Böden als Pflanzenstandorte dokumentiert. Es handelt sich dabei vor allem um physikalische Standorteigenschaften wie Wasserhaltfähigkeit und Erwärmbarkeit.[12] Wenn auch hier im Hinblick auf die Nahrungsmittelproduktion argumentiert wurde, so ist doch kaum anzunehmen, dass die entsprechenden Kenntnisse in den Gärten der Reichen und Mächtigen nicht angewendet worden seien.

Diese Gärten waren am Garten Eden, mithin am Paradies orientiert. Um diesem Anspruch gerecht zu

---

[3] Georges, Heinrich: Kleines Lateinisch-deutsches Handwörterbuch. 9. Aufl. Hannover/Leipzig 1909.

[4] Institut für Slawistik der Akademie der Wissenschaften der DDR: Russisch-Deutsches Wörterbuch. 6. Aufl. Berlin 1968, S. 1119.

[5] Neuss, O.: Die Entwicklung der Bodenkunde von ihren ersten Anfängen bis zum Beginn des 20. Jahrhunderts. Internationale Mitteilungen für Bodenkunde, 4. 1914, S. 453–495.

[6] Ruh, H./Brugger, F./Schenk, Chr.: Ethik und Boden. Nationales Forschungsprogramm 22: Nutzung des Bodens in der Schweiz. Bern 1990.

[7] Jarilow, A.: Die Keime der Pedologie in der antiken Welt. Internationale Mitteilungen für Bodenkunde, 3. 1913, S. 240–256.

[8] Soil Science Dictionary English, French, German, Rumanian, Russian. Organisations Committee des VIII. Congresses der Internationalen Bodenkundlichen Gesellschaft (AISS/IBG/ISSS). Bukarest 1964, S. 691.

[9] Hartge, Karl Heinrich: Böden als Teile von Systemen. CATENA 10. 1983, S. 105–114.

[10] 1. Moses, 2. Kap., Vers 8/9.

[11] Wie Anm. 3.

[12] Hartge, Karl Heinrich: Vom Wissen über die Böden zur wissenschaftlichen Bodenkunde. Mitteilungen der Deutschen Bodenkundlichen Gesellschaft, 89. 1999, S. 39–60.

[13] Späth, L.: Späthbuch. Jubiläumsausgabe des Kataloges zum 200-jährigen Firmenjubiläum. Berlin 1930, S. 656.

[14] Wie Anm. 5.

[15] Hennebo, Dieter: Der Landschaftsgärtner. Geschichte und Wandlung eines Berufes. Die Neue Landschaft 3. H. 2. 1958, S. 20–23.

[16] Hennebo, Dieter/Rohde, Michael/Schomann, Rainer: Historische Gärten in Niedersachsen. Ausst.-Kat. Hrsg. v. Heimatbund Niedersachsen. Langenhagen 2000, S. 204.

werden, mussten sie der jeweiligen Mode angepasst werden, selbst wenn das eine weitgehende Neuanlage bedeutete, wie für den Schlossgarten in Berlin-Cölln im Jahr 1646 berichtet wird.[13] Arbeitskräfte spielten zwar damals an Fürstenhöfen kaum eine Rolle. Dennoch muss man wohl davon ausgehen, dass es bei derartigen Maßnahmen zu geringeren Bodenveränderungen kam als beim Einsatz heutiger Technik. Gerade dem Transport von Boden waren damals im Vergleich zu heute sehr enge Grenzen gesetzt. Die Fahrzeuge, Gespannwagen mit hölzernen oder eisenbereiften und schmalen Rädern, waren schwergängig, ihre Ladekapazität im Vergleich zum Eigengewicht gering und die zu befahrenden Wege und Flächen nicht befestigt. Die heutige Agrartechnik hat nicht ohne Grund beim Mistfahren als einer der physisch schwersten Transportarbeiten in der Landwirtschaft den Ablauf besonders stark verändert. Größere Transportleistungen waren mithin vor der Motorisierung sicher selten.

Weitgehend unabhängig von den speziellen Bedürfnissen einzelner Pflanzenarten wurden die Böden dieser Flächen durch Bau- und Pflegemaßnahmen in ähnlicher Richtung verändert wie heute die Standorte von Schrebergärten. Sie wurden tiefgründiger. Wenn nötig, half man durch Rigolen nach, einem mehrschichtigen Aufgraben, ohne die Tiefenzonen zu mischen. Hierdurch nahm die Wasserkapazität der Fläche zu und die für das Wurzelwachstum unentbehrliche Belüftung des Wurzelraumes war gewährleistet. Da nach jeder Kultur das Saatbett für die nächste vorbereitet werden musste, ist auf diesen Flächen sicher eine Humusform entstanden, welche die Verschlämmfestigkeit der Böden erhöhte. Dies ist eine Voraussetzung dafür, dass ohne technisch raffinierte Brausen an den Gießkannen künstlich bewässert werden konnte. Denn die Zuwässerung ist eine sehr frühe Kulturmaßnahme, weil ihre Wirksamkeit bei beginnendem Welken der Pflanzen schnell sichtbar ist. Sie war mit damaligen Mitteln in Gärten nur ausnahmsweise anders als durch Hintragen von Wasser über kurze Strecken möglich. Denn hier galt wie bei der Düngung mit Mist, dass die Transportgefäße schwer, unhandlich und von geringer Kapazität waren. Schläuche als bewegliche Wasserleitungen setzen hohen Wasserdruck im Zulieferungssystem voraus. Sie sind wie Rohrleitungen Erfindungen der Neuzeit. Die Möglichkeiten, das freie gravitationsbedingte Fließen des Wassers auszunutzen, waren und sind durch die Landschaftsform stark eingeengt. Zudem benötigen die Garten- und Parkanlagen leidlich kontinuierlichen Wassernachschub, also ein System mit zusammenhängender Bewässerung und Dränung. Ackernutzung hingegen ist bei einmaliger Überstauung möglich, wenn sie so regelmäßig geschieht, dass man die Kultur danach ausrichten kann. Das ist in ariden Gebieten heute ebenso nötig wie im alten Ägypten oder Mesopotamien.

Auch Düngung als Kulturmaßnahme war damals schon bekannt.[14] Wenn sie auch in der Landwirtschaft, generell gesehen, keine große Rolle spielte, so ist doch anzunehmen, dass den Böden von Gartenflächen Stallmist- und Kalkgaben verabreicht wurden.

Der Pflanzenstandort und seine Veränderung in Parks und Lustgärten

Nach dem großen kulturellen Zusammenbruch infolge der Völkerwanderung war die Weitergabe etwa vorhandener Gartenkünste und Raffinessen der Standortveränderung am ehesten über die Klöster wahrscheinlich. Selbst wenn auf den meist geringen Flächen der Klostergärten nur wenig als Ziergarten angelegt gewesen sein mag, weil ein erheblicher Teil zur Nutzpflanzenproduktion verwendet wurde, so ist doch anzunehmen, dass sie die Refugien für die Kunst der Bodenwahl und -herrichtung für intensiven Pflanzenbau bildeten.

Gärten an Fürstensitzen sowie in und bei Städten entstanden erst später. Besonders bei den Ersteren wurden Lustgärten und Parks angelegt. Mit ihrer zunehmenden Größe bildete sich wohl zunächst dort das Berufsbild des Hofgärtners als Verantwortlichem für den Einsatz der Mitarbeiter und Hilfskräfte bei den immer speziellere Pflanzenkenntnisse erfordernden Arbeiten. Spätestens seit der Renaissance kam es dabei zu einer »stärkeren Aufteilung der Arbeiten«, da die Ebenen der Planung und der Ausführung getrennt wurden.[15] Auf den größeren Flächen der Parkanlagen war auch auf lange Sicht keine so intensive Bodenbearbeitung möglich wie in vergleichsweise engen Klostergärten. Um dennoch einen hinreichend üppigen Pflanzenwuchs zu erzeugen, musste der natürlichen Wasserversorgung der Flächen vermehrt Aufmerksamkeit gewidmet werden. Es ist daher wohl kein Zufall, dass alle 36 Parkanlagen, die in dem Katalog zur Ausstellung »Historische Gärten in Niedersachsen« beschrieben sind, bis auf eine einzige entweder freie Wasserflächen zeigen oder wenigstens den Hinweis enthalten, der Park läge in einer feuchten Gegend, die deshalb durch Gräben entwässert werden musste. Bei zwei Anlagen gibt der Ortsname (Rethenfleth) oder die Lageangabe (Park Derneburg in der Flussaue) das lokale Wasserregime der Böden an. Eine Ausnahme bildet ein erst 1913 angelegter Garten in der Lüneburger Heide (Bossart bei Jesteburg).[16]

Aus dieser Verteilung können in Bezug auf die Boden- und Standortverhältnisse zwei Schlüsse gezogen werden:

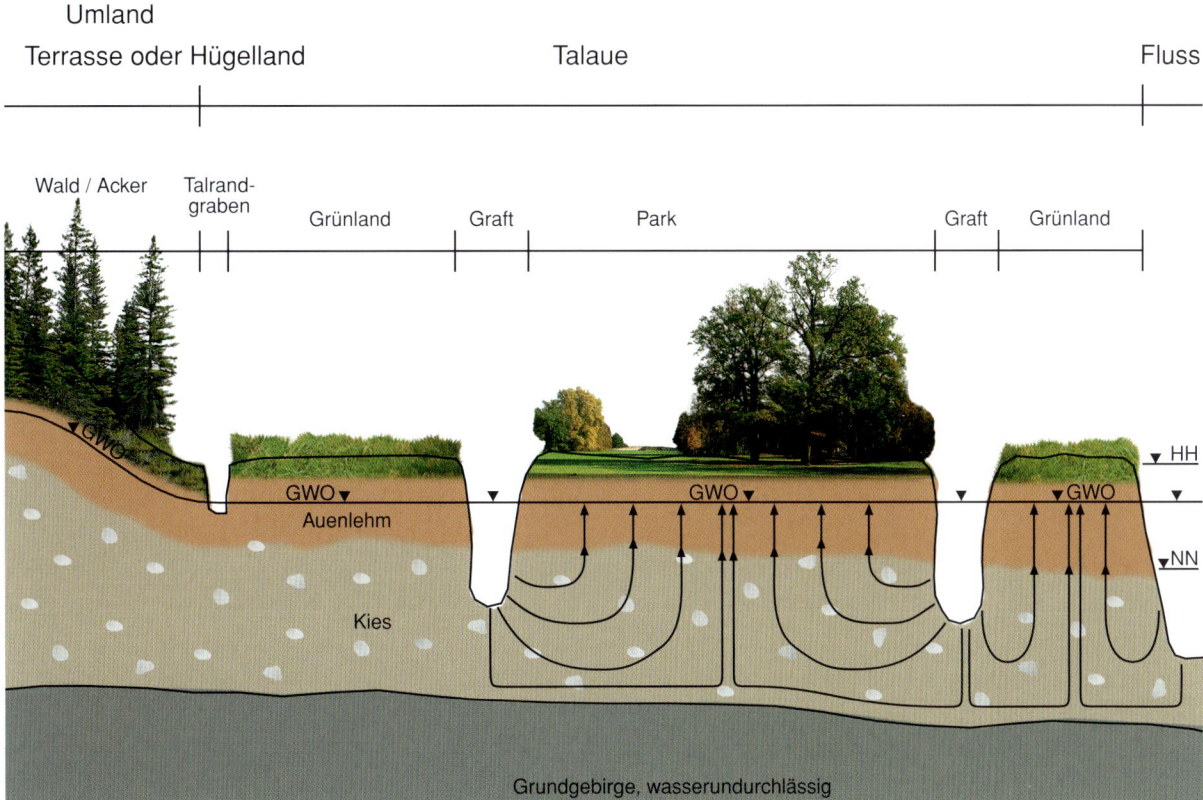

Park als Element im hydrologischen System eines Auenbodens (schematisch). Die Grundwasseroberfläche (GWO) ist als Ruhelage idealisiert. Evapotranspirationsverluste infolge Pflanzenwuchs werden über das Grundwasser aufgefüllt (Strömungspfeile). Bei Hochwasser im Fluss (HH) steigt GWO im Boden. Bei Niedrigwasser (NN) sinkt sie. Die Strömungsverläufe bleiben unverändert. Die Graften dämpfen GWO-Schwankungen in dem von ihnen umgebenen Bereich.

- Die bis heute in Niedersachsen erhaltenen Parkanlagen, die infolge ihres Alters historischen Wert haben, liegen überwiegend an Standorten, die eine relativ sichere Wasserversorgung der Gehölze auch dann gewährleisten, wenn die künstliche Bewässerung in wirtschaftlich ungünstigen Zeiten unterbleibt. Das sind Lagen mit nicht zu fernem, d.h. für die Gehölzwurzeln erreichbarem Grundwasserspiegel.
- Böden, die von ihrem Wasserhaushalt her ungünstig waren, wie sandige Standorte oder solche mit geringmächtigem Bodenkörper, wurden offenbar seltener für Parkanlagen verwendet. Vielleicht sind Anlagen auf Standorten mit weniger geeignetem Bodenwasserhaushalt heute aber auch nur deshalb seltener anzutreffen, weil der Aufwand für ihre Erhaltung in schwierigen Zeiten nicht zu erbringen war. Derartige Anlagen blieben dann meist auch nur kurzlebig.

Eine starke Orientierung am Bodenwasserhaushalt bei der Planung von Parkanlagen und gegebenenfalls an den Möglichkeiten, ihn zu verbessern, kann man sicher annehmen. Den verantwortlichen Gärtnern ist die entscheidende Wichtigkeit dieses Wachstumsfaktors gewiss bekannt gewesen. Ohne dies ist die langjährige Erhaltung exotischer Strauch-, mehr noch Baumarten in ansehnlichem Zustand kaum denkbar.[17] Der Gang der Grundwasseroberfläche in einem Park, von einer Graft umgeben, ist in Abb. oben schematisch dargestellt. Der Park liegt in einer Talaue, in der die häufigste geologisch-bodenkundliche Situation angenommen ist. Der Wasserstand in der Graft wird bei Niedrigwasser des Flusses aus dem höher liegenden Hinterland gespeist. Bei Hochwasser wird er sich dem Wasserspiegel in der Graft umso schneller angleichen, je näher sie sich am Flusslauf befindet und je wasserdurchlässiger – also grobkörniger – der Auenboden ist, der den Kies des Talgrundes bedeckt. Außer im seltenen Fall der Überstauung der gesamten Talaue erhält der Park seinen Wassernachschub aus dem Grundwasser, dessen Stand durch die Graft reguliert wird. Diese Regelung ist umso wirksamer, je vollständiger die Parkfläche von einem Graben umgeben ist, dessen Sohle im Untergrundkies liegt.

Langjährige intensive Bearbeitung, Wässerung und organische Düngung (Fäkalien, Stallmist) verändern den anstehenden Bodentyp engräumig. Wenn dabei ein humoser Mutterboden (A-Horizont) von mehr als 40 oder 50 Zentimeter Mächtigkeit entsteht, wird das

[17] Meyer, Franz Hermann (Hrsg.): Bäume in der Stadt. Stuttgart 1978, S. 327.

[18] Scheffer, Fritz / Schachtschabel, Paul (Hrsg.): Lehrbuch der Bodenkunde. 15. Aufl. Heidelberg 2002, S. 593.

[19] Burghardt, Wolfgang: Zustände der Bodenverdichtung bei Wald-, Grünland-, Acker- und städtischer Nutzung. Mitteilungen der Deutschen Bodenkundlichen Gesellschaft, 95. 2001, S. 166–169.

[20] Hartge, Karl Heinrich: Baumwurzeln und Boden. Mitteilungen der Deutschen Bodenkundlichen Gesellschaft, 86. 2001, S. 133–138.

[21] Dawson, R.B./Clayton, B.C.: Die Rasenfibel. Dt. von Dr. B. v. Limburger. Stuttgart 1962, S. 91.

[22] Kirsch, B.H./Hartge, Karl Heinrich: Wuchsunterschiede bei Eichen als Folge physikalischer Boden- und topographischer Standortsunterschiede. Z. Kulturt. und Flurber. 28. 1987, S. 399–407.

Bodenprofil in den meisten Systematiken als Hortisol (Deutschland), oder Hortic Anthrosol (FAO) bezeichnet[18] (Abb. unten). Dieser Zustand wird in alten Siedlungsgebieten erst nach oft jahrhundertelanger Nutzung erreicht, und zwar meistens nur auf engem Raum. Böden dieser Ausprägung entstanden sicher auch in vielen Klostergärten. Sie ähneln in ihrem Lagerungszustand eher einem Waldboden als einer Fläche unter Acker oder in intensiver Weidenutzung.[19]

Für die Flächen von Parkanlagen kann mit einer solchen Entwicklung nicht generell gerechnet werden, wenn man von Beeten und Rabatten absieht. Unter Jahrzehnte und länger gepflegten Baumbeständen ist der anstehende Boden oft relativ locker. Das ist bei Solitärexemplaren meist daran zu erkennen, dass die Bodenoberfläche zum Stamm hin leicht ansteigt.[20] Dieser Zustand entspricht etwa dem von Waldböden unserer mitteleuropäischen Klimazone. Langjährig gepflegte Rasenflächen sind ein jüngeres Element der Gärtnerkunst. Darunter ist der Boden im Vergleich zu anderen Gartenflächen verdichtet. Man fühlt dann beim darauf Gehen, dass er härter ist, weniger federnd als eine Mähwiese oder der Waldboden. Durch die ständigen Pflegearbeiten, die heute im kommerziellen Bereich mit immer schwereren Maschinen durchgeführt werden, erreichen die Rasenflächen einen Gefügezustand, der dem eines Ackers nahe kommt (Abb. S. 159). Diese Entwicklung ist so häufig, dass »Stacheln« zu den wichtigsten Pflegemaßnahmen auf Dauerrasen gehört: Durch Herausstechen von Bodenkernen und Ablegen auf der Oberfläche wird der Komprimierungsvorgang wenigstens teilweise rückgängig gemacht.[21] In beiden Fällen ist der Bodentyp, das natürliche Bodenprofil, in aller Regel wenig verändert.

Verteilung von Porenraum (luft- oder wassergefüllt) und Festsubstanz (Mineralpartikel, organ. Subst.) in einem Ackerprofil und einem Gartenboden. In beiden Fällen ist die gleiche Menge an Festsubstanz angenommen. Die porenreiche Lagerung des Gartenbodens ähnelt der von Waldböden. Er ist weicher und daher verdichtbarer als der Ackerboden. Rasenflächen entsprechen oft eher der Ackersituation, Gehölzflächen und Beete der Waldsituation.

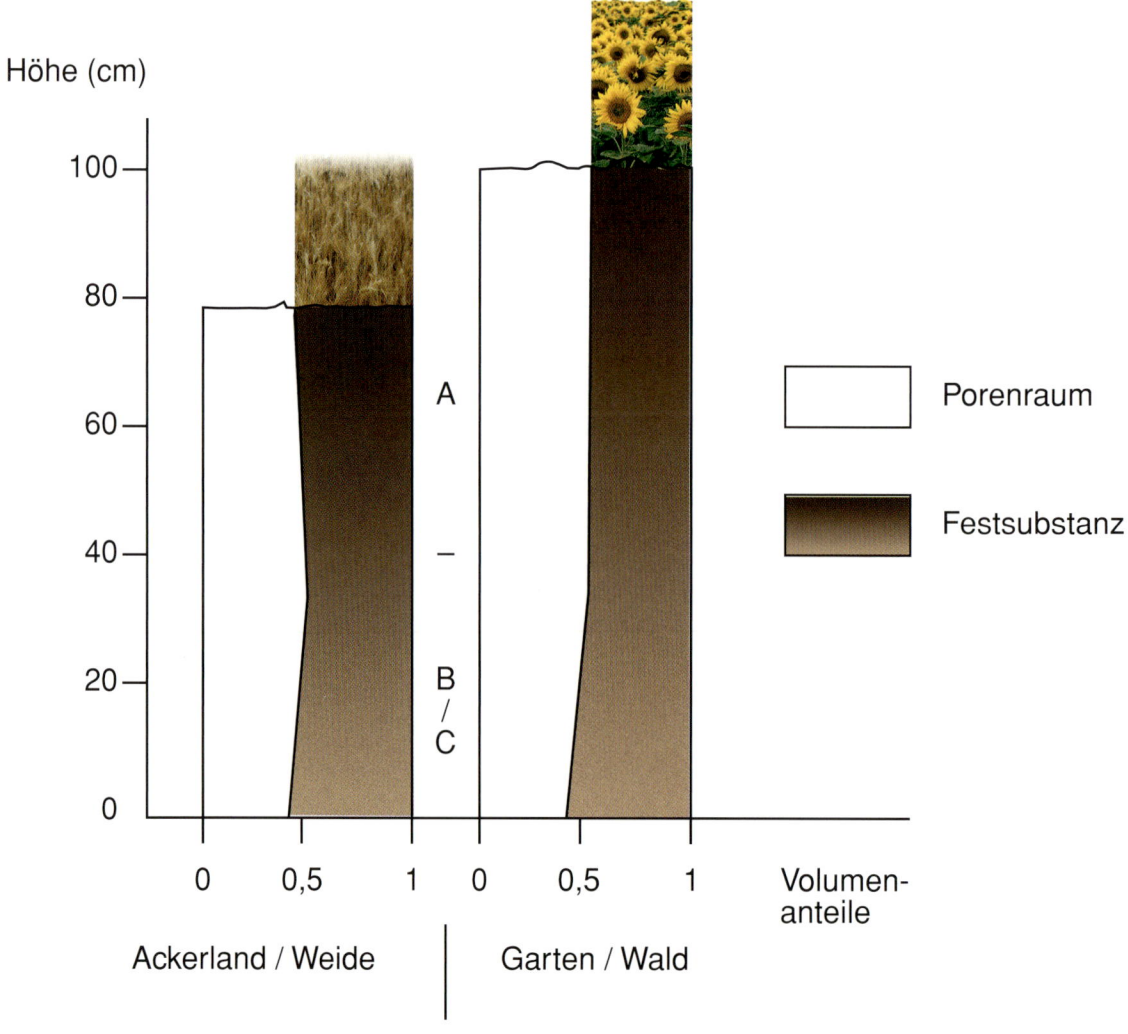

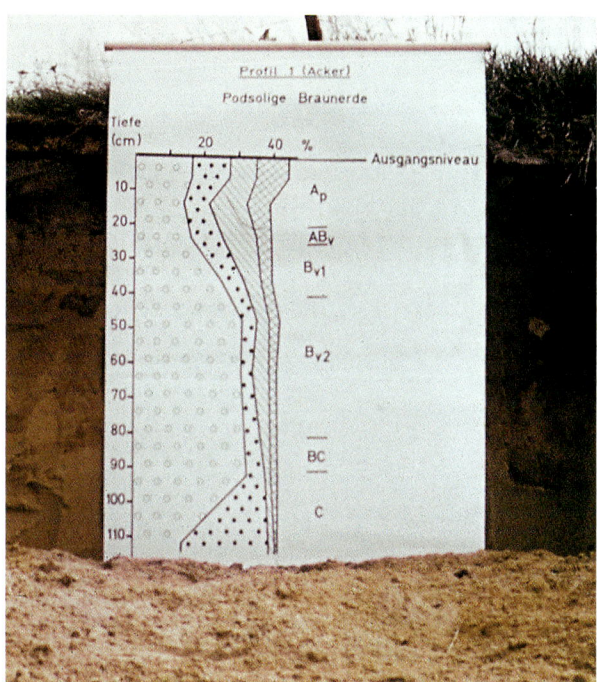

Aufgegrabenes Bodenprofil. Podsolige Braunerde aus sandiger Grundmoräne unter Ackernutzung (Leinetalrand bei Bordenau). Die linke Hälfte des Diagramms zeigt die Aufteilung des Porensystems in Porengrößen. Bei der Bodenbildung entstehen durch Verwitterung und Humusbildung in Oberflächennähe zunehmend mittlere und engere Poren (Punkte und Schraffierungen). Die damit unter ungestörten Bedingungen verbundene Lockerung (vgl. Abb. S. 158) ist durch Ackernutzung unterbunden. Die Bodenentwicklung erscheint daher hier als Verstopfung der belüftenden Grobporen (offene Kreise) im Oberboden. A-, B-, C = bodenkundliche Horizontansprachen

AUSBLICK

Die Trends im gewerblichen Pflanzenbau, die auf Produktionserhöhung bei Arbeitseinsparung hinzielen, gehen an den Pflegearbeiten in Gärten und Parks natürlich nicht vorbei. Am stärksten wirkt sich hier sicher die Gewichtszunahme der Pflegemaschinen auf Rasenflächen aus. Denn die biologisch bedingten Lockerungsvorgänge werden gerade durch diese Maschinen zunehmend unterdrückt.

Da in Parks und Ziergärten nicht geerntet wird, Export organischer Masse also nicht maximiert wird, spielen Düngungsfragen eine relativ geringe Rolle. Ähnlichkeiten mit Monokulturen der ökonomischen Praxis kommen am ehesten auf Rasenflächen vor. Dort gibt es daher auch Probleme wie das der Unkraut- oder vielmehr der Ungrasbekämpfung, der zielgerichteten Düngung oder Schädlingsbekämpfung. Dazu gibt es vor allem für Golfrasen ausgeklügelte Verfahrensweisen. Im Vordergrund steht aber auch hier die Erzeugung und Erhaltung der für die jeweilige Pflanze optimalen Standortbedingungen. Und auch hier spielt die Wasserversorgung über den Boden eine entscheidende Rolle.

Ein spezifisches Problem entsteht durch die für Parks und Gärten typische Kombination von langlebigen Pflanzen verschiedener Herkünfte und Standorte. Auf lange Sicht wirken sich nämlich schon geringe Standortunterschiede auf deren Wuchsfreudigkeit aus.[22] Eine Fläche kann daher nicht für die verschiedenen Pflanzenarten einer Gruppe gleich gut sein. Viele Mängel am Gesamterscheinungsbild von Gehölzen können mit der jahrelangen Wirkung von Unzulänglichkeiten des Standortes zusammenhängen, die sich in den ersten Jahren nicht bemerkbar machen.

Vor diesem Hintergrund sind auch die Probleme zu sehen, die durch anthropogene Veränderungen der Umwelt entstehen. Bei den für Gärten und Parks typischen komplexen Pflanzenbeständen entsteht häufig eine Situation, in der nicht alle nebeneinander angepflanzten Arten optimale Standortbedingungen finden. Unterschiedliche Empfindlichkeiten, auch gegenüber späteren Veränderungen chemischer und physikalischer Eigenschaften des gewählten Standortes sind daher wahrscheinlich. Sie im Hinblick auf einzelne Pflanzen oder Pflanzenarten sicher zu identifizieren, ist sehr aufwendig. Erst wenn die Gesamtheit der Bestände offensichtliche Schädigungen zeigt, ist eine messtechnische Erfassung sinnvoll. Diese ist aber die unabdingbare Voraussetzung für jede Meliorationsmaßnahme.

Zusammenfassend kann man vielleicht so formulieren: Die besten Voraussetzungen für das Gedeihen eines Parks oder Gartens sind heute wie seit jeher dann gegeben, wenn die Pflanzen um ihres visuell wahrnehmbaren Wohlergehens willen kultiviert werden. Daran ändern auch neue Verfahrensweisen nichts.

Prof. Dr. Karl Heinrich Hartge
Geb. am 18. März 1926 in Dorpat, Estland/Estonia. 1949 Gärtnergehilfenprüfung. 1955 Diplomgärtner an der Technischen Hochschule Hannover. 1958 Dr. rer. hort. 1963 Habilitation über Bodenkunde. 1972 Ruf auf einen Lehrstuhl für Landeskultur der Universität Hohenheim abgelehnt. Professor für Bodenkunde bis zur Pensionierung am 1. April 1991. Gastprofessuren u.a. in Chile, Wien und Rostock.
Buchpublikationen: Einführung in die Bodenphysik; Physikalische Untersuchung von Böden u.a.; Mitglied der Redaktionskommissionen mehrerer Fachzeitschriften. Vorsitzender der Kommission Bodenphysik der Deutschen Bodenkundlichen Gesellschaft (1969–1977), Vicepresident of Commission Soil Physics der Internationalen Bodenkundlichen Gesellschaft (1968–1974), Präsident der Deutschen Bodenkundlichen Gesellschaft (1981–1985), Vorstandsmitglied als Altpräsident bis 1993, Präsident der Internationalen Bodenkundlichen Gesellschaft (1982–1986), Vorstandsmitglied als Altpräsident (1986–1998), 1972 Consultant der Food and Agriculture Organisation of the United Nations (FAO) im Staatsinstitut für Bodenkunde, Sofia/Bulgarien, Mitglied der Niedersächsischen Akademie für Geowissenschaften seit Gründung bis Eintritt in den Ruhestand, 1992 Gründungsdirektor des Zentrums für Agrarlandschafts- und Landnutzungsforschung (ZALF) in Müncheberg/Brandenburg.

VIELE ÖFFENTLICHE PARKANLAGEN LIEGEN DORT,
WO SIE AM DRINGLICHSTEN GEBRAUCHT WERDEN:
IN DEN BALLUNGSRÄUMEN.
UM DIE LEBENSBEDINGUNGEN VON GARTEN- UND
PARKANLAGEN ZU ERHALTEN, SIND HINDERLICHE BZW.
SCHÄDLICHE UMWELTEINFLÜSSE NACH NEUESTEN
METHODEN ZU UNTERSUCHEN.
DADURCH GEWINNT MAN INFORMATIONEN FÜR DIE
PARKPFLEGE WIE AUCH ARGUMENTE FÜR
VERBESSERUNGEN IN DER KÜNFTIGEN UMWELTPOLITIK.

Wolfgang Heyser

UMWELTEINFLÜSSE AUF BÄUME – JAHRRINGANALYTISCHE UNTERSUCHUNGEN AM BEISPIEL DES BREMER BÜRGERPARKS

Parkanlagen und insbesondere historische Gärten sind oft in ein städtisches Umfeld eingebettet. So dienen sie zum einen ruhesuchenden und naturverbundenen Menschen zur Entspannung, zur Beschäftigung mit Pflanzen und Bäumen wie auch als Quelle für Anregungen zur Gestaltung des eigenen Gartens, zum anderen Park- und Baumliebhabern zur Beschäftigung mit Arten und besonderen Varietäten, mit Wuchsformen, mit Naturgestaltung und mit der jahreszeitlichen Entwicklung.

Der Nachteil der Lage von Parkanlagen in Ballungsräumen ist die Exposition gegenüber den unterschiedlichsten Umwelteinflüssen: Allen voran stehen gas- und staubförmige Luftverunreinigungen, die oberirdisch direkt auf die Blätter der Pflanzen einwirken, aber auch in den Boden gelangen und hier zu Schadstoffanreicherungen führen und die Nährstoffverfügbarkeit sowie die in die Nährstoffbereitstellung eingebundenen symbiotischen Bodenlebensgemeinschaften beeinflussen. Obwohl Pflanzen sehr anpassungsfähig sind, reagieren sie auf Veränderungen von Luftbestandteilen (CO_2, Ozon oder Rauchgase), Säurebildner (SO_2) und Stäube wie auch auf Veränderungen im Boden hinsichtlich pH-Wert, Stickstoffangebot, Schwermetalleintrag usw. je nach Artansprüchen sehr empfindlich. Dies kann sich in vielfältiger Weise äußern: Veränderungen im Blattbau, Blattverfärbung, -nekrosen, -verlust, stark gesteigerte oder mangelnde Blühwilligkeit, starke oder fehlende Frucht-/Samenbildung, verringerter Stammzuwachs, gesteigerte Anfälligkeit gegenüber Krankheiten und Schädlingen etc. Dabei ist oft zu beobachten, dass nicht alle Individuen einer Art gleichermaßen betroffen und geschädigt sind und, bezogen auf Bäume, individuelle Beeinflussungen der Vitalität meist schwer zu fassen sind.

Diese Problematik wird hier aufgegriffen und die Jahrringanalytik als ein sehr gutes und objektives Instrument zur Beurteilung der Vitalität von Bäumen beschrieben. Sie lässt neben der individuellen Ansprache nach den Kriterien zur Beurteilung von Baum- und

a) Esche *(Fraxinus exelsior L.)*, Baum des Jahres 2001, leicht geschädigtes Exemplar im Bremer Bürgerpark; b) Stammaufsicht mit charakteristischer Borkestruktur; c) Jahrringmuster in einem Bohrkern, der nur relativ geringe Zuwächse ausweist. Gut sind die großen Tracheen als Wasserleitelemente in den einzelnen Jahresringen zu erkennen, die Ringporigkeit ist bei diesem in seiner Vitalität beeinträchtigten Exemplar nicht mehr deutlich ausgeprägt.

Waldschäden, der Infrarotfotografie bzw. spektralen Auswertesystemen, der Computertomografie sowie Ultraschallsystemen anhand der messbaren Zuwachsleistungen eindeutige Aussagen zum Verlauf von Holzzuwächsen im gesamten bisherigen Lebensverlauf eines jeden einzelnen Baumes zu. Eingesetzt wurde diese Methode mehrfach zur Beurteilung von Bäumen im Bremer Bürgerpark, für die im Rahmen der Parkpflege rechtzeitig Ersatz beschafft werden musste, um in Bereichen, die einer Verjüngung unterzogen werden sollten, die weniger vitalen Exemplare zu ersetzen.

Jahrringe als Indikatoren von Umweltbelastungen

Viele Baumarten sind allein wegen ihrer Langlebigkeit mit weit über 100 Jahren länger und intensiver Umwelteinflüssen ausgesetzt als die meisten anderen Pflanzen. Da sie hoch in die Luft hineinragen, eine große Oberfläche besitzen und auch den Boden weit und tief durchwurzeln, reagieren sie auf alle ihren Lebensraum betreffenden Einflüsse und Einwirkungen.[1]

Die Jahrringe sind die ringförmigen Zuwachsschichten im Holz, die im Zuge des sekundären Dickenwachstums des Baumes durch das Gewebe Kambium gebildet werden. Sie entstehen als Folge eines durch winterliche (klimabedingte) Ruhepausen unterbrochenen Wachstums. Zu Beginn der Vegetationszeit werden vom Kambium neue Bast- und Holzzellen (Frühholzbildung) angelegt, die relativ dünnwandig sind und im Holz aus weitlumigen Tracheiden und Tracheen bestehen, welche im Frühjahr einen raschen Wassertransport mit den darin gelösten Nährstoffen sichern sollen. Gegen Ende der Vegetationszeit wird das kompakter erscheinende Spätholz gebildet. Es ist der meist dichtere, englumige und dickwandigere Teil des Jahrrings, der vor allem der Festigung des Stammes dient. Aufgrund der Jahrringe lässt sich der Ablauf des sekundären Dickenwachstums bei Bäumen exakt erfassen und damit das Alter eines Baumes genau angeben.

Während das relativ einheitlich tracheidal zusammengesetzte Holz der Nadelbäume noch gleichermaßen sowohl der Wasserleitung als auch der Festigung dient, lässt sich bei Laubbäumen eine fortschreitende Differenzierung zwischen diesen beiden Funktionen feststellen. Nach dem zusätzlichen Auftreten der

[1] Braun, G.: Die Ursachen des Waldsterbens. Ein Indizienbeweis mit Schlußfolgerungen. Holz-Zentralblatt 110. 1984, S. 865–877.

[2] Eckstein, D.: Jahrringanalytische Untersuchungen an Bäumen im Bereich der Stadtgemeinde Bremen. In: Senator für Umweltschutz Bremen und Bremer Bürgerparkverein (Hrsg.): Untersuchungsprogramm »Saurer Regen« in der Stadtgemeinde Bremen. 1985, S. 64–68.

[3] Eckstein, D./Frisse, E./Quiehl, F.: Holzanatomische Untersuchungen zum Nachweis anthropogener Einflüsse auf die Umweltbedingungen einer Rotbuche. Angewandte Botanik 51. 1977, S. 47–56; Fritts, H. C.: Tree Rings and Climate. London/New York/San Francisco 1976.

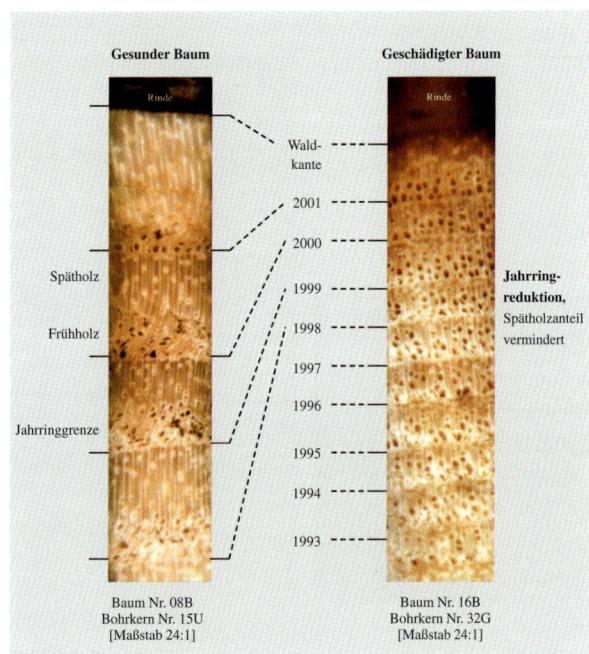

Vergleich der Ausbildung von Jahrringen in je einem Bohrkern einer als gesund und einer als geschädigt eingestuften Esche. Lichtmikroskopische Aufnahme der letztausgebildeten Jahrringe (Waldkante bedeutet Grenze zum Kambium)

weiterentwickelten Tracheen im Laubbaumholz wird die Wasserleitfähigkeit der tracheidalen Anteile schrittweise eingeschränkt. Die Tracheen können von kleinerem Durchmesser sein (zerstreutporig, zum Beispiel bei Buche, Erle oder Pappel) und gleichmäßig über den Jahrring verteilt vorkommen. Sie können auch eher groß ausgebildet werden (Beispiel Esche Durchmesser 0,3 Millimeter) und dann in ihrem Vorkommen auf den Frühholzbereich des Jahrringes beschränkt sein (ringporiges Holz wie bei Eiche, Ulme und Esche, vgl. Abb. S. 161 und oben). Solche ringporigen Hölzer eignen sich in besonderer Weise für dendrochronologische Untersuchungen.

Die Ausbildung von sehr großen Wasserleitgefäßen hat jedoch auch zur Folge, dass diese Gefäße im Winter meist durch Frost ausfrieren und dann durch Luftembolien funktionslos werden, sodass der Blattaustrieb im folgenden Frühjahr erst nach Ausbildung neuer Gefäße beginnen kann. Dies ist die Erklärung für den späten Austrieb ringporiger Baumarten. Ein jährlich erneuertes Wasserleitsystem ermöglicht dem Analytiker aber weiterhin und im Gegensatz zu einem mehrjährig funktionierenden eine klare jährliche Zuordnung von im Xylem transportierten und eingelagerten Stoffen, weshalb gerade Bäume mit ringporigem Holz als Bioindikatoren bezüglich der Einlagerung von Stoffen wie Schwermetallen, radioaktiven Isotopen, nicht metabolisierbaren oder auch entgifteten organischen Stoffen usw. besonders ausgewiesen sind (vgl. Abb. oben).

Da die Jahrringe ein bleibender Bestandteil des Baumes sind, lassen sich in erster Linie aus ihrer Breite und Dichte Aussagen über die Wachstumsbedingungen und deren Veränderungen während der gesamten Wachstumszeit des Baumes herleiten. Werden die einzelnen Jahrringbreiten vermessen und durch Verbinden der einzelnen Messpunkte grafisch dargestellt, ergeben sich die so genannten Jahrringkurven (vgl. Abb. S. 163 unten), deren Abfall bzw. Anstieg eine Verschlechterung bzw. Verbesserung der Wachstumsbedingungen des betreffenden Baumes anzeigen.

Unter sehr ungünstigen Lebensbedingungen, beispielsweise bei anhaltender und starker Belastung durch Luftverunreinigungen kann es so weit kommen, dass überhaupt keine Jahrringe mehr ausgebildet werden. Das trifft jedoch fast ausschließlich auf Nadelbäume zu.[2] Auch Schädlingsbefall, insbesondere bei starkem und wiederholtem Auftreten, kann zu empfindlichen Wachstumsreduktionen führen.

Der Jahrringanalyse liegt das Konzept zugrunde, die auf einen Baum einwirkenden natürlichen und anthropogenen Umweltfaktoren als »Eingabeparameter« und die Ausformung der Jahrringe als »Ausgabedaten« zu nutzen. So werden Jahrringe von Bäumen seit Beginn des 20. Jahrhunderts als Speicher der Information über jährlich zuordenbare Klimabedingungen an lokalen Standorten verwendet.[3] Aus oben Gesagtem ergibt sich aber auch, dass mit dem Voranschreiten der biochemischen Analytik die Jahrringe von besonders exponierten Bäumen in zunehmendem Maße als Bioindikatoren für die Verfolgung von anthropogen bedingten Umwelteinflüssen regionaler wie überregionaler Art auswertbar sind. Eckstein und andere verwiesen daher schon 1977 darauf, dass die Jahrringe von Bäumen eine natürliche biologische Informationsquelle für ökologische Gegebenheiten in der Vergangenheit darstellen.

In Verbindung mit der Erhaltung und Pflege von Parkanlagen wie historischen Gärten sollte auf diese Informationsquelle verstärkt zurückgegriffen werden. Sie gibt Auskunft zum einen über die lokalen Wachstums- und Belastungsgegebenheiten und zum anderen über die Wachstumsentwicklung und damit die Vitalität von einzelnen Bäumen.

Jahrringanalysen an Eschen im Bremer Bürgerpark

In Verbindung mit einer im Jahr 2002 im Bremer Bürgerpark durchgeführten Untersuchung zur Beurteilung der Vitalität ausgewählter Eschen soll etwas detaillierter auf diese Untersuchungsmethodik und die Interpretation der Ergebnisse eingegangen werden.

Der Bremer Bürgerpark zählt zu den wenigen fast vollständig erhaltenen gartenkünstlerischen Schöpfungen der zweiten Hälfte des 19. Jahrhunderts und wird zudem seit seiner Gründung ausschließlich aus Spenden und Mitgliedsbeiträgen des Bürgerparkvereins finanziert.[4] Sein Ursprung liegt in der Idee der Bewaldung der früher außerhalb der Stadt gelegenen Bürgerweide. Im Lauf der Jahre ist er mit dem Wachstum der Stadt mehr und mehr von dieser umschlossen worden und seit der Fertigstellung der Universität Bremen Anfang der 1970er-Jahre einschließlich des angrenzenden Stadtwaldes zu einer innerstädtischen Parkanlage geworden. Damit haben sich fortlaufend auch die kleinklimatischen Bedingungen verändert, was sich deutlich ab Mitte der 1950er-Jahre an den Zuwachsverlaufskurven der Bäume ablesen lässt (Abb. unten). Hinzu kamen eine relativ trockene Periode zwischen 1959 und 1964 sowie der wirtschaftliche Aufschwung mit dem Nebeneffekt stark steigender Immissionen. Diese beeinflussten einerseits das Wachstum und die Baumentwicklung zunehmend negativ, andererseits erhöhten sie aber auch, zum Beispiel über den Gehalt an nitrosen Gasen, den Stickstoffeintrag und wirkten damit über Düngewirkung deutlich positiv auf einen natürlichen, das Wachstum begrenzenden Faktor. So ist die gesteigerte Zuwachsleistung ab Mitte der 1960er-Jahre als Summe aus günstiger Niederschlags- und Klimaentwicklung, Eintrag von Nährstoffen trotz steigenden Säurebildnern, Blei (Autobenzin), anderen Schwermetallen und umweltbelastenden Stoffen zu erklären. Deren Last wirkt sich dann jedoch in den folgenden Jahren verstärkt aus, was an den tendenziell abfallenden Zuwachsleistungen bis Mitte der 1970er-Jahre abzulesen ist. Erstaunlicherweise hat die Einführung der Bleigesetze (1972, 1976, 1981), verbunden mit weiteren Abgasbeschränkungen, gerade bei Straßen- und Stadtbäumen bald erkennbare positive Auswirkungen gezeigt. Dies war auch bei den Eschen im Bremer Bürgerpark anhand leicht gesteigerter Zuwachsleistungen feststellbar (vgl. Abb. rechts). In der chemischen Analyse einzelner Jahrringbereiche, u.a. bezogen auf den Bleigehalt, konnte dies sogar sehr deutlich dargestellt werden.[5] Sehr auffällig sind in den Zuwachskurven die Auswirkungen von Klimaereignissen, verbunden mit Insektenkalamitäten Anfang der 1990er-Jahre und einem besonders günstigen Niederschlags- und Klimaeinfluss zu Beginn dieses Jahrtausends. Letzteres zeigt, welch ein Wachstumspotenzial in diesem Baum im Bremer Bürgerpark steckt, wobei zu berücksichtigen ist, dass er durch Astorientierung infolge einseitiger Schattierung sein Wachstum auf der lichtzugewandten Seite entsprechend verstärkt.

So weit einige Interpretationen zum Wachstum einer ausgewählten Esche. Nicht unerwähnt sollte allerdings bleiben, dass vom Bremer Bürgerparkverein im Rahmen der Parkpflege große Anstrengungen unternommen werden, um den Bäumen möglichst optimale Wachstumsbedingungen zu bieten. Auch dieser Baum war in ein Untersuchungsprogramm eingebunden, das an verschiedenen Standorten im

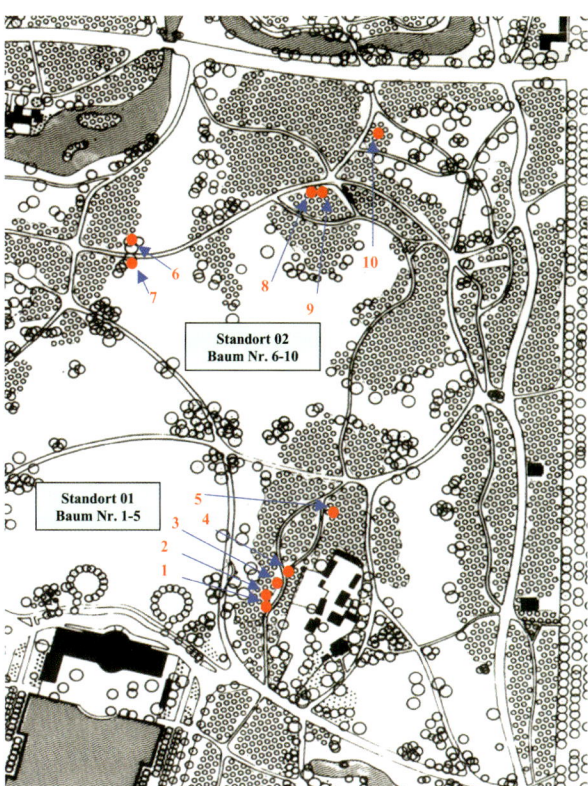

Lage der Untersuchungsstandorte 01 und 02 im vorderen Teil des Bremer Bürgerparks, links unten ist das Parkhotel eingezeichnet

[4] Hennebo, Dieter: Der Bürgerpark, ein Gartendenkmal von nationaler Bedeutung. In: Bürgerparkverein Bremen (Hrsg.): Der Bremer Bürgerpark 125 Jahre. Bremen 1991, S.12–19.

[5] Born, M./Hofmann, F.: Der Nachweis von Schwermetallen in Jahrringen von Bäumen als biologisches Monitoringverfahren zur Erstellung einer Chronologie der Umweltbelastung. Dipl.-arb. Universität Bremen 1986.

Einzelmessergebnisse der Jahrringbreiten von zwei Bohrkernen einer Esche, die in gleicher Höhe, aber in unterschiedlicher Orientierung gezogen wurden. Die Einzelmesspunkte sind zu Jahrringkurven verbunden, der Bohrkern ... A01 entstammt der lichtorientierten und kräftige Äste tragenden Seite des Baumes, der Bohrkern ... B01 entstammt der seit den 1980er-Jahren mehr schattierten Seite.

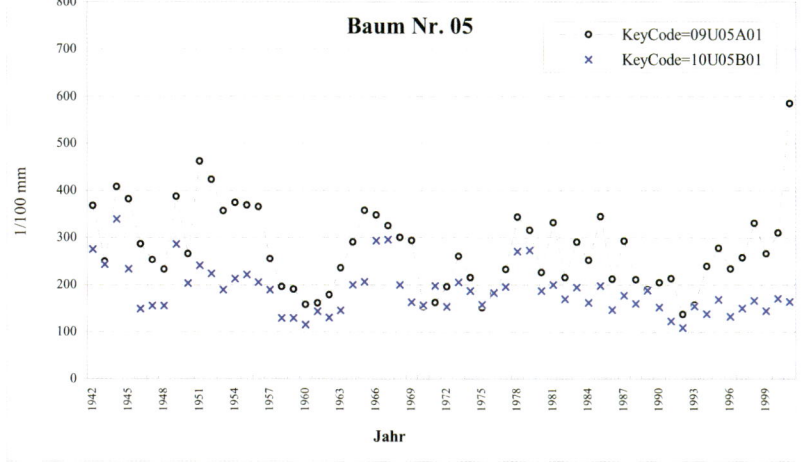

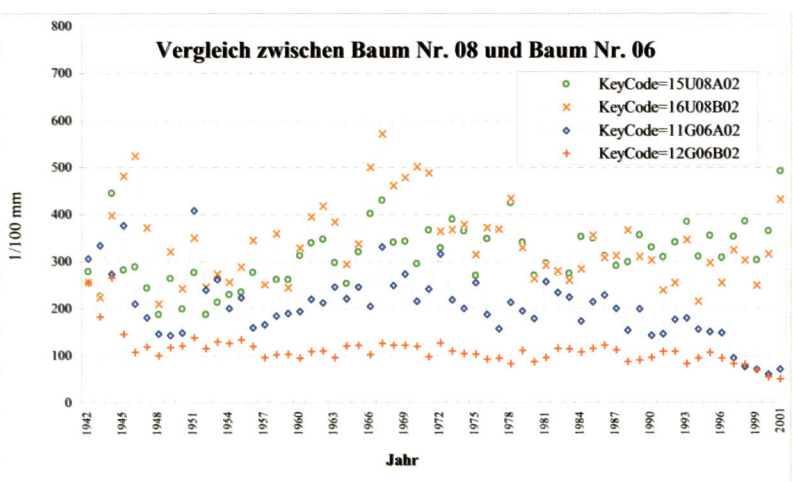

Vergleich der Jahrringbreiten der visuell als ungeschädigt eingestuften Esche Nr. 08 mit der als geschädigt eingestuften Esche Nr. 06. Gezogen wurden pro Baum jeweils zwei Bohrkerne (A+B) in gleicher Stammhöhe und unterschiedlicher Orientierung.

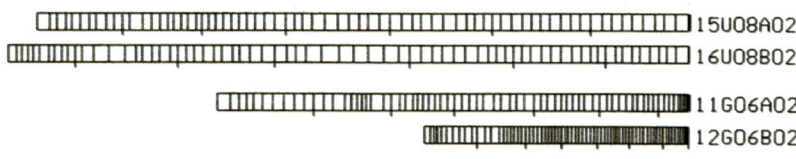

Jahrringmuster in den Bohrkernen des ungeschädigten und des geschädigten Baumes

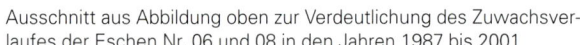

Ausschnitt aus Abbildung oben zur Verdeutlichung des Zuwachsverlaufes der Eschen Nr. 06 und 08 in den Jahren 1987 bis 2001

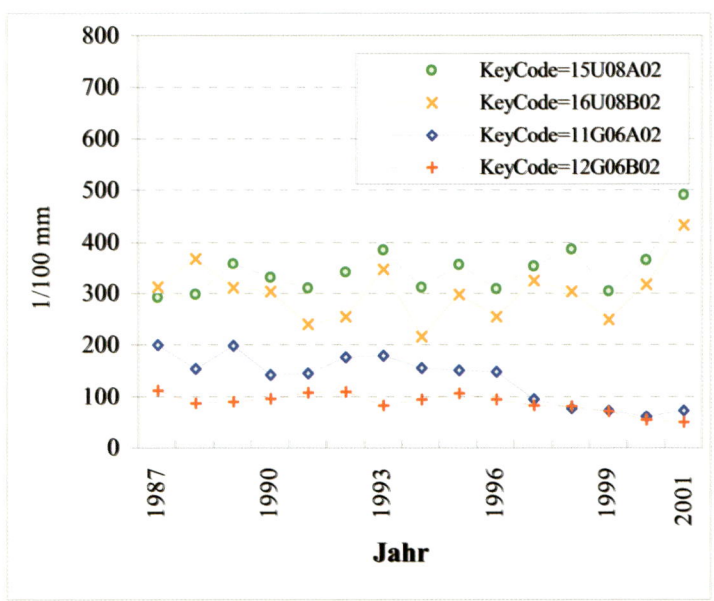

Bremer Bürgerpark durchgeführt wurde. Im Kartenausschnitt S. 163 oben sind die Standorte der in diesem Parkbereich, der nahe dem Parkhotel und der Bürgerparkverwaltung liegt, untersuchten Eschen eingezeichnet, so auch der des zuvor besprochenen Baumes Nr. 05 (Abb. S. 163 unten).

Im Jahre 2002 wurden 24 vorausgewählte Eschen untersucht, die im Rahmen der jährlich stattfindenden Baumbegehung visuell angesprochen und bezogen auf die vorgegebenen Schadklassen eingestuft waren. Danach waren fünf Bäume der Schadklasse 0 (sehr guter Baumzustand), drei Bäume der Schadklasse 1 (gut), 14 Bäume der Schadklasse 2 (befriedigend) und zwei Bäume der Schadklasse 3 zugeordnet (Abb. oben). Von Letzteren zeigte der Baum Nr. 06 seit Mitte der 1990er-Jahre eine stark zurückgehende Zuwachsleistung und ist mittlerweile abgestorben. Der Vergleich der Jahrringmuster in den Bohrkernen der einzelnen Bäume und die weitere Auswertung der Zuwachsverläufe in den Jahrringkurven brachte, bezogen auf einige der untersuchten Bäume, jedoch erstaunliche Ergebnisse zutage:

Von den fünf als sehr gut eingestuften Bäumen wies lediglich der Baum Nr. 08 durchgängig sehr gute Zuwachsleistungen auf, während die vier anderen zwar immer noch sehr gute, unter Berücksichtigung der klimabedingten Varianzen aber relativ gleichmäßige Zuwachsleistungen zeigten (Abb. links und S. 165).

Erstaunlich war allerdings, dass drei visuell als befriedigend eingestufte Bäume deutlich bessere Zuwachsleistungen aufwiesen als jene nach ihrem äußeren Erscheinungsbild als sehr gut angesehenen Eschen. Unterschiedliche Ergebnisse erhielt man auch bei einigen Bäumen anderer Schadklassen, auch wenn aus der Zusammenstellung deutlich wird, dass der überwiegende Teil der untersuchten Bäume bezüglich der Vitalität gleichwertig beurteilt wurde.

Dies betrifft jedoch lediglich das Gesamtergebnis. Die Jahrringanalytik in richtig angewandter Form eröffnet einen detaillierten Einblick in die Summe aller das Wachstum eines Baumes an einem Standort betreffenden Faktoren, und zwar vergleichend über den gesamten bisherigen Lebensverlauf und insbesondere im Hinblick auf die individuelle Widerstandsfähigkeit.

Ausblick

Umweltbelastungen beeinflussen in vielfältiger Weise das Wachstum und die Entwicklung von Bäumen. Gerade in historischen Gärten und Parkanlagen prägen Bäume in herausragender Weise das Gesamtbild und sind ein besonders wertvolles Naturgut. Sie beeindrucken nicht nur durch ihre imposante Erscheinung, sondern müssen als standortgebundene Organismen mit

Jahrringmuster der Bohrkerne – je 2 pro Baum

Baum Nr.	Stamm-Umfang [in cm]	Visuelle Einstufung
Gruppe 1		
03	291	Befriedigend
08	311	Sehr gut
11	295	Befriedigend
20	175	Befriedigend
Gruppe 2		
02	218	Gut
04	227	Sehr gut
05	238	Sehr gut
07	260	Sehr gut
13	234	Befriedigend
15	247	Sehr gut
16	256	Befriedigend
Gruppe 3		
01	184	Gut
06	270	Abgestorben
09	224	Gut
10	241	Ausreichend
12	230	Befriedigend
14	204	Befriedigend
17	208	Befriedigend
18	200	Befriedigend
19	192	Befriedigend
21	195	Befriedigend
22	203	Befriedigend
23	204	Befriedigend
24	181	Befriedigend

Vergleichende Zusammenstellung der Ergebnisse der visuellen Ansprache von ausgewählten Eschen im Bremer Bürgerpark mit denen der Jahrringanalytik

Prof. Dr. Wolfgang Heyser
1962 bis 1968 Studium der Chemie und Biologie an der TH Aachen und der Universität Bonn, 1968 Promotion in Botanik. 1968 bis 1976 Assistent am Institut für Forstbotanik der Universität Göttingen mit einjähriger Unterbrechung: 1971 Visiting assistant Professor an der Botany University of Madison, Wisconsin, USA, 1976 Habilitation in Forstbotanik. 1977 Heisenberg-Stipendium. 1978 apl. Professur für Forstbotanik in Göttingen. 1979 Professur für Physiologische Pflanzenanatomie und angewandte Botanik an der Universität Bremen. 1983 bis 1986 Dekan im Fachbereich 2 Biologie/Chemie. 1991 bis 1995 Konrektor für Forschung. 1996 bis 2000 stellvertretender Direktor, seit 2000 geschäftsführender Direktor des Zentrums für Umweltforschung und Umwelttechnologie der Universität Bremen. Forschungsschwerpunkte: Öko- und Baumphysiologie, Stofftransport in Pflanzen, Struktur, Funktion und Anwendung der Mykorrhizasymbiose, Phytoremediation, Restorationstechnologien.

riesiger Oberfläche mit allen dortigen Gegebenheiten zurechtkommen. Ihre Pflege und damit einhergehend ein möglichst weitgehender Schutz sollte uns daher besonders am Herzen liegen. Die Beurteilung der Vitalität der Bäume hat in diesem Zusammenhang wie auch bei vorausschauenden Planungen große Bedeutung und sollte sich moderner Methoden bedienen. In dem hier vorgestellten Beispiel stand die Vitalitätsprüfung im Rahmen von Parkpflegemaßnahmen im Vordergrund. Jedoch lässt sich, wie bereits angesprochen, unter Zuhilfenahme moderner Analytik viel mehr an Information aus Bohrkernen und Jahrringen gewinnen. Der Zustand der Belaubung und die Art der Blattausbildung sind zwar wichtige und jederzeit verfügbare Beurteilungskriterien bezüglich der Reaktion von Bäumen auf Umweltgegebenheiten und -belastungen. Darüber erhält man in der Regel aber weder Auskunft über die Art der Belastung bzw. Mangelversorgung noch über den Zeitpunkt der Beeinträchtigung. Insofern sollten im Rahmen der Vorsorge und auch einer optimal angepassten Pflege gerade bei wertvollen Beständen zusätzlich moderne analytische Methoden eingesetzt werden. Das Ziehen eines Bohrkerns ist ein relativ einfacher und unproblematischer Eingriff, und die Analyse der Jahrringe ermöglicht wesentliche Einblicke in den Wachstumsverlauf eines Baumes. In besonderen Fällen kann er den gezielten Eingang in weitere aufwendige Untersuchungen eröffnen, vor allem aber wichtige Informationen für Pflegemaßnahmen geben.

Nicht nur das lebende Gestaltungsmaterial von Gärten unterliegt Alterungsprozessen. Auch die toten Baustoffe verändern sich entsprechend ihren Eigenschaften und sind in ihrer Dauerhaftigkeit von den Bedingungen der Umwelt abhängig. Zur Materialverwendung und Methodik der Konservierung sind neue Fragen zu stellen.

Peter Königfeld

Die barocken Bleifiguren des Heckentheaters im Grossen Garten zu Hannover-Herrenhausen – Anmerkungen zu Geschichte, Bestand und Restaurierung

Bühne des Heckentheaters, Zustand 1898

Amphitheater. Kupferstich nach J. J. Müller von Joost van Sasse, um 1740

Provenienz, Bestand, Programm

Die im Jahre 2003 begonnene Restaurierung der Bleifiguren in Hannover-Herrenhausen lenkt den Blick auf diese zum originalen Bestand des Heckentheaters gehörende Gruppe barocker Plastiken. Während über das Theater, seine Geschichte, Funktion und Bedeutung schon ausführlich publiziert worden ist[1], fehlt über die Figuren bislang eine monografische Untersuchung. Es ist angesichts des aktuellen Erkenntnisstandes noch nicht möglich, diesem Defizit sofort abzuhelfen. Im Folgenden sollen das bereits Bekannte referiert und weiterführende Fragen formuliert werden, um die notwendige Forschung anzuregen, die sich auch intensiver mit der Lösung der weitgehend offenen denkmalpflegerischen Probleme der Konservierung umweltgeschädigter Bleifiguren auseinandersetzen muss.

Die aus Blei geformten, vergoldeten Statuen auf kunstvoll gearbeiteten Sandsteinsockeln bildeten von Anfang an einen wesentlichen Teil der künstlerischen Konzeption des Herrenhäuser Heckentheaters. Noch während des Baus der Anlage wurden 1689 zwei Stücke, vermutlich die »Borghesischen Fechter«, für 74 Taler aus Amsterdam geliefert, dann 1690 über Emden weitere sieben und über Bremen 18 Bleifiguren für je 51 bzw. 52 Taler.[2]

Während man bisher davon ausging, dass sie möglicherweise von dem für 1688 bis 1690 in Hannover nachweisbaren Bildhauer Arnold Roßfeld[3] geschaffen worden sind,[4] kann nunmehr als gesichert angenommen werden, dass die Formen aus dem Atelier des Metallgießers Johann Larsson in Den Haag stammen. Insbesondere die Fechter und eine Venus sind aus seinem Nachlass bekannt.[5] Larsson ist zwar bereits 1664 verstorben, seine Formen wurden aber verkauft und

[1] Meyer, Rudolf: Hecken- und Gartentheater in Deutschland im XVII. und XVIII. Jahrhundert. Emsdetten 1934, S.129–149; Reuther, Hans: Eine Darstellung des Herrenhäuser Gartentheaters in »Jardins Anglo-Chinois« von le Rouge. In: Niederdeutsche Beiträge zur Kunstgeschichte V. München/Berlin 1966, S.199–206; Hennebo, Dieter/Schmidt, Erika: Das Theaterboskett. Zu Bedeutung und Zweckbestimmung des Herrenhäuser Heckentheaters. In: Niedersächsisches Jahrbuch für Landesgeschichte 50. Hildesheim 1978, S. 213–274.

[2] Schuster, Eduard: Kunst und Künstler in den Fürstentümern Calenberg und Lüneburg in der Zeit von 1636 bis 1727. Hannover/Leipzig 1905, S. 87ff.

[3] Thieme, Ulrich/Becker, Felix (Hrsg.): Allgemeines Lexikon der bildenden Künstler von der Antike bis zur Gegenwart. Bd. 29. Leipzig o. J., S. 51.

[4] Brinckmann, A. E.: Barockskulptur II. 1919, S. 362; Osten, Gert von der: Zur Barockskulptur im südlichen Niedersachsen. In: Niederdeutsche Beiträge zur Kunstgeschichte 1. 1961, S. 239, Anm. 6.

[5] Freundlicher Hinweis von Herrn Frits Scholten, Rijksmuseum Amsterdam.

[6] Vösgen, Nicola: Berliner Zinkguß des 19. Jahrhunderts. In: Berliner Beiträge zur Archäometrie 14. 1997 verweist u.a. auf die formidentischen Borghesischen Fechter, die sich 1740 im Charlottenburger Schlosspark nachweisen lassen.

[7] Nach Scholten kommen zwei Bildgießer in Frage: Jonas Gutsche in Den Haag, der 1671 20 Bildgüsse an den Oldenburger Grafen lieferte und auch für den schwedischen Hof tätig war (Thieme/Becker. Bd.15. 1922, S. 359) oder der Amsterdamer Bernardus Dronrijp, der in einem Reisebericht von 1687 genannt wird. In: Upmare, Gustaf: Ein Besuch in Holland 1687 aus den Reiseschilderungen des schwedischen Architekten Nicodemus Tessin d. J. In: Oud Holland XVIII. 1900, S.127.

[8] Gutachtliche Stellungnahme von Prof. Lambert Schneider, Archäologisches Institut der Universität Hamburg, vom 15. Januar 2003. Archiv des Niedersächsischen Landesamtes für Denkmalpflege, Hannover.

[9] Wie Anm.1, S. 271.

von anderen Werkstätten weiterbenutzt, nachweislich noch bis gegen 1750.[6] Es scheint demnach durchaus möglich, dass ein Bildgießer in Amsterdam oder Den Haag mit diesen Formen neue Bleifiguren für Herrenhausen gegossen hat.[7]

Das heute rudimentierte, nur noch die Hecken im Bühnenraum begleitende Figurenensemble umstellte ursprünglich – so geben es die Zeichnung von Louis Rémy de la Fosse von 1706 ebenso wie Stiche um 1740 wieder – auch Bühne und Amphitheater. Auf der Szene standen vor jeder die Kulissen abschließenden Linde abwechselnd eine Statue auf Sandsteinsockel und ein niedriger, kegel- bzw. stufenförmig geschnittener Taxusbaum, insgesamt also zwölf, sowie als optische Zäsur an der vorderen Bühnenkante die zwei Fechter. Weitere vier waren auf der hinteren Balustrade sowie acht auf der Futtermauer des Amphitheaters platziert, deren Aufstellungsflächen sich dort heute noch deutlich markieren; hier durch ca. 43 mal 43 Zentimeter große Abarbeitungen im Stein, dort zusätzlich durch römische Zahlen, die sich möglicherweise konkret auf einzelne Figuren beziehen lassen.

Über ein ikonografisches Programm, das durch den Skulpturenzyklus verbildlicht worden sein könnte, ist derzeit nur zu spekulieren. Zwar lassen sich antike Vorbilder benennen[8], insgesamt dürfte es sich aber im Sinne des Barock um eine schöne Dekoration mit der »Aura der Antike« gehandelt haben. Womit der Figurenschmuck gegenüber der Anlage des Heckentheaters keinesfalls bedeutungsmäßig zurücktritt – beide sind im Gegenteil in ihrer Wirkung untrennbar aufeinander bezogen. Sie formen ein Ensemble aus Amphitheater, Bühnenraum und schließlich auch Königsbusch, das als ältestes Heckentheater Deutschlands eine herausragende kunstgeschichtliche Schlüsselstellung einnimmt.[9]

»Offenbar fand man an solchen Dekorationen, die nur im Zusammenwirken der verschiedenen Kunstgattungen und Techniken zustande kommen, besonderen Gefallen und genoss sie als eine natürliche Form sozialer Manifestation.«[10] Mit den Fest- und Bühnendekorationen aus vergänglichem Material hat die monumentale Dekoration oft die Ikonografie gemeinsam, hauptsächlich in Form von Allegorien, also von »formelhaften Vorwänden, nicht geglaubt als Mythos, sondern zitiert als Mythologie, als humanistisches Bildungsgut, mit dem die Zeit ihre eigenen Vorstellungen und Zwecke umschrieb«. Mit dieser universal gewordenen Bildersprache verständigte sich die Kunst mit der Gesellschaft der Zeit. Aber die monumentalen Dekorationen des 17. Jahrhunderts sind nicht an solche literarische Metaphorik gebunden, sie treten auch als selbstständiges, durch sich selbst legitimiertes Schauspiel auf. Zum Figurenprogramm des Heckentheaters gehören im Übrigen auch steinerne Skulpturen: am vorderen Bühnenrand rechts und links »Ceres«, Personifikation des Sommers, und »Luna«, Göttin der Nacht, sowie Putten auf den stufig ansteigenden Futtermauern des Amphitheaters, die allegorisch die Jahreszeiten darstellen. Ein Putto mit einer Maske verweist auf die Schauspielkunst und ein anderer mit einem Krebs auf das vierte Zeichen im Tierkreis.

FASSUNG NACH »GOLDSCHMIED-ARTH«

Die älteste Beschreibung des Heckentheaters stammt von W. E. Tentzel, der 1692 schreibt: »... das Lust-Hauß zu Herrenhausen pranget insonderheit aber mit einem aus lauter gesträuch angelegten Theatro, und gegen über stehendem Amphitheater, darauf viel gantz vergüldete Statuen stehen und einen trefflichen Glanz von sich geben.«[11] Die Bleifiguren waren also von Anfang an mit einer Edelmetallauflage gefasst, wie es in Holland üblich war, wo der Brauch, Gartenplastiken einheitlich zu vergolden, aus Ostasien übernommen worden war. Von dort aus fand er weite Verbreitung in Europa.

Trotz der Schilderung Tentzels (»trefflicher Glanz«) bleibt aber unklar, wie man sich diese Materialillusion, mit der das unedle Blei durch eine kostbare Metallfassung zu der vollkommenen Nachahmung einer Goldtreibarbeit umgewandelt wurde, an den Herrenhäuser Plastiken vorzustellen hat. Mit glänzender oder eher matter Oberfläche, vielleicht auch durch gefärbte transparente Überzüge künstlerisch verwandelt, wie es in der Ausstattungskunst des 17. und 18. Jahrhunderts auf Blattmetallfassungen durchaus üblich war – etwa im Sinne eines Firnisbuches von 1746: »Ein Gold-Firnis über Sachen so mit Blat-Gold vergüldet zu ziehen, um die Couleur desselben noch schöner zu machen.«[12]

Die Befundlage wird bei den weiteren Untersuchungen eindeutiger zu klären sein. Es dürfte allerdings insofern schwierig werden, weil die Vergoldung der Bleifiguren nachweislich bereits mehrmals im Laufe des 18. Jahrhunderts wiederholt wurde und bis in die jüngste Vergangenheit rigorose Eingriffe in den Fassungsbestand erfolgten. Zu Maßnahmen im 18. Jahrhundert heißt es beispielsweise in Rechnungen der Schatullkasse Kurfürst Georg Ludwigs, dass am »9. Martius 1709: Vor Vergüldung 26 Statues zu Herrenhausen dem Architekte Lafohse 960 Thaler« überreicht worden seien.[13] In der Folge ging man dazu über, anstelle der aufwendigen Vergoldung Ölanstriche aufzubringen, wobei schon die Barockzeit solchen farbigen Ersatz (»Honiggelb«) durchaus als legitimes Gestaltungsmittel kannte. Diese ersetzte man schließlich Ende des 19. Jahrhunderts nach Abnahme der

Bühne des Heckentheaters, 1995

dicken Farbschichten durch eine »ganz dünne« Fassung »aus grüner bronceartiger Lasurfarbe«, wie sie zu dieser Zeit gern gewählt und durch unterschiedliche Techniken der Patinierung hergestellt wurde. In dieser dunklen Farbigkeit, die dem Geschmack des Historismus folgte, zeigen sich die Bleifiguren 1898 auf fotografischen Abbildungen.[14]

Bildwerke aus Blei

Blei verdankt seine vielfache Verwendung für den Bildguss insbesondere der Tatsache, dass es sich leicht in nur wenig hitzefeste Formen gießen lässt und relativ wetterfest ist. Die Gestaltung von Freifiguren in Blei setzte allerdings erst um die Wende vom 15. zum 16. Jahrhundert ein, als man Plastiken mit massiven Güssen oder aus Bleiplatten, die auf einem Holzmodell in Form gehämmert wurden, herzustellen begann; ein besonders schönes Beispiel hierfür bilden die vergoldeten Heiligendarstellungen von 1481 an der Außenfassade des Lüneburger Rathauses, deren Eichenholzkern mit Blei überzogen ist. Für die Herrenhäuser Statuen kam vermutlich nicht das beim Bronze- und Messingguss für einmalig hergestellte Güsse übliche Wachsausschmelzverfahren zur Anwendung, sondern der Tonformenguss, der sich seriell einsetzen ließ. Die Gussform bestand aus einer mehrteiligen Außenform und einem Kern, der von Nägeln gehalten wurde. Dieser setzt sich im Wesentlichen aus einer Mischung von Sand (Feldspat, Quarz) und etwas Ton (Kaolin) zusammen und enthält als Kernhalter die späteren Stützstreben aus Eisen, die mit der Bleihaut und der Kernmasse einen »Verbundstoff« bilden. Die Teile wurden einzeln aus relativ reinem Blei gegossen und anschließend durch Zusammenlöten oder -falzen miteinander verbunden. An den Herrenhäuser Bleifiguren erfolgte die Montage der Extremitäten überwiegend durch Verguss, was an kreisförmigen Verschlüssen im Umfeld der Fugennähte zu erkennen ist; diese dienten vermutlich als Eingussöffnungen.

Gerade in der Renaissance und im Barock, der eigentlichen Blütezeit, legten Kostengründe die Verwendung des wesentlich billigeren Bleis für die Ausstattung von Brunnen und großen Gartenanlagen nahe. Sogar im großen Vorbild, dem Schlossgarten von Versailles und später auch in Marly, setzte man den Plan, alle Bildwerke in Bronze herzustellen, bei weitem nicht in die Wirklichkeit um. Man behalf sich vielmehr u.a. mit Bleigüssen, die man entsprechend fasste, um sie als Bronzewerke vorzuführen.[15] Eine breitere Verwendung der Bleigüsse entwickelte sich in der zweiten Hälfte des 17. Jahrhunderts in den Niederlanden, wo neben Jerôme Duquesnoy Johann Larsson tätig war, der neben den Formen für die Herrenhäuser Figuren u.a. 1654 zwölf Kindergruppen für den Lustgarten in Berlin schuf. Von da aus gelangte die Technik nach Frankreich. Das großartigste Bleigusswerk dort ist der Brunnen auf dem Stanislausplatz in Nancy von Barthélemy Guibal (1761). Auch in England, wo eine jahrhundertealte Tradition des Bleigusses existierte, gründeten sich Werkstätten.[16] In Deutschland erlebte der Bleiguss seine höchste Blütezeit im 18. Jahrhundert. Beispiele hierfür bieten die Gartenanlagen von Schleißheim (Vasen von Jacques Villemotte), Nymphenburg (Figurengruppen von Wilhelm und Karl de

[10] Hubala, Erich: Urbanistik, Militärbaukunst und Gartenarchitektur. In: Die Kunst des 17. Jahrhunderts. Propyläen Kunstgeschichte 9. Berlin 1970, S. 311; Boeck, Urs: Die Skulpturen im Luststück des Großen Garten von Hannover-Herrenhausen, ikonographisch betrachtet. In: Niedersächsische Denkmalpflege 12. 1987, S. 132–147.

[11] Wie Anm. 1, S. 133f., Anm. 3.

[12] Schiessl, Ulrich: Rokokofassung und Materialillusion. Untersuchungen zur Polychromie sakraler Bildwerke im süddeutschen Rokoko. Mittenwald 1979, S. 81f. Er weist darauf hin, dass sich mit Metallauflagen, hier speziell für Imitationen von Metallbildwerken, ein Kunstprinzip der Barockzeit verbindet, demzufolge der Glanz der Oberfläche, der »Reflex« und »Wiederschein« große Bedeutung hat.

[13] Wallbrecht, Rosemarie Elisabeth: Das Theater des Barockzeitalters an den welfischen Höfen Hannover und Celle. Hildesheim 1974, S. 86.

[14] Wie Anm. 2, S. 88. Es dürfte sich um eine Fassung im Sinne einer stärkeren Hinwendung zum »natürlichen Kolorit« in der zweiten, bis in die neunziger Jahre des 19. Jahrhunderts dauernden Phase des Historismus handeln, die Brönner, Wolfgang: Farbige Architektur und Architekturdekoration des Historismus. In: Deutsche Kunst und Denkmalpflege, Heft 1/2, 1978. S. 59f., konstatiert. In diesem Zusammenhang ist auch die gleichzeitige Wertschätzung der patinierten Bleioberfläche beachtenswert, zu der Buchner, Georg: Die Metallfärbung. Berlin 1920, S. 297, ausführt. Er weist auf die Versailler Bleifiguren hin, deren Naturpatina nach Vergehen der originalen Vergoldung in ihrer Eigenart der Patina der Bronze gleich zu achten sei. Zur Technik der Bleifärbung Weaver, Lawrence:

English Leadwork. Its Art and History. London 1909. Neuaufl. Shaftesbury 2002, Einführung v. Andrew Naylor.

[15] Wie Anm.12, S.179.

[16] Neuhaus, August: Blei, Bleiguss. In: Reallexikon zur Deutschen Kunstgeschichte II. 1948, Sp. 880; hierzu auch Weaver: wie Anm.14.

[17] Kalinowsky, Konstanty (Hrsg.): Studien zur Werkstattpraxis der Barockskulptur im 17. und 18. Jahrhundert. In: Uniwersytet Imienia Adama Mickiewcza w Poznaniu. Seria Historia Sztuki Nr.18. Poznan 1992, hier insbesondere Pötzl-Malikova, Maria: Zur Geschichte des Metallgusses in Wien im 18. Jahrhundert, S. 365ff.; Weyer, Angela: Zur monumentalen Bleiskulptur des 19. Jahrhunderts anhand bayerischer Beispiele. In: DBU-Forschungsprojekt AZ 01120 »Konservierung von Denkmälern aus Blei, Zink und Zinn«. Jahresbericht 1996, S.168–171, zu den Bleigüssen in Herrenchiemsee.

[18] Meyer, wie Anm.1, S.147f.

[19] Reuther, wie Anm.1, S. 205.

[20] Zum DBU-Forschungsprojekt AZ 01120 »Konservierung von Denkmälern aus Blei, Zink und Zinn« siehe Mottner, Peter/ Mach, Martin (Hrsg.): Zinkguss. Die Konservierung von Denkmälern aus Zink. Arbeitshefte des Bayerischen Landesamtes für Denkmalpflege. Bd. 98. München 1999.

Groff) sowie Schwetzingen (Brunnenfiguren ebenfalls von Barthélemy Guibal). In Österreich ist auf die herausragenden Schöpfungen von Georg Raphael Donner (hl. Martin in Preßburg, Brunnen am Neuen Markt in Wien) zu verweisen, der neben Blei aber auch in Bronze arbeitete. Im 19. Jahrhundert wurden nur noch wenige Großplastiken aus Blei gegossen, beachtenswert sind hier vor allem die Brunnenplastiken von Schloss Herrenchiemsee, die in einem neu entwickelten, verformungsbeständigeren Hartblei gefertigt wurden.[17]

Eine wechselvolle Geschichte

Die Herrenhäuser Bleifiguren stellen angesichts der immensen Verluste dieser Gattung ein überregional bedeutendes Ensemble dar, das für unsere Kenntnis der Barockplastik in Nordeuropa und die Herstellung großer Bildwerke in Blei eine nicht zu unterschätzende Bedeutung besitzt. Allerdings ist der Zyklus von ursprünglich 26 Bleifiguren auf heute 16 geschrumpft – nicht zuletzt wohl auch wegen der besonderen umweltbedingten Belastungen durch die Einbettung in die Vegetation des Gartens.

Man machte sich schon frühzeitig Sorgen um ihre Erhaltung. So nahm man sie anlässlich eines Maskenballs, den König Georg II. 1732 im Heckentheater veranstaltete, zumindest auf der Bühne ab, um sie nicht dem großen Gedränge auszusetzen.[18] Um 1919 sind sogar alle noch bis dahin aufgestellten Figuren zum Schutz vor Diebstahl entfernt worden. Mit der Restaurierung des Großen Gartens 1936/37 wurde auch das Heckentheater wiederhergestellt, wenn auch nur in den Grundzügen.[19] Die neu vergoldeten Statuen fanden erneut Aufstellung auf der Bühne, allerdings in einer anderen Reihenfolge als zuvor. 1955 wurden vier Figuren, die während des Krieges beschädigt worden waren, auseinandergesägt, ausgebeult, teilergänzt und wieder zusammengesetzt. Dabei erhielten sie ein neues Innengerüst aus Bronze. 1965 wurden die Bleifiguren erneut vergoldet, die Steinskulpturen weiß gefasst. 1970 entschloss man sich dazu, an die Stelle der desolaten Originale Bronzerepliken zu setzen. »Der Zinkbleimantel ist so porös und so angewittert, dass Nässe eindringt, das Schamottemehl aufquellen läßt und so den Mantel auseinandertreibt«, schreibt Baudirektor Schlüter 1971. Entsprechendes erfolgte 1991 auch im Schwetzinger Schlossgarten, wo die stark deformierte Figurengruppe des großen Bassins, die Barthélemy Guibal geschaffen hat, abgebaut wurde. Während aber dort nach der Konservierung eine museale Präsentation folgte, führten in Hannover Überlegungen zur Verwendung der Originale bis heute zu keinem Ergebnis.

Erhaltung von Bleifiguren

Bleigüsse bilden in der Freibewitterung – von legierungsspezifischen Sonderfällen abgesehen – eine passivierende Korrosionsschicht aus Carbonaten, Sulfaten und Oxid, die einen guten Schutz gegen die Einwirkungen von Luftschadstoffen darstellen. Letztlich wegen dieser vergleichsweise günstigen Eigenschaft fand Blei in dem von der Deutschen Bundesstiftung Umwelt von 1993 bis 1998 geförderten Modellvorhaben »Die Konservierung von Denkmälern aus Blei, Zink und Zinn« keine Berücksichtigung; man beschränkte sich vielmehr weitgehend auf die Lösung der gravierenden Erhaltungsprobleme von Zink, das in ganz anderer und dramatischer Weise durch chemische und physikalische Prozesse substantiell gefährdet ist.[20] Das heißt

Originale Bleifiguren (Figuren Nr.1 und 2) vor der Restaurierung. In den Montagebereichen der Extremitäten sind Brüche mit älteren Aufkittungen erkennbar. Die Vergoldung von 1965 ist nur teilweise erhalten, Zustand 2003

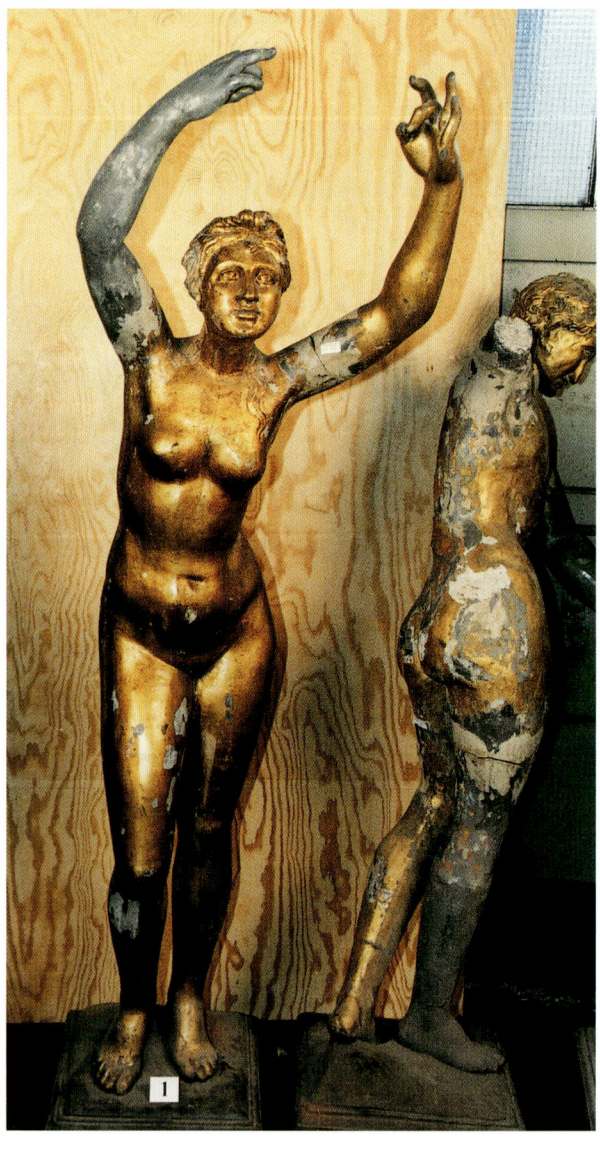

aber nicht, dass Objekte aus Blei nicht auch auf Umweltbelastungen reagieren – im vorliegenden Fall durch deutliche Korrosionserscheinungen (Oberflächenveränderungen und Lochfraß). Ganz gravierend bedroht ist der Bestand allerdings durch das Verhalten des Metalls, das durch sein enormes Eigengewicht, aber auch seine Weichheit zu Deformationen neigt. Durch die schlechte Dauerfestigkeit kommt es zu einer langsamen und stetigen Verformung, letztlich zur Zerstörung: so belegbar für die »Gladiatoren«, die zur barocken Ausstattung des Schlossgartens Charlottenburg gehörten und 1802/03 auf die Schilderhäuser am Ehrenhof versetzt wurden; sie waren 1828 zerbrochen und wurden schließlich 1867 in Zink nachgegossen. Die Herrenhäuser Plastiken zeigen in dieser Hinsicht beispielhafte Schadensbilder, die ihre Standfestigkeit und den Zusammenhalt der Gussteile unterschiedlich stark gefährden: Risse und Brüche in den Oberarmen, an den Füßen, an den Ober- und Unterschenkeln, Deformationen an den Bruchzonen, Veränderungen der gesamten Körperhaltung durch Absenkung, Brüche und Verformungen der inneren Eisenarmierungen, schließlich Verluste von Körperteilen und Attributen durch Bruch.

Die metallrestauratorische Voruntersuchung teilt den Zustand in vier Schadenskategorien ein, die von stabil stehenden Figuren mit geringen Beeinträchtigungen bis zu solchen reichen, deren Eigenstabilität nicht mehr gewährleistet ist.[21] Trotz der Komplexität der Schäden an der einzelnen Figur muss bei der Planung und Durchführung der Konservierung und Restaurierung die Zusammengehörigkeit des Ensembles berücksichtigt werden. Die laufende Modellrestaurierung an zwei ausgewählten Exemplaren wird erweisen müssen, ob mit verantwortbaren Eingriffen und denkmalverträglichen Stabilisierungen das Ziel einer Rückführung des Gesamtbestandes an den originalen Standort möglich sein wird.

Denkmalpflegerisches Schlusswort

Die Betrachtung der originalen Bleifiguren, ihre Stellung und Funktion im Heckentheater hat mehrere Aspekte aufgezeigt: Ihre Qualität ist beachtlich, wenn auch durch ältere Instandsetzungen und jüngere Eingriffe erheblich beeinträchtigt. Die Plastizität und Feinheit der Oberflächenbehandlung übertrifft die der Abgüsse der siebziger Jahre in einem erheblichen Maße. Die überregionale Bedeutung ergibt sich auch aus dem Umfang des barocken Bestandes, der ein durchaus einzigartiges Ensemble bildet. Die Originale zeigen höchst interessante herstellungstechnische Details, die Rückschlüsse auf den Bleiguss solcher Großfiguren ermöglichen, wobei gerade dieses Thema noch weitgehend unbearbeitet ist. Auch unter diesem Gesichtspunkt kommt ihnen eine hohe Wertigkeit zu. Und schließlich: Die Bleifiguren gehören untrennbar zur ursprünglichen Konzeption des Heckentheaters, wo sie Amphitheater und Bühnenraum in sinnfälliger Weise umstanden haben. Der differenziert durchgebildete Bauorganismus mit seiner geschnittenen Vegetation wird erst durch den Figurenschmuck mit seiner rhythmisierenden Funktion abschließend kommentiert. In diesem Sinne wäre durchaus zu diskutieren, ob und wie dieses bedeutsame Ensemble zu komplettieren ist. Damit verknüpfen sich aber auch Fragen an die aktuelle Gestalt des Heckentheaters. Die konservatorischen und umweltbedingten Probleme bei Aufstellung der Bleifiguren im Außenbereich sind ebenfalls noch nicht abschließend geklärt.

Originale Bleifigur (Figur Nr.13) vor der Restaurierung (Detail). Der Halsbereich zeigt Risse mit erheblicher Spaltbreite und überspachtelte Fehlstellen. Im Gesicht Lochfraßkorrosion, Zustand 2003

Dr. Peter Königfeld
Geb. 1942 in Berlin. Nach restauratorischer Ausbildung Studium der Kunstgeschichte und Empirischen Kulturwissenschaften in Tübingen. Seit 1973 in der niedersächsischen Denkmalfachbehörde in Hannover, Aufbau und Leitung der zentralen Restaurierungswerkstätten. Neben Fachberatung und Leitung wichtiger Restaurierungsmaßnahmen interdisziplinär angelegte Tätigkeit zur Schaffung wissenschaftlicher Grundlagen für die Konservierung von Kulturgut.
Einschlägige Forschungsprojekte mit Publikationen zu Wandmalereischäden, Architekturfarbigkeit, Stein- und Ziegelkonservierung, gefassten Eisenobjekten, veredelten Holzoberflächen.

[21] Institut für Metallrestaurierung: Hannover-Herrenhausen, Bleiplastiken des Heckentheaters. Metallrestauratorische Befunduntersuchung historischer Bleiplastiken. Westheim-Neusäß, Oktober 2001.

NATURWISSENSCHAFTLICHE METHODEN UND TECHNIKEN ZUR UNTERSUCHUNG HISTORISCHER BODENSTRUKTUREN WERDEN ZUNEHMEND AUCH IN DER ERFORSCHUNG HISTORISCHER GÄRTEN EINGESETZT. SIE BIETEN SUBSTANZSCHONENDE VERFAHREN UND DAMIT MÖGLICHKEITEN, BISHER UNBEANTWORTETE FRAGEN ZU KLÄREN.

Wolfgang P. W. Spyra

ANTHROPOGENE ANOMALIEN – CHANCE UND PERSPEKTIVE FÜR WEITERGEHENDE ERKENNTNISSE IN DER GARTENDENKMALPFLEGE

[1] Hennebo, Dieter: Gartendenkmalpflege. Flora Colonia 3/4. 1986, S. 124–142.

Menschen hinterlassen Spuren. Viele Hände können Treffliches schaffen: Kulturgüter, die es wert erscheinen lassen, sie der Nachwelt zu erhalten. Sie können aber auch Dinge besorgen, die nicht gern gelitten sind oder gar versteckt werden. Denkmale werden gebaut, sie werden gepflegt, beschädigt, restauriert, saniert, zerstört, eliminiert, rekonstruiert oder wieder entwickelt. Das trifft in besonderem Maße auf Gartendenkmale zu. »Gartendenkmäler im Sinne der neueren Denkmalschutzgesetze sind überkommene gartenkünstlerische Schöpfungen oder Reste derselben, an deren Erhaltung aus künstlerischen, wissenschaftlichen, geschichtlichen oder städtebaulichen Gründen ein öffentliches Interesse besteht.«[1] Allen Angriffen auf Kulturdenkmale ist aber eines gemeinsam: Jeder menschliche Eingriff hinterlässt Spuren – die Anomalie.

Eine Anomalie ist die Abweichung vom Normalen, gekennzeichnet durch Veränderungen in Bezug auf innere und äußere Merkmale. Ist diese Abweichung verursacht durch menschliches Handeln, wird sie zur anthropogenen Anomalie. Makro- und Mikrospuren sind zwangsläufig die Folgen. Makrospuren sind offenkundig und man entdeckt sie in vielfältigster Form: an prachtvollen Bauwerken, ästhetischen Skulpturen und in historischen Parkanlagen ebenso wie in widersprüchlichen Kunstobjekten. Es gibt aber auch Spuren, die nicht weniger informativ sind und sich nicht offenkundig zur Informationsgewinnung anbieten, die Mikrospuren. Sie finden sich an jedem Denkmal und sind die stummen Zeugen der Vergangenheit. Sie zu entdecken, ist besonders schwierig, weil der Unterschied zwischen Normalem und Anomalie meist marginal ist und nur durch Kompetenz herausgearbeitet werden kann. Wenn diese Aufgabe erledigt ist, müssen die Spuren ausgewertet und interpretiert werden. Eine Aufgabe, die nur Fachleute bewältigen können.

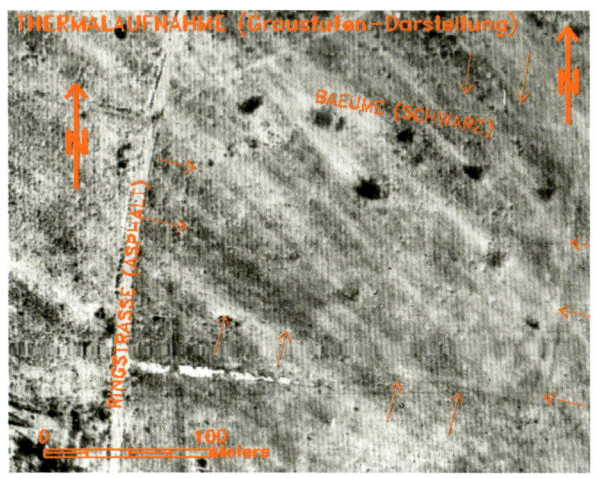

Aerografe Thermalaufnahme einer Liegenschaft. An der Oberfläche nicht erkennbare Fundamentreste unter einer Grasnarbe werden sichtbar.

Die Ausgangslagen zur Erkundung von Sachverhalten können sehr unterschiedlich sein: Sie reichen von einem konkreten Anhaltspunkt bis zur »Gewissheit«, dass es noch, irgendwo in Archiven oder im Boden verborgen, Informationen und Objekte geben muss. In diesem Beitrag soll es in erster Linie um Objekte gehen, die im Boden liegen. Bei diesen Objekten können es solche sein, auf die es zum Beispiel aus Archiven Hinweise gibt. Aber es soll auch um solche Objekte gehen, die als so genannte Zufallsfunde gelten. Der gedankliche Ansatz, der hier trägt, basiert auf der Überlegung, dass der Gebrauch von Objekten bereits zum damaligen Zeitpunkt Spuren hinterlassen haben könnte. Als Beispiel gelten Orte, an denen Handlungen vollzogen wurden. Dort, wo gehandelt wurde, wie auf Marktplätzen, an Biwakstellen oder Orten, die als Duellplätze bekannt sind, könnten Gegenstände wie Münzen, Gebrauchsgegenstände typisch für das Handlungsgeschehen abgelegt worden oder verloren gegangen sein. Sie zu finden, ist auch ein Anliegen dieser Methode. Mit der verfügbaren Datenlage ist unter Beachtung des vorangestellten Anliegens eine Strategie zu entwickeln, um zu den erhofften Informationen zu gelangen. In den meisten Fällen gibt es einen konkreten Ausgangspunkt für die Recherchen: die Untersuchungen am Punkt. Der hier verfolgte Ansatz sieht vor, dass man sich wissenschaftlich an folgenden Zielsetzungen orientiert:

- Unabhängig vom gegebenen Wissensstand ist ein »Screening« mit Methoden nach dem Stand der Technik neu durchzuführen. Die Entwicklung von Forschungsgeräten hat in den letzten 20 Jahren Gerätschaften auf den Markt gebracht, die sehr viel empfindlicher geworden sind. Lag man beim Nachweis von chemischen Spuren damals im Mikrogramm-Bereich (10^{-6}), ist heute der Nanogramm-Bereich (10^{-9}) Stand der Technik und der Pikogramm-Bereich (10^{-12}) in greifbarer Nähe. Für Forschungszwecke wird darüber hinaus bereits der Femtogramm-Bereich (10^{-15}) erschlossen. Berücksichtigt man noch, dass das Bearbeiten großer Datenmengen durch die Computertechnik heute kaum noch ein Problem darstellt, so lohnt es sich durchaus, bekannte Untersuchungsansätze und -methoden – bezogen auf einen erwünschten Kenntnisstand – neu zu diskutieren.
- Zum Erhalt der Kulturgüter sind vorzugsweise solche Untersuchungsmethoden zu wählen, die als zerstörungsfrei oder beschädigungsarm gelten. Das erfordert der Status des Untersuchungsobjekts: die

[2] Bender, F.: Angewandte Geowissenschaften. Bd. 2: Methoden der angewandten Geophysik und mathematischen Verfahren in den Geowissenschaften. Stuttgart 1985; Knödel, K./Krummel, H./Lange, G.: Bd. 3. Handbuch zur Erkundung des Untergrundes von Deponien und Altlasten. Berlin/Heidelberg 1997; Kolarov, D.: Geophysikalische Untersuchungen zur Verkehrssicherheit auf ehemaligen militärischen Liegenschaften. Diss. im Verfahren. BTU Cottbus, Fakultät Umweltwissenschaften und Verfahrenstechnik (Betreuer: W. Spyra).

[3] Becker, H.: Remote Sensing – Methoden der Fernerkundung in der archäologischen Prospektion. Arbeitshefte des Bayerischen Landesamtes für Denkmalpflege. München 1996; Wilson, D.R.: History of Aerial Archaeology – Success and Failure. Forschung zur Archäologie im Land Brandenburg. Potsdam 1995; Taylor, C.: The Archaeology of Gardens. Aylesbury 1983.

Unwiederbringlichkeit. Diese Verfahren haben überall dort Einzug gehalten, wo die Erkundung an Objekten, die bereits untersucht wurden, aufgrund neuer Fragestellung in gleicher oder veränderter Form – zielstellungsangepasst – wiederholt wird. Es soll auch Experten anderer Fachrichtungen die Gelegenheit gegeben werden, ein Objekt zu untersuchen, ohne dabei Materie zu verbrauchen oder den Zustand des Objekts zu verändern.[2]

- Die Auswertung der Mikrospuren soll nach Möglichkeit auch zeitliche Abläufe des Entstehens der Anomalie erfassen helfen. Aus dem Charakter der Mikrospur lassen sich oftmals Rückschlüsse auf Handlungsabläufe ziehen. Diese Art der Interpretation von Spuren zu dynamischen Prozessabläufen ist wenig bekannt. Ein sehr einfaches Beispiel kann die Interpretation der Spuren bei der Verfüllung einer Baugrube sein. Sie bietet Aussagen darüber, wo mit der Verfüllung begonnen und wo sie beendet wurde. In die gleiche Kategorie fallen Aussagen zu der Fragestellung, wo mit dem Bau eines Wegesystems begonnen wurde. Es ist der ganzheitliche Ansatz, der hier zur Interpretation von Spuren zur Anwendung kommt. Erkenntnisse können so sehr aussagekräftig werden.

Mit diesen Ansätzen der Erweiterung des Untersuchungsansatzes kommt man zum »Fakten-Screening«. Die Phase des Screenings ist der Schritt vom Punkt in die Fläche oder in den Raum. Dieser Ansatz wird von »Aufklärern« bereits genutzt. Eine Methode ist die Aerofotografie.[3] Die Abb. S. 173 zeigt die Thermalaufnahme einer Liegenschaft mit einem erkennbaren Gebäudefundament (rote Pfeilmarkierungen), das bei der Begehung der Fläche nicht auffällt. Die Anomalie ist für das menschliche Auge nicht erkennbar. Das Fundament, das dicht unter der Oberfläche verborgen ist, führt zu einem anderen Wasser- und Nährstoffhaushalt im Boden gegenüber den umliegenden Bodenbereichen. Dies hat unterschiedliches Wachstum zur Folge, das die Anomalien erst aus der Entfernung sichtbar werden lässt. Andere Erkundungsverfahren sind die zentimetergenaue Bestimmung der Topografie eines Geländeteils oder die Messung von Temperaturen des Bodens oder bodennaher Bereiche. Technik und Technologie haben sich in den letzten 20 Jahren nicht nur verändert, es sind auch völlig neuartige Techniken marktreif entwickelt worden. Eine dieser neuen Methoden ist das Airborne Laserscanning. Von einem Fluggerät werden Laserstrahlen auf den Boden gesendet. Die Entfernung vom Laser zur Erdoberfläche wird durch eine sehr exakte Laufzeitmessung der infraroten Laserstrahlung zentimetergenau bestimmt, die geografische Position des Lasers durch satellitengestützte Ortung – GPS (Global Positioning System). Die Möglichkeiten der Informationsgewinnung und Datenvorbereitung zeigen die Abb. S. 175.

Das enge Untersuchungsraster des Airborne Laserscanning von einem Meter erlaubt auch die Erkennung von potentiellen Vergrabungsstellen oder Auffüllun-

Parkdenkmal: Menschen hinterlassen Spuren. Detail des Aquarells »Gärtner im Park von Schönbrunn« von Eduard Gurk, 1827

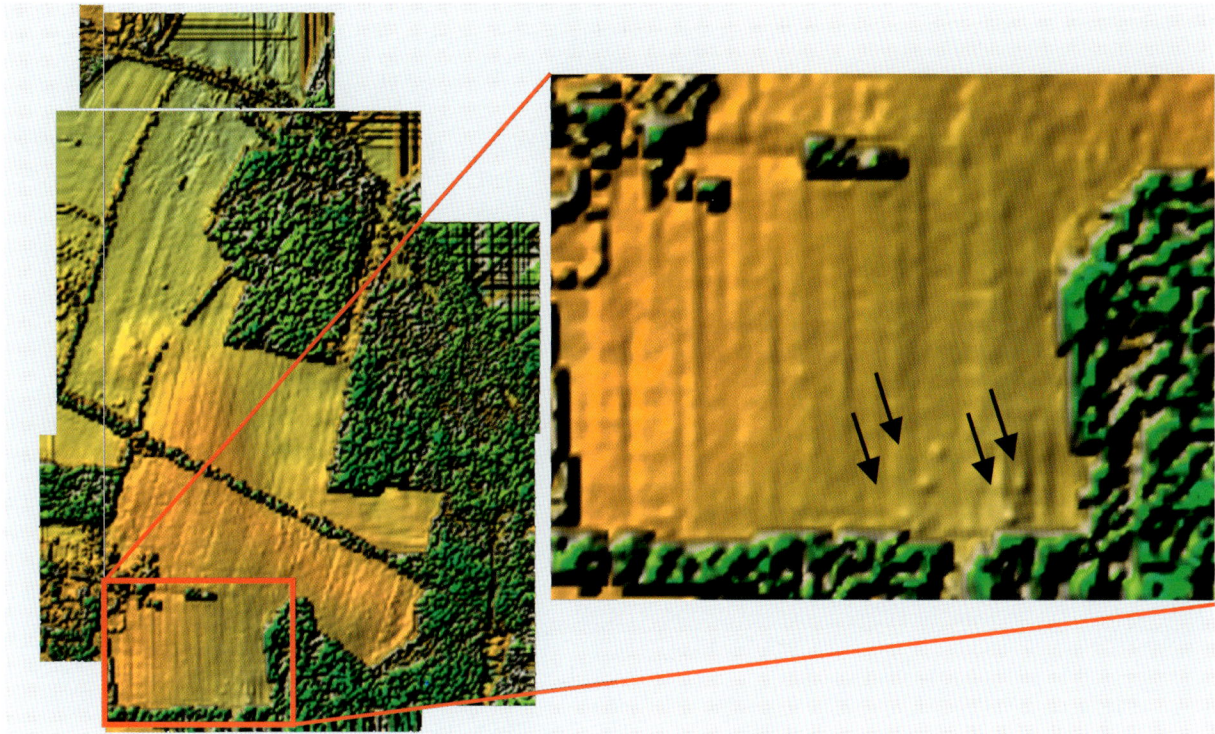

Links: Ausschnitt Außenpark Schloss Branitz. Farbkodierte Darstellung eines Höhenmodells. Verfahren Airborne Laserscanning.
Rechts: Ausschnittvergrößerung, Verdachtsmomentgewinnung auf anthropogene Anomalien

gen, wie sie im Bild illustriert sind.[4] Die Auswertung der Falschfarbendarstellung führt nun aus der Fläche wieder zum Punkt. Die möglichen Untersuchungen richten sich wiederum nach dem vermuteten Inhalt der Auffüllungen bzw. den vergrabenen Objekten. Anzudenken sind ferro- und elektromagnetische Untersuchungen ebenso wie die Untersuchung mittels Georadar. Die Verfüllung von Bodengruben, selbst mit ausgehobenem Material, führt zu auswertbaren Mikrospuren. Sackungen als Folge von Umwelteinflüssen führen zu topografischen Veränderungen im Zentimeterbereich, die mittels Airborne Laserscanning erfassbar sind.

Da es sich bei denkmalpflegerischen Fragestellungen nur selten um Standardfragen handelt, ist die Diskussion zur Auswahl der wissenschaftlichen Methode stets neu zu führen. Am Beispiel der Bestimmung der Form des ehemaligen Ökonomiesees von Schloss Branitz im Land Brandenburg seien die letzten beiden Aspekte des wissenschaftlichen Ansatzes unterlegt. Aus den vorhandenen Unterlagen ist bekannt, dass Fürst Pückler in seiner Gutsökonomie auch einen Teich zur Fischzucht unterhielt. Dieser Teich ist in Zeichnungen von 1853 erstmals dokumentiert. Er existiert nicht mehr, da er mit Bauschutt und Abfällen verfüllt wurde. In der zukünftigen Entwicklung des Schlossensembles soll der Ökonomiesee wieder originalgetreu in seinen Ausformungen hergerichtet werden. Die gartendenkmalpflegerische Aufgabe lautet: Bestimmung der Dimension des ehemaligen Ökonomiesees im Raum. Diese Aufgabe wurde in folgende Untersuchungsansätze gegliedert:

- Hat der Ökonomiesee seit seiner Anlage im Jahr 1853 eine Veränderung erfahren?
  Diese Fragestellung kann mit der Überlagerung von historischen Skizzen, Plänen, Karten und Luftbildern beantwortet werden.
- Wo ist die genaue Lage des Sees in der Fläche?
  Diese Informationen können erhalten werden, wenn es gelingt, die Grenze zwischen gewachsenem Boden und Auffüllung zu finden. Dabei sind die Koordinaten zu bestimmen.
- Es gibt mehrere Lösungsansätze: die Bestimmung der Topografie und Vermessung der Sackungen, die seit der Verfüllung eingetreten sind. Als Methoden bieten sich die satellitengestützte Ortung (DGPS-Vermessung) und das Airborne Laserscanning in hoher räumlicher Auflösung an.
- Bei gewachsenem Boden und bei dem Inhalt der Verfüllung handelt es sich um Materialien mit unterschiedlichen spezifischen Wärmekapazitäten. Diese verschiedenen physikalischen Eigenschaften führen zu unterschiedlichen Temperaturverläufen sowohl bei der Erwärmung der Fläche (Sonneneinstrahlung) als auch bei der Abkühlung. Die Messung der Bodentemperaturen (Strahlungstemperaturen) zu einem Zeitpunkt, wo die Dynamik der Temperaturveränderungen zum Tragen kommt, erlaubt die

[4] Kahmen, H.: Vermessungskunde. New York 1997; Kleusberg, A.: GPS for Geodesy. Berlin 1996; Wehr, A./Lohr, U.: Airborne Laser Scanning – An Introduction and Overview. ISPRS Journal of Photogrammetry and Remote Sensing. 54 (2–3). 1999, S. 68–82.

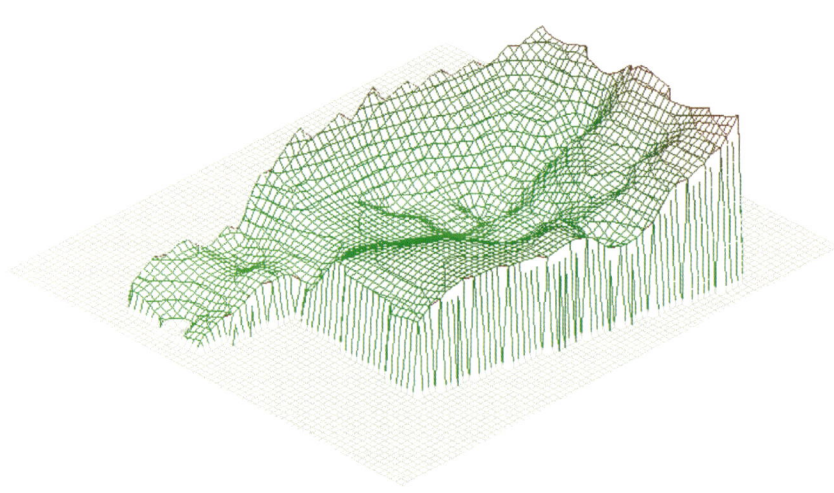

Bereich Gutsökonomie Schloss Branitz, Ökonomiesee. Dreidimensionales Modell der Sackungen im Bereich des ehemaligen Sees aus DGPS-Vermessungen.

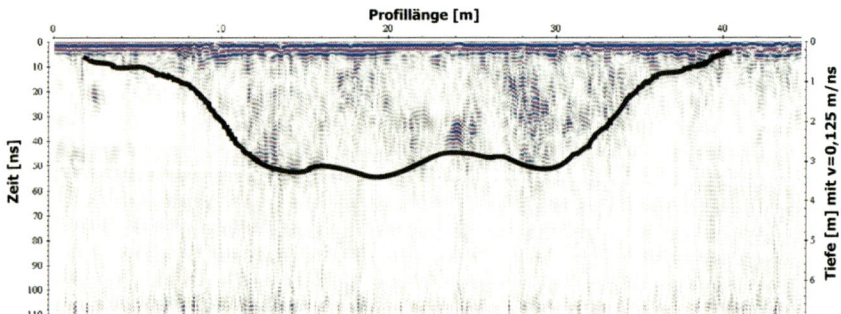

Ökonomiesee Schloss Branitz. Georadar-Profil

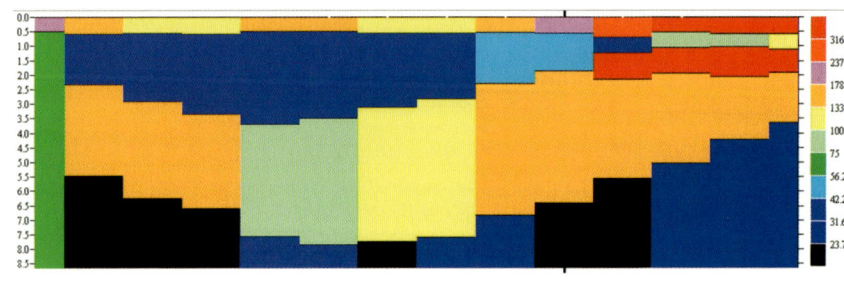

Geoelektrisches Profil des Ökonomiesees mit Abgrenzung der Teufe. Seegrundprofil

Medien. Schutt und Boden zeigen stark unterschiedliche Effekte, so dass ein Georadar die Grenze von Verfüllung und gewachsenem Boden ebenfalls bestimmen kann. Da sich die Phasengrenze Verfüllung und gewachsener Boden dreidimensional darstellen lässt, also mathematisch wie technisch eine Umhüllende darstellt, erlaubt die Methode auch die Bestimmung der Tiefe des früheren Seegrundes des Ökonomiesees. Damit ist sowohl die authentische Wiederherstellung als auch die Bestimmung des Verfüllungsvolumens möglich.

- Die Methode der geoelektrischen Untersuchung basiert darauf, dass der elektrische Widerstand zwischen zwei Elektroden materialabhängig ist. Unterschiedliche Materialien wie Schutt, gewachsener Boden und Wassergehalte zeigen einen unterschiedlichen spezifischen Ohmschen Widerstand. Das Ergebnis der geoelektrischen Untersuchung des Seebereichs ist in Abb. links unten dargestellt. Es zeigt in akzeptabler Übereinstimmung mit den Georadar-Messungen gleiche Werte für die Teufen des Seesediments und das Querschnittsprofil. Der Querschnitt für das Georadarprofil ist nicht identisch mit dem Querschnittsprofil der geoelektrischen Untersuchung. Beide Profile geben erste Anhaltspunkte über den Charakter der Verfüllungsmaterialien.

Der letzte Schritt der Umsetzung der vorgestellten Strategie besteht darin, alle Informationsebenen in einem geografischen Informationssystem (GIS) zusammenzuführen. Das Prinzip dieser Anlage ist auf S. 177 oben zu sehen. Die Ergebnisse der Zusammenführung aller Informationen aus der Fläche, die ohne die computergestützte Zusammenführung und Überlagerung nicht möglich gewesen wäre, sind unten dargestellt. Sie zeigt den Ökonomiesee in seiner ursprünglichen Form.

Die Aufklärungsmöglichkeiten sind vielfältig und längst nicht ausgeschöpft. So ist mit dem beprobungslosen und beschädigungsarmen Verfahren die Untersuchung des Aufbaus von Parkwegen genauso denkbar wie die Untersuchung von Wasserläufen. Verfolgt man den vorgestellten Ansatz, diesen statischen Ergebnissen dynamische, also zeitliche Abläufe zuzuordnen, so werden die Erkenntnisfortschritte noch attraktiver für die Belange der Gartendenkmalpflege sein, »für das Bemühen, historische Gärten, Parkanlagen und Anlagenreste, die wegen ihrer geschichtlichen, künstlerischen, wissenschaftlichen oder städtebaulichen Bedeutung im öffentlichen Interesse Kulturdenkmale darstellen, durch verwaltungstechnische, planerische und gartentechnische Maßnahmen zu erhalten und, wenn nötig, instandzusetzen«[5]. Möge die Übung gelingen.

Bestimmung der Grenze zwischen gewachsenem Boden und verfülltem See.
- Das Verhalten von elektromagnetischen Wellen im Boden wird durch ihre Laufzeit in der Materie charakterisiert. Unterschiedliche Materialien dokumentieren sich in verschiedenen Laufzeiten in den

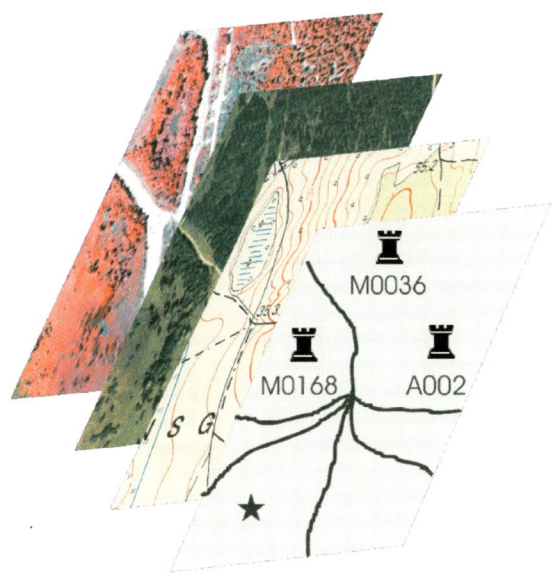

Aufbau eines geografischen Informationssystems aus unterschiedlichen Informationsebenen

Impulsthese 1

Können der Materie von Gartendenkmälern in Teilen, im Ganzen oder in Verbindung mit Verfälschungen signifikante physikalische Parameter zugeordnet werden, so erlauben wissenschaftliche Methoden insbesondere mit einer computergestützten Auswertung zur beprobungslosen bzw. beschädigungsarmen Entwicklung des Raumes die Gewinnung von Verdachtsmomenten zur Entdeckung versteckter, insbesondere vergrabener Kulturgüter.

Impulsthese 2

Das Auffinden und das Identifizieren von Makro- und Mikrospuren gestatten vor allem unter Verwendung geografischer Informationssysteme (GIS) in einigen Fällen Aussagen zu zeitlichen Abläufen anthropogener Eingriffe bei der Errichtung oder Veränderung von Gartendenkmälern oder sonstigen Kulturgütern.

Prof. Dr. Wolfgang Spyra
Studium der Technischen Chemie an der Technischen Universität Berlin. 1981 bis 1984 Leiter des Präsidialbüros der Technischen Universität Berlin. 1984 bis 1994 Leiter der Direktion Polizeitechnische Untersuchungen beim Polizeipräsidenten in Berlin, zuständig für Sachbeweise in Strafgerichtsverfahren (Kriminaltechnik). Dekan der Fakultät Umweltwissenschaften und Verfahrenstechnik 1994 bis 1997. Seit 1994 Professor an der Brandenburgischen Technischen Universität Cottbus, Fachgebiet Altlasten: Erkundung und Sanierung.

Lage des Ökonomiesees nach Überlagerung der Informationen aus historischen Recherchen mit Karten und Luftbildern sowie zerstörungsfreien Untersuchungsmethoden

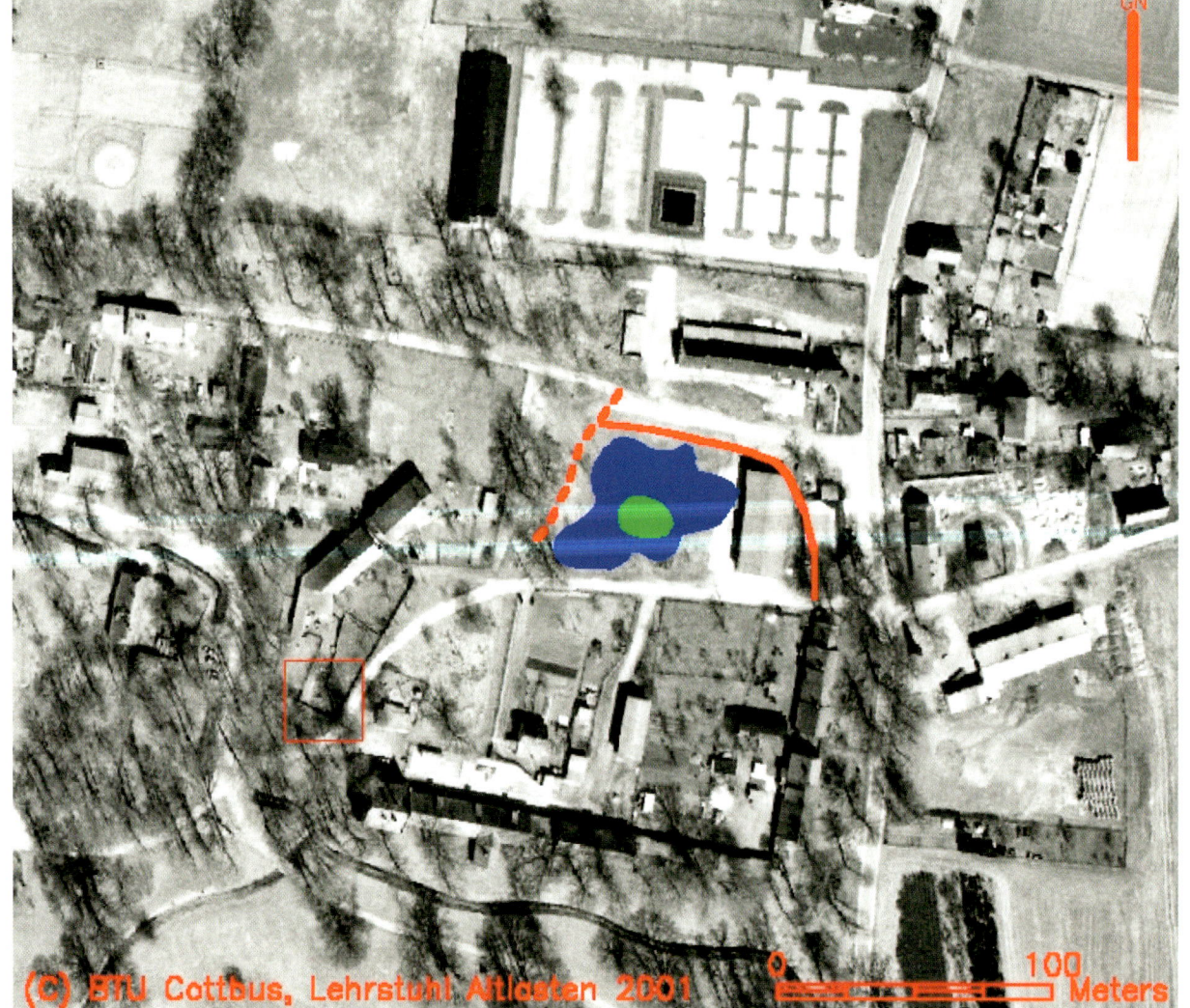

Dieser Beitrag basiert auf Arbeiten der Fachgruppe Erkundung von Altlasten am Lehrstuhl Altlasten der Brandenburgischen Technischen Universität Cottbus.

> Historische Gärten sind keine Kunstwelten ohne Bezug zur Umwelt. Sie geben natürlich auch Arten aus Flora und Fauna Lebensraum. Modelle fachübergreifender Zusammenarbeit bieten erneut Chancen, auf Umweltschäden zu reagieren oder die Pflegeintensität zu hinterfragen. Die Formulierung gemeinsamer Ziele von Denkmalpflege und Naturschutz ermöglicht eine effektivere Durchsetzungsfähigkeit.

Ingo Lehmann

Ökologische Informationen von historischen Parkanlagen in Mecklenburg-Vorpommern

Alteichengruppe nach Beseitigung umfangreicher Aufschüttungen im Landschaftspark Putbus

Diese Reihe ca. 80 Jahre alter Kugel-Robinien *(Robinia pseudoacacia ‚Umbraculifera')* im Park Remplin zählt zu einer in Mecklenburg-Vorpommern seltenen Gartenform dieser Baumart.

Mecklenburg-Vorpommern hat ca. 1200 Schloss- und Gutsanlagen. Dazu zählen neben den Gebäuden oft Parks und Gärten. Mit der Bodenreform im Herbst 1945 begann die Enteignung. Danach blieben viele Anlagen ungenutzt oder verloren durch mangelhaftes historisches Verständnis ganz oder teilweise ihre Originalsubstanz. Nachdem ab 1990 Gebäude und Parks wieder in kommunalen oder privaten Besitz gelangten, wurde gleichzeitig das Interesse der Eigentümer laut, die Anlagen denkmalgerecht wiederherzustellen. Andererseits hatten sich aber über Jahrzehnte in den Parks durch unterlassene Pflege zum Beispiel wertvolle Biotope entwickelt, die heute gesetzlich geschützt sind. Oft nehmen diese eine nicht unwesentliche Fläche ein. Damit wuchs ein Spannungsverhältnis zwischen Denkmalpflege bzw. Eigentümern einerseits und Naturschutz andererseits, das kurzfristig nach Lösungen verlangte. Aus dieser Notwendigkeit heraus, getragen von einer allgemeinen Aufbruchstimmung nach dem Zerfall der DDR, entstand im Frühjahr 1993 unter Federführung des Umweltministeriums Mecklenburg-Vorpommerns mit finanzieller Unterstützung durch die Deutsche Bundesstiftung Umwelt und in Zusammenarbeit mit dem Landesamt für Denkmalpflege Mecklenburg-Vorpommern das Landesparkprogramm. Ziel war es, durch eine fachübergreifende Zusammenarbeit in drei mecklenburgischen (Gützkow, Remplin, Ulrichshusen) und zwei vorpommerschen (Putbus, Stadtwald und Wallanlagen der Hansestadt Stralsund) national wertvollen Parkanlagen unterschiedlicher Stilrichtung und Biotopqualität Umweltschäden zu beseitigen sowie bei der anschließenden Wiederherstellung die Belange des Naturschutzes und der Denkmalpflege gleichrangig zu berücksichtigen. Dafür wurden von 1993 bis 2002 Ausgaben in Höhe von ca. einer Million Euro getätigt und zu einem maßgeblichen Teil vom Naturschutz finanziert.

Blick aus einer barocken Winterlindenallee *(Tilia cordata)* im Park Remplin über die ehemalige Parterrefläche zum Sportlerheim, das anstelle des abgebrannten Schlosses errichtet wurde.

[1] Konzept zur Wiederherstellung der Parkanlage Gützkow. Teil 1: Textband. 1996, unveröffentlicht.

[2] Berg, Christian: Wie beeinflußte der Mensch die Flora Mecklenburg-Vorpommerns? Archiv der Freunde der Naturgeschichte in Mecklenburg 36. 1997, S.159–172; Fukarek, Franz/Henker, Heinz: Neue kritische Flora von Mecklenburg. Teil 1–5. Archiv der Freunde der Naturgeschichte in Mecklenburg 23–27. Rostock 1983–1987.

[3] wie Anm.1.

Aus naturschutzfachlicher Sicht werden drei Thesen aufgestellt:
- Historische Parks haben vielfältige ökologische Informationen, die sich mit floristisch-faunistischen Gutachten erfassen und bewerten lassen. Dabei handelt es sich um Informationen, die zum Beispiel Aufschluss geben über:
Umweltschäden, beispielsweise Vitalitätsverluste an Gehölzen,
Pflegeintensität (je höher der Anteil naturnaher Strukturen desto geringer die Pflege des Parks),
Biodiversität (je naturnäher desto höher die Arten- und Strukturvielfalt desto schutzwürdiger der Park aus Naturschutzsicht).
- Es bietet sich deshalb eine Zusammenarbeit zwischen Denkmalpflege und Naturschutz an, die auch in Teilen erfolgen kann.
- Zur Durchsetzung der Belange beider Fachbereiche werden – bezogen auf den jeweiligen Park – fachliche Grundlagen geschaffen und Planungen bzw. Maßnahmen rechtzeitig zwischen den zuständigen Behörden abgestimmt.

Spezifische naturschutzfachliche Informationen

Die Auswahl der oben genannten Parks erfolgte seitens des Umweltministeriums mit dem Ziel, über den Objektschutz (Arten- oder Biotopschutz) hinaus auch die Wiederherstellung natürlicher (zum Beispiel Wasserregime) und/oder kulturell-ästhetischer Ressourcen (zum Beispiel Landschaftsbild) als Zielobjekte des Naturschutzes in das denkmalpflegerische Konzept einzubinden. Nach der Vermessung aller Anlagen wurden denkmalpflegerische Gutachten und floristisch-faunistische Bestandsaufnahmen durchgeführt. Letztere waren Bestandteil der Gutachten. Im Rahmen eines Abwägungsprozesses erfolgte dann unter Einbeziehung der Parkeigentümer die Bestätigung eines Leitkonzeptes als Arbeitsgrundlage für alle kurz- oder längerfristig durchzuführenden Maßnahmen unter Berücksichtigung von Naturschutz und Denkmalpflege.

Im Ergebnis gab es drei wesentliche naturschutzfachliche Informationen, auf die hier am Beispiel von drei Parkanlagen eingegangen wird:

1. Kulturrelikte und kulturhistorisch seltene Pflanzenarten treten in den Parks konzentrierter auf als in der freien Landschaft.

Der sieben Hektar große Park Gützkow ist einer der wenigen in Mecklenburg-Vorpommern bis heute in ihrer Grundstruktur erhaltenen Gutsparks des Barock. Er wurde vermutlich um 1760 unter von Blücher angelegt, von ihm 1777 erweitert und bis 1945 von der Familie von Sydow genutzt. Danach ist der Park verwildert und hat vor allem Teile seines alten Baumbestandes verloren, vermutlich auch bedingt durch deutliche Grundwasserabsenkungen. Im Park wurden insgesamt 165 Gefäßpflanzenarten kartiert.[1] Das entspricht etwa zehn Prozent von den ca. 1600 in Mecklenburg-Vorpommern festgestellten einheimischen und eingebürgerten Gefäßpflanzenarten. Unter den nachgewiesenen Arten befinden sich 16 für das Land typische archäophytische Dorf-Ruderalpflanzen/Ackerwildkräuter, beispielsweise *Apera spica-venti* (Gewöhnlicher Windhalm) und drei Neophyten, hierunter *Ribes aureum* (Gold-Johannisbeere), die in Mecklenburg-Vorpommern selten verwildert und daher zu den kulturhistorisch bedeutsamen Pflanzen zählt.[2]

Eine große floristische Vielfalt weist auch der Park Remplin auf. Die ca. 16 Hektar große Anlage entstand ab 1750 unter Claus Ludwig Hahn als Barockgarten nach niederländischen Vorbildern. Im Auftrag von Herzog Georg von Mecklenburg-Strelitz begann ab 1851 durch Peter Joseph Lenné die Umgestaltung zum Landschaftspark. Strukturen des Barock wie Kanäle und Lindenalleen blieben bis heute erhalten, wurden aber nach 1945 nicht mehr gepflegt. Zwischen 1962 und 1986 gingen Teile des Parks durch die Errichtung baulicher, parkfremder Anlagen verloren.[3] Im Park wurden 231 Gefäßpflanzenarten nachgewiesen. Darunter befinden sich insgesamt 13 für Mecklenburg-Vorpommern typische archäophytische Dorf-Ruderalpflanzen/Ackerwildkräuter wie *Lamium purpureum* (Purpurrote Taubnessel) sowie 13 Neophyten. Zwei für das Land kulturhistorisch bedeutsame und seltene Neophyten sind *Doronicum pardalianches* (Gemswurz), ein Anzeiger alter Gartenkultur, die im Park nachweislich seit ca. 80 Jahren beständig vorkommt sowie

Geranium phaeum (Brauner Storchschnabel), die seit ca. 120 Jahren im Park beständig ist.[4] Nach Auffassung des Autors könnten mehrere Stinzenpflanzen,[5] zum Beispiel *Geranium phaeum*, *Viola odorata* (Wohlriechendes Veilchen) und *Galanthus nivalis* (Schneeglöckchen), zu den ältesten Kulturrelikten im Park zählen und bereits in der Periode des Barock eingeführt worden sein.

2. Ältere, auch kleinere Parkanlagen sind für den Artenschutz bedeutungsvoll, wenn eine Pflege über mehrere Jahrzehnte nicht oder kaum erfolgte. In Parkanlagen des Barock sind Strukturen wie Alleen, Bosketts und Hecken für den Naturschutz wertvoll.

Im Park Remplin wurden in nur zwei Monaten, Mai und Juli 1996, insgesamt 163 Käferarten und 118 Großschmetterlinge, ohne dass Tagfalter berücksichtigt worden wären, nachgewiesen.[6] Dies entspricht ca. fünf Prozent der Käferfauna von Mecklenburg-Vorpommern (Müller-Motzfeld, 2002 mündl.) bzw. ca. 14 Prozent der bisher nachgewiesenen Großschmetterlinge.[7] In Mecklenburg-Vorpommern gibt es ca. 660 holzbewohnende (xylobionte) Käferarten (Müller-Motzfeld, 2002 mündl.), von denen im Park 63 Arten, zum Beispiel *Cerambyx scopolii* (Kleiner Eichenbock), der hier als »stark gefährdet« gilt, nachgewiesen wurden.[8]

Bezogen auf die Käferfauna der Bundesrepublik Deutschland ist der Anteil gefährdeter Arten bei den xylobionten Käfern mit ca. 60 Prozent stark repräsentiert.[9] Demnach kann abgeleitet werden, dass das im Park vorkommende Alt- und Totholz, beispielsweise von Eiche und Linde, eine große Bedeutung für zahlreiche gefährdete Arten hat. Dies gilt für die kartierten Großschmetterlinge wie zum Beispiel die in Mecklenburg-Vorpommern »potentiell gefährdete« Spannerart *Eupithecia egenaria*, die auf alte besonnte Linden angewiesen ist und in den hiesigen Alleen nachgewiesen wurde.

Ein anderes Bild ergibt sich im 75 Hektar umfassenden Landschaftspark Putbus, der das bedeutendste Gartendenkmal im vorpommerschen Raum ist. Aus einem ursprünglich kleinen Park des Barock, nach französisch-niederländischen Vorbildern entstanden, entwickelte Fürst Wilhelm Malte I. vor allem ab 1815 großflächigere Parkstrukturen nach englischem Stil. Die heutige Größe des Parks wurde um 1870 erreicht. Ein Teil des alten Gehölzbestandes wurde ab 1954 beseitigt, das noch erhaltene Schloss 1962 vollständig abgerissen und das Schuttmaterial in Altbaumbeständen im Park abgelagert, wodurch ein Teil der Altbäume vorzeitig abstarb. Insbesondere Bodenaufschüttungen und Abwässer fügten bis Anfang der 1990er-Jahre den

[4] Kowarik, Ingo: Historische Gärten und Parkanlagen als Gegenstand eines Denkmal-orientierten Naturschutzes. In: Kowarik, Ingo/Schmidt, Erika/Sigel, Brigitt (Hrsg.): Naturschutz und Denkmalpflege: Wege zu einem Dialog im Garten. Zürich 1998; Informationen Berg 1999 mündlich.

[5] Nath, Martina: Historische Pflanzenverwendung in Landschaftsgärten. Worms 1990.

[6] Faunistische Erhebungen im Schlosspark Remplin. Schwerin 1996, unveröffentlicht.

[7] Wachlin, Volker/Kallies, Axel/Hoppe, Henri: Rote Liste der gefährdeten Großschmetterlinge Mecklenburg-Vorpommerns. Der Minister für Landwirtschaft und Naturschutz des Landes Mecklenburg-Vorpommern. 1. Fassung 1997, S.1–87.

[8] Bringmann, Hans-Dieter: Rote Liste der gefährdeten Bockkäfer Mecklenburg-Vorpommerns. Der Umweltminister des Landes Mecklenburg-Vorpommern. 1. Fassung 1993, S.1–26.

[9] Geiser, Remigius: Käfer. In: Kaule, Giselher: Arten- und Biotopschutz. 2. überarb. u. erw. Aufl. Stuttgart 1991, S. 240 bis 243.

Die Öffnung einer der wichtigsten Sichtachsen im Landschaftspark Putbus von der Schlossterrasse über den Schwanenteich zum Wreechener See wurde seitens des Naturschutzes befürwortet.

[10] Webersinke, Andreas/ Rother, Hannes: Putbus auf Rügen. Maßnahmekonzept für den Landschaftspark im Rahmen des Landesparkprogramms. 1996, unveröffentlicht.

[11] Wolf, Frank: Biologisches Fachgutachten zum Landschaftspark Putbus. 1996, unveröffentlicht.

[12] Fukarek, Franz: Rote Liste der gefährdeten Höheren Pflanzen Mecklenburg-Vorpommerns. Die Umweltministerin des Landes Mecklenburg-Vorpommern. 4. Fassung 1991, S.1–64.

[13] Flade, Martin: Die Brutvogelgemeinschaften Mittel- und Norddeutschlands: Grundlagen für den Gebrauch vogelkundlicher Daten in der Landschaftsplanung. Eching 1994.

[14] Schrödl, Gerald: Baumgutachten zum Park Putbus. Bad Freienwalde 1996, unveröffentlicht.

[15] Bardenwerper, Paul: Ausmauern hohler Bäume. Möller's Deutsche Gärtner-Zeitung 10. 1909, S.115.

[16] Lehmann, Ingo: Alleen und einseitige Baumreihen. Regelung der Neuanpflanzung in Mecklenburg-Vorpommern. Stadt und Grün 51. 2002, S.7–10; Lehmann, Ingo/Schreiber, Erna: Die landesweite Alleenkartierung in Mecklenburg-Vorpommern. Teil 1: Zielsetzung und Methodik. Teil 2: Ergebnisse. Stadt und Grün 46. 1997, S. 263–268, 426–433.

zumeist alten Bäumen deutliche Schäden zu. Die durch den Altbaumbestand gebildete Raumstruktur des Parks mit seinen schönen Sichten zur Ostsee mit dem Greifswalder Bodden und zum Wreechener See blieb bis heute nur in Teilbereichen erhalten.[10]

Im Gegensatz zu den Parks Gützkow und Remplin beherbergt Putbus wenig seltene Arten, obwohl die Vegetation, Laufkäfer- und Vogelbestände umfassend kartiert wurden.[11] Insgesamt sind 192 Gefäßpflanzenarten nachgewiesen worden, darunter 13 Archäophyten und sechs Neophyten. Unter den Archäophyten ist die lokale Dominanz von *Allium ursinum* (Bären-Lauch) sowie der Nachweis der in Mecklenburg-Vorpommern »stark gefährdeten« *Leucanthemum vulgare* (Wiesen-Margerite) erwähnenswert. Von den Neophyten bedrängen Hochstaudenfluren wie *Reynoutria japonica* (Japanischer Staudenknöterich) durch ihr flächenhaftes Auftreten andere Pflanzengesellschaften. Dazu zählen Traufgesellschaften, in denen zum Beispiel die indigene Art *Gagea pratensis* (Wiesen-Goldstern) vorkommt. Diese gilt in Mecklenburg-Vorpommern als »gefährdet«.[12] Daran wird ersichtlich, dass Neophyten im Einzelfall einen Gefährdungsfaktor für standorttypische einheimische Arten darstellen können. Möglicherweise ist dies sowie eine im Vergleich zu den Parks Remplin und Gützkow intensivere Pflege nach 1945 der Grund für die vergleichsweise geringe Gesamtartenzahl in diesem größeren Park. Die Schlussfolgerung des Autors wird dadurch unterstrichen, dass zum Beispiel für die Laufkäfer angemerkt wird, dass in Relation zur Größe und Strukturvielfalt des Parks die Gesamtartenzahl von etwa 50 gering erscheint und keine für Mecklenburg-Vorpommern als »gefährdet« geltende Art gefunden wurde. Wertvoll ist der Altbaumbestand. Dies wird deutlicher, wenn man bedenkt, dass von den 43 im Park nachgewiesenen Brutvogelarten 49 Prozent Höhlenbrüter und weitere 22 Prozent freie Baumbrüter sind. Allerdings wurden seltene Arten nicht festgestellt. Auch die Artenzahl entspricht der ähnlich großer Parks in der Bundesrepublik Deutschland.[13]

3. Pflegemaßnahmen an einem alten Baum- und Alleenbestand sind sowohl aus denkmalpflegerischer wie naturschutzfachlicher Sicht eine Alternative zur Neuanpflanzung:

Im Park Putbus wurden 1996 bis 2001 allein im Rahmen des Landesparkprogramms 116 wertvolle Einzel- und Alleebäume zum Beispiel durch Kronensicherungen und/oder Aststützen gepflegt, oft mit gleichzeitiger Standortverbesserung, wie der Beseitigung von insgesamt 4454 Kubikmetern Aufschüttungen in Altbaumbereichen, Bodenlockerung und -belüftung oder Entfernung von Unterpflanzungen im Traufbereich. Die Bewertung von 1558 Bäumen, darunter 64 Arten, hiervon wieder 32 einheimische, ergab, dass fast acht Prozent Zwiesel aufweisen und vor allem alte Buchen, Eichen und Eschen in ihrer Vitalität durch Schäden stark beeinträchtigt sind.[14] Sie weisen entweder starke Verlichtung und abgestorbene Bereiche in der gesamten Krone auf oder drohen aufgrund ihrer Zwieselbildung auseinander zu brechen. Begünstigt wird dies durch Stammrisse und/oder Pilzbefall. Trotz des hohen Alters, der Vitalitätsverluste und Schädigung der Bäume gelang es im Einzelfall, die Kronenverlichtung durch oben genannte Maßnahmen zu reduzieren und/ oder ein Auseinanderbrechen zu verhindern. Das für den Autor beeindruckendste Beispiel ist eine ca. 430-jährige Eiche, deren Stammhöhle vermutlich zwischen 1890 und 1910 ausgemauert worden ist, eine Maßnahme, die damals zum Beispiel zur Erhaltung alter hohler Bäume, vor allem Linden, »empfohlen« wurde.[15] In den Jahren 1998/99 wurden die zum Teil losen Mauersteine und die Mulmschicht im Stamm entfernt, gleichzeitig erfolgte der Einbau von Kronensicherungen und eine Belüftung durch die Wurzelanläufe. Bereits drei Jahre später reagierte die Eiche mit zahlreichen neuen Trieben im Kronenbereich! Mit derartigen Maßnahmen wurde nicht nur den Einzelbäumen, sondern auch dem Park geholfen, weil diesem eine mittelalte Baumgeneration weitgehend fehlt und der Altbaumbestand ein wichtiges Grundgerüst bildet.

Diskussion und Ausblick

Das Landesparkprogramm hat gezeigt, dass der Naturschutz mit der Denkmalpflege und den Eigentümern gemeinsame Ziele bei der Wiederherstellung historischer Parks verfolgt. Dazu zählen zum Beispiel die Beseitigung von Umweltschäden wie Aufschüttungen und Entwässerungen. Unterschiedliche Auffassungen bestehen vor allem beim Umgang mit gesetzlich geschützten Biotopen, bei der Anwendung von Baumschutzverordnungen und -satzungen sowie dem gesetzlichen Alleenschutz, der in Mecklenburg-Vorpommern im Vergleich zu allen übrigen Bundesländern über die umfangreichsten Regelungen verfügt.[16] In diesem Zusammenhang sollte es übergeordnetes Ziel sein, dass Instandsetzung und ständige Pflege historischer Parks nicht nur auf ein geordnetes Aussehen und Reinlichkeit ausgerichtet sind. Weil die optische Erscheinung eines Parks vor allem von der Vegetation lebt, gehört es auch dazu, das Alte zu erhalten und das »Altern« eines Parks nicht zu verbergen. Sinnvoll erscheint aus naturschutzfachlicher Sicht, dass Teilbereiche im Park mit dem Schwerpunkt Naturschutz festgelegt werden und dort die zuständige Naturschutzbehörde weitgehend beispielsweise den Pflegeumfang am Baumbestand vorgibt. Modellhaft war in den oben genannten denkmalgeschützten Parks neben einer frühzeitigen Abstimmung aller Planungen und Maßnahmen, dass die Instandsetzungskosten für naturschutzfachlich wertvolle Elemente, wie zum Beispiel die Pflege alter Bäume, vollständig vom Naturschutz bezahlt wurden. Dieses Vorgehen war sinnvoll, weil sich naturschutzfachliche Belange leichter durchsetzen ließen und deutlich wurde, dass zwar die gartenkünstlerische Gesamtaussage eines Parks zu bewahren ist, dass es aber zudem darum geht, den Park als einen Informationsträger für den Naturschutz zu erhalten. Um diese Informationsträger herauszufinden, gilt es potentiell wertvolle Strukturen, die in Wirtschaftswäldern oder in der freien Landschaft seltener sind bzw. in historischen Parks konzentrierter vorkommen, vor Beginn der Instandsetzungsmaßnahmen floristisch-faunistisch zu begutachten. Danach sind Teilbereiche festzulegen, die ohne Pflege erhalten bleiben, damit zum Beispiel liegendes und stehendes Totholz für gefährdete xylobionte Arten nicht entfernt wird, oder in denen eine sukzessive Pflege mit Augenmaß zugelassen wird. Potentiell wertvolle Strukturen sind zum Beispiel naturnahe Uferbereiche, vielschichtige alte Wälder mit einer artenreichen Kraut-, Strauch- und Baumschicht, Naturverjüngung seltener einheimischer Baumarten wie Ulme oder Wildobst, frei stehende, besonnte, alte oder tote Baumgiganten, oftmals Eichen oder Buchen, sowie Birken- und Weidenaufwuchs. Wenn in Schleswig-Holstein allein an Eichen 298, Weiden 218, Birken 164 und Buchen 96 spezialisierte, pflanzenverzehrende Insektenarten leben,[17] trifft dies sicher wegen des ähnlichen Klimas auch für Mecklenburg-Vorpommern zu.

Bei der Parkpflege sollte daher darauf geachtet werden, dass auch diese Baumarten erhalten bleiben. Parkanlagen sind jedoch nicht nur wichtige Lebensräume für Pflanzen- und Tiergemeinschaften oder bedrohte Tiere, sondern zudem für seltene kulturhistorische Pflanzenarten, die heute vorrangig nur noch in historischen Parks vorkommen. Um diese Arten aus ökologischen und historischen Gründen zu erhalten, bedarf es der ständigen Pflege ihrer Lebensräume. Kulturschutz ist dann auch Naturschutz. Eduard Petzold, Königlich-Prinzlicher Park- und Gartendirektor der Niederlande (1815–1891), formulierte als einer der ersten deutschen Gartenkünstler nicht nur Prinzipien der Parkerhaltung, also gewisse »denkmalpflegerische« Ansätze im Hinblick auf die Bewahrung alter Alleen und historischer Gärten im symmetrischen Stil, er dachte auch ökologisch: Als er ab 1885 das Landgut Twickel in den Niederlanden zu planen und umzugestalten hatte, schlug er für den großen Umfahrungsweg vor, *Sorbus* an den Rändern zu verteilen, »wegen der Blüthen und der zierenden Früchte im Herbst und als Nahrung für die Vögel.«[18] Auch vor diesem Hintergrund sollten Parks nicht nur als »zu Kunst verdichtete Kulturlandschaften«[19] begriffen werden. Es ist klar, das Parks einen künstlerischen Wert haben, der erhalten werden muss. Dabei sollte im Einzelfall aber auch die über Jahrzehnte gewachsene, »verwilderte« Natur in die Parkgestalt und in die Parkumgebung einfließen, sofern es aus Sicht des Naturschutzes fachlich nachweisbare Gründe dafür gibt, wie das Vorkommen seltener Arten. Letztere sind mit dem künstlerischen Wert eines Parks durchaus gleichrangig. Die Erfahrungen in Mecklenburg-Vorpommern haben gezeigt, dass durch die gegenseitige und frühzeitige Abstimmung zwischen den zuständigen Behörden hinsichtlich aller Planungen und Maßnahmen diese Gleichrangigkeit naturschutzfachlicher Aspekte mit den denkmalpflegerischen Zielen bei der Instandsetzung gewährleistet ist.

Viele der historischen Parks verfallen weiter und sind als solche bereits in 30 bis 50 Jahren nicht mehr erkennbar. Diese Entwicklung zuzulassen darf kein Ziel des Naturschutzes sein. Des künstlerischen Wertes wegen, der hinter vielen Anlagen steht, müssen Naturschutz und Denkmalpflege nicht nur fachlich, sondern auch finanziell in den kommenden Jahrzehnten enger zusammenarbeiten, um wenigstens die bedeutendsten Anlagen gemeinsam zu erhalten. Bei Berücksichtigung naturschutzfachlicher Belange wird dann nicht zuletzt ein höherer Artenreichtum im Park gewährleistet, der wiederum die Gelegenheit zur Naturbeobachtung fördert. Dies entspricht der Charta von Florenz (1981), die u. a. die »enge Beziehung« zwischen Natur und Kultur in einem Park betont. Schließlich dürfen sich Natur und Kultur bzw. Schutz und Nutzung unter Berücksichtigung der künstlerischen Idee eines Parks auch im Rahmen einer nachhaltigen Entwicklung nicht gegenseitig ausschließen!

Ingo Lehmann
Geb. 1964, verheiratet. Aufgewachsen in der Niederlausitz/Brandenburg, 1986 Abitur in Arnsberg/Westfalen. Danach bis 1991 forstliche Ausbildung mit Studium der Forstwirtschaft in Göttingen, Dipl. Ing. Seit Juli 1991 Tätigkeit im Umweltministerium des Landes Mecklenburg-Vorpommern, Abteilung Naturschutz und Landschaftspflege, maßgeblicher Aufbau des Landesparkprogramms sowie des gesetzlichen Alleenschutzes. Aus der beruflichen Tätigkeit sowie aus jährlichen privaten Studienaufenthalten seit 1989 in Kenia/Ostafrika resultieren mehrere botanische und entomologische Publikationen im In- und Ausland.

Die ehemals streng formale, barocke Teichanlage im Park Gützkow soll nach denkmalpflegerischen Zielstellungen – unter Belassen einer naturnahen Ufervegetation parallel zu den Lindenalleen – instand gesetzt werden.

[17] Heydemann, Berndt: Der Einfluß der Waldwirtschaft auf die Wald-Ökosysteme aus zoologischer Sicht. In: Waldwirtschaft und Naturhaushalt. Schriftenreihe des Deutschen Rates für Landespflege 40. 1982, S. 926–944.

[18] Rohde, Michael: Von Muskau bis Konstantinopel. Eduard Petzold – ein europäischer Gartenkünstler. Dresden 1998. S. 197f.

[19] Spanier, Heinrich: Naturschutz und Denkmalpflege – Gegensätze? Johannesberger Informationen 18. 1996, S. 23–29.

> DIE GESTALTUNG EINES GARTENS IST AUSDRUCK
> DES HANDLUNGSWILLENS EINES EINZELNEN.
> LANDSCHAFT IST ERGEBNIS DES UMGANGS
> EINES VOLKES MIT SEINEM LEBENSRAUM.
> DIE PHILOSOPHISCHE BETRACHTUNG VON
> GÄRTEN UND LANDSCHAFTEN STELLT DEN BEZUG
> DES MENSCHEN ZUR NATUR DAR;
> SIE SIND FORMEN DER ILLUSION ZWISCHEN
> GESCHICHTE UND MYTHOS.

Massimo Venturi Ferriolo

LANDSCHAFTEN UND GÄRTEN ZWISCHEN ETHIK UND ÄSTHETIK – DAS PROJEKT DER MENSCHLICHEN WELT UND DIE CHIMÄRE DER NATUR

Die ethische und ästhetische Dimension: Landschaften und Gärten als Projekt der menschlichen Welt

Die Gartenkunst als Reproduktion der Welt und die Einbildungskraft

Die *Ethos*/Genius-Tradition und die Landschafts- und Gartenkunst als Illusion der verlorenen Natur

LANDSCHAFTEN UND GÄRTEN IN IHRER ETHISCHEN DIMENSION

Landschaften sind die Orte, die eine Veränderungsmöglichkeit enthalten, eine Wahrnehmungszweiheit zwischen Idee und Wirklichkeit bieten und mit dem individuellen Geist und dem Handeln verbunden sind.

Ihre von dem Naturideal des modernen Menschen bedingte Sichtbarkeit übersteigt mittels der Einbildungskraft den Horizont dessen, was gegenständlich feststellbar ist, damit die verlorene Naivität des Ursprungs zurückgewonnen werden kann. Solche Orte setzen die komplexe, konkrete und gegenwärtige Wirklichkeit eines sich ständig dynamisch verändernden Lebensbereiches voraus, der den Raum für das Verhältnis zwischen Ethik und Ästhetik bietet.

Wenn wir von »Landschaft« sprechen, nehmen wir Bezug auf eine ethische und ästhetische Dimension, die zwischen Antikem und Modernem liegt: das Projekt der menschlichen Welt, dessen möglicher Wunsch es ist, einen ethischen Ort des Wohnens als Schöpfungs- und Veränderungsquelle zu gestalten.

Als Raum und Boden für das menschliche Handeln und Zusammenleben stellt sowohl die Landschaft als auch der Garten Veränderungs- und Entscheidungs-

Normandie: Natur als Sehnsucht

möglichkeiten dar: Landschaft und Garten sind im Wesen identisch, aber sie unterscheiden sich nach ihrem jeweiligen Ästhetizitätsgrad. Ihr Wesen ist Sache der praktischen Philosophie, und zwar der Ethik. Die menschliche Welt verändert sich, ihr Anderssein ist jedoch immer abhängig von den an die Projekte gebundenen Entscheidungen.

Der Mensch besitzt eine zu seiner Existenz gehörende Fähigkeit: Er kann seine Umwelt in einer bestimmten Richtung verändern. Das Projekt, nämlich die Einbildung einer andersartigen Realität, und die notwendigen Mittel zu seiner Realisierung gestatten es, die Auswirkungsmöglichkeit auf die Umwelt zu antizipieren, die Elemente auszurichten, zu organisieren, zu planen, zu bestellen, vorzubereiten und vorauszusehen, sodass solche Elemente zur Seinsweise derjenigen werden, die diese Möglichkeiten ergreifen.

Wer an Handlungen denkt, die auf die Transformation der bestehenden Lage hinauswollen, bereitet einen Entwurf vor, hegt einen zu verwirklichenden Wunsch. Bezüglich dessen, was zu tun oder absichtlich zu unternehmen ist, spricht man in einem sehr allgemeinen Sinne von »Idee«, im Sinne eines mehr oder weniger bestimmten Vorhabens: Es handelt sich um einen Ratschluss, der die Mittel zur Realisierung wählt. Er betrifft die veränderbare Welt des Menschen, und zwar die mögliche Realität, in der man sich für bestimmte Elemente entscheidet und sich nach ihnen ausrichtet, d. h. in der die Handlung stattfindet.

Die Landschaften und die Gärten sind vom Mensch geschaffen und gehören ihm, indem sie Orte seines Bezugs zur Natur darstellen. Die uralte Belehrung der Geschichte wird von der »weitverbreiteten Ästhetizität« jeglicher Landschaft und von der »verdichteten Ästhetizität« jeglichen Gartens ausgedrückt. Sie sind nicht umkehrbare Ergebnisse der Transformationen und Hervorbringungen derjenigen menschlichen Freiheit, die durch die Technik und die Kunst gestaltet, schafft, verändert, verwandelt und aufbaut. Diese Tätigkeit ist ethisch und findet den Zweck der Transformationen in der Handlung als Tat des frei handelnden Subjekts.[1] Das, was in dem jeweiligen Zusammenhang gewählt wird, steuert die Veränderungen.

Natur und Freiheit

In der zu Kants »Metaphysik der Sitten« gehörenden »Einleitung zur Tugendlehre« wird die Freiheit als Kunst genau definiert und der Unterschied zwischen

[1] Ein Theoretiker der Landschaft als Erscheinung der menschlichen Freiheit ist Ritter, J.: Landschaft. Zur Funktion des Ästhetischen in der modernen Gesellschaft. Veröffentlichungen des Landes Nordrhein-Westfalen. Aschendorff/Münster 1963. »Weitverbreitete Ästhetizität« und »verdichtete Ästhetizität« sind Grundbegriffe des Denkens von Assunto, Rosario: Introduzione alla critica del paesaggio. De Homine. 1960, S. 5f., 252–278 und Ontologia e teleologia del giardino. Milano 1988, S. 50f.

[2] Kant, Immanuel: Metaphysik der Sitten. II 3.

[3] Kant, Immanuel: Kritik der Urteilskraft. § 43.

[4] Schwind, Martin: Sinn und Ausdruck der Landschaft. Studium generale 1950, 4–5.

[5] Kant, Immanuel: Kritik der Urteilskraft. § 44.

[6] Ebd. § 51. Unter den bildenden Künsten gehört Kant zufolge die Gartenkunst zu der Malerkunst, »welche den Sinnenschein künstlich mit Ideen verbunden« und »nur für das Auge darstellt«. Diese Definition verweist auf Reflexionen, die aus der damaligen Debatte zu den »schönen Künsten« stammen. Nach dieser Definition unterscheidet Kant innerhalb der Gattung »Malerkunst« zwischen »schöne[r] Schilderung der Natur« und »schöne[r] Zusammenstellung ihrer Produkte«, nämlich zwischen »eigentliche[r] Malerei« und »Lustgärtnerei«: »... die erste gibt nur den Schein der körperlichen Ausdehnung, die zweite ... diese nach der Wahrheit«. Dieser Unterschied wirkt in dem Zuschauer, der vor der »Vorstellung« der Wirklichkeit oder der Imagination des Künstlers steht, die sein individuelles Gefühl von der Natur und seine Weltanschauung ausdrückt.

[7] Aristoteles sagt: »…. beraten kann man nur über die menschlichen Angelegenheiten, weil sie zu dem gehören, was anders sein kann. Nikomachische Ethik. VI 8. 1141b 9–10.

[8] Vgl. Assunto, Rosario: Il paesaggio e l'estetica. Novecento. Palermo 1994², S.119.

[9] Assunto, Rosario: Il giardino come filosofia della natura e della storia. In: Il giardino come labirinto della storia. Atti del Convegno internazionale. Palermo 14–17 aprile 1984. Centro studi di Storia e Arte dei Giardini. Palermo s.d., S.11–14.

Fountains Abbey: die ästhetische Dimension des Herabenes

»Freiheit« und »Natur« und zwischen dem »Zweck der Handlungen« und der »Wirkung der Natur« erklärt.[2] Kunst ist »die Hervorbringung durch Freiheit, d.i. durch eine Willkür, die ihren Handlungen Vernunft zum Grunde legt«. Wie in der »Kritik der Urteilskraft« gesagt, unterscheidet sich das Kunstwerk von einer Naturwirkung dadurch, dass es »ein Werk des Menschen« ist.[3]

Landschaften und Gärten, Horizonte der Betrachtung sind Hervorbringungen der Freiheit, Ergebnisse der Kunst, Wirkungen des Tuns und des Handelns der Menschen. Sie sind nicht nur ästhetische, sondern auch ethische Wirklichkeiten. Noch mehr: Wie Martin Schwind hervorgehoben hat, stellt jede Landschaft ein Kunstwerk dar und demnach kann sie mit jeglicher menschlichen Schöpfung verglichen werden. Sie ist aber viel komplexer: Während ein Gemälde von einem einzelnen Maler gemalt wird, eine Poesie von einem einzelnen Dichter geschrieben wird, wird jede Landschaft von seinem eigenen Volk geschaffen. Sie stellt den tiefen Vorrat seiner Kultur dar, sie »trägt die Prägung seines Geistes«[4].

Dieselbe Regel begründet den Garten als Raum für die Reproduktion der Welt und die Vorstellung, die ihren Zweck in sich selbst hat. Der Garten fällt unter die Kategorie der »schönen Künste« und setzt eine solide Beherrschung der Klassiker und der Geschichte voraus. Er verlangt gute Kenntnisse des Antiken und der den schönen Künsten zugrunde liegenden Historie.[5]

Kunstwerke wie Landschaften und Gärten sind Resultate einer schöpferischen Tätigkeit. Kant spricht von einer »Schmückung des Bodens mit derselben Mannigfaltigkeit (Gräsern, Blumen, Sträuchern und Bäumen, selbst Gewässern, Hügeln und Tälern), womit ihn die Natur dem Anschauen darstellt, nur anders, und angemessen gewissen Ideen, zusammengestellt«.[6] Diese Kunst, die im § 51 von Kants »Kritik der Urteilskraft« als »Lustgärtnerei« bezeichnet wird und in ihrer eigenen Beschaffenheit genau definiert ist, gehört zur Sphäre des Ratschlusses, d. h. der Verantwortung, der von den jeweiligen Entscheidungen abhängigen Möglichkeitswelt. In einem Wort: Sie gehört zur Sphäre der Ethik, und zwar der von der Philosophie ständig hervorgehobenen anthropischen Kompetenz.[7]

Durch Kunst und Technik hält der Mensch seine ephemere Gestalt als Lebewesen diesseits des zeitlichen Vergehens fest.[8] Er schneidet seine Vergänglichkeit in die unendliche Zeitlichkeit der Natur ein, die in der Geistesgeschichte oft als Ausdruck des Göttlichen verstanden wird. Er gestaltet einen Ort mit verschiedenen Charakteren und aufgrund unterschiedlicher Poetiken.

Kunst und Natur

Das Spiel zwischen Kunst und Natur und zwischen Natur und Kultur schafft Landschaften und Gärten, deren jeweils unterschiedliche stilistische und architektonische Formen die spezifische Kultur anzeigen, von der sie angeregt wurden. Diese Orte gehören zur ethisch-spekulativen Sphäre der Geschichtsphilosophie. Durch das in den Landschaften und Gärten stattfindende Konkurrenz- und Übereinstimmungsspiel zwischen Natur und Kultur spiegelt sich in ihnen die Geschichte, die Kultur und die Gesellschaft wider, die als politische und wirtschaftliche Gestaltung zu verstehen ist.

Da die Landschaften und die Gärten Widerspiegelungen der Menschheit, und zwar auf demselben Grund beruhende Wirklichkeiten sind, verlangt ihre theoretisch-philosophische Thematisierung eine Untersuchung zum teleologischen Verhältnis zwischen Idee und Realität. Die breite Verschiedenheit ihrer Poetiken bietet dem Zuschauer eine ebenso breite Verschiedenheit der Bilder, die interpretiert werden müssen, um »die verschiedenen Momente des geschichtlichen Prozesses in der Ganzheit ihrer Verflechtungen«[9] zu verstehen.

Die Gartenkunst drückt außerdem ästhetische Ideen in Analogie mit einer Sprache[10] aus, die – wie der romantische Ludwig Tieck dachte – manchmal in der

Wörlitzer Park: der Garten als Landschaft

antiken Poesie beinhaltet ist. Jede Hervorbringung der Gartenkunst ist ein schönes Individuum, das von seiner besonderen Stellung und seiner Umwelt bedingt ist und nur einmalig sein kann.[11]

Diese Orte sind Kulturvorräte, geschichtliche Räume für die Lektüre der Welt. Sie können nämlich als eine Gesamtheit von menschlichen Tatsachen verstanden werden, welche die Eingriffe des Menschen im Laufe der Zeit wie die eines Demiurgen einer Umwelt zeugt, die das Heilige empfängt.

Seit jeher setzt sich der Demiurg mit der Natur auseinander, die die Schöpfung eines solchen Objekts ermöglicht, das sie übersteigen kann, obwohl es aus Elementen besteht, die die Natur zur Verfügung gestellt hat. Kant zufolge gebraucht die Einbildungskraft alle natürlichen Materialien nach bestimmten ästhetischen Ideen. Solches Spiel regt den Menschen dazu an, die Umwelt in einer bestimmten Richtung zu verändern. Durch diese Manipulation der wirklichen Natur entsteht eine andere Natur, eine neue Wirklichkeit – sei es eine Landschaft oder ein Garten –, die sich im Wesen von der ursprünglichen, immer einzig bleibenden Natur unterscheidet.

Kant zufolge ist die Garten- und Landschaftskunst als eine schöne Zusammenstellung der Produkte der Natur zu verstehen, die aus dem Spiel der Einbildungskraft »in Beschauung ihrer Formen« entsteht. Sie stellt Ideen durch räumliche Figuren dar, die auf einem durch die Einbildungskraft vorgestellten Modell beruhen und durch eine Kopie der körperlichen Ausdehnung ausgedrückt werden.[12]

Diese Idee bringt uns zu folgenden Überlegungen. Der springende Punkt ist das freie Spiel der Einbildungskraft, das die Ausschmückung dadurch zustande bringt, dass es die in der Natur existierenden Gattungen gemäß eines Weltprojekts von höherer Lebensqualität zusammenstellt. Ein derartiger Entwurf verlangt nach Schöpfungskraft, die auf umfangreichen und tiefen Kenntnissen der Probleme des menschlichen Zusammenlebens beruht. Solche Kenntnisse über die Ethik des Ortes, die mit der Landschaft und der Geschichte verbunden ist, geben den Projektmodellen die tiefen theoretischen und praktischen Inhalte.

DAS GENIE

Die Kunst offenbart eine verborgene Tradition. Im § 46 der »Kritik der Urteilskraft« sagt Kant, dass das Genie »ein Talent (Naturgabe) [ist], welches der Kunst die Regel gibt« und »als angebornes produktives Vermögen des Künstlers, selbst zur Natur gehört«. Solche Bedeu-

[10] Wie Anm. 6.

[11] Tieck, Ludwig: Phantasus. Hrsg. von M. Frank. In: Schriften. Vol. VI. Frankfurt a. M. 1985, S. 69f.

[12] Wie Anm. 6.

Chora von Pantalica: ein alter Ort des Wohnens

[13] Es ist das Thema von Baltrusaitis, Jurgis: Jardins et pays d'illusions. Traverses 4–5. 1976, S. 94–112 (Erstveröffentlichung in: Aberrations, quatre essais sur la légende des formes. Paris 1957).

tung des Genies stammt von der klassischen Tradition. Das Genie fällt mit der Natur selbst zusammen, nämlich mit der »angeborne[n] Gemütsanlage (ingenium), durch welche die Natur der Kunst die Regel gibt«. Diese Regel gibt sie – dies muss hier betont werden – als Natur. Es handelt sich nicht nur um eine ästhetische, sondern vor allem um eine ethische Definition, die auf den Brauch, die Sitte, den Charakter eines Volkes verweist. Daraus ergibt sich in gewisser Weise der Charakter eines Ortes. *Ingenium* bezieht sich auf das griechische Wort *ethos*, das ursprünglich »ständiger Wohnsitz«, »Aufenthaltsort«, »Stall«, »Höhle« bedeutete. Dieser Bezug auf die Sitten, auf das alltägliche Zusammenleben verweist auf eine Wahl zwischen wertunterschiedlichen Handlungsmöglichkeiten, und zwar zwischen »gut« und »böse«, »gerecht« und »ungerecht«.

Ein Ort kann ohne Genie nicht existieren: Die Beziehung zwischen diesen beiden Momenten soll festgehalten und beachtet werden. Ohne Ethik, und zwar ohne Beachtung der besonderen Charakteristiken eines Ortes in Verbindung mit den Transformationen, die durch die zeitgenössischen Erfordernisse angeregt werden, gibt es kein Projekt. Jedes Handeln verweist den Menschen auf die Verantwortung der Transformation der Landschaft in ihrem eigentlichen Sinne, nämlich als menschliche Welt. Die als menschliche Projekte zu verstehenden Landschaften sind eine ethische Wirklichkeit, die von der Sensibilität und vom Geist ihrer Zeit bedingt ist: Sie betrifft sowohl den städtischen als auch den außerstädtischen Zusammenhang.

Solche für menschliche Beziehungen gestalteten Räume setzen die in einem aktiven Sinn zu verstehende Bedeutung der Kontemplation und die Ethik der Gemeinschaft voraus.

Als Widerspiegelungen der Welt sind die Landschaften durch die Gleichzeitigkeit von Gegenwart und Vergangenheit gekennzeichnet. Dies gilt ebenfalls für die Gärten von höherem ästhetischen Wert, in denen die Figuren des Mythos, das Gedächtnis des Antiken, das Weiterleben der Götter und ihrer Gefolgschaft als vielgestaltige pflanzliche, mineralische und animalische Epiphanien erscheinen.

Die Einbildungskraft

Die Landschaftskunst folgt oftmals einem unterirdischen Weg der Formen, der sich im Spiel der frei schöpferischen Einbildungskraft ausdrückt. Im Leben und in den Bauten einer jeden Zeit zeigen sich die Gärten als Orte, in denen die Fiktion an die Stelle der Wirklichkeit tritt.[13] Die Gartenkunst ist kein bloßes Zusammenstellen von Formen, die von der wirklichen Natur vorgegeben sind: Sie ist vielmehr durch ein Spiel der Einbildungskraft geregelt, das über die Natur hinausgeht. Dasselbe gilt für alle Lesarten der Landschaftsmalerei, insbesondere für die gegenwärtige, die darauf hinauswill, die Illusion der Natur und ihrer Wiederherstellung nochmals vorzuschlagen.

Jurgis Baltrusaitis hat die Freiheit eines Weges von den Formen zum Mythos meisterhaft dargestellt. Es handelt sich um eine ständig sich bewegende *forma formans*, die uns einerseits zu dem in unseren Gärten verdichteten Mythos und andererseits zu derjenigen landschaftlichen Illusion führt, die insbesondere in dem so genannten englischen Garten erfahren werden kann. Der weit verbreitete Kunstgriff feiert hier den Mythos, die Natur und die Geschichte. Wenn wir einen Garten durchlaufen, haben wir den illusorischen Eindruck, dass wir uns in der Natur, in Griechenland, in Italien, in der gotischen Welt oder vielleicht in China befinden. An einem einzigen Ort empfangen wir das Emblem mehrerer Kulturen, die aus Landschaften stammen, die von unserer Landschaft verschieden sind.

Die Formen der Illusion und die Chimäre der Natur

Es gibt ganz unterschiedliche Formen. Die verdichteten und die zweckmäßigen Formen des geometrischen Gartens stehen im Gegensatz zu den sich weit verbreitenden Formen der landschaftlichen Anlage: Sie sind Formen der Illusion zwischen Geschichte und Mythos.

Die in aller Zeit eingebildeten Formen sind von zwei Grundorientierungen geprägt. Einerseits gibt es den formalen Garten, der typisch französisch ist, obwohl er aus der italienischen Renaissance stammt: Er drückt klar berechnete Figuren aus und erweckt den illusorischen Eindruck, sich an den Orten des Mythos zu befinden.

Andererseits gibt es den landschaftlichen Garten: die Länder der Illusion. Der Betrachtungshorizont stellt hier das Weltbild dar. Zwischen der verdichteten Ästhetizität des Verbreiteten und dem Überschuss der Einbildungskraft wird hier die Welt zum Garten. Diese Vorstellung, die gegen Ende des 18. Jahrhunderts immer mehr verbreitet war, wurde von Schiller deshalb kritisiert, weil sie eine negative Ästhetik voraussetzt, weil sie nämlich im Gegenzug zur Starrheit der formalen Anlage zuviel Freiheit entfaltet. Viele Anlagen sind in der Tat grenzenlos, und die Illusion selbst wird dadurch ebenfalls grenzenlos, sodass es »abgeschmackt und widersinnig ist, in eine Gartenmauer die Welt einschließen zu wollen«[14]. Mit Goethes »Triumph der Empfindsamkeit« erreicht diese Kritik der herrschenden Anglomanie ihren ironischen Gipfel.

Die Formen der Illusion entwickeln sich nach drei Richtungen: der Antike, dem exotischen Osten und der Moderne. Zusammen mit dem Antiken, nämlich dem Schiller'schen Naiven, und mit dem Modernen kommt der exotische Osten auf, der in den Gärten des 18. Jahrhunderts gewaltsam in Erscheinung tritt. Die Formen des Antiken sind Illusionswege des Mythos.

Die Natur wird als Anwesenheit der Götter erfahren, die sich in einer von dem Garten ausgedrückten kosmischen Ganzheit widerspiegeln. Sie ist die Weltanschauung in ihren Vorstellungen.

Die modernen Formen laufen der Natur unter dem Aspekt des antiken Elysiums nach, das sie durch die Magie und die Zauberei des Romanhaften rekonstruieren, um ein verschwundenes Wildes, ein verlorenes Paradies nachzuholen, das bei den Engländern auf Milton verweist. Dieser vermisste Ort ruft die antike Welt hervor, nämlich einen nunmehr fernen, abwesenden Bezug zur Natur. Die Illusion des Anrufes der Vergangenheit führt nach zwei Richtungen. Der erste Weg ist ein Weg des Mythos durch lebendige und belebte Landschaften, die im Osten und im Westen durch lebendige und belebte Figuren, d. h. durch mythische Formen einer gewissen Weltanschauung dargestellt werden.[15] Der zweite Weg ist besetzt von den Landschaften der Vergangenheit: Griechenland und Rom. Der Zweck der Ästhetizität des englischen Gartens ist in der Tat nicht immer seine jeweilige physische Umwelt, sondern vielmehr die sentimentale Reproduktion einer Idee von verlorener Natur, die mit unserer Geschichte, und zwar Griechenland und Rom, verbunden ist. Der englische Garten entspricht mehr Italien als England, weil er den Eindruck erwecken soll, dass wir uns trotz allem an den natürlichen Ursprungsorten unserer Kultur befinden. Tivoli mit seiner römischen Landschaft zeigt sich gleichzeitig als ein Anruf und als ein in einer Villa konzentriertes Illusionsland.

Es gibt eine lange, von Rousseau ausgehende Geschichte der Illusion. Sie beginnt mit dem elften Brief von »Julie ou la Nouvelle Eloïse«. Nachdem Saint-Preux ins Elysium des Clarens eingegangen ist, das selbst Reproduktion und Illusion der Landschaft darstellt, glaubt er, sich am wildesten und einsamsten Ort der Natur zu befinden, und vor allem vermutet er, dass er selbst der erste Sterbliche ist, der »in dieses Geheimnis eingedrungen« ist. Das Blendwerk ist wirklich und veranlasst zur Bewunderung und zur Erinnerung an die unbewohnten Inseln der Südsee. Rousseau-Saint-Preux glaubt, dass er zum Elysium überführt wurde, wo er keine Spur von Kultur sieht. Diese Abwesenheit ist die zur modernen Landschaft gehörende ständige Suche: die Chimäre der Natur.

Prof. Dr. Massimo Venturi Ferriolo
Ordinarius der Geschichtsphilosophie an der Universität von Salerno und Professor der Ästhetik im Polytechnikum von Milano. Publizierte die Bücher: Nel grembo della vita. Le origini dell' idea di giardino. Milano 1989; Il giardino del monaco. Roma 1991; Giardino e filosofia. Milano 1992; Giardino e paesaggio dei Romantici. Milano 1998; Etiche del paesaggio. Il progetto del mondo umano. Roma 2002.

[14] Schiller, Friedrich: Über den Gartenkalender auf das Jahr 1795. In: Sämtliche Werke. Bd. 5. München 1967, S. 888.

[15] Baltrusaitis, Jurgis: Il Medioevo fantastico. Antichità ed esotismi nell'arte gotica (1972). Übers. ins Italienische von Zuliani, F./F. Bovoli, F. Milano 1993. 2. Aufl., S. 214–243.

Politik und Gesellschaft

Der Umgang mit Pflanzen, die Beschäftigung mit Gartenkunst, sogar das Gärtnern in der Freizeit, scheint es, ist in Mode. Viele Bücher und Hochglanzmagazine erschienen in den letzten Jahren über die Kunst Gärten zu gestalten. Darin präsentiert man die herrlichsten von Menschenhand geschaffenen Paradiese aus ganz Europa, selbstverständlich auch aus uns immer noch exotisch anmutenden Ländern wie Japan, China oder Indien.

Das Interesse an Gärten ist, an der Menge der Publikationen gemessen, durchaus gewachsen, ja nach diesen zu urteilen, heute sogar gross. Indikatoren könnten auch die vielen so genannten Gartenmessen sein, die landauf, landab veranstaltet werden. Ebenso zeigt die zunehmende Zahl an realisierten Leistungsschauen des Gärtnerhandwerks, dass offensichtlich ein Konsumbedarf für dessen Produkte geweckt wurde und besteht. Deutlichstes Anzeichen aber für ein wachsendes gesellschaftliches Interesse sind die unterschiedlichen individuellen Nutzungen insbesondere öffentlicher Gärten und Grünanlagen durch die Bevölkerung. Das Leben in und mit Gärten ist wesentlicher Bestandteil heutigen Freizeitverhaltens geworden. Vielfach sind sie Rückzugsorte für Menschen aus den von Unruhe und Lärm geprägten urbanen Bereichen. Dort sucht man Ruhe, Entspannung, Abstand und natürlich auch Zerstreuung. Schon längst sind Gärten deshalb als Orte für Veranstaltungen entdeckt worden und erfreuen sich zunehmender Beliebtheit in der Tourismus- und Marketingbranche.

Steigendes Interesse bedeutet jedoch auch wachsende Belastung für durchaus sensible Objekte, die in den meisten Fällen nicht für derartige Nutzungen geschaffen wurden. Es besteht deshalb eine Diskrepanz zwischen den Wünschen und Ansprüchen in Bezug auf diese Anlagen und deren Belastbarkeit. Vor dem Hintergrund eines erhöhten Nutzungsdrucks und unterschiedlicher Interessen an der Ressource historischer Garten sehen sich Eigentümer und Verantwortungsträger vor die Aufgabe gestellt, zwischen Erwartungen der Menschen, Notwendigkeiten der Pflege und Grenzen des Machbaren Wege für einen sinnvollen und opportunen Erhalt dieser oftmals Identifikation stiftenden Objekte zu finden.

Großer Garten zu Hannover-Herrenhausen. Glockenfontäne und Theatergruppe

Ein Kulturdenkmal von Rang zu besitzen, bedeutet Verantwortung tragen, sich zu einer Aufgabe bekennen, die nicht nur in finanzieller Hinsicht ihre Schwierigkeiten birgt. Für ein Kulturdenkmal zu sorgen, heisst Werte aus der Vergangenheit durch die Gegenwart in die Zukunft zu bringen.

Hermann Bröring · Andrea Kaltofen

Jagdschloss Clemenswerth – Das Engagement der Öffentlichkeit zum Wohle eines Kulturdenkmals

Clemenswerth vor Beginn der Alleesanierung. Der hintere (nördliche) Teil des Klostergartens ist bereits umgestaltet. Man kann die trennende Diagonalallee erkennen. Infrarot-Luftbild, 1997

Klostergarten. Das Luftbild dokumentiert den Zustand nach dem Ankauf der Schlossgebäude durch den damaligen Landkreis Aschendorf-Hümmling. Der Küchengarten zeigt lediglich vier freie Rasenflächen mit umgebender großer Taxushecke, der Obstgarten ist als eigener gestalteter Gartenbereich nicht wahrnehmbar, um 1975/76

»Ein Landkreis auf den Spuren eines Gesamtkunstwerkes« – so war die Widmung des Landkreises Emsland überschrieben, die im Ausstellungskatalog zum 250-jährigen Jubiläum des Schlosses Clemenswerth 1987 erschien.[1] Und um ein Gesamtkunstwerk handelt es sich bei dem barocken Jagdsternschloss Clemenswerth in der Tat, dem »schönsten aller Jagdsternschlösser wohl in ganz Europa«. Clemens August (1700–1761), der letzte Wittelsbacher auf dem kurkölnischen Bischofsstuhl, Fürstbischof von Hildesheim, Münster, Osnabrück und Paderborn sowie Hochmeister des Deutschen Ordens ließ das Schloss in den Jahren 1737 bis 1747 von dem Münsteraner Baumeister Johann Conrad Schlaun errichten.

Das Gesamtkunstwerk Clemenswerth ist perfekter Ausdruck des Gestaltungswillens des absolutistischen Zentralitätsgedankens, aber auch des Wunschs eines fürstlichen Erbauers nach privater Atmosphäre in Gebäuden von überschaubarer Dimension abseits der großen Residenzschlösser. Es war als »strahlender Mittelpunkt fürstlicher Jagdfeste und jagdlich-theatralischer Inszenierungen« nicht ohne Kenntnis vorbildhafter vergleichbarer Anlagen denkbar, gilt aber als »Schlauns Krönung der Jagdstern-Architekturen in Europa«.[2]

Beim 250-jährigen Schlossjubiläum lag der Ankauf des Schlosses Clemenswerth aus dem Eigentum der Herzöge von Arenberg[3] bzw. der Arenberg-Meppen GmbH gerade 20 Jahre zurück: Der damalige Landkreis Aschendorf-Hümmling hatte mit finanzieller Unterstützung des Landes Niedersachsen, der damaligen Landkreise Lingen und Meppen sowie der Gemeinden des Kreises Aschendorf-Hümmling Teile der Gesamtanlage erworben. Dazu gehörten der beherrschende zentrale Mittelbau und acht den Schlossplatz umgebende Pavillons, der Klostergarten und die »Sögeler Allee«, die als eine von acht Alleen des Jagdsterns Clemenswerth in den Ort Sögel führt.[4] Mit der Kreisreform 1977 ging das Schloss in das Eigentum des Landkreises Emsland über. Dagegen verblieb der Großteil des Schlossparks Clemenswerth bis in das Jahr 2000 im Besitz der Arenberg-Meppen GmbH.

Dass durch den Verbleib des Parks in privater Hand eine ungleiche denkmalpflegerische Entwicklung innerhalb des Gesamtensembles und insofern potentielle Konfliktfelder präjudiziert waren, wurde damals in Kauf genommen. Andererseits waren im allgemeinen Verständnis und Bewusstsein der Zeit mit einem Schloss eigentlich mehr oder weniger immer nur die Gebäude, mit der Erhaltung einer Schlossanlage nahe-

[1] Clemens August. Fürstbischof, Jagdherr, Mäzen. Katalog zu einer kulturhistorischen Ausstellung aus Anlaß des 250jährigen Jubiläums von Schloß Clemenswerth. Meppen/Sögel 1987, S.12–14.

[2] Wagner, Eckard: Als das Emsland nach den Sternen griff. Europas Jagdsterne und Schloß Clemenswerth. In: Jahrbuch des Emsländischen Heimatbundes. Bd. 33 (1987). Sögel 1986, S.124–167; Ders.: Schloß Clemenswerth – ein Höhepunkt jagdlicher Zentralanlagen in Europa. In: Clemens August. Wie Anm 1, S.119–148; Ders.: Kunst-Landschaften – barocke Parks und Gärten im Emsland. In: Jahrbuch des Emsländischen Heimatbundes. Bd. 42 (1996). Sögel 1995, S.180–230, 232–233; Historische Gärten in Niedersachsen. Kat. zur Landesausstellung. Hannover 2000, S.116f./Kat.-Nr. 3; Historische Gärten. Eine Standortbestimmung. Berlin 2003, S.128f.

[3] 1803 war das Schloss im Zuge des Reichsdeputationshauptschlusses an die Herzöge von Arenberg gelangt. Wagner, Eckard: Das Jagdschloß Clemenswerth im Besitz der Herzöge von Arenberg. In: Heyen, F.-J./ Behr, H.-J. (Hrsg.): Die Arenberger. Geschichte einer europäischen Dynastie. Bd. 2: Die Arenberger in Westfalen und im Emsland. Koblenz 1990, S.159–177; Sonderteil im Jahrbuch des Emsländischen Heimatbundes. Bd. 49 (2003). Die Arenberger im Emsland. Sögel 2002, S.113–280.

[4] Der Marstall am westlichen Rand des Parkareals ist seit 1948 Jugendbildungsstätte des Bistums Osnabrück. Das Grundstück steht im Eigentum der Arenberg-Meppen GmbH, das Bistum Osnabrück hat hier Erbbaurecht.

[5] Schomann, Rainer: Gartendenkmalpflege in Niedersachsen – eine Zustandsbeschreibung aus der Sicht der Denkmalfachbehörde. In: Berichte über die Tätigkeit der Bau- und Kunstdenkmalpflege in den Jahren 1991–1992. Hannover 1995, S. 31–44, hier: S. 37, Abb. 12.

[6] Zu den früheren Restaurierungsmaßnahmen der Arenberger: Poppe, Roswitha: Die Instandsetzung von Schloß Clemenswerth bei Sögel, Kreis Aschendorf-Hümmling. In: Niedersächsische Denkmalpflege. Bd. 4 (1958/59), Hildesheim 1960, S. 58–73; Dies.: Ein Schloß wird erhalten. 150 Jahre Denkmalpflege der Herzöge von Arenberg für Clemenswerth. In: Jahrbuch des Emsländischen Heimatbundes. Bd. 33 (1987). Sögel 1986, S. 190–205; zu den Schäden im Zweiten Weltkrieg: Kröger, Theo: Clemenswerth im 2. Weltkrieg – die Kanadier in Sögel. In: Jahrbuch des Emsländischen Heimatbundes. Bd. 33 (1987). Sögel 1986, S. 249–263.

[7] Informationen unter: www.clemenswerth.de

[8] Königfeld, Peter/Grote, Rolf-Jürgen: Jagdschloß Clemenswerth im Emsland. Baugeschichte, Restaurierung und denkmalpflegerische Perspektiven. In: Clemens August. Wie Anm. 1, S. 109–118, Taf. 51, 55–57.

[9] An dieser Stelle sei dem Jubilar Herrn Prof. Dr. Dieter Hennebo ausdrücklich dafür gedankt, dass er den Landkreis Emsland für Fragen der Gartendenkmalpflege sehr früh sensibilisiert und dann jahrzehntelang bei dessen Bemühungen in diesem Bereich stets unterstützt hat.

[10] Die Literatur zum »Konflikt« zwischen Denkmal- und Naturschutz in denkmalgeschützten Gärten und Parks ist sehr umfangreich: z.B. Hönes, Ernst-Rainer: Historische Park- und Gartenanlagen zwischen Kunstfreiheit und Umweltschutz. In:

zu ausschließlich restauratorische Maßnahmen an Gebäuden, eventuell noch in stark künstlerisch gestalteten Gartenbereichen, kaum jedoch in Parks, schon gar nicht in solchen mit geschlossenen Waldzonen, verbunden. So auch in Clemenswerth. Die Gartendenkmalpflege war damals eine noch sehr junge Fachrichtung![5] Im Jahr 2000 konnte der Landkreis Emsland auch den Schlosspark ankaufen. Damit ist die Gesamtanlage nun wieder in einer Hand.

Nach entsprechenden Bauarbeiten[6] wurden die Schlossgebäude Clemenswerths 1971 der Öffentlichkeit übergeben. Im Hauptschloss und in fünf der umgebenden Pavillons zeigt das »Emslandmuseum Schloss Clemenswerth« seit 1972 Dauerausstellungen zu verschiedenen Themen[7], darunter der Jagd im 18. und 19. Jahrhundert, insbesondere aber zum Leben und Wirken von Clemens August. Umfassende Restaurierungsarbeiten in den Schlossgebäuden fanden 1987 aus Anlass des Jubiläums »250 Jahre Clemenswerth« statt.[8]

Bei der Wahrnehmung der denkmalpflegerischen Verantwortung des Landkreises Emsland – auch als unterer Denkmalschutzbehörde – für die Gesamtanlage spielte die Gartendenkmalpflege von Anfang an eine wichtige Rolle.[9] Dass gerade in diesem Bereich einzelne durchzuführende Maßnahmen zum Teil heftige kritische Reaktionen in der Bevölkerung auslösten und noch in jüngster Vergangenheit äußerst kontrovers öffentlich diskutiert wurden, wird einerseits auf die erwähnte fehlende Kenntnis der Gartendenkmalpflege als eigener Disziplin neben der »klassischen« Baudenkmalpflege zurückzuführen sein, die mit »lebender« Denkmalsubstanz und der ihr innewohnenden eigenen Wachstumsdynamik, aber auch Sterblichkeit umgeht. Andererseits werden sie auch darin begründet sein, dass im allgemeinen Verständnis eine gewohnte Baumkulisse, ein als schön empfundener gewachsener Zustand einzelner Garten- und Parkteile als »Naturdenkmal« erhaltens- und schützenwert erachtet und dies als höherwertig empfunden wurde als eine denkmalpflegerisch begründete Wiederherstellung grundlegender Gestaltungselemente.[10]

Trotz solcher Widerstände und ohne sich beirren zu lassen hat sich der Landkreis Emsland in Kenntnis der kunst- und kulturgeschichtlichen Bedeutung des Gesamtkunstwerks stets vorrangig der als richtig und wichtig erkannten Erhaltung und Pflege dieses Kleinods[11] als einem Denkmal von europäischem Rang verpflichtet gefühlt. Dazu wurde nicht nur die notwendige Grundlagenforschung in Auftrag gegeben, sondern auch der Rat ausgewiesener Fachleute eingeholt, um bei allen restauratorischen Maßnahmen möglichst zu optimalen Ergebnissen zu kommen.

Die Erforschung der Quellen zum Gartendenkmal Clemenswerth

Bereits 1977 nutzte der Landkreis Emsland den kompetenten Fachverstand des Instituts für Grünplanung und Gartenarchitektur der Universität Hannover bei der notwendigen denkmalpflegerischen Bearbeitung des Klostergartens.[12] Dazu kam in Zusammenarbeit mit dem Emslandmuseum Schloss Clemenswerth die notwendige Grundlagenforschung, sodass auf dieser Basis 1977/78 die Planung für die Instandsetzung des Klostergartens erarbeitet werden konnte.[13]

Anfang der 1990er-Jahre wurde deutlich, dass der forstwirtschaftlich genutzte Schlosspark durch eben diese Nutzung, den sich bedenklich verschlechternden Zustand der Altbäume, durch Sturmschäden und den weitgehenden Verlust des ehemals geschlossenen historischen Alleebaumbestandes, verbunden mit dem teilweisen Vordringen des Waldes in die Alleefreiflächen, in seiner Wirkung massiv beeinträchtigt war. Deshalb wurde ein Garten- und Landschaftsarchitekturbüro mit der »sorgfältigen Bestandsaufnahme und möglichst umfassenden Bearbeitung aller verfügbaren historischen Quellen« beauftragt, um eine Datenbasis für den künftigen denkmalgerechten Umgang mit dem Schlosspark zu gewinnen. Das »Parkpflegewerk« wurde 1995 vorgelegt.[14]

Der Klostergarten

Die Quellenlage zum Klostergarten stellt sich sehr kompliziert dar. In drei Plänen aus der Bauzeit des Schlosses Clemenswerth sind verschiedene Planungen, zumindest zum Teil aber nicht realisierte Gestaltungen für den ab 1739 parallel zum Bau des Kapuzinerklosters angelegten Klostergarten überliefert.[15] Sie unterscheiden sich jedoch nicht in zwei wichtigen

Taxushecken im Klostergarten. Zustand in den 1950er/60er-Jahren

Das Luftbild zeigt den Zustand des Klostergartens nach der Restaurierung 1978 bis 1982: Der Küchengarten ist mit Wegen und wegebegleitenden Rabatten restauriert, eine neu gepflanzte Eibenhecke umschließt diesen Gartenbereich und trennt ihn deutlich von dem unbearbeitet verbliebenen Obstgartenbereich ab.

Grundaussagen, die aus der Unterordnung unter das dominante Gestaltungsprinzip und aus der konsequenten Gliederung des gesamten Geländes durch die verschiedenen Alleesysteme resultieren: Der Klostergarten weist einen unregelmäßigen Grundriss auf und ist durch eine Diagonalallee in einen südlichen Küchen- und einen nördlichen Obstgarten getrennt. Wie jedoch insbesondere der nördliche Gartenteil mit der erst 1752 errichteten Gloriette tatsächlich ausgeführt worden ist, muss auch heute offen bleiben.

Entsprechend den gartendenkmalpflegerischen Empfehlungen des Instituts für Grünplanung und Gartenarchitektur der Universität Hannover wurden für den Bereich des südlichen Küchengartens bis 1982 zweckdienliche Maßnahmen zur Substanzergänzung durchgeführt, die wegbegleitenden Blumenrabatten nach den Prinzipien des Barock gestaltet und mit einer Artenwahl von besonders wirkungsvollen, gleichzeitig anspruchslosen Stauden bepflanzt.[16] Der Rand dieses Gartenbereichs, der von einer großen Eibenhecke in nicht historischer Formgebung dominiert wird, wurde in symmetrischer, auf die Sicht- und Wegeachse zwischen Kloster und Gloriette bezogener Form mit einer neuen Eibenhecke bepflanzt (vgl. S. 269). Mit diesen Maßnahmen wurde sowohl die Nutzung als Garten des bestehenden Kapuzinerklosters, gleichzeitig aber auch als Erholungsort für die Öffentlichkeit im Rahmen der Museumsbesuche auf Schloss Clemenswerth ermöglicht.

Der nördliche Teil des Klostergartens mit Obstbaumwiese und Gloriette dagegen verblieb – einerseits aufgrund des damaligen Wissensstandes, andererseits aber auch wegen der als schön empfundenen Einbettung der Gloriette in umgebende Rhododendronbüsche vor hoher Baumkulisse[17] – letztlich unbearbeitet und entwickelte sich durch weiteren Substanzverlust schließlich zu einem beliebigen ungestalteten Gartenareal.

Die Notwendigkeit einer gartendenkmalpflegerischen Behandlung auch dieses nördlichen Bereichs wurde im Parkpflegewerk deutlich herausgearbeitet und vom Landkreis Emsland als eine der dringlich durchzuführenden Maßnahmen aufgegriffen, die er vor dem Hintergrund der geschilderten Eigentumsverhältnisse in eigener Verantwortung realisieren konnte. Auf einer gegenüber 1977/78 verbesserten Daten- und Kenntnisgrundlage und in moderner, über die Empfehlungen des Parkpflegewerkes deutlich hinausgehender Sichtweise konnte nun die grundsätzlich von der Quellenlage her sehr schwierige Umgehensweise mit diesem Gartenareal geklärt und 1997 auch umgesetzt werden.[18] Dabei wurde die beide Gartenbereiche trennende Diagonalallee wiederhergestellt und die Obstbaumwiese in einem Raster angepflanzt, das allen relevanten Achsen gerecht wurde. Damit sind die vielschichtigen Zusammenhänge eindeutig erkennbar und die Gloriette »in ihrer eigentümlichen Konstruktion wieder verständlich« geworden.[19]

Der Alleestern im Schlosspark

Der Schlosspark war nach dem Eigentumsübergang der Gesamtanlage an das Haus Arenberg (1803) ab 1825 von einer bis dahin extensiven Bewirtschaftung in eine eher intensive Nutzung überführt worden. Zwar hatte es im Alleestern (und im Park) immer wieder Erhaltungsaufwendungen gegeben,[20] von denen u. a. die bis heute erhalten gebliebenen Altbaumbestände aus der Mitte bis zur zweiten Hälfte des 19. Jahrhunderts, aus der Wende vom 19. zum 20. Jahrhundert und die – eher unsystematischen – Anpflanzungen aus der zweiten Hälfte des 20. Jahrhunderts zeugen. Dennoch waren im Laufe der Zeit erhebliche Defizite aufgetreten, die mit einem sich stetig verschlechternden Zustand einen weit fortgeschrittenen, teilweise sogar drohenden endgültigen Verlust derjenigen Gestaltungselemente verursachten, die für den in Europa in dieser Form einmalig erhalten gebliebenen barocken Jagdstern grundlegend wichtig sind. Diesen Substanzverlust hatte der Landkreis Emsland als untere Denkmalschutzbehörde nicht länger tolerieren können. Auch die im Parkpflegewerk unterbreiteten Vorschläge zu Erhalt und Verbesserung der Erlebbarkeit der im

Die öffentliche Verwaltung. Zeitschrift für öffentliches Recht und Verwaltungswissenschaft. Jg. 51. Heft 12. Juni 1998, S. 491–501 (mit älterer Literatur).

[11] Europa nostra, ein 1963 gegründeter internationaler Verbund von Vereinigungen, deren Ziel es ist, das kulturelle und natürliche Erbe Europas zu schützen und die Umweltbedingungen zu verbessern, vergab im Rahmen des Wettbewerbs 1988 aus einem Bewerberkreis von über 200 Teilnehmern insgesamt 35 Auszeichnungen für den Schutz des architektonischen und natürlichen Erbes in Europa. Der Landkreis Emsland wurde dabei mit einer Verdienstmedaille »für die hervorragende und beispielgebende Rückgewinnung eines spätbarocken Jagdsternschlosses durch kommunale Initiative« ausgezeichnet.

[12] Hennebo, Dieter/Schmidt, Erika: Der Klostergarten des Jagdschlosses Clemenswerth. In: Berichte zur Denkmalpflege in Niedersachsen. Heft 3. (1984), S. 94–97; Hennebo, Dieter: Der Klostergarten. In: Jahrbuch des Emsländischen Heimatbundes Bd. 33 (1987). Sögel 1986, S. 206–222.

[13] Schomann, Rainer: Barocke Gärten. Gartendenkmalpflegerischer Umgang mit zerstörten Bereichen. Hannover 1998, S. 11–17.

[14] Wörner, Gustav/Wörner, Rose: Schloßpark Clemenswerth. Parkpflegewerk. Grundsätze und Vorschläge zur Erhaltung, partiellen Wiederherstellung und Pflege des historischen Parks. Wuppertal 1995.

[15] Hennebo, Dieter: Der Klostergarten. Wie Anm. 12, S. 207, Abb. S. 209; Anm. 14, Anhang nach S. 394; Wagner, Eckard: Clemens August. Wie Anm. 1; Aus der Zeit des Clemenswerther Schloßbaus und einer fürstlichen Hofhaltung in Sögel. Ausst.-Kat., S. 458/Kat.-Nr. 266.7–8.

[16] Wie Anm.12, Abb. S. 206, 210–214, und Anm.13, Titelbild. Schemaskizze zum Profil der Rabatten: Anm.12, S. 96, Abb. 5; vgl. Anm.14, S. 353 E, Abb. 31.

[17] Schomann, Rainer: Herstellung von Raumstrukturen zur Erläuterung der Gestaltungskonzeption. In: Wie Anm.13, S.13. Zu den Protesten gegen Maßnahmen in diesem Bereich vgl. Leserbrief »Zur Rechenschaft ziehen«. In: Meppener Tagespost vom 12. Juni 1982: »... nachdem der Klostergarten schon mehrmals einige dubiose Veränderungen über sich ergehen lassen musste, war diesmal die große Rhododendronhecke im hintersten Teil des Klostergartens Ziel ›restaurativer Maßnahmen‹. [...] ein Garten, der seit vielen Jahrzehnten so besteht, wie er sich größenteils heute noch darstellt, [...] hat sich natürlich entwickelt und stellt eine ökologisch wertvolle Einheit dar. [...] Männer mit der Motorsäge bringen Unruhe und Tod in diese friedliche Idylle. Und das bloß, um einen 240 Jahre alten Plan zu realisieren ...«

[18] Wie Anm.17, S.11–17, Titelblatt.

[19] Wie Anm.17, S.17.

[20] Hobbeling, Julius: Der Schloßpark von Clemenswerth – seine Entstehung und Entwicklung. In: Jagdschloß Clemenswerth auf dem Hümmling. Geschichte und Sinn. Sögel 1975, S. 30–35; wie Anm.14, S. 31, 51–53; Schomann, Rainer: Der Park des Jagdschlosses Clemenswerth im 19. und 20. Jahrhundert – Pflege, Erhalt und Entwicklung. In: Jahrbuch des Emsländischen Heimatbundes. Bd. 49 (2003). Sögel 2002, S. 57–75.

[21] Wie Anm.14, S. 2.

[22] Diese Allee wurde im Oktober 1998 wegen der von den Altbäumen ausgehenden Gefahr für Leib und Leben von der damaligen Waldeigentümerin gesperrt. Diese den Erlebniswert der

Horstische Allee, wegen mangelnder Verkehrssicherheit abgesperrt. Zustand bis Winter 2000

Wesentlichen noch vorhandenen Grundstrukturen der Jagdsternanlage Clemenswerth hatten insbesondere den durch sichtbaren Pflegerückstand vernachlässigten Alleen und den Parkgewässern eine besondere Bedeutung beigemessen.[21]

Als die damalige Waldeigentümerin, die Arenberg-Meppen GmbH, Ende 1997 beantragte, die Alleebäume der zuletzt 1904 mit amerikanischen Roteichen durchgehend neu bepflanzten »Horstischen Allee« zwischen Hauptschloss und Schlossgewässeranlage am östlichen Parkrand – soweit überhaupt noch erhalten – forstwirtschaftlich nutzen zu dürfen, kam Bewegung in das Thema Alleesternerneuerung.[22]

Eine isolierte Behandlung nur einer von acht Alleen des Jagdsterns war allerdings nicht vertretbar. Vielmehr war vom Landkreis Emsland eine zeitnahe, gleichgerichtete Entwicklung aller Alleen des Jagdsterns zwingend zu fordern. Die langwierigen Bemühungen um eine einvernehmliche Verständigung mit der privaten Waldeigentümerin scheiterten jedoch. Sie wurden begleitet von einer in der Tagespresse äußerst kontrovers geführten Diskussion um Notwendigkeit, Zumutbarkeit, Rechtmäßigkeit der erhobenen Forderungen der Denkmalschutzbehörde, Umsetzungsfristen und Finanzierung der notwendigen Maßnahmen, aber auch Berücksichtigung von Naturschutzbelangen.[23]

Schließlich forderte die Arenberg-Meppen GmbH Ende 1999 am Beispiel des Schlossparks Clemenswerth eine explizite Darlegung der rechtlichen Grundlagen, auf deren Basis der Landkreis als untere Denkmalschutzbehörde nach § 6 des Niedersächsischen Denkmalschutzgesetzes im Rahmen der Pflicht von Denkmaleigentümern zur Instandhaltung, Pflege, Schutz vor Gefährdung und – wenn nötig – Instandsetzung handelte. Schließlich wurde ein in diesem Zusammenhang vom Landkreis Emsland unterbreitetes Angebot, den Schlosspark zu kaufen, akzeptiert. Zum Preis von knapp 1,3 Million DM vollzog sich zum 1. Oktober 2000 der Besitzwechsel.[24]

Im Zuge der geschilderten Einigungsversuche war im November 1998 von Vertretern des Niedersächsischen Landesamtes für Denkmalpflege Hannover, des Niedersächsischen Forstplanungsamtes Wolfenbüttel und des Niedersächsischen Forstamts Lingen das Gutachten »Jagdschloß Clemenswerth. Reparatur, Sanierung und Erneuerung des Alleesterns« vorgelegt worden. Es basierte auf einer dezidierten Einzelbaumbetrachtung der vorhandenen Allee- und angrenzenden Parkwaldbäume des Alleesterns und enthielt über die Dokumentation dieser Betrachtung hinaus die unter Berücksichtigung forstlicher und Naturschutzbelange erarbeitete Darstellung der abgeleiteten denkmalpflegerischen Maßnahmeplanungen.

Unter Erhaltung einzelner markanter Altbäume aus den in der Mitte und in der zweiten Hälfte des 19. Jahrhunderts durchgeführten Alleepflanzungen des Hauses Arenberg – sowohl in den Alleelinien als auch den seitlichen Lichträumen – sollten in sechs zu »sanierenden« Alleen Kaiserlinden (Tilia pallida Europaea) so gepflanzt werden, dass die raum- und strukturbildenden, frei vor den Waldrändern stehenden Alleelinien

Blick in die Horstische Allee nach der Neubepflanzung mit Kaiserlinden, Frühjahr 2001

erlebbar und die barocken Gestaltungsprinzipien ablesbar werden konnten. Die 1904 mit amerikanischen Roteichen bepflanzte Horstische Allee sollte vollständig »erneuert« werden. Ausgenommen blieb die als vierreihige Altbaumallee gut erkennbare, lediglich zu »reparierende« Sögeler Allee. Mit der Umsetzung des Gesamtkonzepts wurde im Winter 2000/01 begonnen.

»Der Erben Tränen sind auch ein verdecktes Lachen. [...] und mögen neue Alleen die Denkmale von morgen werden!«[25] Mit diesen Worten endet eine Veröffentlichung über historische Alleen zwischen Ems und Elbe, und sie können auch für Clemenswerth gelten. Aus bekannten Beispielen von Allee-Neuanpflanzungen der jüngeren Vergangenheit wie in Bad Pyrmont oder Hannover-Herrenhausen wird erkennbar, dass in Zeiträumen, die von nur einem Menschenleben gut erfassbar sind, aus jungen Bäumen durchaus beeindruckende Alleen heranwachsen können. So werden auch in Clemenswerth nicht erst die folgenden Generationen ein gutes Bild von Park und Alleestern haben, auch die heute Handelnden können die neue Qualität dieser Anlage bereits genießen.

Der zentrale Schlossplatz

Zu einem Zeitpunkt, als der Landkreis Emsland aufgrund der Eigentumsverhältnisse in seinem Handlungsbereich noch auf Klostergarten, Sögeler Allee und Schlossplatz beschränkt war, wurde nicht nur – wie geschildert – der Klostergarten denkmalpflege-risch bearbeitet, sondern auch die Gestaltung des zentralen Schlossplatzes in Angriff genommen. Schon im Parkpflegewerk war 1995 darauf hingewiesen worden, dass »die Wiederherstellung der Allee-Einmündungen [...] unter gartendenkmalpflegerischer Sicht eine sehr wichtige Aufgabe dar[stellt]«.[26] Für die Betrachtung dieses Bereichs sind neben dem Generalplan von Schlaun zwei weitere historische Pläne aus der Bauzeit des Schlosses relevant.[27] Sie zeigen, dass die Alleen des Jagdsterns an den Pavillons vorbei bis vor die Gebäude und damit bis an den Rand des offenen Schlossplatzes führten. Dadurch waren die Gebäude – anders als im jetzigen Zustand – in die Grundidee des Alleesterns und damit der Gesamtanlage eingebunden. Die Bäume neben und vor den Gebäuden sind allerdings im Gegensatz zu den übrigen Alleebäumen als hochgeastet und im Kronenbereich beschnitten dargestellt. Die Frage, ob diese Pläne realisiert worden sind, konnte in diesem Detail nicht zuletzt durch entsprechende archäologische Untersuchungen 1994 bejaht werden.[28]

Nachdem aber 1955 bis 1961 einzelne, allerdings als mächtige, durchgewachsene Exemplare erhalten gebliebene Endbäume vor den Gebäuden und innerhalb des Rundwegs wegen Verschattung und Feuchtigkeit in den Pavillons gefällt worden waren, war dieses bis dahin offensichtlich in Rudimenten erhalten gebliebene wichtige Gestaltungselement verloren gegangen. Eine erst hinter den Gebäuden beginnende hohe Baumkulisse vermittelt heute einen völlig anderen Eindruck: Der zentrale Schlossplatz zeigt sich als

Schlossanlage massiv beeinträchtigende Sperrung konnte nach Erneuerung dieser Allee aufgehoben, die Allee der Öffentlichkeit im Frühjahr 2001 wieder übergeben werden.

[23] Pressestimmen (Auszüge) aus den Jahren 1998 und 2000: »Lieber heute einen Wald als einen Park in 100 Jahren«. In: Generalanzeiger (Westrhauderfehn) vom 26. Mai 1998; »Konsens: Zehn Jahre für die Sanierung der Alleen«. In: Meppener Tagespost/ Emszeitung vom 10. Juni 1998; »Arenberg-Meppen GmbH: 20 Jahre sind erforderlich«. In: Emszeitung (Papenburg) vom 12. Juni 1998; »Grüne: Naturschutz nicht vernachlässigen«. In: Meppener Tagespost vom 22. Juni 1998; »Der Gesamtcharakter der Anlage ändert sich drastisch. NABU und BUND: Ökologische Folgen in Clemenswerth«. In: Meppener Tagespost vom 27. Juni 1998; »SG-Rat Sögel für Erneuerung der Schloßalleen nach barocken Plänen«. In: Emszeitung vom 18. Juli 1998; Leserbrief »Bedenken der Naturschützer bleiben«. In: Emszeitung vom 15. November 2000.

[24] Dies erfolgte im Rahmen des laufenden Flurbereinigungsverfahrens. Erst mit dessen Abschluss frühestens 2004 wird die Eigentumsübertragung erfolgen. Pressestimmen (Auszüge): »Einigung: Kreis erwirbt Schloßpark Clemenswerth«. Meppener/Lingener Tagespost/ Emszeitung vom 24. Juni 2000; Leserbrief »In Erwartung behördlichen Zwanges Tausch angenommen«. In: Meppener Tagespost vom 21. Oktober 2000.

[25] Gottesleben, Tilmann / Schomann, Rainer / Wittmer, Petra: Historische Alleen zwischen Ems und Elbe. Hannover 1996, S. 28.

[26] Wie Anm. 14, S. 94, 185f., 351.

[27] Wie Anm.14, vor S.1; 26A–B; 38B/Abb.1, 6–7, 12; 44A/Abb.14; 184A/Abb. 23.

[28] Schomann, Rainer: Jagdschloß Clemenswerth – gartendenkmalpflegerischer Umgang mit dem zentralen Bereich. In: Berichte zur Denkmalpflege in Niedersachsen. Jg. 16. Heft 3. Hannover 1996, S. 80; vgl. Anm.13, S.185.

[29] Wagner, Eckard: »De Aqua Clementiswerdana«. Fast unglaubliche Geschichten rund ums Wasser im Clemenswerther Park. In: Jahrbuch des Emsländischen Heimatbundes. Bd. 40 (1994). Sögel 1993, S. 323–342.

[30] Aus dem EG-Programm »Support for pilot projects to conserve the European Architectural Heritage« wurde das Projekt auf Schloss Clemenswerth 1993 mit weiteren 57 Vorhaben gefördert. In Deutschland wurden sieben Projekte in das Programm aufgenommen, in Niedersachsen war Clemenswerth das einzige!

[31] Allen Geldgebern sei an dieser Stelle für ihre Unterstützung herzlich gedankt.

Luftbild des zentralen Schlossplatzes vor dem Ankauf durch den damaligen Landkreis Aschendorf-Hümmling, vor 1967. Die Pavillons sind bereits weitgehend »frei gestellt«, nur an wenigen Stellen sind noch Bäume bis an die Frontfassaden der Pavillons vorhanden.

kreisförmiger Platz mit dominierender Pavillonarchitektur. Dieser Eindruck wird durch den erst 1826 angelegten, kreisförmigen Rundweg noch unterstützt.

Zum künftigen (garten)denkmalpflegerisch sachgerechten Umgang mit diesem zentralen Bereich wird deshalb empfohlen, entsprechend der Gestaltungsabsicht des Barock dem Stern wieder die ursprüngliche Dominanz zu geben. Sein Ausgangspunkt ist der buchstäblich im Mittelpunkt der Gesamtanlage, im Marmorfußboden des Hauptschloss-Rundsaals dargestellte Stern. Er setzt sich fort über den in die Tiefe der Alleen geführten Blick aus den acht Fenstern dieses Saals, in den die Pavillonarchitektur erst bei Annäherung an die Fenster rückt. Weiter wird der Stern durch die schon 1739 strahlenförmig angelegten Wege vom Hauptschloss zu den Pavillons unterstützt. So wird die Verlängerung der Alleen bis vor die Gebäude als wichtiges gestalterisches Element sofort verständlich.

Demzufolge hat der Landkreis Emsland bereits 1997 die notwendige Anzahl von Linden gekauft und in die Baumschule gegeben, um sie bis zur späteren Pflanzung entwickeln zu können. Vorgesehen sind die Verringerung des Pflanzabstands zwischen diesen Bäumen, ihre Aufastung bis zur Traufhöhe und die Kronenbildung bis maximal zur Firsthöhe der Gebäude. Dass dabei der Rundweg von 1826 und die hohe Baumkulisse hinter den Pavillons erhalten bleiben, sei – obwohl selbstverständlich – der Vollständigkeit halber erwähnt. Nach Realisierung dieser derzeitigen Pla-

nungen wird der Schlossplatz als konsequent begrenzter, mit der Gesamtanlage sehr differenziert verzahnter Platz erlebt werden können.

Die Gewässeranlage [29]

1992 war ein drohendes Trockenfallen der Schlossgewässer aus drei Bassins mit verbindenden Kanälen als Ostrand der Gesamtanlage Clemenswerth zu beobachten. Nach Ursachenermittlungen wurden die Gewässeranlagen in einem Großprojekt[30] mit einer neuen Lehmsohle abgedichtet, die Uferlinien in ihrer ursprünglichen Form neu profiliert, die Böschungen entsprechend gestaltet, die insgesamt fünf Inseln in den drei Bassins rekonstruiert, die um die Gewässeranlage führenden Wege und der abschließende Außengraben wiederhergestellt. Zwei feste Stege anstelle ursprünglicher Klappbrücken schlossen das Wegenetz ab.

Die Intentionen für den Erhalt des Jagdschlosses und seines Parks

Mit dem Ankauf des Schlosses 1967 hatte der damalige Landkreis Aschendorf-Hümmling Weitsicht bewiesen. Er hatte nicht nur die Bedeutung der Schlossanlage für die Kunst- und Kulturgeschichte Europas und den Wert erkannt, den ein solches Kleinod für die Entwicklung der Region haben würde, sondern auch die Gefahr, dass durch eine mögliche Veräußerung an Dritte die Öffentlichkeit von der Nutzung der Anlage für Kultur, Bildung, Erholung und Tourismus ausgeschlossen bleiben könnte. Mit dem Ankauf übernahm die kommunale öffentliche Hand die große Aufgabe, die Anlage nicht nur adäquat zu nutzen, sondern sie als hochrangiges Denkmal zu erhalten und zu entwickeln.

Aus den geschilderten Beispielen des gartendenkmalpflegerischen Umgangs mit der Schlossanlage Clemenswerth durch den kommunalen Eigentümer wird deutlich, welch hohen Wert er dieser Anlage beimisst. Gegenwärtig würde man angesichts der Finanzlage der Kommunen eher erwarten, dass sie sich von Liegenschaften trennen, deren Pflege und Unterhaltung die Haushalte in hohem Maße belasten und die gleichzeitig als »freiwillige Leistungen« am ehesten Kürzungen zum Opfer fallen. Den umgekehrten Weg hat der Landkreis Emsland beschritten. Als er Ende der 1990er-Jahre erkennen musste, dass ein Denkmal von europäischem Rang in der Erhaltung und Pflege wichtiger spezifischer Bestandteile, insbesondere des Alleesterns im Schlosspark, gefährdet war, hat er unter hohem finanziellen Aufwand die Liegenschaft komplett übernommen, um sie in Eigenverantwortung denkmalgerecht weiterentwickeln zu können. Hatte

Zentraler Schlossplatz. Klosterkapelle »unter Bäumen«, 1955/60

der Landkreis Emsland bei den Gebäuden und ihrer Innenausstattung in den letzten 25 Jahren schon eine hohes Maß an denkmalpflegerischer Qualität erreicht, um dem hohen künstlerischen Anspruch des Barockschlosses gerecht zu werden, so sollte dieses Ziel nun auch bei den Außenanlagen mit gleichem Qualitätsanspruch verfolgt werden.

Bei allen vorgestellten denkmalpflegerischen Maßnahmen wurden jährlich erhebliche eigene Geldmittel eingesetzt, die durch die Einwerbung von Drittmitteln der EU, der Bundesrepublik Deutschland, des Landes Niedersachsen, der Gemeinde Sögel, verschiedener Stiftungen und privater Spender unterstützt werden konnten, um kontinuierlich an Erhalt, Instandsetzung und Pflege zu arbeiten.[31]

Ausschließlich dem Denkmaleigentümer bleiben aber die mindestens ebenso wichtigen Kosten für die kontinuierliche Pflege des erreichten Zustandes nach der Durchführung einzelner Maßnahmen überlassen. Diese Folgekosten werden häufig unterschätzt. Auch dieser finanziellen Herausforderung stellt sich der Landkreis und hofft damit, in möglichst breitem gesellschaftlichen Konsens das erreichte bzw. noch angestrebte Erscheinungsbild des Jagdsternschlosses Clemenswerth über lange Zeiträume erhalten zu können.

Insgesamt hat sich der Landkreis Emsland im Umgang mit dem Klostergarten, dem Alleestern, der Gewässeranlage und dem Schlosspark des barocken Jagdsternschlosses Clemenswerth von seinem Verantwortungsbewusstsein gegenüber den folgenden Generationen leiten lassen, das übernommene Gut mit dem besten fachlichen Wissen der Zeit und auf der Basis einer gut erforschten Quellenlage so gepflegt und entwickelt weitergeben zu können, dass es auch in Zukunft als ein Musterbeispiel für die Erhaltung eines barocken Gesamtkunstwerks gelten kann.

Der Landkreis Emsland engagiert sich aber auch aus einem weiteren gesellschaftspolitischen Beweggrund. Wo das absolutistische höfische Leben noch einmal seinen ganzen Prunk und Glanz entfaltete, während die einfache Bevölkerung in teilweise erbärmlichen Umständen ein schweres Leben fristete, sollen heute zum Wohl der jetzt und künftig lebenden Menschen kulturelle Bildung und Begegnung, Ruhe und Erholung, aber auch besondere künstlerische Aktivitäten möglich sein. Wo schon vor mehr als 250 Jahren hochbegabte Künstler und Kunsthandwerker aus dem In- und Ausland ihr Können unter Beweis stellten, soll heute ein öffentlicher Raum sein, der durch seine Schönheit und Einzigartigkeit Emsländer und auswärtige Gäste zum Besuch einlädt: Sei es bei den Prozessionen an Mariä Himmelfahrt, bei den an die Jagdschlosstradition anknüpfenden herbstlichen Jagden, bei Kammermusikkonzerten vor der Gloriette oder im Rundsaal des Hauptschlosses oder bei einem abendlichen Gartenfest für die ganze Familie mit abschließendem barocken Feuerwerk – alle sind auf Schloss Clemenswerth herzlich willkommen!

Hermann Bröring
Geb. 1945 in Rhede (Ems), Dipl.-Volkswirt. 1971 bis 1973 Dozententätigkeit am Sozialinstitut Kommende des Erzbistums Paderborn in Dortmund. 1973 bis 1976 Dozent an der Heimvolkshochschule Ludwig-Windthorst-Haus in Lingen. 1976 bis 1979 persönlicher Referent und Ministerbüroleiter von Kultusminister Dr. Werner Remmers in Hannover. 1979 bis 1984 zunächst Abteilungsleiter für Raumordnung, danach Dezernent des Landkreises Emsland für Schule und Kultur, Naturschutz und Raumordnung. 1984 bis 1989 Vertreter des Oberstadtdirektors und Kämmerer der Stadt Lingen. 1990 bis 1991 Vertreter des Oberkreisdirektors des Landkreises Emsland. 1991 bis 2001 Oberkreisdirektor des Landkreises Emsland. Seit November 2001 Landrat des Landkreises Emsland.

Dr. Andrea Kaltofen
Nach Studium der Fächer Ur- und Frühgeschichte, Kunstgeschichte, Klassische Archäologie und Geschichte Tätigkeit als Kreisarchäologin. Seit 1993 auch Leiterin des Kulturamts beim Landkreis Emsland.

Gartendenkmalpflege bzw. die Sorge um gemeinsames Kulturgut kann sich zum verbindenden Handeln über Grenzen entwickeln. Das Beispiel des Muskauer Parks zeigt neue administrative und politische Möglichkeiten im Zuge der anstehenden Erweiterung der Europäischen Union.

Andrzej Michałowski · Cord Panning

Die Restaurierungsarbeiten im Muskauer Park und deren positive Auswirkungen auf die deutsch-polnische Verständigung im Grenzraum an der Lausitzer Neisse

[1] Grau, Reinhard: Der Muskauer Park – Chance und Verpflichtung für grenzüberschreitende Gartendenkmalpflege. In: Schmidt, Erika / Hansmann, Wilfried / Gamer, Jörg (Hrsg.): Garten, Kunst, Geschichte – Festschrift für Dieter Hennebo zum 70. Geburtstag. Worms 1994, S. 192–195.

[2] Eine besondere Freude ist es für uns, dass der grenzüberschreitende Restaurierungsprozess in schöner Regelmäßigkeit von Dieter und Waltraut Hennebo bei ihren nahezu jährlichen Heimatvisiten in der Lausitz inspiziert und sehr wohlwollend wie auch wirkungsvoll unterstützt wird.

Im Jahr 1994 berichtete Reinhard Grau über den Beginn und die ersten Jahre der deutsch-polnischen Zusammenarbeit im zweistaatlichen Muskauer Park beiderseits der Lausitzer Neiße.[1] Die in jenem Aufsatz abschließend aufgestellte Forderung nach kontinuierlicher und substanzerhaltender Pflege zur Sicherung der ersten Restaurierungserfolge sollte nicht ungehört verhallen. Es hat sich viel ereignet, und es gibt viel zu berichten:

- Die Pflege des polnischen Parkteils ist mittlerweile finanziell und personell abgesichert.
- Auf der deutschen Seite ist zum Zweck von Pflege, Restaurierung, Wiederherstellung und Verwaltung die vom Freistaat Sachsen und vom Bund als »kultureller Leuchtturm« getragene Stiftung »Fürst-Pückler-Park Bad Muskau« gegründet worden.
- Die eine der beiden im Zweiten Weltkrieg zerstörten Parkbrücken über die Neiße steht kurz vor dem Abschluss des Wiederaufbaus.
- Ein deutsch-polnischer Antrag auf Aufnahme des Muskauer Parks auf die Liste des Welterbes der UNESCO wurde eingereicht.
- Bei der Restaurierung respektive dem Wiederaufbau der zentralen Gebäude hat es nicht für möglich gehaltene Fortschritte gegeben.
- Die schönsten Panoramablicke von der polnischen Parkseite sind wieder geöffnet bzw. zumindest in ersten Ansätzen wieder erlebbar usw.

Das ist eine beachtliche Aufzählung, von der im Folgenden etwas detaillierter die Rede sein soll und die von der großen Dynamik des erfolgreichen Restaurierungsprozesses im Muskauer Park kündet.[2] Die Intensivierung der deutsch-polnischen Zusammenarbeit wurde insbesondere durch das 1998 in Bad Muskau veranstaltete Petzold-Symposium »Von Muskau nach Konstantinopel« gefördert. Den Impuls für die internationale Tagung gab die Dissertation von Michael Rohde über den Muskauer Park- und Gartendirektor Eduard Petzold, die aus jahrelanger, unermüdlicher Forschung im In- und Ausland hervorging.[3] Das Symposium war neben den fachlichen Aspekten für uns vor allem deshalb wichtig, weil das deutlich spürbare Interesse der internationalen Fachwelt am Muskauer Geschehen der deutsch-polnischen Zusammenarbeit wieder einen kräftigen Schub verlieh. Denn nach dem schwungvollen Beginn, der 1991 in der Wiederaufstellung des Pücklersteins kulminierte, wurden die Pflegearbeiten sowie die planerischen Tätigkeiten und Abstimmungen zwar fortgeführt, auch wurde die nahe der Neiße gelegene Roth-Wiese südlich des Pücklersteins auf der östlichen Parkseite in den Jahren 1995 und 1996 frei gelegt und rekultiviert, aber dennoch hatte die deutsch-polnische Zusammenarbeit Mitte der 1990er-Jahre an Fahrt verloren. Dies ist auf zwei wesentliche Gründe zurückzuführen: Zum einen war aus Sicht der polnischen Parkverwaltung mit der Wiederaufstellung des Pücklersteins und der Herrichtung der angrenzenden Wiesenräume die für das Verständnis der Gesamtkonzeption des Parks wichtigste Restaurierungsarbeit abgeschlossen, zum anderen verlief der personelle Aufbau der Stiftung »Fürst-Pückler-Park Bad Muskau« nicht so geradlinig, wie es der sensible Bereich der deutsch-polnischen Zusammenarbeit erfordert hätte.

Der Umgang mit dem polnischen Teil des Parks

Nach diesem chronologischen Quereinstieg über das Jahr 1998 in die Gegenwart folgt die Darstellung der wesentlichen Entwicklungsschritte, die sich im Muskauer Park im Zeitraum 1993 bis September 2002 ergeben haben. Werfen wir zunächst einen Blick auf die Organisation der polnischen Parkverwaltung. Eine kleine, im Durchschnitt sechs Arbeitskräfte umfassende Pflegegruppe mit Sitz in einem kleinen Holzhaus – Pavillon genannt – entstand vor Ort in Łęknica in den Jahren 1993/94. Als Parkleiterin fungiert zudem seit 1998 Barbara Iwlew, eine junge Forstingenieurin. Die Finanzierung der fest eingestellten Parkpflegekräfte erfolgt aus den Mitteln des polnischen Kulturministeriums sowie der deutsch-polnischen Stiftung. Die operative Parkpflege untersteht dem Zentrum zum Schutz der historischen Landschaft in Warschau, das aus der für den Muskauer Park zuständigen Zentralbehörde zum Schutz und zur Erhaltung von Schloss- und Gartenensembles 1992 hervorgegangen und dem Geschäftsbereich des Kulturministers zugeordnet ist. Innerhalb des Zentrums beschäftigen sich zwei oder manchmal drei Garten- und Landschaftsarchitekten stetig mit der planerischen Erarbeitung von Restaurie-

[3] Rohde, Michael: Eduard Petzold – Weg und Werk eines deutschen Gartenkünstlers im 19. Jahrhundert, Diss. 1998 am Fachbereich Landschaftsarchitektur und Umweltentwicklung der Universität Hannover, überarbeitet veröffentlicht unter dem Titel »Von Muskau bis Konstantinopel«. Muskauer Schriften Bd. 2. Dresden 1998.

Bad Muskau, Fürst-Pückler-Park mit Neuem Schloss

Übersichtsplan des Muskauer Parks, 2001

1. Neues Schloss
2. Altes Schloss, Rentamt, Information
3. Kavalierhaus, Moorbad
4. Schlossvorwerk
5. Orangerie
6. Doppelbrücke
7. Englische Brücke (1945 zerstört)
8. Eichseebrücke
9. Eichseewasserfall
10. Schäferbrücke
11. Rehderbrücke
12. Plattenwasserfall
13. Fuchsienbrücke
14. Schlossbrücke
15. Karpfenbrücke
16. Wasserfall an der Karpfenbrücke
17. Gloriette
18. Katholische Kirche
19. Evangelische Kirche, Grab der Machbuba
20. Rote Brücke
21. Berg'sche Kirchruine
22. Ehemaliges Sanatorium Dr. Halter
23. Badeberge mit Schüttaufhöhe
24. Villa Bellevue
25. Hermannsbad
26. Turmvilla und Villa Caroline
27. Haltepunkt Waldeisenbahn
28. Weinberghaus
29. Postbrücke, Grenzübergang
30. Informationspavillon
31. Viadukt am Herrenberg
32. Grabmal des Unbekannten
33. Viadukt über Sarah's Walk
34. Mausoleum (bestand bis 1972)
35. Marienberg
36. Hermannseiche
37. Englisches Haus (bestand bis 1972)
38. Prinzenbrücke
39. Pücklerstein

rungskonzepten und -projekten für den Muskauer Park sowie deren Umsetzung. Die Ausgliederung des zentralen östlichen Parkteils aus der Zuständigkeit der Forstverwaltung, dessen Ausweisung als Kulturschutzgebiet (beides 1992) sowie die Verabschiedung eines lokalen Raumordnungsplans (1994), der den Schutz des historischen Parks und seines Umfelds festschreibt, bildeten wesentliche Voraussetzungen für die künftige Restaurierungsarbeit. Als unverzichtbar erwies sich die Drittmittelfinanzierung bei aufwendigen Restaurierungsmaßnahmen. Hier gelang es, neben der deutsch-polnischen Stiftung glücklicherweise auch die Europäische Union über das PHARE-Programm als Fördermittelgeber zu gewinnen.

Eine sehr wirksame und bedeutende Unterstützung haben die Arbeiten auf der polnischen Parkseite durch die 1998 erstmals durchgeführte deutsch-polnische Jugend-Arbeitsbeschaffungsmaßnahme »Arbeiten und Lernen über Grenzen« – ein Novum entlang der Oder-Neiße-Grenze – erhalten. 25 deutsche und polnische Teilnehmer arbeiten nach einem dreimonatigen Vorbereitungskurs, der auch Sprachunterricht in Deutsch und Polnisch beinhaltet, ein Jahr lang in beiden Teilen des Pückler-Parks. Auf diese Weise konnten vor allem im östlichen Parkabschnitt arbeitsintensive Restaurierungsmaßnahmen durchgeführt werden, die ansonsten wohl kaum zustande gekommen wären.

Als wichtigste Restaurierungsprojekte der letzten zehn Jahre lassen sich für den polnischen Teil des Muskauer Parks folgende Maßnahmen aufführen:

- Freilegung der schönsten und wichtigsten Sichten von der Mausoleumsterrasse (1999/2000), vom Marienberg (2000/01), von der Goldenen Höhe (2001/02) und vom Standort des Englischen Hauses (1999) auf jenseits der Neiße gelegene Parkareale sowie des Fredablicks (1999 und 2001/02);
- Freilegung der Partie um die Hermannseiche mit den neun historischen Steinsitzen;
- Wiederherstellung der für das Parkerlebnis bedeutenden Pfade, und zwar des Sarah's Walk (1999), des Cara's Pfad (1999–2001) und des Nachtigallenstegs (2002);
- Instandsetzung des Grabensystems auf der riesigen Schilfwiese, einhergehend mit der Entfernung des Erlenwildwuchses (1999);
- Sanierung der Prinzenbrücke (1998/99);
- gestalterische Fassung des Terrains um das zerstörte Mausoleum (2001);
- Räumungsarbeiten im Baumschulgelände (1998 bis 2001).

Speziell die Arbeiten an den historischen Raumstrukturen und den grenzüberschreitenden Sichtverbindungen haben sich als unverzichtbar für das Verständnis

Waltraut und Dieter Hennebo (rechts) gemeinsam mit Eva und Heiner Schröder am Lieblingsplatz des Fürsten Pückler auf der polnischen Seite des Muskauer Parks, 2002

und den ästhetischen Genuss der Parkkonzeption des Gestalters, Fürst Hermann von Pückler-Muskau, herausgestellt. Erst jetzt sind die enge räumliche Verzahnung der beiden Parkhälften entlang der Neiße, die Bedeutung der natürlichen Topografie und somit der monumentale landschaftliche Gestus der Pückler'schen Schöpfung in ihrer vollen Bedeutung und in ihrem ganzen Umfang nach gut fünf Jahrzehnten der Vernachlässigung wieder erlebbar.

Die Bemühungen um den Park auf deutscher Seite

Wechseln wir die Blickrichtung und betrachten die westliche Neißeseite. Für den deutschen Teil des Muskauer Parks war in Hinblick auf die liegenschaftsrechtliche Zuordnung ebenfalls das Jahr 1992 relevant. Die ca. 4000 Einwohner zählende Kommune Bad Muskau blieb zunächst auch nach der Wende in der Verantwortung für den Park, bis es 1992 in einer legendären Aktion gelang, den Freistaat Sachsen zur Übernahme der Trägerschaft zum Ende des Jahres zu bewegen. Am 10. Mai des Folgejahres gründete der Freistaat die Stiftung »Fürst-Pückler-Park Bad Muskau« als unselbständige Einrichtung im Geschäftsbereich des Sächsischen Staatsministeriums der Finanzen, deren wichtigstes Ziel laut Satzung in der Wiederherstellung »des gesamtstaatlich-kulturhistorisch bedeutsamen Ensembles« in vertrauensvoller Zusammenarbeit mit den polnischen Kollegen besteht. Dankenswerterweise beteiligte sich bald nach der Gründung das Bundesministerium des Innern, dessen Zuständigkeit 1998 auf den Beauftragten der Bundesregierung für Angelegenheiten der Kultur und der Medien überging, an der Finanzierung der Stiftung.

Gegenblick von der Schlossrampe auf der westlichen Parkseite, 2002. Die Sichtbahn zum Lieblingsplatz des Fürsten Pückler zeichnet sich zwischen den Schwarzpappeln im Mittelgrund ab.

[4] In diesem Zusammenhang sei besonders auf die im Jahr 2000 erfolgte Neuinterpretation des Blumengartenthemas am Beispiel des Herrengartens durch Studenten der TU Dresden unter Leitung von Erika Schmidt und Urs Walser hingewiesen.

Der Personalbestand der Einrichtung konnte in den Jahren 1997 bis 1999 in erheblichem Umfang erhöht werden, sodass sich mit nunmehr gut 30 festen Mitarbeitern im Park und in der Gärtnerei sowie vier Fachingenieuren und zwei Volontären die vielfältigen Herausforderungen bei der Entwicklung des deutschen Parkteils effektiv meistern lassen. Für die so wichtige personelle Kontinuität in der Parkpflege sorgt Ekkehard Brucksch, der seit 1967 durchgehend in wichtiger Funktion für die Anlage tätig ist. Die gärtnerischen Restaurierungsprojekte und auf gartendenkmalpflegerische Ziele ausgerichtete Pflegemaßnahmen werden in der Regel von der Stiftung in eigener Regie konzipiert und unter Hinzuziehung von qualifizierten Privatfirmen umgesetzt. Die reinen Hochbauprojekte obliegen hingegen der sächsischen Staatshochbauverwaltung im Auftrag der Stiftung. Für zusätzliche fachliche Unterstützung steht das 1994 konstituierte und mit namhaften Wissenschaftlern besetzte Kuratorium zur Verfügung, das den Stiftungsrat als höchstes Organ der Stiftung berät.

Die Konzentration der Restaurierungsprojekte der letzten Jahre auf die zentralen großen Gebäude zeugt im Umkehrschluss von der sehr guten und engagierten fachlichen Arbeit, die in der Pflege und Restaurierung des deutschen Parkteils bereits vor der Stiftungsgründung geleistet wurde. So erklärt es sich, dass auf der deutschen Seite nicht ähnlich spektakuläre gartendenkmalpflegerische Ergebnisse in jüngster Zeit zu verzeichnen sind. Gleichwohl wurden in den Jahren 1998 bis 2001 auf der Grundlage neuer Untersuchungen wichtige Auslichtungen und Nachpflanzungen, so 1998/99 auf der so genannten Schlosswiese, vorgenommen und mehrere platzartige Situationen im Pleasureground zugunsten der Pückler'schen Fassung korrigiert.

Neben der intensivierten Durchführung von Schnittmaßnahmen zur Ausdifferenzierung des Gehölzbestandes, zur Freihaltung von Sichtbahnen und zur Wahrung der ursprünglich vorgesehenen Proportionen erhält die stärkere gärtnerische Betonung des Pleasuregrounds und der drei Blumengärten im Sinne des hier von Pückler erstmals in Kontinentaleuropa angewandten Zonierungsprinzips Humphry Reptons erhöhte Priorität.[4] Wichtigste Bauprojekte der Stiftung »Fürst-Pückler-Park Bad Muskau« der letzten Jahre sind:

- Sanierung und Restaurierung der Orangerie (1994);
- Sanierung und Restaurierung der Wohnhäuser sowie der Remise des Schlossvorwerks, einschließlich der Einrichtung eines Parkcafés in der Remise (1995–2000);

- Sicherung und partieller Wiederaufbau des 1945 bis auf die Grundmauern abgebrannten Neuen Schlosses (1996–2000) sowie Ausbau des Nordflügels bis voraussichtlich 2003;
- Herrichtung eines historischen Gebäudes als Unterkunft für die Parkarbeiter und -arbeiterinnen (1999/2000) sowie Neubau eines Technikstützpunktes auf dem historischen Wirtschaftshof (2001/02).

Dazu gesellt sich eine einschneidende Abrissmaßnahme mit der Beseitigung des schauerlichen, ruinösen Industriekomplexes auf dem Areal des Pückler'schen Wirtschaftshofes und Uferweges. Dank der umfangreichen und aufwendigen Baumaßnahmen ist es tatsächlich gelungen, den zentralen Gebäudebestand nicht nur zu sichern, sondern ihn auch einer denkmalverträglichen, in weiten Teilen neuen Nutzungsperspektive zuzuführen.

Die deutsch-polnische Kooperation für den Muskauer Park

Nach der getrennten Betrachtung der Entwicklung beider Parkseiten in den zurückliegenden Jahren soll nun im Folgenden die Intensivierung der deutsch-polnischen Kooperation im Muskauer Park in der jüngsten Vergangenheit gewürdigt werden. Die formale Basis der grenzübergreifenden Aktivitäten in den Jahren bis 1998 bestand im Wesentlichen in den Treffen der gemeinsamen Arbeitsgruppe, die entsprechend des Vertrages vom 25. November 1991 zur Zusammenarbeit zwischen dem Sächsischen Landesamt für Denkmalpflege und der polnischen Zentralbehörde zum Schutz und zur Erhaltung von Schloss- und Gartenensembles (ab 1992 Zentrum zum Schutz der historischen Landschaft) mehr oder weniger regelmäßig tagte. In der Folgezeit wuchs die Stiftung »Fürst-Pückler-Park Bad Muskau« zunehmend in die Rolle eines gleichberechtigten Partners für das polnische Zentrum hinein, sodass es dann auch nur konsequent war, den Vertrag über Zusammenarbeit im Muskauer Park auf die direkten Akteure zu übertragen. Dies geschah mit einem Abkommen zwischen dem Zentrum zum Schutz der historischen Landschaft in Polen, der Stiftung »Fürst-Pückler-Park Bad Muskau« und dem Sächsischen Landesamt für Denkmalpflege, das am 12. April 1999 unterschrieben wurde. Das Landesamt übernimmt in dieser neuen Vereinbarung bei der Steuerung des Restaurierungsprozesses eine Monitoring-Funktion. Im September 2002 wurde ein Zusatzvertrag zwischen dem Zentrum und der Stiftung abgeschlossen, mit dem die Zusammenarbeit beider Einrichtungen auf die künftig in ihrer Bedeutung wachsenden Bereiche Veranstaltungen und Tourismus ausgedehnt wird.

Seit dem Beginn der deutsch-polnischen Kooperation im Muskauer Park sind es immer wieder zwei Themen, die sich durch sämtliche Gesprächsrunden ziehen. Zum einen ist der Wiederaufbau der im Zweiten Weltkrieg zerstörten Doppelbrücke über die Neiße von beständigem Interesse, um wieder eine direkte Wegeverbindung zwischen den Parkhälften zu erhalten, zum anderen ist das Bemühen um die Aufnahme des Muskauer Parks in die Welterbeliste der UNESCO eine zentrale Frage. Während nach der offiziellen Antragstellung für die Aufnahme in die Welterbeliste derzeit eine eher passive Rolle einzunehmen ist, bedarf der Weiterbau der Doppelbrücke des nicht nachlassenden Engagements. Zwar wurde bereits im Jahr 2000 der erste Brückenabschnitt eingeweiht, auch hat es den Anschein, als ob der erste Bauabschnitt, der deutsche Teil des zweiten Brückenwerks, bald fertig sein wird, doch müssen immer noch eine Fülle komplizierter Probleme gelöst werden, um im nächsten Jahr den Brückenschlag von polnischer Seite aus zu vollenden. Immerhin bildet die zu überbrückende Neiße die derzeitige östliche Außengrenze der Europäischen Union und markiert damit gleichzeitig den Geltungsbereich des Schengener Abkommens.

Bei den beiden herausragenden Projekten innerhalb der deutsch-polnischen Zusammenarbeit gerät die Zielmarke also in Sichtweite. Die so genannte Muskauer Schule, ein sehr junges gemeinsames Vorhaben, befindet sich dagegen noch in der Aufbauphase.

Der Fokussierungspunkt des Muskauer Parks: Blick vom Pücklerstein auf die deutsche Parkseite mit Neuem Schloss, 2001

Cord Panning
Geb. 1960. 1978 bis 1980 Gärtnerlehre in der Fachsparte Baumschule bei der Firma Wolter, Schwarmstedt. 1981/82 Gärtnergehilfe bei der Firma von Fintel, Hemslingen. 1983 bis 1990 Pflege eines historischen Villengartens. 1987 bis 1991 selbständige Tätigkeit im Garten- und Landschaftsbau. 1984 bis 1991 Studium am Fachbereich Landschaftsarchitektur und Umweltentwicklung der Universität Hannover. 1991/92 Tätigkeit im Planungsbüro Müller-Glaßl, Bremen. 1992 bis 1997 stellvertretender Leiter der Herrenhäuser Gärten im Grünflächenamt der Landeshauptstadt Hannover. 1993 bis 1995 Lehrauftrag Geschichte der Freiraumplanung an der Universität Hannover. Seit 1997 Parkdirektor und Geschäftsführer der Stiftung »Fürst-Pückler-Park Bad Muskau«.

Für Waltraut Hennebo: Muskau im Winter (links die Prinzenbrücke, mittig der Pücklerstein, rechts die Sichtbahn zum Lieblingsplatz des Fürsten Pückler), 2002

Mit der Wiederbelebung einer Ausbildungstradition im Muskauer Park entsteht im Neuen Schloss eine Aus- und Weiterbildungsstätte für die praktische Gartendenkmal- und Kulturlandschaftspflege. Die juristischen Voraussetzungen für den Betrieb sind geschaffen, und die Bauarbeiten für die Herrichtung des Nordflügels als künftigem Sitz der Muskauer Schule werden voraussichtlich im Herbst 2003 abgeschlossen sein. Weiterhin sollen zukünftig die Parkflächen auf polnischer Seite nach und nach in die praktischen Ausbildungsübungen eingebunden werden. Eine enge Kooperation zwischen der Stiftung »Fürst-Pückler-Park Bad

Blick von Pücklers Lieblingsplatz (ein Stück nach rechts verschwenkt, vom Hubsteiger – mit Hydraulikschaden – aufgenommen), 1999

Derselbe Blick (ein wenig nach links versetzt) über die Schilfwiese Richtung Neues Schloss nach der Entnahme von 20 Erlen, 2001

Wege sind die stummen ..., 2002

Dr. Andrzej Michałowski
Geb. 1934. 1958 Magister des Denkmalwesens und der Denkmalpflege an der Universität Mikolaj Kopernik, Fakultät der bildenden Künste. 1995 Dissertation an der Polytechnischen Hochschule Wroclaw, Fakultät Architektur. 1974 bis 1980 Vizedirektor des Nationalmuseums in Warschau. Seit 1977 Lehrtätigkeit an der Universität Mikolaj Kopernik in der Museologie und im Museumsbau. 1980 bis 2002 Direktor des Zentrums zum Schutz der historischen Landschaft, Nationale Kulturinstitution in Warschau. Seit 1996 Gastprofessur über die Geschichte und Unterhaltung von Gärten. Nationale und internationale Organisationen: u.a. Polnische Akademie der Wissenschaft, seit 1997 Ehrenmitglied in der Ukrainischen Akademie der Architektur, Mitglied und Gründer (1965) der polnischen ICOMOS-Sektion, 1978 bis 1999 Generalsekretär der polnischen ICOMOS-Sektion, 1994 bis 2000 Mitglied des Internationalen Komitees für historische Gärten und Kulturlandschaften von ICOMOS-IFLA, seitdem Ehrenmitglied.

Muskau« und dem Zentrum zum Schutz der historischen Landschaft bietet sich beim Aufbau sowie der Nutzung der Muskauer Schule nicht zuletzt auch deshalb an, weil sich das Zentrum auf dem postgradualen Sektor schon im Rahmen der Nieświeska-Akademie in der gartendenkmalpflegerischen Ausbildung des osteuropäischen Raumes betätigt. Wir hoffen, mit dem Vorhaben bei der Beseitigung des besonders in Osteuropa gravierenden, aber auch in Deutschland akuten Defizits an qualifizierten Fachkräften in der praktischen Gartendenkmalpflege mitwirken zu können.

In der Vergangenheit gab es darüber hinaus etliche erfolgreiche grenzüberschreitende Projekte bei kulturellen Veranstaltungen sowie fachbezogenen Symposien und Ausstellungen, was für die fortwährende Erweiterung des Kooperationsspektrums spricht. Diese entlang der deutsch-polnischen Grenze alles andere als selbstverständliche, freundschaftliche, vertrauensvolle und ertragreiche Zusammenarbeit findet zunehmend auf nationaler und internationaler Ebene Beachtung. Die steigende Medienpräsenz, die Besuche hochrangiger Politiker bis hin zum deutschen Bundeskanzler, aber auch die Verleihung des Ehrenpreises im Rahmen des Melina-Mercouri-Wettbewerbs der UNESCO im Jahr 1999 an den Muskauer Park, die Verleihung des Goldenen Lindenblattes der DGGL an den Vorsitzenden der Stiftung »Fürst-Pückler-Park Bad Muskau«, Karl-Heinz Carl, für seinen Einsatz für das Pückler'sche Kulturerbe sowie die Auszeichnung des deutsch-polnischen Landschaftskunstwerks mit dem Kulturpreis der europäischen Kulturstiftung, beide im Jahr 2002, betonen die Qualität des bisher Erreichten.

Wir stellen erfreut fest, dass die Vielfalt der grenzüberschreitenden fachlichen Kooperation längst weit über das eigentliche Objekt hinausreicht, wie zum Beispiel die Teilnahme an der Internationalen Bauausstellung »Fürst-Pückler-Land« eindrucksvoll unterstreicht. Der Muskauer Park etabliert sich in immer stärkerem Maße als Schnittpunkt für deutsch-polnische Gespräche, Kooperationen, Projekte und Veranstaltungen in vielen gesellschaftlichen Segmenten und durchaus fernab der gärtnerischen Plattform. In welchem Zeitraum es gelingen mag, aus diesen Strängen ein deutsch-polnisches Kulturwerk zu formen, wie es Paul Raabe in seinem Blaubuch[5] nahe legt, bleibt derzeit noch offen. Es ist nicht unwahrscheinlich, dass ein derartiger Entwicklungsprozess, der aus ursprünglich rein gärtnerischen Sichtachsen grenzüberschreitende gesellschaftliche Verbindungen vielfältigster Couleur entstehen lässt und zur Verständigung zweier Staaten beiträgt, in der Gartendenkmalpflege bisher noch ohne Beispiel ist. Und so wäre es denn möglich, dieser immer noch jungen, von Dieter Hennebo entscheidend geprägten Disziplin eine weitere Zielrichtung hinzuzufügen, die Kategorie der politischen Gartendenkmalpflege.

[5] Raabe, Paul: Kulturelle Leuchttürme. Brandenburg, Mecklenburg-Vorpommern, Sachsen, Sachsen-Anhalt, Thüringen. Edition Leipzig 2002 (2. Aufl. 2003).

TRADITION VERPFLICHTET
AUCH ÜBER DAS EIGENTUM HINAUS.
INTERESSE AN KULTURGÜTERN
WIRD VON DEREN QUALITÄT GEWECKT.
TRADITION UND INTERESSE KÖNNEN ZUM
MOTOR VON ENGAGEMENT WERDEN.

Hermann Graf von Pückler

BRANITZ NACH DER WENDE

[1] »Zurück zur Natur«. Idee und Geschichte des Georgengartens in Hannover-Herrenhausen. Hrsg. v. der Wilhelm-Busch-Gesellschaft und dem Grünflächenamt der Landeshauptstadt Hannover. Göttingen 1997, S.7.

[2] Familienarchiv.

»Durchwandeln wir den Hain,
Und selbst der Horizont gehorsamt unsern Winken,
Die Pfade steigen oder sinken,
Die Aussicht schließt, erweitert sich. Wir trinken
In der Veränderung Zaubereyn
Mit jedem Schritt uns neue Wollust ein.«[1]

»Gebildeten und gesitteten Menschen sollte Schloss und Garten jederzeit offen stehen.« So verfuhr Graf Johann Ludwig von Waldmoden-Gimborn (1736 bis 1811), ein aufgeklärter Hannoverscher Aristokrat, als er um 1770 in der Nähe des Großen Gartens in Hannover-Herrenhausen einen Landschaftsgarten englischen Stils anlegen ließ. Diese Haltung des Grafen Waldmoden, eines außerehelichen Sohnes Georgs II. von England (1683–1760), verheiratet mit Amalie von Waldmoden, geb. von Wendt, am Vorabend der Französischen Revolution war bemerkenswert, aber keineswegs einzigartig. So verfügte mein Vorfahre Hermann Ludwig Fürst von Pückler (1785–1871) einige Jahrzehnte später sowohl für Muskau als auch danach für Branitz, dass die Parks jedermann – also nicht nur gebildeten und gesitteten Menschen – von Sonnenaufgang bis Sonnenuntergang frei zugänglich sein sollten, allerdings mit der heute schwer verständlichen Einschränkung, Kinderwagen und Hunde nicht mitzubringen. Man verstand also schon damals etwas von der Sozialbindung des Eigentums.

Wir können feststellen, dass mit dem Entstehen der Landschaftsparks sich diese der Bevölkerung zunehmend öffneten. »Kunst ist das Höchste und Edelste im Leben, denn es ist Schaffen zum Nutzen der Menschheit«[2], so ein Tagebucheintrag des Fürsten Pückler am Ende seines Lebens.

Zur Eigentumsfrage nach der Wiedervereinigung

1990, nach der so genannten Wende, wurde unter der Bezeichnung »Bodenreform« die größte politisch motivierte Enteignungsaktion seit der Säkularisation durchgeführt, indem u.a. sämtlicher land- und forstwirtschaftlicher Besitz, den die Sowjetunion zwischen 1945 und 1948 konfisziert hatte, quasi entschädigungslos in das Bundeseigentum überführt wurde. Das konnte in Deutschland ohne einen Aufschrei der Empörung durch die Bevölkerung geschehen. Vor allem beim Großgrundbesitz und bäuerlichen Betrieben hatte man leichtes Spiel. Bei Ersterem operierte man mit dem negativ belegten Schlagwort »Junkertum« und der Restbestand des DDR-Bauerntums wurde durch die Kader der Landwirtschaftlichen Produktionsgenossenschaften (LPG) mundtot gemacht, die um ihre Pfründe bangten.[3]

Um überhaupt eine Rechtsgrundlage für die Aufrechterhaltung der so genannten Bodenreform zu haben, bediente sich die damalige Regierung der BRD eines Kunstgriffs. Sie behauptete, dass die Sowjetunion die Aufrechterhaltung der Konfiskation der Besatzungszeit zur »conditio sine qua non« der Wiedervereinigung gemacht habe. Dieses wurde allerdings durch Aussagen höchster Vertreter der russischen wie auch der amerikanischen Regierung widerlegt.[4] Darüber hinaus hat das Bundesverfassungsgericht durch eine der wahren Sachlage in keiner Weise gerecht werdende Formulierung diesen Unrechtsakt verfassungsfest gemacht: Die Bundesregierung konnte bei pflichtgemäßem Ermessen zu der Meinung kommen, dass die Sowjetunion eine solche Forderung gestellt habe. Sie übersah aber, dass die neuen Bundesländer neben Privateigentum, Wirtschafts- und Finanzförderungen dringlich mittelständisches Unternehmertum benötigten, um voranzukommen. Am Fehlen dieser Faktoren krankt die Wiedervereinigung noch heute.

Diese Umstände hatten zur Folge, dass Tausende ehemalige Ostdeutsche, die es im Westen wieder zu Wohlstand gebracht hatten, nicht den Weg in ihre alte Heimat fanden, um dort tatkräftig zu investieren. Die Häuser und Parks, in denen ihre Familien Jahrhunderte gelebt hatten, sind – in aller Regel – bis heute verwahrlost geblieben. Ich wage zu behaupten, dass mit der Aufrechterhaltung der so genannten Bodenreform im Zuge der Wende Hunderte von Parks in Ostdeutschland endgültig dem Untergang geweiht wurden.

[3] Kummer, Jochen: »Sagten Bonner Politiker die Unwahrheit, um für Land im Osten Milliarden zu kassieren«. 6. Dokumentation zum EALG. Amorbach 1995, S. 61ff.

[4] Stone, Norman: »Die Gorbatschow Erklärung v. 3.7.1994«. 5. Dokumentation zum EALG. Amorbach 1994, S.17f.

Blick über den Schilfsee zum Schloss

[5] Raabe, Paul: Kulturelle Leuchttürme. Brandenburg, Mecklenburg-Vorpommern, Sachsen, Sachsen-Anhalt, Thüringen. Edition Leipzig 2002 (2. Aufl. 2003).

1989, als sich die unser Vaterland teilende Grenze öffnete und die Menschen auf der symbolischen Trennungslinie beider Staaten, der Berliner Mauer, tanzten und sich umarmten, glaubten auch wir, der Staatskapitalismus sei besiegt. Doch nun wurde die öffentliche Hand Eigentümer unzähliger Parkanlagen und Schlösser, deren Pflege sie eben in vielen Fällen nicht sicherstellen konnte. Dies gilt gewiss nicht für die herausragenden fürstlichen Park- und Gartenanlagen. Was hat aber die öffentliche Hand in unseren Parks zu suchen? Wie kommt sie dazu, da sie den Steuerzahler schon in geradezu unerträglicher Weise über Gebühr zur Kasse bittet, auch noch Parkanlagen zu pflegen, die vorher steuerzahlende Privatpersonen geschaffen, gepflegt und der Öffentlichkeit gleichwohl zugänglich gemacht haben?

Im Jahre 13 nach der Wende versucht man noch immer, über eine Treuhandnachfolgegesellschaft diese Immobilien meistbietend an den Mann zu bringen, mit geringem Erfolg. Alteigentümer und deren Erben hätten die Anlagen nur zu gern wieder in Pflege genommen. Als sie jedoch für ihr altes Eigentum zur Kasse gebeten wurden, lehnten viele einen Rückkauf ab. Dennoch gab es einige Wenige, die den Weg zurück fanden. Es wurden manche Schlösser renoviert und auch wenige Parks wieder hergerichtet, indem die Fußballtore von den Grünflächen ehemaliger »Rasenplätze« beseitigt oder Umkleidebaracken entsorgt wurden, um angestammten Pavillons wieder Platz zu machen. Diese »Wiedereinrichter«, wie sie in der Treuhandverwaltungssprache heißen, haben in den kulturell stark vernachlässigten Landesteilen wahre »Leuchttürme«[5] geschaffen, die weit über ihren zurückerworbenen Grundbesitz hinaus strahlen.

Motivation und Engagement eines ehemaligen Eigentümers

Der Bezug zu Branitz, der Stätte meiner Kindheit, bekam für mich mit der Wende eine neue Dimension. Eine für immer verloren geglaubte Heimat war wieder vorhanden. Es war mir aus Emotionen heraus ein Anliegen, mich im Rahmen meiner Möglichkeiten einzubringen, um das Wiederaufleben und Fortbestehen von Park und Schloss Branitz als Kunstwerk mit zu fördern. Hierzu besonders ermutigt haben mich wiederholte Bitten aus der Bevölkerung, doch zurückzukommen. Da der Park und das Schloss über das kommunale Zueignungsgesetz in der Hand der Kommune Cottbus gelandet waren und diese einen Verkauf an mich ablehnte, kaufte ich Waldflächen sowie ein Haus im Park zurück und wurde unter Beibehaltung meines Broterwerbs in München Nebenerwerbsforstwirt in Branitz.

Ich empfand zwar die Enteignung weiterhin als schreiendes Unrecht, meinte aber, dies angesichts des viel höheren Gutes der Wiedervereinigung verdrängen zu müssen. Die Frage der Hilfe rückte in den Vordergrund. So schaffte ich in der Folgezeit all das von meiner beweglichen Habe nach Branitz, was für das Gesamtkunstwerk wieder von Bedeutung sein könnte. Das waren historische Bilder und Pläne des Parks sowie diverse Gegenstände, wie Möbel aus dem Eigentum des Fürsten. Das Schloss sollte letztlich für die Besucher attraktiver werden.

Mitwirken in der Stiftung Fürst-Pückler-Museum Park und Schloss Branitz

Die 1999 seitens der Stadt Cottbus errichtete unselbstständige kommunale »Stiftung Fürst-Pückler-Museum Park und Schloss Branitz« verfolgt laut Satzung u.a. ausdrücklich den Zweck, »das gesamtstaatlich-kulturhistorisch bedeutsame Park- und Schlossensemble Branitz nach den Intentionen des Fürsten Hermann von Pückler-Muskau zu pflegen und zu erhalten«. Zentrale Frage ist allerdings, wie eine Kommune diese Aufgabe angesichts der chronischen finanziellen Schwierigkeiten überhaupt bewältigen kann? Auch sind die

Blick in den Branitzer Park Richtung Westen, das so genannte Gotische Fenster

Schloss Branitz, Westseite

kommunalen Begehrlichkeiten zu berücksichtigen, denn es besteht durchaus die Gefahr, dass der unter Denkmalschutz stehende Park nach der Eingemeindung des Dorfes Branitz durch neue Nutzungsvorstellungen weniger als Kulturdenkmal, sondern eher als Stadtpark aufgefasst werden könnte. Auch sind die zunehmend in die Nähe der Parkbereiche gerückten Bebauungen der Vor- und vor allem der Nachwendezeit den Pücklerschen Vorstellungen einer »ornamented farm« abträglich. Denn wie in dem Gartenreich von Anhalt-Dessau wurde auch in Branitz eine heute noch immer wahrnehmbare Parklandschaft geschaffen, die das »Schöne mit dem Nützlichen« vereinigt, indem an den Park angrenzende Feldfluren durch Pflanzungen und mit ihnen verbundene Spazierwege »aufgeschmückt« worden sind. Eine dringliche Aufgabe der Stiftung liegt also auch darin, einerseits störende Bauten im Sinne des Umgebungsschutzes allmählich ersatzlos rückzubauen, andererseits Pücklersche Gestaltungen in ihrer Qualität wieder sichtbar zu machen.

Entgegen diesen eher skeptischen Gedanken lässt sich jedoch sagen, dass die Stiftung kluge Personalentscheidungen getroffen hat, die dem Kunstwerk wieder zu einer Ausstrahlungskraft verhalfen, die Kenner der Materie und Laien gleichermaßen begeistert. Hinderlich schien zunächst die Tatsache zu sein, dass die »Stiftung Fürst-Pückler-Museum Park und Schloss Branitz« im juristischen Sinne keine wirkliche Stiftung ist, keine eigene Rechtspersönlichkeit hat und somit lediglich eine Unterabteilung des Kulturamts der Stadt Cottbus darstellt. Dennoch hat ihr die Stadt hinreichend Eigenverantwortung belassen, sodass sie

Schloss Branitz, Ostseite

Restauriertes Oberhaus, das wichtigste Gewächshaus der Branitzer Schlossgärten

ungehindert wirken konnte, allein orientiert an den Vorgaben Pücklers. Ob dies immer so bleibt, mag dennoch ungewiss sein.

Seit April 2001 arbeitet nun an der Seite der Stiftung ein Kuratorium zur fachlichen und künstlerischen Beratung des Stiftungsrats und des Direktors. Die Stadt berief dazu herausragende Landschaftsarchitekten, Denkmalpfleger und Gartendenkmalpfleger von Universitäten und Schlösser- und Gartenverwaltungen sowie ein Mitglied aus der Pückler'schen Erbengemeinschaft. Schon in der ersten Sitzung wurden die anstehenden Arbeitsschwerpunkte besprochen, u.a. die Restaurierung der Gutsökonomie und deren Wiedereingliederung in das Gesamtkonzept Branitz. Eine engere Zusammenarbeit mit der zuständigen Denkmalschutzbehörde wurde beschlossen, um bei Entscheidungen von neu definierten Bauvorhaben wie Einzelgebäuden oder Veränderungen von Straßenführungen mitzuwirken. Kürzlich fanden auch die vorhandenen Gehölzschutzstreifen des so genannten Außenparks Aufnahme in das Arbeitsprogramm. Durch Entnahme von aufgewachsenem Stangenholz konnten hier zum Beispiel erforderliche Blickachsen freigestellt werden. Eine – in Zusammenarbeit mit der Brandenburgischen Technischen Universität – im Frühjahr 2002 an der Universität Hannover vorgelegte Diplomarbeit mit dem Titel »Park Branitz – Sicherung historischer Gestaltungsqualitäten im städtischen Umfeld der Stadt Cottbus«, die einer der Kuratoren vergab, befasste sich vor allem mit den gestalterischen Qualitäten des Außenparks. Durch Vergleiche mit den Bestandsplänen, vor allem aus dem Jahr 1903, konnte aufgezeigt werden, dass noch heute rund 70 Prozent der historischen Bestände, darunter Alleen, Gehölzpartien und Forste, und auch der von Pückler ausgeführte Umfahrungsweg vorhanden sind. Schon jetzt hat sich das Kuratorium als Fachgremium Respekt bei den örtlichen Planungsbehörden verschafft, sodass ein neues Verständnis nicht nur für den Park Branitz, sondern eben auch für die dazugehörigen und weit reichenden äußeren Gestaltungen gewonnen wurde.

Ausblick

Im Kuratorium der Stiftung hat sich die Meinung verfestigt, dass die finanziellen Belastungen der Stadt Cottbus die notwendige Erhaltung und Pflege der Parkanlagen von Branitz trotz aller Anstrengungen nicht zu garantieren vermögen. Deshalb wird versucht, die Verwaltung des Kunstwerks an das Land Brandenburg anzugliedern, um die Kommune zu entlasten. Das Bei-

Schwanenhäuschen im Schwarzen See

Hermann Graf von Pückler
Geb. 1939. Verbrachte seine frühe Kindheit bis zur Vertreibung 1945 in Branitz. Nach der Schulzeit in Irland und Hannover Studium der Rechts- und Staatswissenschaften in Freiburg/Breisgau und München, 1967 Staatsexamen. Danach Eintritt in die Firma Eurotechnik Vertriebsgesellschaft für Industrieanlagen mbH, der er heute noch als Geschäftsführer und Partner angehört.
Mitglied in diversen Aufsichts- und Beiräten: Axa Colonia Versicherungs AG, Stuag Bau AG, Strauß Stiftung, August Bier Stiftung, Wir für Deutschland e.V., Pro Brandenburg e.V., Kuratorium der Brandenburgischen Technischen Universität Cottbus u.a.

spiel der »Stiftung Fürst-Pückler-Park Bad Muskau«, angeschlossen an das Bundesland Sachsen, zeigt uns eine fruchtbare Alternative. So ist es der Geschäftsführung der Muskauer Stiftung in Zusammenarbeit mit der polnischen Verwaltung vor allem mit starker Unterstützung des Landes gelungen, die Muskauer Anlage als hoffnungsvollen Kandidaten auf die UNESCO-Liste des Welterbes zu setzen. Branitz hat diese Unterstützung (noch) nicht, sollte jedoch bei diesem Thema nicht ausschließlich im Schatten von Muskau bleiben. In jedem Fall ist jedoch die bereits vielfältige fruchtbare Zusammenarbeit zwischen Muskau und Branitz fortzusetzen und auszubauen.

Das Land Brandenburg unterstreicht schon heute, genauso wie der Bund, durch erhebliche finanzielle Zuschüsse seine gesamtstaatliche Verantwortung in der Kulturpolitik. Im Jahr 2001 erfolgte die Aufnahme der Branitzer Anlagen in das so genannte Blaubuch, eine hohe Auszeichnung. Da die Bundesrepublik seit der Wiedervereinigung in der Pflicht steht, auch die kulturelle Infrastruktur in den neuen Bundesländern zu stärken, ist seit ca. 1999 mit dem Blaubuch ein Impuls zur Systematisierung der Kulturförderung gegeben. Hier ist nun Branitz als Leuchtturm neben anderen Kultureinrichtungen aufgelistet, die als förderungswürdig angesehen werden. Nach der Begriffsbestimmung der Leuchttürme handelt es sich hier nicht um »Baudenkmäler von nationalem oder internationalem Rang«, wie zum Beispiel der Dom zu Erfurt oder zu Naumburg. Es geht vielmehr um »Orte kulturellen und auch wissenschaftlichen Lebens, um Stätten, die sich nicht auf das Bewahren und Erhalten beschränken, sondern die Öffentlichkeit durch Veranstaltungen, Forschungen und Veröffentlichungen einbeziehen und am Wandlungsprozess geistigen Lebens mitwirken«, so die offizielle Definition.[6]

Wenn in diesem Sinne Pückler'sches Gedankengut, auch über die Landschaftsgestaltung hinaus, in Erinnerung gebracht wird, kann schnell die anfängliche Skepsis hinsichtlich des dauerhaften Überlebens des vom Fürsten geschaffenen und von meinen Vorfahren unter großen Opfern erhaltenen Kunstwerks Branitz weichen und einer optimistischeren Sichtweise Platz machen. Dies nährt sich auch aus dem Stellenwert, den sich Branitz nach 1990 in der gesamtdeutschen Kulturlandschaft erworben hat.

Branitz hat, freilich unter rechtsstaatlich bedenklichen Vorzeichen, Adoptiveltern erhalten, die sich um das Mündel jedoch höchst verdient gemacht haben. Dass jemand aus der Familie an dem weiteren Gedeihen des Zöglings mitwirken kann, wird von diesem als Glücksfall empfunden.

[6] Wie Anm. 5, S. 18.

DER GESETZLICHE SCHUTZ VON KULTURDENKMALEN
WIE HISTORISCHEN GÄRTEN IST ERGEBNIS
GESELLSCHAFTLICHER WILLENSBILDUNG.
ER IST AUF DEN HEUTIGEN UND ZUKÜNFTIGEN ERHALT
DIESER OBJEKTE AUSGERICHTET.
DIE INTERNATIONALITÄT DES SCHUTZGEDANKENS
UNTERSTREICHT DAS ALLGEMEINE,
GRENZENLOSE INTERESSE DER MENSCHEN
AN IHREM KULTURELLEN ERBE.

Ernst Rainer Hönes

ZUM STAND DES DENKMALSCHUTZRECHTS IN DEUTSCHLAND

[1] HessRegBl. Nr. 41, S. 275.

[2] Hönes: NuR 1986, S. 226f.; Ders.: Die Alte Stadt (DAS) 2002, S. 236.

[3] Hammer: Die geschichtliche Entwicklung des Denkmalrechts in Deutschland. 1995, S.151f.

[4] Hönes: Die Unterschutzstellung der Kulturdenkmäler. 1987. S. 98f.; Ders.: Die Alte Stadt (DAS) 2002, S. 236f.

[5] RGZ 116, S. 268f.

Das moderne Denkmalschutzrecht begann in Deutschland vor rund 100 Jahren mit dem im Großherzogtum Hessen(-Darmstadt) erlassenen Gesetz vom 16. Juli 1902, den Denkmalschutz betreffend.[1] Es war ein für seine Zeit vorbildliches Gesetz, das neben dem Schutz von Bau- und beweglichen Denkmalen in einem eigenen Abschnitt erstmals den Schutz der Naturdenkmale und ihrer Umgebung in einem deutschen Land umfassend regelte, indem die Schutzvorschriften für Baudenkmale bis hin zur Möglichkeit der Enteignung Anwendung fanden.[2] Dieses Modell wurde von anderen kleinen Staaten wie Oldenburg 1911, Lübeck 1915/21, Hamburg 1920, Lippe 1920 (Heimatschutzgesetz) und Mecklenburg-Schwerin 1929 übernommen.[3]

Der Denkmalschutz war von Beginn an wegen seines Bezuges zu Haus und Grund stärker von den Auseinandersetzungen mit den Eigentumsvorstellungen der jeweiligen Zeit geprägt. Dies begann 1902 mit der Einfügung des »öffentlichen Interesses« als zusätzliches Merkmal beim Denkmalbegriff[4] als ein aus dem Einführungsgesetz zum Bürgerlichen Gesetzbuch von 1896 abgeleitetes Gebot (Art. 109, 111 EGBGB). Danach blieben die landesgesetzlichen Vorschriften, die »im öffentlichen Interesse« Beschränkungen des Eigentums ermöglichen, vom BGB unberührt.

Als in Hamburg nach dem insoweit dem hessischen Denkmalschutzgesetz von 1902 vergleichbaren Denkmal- und Naturschutzgesetz von 1920 einem Kläger verboten wurde, aus einem Grundstück Sand und Kies auszuschachten, weil es als »Umgebung des Baudenkmals« an den in die Denkmalliste eingetragenen »Galgenberg« angrenzte, kam das Reichsgericht mit Urteil vom 27. März 1927[5] zu dem Ergebnis, dass der Kläger für die vollzogene Enteignung (nach dem damals zu weiten Enteignungsbegriff) eine Entschädigung fordern könne.

Entscheidungen dieser Art haben mit dazu geführt, dass in großen Staaten wie Preußen kein Denkmal-

214

Dachbereich der Villa Neitzert

schutzgesetz erlassen wurde. Nach großen Verlusten an historischer Substanz in der Kriegs- und Nachkriegszeit haben nach Protesten vieler Bürger spätestens ab dem Europäischen Denkmalschutzjahr 1975 alle Länder neue Denkmalschutzgesetze erlassen oder bestehende Gesetze novelliert. Dies führte wieder zur Frage von Denkmalschutz und Eigentum.

Der bisher für das Denkmalrecht wohl bedeutendste Fall betraf die Villa Neitzert bei Neuwied. Nach dem Denkmalschutz- und -pflegegesetz vom 23. März 1978 wurde in der Zeit von 1979 bis 1981 in Rheinland-Pfalz vom Institut für Freiraumplanung, Versuchsanstalt Weihenstephan, ein Forschungsvorhaben zur »Erfassung denkmalwerter Park- und Gartenanlagen im Privatbesitz«[6] durchgeführt. Herr Professor Dr. Hennebo war damals Gutachter. Im Rahmen der systematischen Erfassung war man auf die Villa Neitzert mit ehemaligem Garten gestoßen.

Verfassungsrecht

Ein wirksamer Denkmalschutz kann sich heute in Deutschland in Tradition des Art. 150 der Weimarer Reichsverfassung auf die Landesverfassungen berufen. So ist Bayern nach der Staatsfundamentalnorm des Art. 3 seiner Landesverfassung ein Rechts-, Kultur- und Sozialstaat, der dem Gemeinwohl dient. Der Staat schützt die natürlichen Lebensgrundlagen und die kulturelle Überlieferung. Damit wird auch in der bayerischen Verfassung die gemeinsame Klammer von Natur und Kultur wieder deutlich. Nach Art. 141 Abs. 2 BayVerf. haben Staat, Gemeinden und Körperschaften des öffentlichen Rechts die Aufgaben, die Denkmale der Kunst, der Geschichte und der Natur sowie die Landschaft zu schützen und zu pflegen.[7] Entsprechendes gilt nach vielen Verfassungen der anderen Länder. Daneben gibt es in Mecklenburg-Vorpommern, wo die Alleen Markenzeichen für das Land sind, den verfassungsrechtlichen Schutz der Alleen in Art. 12 Abs. 2 S. 2 der Landesverfassung. Das Grundgesetz schweigt zum Denkmalschutz, sodass nach Art. 30, 70, 83, 104a GG die Länder im Rahmen ihrer »Kulturhoheit« zuständig sind.[8]

Das Staatsziel Denkmalschutz in den Landesverfassungen, einschließlich der Kunstfreiheitsgarantie des Art. 5 Abs. 3 S. 1 GG, garantiert den rechtlichen Schutz der Kulturdenkmale. Dazu gehören in Deutschland die historischen Park- und Gartenanlagen als Zeugnisse der Gartenkunst auch und gerade in der Verantwor-

[6] Dohna, Gräfin zu/Richter (Red.): Gartenkunst in Rheinland-Pfalz. Freising 1984.

[7] Vgl. BayVerfGH BayVBl. 1976, S. 652f., 1986, S. 298.

[8] Hönes: NuR 2000, S. 426; Ders.: Archäologisches Nachrichtenblatt 2/1998, S. 181, 4/2000, S. 385.

Villa Neitzert vor dem Abriss

tung für die künftigen Generationen. Schließlich hat sich die Erkenntnis durchgesetzt, dass das Kunstwerk im Zentrum des Schutzes der Kunst in der Verfassung steht und im Kulturstaat zusammen mit dem Denkmalschutzauftrag in den Landesverfassungen der Schutz gegen eine zerstörende oder verfälschende Behandlung der Kunstdenkmale sowohl durch den Staat als auch die Mächte der Gesellschaft[9] gewährt ist. Die Kunstfreiheit schützt somit vor Vorurteilen über qualitative Maßstäbe und vor ethischen Normen einiger Naturschützer ebenso wie vor fiktiven Durchschnittsurteilen und Verallgemeinerungen.[10]

Kann das (noch) vorhandene Kunstwerk aufgrund staatlicher Normen vernichtet werden, so ist Kunst – als Werk – nicht frei.[11] Daher widerspräche es dieser Garantie, wenn Kunstwerke der Vergangenheit, die nur durch fachlich richtige Pflege erhalten werden können, wegen des neuen Staatsziels Umweltschutz des Art. 20a GG in Verbindung mit dem Naturschutzrecht »friedlich« liquidiert würden, damit die »Natur« zurückgewonnen werde. Kunst ist erst frei, wenn auch die Erhaltung und Pflege des Kunstdenkmals möglich ist.

DENKMALSCHUTZRECHT

1. Grundsätze

Entsprechend moderner Gesetzgebungstechnik haben die meisten Denkmalschutzgesetze Aussagen zur Aufgabe von Denkmalschutz und Denkmalpflege gemacht. Es handelt sich hierbei sowohl um die Grundlage (*ratio legis*) für die Auslegung der nachfolgenden Bestimmungen als auch für andere landesrechtliche Vorschriften, die den Denkmalschutz als Gemeinwohlaufgabe von hohem Rang berücksichtigen müssen. Entsprechendes gilt für das Bundesrecht (z.B. Steuerrecht), soweit es nicht eigene (zusätzliche) Erfordernisse formuliert (z.B. § 32 Abs. 1 Grundsteuergesetz). Diese Grundsätze sind untrennbar mit dem Schutzgegenstand und damit dem Kulturdenkmalbegriff verbunden.

2. Der Kulturdenkmalbegriff

Kulturdenkmale sind Sachen oder Gegenstände, an deren Erhaltung zum Beispiel aus geschichtlichen, wissenschaftlichen, künstlerischen oder heimatgeschichtlichen Gründen ein öffentliches Interesse besteht.[12] Das öffentliche Interesse darf sich hierbei nur auf die vorgenannten Merkmale beziehen, wie dies bei den Denkmaldefinitionen in Nordrhein-Westfalen oder Sachsen-Anhalt ausdrücklich klargestellt wird. Historische Park- und Gartenanlagen sind, soweit sie den Oberbegriff der Kulturdenkmaldefinition erfüllen, Kulturdenkmale bzw. Baudenkmale im Sinne des jeweiligen Landesdenkmalschutzgesetzes. Für ihren Schutz gilt grundsätzlich das für andere ortsfeste Denkmale vorgesehene Verfahren (vgl. nachstehend 3.).

3. Im Denkmalschutzgesetz von Baden-Württemberg aus dem Jahr 1971 werden Gärten ebenso wie Alleen oder Friedhöfe nicht ausdrücklich erwähnt, doch sind

---

[9] Heckel: Staat Kirche Kunst. Rechtsfragen kirchlicher Kulturdenkmäler. 1968, S.76f., 95; Ders.: In: Chatelain/Beseler//Ray/ Heckel: Denkmalschutz und Denkmalpflege an den Sakralbauten. 1987, S. 85, 96; für Österreich vgl. Kraft: Der historische Garten als Kulturdenkmal. 2002, S. 66f., 89.

[10] Hönes: In: Reichelt (Hrsg.): Historische Gärten. Schutz und Pflege als Rechtsfrage. 2000, S.13f., 37.

[11] Müller, F.: Freiheit der Kunst als Problem der Grundrechtsdogmatik. 1969, S.107; Schneider: Die Freiheit der Baukunst. 2002, S.140f., 145f.; Mick: Instrumentarium und Grenzen öffentlicher Bau- und Stadtgestaltung im Kultur- und Rechtsstaat. 1990, S. 92f.

[12] Hönes: Die Unterschutzstellung der Kulturdenkmäler. 1987, S.71f.; Ders.: NuR. 1986, S. 225, 228.

Innenraum der Villa Neitzert

sie dank der Weite des Kulturdenkmalbegriffs (§ 2 BW DSchG) unstreitig einbezogen. Der VGH Mannheim hat dies 1991 bestätigt (Landschaftsgarten Schloss Monrepos).[13] Entsprechendes gilt für Bremen und Hessen. Rheinland-Pfalz hat 1978 mit §5 Abs.5 RhPf DSchPflG erstmals den Schutzgegenstand definiert: »Historische Park- und Gartenanlagen sind Werke der Gartenbaukunst, deren Lage sowie architektonische und pflanzliche Gestaltung von der Funktion der Anlage als Lebensraum und Selbstdarstellung früherer Gesellschaften und der von ihnen getragenen Kultur Zeugnis geben.«[14] Thüringen hat diese Definition übernommen und durch einen gemeinsamen Erlass vom 28. November 1997[15] über die Zusammenarbeit von Gartendenkmalpflege und Naturschutz ergänzt. Zugleich wurde der seit dem Denkmalpflegegesetz der DDR vom 19. Juni 1975 bestehende Schutz der Denkmale der Landschafts- und Gartengestaltung[16] fortgeführt. Damit haben 13 der 16 Länder die historischen Park- und Gartenanlagen ausdrücklich in den Denkmalschutz einbezogen. Die restlichen Länder sollten sich dem anschließen.

Nachdem das Verwaltungsgericht Dessau 2001 entschieden hat, dass das als UNESCO-Welterbe eingetragene Dessau-Wörlitzer Gartenreich in seiner Gesamtheit kein Kulturdenkmal im Sinne von § 2 Abs.2 SachsAnhDSchG ist,[17] wobei diese Regelung von Nordrhein-Westfalen[18] übernommen wurde, muss Sachsen-Anhalt sein Gesetz nachbessern und die Garten- und Kulturlandschaften in den Denkmalbereichen aus Verantwortung für den Schutz des Gartenreiches ausdrücklich nennen. Schließlich hat das VG Dessau 2002 festgestellt, dass das Gartenreich erst recht nicht unter den Begriff des (Einzel-)Baudenkmals zu fassen sei. »Großräumige Landschaftsgestaltungen durch das Anlegen von Wegen, Sichtachsen und einzelnen Blickpunkten in einer Wald- und Wiesenlandschaft fallen daher nicht unter den Begriff des (Einzel-)Baudenkmals.«[19]

Darüber hinaus gibt es in einigen Denkmalschutzgesetzen ansatzweise bereits die Möglichkeit zum Schutz historischer Kulturlandschaften, auch wenn ihre besondere kulturhistorische Bedeutung nun bei Landschaftsschutzgebieten (§ 26 BNatSchG 2002) berücksichtigt werden kann. Wegen der Einbeziehung des kulturellen Erbes in die EU-Richtlinien für den Umweltbereich wird man sich um dieses umfassendere Schutzgut mehr als bisher kümmern müssen.

4. Die Unterschutzstellung

Die Entscheidung, ob ein Kulturdenkmal dem Denkmalschutz und der Denkmalpflege unterliegen soll, verlangt keine Abwägung zwischen den die Denkmaleigenschaft tragenden Gründen und den Interessen der Eigentümer oder sonstigen entgegenstehenden öffentlichen Interessen. Das Denkmalschutzrecht verbietet anders als das Naturschutzrecht bei der Unterschutzstellung (Denkmalbenennung) eine Interessenabwägung.[20] Die Unterschutzstellung ist heute anders als zur Zeit des Galgenbergurteils keine entschädigungspflichtige Enteignung. Vielmehr bleibt sie im Rahmen der Sozialbindung des Eigentums (Art. 14

[13] VGH Mannheim: NuR. 1992, S.190.

[14] Hönes: Denkmalrecht Rheinland-Pfalz. 2. Aufl. 1995, § 5 Rn. 20f.

[15] ThürStAnz. 1998, S. 253.

[16] § 3 Abs. 2 DPflGDDR; Hönes: Die Alte Stadt (DAS) 1981, S. 44, 62f.

[17] Urt. v. 6. April 2001– 2 A 424/98/DE– LKV 2002, S. 478 = NuR 2002, S.108, bestätigt durch OVG Sachsen-Anhalt, Beschl. v. 27. August 2001 – 1 L 328/01; Hönes: LKV 2001, S. 438f.; Ders.: Burgen und Schlösser. 1/2002, S. 2f. Die Definition wurde von NRW übernommen, sodass dort auch Handlungsbedarf entstehen könnte.

[18] § 2 Abs. 3 DSchG NW.

[19] VG Dessau, Urt. v. 16. Oktober 2002 – 1 A 1008/01 DE – nicht veröffentlicht, amtl. Umdruck S.12.

[20] OVG Koblenz DÖV 1984, S.75f.; DÖV 1985, S. 932f.; Wie Anm.12, S.135f., 150f.

[21] Urt. v. 3. April 1987 – 1 A 103/85 – amtlicher Umdruck S.11 (insoweit nicht abgedruckt in NVwZ-RR 1989, S.119).

[22] BVerfGE 100, S. 230, 242

[23] Martin/Viebrok/Bielfeld: Denkmalschutz-Denkmalpflege-Archäologie. 1997, Erl. 30.20.; Hönes: DÖV 1983, S. 332f.

[24] Charta der historischen Gärten v. 21. Mai 1981. In: Schriftenreihe des Deutschen Nationalkomitees für Denkmalschutz. Bd. 54. 1996, oder in: Hennebo/Rohde/Schomann: Katalog zur Landesausstellung »Historische Gärten in Niedersachsen«. 2000, S. 202.

[25] Wie Anm.12, S.150f.; Ders.: Denkmalrecht und Dorferneuerung. 1988, S. 48f.; Wurster: In: Hoppenberg: Handbuch des öffentlichen Baurechts. EL Mai 2001, Rn. 119f.; Kleeberg/Eberl: Kulturgüter in Privatbesitz. 2. Aufl. 2001, Rn. 65f.

[26] GVBl, S. 274; VerfGH Bln LKV 1999, S. 361; Franzmeyer-Werbe: DÖV 1996, S. 950; Martin/Schmidt: Denkmalschutzrecht in Berlin. 2000, S. 38f.

[27] Niederschrift der 23. Sitzung des UAD der KMK in Hamburg. TOP2b.

[28] Mitteilung des Ministeriums an den Verfasser.

[29] Wie Anm.14, S. 385–389.

[30] Hennebo, Dieter (Hrsg.): Gartendenkmalpflege. 1985; Kowarik/Schmidt/Sigel (Hrsg.): Naturschutz und Denkmalpflege. 1998; Böhme/Preisler-Holl: Historisches Grün als Aufgabe des Denkmal- und Naturschutzes. 1996; Vereinigung der Landesdenkmalpfleger (Hrsg.): Historische Gärten. Eine Standortbestimmung. 2003.

[31] Hönes: LKV 2003, S. 7f.

[32] Hönes: LKV 2002, S. 49, 53f.; Ders.: NVwZ 2002, S. 962.

Villa Neitzert während des Abrisses

Abs. 2 GG) und ist somit entschädigungslos hinzunehmen. Zur Villa Neitzert hat das OVG Koblenz 1987 festgestellt, dass der Gesetzgeber für die denkmalpflegerischen Maßnahmen bewusst ein mehrstufiges Verfahren vorgesehen hat, auf dessen erster Stufe nur die Frage der Denkmaleigenschaft geklärt wird, bevor auf der nächsten Stufe zu prüfen ist, was mit dem Denkmal im Einzelnen geschehen soll. Verfassungsrechtliche Bedenken bestehen dagegen nicht.[21] Das Bundesverfassungsgericht hat 1999 auf dieses rechtskräftige Urteil Bezug genommen und zum öffentlichen Interesse an der Erhaltung des Denkmals betont, dass sich die gesteigerte Sozialbindung aus der Situationsgebundenheit, hier der Lage und Beschaffenheit des Grundstücks, ergibt.[22]

Auf die dauernde Erhaltbarkeit darf es bei Kulturdenkmalen nicht ankommen.[23] Bei historischen Gärten, d.h. gepflanzter Architektur, besteht die Frage der Endlichkeit in ganz anderer Art als sonst in der Baudenkmalpflege. Daher stellt die Charta von Florenz von 1981 in Art. 2 klar, dass ein historischer Garten ein Bauwerk ist, »das vornehmlich aus Pflanzen, also aus lebendem Material, besteht, folglich vergänglich und erneuerbar ist. Sein Aussehen resultiert aus einem ständigen Kräftespiel zwischen jahreszeitlichem Wechsel, natürlicher Entwicklung und naturgegebenem Verfall einerseits und künstlerischem sowie handwerklichem Wollen andererseits, die darauf abzielen, einen bestimmten Zustand zu erhalten.«[24]

Die Unterschutzstellung der Kulturdenkmale erfolgt nach zwei Grundmodellen: dem pauschalen Schutz kraft Gesetzes (ipsa lege) oder dem Schutz durch untergesetzlichen Akt (mehrstufiges Verfahren, Classement).[25] Während früher der Schutz durch untergesetzlichen Akt (Verwaltungsakt, Rechtsverordnung, Satzung) aus Gründen der Rechtssicherheit und Rechtsklarheit Priorität hatte, zeichnete sich vielfach, den Beispielen Bayerns (seit 1973) und Niedersachsens (seit 1978) folgend, ein pauschaler Schutz kraft Gesetzes ab. Die Eintragung in das Verzeichnis der Kulturdenkmale (Listen) ist somit nur nachrichtlich, mit der Folge, dass über die Denkmaleigenschaft in aller Regel erst beim Erlaubnis- bzw. Genehmigungsverfahren mitentschieden wird (einstufiges Verfahren). Hessen hatte diese Änderung im Schutzverfahren bereits 1986 vorgenommen. Dem haben sich Mecklenburg-Vorpommern (§ 5), Sachsen (§ 10), Sachsen-Anhalt (§ 9 Abs. 1) und Thüringen (§ 4) angeschlossen. Berlin hat diese Wende erst 1995 vollzogen.[26] Schleswig-Holstein hat diesen Schritt nur speziell für historische Park- und Gartenanlagen 1993 eingeführt (§ 5 Abs. 2 SHDSchG). Lediglich Brandenburg (§ 8) hat wie viele der früheren Denkmalschutzgesetze seit dem hessischen Denkmalschutzgesetz von 1902 das verwaltungsaufwendigere zwei- oder mehrstufige Schutzverfahren für Denkmale beibehalten.

Nun überlegen das Saarland und Sachsen-Anhalt, künftig die (Bau-)Denkmale und damit auch die historischen Gärten durch untergesetzlichen Akt zu schützen, obwohl sie bisher Pauschalschutz mit nachrichtlicher Liste hatten, während Hamburg[27], Brandenburg[28] und Rheinland-Pfalz[29] den Wechsel vom bestehenden konstitutiven Schutz zum nachrichtlichen Schutz prüfen.

5. Verpflichtungen aus dem Denkmalrecht

Für die historischen Park- und Gartenanlagen gelten die für die Erhaltung und Pflege der Kulturdenkmale geregelten Pflichten wie die Auskunfts- und Duldungspflichten bis hin zum Betretungsrecht dieser Anlagen durch die Behördenvertreter. Von besonderer Bedeutung sind gemäß dem Auftrag der Landesverfassungen die Pflichten zur Erhaltung und Pflege der Kulturdenkmale, wobei fachlich Besonderheiten für die Gartendenkmalpflege gelten.[30] Ohne auf die Besonderheiten einzelner Landesdenkmalschutzgesetze eingehen zu können sei angemerkt, dass überall Eigentümer und sonstige Nutzungsberechtigte ihre Denkmale in Stand zu halten, in Stand zu setzen, sachgemäß zu behandeln und vor Gefährdung zu schützen haben, soweit ihnen das zumutbar ist.

Bei Alleen als Teil der Straße hat der Träger der Straßenbaulast die Erhaltungs- und Pflegepflicht.[31] Bei historischen Friedhöfen kommen die Regelungen des Friedhofsrechts beispielsweise über die Nutzung oder Schließung von Friedhöfen hinzu.[32] Baudenkmale und damit auch historische Park- und Gartenanlagen sind in der Regel so zu nutzen, dass die Erhaltung der Substanz auf Dauer gewährleistet wird (zum Beispiel § 8 Abs. 1 DSchG-NW).

Die Veränderung oder Zerstörung eines Denkmals bedarf der Genehmigung. Das Bundesverfassungsgericht hat nach einem Beschluss des OVG Koblenz von 1987[33] nach Art. 100 GG am 2. März 1999 entschieden, dass denkmalschutzrechtliche Regelungen, die Inhalt und Schranken des Eigentums bestimmen, mit Art. 14 GG unvereinbar sind, wenn sie unverhältnismäßige Belastungen des Eigentümers nicht ausschließen und keinerlei Vorkehrungen zur Vermeidung derartiger Eigentumsbeschränkungen enthalten. Das beklagte Land hat trotz Anmahnung durch das OVG bis jetzt keine der geforderten gesetzlichen Vorkehrungen getroffen, mit der Folge, dass das OVG mit Urteil vom 25. Oktober 2001[34] der beantragten Abbruchgenehmigung für die Villa Neitzert zugestimmt hat. Das Bundesverwaltungsgericht hat mit Beschluss vom 7. Februar 2002 die Beschwerde gegen die Nichtzulassung der Revision gegen das OVG-Urteil zurückgewiesen, da die vom Einzelfall losgelösten Fragen bereits höchstrichterlich geklärt seien.[35]

Da sich die Entscheidung des Bundesverfassungsgerichts von 1999 ausschließlich auf Rheinland-Pfalz bezieht, besteht in einigen anderen Ländern wie Niedersachsen bezüglich der Berücksichtigung privater Belange kein Nachbesserungsbedarf. In Bayern hat man die gleichwohl daraus folgende, aber keineswegs zwingende Konsequenz in einem neuen Art. 3a BayDSchG gezogen: Wenn Maßnahmen im Vollzug des Denkmalschutzgesetzes Eigentumsrechte beeinträchtigen können, die durch Art. 14 Abs. 1 S.1 GG und die Landesverfassung geschützt sind, müssen sie für den Betroffenen zumutbar sein. Bei der Beurteilung der Zumutbarkeit ist auch zu berücksichtigen, inwieweit Zuwendungen aus öffentlichen Mitteln oder steuerliche Vorteile in Anspruch genommen werden oder Belastungen, die auf der Denkmaleigenschaft beruhen, auf andere Weise ausgeglichen werden können.[36] In Bayern wie auch in allen anderen Bundesländern ist darüber hinaus als ultima ratio eine Enteignung des Denkmals gegen Entschädigung zulässig. Einige Länder haben dazu noch ein Übernahmeverlangen geregelt (§ 31 DSchG NW).

Zum Stand des Denkmalschutzrechts in Deutschland ist festzuhalten, dass die durch die Landesverfassungen legitimierten Landesdenkmalschutzgesetze trotz föderalistischer Vielfalt seit 1902 eine gemeinsame Grundlinie verfolgen. Auch wenn Einzelfälle negative Schlagzeilen machen, haben sich die Gesetze als unverzichtbar herausgestellt und, abgesehen von wenigen Regelungen, längst bewährt. Ein Bundesdenkmalschutzgesetz ist damit nicht notwendig und nach dem Grundgesetz auch nicht zulässig. Internationale und europäische Übereinkommen zum Schutz des kulturellen Erbes tragen dazu bei, dass es trotz (kommunal-)politischen Drucks gegen den Denkmalschutz keine »Rolle rückwärts« im Denkmalrecht geben darf. Dies gilt insbesondere durch die Verpflichtungen der Vertragsstaaten aus dem Europäischen Übereinkommen zum Schutz des architektonischen Erbes vom 3. Oktober 1985[37] und dem gerade ratifizierten Europäischen Übereinkommen zum Schutz des archäologischen Erbes vom 16. Januar 1992[38]. Für das in die UNESCO-Welterbeliste eingetragene Kultur- und Naturerbe kommt die Pflicht der Vertragsstaaten zum ausreichenden tatsächlichen und rechtlichen Schutz noch hinzu. Wer einen gewissen Mindeststandard aufheben möchte, müsste zuerst das jeweils einschlägige Übereinkommen kündigen. Diesen Weg wird im Kulturstaat niemand gehen.

Prof. Dr. Ernst Rainer Hönes
Geb. am 19. Februar 1942 in Wolfstein/Pfalz. Studium der Rechtswissenschaft und Geschichte in Heidelberg und München, 1. und 2. juristisches Staatsexamen. Promotion zum Dr. jur. an der Universität Mainz mit dem Thema: »Die Unterschutzstellung der Kulturdenkmäler«. 1974 bis 2000 Referatsleiter Denkmal- und Kulturgüterschutz im Kultusministerium Rheinland-Pfalz. Seit 2000 Vorsitzender der Arbeitsgruppe Recht und Steuerfragen des Deutschen Nationalkomitees für Denkmalschutz. Honorarprofessor an der Fachhochschule Mainz.

---

[33] Beschl. v. 24. Februar 1991. DVBl. 1992, S. 47 = NuR 1992, S. 487.

[34] Az.: 1 A 11012/01.OVG; Hönes: Denkmalschutz und Privateigentum. NuR 2002, S. 324, 330.

[35] BVerwG, Beschl. vom 7. Februar 2002 – BVerwG 4 B 4. 02 – bisher nicht veröffentlicht.

[36] Bay. Landtag, Drucksache 14/8491 vom 14. Januar 2002.

[37] BGBl. II 1987. S. 624 (Granada). In: Schriftenreihe des Deutschen Nationalkomitees für Denkmalschutz. Bd. 52. Texte zu Denkmalschutz und Denkmalpflege.

[38] BGBl. II 2002. S. 2709 (Malta). In: DNK. Schriftenreihe. Bd. 52.

Historische Gärten und besondere Landschaftsformen können nach internationaler Konvention bedeutende Güter des Welterbes darstellen. Seit einigen Jahren werden »Kulturlandschaften« neu definiert und in die Liste des Welterbes eingetragen. Diese Qualifizierungsmöglichkeit bietet Anreiz zu Eigeninitiative und zur Übernahme von Verantwortung.

Mechtild Rössler

Die Verknüpfung von Kultur und Natur – Der Schutz von historischen Gärten und Kulturlandschaften nach der UNESCO-Welterbekonvention

Fontainebleau, Großer Kanal im Schlossgarten

Gartenreich von Dessau-Wörlitz, links Hofgärtnerei, rechts Floratempel

Die »Konvention zum Schutz des Kultur- und Naturerbes der Welt« (Convention Concerning the Protection of the World Cultural and Natural Heritage), von der Generalkonferenz der UNESCO 1972 angenommen, schuf ein einzigartiges internationales Instrument, welches das Kulturerbe wie auch Naturerbe von außergewöhnlichem universellen Wert anerkannte und schützte. Jedoch wurde diese Konvention erst 1992 zum ersten gesetzlichen Instrument zum Schutz von Kulturlandschaften. Diese Revision der »Richtlinien zur Durchführung«[1] der Konvention basierte auf Vorschlägen, die bei einem internationalen Fachtreffen vorbereitet worden waren.[2] Die Gruppe von Fachleuten aus allen Regionen der Welt widmete ihre Aufmerksamkeit auch der Notwendigkeit, die Evolution von Landschaften anzuerkennen, deren assoziativen Wert – besonders für Einheimische – und die Wichtigkeit, die biologische durch die kulturelle Vielfalt innerhalb der Kulturlandschaften zu schützen.

Dieser Beitrag beleuchtet den Kontext des kulturlandschaftlichen Konzepts und dessen Anwendung im Rahmen eines internationalen gesetzlichen Instruments. Außerdem untersucht er die gegenwärtige Lage der Liste des Welterbes in Bezug auf gestaltete Landschaften und historische Gärten und stellt die Frage, ob diese Kategorie außerhalb der Grenzen Europas ausreichend repräsentiert wird.

Die Liste des Welterbes

Zur Zeit nehmen 175 Staaten an der »UNESCO-Konvention zum Schutz des Kultur- und Naturerbes der Welt« von 1972 teil. Der Zweck der Konvention ist es, Identifizierung, Schutz, Erhaltung, Präsentation und Weitergabe des kulturellen und natürlichen Erbes von »außergewöhnlichem universellen Wert« an zukünftige Generationen zu sichern. Im Jahre 2002 wurden

[1] Operational Guidelines, UNESCO 2002.

[2] La Petite Pierre. Frankreich, Oktober 1992.

[3] »States Parties should as far as possible endeavour to include in their submissions properties which derive their outstanding universal value from a particularly significant combination of cultural and natural features.«

730 Güter aus insgesamt 125 Ländern in die Liste des Welterbes aufgenommen. Unter den 730 Stätten waren 30 Kulturlandschaften, die unter die »Kategorien der Kulturlandschaften«, wie sie die §§ 39–42 der Richtlinien beschreiben, eingetragen wurden.

Art des Gutes	Gesamtzahl
Kulturgut	563
Naturgut	144
Gemischt Kultur- und Naturgut	23
Gesamt	730

Die 23 Güter, die zur Zeit aufgrund ihrer natürlichen wie auch kulturellen Werte in die Liste des Welterbes eingetragen sind, gelten als gemischte Güter. Obwohl § 18 der Richtlinien angibt, dass »Mitgliederstaaten so weit wie möglich versuchen sollten, Güter in ihre Anträge aufzunehmen, die ihren außerordentlichen universellen Wert aus einer besonders signifikanten Kombination von kulturellen und natürlichen Merkmalen bezieh[en]«[3], hat es in diesen 30 Jahren seit der Implementierung der Welterbekonvention interessanterweise weniger »gemischte Stätten« gegeben als Kulturlandschaften.

Zwei fachberatende Einrichtungen bewerten Stätten für die Aufnahme in die Liste des Welterbes: die »Internationale Vereinigung für die Erhaltung der Natur und ihrer Ressourcen« (IUCN, Schweiz) für Naturgüter und der »Internationale Rat für Kulturdenkmäler« (ICOMOS, Paris, Frankreich) für Kulturstätten. Im Fall gemischter Stätten und Kulturlandschaften werden die Nominierungsdossiers, die von den Mitgliedstaaten eingereicht werden, an beide Organisationen geschickt, wobei ICOMOS für landschaftliche Bewertungen die Führungsrolle übernimmt. Obwohl sich die IUCN für botanische Gärten und gestaltete Landschaften zur ex situ-Erhaltung von exotischen Spezies interessiert, werden die meisten Bewertungen von ICOMOS durchgeführt, oft in enger Zusammenarbeit mit ICOMOS-IFLA (Internationale Fachkommission für historische Gärten und Kulturlandschaften).

Kulturlandschaften des Welterbes

Bei seinem 16. Treffen 1992 stellte das Welterbekomitee kulturlandschaftliche Kategorien des Welterbes auf und überprüfte die kulturellen Kriterien, die die Aufnahme von Gütern in die Liste des Welterbes rechtfertigten, um die Anerkennung der »kombinierten Werke der Natur und des Menschen« (combined works of nature and of man) von »außergewöhnlichem universellen Wert« (outstanding universal value) zu sichern, wie es in der Definition des Kulturerbes in Artikel 1 der Konvention heißt. Die folgende Tabelle enthält die drei kulturlandschaftlichen Kategorien des Welterbes, die 1992 vom Komitee übernommen wurden:

Kategorie	»Richtlinien zur Durchführung der Konvention des Welterbes« (Auszüge aus § 39)
I	Das am leichtesten Identifizierbare ist die klar definierte Landschaft, vom Menschen absichtlich entworfen und geschaffen. Dies umfasst Garten- und Parklandschaften, die aus ästhetischen Gründen hergestellt wurden und oft (jedoch nicht immer) mit religiösen oder anderen monumentalen Bauwerken und Ensembles assoziiert werden.
II	Die zweite Kategorie ist die organisch gewachsene Landschaft. Diese entsteht anfangs durch eine gesellschaftliche, ökonomische, administrative und/oder religiöse Forderung und hat ihre gegenwärtige Form durch eine Verknüpfung mit und eine Reaktion auf ihre natürliche Umgebung entwickelt. Solche Landschaften widerspiegeln den Verlauf der Evolution in ihrer Form und ihren einzelnen Merkmalen. Sie lassen sich in zwei Subkategorien aufteilen: • Eine Relikt- (oder Fossil-)landschaft ist eine Landschaft, in der ein evolutionärer Prozess zu irgendeinem Zeitpunkt in der Vergangenheit abgeschlossen wurde, entweder auf abrupte Weise oder über einen gegebenen Zeitraum. Ihre besonders charakteristischen Merkmale sind jedoch immer noch in materieller Form sichtbar. • Eine fortführende Landschaft ist eine Landschaft, die eine gesellschaftlich aktive Rolle innerhalb der zeitgenössischen Gesellschaft spielt, eng mit dem traditionellen Lebenswandel verknüpft wird und in welcher der evolutionäre Prozess immer noch stattfindet. Gleichzeitig enthält die Landschaft wichtige materielle Anzeichen ihrer bisherigen Evolution.
III	Die letzte Kategorie ist die assoziative Kulturlandschaft. Die Aufnahme solcher Landschaften in die Liste des Welterbes ist eher aufgrund der stark religiösen, künstlerischen oder kulturellen Assoziationen des natürlichen Elements gerechtfertigt als aufgrund materieller kultureller Anzeichen, die unbedeutend oder gar abwesend sein mögen.

Gartenreich von Dessau-Wörlitz, Blick zum Venustempel

Lednice-Valtice, eine der größten gestalteten Landschaften auf der Liste des Welterbes

Kulturlandschaften sind dazu berechtigt, in die Liste des Welterbes eingetragen zu werden, wenn die Interaktionen zwischen Menschen und natürlicher Umgebung als von »außergewöhnlichem universellen Wert« beurteilt werden. Die Aufnahme von Kulturlandschaften in die Liste richtet sich nach den kulturerblichen Kriterien. Einige dieser Landschaften wurden auch aufgrund natürlicher Kriterien eingetragen und sind deshalb ebenfalls gemischte Kultur- und Naturgüter.

Seit 1992 sind 30 Kulturlandschaften in die Liste des Welterbes eingetragen worden (siehe Tabelle S. 224), zu denen eine Anzahl von gestalteten Landschaften und historischen Gärten gehört, wie das Gartenreich von Dessau-Wörlitz, ein außerordentliches Beispiel der Landschaftsarchitektur und Landschaftsplanung des 18. Jahrhunderts. Dessen diverse Bestandteile – herausragende Gebäude, im englischen Stil gestaltete Parks und Gärten neben subtil veränderten Weitflächen landwirtschaftlichen Bodens – dienen ästhetischen, pädagogischen und ökonomischen Zwecken auf beispielhafte Weise.

Eine gewisse Anzahl an historischen Gärten wurde schon vor 1992 in die Liste des Welterbes aufgenommen, wie zum Beispiel Platz und Gärten von Fontainebleau in Frankreich (Abb. S. 220). Das mittelalterliche königliche Jagdschloss von Fontainebleau, das im Herzen eines gigantischen Waldes auf der Ile-de-France steht, wurde im 16. Jahrhundert umgebaut, vergrößert und ausgeschmückt. Umgeben von einem immensen Park verbindet der italienisch beeinflusste Palast die künstlerischen Traditionen der Renaissance und Frankreichs.

Die meisten historischen Gärten wurden zusammen mit der Monumentalarchitektur der Schlösser und Paläste als Ensembles in die Liste eingetragen. Was sich 1992 vor allem veränderte, war der Wechsel von einzelnen Gärten und kleinen Ensembles zur Aufnahme von Landschaften. Ein typischer Fall ist die Eintragung von Lednice-Valtice in Tschechien: Zwischen dem 17. und 20. Jahrhundert verwandelten die regierenden Herzöge von Liechtenstein ihre Gebiete im südlichen Mähren in eine bemerkenswerte Landschaft. Dabei wurden die barocke Architektur (hauptsächlich Werke von Johann Bernhard Fischer von Erlach) und der klassische wie auch neogotische Stil der Schlösser von Lednice und Valtice mit einer Landschaft verquickt, die nach englischen landschaftsgestalterischen Prinzipien der Romantik geformt war. Mit einem Umfang von 200 Quadratkilometern stellt sie eine der größten künstlichen Parklandschaften in Europa dar und wurde auch wegen ihrer biologischen Vielfalt anerkannt. Diese weite Landschaft war das Labor des Gründers der modernen Genetik, Gregor Mendel, dessen experimentelle Gärten einen Teil der Welterbestätte bilden.

Beispiele von Kulturlandschaften des Welterbes:
Landschaften mit gestalterischen Elementen und historischen Gärten

Bezeichnung	Land	Jahr der Eintragung	Kulturelle Kriterien
Kulturlandschaft Lednice-Valtice	Tschechien	1996	I, II, IV
Loire-Tal zwischen Chalonnes und Sully-sur-Loire	Frankreich	2000	
Gartenreich von Dessau-Wörlitz	Deutschland	2000	II, IV
Obere Hälfte des mittleren Rheintals	Deutschland	2002	II, IV, V
Costiera Amalfitana	Italien	1997	II, IV, V
Vat Phou und die damit verbundenen antiken Siedlungen innerhalb der Champasak Kulturlandschaft	Laotische Demokratische Volksrepublik	2001	III, IV, VI
Königlicher Hügel (Royal Hill) von Ambohimanga	Madagaskar	2001	III, IV, VI
Kalwaria Zebrzydowska: der manieristische Architektur- und Parklandschaftskomplex und Pilgerpark	Polen	1999	II, IV
Sintra-Kulturlandschaft	Portugal	1995	II, IV, V
Aranjuez-Kulturlandschaft	Spanien	2001	II, IV

Aranjuez, Schlossgarten

Auf derselben Sitzung, auf der das Komitee die kulturlandschaftlichen Kategorien übernahm, wurde beschlossen, die Bezüge auf »Interaktion zwischen dem Menschen und seiner natürlichen Umgebung«[4] und »außergewöhnliche Kombinationen von natürlichen und kulturellen Elementen«[5] unter die Kategorie natürlicher Kriterien zu setzen. Dies hat seit 1992 zur Folge, dass weder die natürlichen noch die kulturellen Kriterien, die zur Rechtfertigung der Aufnahme von Objekten in die Liste des Welterbes herangezogen werden, sich speziell auf Wechselwirkungen zwischen Mensch und Umwelt beziehen.

Eine globale Strategie für eine repräsentative und glaubwürdige Liste des Welterbes wurde im Dezember 1994 von dem Welterbekomitee entwickelt. Sie stellt sowohl einen konzeptuellen Rahmen als auch eine pragmatische und durchführbare Methodik zur Umsetzung der Welterbekonvention dar. Die Strategie baut auf regionale und thematische Definitionen von Welterbekategorien mit »außerordentlichem universellen Wert«, um eine ausgeglichenere und repräsentativere Liste des Welterbes zu gewährleisten. Länder werden dazu ermutigt, Mitglieder der Konvention zu werden, um vorläufige Listen aufzustellen, sie aufeinander abzustimmen und um Nominierungen bestimmter Güter aus Kategorien und Regionen, die zur Zeit in der Liste des Welterbes nicht gut repräsentiert sind, vorzubereiten.

In den letzten Jahren ist vom Welterbezentrum eine Reihe von Treffen zur regionalen und thematischen Globalstrategie organisiert worden, u.a. fanden auch einige globale und regionale Fachtreffen zur Kulturlandschaft statt.

Kulturlandschaftliche Fachtreffen

Auf dem internationalen Fachtreffen zum Thema »Kulturlandschaften von außerordentlichem universellen Wert«[6] wurde ein »Aktionsplan für die Zukunft« erstellt, der im Dezember 1993 vom Komitee angenommen wurde. Darin wurde vorgeschlagen, regionale Fachtreffen stattfinden zu lassen, die mit vergleichenden Studien über Kulturlandschaften einen Beitrag leisten und thematische Rahmenbedingungen für die Bewertung von Kulturlandschaften schaffen sollten, um das Welterbekomitee bei seiner Beschlussfassung in Bezug auf Kulturlandschaften zu unterstützen. In diesem Aktionsplan wurde darauf hingewiesen, »daß spezifische Richtlinien für die Verwaltung von Kulturlandschaften, was sowohl die Erhaltung als auch die Weiterentwicklung beinhaltet, in die existierenden ›Richtlinien für die Verwaltung von Welterbegütern‹ integriert werden, unter Berücksichtigung erfolgreicher administrativer Erfahrungen«.[7] Außerdem wurde »ein Austausch von Informationen, Fallstudien und administrativen Erfahrungen auf regionaler und lokaler Gemeindeebene zum Schutz von Kulturlandschaften zwischen Mitgliedstaaten«[8] gefordert. Ferner wurde der Wunsch geäußert, dass »Fachgruppen und Nichtregierungsorganisationen […] dazu ermutigt würden, ein breiteres Verständnis für Kulturlandschaften und deren Potential für die Einbeziehung in die Liste des Welterbes zu fördern«[9].

Zwischen 1992 und 2002 kamen insgesamt 13 Fachtreffen zum Thema Kulturlandschaften zustande. Diese Zusammenkünfte waren Meilensteine für die Durchführung der vom Komitee getroffenen Entscheidungen. Unterschiedliche Methoden wurden identifiziert, die den Mitgliedstaaten bei der Nominierung der Kulturlandschaften für die Einbeziehung in die Liste des Welterbes zur Verfügung stehen. Methodiken zur Identifizierung von Kulturlandschaften wurden entwickelt und Vorschläge unterbreitet, wie diese Landschaften klassifiziert und bewertet werden sollen.

Spezielle Themen im Bereich Landschafts- und Denkmalschutz, Verwaltung, Gesetz und Sozialwirtschaft, die in Verbindung mit Kulturlandschaften standen, wurden ebenfalls angesprochen und herausragende Beispiele diskutiert, welche die schon genannten Kategorien in den Regionen veranschaulichen. Beinahe jedes dieser Treffen brachte spezifische Empfehlungen zur Erkennung, Identifizierung, Erhaltung und Verwaltung von Kulturlandschaften im gegebenen thematischen oder regionalen Kontext hervor.

Einige der Fachtreffen beschäftigten sich auch mit der Vielfalt an gestalteten Landschaften innerhalb Europas, einer Kategorie, die fast ausschließlich in dieser Region vertreten ist. Das Treffen in Bialystok 1999 schlug den Mitgliedstaaten vor, das für Schutzgebiete existierende Bezeichnungs- und Verwaltungssystem mit der Beratung und Unterstützung durch die UNESCO auf Kulturlandschaften zu erweitern. Durch Entwicklungsprozesse solle das Potential der Kulturlandschaft gestärkt werden, indem spezifische regionale Qualitäten und Charakteristika identifiziert und gefördert werden. Es solle nicht vergessen werden, dass die Landschaftsverwaltung einer kraftvollen lokalen und regionalen Wirtschaft bedürfe. Weiterhin empfahlen die Experten, eine Zusammenarbeit zwischen den verantwortlichen lokalen, regionalen, nationalen und internationalen Einrichtungen und Entwicklungsakteuren herzustellen und die Integration durch ein Verknüpfen von Aktivitäten im Bereich Planung, Finanzen und Kontrolle zu suchen. Dies solle bei der Durchführung der Welterbekonvention von den Mitgliedstaaten in Gang gesetzt werden.

Von der Eintragung in die Liste des Welterbes profitieren die Stätten nicht nur durch internationale Anerkennung, was häufig zu einem finanziellen Gewinn mit

---

[4] »man's interaction with his natural environment«

[5] »exceptional combinations of natural and cultural elements«

[6] Schorfheide, Deutschland 1993.

[7] »that specific guidelines for the management of cultural landscapes, including both conservation and development, be incorporated in the existing 'Guidelines for the Management of World Heritage Properties' taking into account successful management experiences«

[8] »an exchange of information, case studies and management experiences on the level of regional and local communities for the protection of cultural landscapes between State Parties«

[9] »expert groups and NGOs […] be encouraged to promote a broader understanding of cultural landscapes and their potential for inclusion of the World Heritage List«

Gartenreich von Dessau-Wörlitz aus der Luft

erhöhtem lokalen und nationalen Budget für Welterbegüter wie auch mit größeren Einnahmen über den Tourismus führt. Sie profitieren ebenfalls von einem verstärkten gesetzlichen Schutz und administrativer Unterstützung wie auch von einem internationalen Netzwerk an Grundstücksverwaltern und internationaler technischer Zusammenarbeit und Hilfe im Falle einer Gefährdung. Aus diesem Grund ist das verstärkte Interesse lokaler und nationaler Behörden, den »UNESCO and World Heritage label« zu erhalten, besonders in der Region Europa, verständlich. Allerdings hat sich das Ungleichgewicht zwischen den Regionen nicht verringert, trotz der globalen Strategie.

Schlussfolgerungen

Die Konvention des Welterbes stellte 1992 das erste internationale und legale Instrument dar, das Kulturlandschaften von außerordentlichem universellen Wert identifizieren, schützen, erhalten und an zukünftige Generationen weitergeben sollte: Für die Zwecke der Welterbe-Denkmalpflege ermöglichen Kulturlandschaften ein vielfältiges Wechselspiel zwischen Menschen und der »natürlichen« Umgebung. Dies öffnete Regionen für die Konvention, die in der Liste des Welterbes bis dahin unterrepräsentiert waren, und gab der Interpretation des Begriffs »Erbe« einen neuen Antrieb. Seit 1992 haben zahlreiche Mitgliedstaaten potentielle Kandidaten identifiziert, diese in vorläufige Listen aufgenommen und Landschaftsstätten nominiert. Sie haben beigetragen zu gewährleisten, dass Kulturlandschaften die ihnen zustehende Anerkennung wie auch den Schutz auf internationaler Ebene erhalten.

Jedoch muss auf das wachsende Ungleichgewicht zwischen der europäischen und der nordamerikanischen Region (50 Mitgliedstaaten und 376 Welterbestätten) aufmerksam gemacht werden. Es sind nur sehr wenige historische Gärten und gestaltete Landschaften aus den anderen Regionen der Welt nominiert worden. Dies ist ein Punkt, der auf jeden Fall angegangen werden muss. Jüngste Bemühungen können gelobt werden, wie etwa die der Regierung Mexikos, die ihre vorläufige Liste überprüfte und Hauptstätten, die gestaltete Landschaften und Gärten darstellen, einbezog. Publikationen des ICOMOS-Komitees ermutigen Mitgliedstaaten, die Identifizierung von potentiellen Stätten und deren Schutz, Restauration und Verwaltung zu verbessern.

Ferner ist die Sicherstellung von Kulturlandschaften möglicherweise eines der Hauptthemen zukünftiger regionaler und nationaler Besprechungen und regelmäßig erscheinender Berichte. Die Überschwemmungen von 2002 in Zentraleuropa gefährdeten eine Anzahl an historischen Gärten, wie beispielsweise das Gartenreich von Dessau-Wörlitz entlang der Elbe. Aus diesem Grund ist es erforderlich, eine neue Strategie der Alarmbereitschaft zu entwickeln und gegen Gefährdungspotentiale mit einer Zusammenarbeit zwischen Stadtplanern, Landschaftsarchitekten, Spezialisten im Naturschutz und Ingenieuren vorzugehen. Die Einbeziehung von Kulturlandschaften in die UNESCO-Liste des Welterbes war ein wichtiger Schritt zur internationalen Erkennung dieser Art von Stätte, außerdem ermuntert sie nationale und regionale Behörden dazu, ganz konkret größere Schutz- und Erhaltungsmaßnahmen zu veranlassen.

Dr. Mechtild Rössler
Geb. 1959. 1984 Magisterabschluss in Kulturgeografie an der Universität Freiburg. Promotion 1988 an der Fakultät für Geowissenschaften der Universität Hamburg. 1989 CNRS-Stelle am Forschungszentrum der »Cité des Sciences et de L'Industrie«, Paris. 1990/91 Gastprofessur an der Fakultät für Geografie der University of California in Berkeley/USA. 1991 Arbeit in der Abteilung für Ökowissenschaften der UNESCO-Zentrale in Paris. Ab 1992 Tätigkeit am UNESCO-Welterbezentrum, zuerst als Programmexpertin und verantwortliche Referentin für Naturerbe und Kulturlandschaften. Im Juli 2001 zur Leiterin für Europa und Nordamerika ernannt mit der Verantwortung für die Hälfte aller Welterbestätten und 50 Mitgliedstaaten. Veröffentlichung von sechs Büchern und über 50 Artikeln. Mitherausgeberin von drei internationalen Zeitschriften.

Gartenreich von Dessau-Wörlitz während der Überflutungen

DENKMALFACHLICH QUALIFIZIERTE ARBEIT MUSS NICHT VOM POLITISCHEN SYSTEM ABHÄNGIG SEIN.
DIE BEMÜHUNGEN UM DEN ERHALT EINES HISTORISCHEN GARTENS KÖNNEN DURCH ÄUSSERE UMSTÄNDE BEEINTRÄCHTIGT WERDEN.
PERSÖNLICHES ENGAGEMENT UND KREATIVITÄT VERMÖGEN MANGELNDE RESSOURCEN AUSZUGLEICHEN.

Ludwig Trauzettel

DIE PFLEGE DER WÖRLITZER GÄRTEN SEIT 1982

»Toll, was die Wiedervereinigung alles möglich gemacht hat!« Über diesen Satz habe ich mich wiederholt geärgert, wenn ich in den letzten Jahren Fachkollegen oder interessierten Laien Teile des Gesamtkunstwerks Dessau-Wörlitz auf Führungen oder Vorträgen vorstellen konnte. Nur wenige wissen um die Bemühungen, Möglichkeiten, aber auch Erfolge gartendenkmalpflegerischer Wiederherstellungen während der Zeit der DDR, auch wenn wirklich interessierte und wohlinformierte Spezialisten aus der damals westlichen Welt wie Dieter Hennebo die Arbeit in den ostdeutschen Gärten immer als richtungsweisend eingeschätzt und gelobt haben, weil u.a. die Wiederherstellungsarbeiten mit wesentlich weniger Substanzverlusten in den meist noch gut überkommenen Anlagen verbunden waren. Die vorsichtige Arbeitsweise mit dem Ziel, die Originalsubstanz im vorgefundenen Garten maximal zu erhalten sowie die Möglichkeit zu schaffen, die Denk- und Sehweise der Künstler zur Zeit der Entstehung wieder erlebbar zu machen, prägte das Handeln der Akteure und Pfleger. Vorrang hatte eine wirkliche Rückführung, weniger ein Neubau des Ursprünglichen, was heute leider auch in den neuen Bundesländern den Maßstab und die Tendenz gartenpflegerischer Bemühungen bestimmt. Sicherlich haben auch die begrenzten Möglichkeiten diesen Denkansatz und die Handlungsweise beeinflusst.

Die Wiedervereinigung der beiden unterschiedlich entwickelten deutschen Staaten liegt nun bereits 13 Jahre zurück. Für die Gartendenkmalpflege in den östlichen Bundesländern begann 1989 ein neuer Entwicklungsabschnitt mit verbesserten Chancen und Voraussetzungen. Für ihre sachgerechte Pflege war es kein Neubeginn. Richtung und Ziel der Pflege haben sich kaum geändert, wohl aber die Bedingungen der Umsetzung.

Mit alten Eichen bewachsener Hochwasserdeich aus dem 18. Jahrhundert, Oktober 2002. Nach dem Elbhochwasser wurden die zum Welterbe gehörenden historischen Pflanzungen aus den Deichen entfernt und Verteidigungswege angelegt, November 2002

Im Folgenden sollen der unterschiedliche Arbeitsansatz und die Realisierungsmöglichkeiten in Dessau-Wörlitz in der Praxis vor 1989 aufgezeigt werden, da diese zunehmend in Vergessenheit zu geraten drohen. Weiterhin soll der heute oft geäußerten Annahme entgegengetreten werden, die Wiederherstellung des Wörlitzer Gartenkunstwerks sei erst mit der Vereinigung Deutschlands möglich geworden.

Veränderungen seit der Wiedervereinigung

Für das aufgeklärt humanistische Gartenreich von Dessau-Wörlitz stehen die Chancen einer dauerhaften Erhaltung trotz des gesunkenen Personalbestandes in der praktischen Gartendenkmalpflege heute wesentlich besser. Stieß die in Wörlitz beispielhaft praktizierte und in Fachkreisen auch international stark beachtete Arbeit der Rückführung auf das ursprüngliche Erlebnisprogramm und die historischen Gartenbilder vor der Wiedervereinigung an die Grenze der zur Verfügung stehenden Mittel und Möglichkeiten, so gerät die Arbeit heute in die Konflikte eines demokratischen Rechtswesens, der veränderten Gesetze sowie in die Auseinandersetzungen unterschiedlicher Behörden und Verwaltungen. Für Gartendenkmale, ihre Pflege und vor allem für ihre Wiederherstellung sind die Bedingungen komplexer geworden, da zum Beispiel im Spannungsfeld zwischen Naturschutz, Gartendenkmalpflege und touristischer Nutzung Substanzverluste in den originären Anlagen kaum noch vermeidbar sind. Die erleichterte Strukturförderung und die veränderte Gesetzgebung nach dem Politikwechsel der Landesregierung von Sachsen-Anhalt im April 2002 haben die Chancen für die geschützte Landschaft an Elbe und Mulde nicht ausschließlich verbessern können, das Gartenreich hat leider einen Teil von seinem ehemaligen Schutzstatus eingebüßt. Durch die jetzt eingeführte Benehmensregelung im Denkmalrecht bei einer erleichterten Investitionsförderung des Landes wird sich die vor zwei Jahrhunderten entstandene Landschaft wohl kaum halten oder wiederherstellen lassen. Insbesondere nach dem Hochwasser im Sommer 2002 haben die Forderung nach DIN-gerechtem Deichbau und die erheblichen Sondermittel zu erneutem Verlust historischer Substanz im Bereich der Hochwasserwälle im Gartenreich geführt. 300 Jahre alte Eichen und Elemente ursprünglicher Landschaftsgestaltung werden in politischer Absicht und unter Ausnutzung von Ängsten in der Bevölkerung preisgegeben. Die Landschaft verliert zunehmend gesunden und prägenden alten Baumbestand der Entstehungszeit.

Vor 1989 war die Wiederherstellung des ursprünglichen Raumprogramms des Gartenkunstwerkes einfacher umzusetzen, da mit wesentlich geringerem Verwaltungs- und Genehmigungsaufwand entschieden werden konnte. Keiner der Beteiligten stellte sich in den Weg, auch der Politik dienten die Arbeitsergebnisse in der Kultur »über den Plan« als Aushängeschild im Rahmen der angestrebten nationalen und vor allem internationalen Anerkennung. Da denkmalpflegerische Restaurierungsmaßnahmen regulär im Rahmen des »offiziellen Volkswirtschaftsplanes« kaum möglich und abrechenbar waren, wurden sie auf Umwegen »ohne Bilanz« realisiert. Schriftverkehr und Genehmigungsverfahren beschränkten sich auf ein Minimum. Es wurde vorwiegend an Ort und Stelle entschieden, praxisnah und erfolgsorientiert. Auf den Pflegezustand der Anlagen und der umgebenden Flächen wirkte sich die Nutzung von Klein- und Restflächen durch Landwirte und Tierhalter aus. Viele Pachtverhältnisse verringerten den erforderlichen Pflegeaufwand. An dem anfallenden Brennholz bestand ein erhebliches Interesse in der Bevölkerung. Mistelpflücker ernteten nahezu den gesamten Mistelbestand in den Gärten und unterstützten damit die Baumpflege.

Heute ist der durch die Landesregierungen angestrebte Personalabbau in den Schlösserverwaltungen eine deutliche Gefahr für den Bestand der Gärten. Wie es in Hessen, Bayern und Sachsen bereits zu beobachten ist, soll auch in Sachsen-Anhalt das Personal vor allem auf Kosten der Regiepflege in den Gärten abgebaut werden. Wiederholt wird gefordert, gerade die Gartenpflege der Privatwirtschaft zu übertragen. Wegfallende Stellen dürfen nicht mehr besetzt werden. In der Kulturstiftung Dessau-Wörlitz zum Beispiel betreute 1986 ein Mitarbeiter der Gartenabteilung etwa 2,54 Hektar Fläche. Dagegen werden 2003 pro Arbeitskraft 5,78 Hektar zu pflegen sein. Nur zu einem geringen Teil ist dies durch verbesserte Technik aufzufangen. Obwohl die Handlungsfähigkeit der Gartenverwaltung zwischen dem Zweiten Weltkrieg und dem Ende der DDR nur sehr begrenzt war, 1947 mit 1,47 Hektar und 1988 mit 3,91 Hektar pro Beschäftigten der Gartenabteilung, wurde deren Existenz doch nie infrage gestellt, und eine fachgerechte, kontinuierliche Pflege war politisch gewollt.

Sämtliche Mäharbeiten im unebenen Gelände wurden von Hand erledigt, September 1984

Schnittarbeiten im Gehölzbestand waren sehr mühsam und entsprachen kaum den heutigen Arbeitsschutzbestimmungen, 1989

Arbeitsbedingungen und
Realisierungsmöglichkeiten vor 1989

Die Arbeitsergebnisse waren vor 1989 von geringen Finanzressourcen und von Improvisation bestimmt. Sicherlich ergab sich gerade daraus die Chance, mit der historischen Substanz schonend umzugehen und die erforderliche Wiederherstellung des angestrebten ursprünglichen Zustandes in kleinsten Schritten herbeizuführen. Die für Sanierungsarbeiten erforderlichen Mittel standen kaum zur Verfügung, ebenso fehlte Feuerungsmaterial für die maroden Heizungsanlagen der wertvollen historischen Pflanzenhäuser. Nur was ohne größere Hilfe vom Staat organisierbar und durchsetzbar war, hatte Aussicht auf Erfolg. Für die Restaurierung der Gartenanlagen in Wörlitz erwies sich das als Vorteil, da sie seit 1982 fachlich angemessen vorwiegend von den eigenen Arbeitskräften in der besucherarmen Jahreszeit realisiert werden konnten. Zur technischen Ausstattung gehörten in dieser ersten Zeit lediglich ein 20 Jahre alter Traktor, zwei ältere Kettensägen polnischer Herkunft und zwei Pferdegespanne. Die Hauptarbeit musste von Hand ausgeführt werden, was jedoch wesentlich zur Schonung der Gartensubstanz beitrug. Aus den beschränkten Möglichkeiten ergaben sich behutsame Schritte der Realisierung, wodurch die Wirksamkeit der natürlich geformten und künstlerisch gestalteten Anlage sehr gefördert wurde und die Auswirkungen der Eingriffe in den Gehölzbestand milder ausfielen.

Trotz des guten Willens war die praktische Umsetzung der Arbeiten schwer. Die jährlich avisierten etwa 180 000 Mark für 154 Hektar Parklandschaft mit 71 Bauten und Gartenarchitekturen wurden niemals wirklich zur Verfügung gestellt. Sie fielen stets zugunsten anderer Projekte im Lande, vor allem in Berlin, dem Rotstift zum Opfer, sodass größere Sanierungsaufgaben an den Bauwerken im Wörlitzer Gartenreich nicht möglich waren. Die Bautätigkeit beschränkte sich folglich auf die Reparatur der Dächer und das Flicken von Schäden. Den Besuchern musste ein sicheres Passieren der zugänglichen Bauwerke, Brücken und Wege ermöglicht werden. Eine kleine betriebliche Handwerkertruppe konnte die offensichtlichen kleinen Schäden, abfallenden Putz, lose Bretter und lockere Steine, sofort reparieren. Umfänglichere Maßnahmen wurden in Feierabendtätigkeit realisiert. Gute Fachhandwerker hatten neben ihrem eigentlichen Arbeitsverhältnis einen Feierabendjob. Auf diesem Wege wurden damals die erforderlichen Befestigungsarbeiten an den Gewässerufern vorgenommen, erfolgten Sanierungs- und Sicherungsarbeiten an den Fassaden des Schlosses sowie an der so genannten Insel Stein, aber auch Malerarbeiten am Schloss, am Gotischen Haus und am Palmenhaus. Durch das Fehlen von Hubstei-

Um den Transport durchzuführen, mussten die riesigen Yucca umgelegt werden, September 1984

Transport der vorgefertigten Weißen Brücke in den Garten, Februar 1987

Am Wörlitzer Schloss wurden Sanierungsarbeiten von Bergsteigern in »Feierabendtätigkeit« durchgeführt, Winter 1985/86

gern für Restaurierungs- oder Sanierungsarbeiten an Bauwerken oder Gehölzern verrichteten Bergsteiger diese in Feierabendtätigkeit. Die schwierigste Bauaufgabe, die in Nebentätigkeit umgesetzt werden konnte, war das Kopieren und Aufbauen der Weißen Brücke im Winter 1986/87 durch erfahrene heimische Zimmererfachleute.

Im Falle von Arbeitsspitzen und Notfällen wurde die fehlende Technik durch erhöhten Personaleinsatz kompensiert. Selbst Museumsführer, Verwaltungs- und Gondelpersonal unterstützten die Gartenkräfte, um notwendige und angestaute Arbeit rasch zum Abschluss zu bringen. Entsprechend dem politischen Willen wurden einige Restaurierungsleistungen auch in als »Subbotnik« bezeichneten Sondereinsätzen erbracht. Für heißen Tee und Bockwurst oder später für ein paar Mark Stundenlohn trafen sich jährlich an bis zu zwei Samstagen im Herbst und im Frühjahr die Mitarbeiter, um besonders dringliche Pflegerückstände in den Gärten aufzuarbeiten, Wildwuchs zu beseitigen oder am Rande der durch die Gartenabteilung vorgenommenen Restaurierungen Hilfsarbeiten zu verrichten. So wurden 1981 u.a. der Uferrand am Großen Walloch, 1982 in der Italienischen Landschaft und 1983 verwilderte Gartenflächen am Eisenhardt freigelegt. Trotz des zu akzeptierenden Zwangs identifizierte sich durch diese Einsätze die Gesamtbelegschaft mit dem Garten und den erzielten Arbeitsergebnissen.

Für Wörlitz waren die Quellen zur Wiederherstellung des ursprünglichen Zustandes der Gartenanlagen nahezu eindeutig. Entsprechend der 1983 von den damals zuständigen Staatlichen Schlössern und Gärten mit dem seinerzeit fachlich beratenden Landesinstitut für Denkmalpflege in Halle vorbereiteten und vom Kultusministerium der DDR bestätigten »Denkmalpflegerischen Rahmenzielstellung zur Erhaltung und Wiederherstellung des Denkmalensembles Wörlitz« war das Pflegeanliegen ausgerichtet worden. Damit wurde die Wiederherstellung des historischen Gartenkunstwerkes zur offiziell abgesegneten politischen Aufgabe. Harri Günther, damaliger Gartendirektor von Potsdam-Sanssouci, meinte im März 1983 über die beginnenden Restaurierungsarbeiten in den Wörlitzer Anlagen: »Es ergeben sich aus den durchge-

Sichtenfächer an der Goldenen Urne in Wörlitz vor der Wiederherstellung, 1984

Der Blick auf Synagoge, Goldene Urne und Schochs Wiese ist wieder erlebbar, 1987

Wurzelraumsanierung an Bäumen im Wörlitzer Park durch die Deutsche Bundesstiftung Umwelt

Ludwig Trauzettel
Geb. 1951 in Weimar. Nach Schulausbildung und Lehre als Baumschulgärtner Studium der Landschaftsarchitektur an der Technischen Universität Dresden, Dipl.-Ing. Ab Herbst 1974 Tätigkeit in der kommunalen Planung und Bauausführung von städtischen Grünflächen der Hansestadt Stralsund. Seit 1979 Mitarbeiter und seit Juli 1981 verantwortlicher Abteilungsleiter für die Gartenpflege und Restaurierung in der Kulturstiftung DessauWörlitz (bis 1992 Staatliche Schlösser und Gärten Wörlitz. Luisium. Oranienbaum). Die unter seiner Leitung ab 1981 durchgeführten Wiederherstellungsarbeiten im heute als Welterbe gewürdigten Dessau-Wörlitzer Gartenreich wurden 1997 mit dem Carlo Scarpa Preis der Benetton Stiftung (Treviso, Italien) ausgezeichnet.

führten Maßnahmen eine Reihe von Folgearbeiten, durch die die bisherigen Eingriffe erst ihren Abschluss und damit die betreffenden Parkpartien wieder ihren Wert und Ausstrahlungskraft, d.h. ihren ursprünglich zugedachten Sichtenbereich erhalten …«

Dem Denkmalgesetz entsprechend der DDR traten bei entgegenstehender Interessenlage die Bestimmungen des Natur- hinter denen des Denkmalschutzes zurück. Meines Erachtens gibt es vor Ort wohl kein Beispiel dafür, dass diese damalige Gesetzeslage zur Beeinträchtigung der Natur oder zur Vernichtung einer Tier- oder Pflanzenart geführt hat. Andererseits bewirken die heutige Gesetzeslage und das geforderte, aber nur begrenzt herzustellende Einvernehmen zwischen den Behörden des Naturschutzes, der Denkmalpflege, der Forstwirtschaft und des Hochwasserschutzes durchaus die Vernichtung von bedeutenden kulturellen Werten und von gewachsener historischer Substanz.

Nach 1989 hat sich das Verhältnis der Besucher zu den Kulturwerten, deren Verständnis, die Achtung vor der gepflegten historischen Substanz und das Verhalten in den Parkanlagen zumindest verändert, wenn nicht sogar teilweise verschlechtert. Mit ortsfremder Nutzung, Picknick, Radfahren, Graffiti oder gar Vandalismus gab es bis zur Wiedervereinigung kaum Probleme. Hunde blieben an der Leine und zum Bewegen durch den Park benutzte man die vorhandenen Wege. Die auf Parkordnungen an den Gartenzugängen formulierten Bitten der Verwaltung für ein angemessenes Verhalten stoßen heute auf Unverständnis. So bringen es manche Besucher nicht fertig, den eigenen Abfall bis zu einem Papierkorb zu tragen, obwohl deren Zahl mittlerweile auf ein Vielfaches gestiegen ist.

Es war nicht mein Anliegen, die vergangene Zeit schönzureden und die heutige zu verteufeln. Mit der Wiedervereinigung wurden umfangreiche und wirkliche Probleme für das heutige Welterbe entscheidend beeinflusst und gemindert, nicht zuletzt die mangelnden finanziellen Ressourcen sowie die Umweltbelastung beispielsweise durch die Industrie in Vockerode, Coswig oder Wittenberg. Die Beseitigung der Folgen dieser Entwicklung wurde insbesondere durch die Deutsche Bundesstiftung Umwelt in den letzten Jahren wesentlich unterstützt. Die Wiederherstellung des Erscheinungsbildes des historischen Dessau-Wörlitz wäre aber ohne die Ergebnisse der hier dargestellten Arbeit vor 1989 nicht denkbar.

WERTE KÖNNEN DAS HANDELN BEDINGEN.
HISTORISCHE GÄRTEN SIND DERARTIGE WERTE,
DIE MENSCHEN DAZU BRINGEN, SICH UM SIE ZU BEMÜHEN.
AM BEISPIEL DER ENTWICKLUNG
DER GARTENDENKMALPFLEGE IN DER DDR
KANN NACHVOLLZOGEN WERDEN,
DASS DIE WAHRNEHMUNG VON WERTEN
HANDELN AUSLÖST.

Joachim Wolschke-Bulmahn · Peter Fibich

»... NICHT ÜBERALL IST SANSSOUCI« – ANMERKUNGEN ZUR GARTENDENKMALPFLEGE IN DER DDR

[1] Thimm, Günther: Gartendenkmalpflege in Thüringen. Arbeitsmethoden und Erfahrungen. In: Das Gartenamt. H. 10. 1991, S. 631–636; Schelenz, Reinhard: Gartendenkmalpflege in Sachsen-Anhalt. Ein Überblick. In: Denkmalpflege in Sachsen-Anhalt. H. 1.1997, S.10–20; Voß, Gotthard: Gartendenkmalpflege in Sachsen-Anhalt. Rückblick, Gegenwart und Zukunft. In: Ebd., S. 5–9; Dreger, Hans-Joachim: Gartendenkmale im Land Brandenburg. In: Brandenburgische Denkmalpflege 3 (1994). 1, S. 5–10; Jäger, Jürgen: Gartendenkmalpflege in den Gärten und Parken.

Der nachfolgende Beitrag gibt Einblick in ein dreijähriges Forschungsprojekt zur Geschichte der Landschaftsarchitektur in der DDR, das von der Deutschen Forschungsgemeinschaft seit April 2001 gefördert wird. Neben der universitären Ausbildung sowie Tendenzen der kommunalen Freiraumplanung bildet die Entwicklung der Gartendenkmalpflege darin einen Forschungsschwerpunkt.

Zur Geschichte dieses Fachgebietes in der DDR liegen erste Forschungen vor, die sich in der Regel auf regionale Aspekte beschränken.[1] Meist von Zeitzeugen der Entwicklung verfasst, spiegeln sie wertvolle Innenansichten und Erfahrungen wider. Eine zeitliche Distanz von mehr als zehn Jahren erleichtert mittlerweile auch ein sachlich-kritisches Herangehen Außenstehender an diese Thematik. Gleichzeitig ist diese Distanz noch gering genug, um reale Zeugnisse und Spuren dieser Geschichte auffinden sowie Zeitzeugen vor allem zu fachspezifischen Entwicklungen aus der Anfangsphase der DDR befragen zu können. Für die Auseinandersetzung mit dieser Thematik erscheint es uns als Forschenden und Autoren von besonderer Bedeutung, dass wir aufgrund unserer jeweiligen Herkunft eigene Erfahrungen aus den gesellschaftspolitischen Zusammenhängen sowohl der DDR als auch der Bundesrepublik Deutschland einbringen können.

Im Folgenden werden einige Facetten der Entwicklung der Gartendenkmalpflege in der DDR aufgezeigt und insbesondere Fragen aufgeworfen, die vielleicht im Rahmen dieses und anderer Forschungsprojekte beantwortet werden können. Im Vordergrund stehen mögliche Zusammenhänge eines für viele scheinbar unpolitischen Fachgebietes zu seinen gesellschaftspolitischen Rahmenbedingungen. Brachten die sozialistischen Verhältnisse in der DDR Spezifika für die Gartendenkmalpflege hervor, die sich von denen im

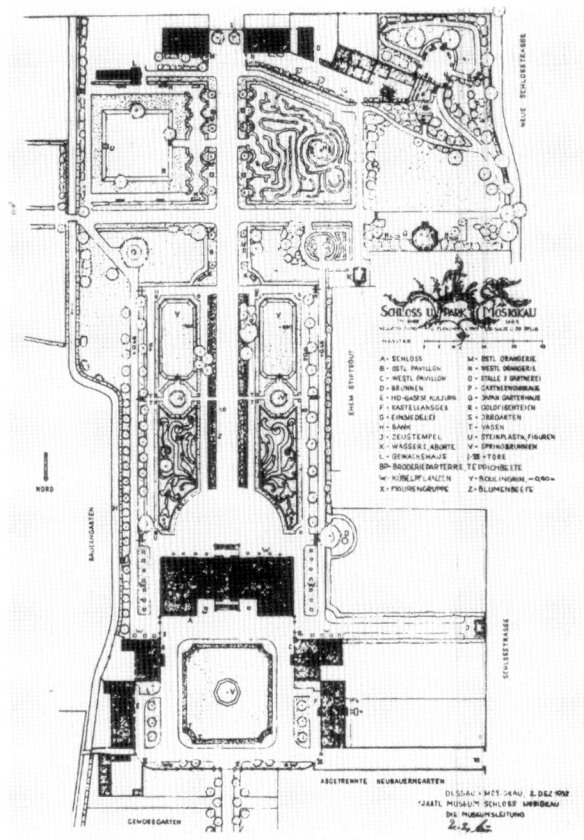

Südparterre im Schlosspark Berlin-Friedrichsfelde. Entwurf Editha Bendig, 1954. Die Anlage erfolgte im Zuge der Umnutzung zum Tierpark und kam einer Neuschöpfung gleich.

kapitalistischen System der Bundesrepublik unterschieden? Hatte zum Beispiel die Vereinnahmung der staatlichen Organe bis auf die unterste Ebene durch die SED Auswirkungen auf die Gartendenkmalpflege?

Die Tatsache, dass die gesellschaftspolitischen Zäsuren der Befreiung vom Nationalsozialismus 1945 und der friedliche Umsturz 1989/90 die DDR als Periode deutscher Geschichte eindeutig begrenzen, erlaubt es vielleicht, für sie bestimmte Zusammenhänge deutlich herauszuarbeiten. Allerdings hoffen wir darüber hinaus, mit der Veröffentlichung der Forschungsergebnisse in den kommenden Jahren für eine vergleichende Betrachtung zur fachspezifischen Entwicklung in der Bundesrepublik den Boden zu bereiten.

Historische Gärten in der DDR – ein kulturelles Erbe?

Die Selbstvergewisserung einer Gesellschaft findet zu einem wichtigen Teil über die Erinnerung statt, über ihr »kollektives« bzw. »kulturelles« Gedächtnis.[2] Denkmale als materielle Zeugen der Geschichte können dabei eine entscheidende Rolle spielen. Welches kulturelle Erbe wurde nun in der DDR angetreten? Berief man sich auf dieselben Kategorien historischer Parks und Gärten wie in der Bundesrepublik Deutschland oder wurden bestimmte Anlagen als inakzeptabel für die neue Gesellschaft erachtet?

Aus der Frühphase der DDR fanden sich einige Dokumente, die auf Versuche der Neuinterpretation historischer Gärten schließen lassen, um den Schutz von Gartenzeugnissen einer überwunden geglaubten Gesellschaftsordnung rechtfertigen zu können. So hob die Denkmalschutz-Verordnung der DDR von 1952 einleitend hervor, das kulturelle Erbe des deutschen Volkes lege »Zeugnis für die schöpferische Kraft der Volksmassen« ab.[3] Der Architekt Walther Pflug schrieb in den 1950er-Jahren über den Schlossgarten Mosigkau, er sei Ausdruck »vom hohen künstlerischen Können des Volkes zur Zeit des Rokoko [...]. Wenn wir sie [diese Gärten] heute endlich werten und ehren, so ist es nicht eine Referenz vor der überspitzten Kultur des Absolutismus. Wir setzen damit ein Denkmal denen, die fronend gezwungen waren, diese Gartenidylle zu schaffen, an denen sich nun endlich das ganze Volk erfreuen kann.«[4] Wirklich ernst genommen wurden die Brechtschen »Fragen eines lesenden Arbeiters« nach den ökonomischen Zusammenhängen historischer Kunstwerke, die zum Erhalt auch der

In: Thüringisches Landesamt für Denkmalpflege (Hrsg.): Weimarer Klassikerstätten. Geschichte und Denkmalpflege, bearb. v. Jürgen Beyer und Jürgen Seifert. 2. Aufl. Bad Homburg/ Leipzig 1997, S. 162–174.

[2] Nora, Pierre: Zwischen Geschichte und Gedächtnis. Frankfurt a. M. 1998 u.a.

[3] Verordnung zur Erhaltung und Pflege der nationalen Kulturdenkmale (Denkmalschutz) vom 26. Juni 1952. In: Gesetzblatt der Deutschen Demokratischen Republik Nr. 84 vom 2. Juli 1952, S. 514.

[4] Pflug, Walther: Alte Gartenkunst in Mosigkau. Studienblätter des Staatlichen Museums Mosigkau in Dessau-Mosigkau. H. 2. o.J. (ca. 1952), S. 5.

[5] Hütter, Elisabeth/Magi-

rius, Heinrich: Zum Verständnis der Denkmalpflege in der DDR. In: Zeitschrift für Kunstgeschichte. H. 3. 1990, S. 397–407.

[6] Lingner, Reinhold: Einleitung. In: Schüttauf, Hermann: Parke und Gärten in der DDR. Hrsg. v. Bundessekretariat des Deutschen Kulturbundes, Abteilung Natur und Heimat. Kunstgeschichtliche Städtebücher. Leipzig 1969, S. 9.

[7] Stiftung Preußische Schlösser und Gärten Potsdam-Sanssouci. Gartendirektion, Ordner Parkaktiv.

[8] Bundesarchiv Berlin: DH 2, II/09/7. Lingner, R.: Vorschläge für die Einrichtung und Anlage zentraler Parkanlagen. Arbeitstagung der Fachgruppe Gartenarchitektur und Landschaftsgestaltung in Dresden vom 20. bis 23. September 1956.

[9] Kulturbund der DDR, Zentraler Fachausschuß Dendrologie und Gartenarchitektur, Zentrales Parkaktiv (Hrsg.): Entwicklung der Volksparke. o.O. 1979.

[10] Vorläufige Richtlinien für die Anlage von Kulturparks. In: Deutsche Architektur. Sonderheft »Probleme der Gartenarchitektur«. 1954, S. 48.

[11] Vgl. u.a. Hennebo, Dieter: Gartendenkmalpflege in Deutschland. Geschichte – Probleme – Voraussetzungen. In: Hennebo, Dieter (Hrsg.): Gartendenkmalpflege. Grundlagen der Erhaltung historischer Gärten und Grünanlagen. Stuttgart 1985, S. 11–48; Hennebo, Dieter: »Wir brauchen diese Dokumente alter Gartenkunst ..., selbst wenn sie unserem Geschmack nicht ganz entsprechen«. Anmerkungen zur Entwicklung der Gartendenkmalpflege in Deutschland. In: Die Gartenkunst 3 (1991). 2, S. 287–291; Gröning, Gert: Aspects of the Political and Social Context of the Garden Conservation Movement in Twentieth-Century Germany. In: Garden History. 28 (2000). 1, S. 32–56.

[12] Hennebo, Dieter: Garten-

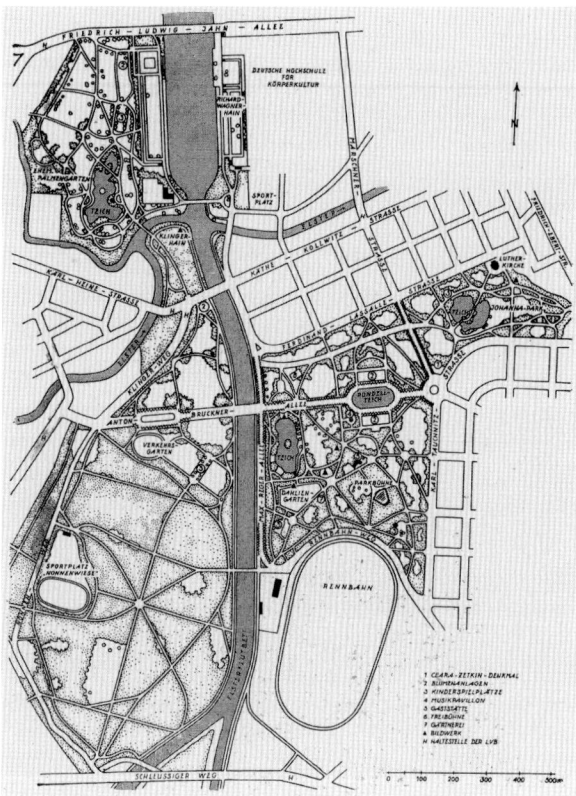

Lageplan des Kulturparks »Clara Zetkin« Leipzig, Anfang der 1950er-Jahre aus mehreren historischen Parkanlagen hervorgegangen

Gartendenkmale ein schlüssiges Argument hätten liefern können, allerdings selten.[5]

Die Wertschätzung der verschiedenen Epochen der Gartenkunstgeschichte scheint in der DDR vielmehr diskontinuierlich und heterogen geblieben zu sein. Parallel zur Entwicklung in der Bundesrepublik Deutschland zeichnet sich für die Anfangsjahre allenfalls eine Bevorzugung architektonischer Anlagen des Barock und Rokoko ab, während Landschaftsgärten oder gar Anlagen des frühen 20. Jahrhunderts zunächst selten als denkmalwürdig Anerkennung fanden. Die Hinwendung zu Zeugnissen des Landschaftsgartens wurde von angestrengten Versuchen ideologischer Untermauerung begleitet. Reinhold Lingner etwa interpretierte 1969 den Landschaftsgarten als Ausdruck des Fortschritts der Produktionsverhältnisse, Barockgärten dagegen seien nur möglich gewesen »durch brutalste Ausplünderung der Volksmassen im Feudalabsolutismus«.[6] Helmut Rippl sah die Pückler'schen Parks als »gepflanzte Weltanschauung«. Im Protokoll der 2. Arbeitstagung der Direktoren, Mitarbeiter und Betreuer historischer Parkanlagen vom 5. bis 7. Februar 1970 heißt es, er könne »mit Bestimmtheit die Feststellung treffen, daß demokratische Grundzüge bei der Pflanzung von Bäumen zu erkennen sind. Denn nicht anders kann man die exponierte Stellung, die jeder Baumart […] eingeräumt wurde, deuten, als Gleichberechtigung«.[7]

Es gab weitere Versuche von Gartendenkmalpflegern in der DDR, Pückler entsprechend »positiv« zu deuten. Allerdings werfen derartige Interpretationen die grundsätzliche Frage nach dem Kontext auf, in dem sie entstanden. Nicht per se sollten sie als Ergebenheitsbekundungen gegenüber den politischen Eliten verstanden werden. Sie können den Verfassern durchaus auch dazu gedient haben, die Schutzwürdigkeit gefährdeter Anlagen gegenüber einer an Denkmalpflege uninteressierten politischen Führung zu rechtfertigen.

Im Zuge der Entwicklung des sozialistischen »Kulturparks« fällt auf, dass sich seine Urheber nicht auf die Volksparks der Weimarer Republik als Vorbild für den neu zu entwickelnden Parktypus beriefen, sondern diese als Zeugnisse einer bürgerlich-kapitalistischen Gesellschaft glaubten ablehnen zu müssen.[8] Erst Ende der 1970er-Jahre rückten Volksparks in den Blickpunkt auch des gartendenkmalpflegerischen Interesses.[9] Andere Parks wurden umbenannt, um ihnen eine sozialistische Bedeutung zu geben – etwa der Greizer Park in »Lenin-Park« oder mehrere historische Parks in Leipzig in »Kulturpark Clara Zetkin«. Gleichzeitig griffen die »Vorläufigen Richtlinien zur Anlage von Kulturparks« aus dem Jahr 1954 durchaus kulturelles Erbe auf. Es heißt darin, deren Gestaltung böte gute Möglichkeiten der Anknüpfung an die barocke und landschaftliche Gartenkunst.[10] Solche Widersprüche und Unstimmigkeiten bedürfen noch weiterer Untersuchungen.

Ausgangsbedingungen

Wo stand die Gartendenkmalpflege zu Beginn der Entwicklung beider deutscher Staaten? Zunächst ist zu vermerken, dass das Fachgebiet – seinerzeit als »Pflege historischer Parke« umschrieben, nach Kriegsende als eigenständiger Bereich – trotz bemerkenswerter Entwicklungen im Kaiserreich und in der Weimarer Republik noch in den Anfängen steckte.[11] Wichtige Akteure wie Georg Potente, Paul Kache und Rudolf Hörold hatten das Kriegsende nicht überlebt. Allerdings gab es im Osten Deutschlands mit Hans F. Kammeyer und Hermann Schüttauf zwei Protagonisten des Fachs, die sich – mit ganz unterschiedlicher Vergangenheit im Nationalsozialismus – im neuen Staat entsprechend engagierten. Im Gegensatz zu dem im Nationalsozialismus mit Berufsverbot belegten Kammeyer, nun wieder Lehrer für Gartengestaltung an der Fachschule in Pillnitz, war Schüttauf einer der ganz wenigen Landschaftsarchitekten, die nach 1945 aufgrund ihrer Mitgliedschaft in der NSDAP von Restriktionen betroffen waren. Nach seiner Entlassung als Gartendirektor der Staatlichen Schlösser und Gärten in Dresden im Januar 1949 prägte er die Gartendenkmal-

Der Dresdener Zwinger, 1949. Neben dem beginnenden Wiederaufbau des zerstörten Ensembles ist die Grabeland-Nutzung des Zwingerhofes erkennbar.

pflege der DDR als freiberuflicher Gutachter und Entwerfer sowie als freiwilliger Lehrer dennoch entscheidend mit.

Zum Stand der Gartendenkmalpflege in Deutschland um 1945 stellte Hennebo 1985 eher ernüchternd fest: »Insgesamt blieb das Verständnis für die Notwendigkeit einer umfassenden Gartendenkmalpflege gering, fehlte infolgedessen die Bereitschaft, die dafür erforderlichen Voraussetzungen zu schaffen.«[12] Nach dem Ende des Zweiten Weltkrieges war die Sorge um historische Gärten sicherlich zunächst kein primäres gesellschaftliches Anliegen. Der Wiederaufbau der zerstörten Städte und die Produktion von Nahrungsmitteln waren die drängenden Aufgaben. Historische Gärten wurden dabei zunächst eher als potenzielles Grabeland denn als Kulturdenkmale angesehen. Selbst anerkannte Gartendenkmale wie Sanssouci und Wörlitz wurden als Wirtschaftsland eingestuft und mit Pflichtabgaben belegt. Im Zuge der Bodenreform musste in historischen Anlagen wie Mosigkau und Muskau Parkland vorübergehend zur landwirtschaftlichen Bearbeitung vergeben werden. Verschärft wurde diese Situation durch die geringere Wirtschaftskraft im Osten Deutschlands und die Reparationen, die an die UdSSR zu leisten waren.

EHRENAMTLICHE AKTIVITÄTEN ZUM AUFBAU DES FACHGEBIETES

Vor diesem Hintergrund muss umso höher bewertet werden, dass sich in der DDR relativ früh Bemühungen um den Erhalt historischer Gärten regten. Der bereits im Juli 1945 in der Sowjetischen Besatzungszone gegründete »Kulturbund zur demokratischen Erneuerung Deutschlands« sollte bei der Konstituierung der Gartendenkmalpflege eine wichtige Rolle spielen. Er war als »Massenorganisation« schon bald an die Stelle verschiedener Vereine getreten, die sich in der Vergangenheit um Denkmalpflege bemüht hatten. Mitglieder der oft bürgerlich geprägten Vereine waren dabei Diskriminierungen ausgesetzt, wertvolle Traditionslinien wurden gekappt. Erstaunt brachte zum Beispiel Georg Pniower im September 1950 in Erfahrung, die »Zugehörigkeit zur Deutschen Gesellschaft für Gartenkunst und Landschaftspflege sei politisch nicht mehr erwünscht«.[13]

Aus Mangel an anderen Möglichkeiten nahmen Fachleute und Laien den Kulturbund als Rahmen gartendenkmalpflegerischer Aktivitäten dennoch in Anspruch. Als landesweit agierende Organisation kulturinteressierter Menschen hat er sich in der Folgezeit

[12] denkmalpflege in Deutschland. Geschichte – Probleme – Voraussetzungen. In: Hennebo, Dieter (Hrsg.): Gartendenkmalpflege. Grundlagen der Erhaltung historischer Gärten und Grünanlagen. Stuttgart 1985, S. 26.

[13] Archiv der Humboldt-Universität Berlin: Nachlass Georg Bela Pniower. Ka. 10. Ma. 1: Schreiben Pniower an Hans Abelmann, Dipl.-Gartenbauinspektor, vom 8. September 1950.

Dr.-Ing. Peter Fibich
Geb. 1968. 1990 bis 1995 Studium der Landschaftsarchitektur an der Technischen Universität Dresden. 1995 bis 1999 Promotion. 1999 bis 2001 freiberuflich als Fachjournalist und Landschaftsarchitekt tätig. Seit April 2001 wissenschaftlicher Mitarbeiter am Institut für Grünplanung und Gartenarchitektur der Universität Hannover im Rahmen des DFG-Forschungsprojekts zur Geschichte der Landschaftsarchitektur der DDR.
Publikationen zur Gedenkstättengestaltung, zur jüngeren Geschichte und zu aktuellen Fragen der Landschaftsarchitektur.

Parkseminar des Arbeitskreises »Rhododendron« des Kulturbundes der DDR im Schlosspark Tannenfeld, 1983

[14] Schüttauf, Hermann: Pflege historischer Parkanlagen. Hrsg. v. Deutschen Kulturbund, Kommission Natur und Heimat des Präsidialrates, Zentraler Fachausschuß Landschaftsgestaltung, Naturschutz und Dendrologie. Berlin 1963.

[15] Gröning, Gert: wie Anm.11, S. 38.

[16] Sakowski, Helmut: Geschichte hat ein gutes Gedächtnis. Lennésches Erbe. In: Sonntag, vom 25. Juni 1989.

[17] Zit. n. Wendland, Folkwin: Die Pflege unseres gartenkünstlerischen Erbes. In: Kulturbund zur demokratischen Erneuerung Deutschlands, Zentrale Kommission Natur- und Heimatfreunde (Hrsg.): Von Domen, Mühlen und goldenen Reitern. Bücher für Heimatpflege 1. Dresden 1955, S.73.

sogar als förderlich im Sinne der Bündelung freiwilligen Engagements erwiesen. Einerseits war der Kulturbund eine durch die SED aufgebaute und kontrollierte Massenorganisation, andererseits konnte dort durch ehrenamtlichen gartendenkmalpflegerischen Einsatz beispielgebende theoretische und praktische Arbeit geleistet werden. Die Frage, warum sich in der DDR im Bereich der Gartendenkmalpflege eine besondere Kultur der ehrenamtlichen Tätigkeit herausbildete, verdient im Rahmen des Forschungsprojekts größere Beachtung.

Hermann Schüttauf, der im »Zentralen Parkaktiv« des Kulturbundes gartendenkmalpflegerisch führend tätig war, plädierte in seiner Schrift zur Pflege historischer Parkanlagen 1963 engagiert für die Mitarbeit der Bevölkerung.[14] Neben Schüttauf wirkten u.a. Hermann Göritz, Kurt Lein, Harri Günther und Dieter Hennebo in den Anfangsjahren mit. Des Weiteren scheint die Vermutung Gert Grönings, dass Georg Pniower ein Impulsgeber gartendenkmalpflegerischer Bemühungen gewesen sei, durchaus tragfähig zu sein.[15] 1955 fand die wohl erste gartendenkmalpflegerische Tagung »Pflege und Erhaltung der historischen und ländlichen Gärten und Parke« unter der Leitung Pniowers statt. Anfang der 1960er-Jahre führte Schüttauf Seminare zur »Pflege historischer und ländlicher Parke« durch. Nach seinem Tod im Jahr 1967 erfolgte eine Wiederbelebung des gartendenkmalpflegerischen Engagements im Kulturbund maßgeblich durch Harri Günther, der wissenschaftliche Tagungen im jährlichen Turnus etablierte. Die ab 1976 von seinen Nachfolgern als Leiter des Zentralen Parkaktivs, Helmut Rippl und Rainer Zeletzki, zusätzlich durchgeführten »Parkseminare« dienten wie die Vorläufer der Qualifizierung und dem Erfahrungsaustausch von Fachleuten und Laien. Ab 1982 erfolgte eine Differenzierung der ehrenamtlichen Tätigkeit durch die Bildung der Arbeitsgruppe »Denkmale der Landschafts- und Gartengestaltung«, die sich besonders der theoretisch-methodischen Weiterentwicklung der Gartendenkmalpflege widmete. Die näheren Umstände und Gründe dieser Differenzierung sind im Rahmen des Projekts noch näher zu untersuchen.

Das Interesse der ehrenamtlichen Tätigkeit im Kulturbund galt insbesondere den vielfach vom Verfall bedrohten historischen Anlagen im ländlichen Raum (Gutsparks). Freiwillige suchten hier gewissermaßen die vom Staat vernachlässigten Aufgaben zu kompensieren. Der Schriftsteller Helmut Sakowski charakterisierte im Juni 1989 die Situation bezüglich des Erhalts historischer Gärten folgendermaßen: »Wir sind zu Jubel angehalten. Doch teilweise müssen wir auch von verwehten Spuren reden, nicht überall ist Sanssouci. Wir haben auch Sorgen.«[16]

Institutionalisierung und Gesetzgebung

Wie hat sich gegebenenfalls die Industriereform vom Oktober 1945, die den Weg zur Verstaatlichung der Wirtschaft frei machte, auf die Entwicklung landschaftsarchitektonischer Arbeitsfelder ausgewirkt? Immerhin bedeutete sie letztlich das Ende für den Berufsstand der freischaffenden LandschaftsarchitektInnen und führte die Verstaatlichung von Gärtnereien, Baumschulen und Betrieben des Garten- und Landschaftsbaus herbei. Hermann Göritz, Alfred Niendorf und Hermann Schüttauf gehörten zu den wenigen verbliebenen freischaffenden Landschaftsarchitekten, die sich auch im Bereich der Gartendenkmalpflege betätigten. Welche Auswirkungen hatte diese Entwicklung zum Beispiel auf den Pflegezustand historischer Gärten oder auf die Qualität und Quantität gartendenkmalpflegerischer Gutachten?

Auf der Ebene der denkmalpflegerischen Gesetzgebung und der Institutionalisierung der Gartendenkmalpflege sind in der DDR frühe Entwicklungen zu verzeichnen, die in der Bundesrepublik keine parallele Entsprechung fanden. In der bereits zitierten Denkmalschutz-Verordnung von 1952 wurde der Denkmalwert historischer Gärten bereits ausdrücklich anerkannt. Allerdings verlor die Verordnung mit der Auflösung der Landesstrukturen in der DDR schon kurz nach Inkrafttreten ihre Wirksamkeit.

Bereits 1955 forderte Dieter Hennebo für die historischen Parks und Gärten eine »zentrale Institution bei der Regierung«, zusammengesetzt aus Kunsthistorikern, Gartengestaltern und Dendrologen, »zumindest aber müßten beim Institut für Denkmalpflege und bei seinen Außenstellen gartenhistorisch vorgebildete Gartengestalter eingesetzt werden, deren Aufgabe es sein sollte, die wertvollen Parks und Gärten ihres Bereichs festzustellen, zu erforschen und zu betreuen«.[17] 1961 wurde in der DDR eine neue Denkmalschutz-Verordnung erlassen, in der Gärten, Parks und Friedhöfe wiederum gleichberechtigt neben anderen Denkmalgattungen genannt werden.[18] Diese Verordnung bereitete der Neugründung eines zentralisierten Instituts für Denkmalpflege den Weg, verbunden mit der Einstellung Hugo Namslauers als für die Gartendenkmalpflege zuständigem Landschaftsarchitekten. Immerhin war das Fachgebiet damit wesentlich früher als in der Bundesrepublik im Rahmen einer staatlichen Denkmalpflegeinstitution verankert.

Das nicht ohne Anspruch auf internationales Renommée im europäischen Denkmalschutzjahr 1975 erlassene Denkmalpflegegesetz erklärte den Denkmalschutz zur Verwaltungsangelegenheit der staatlichen Organe; es sprach dem Institut für Denkmalpflege eine beratende Funktion als wissenschaftliche Einrichtung zu.[19] Hugo Namslauer erhielt nun mit Detlef Karg, Krista Gandert und Regine Süßkow Unterstützung durch weitere MitarbeiterInnen. Ab 1978/79 waren dann in allen fünf Außenstellen des Instituts LandschaftsarchitektInnen tätig. In diesem Zusammenhang interessieren uns bei den weiteren Forschungen u.a. die Fragen, inwiefern diese fortschrittlichen Erscheinungen der Institutionalisierung für historische Gärten praktische Wirkung entfalten konnten, welche theoretischen und methodischen Entwicklungen auf den Weg gebracht wurden, welcher Instrumentarien man sich in der denkmalpflegerischen Tätigkeit bediente und wo gegebenenfalls Gemeinsamkeiten und Unterschiede zu zeitgleichen fachspezifischen Entwicklungen in der Bundesrepublik Deutschland festzustellen sind.

Prof. Dr. Joachim Wolschke-Bulmahn
1972 bis 1980 Studium der Landschaftsarchitektur in Hannover. 1981/82 Tätigkeit in einem Planungsbüro in Ahrensburg. Wissenschaftlicher Mitarbeiter am Institut für Freiraumentwicklung und Planungsbezogene Soziologie der Universität Hannover. 1983 bis 1989 in Zusammenarbeit mit Prof. Dr. Gert Gröning Forschungsprojekte zur jüngeren Geschichte der Freiraumplanung und 1989/90 im Fachbereich Architektur der Hochschule der Künste Berlin, dort Promotion zum Dr.-Ing. Stipendium am zur Harvard Universität gehörenden Forschungsinstitut Dumbarton Oaks in Washington D.C. (1989/90) und erneute Tätigkeit an der HdK Berlin (1990/91). 1991 bis 1996 Direktor der Abteilung Studies in Landscape Architecture des Forschungsinstituts Dumbarton Oaks/Trustees for Harvard University. Seit Oktober 1996 Professor für Geschichte der Freiraumplanung im Fachbereich Landschaftsarchitektur und Umweltentwicklung am Institut für Grünplanung und Gartenarchitektur der Universität Hannover.
Zahlreiche Publikationen zur jüngeren Geschichte der Landschaftsarchitektur, Geschichte der byzantinischen Gartenkultur sowie der Geschichte der Gartenkultur und der Professionsgeschichte.

[18] Verordnung über die Pflege und den Schutz der Denkmale vom 28. September 1961. In: Gesetzblatt der Deutschen Demokratischen Republik II, Nr. 72.

[19] Gesetz zur Erhaltung der Denkmale in der DDR (Denkmalpflegegesetz) vom 19. Juni 1975. In: Gesetzblatt der Deutschen Demokratischen Republik. T. I. Nr. 26. Ausgabe v. 27. Juni 1975, S. 458–460.

Hermann Schüttauf (1890–1967)

Hugo Namslauer (1922–1999)

Historische Gärten sind Orte besonderen Charakters. Sie haben ihre eigene Bedeutung und treten als Unikate auf. Ihr Wert als Kunstwerk und Objekt der Geschichte wird heute trotz Mahnungen aus der Fachwelt immer wieder durch gesellschaftliche Interessen im Sinne opportuner Nutzungen in den Hintergrund gedrängt.

Klaus von Krosigk

Das Gartendenkmal ist sich selbst genug

Oldtimerausstellung im Schlosspark von Schwetzingen, Juli 2002

Loveparade im Berliner Tiergarten. Extreme Form der Übernutzung eines denkmalgeschützten historischen Gartens

»Der Irrtum sogenannter Leute von Geschmack ist der, dass sie überall Kunst fordern und nie zufrieden sind, wenn sie nicht in Erscheinung tritt, während hingegen wahrer Geschmack darin besteht, die Kunst zu verbergen, zumal wenn es sich um Werke der Natur handelt.«

Am Beginn der empfindsamen Gartenepoche geschrieben, werbend für die Verbreitung der gerade den Kontinent erobernden landschaftlichen Gartenkunst, machen die Worte Jean-Jacques Rousseaus doch zugleich auch ein Grundproblem bei der Betrachtung und im Umgang mit unseren alten Gärten deutlich, nämlich die vorbehaltlose Akzeptanz, dass wir es bei Gartendenkmalen mit Gärten und Parks zu tun haben, deren »stille Schönheit« sich oftmals erst beim zweiten Blick zu erkennen gibt. Gerade deshalb bedürfen sie umso mehr unserer Fürsorge und unseres Schutzes und sind auch und gerade um ihrer selbst Willen zu erhalten, ganz im Sinne von »Das Denkmal – oder vielmehr das Gartendenkmal – ist sich selbst genug!«

Nicht nur die permanente Veränderung des Gartenkunstwerkes durch anhaltende biologische Wachstumsprozesse sowie durch mangelnde Pflege hervorgerufene Instabilität von Gartendenkmalen, sondern auch ihre im Gegensatz zu Bau- und Kunstdenkmalen besonders leichte Verfügbarkeit und »eine gewisse, unbewusst eingebürgerte Ignoranz gegenüber der Gartenkunst«[1] haben mithin ein insgesamt deutlich reduziertes Gartenerbe hinterlassen, dass heute unbestrittenermaßen zu der am höchsten gefährdeten Denkmalkategorie gehört.

Wir wissen, dass mit der 1843 durch Friedrich Wilhelm IV. erfolgten Berufung Ferdinand von Quasts zum ersten Konservator von Kunst-Denkmalen in Deutschland die Baudenkmalpflege, nicht jedoch eine Gartendenkmalpflege, begründet wurde. Zaghafte Ansätze hierzu sind erst zu Beginn des 20. Jahrhunderts festzustellen.

Im Zusammenhang mit einer sich schließlich am Ende des 19. Jahrhunderts in Deutschland etablierenden Natur- und Heimatschutzbewegung sollte schließlich erstmals auch der Blick auf so genannte Naturschönheiten sowie auf das überkommene Gartenerbe gelenkt werden. So verlangte die Deutsche Gesellschaft für Gartenkunst und Landschaftspflege – DGGL – schon 1907 in einer Eingabe zum Entwurf des Preußischen Gesetzes »Gegen Verunstaltung von Ortschaften und landschaftlich hervorragenden Gegenden« den Schutz »historisch wertvoller Schöpfungen

[1] Hennebo, Dieter: Gartendenkmalpflege in Deutschland. Geschichte – Probleme – Voraussetzungen. In: Gartendenkmalpflege. Grundlagen der Erhaltung historischer Gärten und Grünanlagen. Stuttgart 1995, S. 11.

[2] Koch, Hugo: Gartenkunst im Städtebau. Berlin 1914, S.186.

[3] Wie Anm.1, S. 21.

»Klotzige« moderne Kunst im Lenné'schen Kurpark von Bad Homburg, 1992

der Gartenkunst« einzubeziehen. Auch wurde schon vor dem Ersten Weltkrieg der Ruf nach einer umfassenden Inventarisation aller Gärten und die Einschaltung von Fachleuten, von »Landschaftsgartenkünstlern«, deutlich. Die hier zum Ausdruck kommende Haltung, dass auch gartenkünstlerisch gestalteten Objekten Kunst- und Denkmalqualität zuzubilligen ist, spiegelt sich durchaus schon in den Fachveröffentlichungen jener Zeit, wie zum Beispiel in Hugo Kochs 1914 erschienenem Buch »Gartenkunst im Städtebau« wider, wo er erstaunlich weitsichtig forderte: »Nachdem es gelungen ist, weite Schichten des Volkes für die Pflege des Baudenkmals zu gewinnen [nunmehr] auch dem Gartendenkmal unser Augenmerk zuzuwenden ist.« Weiterhin kritisierte Koch sehr weitsichtig die damals schon in öffentlichen Park- und Grünanlagen verbreitete Tendenz, diese immer wieder nach dem aktuellen modischen Geschmack der Zeit zu verändern, statt sie in ihrer originalen Gestaltqualität zu bewahren und zu schützen, mit folgenden Worten: »Die in unserer Zeit noch vielfach zu verfolgenden ›Verschönerungen‹ alter Anlagen sollten unterbleiben, [denn] – wir besitzen darum kaum noch wahre Zeugen alter Kunstgestaltung!«[2]

Jedoch erst die nach dem verlorenen Krieg und der Abschaffung der Monarchie 1918 sich ergebenden, einschneidenden Veränderungen sollten ein Nachdenken über die Zukunft vor allem des höfisch-aristokratisch geprägten Gartenerbes nach sich ziehen. Die eilends nach Berlin einberufenen Teilnehmer einer Tagung für Denkmalpflege forderten dann auch vor dem Hintergrund der sich auflösenden Krongutsverwaltungen der deutschen Länder, dass »die bisher im Besitz der Fürsten befindlichen Baudenkmale, vor allem die Schlösser und sonstigen fürstlichen Wohnsitze mit ihren Gartenanlagen, […] als bedeutsame und unersetzliche Zeugen deutscher Geschichte, Kunst- und Kulturentwicklung dauernd erhalten bleiben«[3] müssen.

Im Gefolge der in den zwanziger Jahren eingerichteten staatlichen Schlösser- und Gärtenverwaltungen kam es in der Zwischenkriegszeit zu damals weit beachteten ersten Wiederherstellungsmaßnahmen, u.a. im Großen Garten von Herrenhausen, im Broderieparterre von Brühl, namentlich auch in den weitläufigen Parkanlagen von Sanssouci. Es handelte sich bei diesen Arbeiten jedoch noch keineswegs um eine wissenschaftlich-konservatorisch begründete »Rückverwandlung«, Restaurierung oder Rekonstruktion, sondern vielmehr um eine Angelegenheit der »schöpferischen Gartendenkmalpflege«. Wie sehr dieser Aspekt die erste Phase einer neuerlichen Aneignung und Bewusstwerdung des historischen Gartens bestimmte, machen spätere Garteninstandsetzungen, wie die von Herrenhausen oder Ludwigsburg, deutlich.

Erst das Plädoyer Dieter Hennebos für den unverfälschten Erhalt der konkreten Spuren unserer Gartengeschichte, von ihm selbst in einem 1991 in München anlässlich der Verleihung des Friedrich Ludwig von Sckell-Ehrenringes gehaltenen Vortrages neuerlich prägnant zum Ausdruck gebracht, als er für den Titel seiner Festansprache eine Passage aus einem 1913 erschienenen Wörlitz-Führer zitierte: »Wir brauchen diese Dokumente alter Gartenkunst […], selbst wenn sie unserem Geschmack nicht ganz entsprechen!«, sollte schließlich zum Umdenken führen.

Wie zögerlich man diesem, von Fachleuten allgemein akzeptierten »Lehrsatz« jedoch folgte, machen zahlreiche Planungen und Eingriffe in unsere überkommenen historischen Gärten und Parks deutlich. Die bis weit in die achtziger und neunziger Jahre bei Planungsämtern, Politikern, ja oftmals auch bei der Baudenkmalpflege vorherrschende Meinung, Gärten und Parks – soweit sie denn nicht deutlich sichtbare Gestaltungsspuren aufweisen – seien eigentlich Vorhalteflächen für nutzungsbezogene, aktuelle Planungsüberlegungen, hat selbst in auch international bekannten und geschätzten Parkanlagen, wie dem von Benrath, zu fatalen Fehlinterpretationen geführt.

Das unstrittige Erfordernis, auch in Benrath für die zahlreichen Kübelpflanzen wieder zu einer Orangerie zu gelangen, hatte zur Folge, dass ein sogar als potentielles Welterbe in der Diskussion stehendes Gesamtkunstwerk aus Schloss und Garten ein völlig überdimensioniertes modernes Glashaus erhalten sollte. Dieses hätte in seiner jeden Maßstab sprengenden Größe, falschen Disposition und seinem hohen künstlerischen Eigenleben ohne Zweifel die Integrität und Authentizität eines wundervollen Kulturerbes aus der Zeit der Aufklärung nicht nur bedroht, sondern schwer beschädigt.

Auch die ebenfalls kurz vor der Genehmigung und damit Ausführung stehenden Baupläne für das oberhalb der Elbe in direkter Nähe zu Dresden im so genannten Lingnerpark geplante »Bio Parc«-Projekt der Tschira Stiftung konnte letzten Endes nur durch eine höchst engagierte Bürgerinitiative verhindert werden. Unter dem durchsichtigen Argument, dass nur durch die Errichtung eines sich wirtschaftlich rechnenden Bürogebäudes Lingnerschloss und Park saniert werden könnten und darüber hinaus der »reizvolle Kontrast von moderner Doppelhelix und historischem Schloß eine gartengestalterische Aufwertung des Lingnerparkes mittels eines avantgardistischen Gebäudes« ermöglichen würde, wurde der Öffentlichkeit suggeriert, ein im Grundsatz denkmalzerstörendes Projekt sei im Kern denkmalerhaltend. Wie wir heute wissen, sollten beim Lingnerparkprojekt nicht nur geltendes Stiftungs- und Steuerrecht, sondern auch der historisch wertvolle Garten manipuliert werden. Vergleichbar dem »Petzinka-Gewächshaus-Bau« in Benrath drohte dem historischen Garten eine Teilzerstörung durch ein viel zu groß dimensioniertes Gebäude in einem der letzten unzerstörten Dresdner Gesamtkunstwerke, auch hier ohne Prüfung alternativer Standorte. Glücklicherweise gelang es durch massive Proteste der Bevölkerung, aber auch aus Fachkreisen, dem einzigartigen Status des Ensembles der Albrechtsschlösser als Kulturdenkmal und Teil des Denkmalschutzgebiets Elbhänge sowie den Belangen des Natur-, Landschafts- und Gartendenkmalschutzes Rechnung zu tragen.

»Gerade wegen des immer wieder beschworenen ephemeren Charakters der Gartenkunst sind wir eben zu besonderer Strenge in der Erhaltung der authentischen Substanz aufgerufen«, wie Brigitt Sigel zu Recht sagte, »und wo dies nicht möglich oder angestrebt ist, wenigstens zu einer eingehenden Untersuchung und Dokumentation des vor der Zerstörung stehenden Originals.«[4]

Bedeutende Anlagen wie den wertvollen Lennéschen Kurpark von Bad Homburg versucht man leider weniger durch gartendenkmalpflegerisch fundierte und begleitende Instandsetzungen »attraktiver« zu machen, stattdessen rüstet man ihn mit nicht enden wollenden Events für die Jetztzeit auf und um. Wohin dieser Missbrauch, »Gartenzauber« genannt, führt, sieht man auch an anderen, vormals bedeutenden Kurparks wie Bad Oeynhausen oder Bad Meinberg. Eine rühmliche Ausnahme ist hier sicherlich Bad Driburg, ebenfalls in Westfalen gelegen, wo ein seit 200 Jahren durchaus bescheidener und sich selbst genügender Kurpark in seiner selten gewordenen Authentizität und schlichten Schönheit das helle Entzücken aller Besucher hervorruft. Hier in Bad Driburg wird eben noch im Sinne Jakob Burckhardts das sichtbar, was solche Anlagen über den »Geist« und die Gesellschaft ihrer Zeit, über die Intentionen und Konventionen ihrer Schöpfer aussagen.[5] Das heute allenthalben sichtbar werdende, ungebremste Profitstreben mit dem damit einhergehenden technischen Aufrüstungsdruck hat ja nicht nur für die natürliche Umwelt oft genug schwerwiegende Folgen, sondern gerade auch für den Bestand überkommener Bau- und Gartendenkmale und damit für die historisch gewachsene Vielfalt und Unverwechselbarkeit der Regionen Mitteleuropas.

Aktuelle Funktionen und Nutzungsvorstellungen

Zunehmend bemerken wir nicht nur die Neigung, historische Objekte aktuellen Funktionen und Nutzungsvorstellungen unterzuordnen, sondern auch das Gartendenkmal mit modischen Veränderungen und Zutaten zu überfrachten und damit zu überfordern. Die zu beobachtende Tendenz, denkmalgeschützten Parkanlagen die Funktionen öffentlicher Grünanlagen mit begrenzten lokalen Aufgaben zu übertragen, auch unter dem Hinweis, dass ein »bloß« historischer Park ja ohnehin nicht genug zu bieten habe, ist eine gefährliche Entwicklung, insbesondere wenn das scheinbare Erwecken aus einem Dornröschenschlaf mit immer noch populärem, aber ganz unsinnigem Einreißen von Mauern, Hecken oder Gartenzäunen verbunden ist. Wir alle wissen längst, dass einem Fall dieser »Gartendämme« – von der Politik in aller Regel im Sinne spektakulärer Öffentlichkeitswirkung nachdrücklich begrüßt – sehr schnell scheinbar unabdingbar notwendige Erschließungswege, Zerstörungen durch nunmehr ungehemmtes Mountainbiking, Grillen, Lagern und Bolzen folgen oder schlimmer noch, eine Aufwertung durch eine Vielzahl scheinbar fehlender Attraktionen. Diese Überstrapazierung der historischen Gartenanlagen durch zeitgemäße Nutzungen und Freizeitaktivitäten der so genannten Fun-Gesellschaft – und sei es

Schlosspark von Wiesbaden-Biebrich mit Zerstörungen anlässlich des jährlichen Reitturniers

[4] Sigel, Brigitt: Der wachsende und der rekonstruierte Garten. In: Die Gartenkunst 7/1 (1995), S. 344.

[5] Oeynhausen, Ramona Gräfin von: Das Gräfliche Kurbad Bad Driburg. Ostfildern-Ruit 1998.

6 Jäger, Jürgen: Der Garten als konsumierbare Ware? Nutzung, Übernutzung und Verbrauch historischer Gärten. In: Historische Gärten. Eine Standortbestimmung. Beiträge zur Denkmalpflege in Berlin. Heft 18. Berlin 2002, S. 70.

7 Jordan, Peter: Kommerzialisierung zum Wohl und Wehe von Gartendenkmälern. Aufsatz. Aschaffenburg 4. Juli 2002, S. 9f.

8 Tornede, Silke: Rauminszenierungen. Gärten und Kunst im Dialog. In: OstWestfalenLippe. Das Magazin. Sonderausgabe Garten Landschaft OstWestfalenLippe. Bielefeld. Juli 2002, S. 22.

9 Wormbs, Brigitte: Gartenkunst und Erziehungskunst. In: Die Gartenkunst. 12 (2000), S. Vff.

Schlosspark Belvedere in Weimar. Aufbauten und Zerstörungen des Grönemeyer-Konzerts im Jahr der Kulturhauptstadt Europas 1999

nur durch ein scheinbar angemessenes jährliches Reitturnier wie im Schlosspark zu Biebrich – stellt im Grunde eine Vergewaltigung von Gartenkunstwerken dar und beraubt diese à la longue ihrer Würde und Integrität. Am Beginn des 21. Jahrhunderts muss mehr denn je die Frage erlaubt sein – und dies gilt sicherlich auch für Weimar, namentlich wenn man an das absolut gartenunverträgliche Grönemeyer-Konzert im Belvedere-Park im Jahr der Europäischen Kulturhauptstadt 1999 denkt –, ob nicht der kurzfristige Gewinn mit einer langfristig wirkenden Zerstörung erkauft wird? Sowohl derartige Massenveranstaltungen als auch sehr viel kleinere, scheinbar thematisch passende Events können zu Schäden, auch zu immateriellen Schäden führen, die oftmals kurzfristig gar nicht messbar sind, aber, zumal wenn es um sich jährlich wiederholende Veranstaltungen geht, dann eben doch zu unwiederbringlichen Verlusten führen können.

»Besetzung« des denkmalgeschützten englischen Gartens im Tiergarten Berlin anlässlich des Kultursommers 1992

Das, was wir 2001 und 2002 im Schlosspark von Schwetzingen erleben mussten – eine Präsentation von Oldtimer-Kraftfahrzeugen, angepriesen unter dem völlig missverständlichen Begriff »European Concours d' Elegance«, im eigentlichen Herzstück dieses einzigartigen Gartenerbes, dem Broderieparterre – ist sicherlich ein so eklatanter Missbrauch eines weltberühmten historischen Gartens, dass jeder Rechtfertigungsversuch der Politik in die Irre führen muss. Und dennoch wurde in Schwetzingen mit scheinbar überzeugenden Argumenten geworben, dass auch der Schwetzinger Garten, wie alle barocken Gartenanlagen, als »Kulisse großer Festlichkeiten« geplant sei und deshalb durchaus auch ein temporäres Oldtimertreffen vertragen könne. Ganz unabhängig von den materiell messbaren Schäden, die dankenswerterweise der Monitoring-Beauftragte der DGGL Peter Jordan festgehalten hat, wie tropfendes Öl und Benzin, teilweise Zerstörung der historischen Wege durch Schwerlastkraftfahrzeuge, aber auch akustische Probleme durch permanente Beschallung mit dröhnender Musik u.a., resultiert der aus meiner Sicht viel größere Schaden aus der Nichtbeachtung der zeitlos verpflichtenden Cato'schen Mahnung »Rus amato silvasque« (Du sollst Land und Wälder lieben), unsere Gärten selbstverständlich eingeschlossen. Jürgen Jäger schrieb daher zu Recht in seinem Aufsatz »Der Garten als konsumierbare Ware?«: »Es sollte grundsätzlich einer Parknutzung nur [dann] zugestimmt werden, wenn ein Bezug zum Geist des Ortes zu erkennen ist. [...] Bei Produktpräsentationen zum Beispiel von Autos lässt sich kaum ein Bezug finden; ebenso hat eine beliebige Betriebsfeier in einem Festzelt keinen Anspruch auf einen Schlossvorplatz.«[6] Mit der Aufgabe der Unantastbarkeit unserer alten Gärten verlieren diese dann letztendlich nicht nur ihre Seriosität, sondern auch ihre spätestens seit der Aufklärung unbestrittene Funktion als Ort und Medium geistig-sittlicher Bildung sowie einer doch wohl immer wichtiger werdenden zweck- und kommerzfreien Erholung. In seinem aktuellen und sehr lesenswerten Aufsatz »Kommerzialisierung zum Wohl und Wehe von Gartendenkmälern« schreibt Peter Jordan daher ganz richtig: »Neben der Fremdnutzung mit Tradition, die sich erst in den letzten Jahren zu einer Last für die Gartendenkmäler entwickelt hat, gibt es immer öfter die einmaligen Veranstaltungen, die wegen ihrer Einmaligkeit oft besonders große Dimensionen annehmen.«[7]

Auch wenn der zur Zeit zu beobachtende Trend von Gartenverkaufsschauen und Fachmessen für Gartenutensilien in historischen Gärten, wie zum Beispiel neuerdings im bekannten und unter Kennern besonders geschätzten Botanischen Garten in Berlin-Steglitz, den Anschein erweckt, dass es sich um eine durchaus gartendenkmalgerechte und sogar -fördernde Veranstaltungskultur handle, bleibt hier doch ein gesundes Maß

Schlosspark von Wendlinghausen-Lippe als Beispiel für »Gärten und Kunst im Dialog«. Stahlskulpturen von Georg Condo/New York, Juli 2002

Oldtimerausstellung im Schlosspark von Schwetzingen, Juli 2002

Klaus von Krosigk
Geb. 1945 in Halle/Saale. Studium der Gartenarchitektur und Gartengeschichte sowie der Bau- und Kunstgeschichte an der Technischen Universität Hannover, Dipl.-Ing. Seit 1978 in der Senatsverwaltung für Bau- und Wohnungswesen, ab 1981 in der Senatsverwaltung für Stadtentwicklung und Umweltschutz. Leiter des Referats Gartendenkmalpflege innerhalb des Landesdenkmalamtes und seit 1994 stellvertretender Landeskonservator von Berlin. Seit 1983 Lehraufträge an den Fachhochschulen Weihenstephan und Dahlem sowie der Technischen Universität Berlin. Zahlreiche Veröffentlichungen und Aufsätze zur Geschichte der Gartenkunst und Denkmalpflege. Seit 1993 deutsches Vorstandsmitglied (effectiv member) des »International Committee of Historic Gardens and Landscapes« von ICOMOS-IFLA und von 1996 bis 2000 Sprecher der Arbeitsgruppe »Gartendenkmalpflege« in der Vereinigung der Landesdenkmalpfleger in der Bundesrepublik Deutschland. Am 4. Oktober 2002 ausgezeichnet mit dem Verdienstkreuz am Bande des Verdienstordens der BRD für das außerordentliche Engagement bei der Pflege und Wiederherstellung von Gartendenkmalen in Berlin.

an Zweifel erlaubt. Nur wenn bei sorgfältiger Prüfung sichergestellt werden kann, dass der Kommerz das Gartendenkmal ganz prinzipiell achtet, dieses nicht dauerhaft in seinem Erscheinungsbild verändert bzw. teilweise beseitigt oder beschädigt, kann man darüber nachdenken, ob in dafür besonders geeigneten Randbereichen oder auch bespielbaren und befahrbaren Flächen, in jedem Fall besser außerhalb des Gartendenkmals, entsprechende Verkaufsschauen stattfinden können.

Deutlich muss aber auch gesagt werden – das hat u.a. die neuerliche Aktion »Garten und Kunst im Dialog. Garten Landschaft OstWestfalenLippe« 2002 gezeigt –, dass behutsame und gut vorbereitete temporäre Aktionen in historischen Gärten durchaus dazu beitragen können, dass unsere alten Gärten und die moderne Kunst nicht nur eine glückliche, sondern auch eine sich gegenseitig befruchtende Verbindung eingehen können. Der von der OstWestfalenLippe Marketing GmbH, mit Unterstützung des Ministeriums für Städtebau und Wohnen, Kultur und Sport des Landes Nordrhein-Westfalen in Verbindung mit der Kunsthalle in Bielefeld, gestartete Modellversuch hat inzwischen nachhaltig dazu beigetragen, mit temporär eingebrachten internationalen Kunstobjekten von Rang für die hohe kulturelle Substanz abgelegener kleiner historischer Gärten dieser Region eine neue Begeisterung und »Annahme« auszulösen. Dr. Thomas Kellein, Leiter der Kunsthalle in Bielefeld, Initiator und Kurator des Projekts »Gärten und Kunst im Dialog« sagte: »Es braucht Etwas […] um das Bewusstein für die Gärten und Parks in unserer Region wieder zu wecken.«[8] Ich denke, diese den historischen Gärten ganz unmittelbar zugute kommenden, nicht kommerziellen und durchaus behutsamen, aber auch qualitätvollen sowie stets zeitlich befristeten Rauminszenierungen – immer nur mit wenigen, gut ausgewählten Kunstwerken realisiert – können sogar ein willkommener Weg sein, nicht nur unbekannte alte Gärten wieder in das Bewusstsein der Bevölkerung »zurückzuholen, sondern auch einen Beitrag zu leisten, den Konflikt zwischen Ökologie und Ästhetik in der Landschaftsgestaltung aufzubrechen und beide Bereiche wieder zu versöhnen«.

In einer Zeit der auch im »Gartenschaffen« immer schneller voranschreitenden Entwicklungen und technischen Tendenzen macht es eben mehr als Sinn, »der Ökologie der Gärten als kulturelles Erbe mehr Respekt zu zollen als bisher«, wie Géza Hajós es einmal formulierte, und dieses Erbe unüberformt, »unverbessert« oder unverändert als authentische Quelle, als Sachzeugen für uns und die nächsten Generationen zu erhalten und zu pflegen. Denkmale sollen selbstverständlich nicht nur Dokumente für die wissenschaftliche Forschung von Denkmalpflegern und Gartenhistorikern sein, sondern vielmehr Vorbilder, Zeugnisse und konzentrierte Erfahrungsbereiche der geschichtlichen bzw. kunst- und gartenhistorischen Zusammenhänge, mithin Kristallisationspunkte in der Gegenwart. Diese Rollen können historische Gärten aber nur dann spielen, wenn wir sie uneingeschränkt als Kunstwerke eo ipse akzeptieren und allen Versuchen widerstehen, sie im Sinne der einerseits beschriebenen, inzwischen wohl weitgehend überwundenen Phase der schöpferischen Gartendenkmalpflege »neu zu rekonstruieren«, sie durch oftmals überdimensionierte moderne Zusatzbauten scheinbar aufzuwerten oder aber sie, aktuellen Trends folgend, nun mit zahlreichen Events scheinbar »fit« und profitabel zu machen für die Jetztzeit.

In einer zunehmend kontrollierten, administrierten und kommerzialisierten Welt brauchen wir jedoch Gärten und Parks mehr denn je als Freiraum für unsere strapazierten Sinne. In einem sich selbst genügenden alten Garten lernen wir immer aufs Neue Naturverständnis und Naturliebe, in einem im doppelten Sinne immer wertvoller werdenden Freiraum, den wir auch in einer »virtuell geprägten und gegängelten Informationsgesellschaft«[9], wie es Brigitte Wormbs ausdrückte, mehr den je brauchen werden.

Denkmalpflege

Die Denkmalpflege hat historisch, städtebaulich und künstlerisch, aber auch wissenschaftlich oder technisch bedeutsame Bauwerke wie Gärten und Gebäude als Zeugnisse und Quellen menschlicher Geschichte und Entwicklung zu erforschen, zu schützen und zu erhalten. Das ist kulturell begründet und im Denkmalschutz auch gesetzlich geregelt. Denkmalpflege sollte eine sinnvolle und lebensnahe Nutzung des Kulturdenkmals berücksichtigen, vor allem eine solche, die seine Erhaltung auf Dauer gewährleistet. Auch die Beziehung zum Orts- und Landschaftsbild muss aufgrund der historischen Entwicklung beachtet werden.

Das relativ junge Fachgebiet der Gartendenkmalpflege muss sich in der Forschung zu Inventarisation, Geschichte, Methodik und Technik entwickeln, um Grundlagen zur bestmöglichen Erhaltung und Instandsetzung historischer Gärten bereitzustellen. Es wird deutlich, dass deren Erforschung heute zunehmend einen interdisziplinären Ansatz verfolgt. Die Problematik der Diskussion über die Bewahrung von Zeugniswerten zeigt sich besonders an original konzipiertem und künstlerisch geformtem Pflanzenbestand. Wie lange und unter welchen Pflegevoraussetzungen lässt sich die materielle Substanz erhalten, um so dauerhaft wie möglich die beabsichtigte Ästhetik und den sich einstellenden Alterswert zu präsentieren? Wann ist der notwendige Zeitpunkt für korrigierende Schnittmassnahmen oder der unumgängliche Eingriff durch Entnahme und Ersatz gegeben, um das Kunstwerk Garten zu erhalten? Auch andere Fachbelange wie der Naturschutz oder aktuelle Tourismustendenzen sind zu berücksichtigen. Ebenso ist das latente Bedürfnis der Gesellschaft, verloren Gegangenes durch Rekonstruktionen wiederzugewinnen, grundsätzlich zu hinterfragen.

Die Durchsetzung und Durchführung von Denkmalpflege, also ihr sach- und fachgerechtes Funktionieren, berührt viele Aspekte. Sie reicht von den personellen und finanziellen Möglichkeiten der staatlichen Behörden über das politische wie auch gesellschaftliche Engagement, die Klärung juristischer Fragen, die Fachausbildung, die fachlichen Instrumente und Methoden bis hin zur Notwendigkeit des Zusammenwirkens mit anderen Institutionen. Denkmalpflege kann nur im gesellschaftlichen Kontext erfolgreich sein. Es muss deshalb über ihre Ziele informiert und dafür geworben werden, damit sie wahrgenommen, akzeptiert und getragen wird.

Naturpark Untere Oder, Criewen (Uckermark)

> NICHT ALLES, WAS AN WERTZUSCHREIBUNGEN
> VON ELEMENTEN EINES GARTENDENKMALS
> IN ERFAHRUNG GEBRACHT WERDEN KANN,
> MUSS ZU MASSNAHMEN FÜHREN.
> DER VERLUST VON GESCHICHTLICHKEIT UND
> DIE VERFÄLSCHUNG DES ZEUGNISWERTES WÄRE
> NICHT AUSZUSCHLIESSEN.
> DIE BEWAHRUNG DES VORHANDENEN IST ZIEL DER
> DENKMALPFLEGE, AUCH IM SINNE STETIGER
> SACH- UND FACHGERECHTER EINGRIFFE IN
> DEN PFLANZENBESTAND.

Detlef Karg

PRO MEMORIA – VOM UMGANG MIT GARTENDENKMALEN

Immer wieder werden Wünsche nach der Wiedergeburt verlorener Leistungen aus der Geschichte wach, vor allem dann, wenn sie in der Vergangenheit von herausragender Bedeutung waren und trotz ihres Verlustes für die gegenwärtig und künftig zu prägenden Lebensqualitäten weiterhin Anerkennung finden sollen. Jedoch sind diese Wünsche nicht wirklich zu erfüllen, schon gar nicht für die materiellen Erscheinungen. Sie sind, wie die Geschichte selbst, nicht wiederholbar. Ihre Neuerschaffung kann nur vage Eindrücke von dem Verlorenen, von den Idealen und Bindungen seiner Entstehung und entwicklungsbedingten Veränderungen, einschließlich seiner Umgebung, vermitteln. Derartige Erscheinungen sind das Ergebnis einer selektiv wertenden Betrachtung der Geschichte und des gegenwärtigen Könnens. Und auch sie künden von den Idealen und Bindungen der Zeit ihrer Entstehung. Gegenstand der Denkmalpflege sind die überlieferten Quellen und Zeugnisse der Geschichte, deren Symbolkraft und Identitätsmöglichkeit von der authentischen historischen Substanz getragen werden. Bei den Neuschöpfungen geht es letztendlich nur um die Erinnerung an ein Ereignis, um einen Ersatz, ein Surrogat, das aus einer zeitlich begrenzt herrschenden Interessenslage für die erstrebten Lebensqualitäten angeboten wird.

Ohne Zweifel hat das Streben der Menschheit nach hoher Lebensqualität, nach einer paradiesischen Existenz auf Erden ihren Entwicklungsgang bestimmt. Es war zu allen Zeiten der Traum nach einem Ort, der von und durch Pflanzen geprägt war. Pflanzen in ihren vielfältigen Erscheinungsformen fanden deshalb für diesen nach ästhetischen wie utilitaristischen Vorstellungen und Anforderungen zu schaffenden Ort, ob als individueller Lebensraum oder als Stätte der Repräsentation, immer Verwendung. Sie sind unter Einbeziehung von Bau- und Bildwerken und im Hinblick auf die beabsichtigte Nutzung bzw. Veränderung vorhandener natürlicher Gegebenheiten wie Boden und Wasser die bestimmenden und damit die Anlage charakterisierenden Gestaltungselemente. Welche Wertzuwendungen wir den erhalten gebliebenen Anlagen der Gartenkunst in unserem Gemeinwesen entgegenbringen, wie wir sie behandeln, wird nicht nur in der breiten Öffentlichkeit durch unser Verhältnis zur Natur, zu der uns umgebenden, natürlich anmutenden Umwelt bestimmt. Doch sollte es uns auch um den Zeugniswert, um die Bewahrung kulturhistorischen Erbes gehen, dann werden vor allem aus unserem Verhältnis zur Geschichte und den vergangenen wie gegenwärtigen ästhetischen Vorstellungen die Wertzuwendungen für die Gartendenkmale zu begründen sein.

Noch bedarf es der Klärung, warum bei den aktiv betriebenen Institutionalisierungsbestrebungen zur Erhaltung der Werke der Baukunst nach 1800 im Umkreis der Stein-Hardenberg'schen Reformen und dem Erstarken bürgerlicher Wertvorstellungen die überkommenen Werke der Gartenkunst früherer Epochen keine weitere Beachtung fanden. Naturphilosophische, gleichwohl auch die romantischen Strömungen dieser Zeit stehen dafür zur Betrachtung an, wie auch die zur Mitte des 19. Jahrhunderts deutlicher werdenden Bestrebungen zur Anerkennung von gärtnerisch gestalteten Anlagen als Werke der Kunst. Vermutet werden darf, dass erst mit den historistischen Tendenzen in der Gartenkunst und den sich festigenden Inhalten der Heimatschutzbewegung in der zweiten Hälfte des 19. Jahrhunderts das Bewusstsein in der Gesellschaft auch für die Erhaltung von historischen Gärten wuchs. Sie blieben aber außerhalb der sich weiter festigenden Strukturen in der institutionalisierten Denkmalpflege. Daran haben auch die Stimmen in der Denkmalpflege nach 1900 nichts geändert, die die Anerkennung der historischen Gärten als Werke der Kunst und Geschichte und damit als Denkmal reklamierten. Dafür stehen insbesondere der 11. Denkmaltag in Danzig 1910, die Denkmaltage 1924 in Potsdam, 1928 in Würzburg und 1936 in Dresden.

Nach dem verheerenden Zweiten Weltkrieg sind im geteilten Deutschland zwei gesellschaftsbedingte Entwicklungslinien bei den Institutionalisierungsbestrebungen der Gartendenkmalpflege zu betrachten, deren inhaltliche Prägung nicht ohne Auswirkungen auf den Umgang mit den Gartendenkmalen blieb. Gemeinsam orientierten sie auf die Anerkennung der historischen Gärten und Parks als Kulturdenkmale, deren Zeugniswert gegenüber ihrem künstlerischen

Blick vom Park zu Schloss und Orangerie, rechts das Marmordenkmal Friedrichs II., Neuhardenberg (Märkisches Oderland)

Aussicht auf den Landschaftspark nach Süden, im Vordergrund ein Teppichbeetparterre. Wiesenburg/Potsdam (Mittelmark)

Aktivitäten der Bundesrepublik Deutschland zum Europäischen Denkmalschutzjahr eingebunden war, eröffnete die Diskussion über den Umgang mit den Gartendenkmalen, auch in den Reihen der Denkmalfachbehörden. Trotz sich verstärkender Kritik und klarer Forderungen, die gartendenkmalpflegerischen Belange nicht nur in den gesetzlichen Regelwerken zu verankern, sondern die erforderliche Fach- und Sachkompetenz durch eine ausreichende Personalbesetzung insbesondere in den Denkmalfachämtern zu garantieren, wurde die Erhaltung und Pflege der historischen Gärten weiterhin vorwiegend von Garten- und Landschaftsarchitekten, Betreuern historischer Gärten sowie Gartenhistorikern und ihren berufsständischen Vereinigungen vertreten. Die institutionalisierte Denkmalpflege in den Ländern der Bundesrepublik versagte sich weiter dieser Aufgabe. Wohl nicht zuletzt durch diese Haltung der amtlichen Denkmalpflege, auch durch den Blick auf die Entwicklung der institutionalisierten Gartendenkmalpflege im Institut für Denkmalpflege der DDR, sah sich die Berliner Senatsverwaltung für Stadtentwicklung und Umweltschutz 1978 veranlasst, unter Federführung von Heinz Wiegand einen Arbeitsbereich Gartendenkmalpflege zu begründen. Die in der Öffentlichkeit vielbeachteten Arbeitsergebnisse der Behörde – gekennzeichnet durch die Abkehr vom schöpferischen Umgang mit Gartendenkmalen und die verstärkte Hinwendung zu rekonstruktiven Lösungen – stützten die Auffassung, die Fachkompetenz für die Gartendenkmalpflege weiterhin ausschließlich in den Fachämtern der Grün- und Gartenverwaltungen zu belassen. Der 1991 gebildete Arbeitskreis »Kommunale Gartendenkmalpflege« der ständigen Gartenamtsleiterkonferenz beim Deutschen Städtetag war durchaus noch von dieser Haltung getragen.

Die stetig, insbesondere von Dieter Hennebo erhobene Forderung, die Gartendenkmalpflege als adäquate Aufgabe in den konservatorischen Auftrag zur Erhaltung der Baudenkmale personell sowie in der sachlichen Ausstattung in die Denkmalfachbehörden der Länder zu integrieren, fand erst 1992 die lang erhoffte Entsprechung. Am 8. April 1992 konstituierte sich auf Beschluss der Amtsleiter der Landesdenkmalämter die Arbeitsgruppe Gartendenkmalpflege in der Vereinigung der Landesdenkmalpfleger der Bundesrepublik. Dem war die uneingeschränkte Zustimmung zur Vertretung der Gartendenkmalpflege in den Landesfachbehörden vorausgegangen. Sie erfolgte auf der Zusammenkunft der Landeskonservatoren der Bundesrepublik Deutschland mit den Chefkonservatoren und Mitarbeitern des Instituts für Denkmalpflege der DDR am 1. und 2. März 1990 auf der Wartburg. Bei diesem Treffen ging es um zukünftige gemeinsame Positionen der Entwicklung von Denkmalpflege und Denkmalschutz in Deutschland mit der bemerkenswerten Fest-

Gehalt anfangs noch in den Hintergrund trat. So war der Umgang mit ihnen noch überwiegend geprägt von der individuellen Adaption allgemeiner Vorstellungen über den historischen Formenkanon, doch ohne fundierten Bezug zu dem tatsächlich Ausgeführten.

Derartige Gestaltungen, als schöpferische Gartendenkmalpflege charakterisiert, kamen in der Bundesrepublik Deutschland in dem 1963 von Gerda Gollwitzer und Christian Bauer gegründeten »Arbeitskreis Historische Gärten« der Deutschen Gesellschaft für Gartenkunst und Landschaftspflege insbesondere nach 1978 unter der Leitung von Dieter Hennebo zunehmend in Kritik. Das »Internationale Symposium – Historische Gärten und Anlagen« 1975 in Schwetzingen, das in die

stellung, dass trotz der unterschiedlichen politischen und gesellschaftlichen Entwicklung in den beiden deutschen Staaten eine Übereinstimmung in den Grundsatzfragen einer an internationalen Maßstäben orientierten Denkmalpflege bestand. Die Ergebnisse und Empfehlungen dieser Beratung wurden als »Wartburg-Thesen« verabschiedet. Ziel war es, eine in beiden deutschen Staaten – denn von den Versammelten hätte keiner die Prognose gewagt und verkündet, dass sieben Monate später die beiden deutschen Staaten vereint sein würden – vergleichbare Struktur und Organisation von Denkmalpflege und Denkmalschutz zu schaffen. Das Ziel wurde nach dem 3. Oktober 1990 erreicht, auch die Gartendenkmalpflege in die westlichen Landesdenkmalämter zu integrieren. Damit fand der Entwicklungsgang der Gartendenkmalpflege in der DDR eine weitgehende Bestätigung.

Schon zu Beginn der 1950er-Jahre wirkte im Kulturbund der DDR mit dem »Zentralen Fachausschuss Dendrologie und Gartenarchitektur« ein Arbeitskreis, der sich später als »Zentrales Parkaktiv« organisierte und auf breiter gesellschaftlicher Basis für die Erhaltung der historischen Garten- und Parkanlagen eintrat. Dieser Arbeitskreis, dessen Aufgaben in den achtziger Jahren von der neu gegründeten »Gesellschaft für Denkmalpflege im Kulturbund« wahrgenommen wurden, trat mit beachtlichen Ergebnissen für die Erhaltung der historischen Gärten ein.

Anfangs gehörten ihm überwiegend die Betreuer historischer Gärten an, Hermann Schüttauf, Walter Göritz, Kurt Lein, Helmut Rippl und, nach seiner Bestallung als Gartendirektor in den Staatlichen Schlössern und Gärten Potsdam-Sanssouci, Harri Günther, später auch der Gartendirektor der Weimarer Anlagen Jürgen Jäger. Es ist das bleibende Verdienst von Harri Günther, dass er sich schon zur Mitte der sechziger Jahre im Umgang mit den Anlagen von Potsdam-Sanssouci von der schöpferischen Denkmalpflege, aber auch von den stringenten Rückführungen auf die Entstehungszeit, wie sie in den zwanziger Jahren von Georg Potente vertreten wurde, löste. Entscheidend blieb für ihn, dass die nachfolgende Pflege Teil der Restaurierungsmaßnahmen war und sich in Konkordanz mit dem Geschaffenen und zu Schaffenden befand.

Die Gartendenkmalpflege hatte durch das in den Jahren von 1962 bis 1965 erschienene dreibändige Werk zur Geschichte der deutschen Gartenkunst von Dieter Hennebo und Alfred Hoffmann eine Plattform erhalten. Dieses Werk, aber auch die Vielzahl der begleitenden Arbeiten zur Geschichte der Gartenkunst und zur inhaltlichen Gestaltung der Gartendenkmalpflege von Dieter Hennebo haben die historischen Gärten aus rein ästhetischen Betrachtungen gelöst und auf die für den Umgang mit Denkmalen entscheidende Wahrung der Geschichtlichkeit verwiesen. Der

Parktor mit Obelisken. Groß Rietz (Oder-Spree)

Zeugniswert gewann zunehmend an Beachtung und ermöglichte den Einstieg in die auch für die Baudenkmalpflege verbindlichen Grundlagen und Regularien der Denkmalpflege. Das war grenzüberschreitend.

In der Abteilung Historische Garten- und Parkanlagen des Instituts für Denkmalpflege der DDR hatte sich am Ende der siebziger Jahre durch die Grundlagenarbeit zur Methodik der Gartendenkmalpflege und die darauf basierenden praktischen Arbeiten die Wahrung der Geschichtlichkeit als bestimmendes Kriterium im Umgang mit den Gartendenkmalen konsolidiert. Seit 1962, also noch vor der Verabschiedung des Denkmalpflegegesetzes in der DDR am 19. Juni 1975 im Europäischen Denkmalschutzjahr, vertrat Hugo

Namslauer die Gartendenkmalpflege in der institutionalisierten Denkmalpflege. Er begründete dann 1970 die Abteilung »Historische Garten- und Parkanlagen«, die Anfang der achtziger Jahre auf acht Planstellen verweisen konnte. Die Arbeitsergebnisse sowie die intensiven Arbeitskontakte – hierzu zählten auch die jährlichen Arbeitstreffen, vergleichbar dem gegenwärtigen Wirken der Arbeitsgruppe Gartendenkmalpflege in der Vereinigung der Landesdenkmalpfleger – führten zur vorbehaltlosen Integration in die Arbeitsaufgaben des Instituts für Denkmalpflege.

Akzeptiert wurde auch von den ursprünglichen Zweiflern, dass der Umgang mit den Gartendenkmalen sich der allgemein für die unterschiedlichen Denkmalgattungen verbindlichen Methodik in der Denkmalpflege unterordnet und dass die Klassifizierung der Gärten und Parks als Denkmale keine Erweiterung des Denkmalbegriffs verlangt. Notwendig wurde aber das Bewusstmachen ihrer Spezifika, bei der Erfassung, Inventarisierung, Bestandsforschung und vor allem bei den Maßnahmen zu ihrer Erhaltung. Der zwar nicht einfache, aber doch praktizierte Blick über die Grenze erbrachte den erforderlichen Abgleich mit dem Erkannten, Empfohlenen und Praktizierten. Dazu zählte auch die 1981 in Florenz vom »International Committee of Historic Gardens and Sites« in der Trägerschaft von ICOMOS und IFLA verabschiedete Charta der historischen Gärten. Zwei Jahre zuvor, 1979, erschienen im Institut für Denkmalpflege der DDR in der Reihe »Materialien zu Denkmalpflege« erste grundlegende Empfehlungen zum Umgang mit Gartendenkmalen. Erweitert durch ergänzende Beiträge und praktische Beispiele gelang es im Jahr 1985, die »Beiträge zur Denkmalpflege« als ein weiteres Arbeitsheft zur Gartendenkmalpflege im Kulturbund herauszugeben. Es mag zu den Kuriositäten in den Beziehungen der beiden deutschen Staaten gehören, wenngleich nur als Randerscheinung, denn im gleichen Jahr legte Dieter Hennebo den opulenten Band »Gartendenkmalpflege« vor. Beide Veröffentlichungen ziert die den »Andeutungen über Landschaftsgärtnerei« von Pückler entnommene Fuchsienbrücke – auf der »West«-Publikation in Farbe, auf der »Ost«-Publikation in Schwarz-Weiß! Und auch die Themenfolgen ähneln sich. Bei diesem Fall gab es – noch immer ist mir das unverständlich – keine Absprachen. Doch auch ohne diese Verständigungen zeigten sich große Gemeinsamkeiten bei den vorgestellten Auffassungen.

Die in den siebziger und achtziger Jahren gewonnenen Erkenntnisse und gesammelten Erfahrungen haben sich behaupten können, nicht zuletzt, weil sie von einer Definition des Gartens ausgehen, der sich im Denkmalbegriff widerspiegelt und ihn als eine Leistung menschlichen Wirkens beschreibt. So äußern sich in einer mit den Mitteln der Gartenkunst gestalteten Anlage die konkreten gesellschaftlichen Bedingungen wie auch die Eigenarten der Auftraggeber und Schöpfer als ein durchaus prägendes praktisch-ästhetisches Verhältnis zur Natur. Die stoffliche und räumliche Erscheinung eines Gartens, sein geschichtlich bestimmtes Raum- und Wirkungsgefüge wird somit wesentlich über die materielle Substanz, vor allem durch die verwendeten Pflanzen erfahrbar. Ein so von Menschen gestalteter Raum erklärt sich, insbesondere bei dem Verlust der betreuenden, auf die Gestaltungsabsicht ausgerichteten Pflege, nicht aus seiner gegenwärtigen Dynamik. Er lässt sich auch nicht als ästhetisch erfahrbare Natur oder als naturnaher Raum klassifizieren. Spätestens hier ist die Priorität der Denkmalpflege gegenüber dem Natur- und Landschaftsschutz bei den Gartendenkmalen anzumahnen. Natur- und Landschaftsschutz entsprechen in ihren Zielsetzungen nicht den von der Denkmalpflege vertretenen geschichtlichen und künstlerischen Dimensionen, die den Garten zum Gartendenkmal werden lassen und die es deshalb zu erhalten gilt. Unbestritten bleibt, dass der Garten mit seinem durch innere und äußere Bezüge gebildeten räumlichen Gefüge erst durch eine die Entwicklungsphasen der Pflanze stetig begleitete Pflege zu dem geführt wird, was auf den Plänen und Abbildungen zur Darstellung der Idee erscheint.

Diese gattungsspezifische Eigenart, die aber zum konstituierenden Moment eines Gartens gehört, hat in der Vergangenheit und hin und wieder auch in der Gegenwart zu Zweifeln an seinem Kunst- und Denkmalwert geführt.

Es steht uns aber heute an, diesen Entwicklungsgang mit der immer wieder anzumahnenden Konfliktoffenheit nachzuzeichnen, zumal sich gegenwärtig schon in der Praxis ausreichend Beispiele betrachten lassen, bei denen die Korrespondenz zur Authentizität und Geschichtlichkeit gesucht wurde. Die zur Klärung anstehenden Probleme sind also in dem fordernden Spannungsfeld von Raum und Zeit, von Erhaltung, Wiederherstellung und Nutzungsansprüchen zu erörtern. Dabei muss bedacht werden, dass Pflanzen Wertzuschreibungen, aber auch -minderungen, durch den ihnen zugesprochenen emblematischen Gehalt erfahren und dass die einzelnen Pflanzen die Raumstruktur des Ganzen wesentlich prägen. Wir haben auch zu erkennen, dass die Einzelpflanze häufig nur Teil eines Ganzen ist. Und so wird erst aus ihrem Stellenwert im Gesamtgefüge eines Gartendenkmals über Bewahren oder Erneuern zu entscheiden sein. Diese Entscheidung wird auch durch jene Schwelle zu bestimmen sein, bei der das Ruinöse ästhetisiert wird und eine fragwürdige Instrumentalisierung des Fragments droht. Dass ein Verlust der Geschichtlichkeit im Zeichen der Anerkennung der Vergänglichkeit ebenso

Literatur
Hennebo, Dieter/Hoffmann, Alfred: Geschichte der Gartenkunst. 3 Bde. Hamburg 1962, 1963, 1965.

Hennebo, Dieter (Hrsg.): Gartendenkmalpflege. Stuttgart 1985.

Karg, Detlef: Denkmale der Landschafts- und Gartengestaltung. In: Materialien zur Denkmalpflege. Heft IV. Hrsg. vom Informationszentrum beim Minister für Kultur. Berlin 1979, S. 39–51.

Ders.: Zur Entwicklung der Gartendenkmalpflege in der DDR. In: Beiträge zur Gartendenkmalpflege. Kulturbund der DDR. Berlin 1985, S. 11–27.

Ders.: Zur Methodik denkmalpflegerischer Tätigkeit in landschaftlich gestalteten Gärten und Parks. In: Hermann Ludwig Heinrich Fürst von Pückler – Gartenkunst und Denkmalpflege. Weimar 1989, S. 206–214.

wie eine »zeitgerechte« Neugestaltung zu einer gestalteten Verstümmelung des Kunstwerks führen kann, ist auch in der Gartendenkmalpflege erfahrbar. Und doch ist in einem verwundeten Garten die noch vorhandene authentische Substanz so lange zu erhalten, wie sie noch in der Lage ist, Zeugniswert und Wirkung als Einheit nachvollziehbar werden zu lassen. Zu entscheiden ist immer darüber, ob die Fülle von Altersspuren, dazu zählen auch Schnittspuren an den Bäumen wie auch Relikte noch vorhandener Pflanzengruppierungen, das Überkommene in jenem Gefüge von Geschichtlichkeit vereint, das erfahrungsgemäß durch die scheinbar noch so gut gesicherte und fachlich fundierte Wiederherstellung nicht zu ersetzen ist. Zur geschichtlichen Wirklichkeit des Gartendenkmals gehören deshalb auch – im Unterschied zu den Baudenkmalen – die stetigen sach- und fachgerechten Eingriffe in den Pflanzenbestand. Der Bogen spannt sich deshalb von der jährlichen Neuinszenierung der Blumenpflanzungen bis zum Ersatz abgestorbener Bäume. Zu verweisen ist in diesem Zusammenhang auch auf die unterschiedliche Verwendung regelmäßig-geometrischer und landschaftlicher Kompositionsprinzipien in den verschiedenen Epochen. Ihre Verwendung beeinflusst auch grundsätzlich unterschiedliche Maßnahmen bei der Sicherung und Reparatur, also der Erhaltung des Gartendenkmals.

Begreift man die Gartendenkmalpflege in einer derartigen Intention, dann steht einem Schulterschluss mit der Baudenkmalpflege nichts im Wege, dann befinden sich auch die Gartendenkmale in einem gleichen Wertediskurs wie die Baudenkmale, mehr noch, sie verweisen zugleich auf den Wandel der Stellung des Menschen zur Natur. Das bedeutet, dass auch die »Landschaft« eine Form des Verhältnisses des Menschen zur Natur, zu seiner Umgebung bekundet, die die Beherrschung der Natur nicht nur zur Voraussetzung hat, sondern selbst ist. Ein in diesem Sinne verstandener Umgang mit der Natur bestimmt die Geschichte der Landschaft in einem unterschiedlichen, zeitlich bedingten Sinn- und Sachgehalt, dessen umfassende Wirkungszusammenhänge durchaus der Gartenkunst entspringen und somit auch zum Gegenstand der gartendenkmalpflegerischen Bemühungen werden können. Hier steht nicht eine durch eine Denkmalgattung gekennzeichnete Landschaft zur Betrachtung an, sondern die Landschaft mit all ihren durch den Menschen geprägten substantiellen Erscheinungen. Letztlich wird dadurch auch unverkennbar, dass das denkmalpflegerische Anliegen schon in seinen ersten Ansätzen Teil der Pflege und des Schutzes unserer Umwelt ist.

Diese Denkschrift ist ein Dank an Dieter Hennebo für die stetige, vielfältige und uneigennützige Unterstützung, zu dem der Verfasser sich im besonderen Maße verpflichtet fühlt. Sie soll aber auch ein Beitrag zur Standortbestimmung der Gartendenkmalpflege in der Gegenwart sein. Zwar wächst die Zahl theoretischer Arbeiten zur Entwicklungsgeschichte und zur Methodik der Denkmalpflege, so dass es angeraten erscheint, sich hin und wieder des schon erreichten Standes zu besinnen. Das gilt auch für die sich gegenwärtig mehrenden restaurativen Lösungen, für die Rückführungsversuche auf einen ehemals, wenngleich auch nachweisbaren Zustand in der Genese der Anlage. Nicht alles was man über einen Garten erkundet, muss an ihm ausprobiert werden, schon gar nicht, wenn es sich um ein Gartendenkmal handelt. Die Gefahr des Verlustes an Geschichtlichkeit und die Verengung, sogar Verfälschung des Zeugniswertes ist bei derartigen Vorhaben nicht auszuschließen. Die in der Gartendenkmalpflege Tätigen sollten sich dessen immer bewusst sein und sich nicht von den zustimmenden und anerkennenden Äußerungen verleiten lassen, wenn im Ergebnis handwerklichen Könnens historische Gestaltungen oder vermeintliche Erscheinungen aus der Entwicklungsgeschichte der Anlage von durchaus überzeugender ästhetischer Wirkung entstehen. Und noch sind wir am Beginn der Umsetzung von durchaus schon erkannten Notwendigkeiten und des Nutzens von sich bietenden Möglichkeiten. Besonders zu verweisen ist auf die noch ungenügende Einbindung von Gartendenkmalen in die gewachsenen städtischen und dörflichen Strukturen als Teil eines übergreifenden, sich dann aber differenzierenden Freiflächensystems bis zur Ausweisung von zu schützenden Kulturlandschaften in den regionalen Planungsszenarien.

Prof. Dr. Detlef Karg
Geb. am 18. Juni 1945 in Ketzin/Havel. 1965 bis 1970 Studium der Garten- und Landeskultur an der Humboldt-Universität Berlin, danach bis 1975 wissenschaftlicher Mitarbeiter in den Staatlichen Schlössern und Gärten Potsdam-Sanssouci, Abt. Gärten. 1971 bis 1975 außerplanmäßige Aspirantur an der Technischen Universität Dresden. 1977 Promotion zum Dr.-Ing. über Terrassenanlagen in der ersten Hälfte des 18. Jahrhunderts in den deutschen Staaten. Ab 1975 Oberkonservator und ab 1987 Hauptkonservator und Leiter der Abt. Historische Garten- und Parkanlagen im Institut für Denkmalpflege der DDR. Seit 1991 Landeskonservator und Direktor des Brandenburgischen Landesamtes für Denkmalpflege. 1994 Berufung zum Honorarprofessor an der FHS Potsdam und 1999 an der Brandenburgischen Technischen Universität Cottbus. Seit 1996 stellvertretender Vorsitzender der Vereinigung der Landesdenkmalpfleger in der BRD; Leiter der AG »Fachliche Fragen« des Deutschen Nationalkomitees; Mitglied der Akademie der Künste Berlin-Brandenburg, Abt. Baukunst; Mitglied des deutschen Nationalkomitees von ICOMOS; Ehrenbürger der Stadt Rheinsberg; 1985 Ehrung mit dem »Fritz-Schumacher-Preis« der Stiftung F.V.S. zu Hamburg und 1989 mit dem Architekturpreis Berlin (Ost). Zahlreiche Veröffentlichungen, praktische Arbeiten u.a für Potsdam-Sanssouci, Rheinsberg, Petzow, Neuhardenberg, Bad Muskau, Berlin-Friedrichsfelde.

Auch eine ganz besondere Gartenkultur
wie jene in England war im Laufe ihrer
Geschichte von den Bedingungen der Zeit geprägt.
Ein Interesse an Denkmalschutz
und Denkmalpflege für historische Gärten
und Parks entfaltete sich langsam.
Konsequente Forschungen und Inventarisationen
bildeten Grundlagen für
ein wachsendes Bewusstsein.

Jan Woudstra

Gartendenkmalpflege in Grossbritannien

Hampton Court Palace, London

Restaurierende Gestaltung der Gärten von Levens Hall um 1810, welche die historische Abstammung der Besitzer bekräftigen sollte

Wie in anderen europäischen Ländern hat die Gartendenkmalpflege in Großbritannien eine lange Geschichte. Im Gegensatz zu anderen Ländern kann sie aber auf eine Entwicklung verweisen, die von einem Bereich individuellen Interesses zu einer Sache von großer gesellschaftlicher Anteilnahme führte. Durch diese breit gefächerte Unterstützung ist daraus ein politisches Thema geworden, was die Finanzierung erheblich verbessert hat.

Drei Hauptepochen der Gartendenkmalpflege können bestimmt werden, obwohl auch die unterschiedlichen Strömungen und Schulen noch heute identifizierbar sind. Bis zum Zweiten Weltkrieg finanzierten und führten einzelne Gutsbesitzer oder Verwalter Restaurierungen durch, um eine gewisse historische Abstammung bzw. die historischen Zusammenhänge einer Stätte aus interpretativen Gründen zu bekräftigen. Die zweite Periode, von der Nachkriegszeit bis in die achtziger Jahre, wurde von der Politik und von Projekten des »National Trust« bestimmt. Die letzte Epoche schließlich stand unter dem Schutz der offiziellen Politik und wurde durch Regierungszuschüsse finanziert.

Frühe Restaurierungen

In Großbritannien wurde im frühen 19. Jahrhundert eine historische »revivalist«- (Erweckungs-)Bewegung gefördert, eine Reaktion auf die Landschaftsschule und den »Capability« Brown, dem man die Schuld am Bruch mit der Tradition des formalen Gartens und der Zerstörung früherer Gärten gab. Die Vorstellung, dass bei der Anlage von Gärten eher der Natur als dem Vorbild der Kunst gefolgt werden müsse, wurde ebenfalls abgelehnt.

Seit der zweiten Hälfte des 19. Jahrhunderts bedeutete dies eine Rückkehr zum formalen Garten, der dem so genannten italienischen, französischen oder holländischen Stil zugeordnet wurde. Trotz der Tatsache, dass sich die Mehrheit der Gestalter für ihre revivalist-Gärten nach ausländischen Modellen richtete, wurde es auch möglich, frühere Gärten zu restaurieren; Beispiele dafür sind Levens Hall (1810–1820), Packwood House (1820–1830) und Penshurst Place (1860–1870). Sie blieben jedoch in der Minderheit, bis Reginald Blomfield in »The Formal Garden in England« (1892) Gartenarchitekten dazu ermutigte, englische Präzedenzfälle heranzuziehen, und Gärten, die nicht »viktorianisiert« worden waren, lobte. Ab diesem Zeit-

Die Anlage, die Chiswick House umgibt, wurde nach dem Zweiten Weltkrieg restauriert, aber ein großer Teil der Rekonstruktionen war ungenau. Die Anlage ist ab 1987 einer weiteren und genaueren Bearbeitung unterzogen worden.

punkt wurde die begrenzte Anzahl an englischer Quellenliteratur, insbesondere »The Gardener's Labyrinth« von Thomas Hill (1577), »Britannia Illustrata« von Kip und Knyff (1707) und »The English Gardener« von Leonard Meager (1670), die Grundlage für revivalist-Gärten und Rekonstruktionen.[1]

Die Betonung der »arts and crafts«-(Kunsthandwerks-)Bewegung, die in diesen Jahren aufkam, lag in dem richtigen Verhältnis von Garten und Haus: »Die Verbindung muss eng und der Zugang nicht nur günstig, sondern auch einladend sein.«[2] Obwohl viele Grundstücke, auf denen Gärten entworfen wurden, historisch waren, wurde eine »Restaurierung« von historischen Gärten kaum angesprochen, auch wenn sich zeitgenössische Gärten stark auf traditionelle Details stützten. Restaurierungen und die Neuanlage von Gärten wurden unterstützt durch ein erneutes Interesse an Shakespeare während der zweiten Hälfte des 19. Jahrhunderts und beschränkten sich hauptsächlich auf allgemein zugängliche Stätten. In London erhielten etliche öffentliche Parks einen »altmodischen« Garten. Der erste dieser Art wurde 1892 in Brockwell Park, im früheren Küchengarten, »angelegt im altmodischen geometrischen Stil, und er ist ein reizendes und erfreuliches Exemplar jener Art, wie man sie bei vielen alten Herrensitzen und Schlössern findet«.[3] Die Betonung lag hier auf der Einbeziehung »altmodischer« Blumen, d. h. solcher, die in den Dramen Shakespeares vorkamen. Ebenso schlug der Historiker Ernest Law, nachdem er die frühe Geschichte von Hampton Court studiert hatte, eine Reihe von Rekonstruktionen vor und gab den Gärten wieder historische Namen. Im Jahre 1920 förderte er die Wiedererschaffung des Shakespeare-Gartens bei New Place in Stratford-upon-Avon mit einem besonderen Akzent auf historischen Pflanzen. Gleichzeitig integrierte er die Gestaltung zeitgenössischer Merkmale, wie das Anlegen von modernen Staudenrabatten. Der Entwurf stammte von dem prominenten französischen Gartenarchitekten Jean Claude Nicolas Forestier.[4] Auf ähnliche Weise wurde 1932 von James Richardson ein Garten für den neu entstandenen National Trust in Schottland bei Edzell Castle nach einem weitgehend erfundenen Entwurf »rekonstruiert«. Das Ziel all dieser Pläne bestand eher darin, ein Gefühl der Geschichte zu evozieren als die akkurate Darstellung eines historischen Gartens zu liefern.

George Chettles »Great Garden« bei Kirby Hall für das Department of Works (Staatliche Abteilung für Bauvorhaben) stellte 1935 die erste Restaurierung einer Gartenanlage in Großbritannien dar, bei der eine Ausgrabung Teil des Arbeitsprozesses war. Leider wurde neben dem Wegesystem kaum etwas gefunden, das dazu beigetragen hätte, die Details zu verifizieren. Dennoch wurde diese Anlage zu einem Präzedenzfall.[5] Chettle hatte zuvor an der Restaurierung von »Colonial Williamsburg« in Virginia, USA, gearbeitet, wo eine grobe Form der Archäologie betrieben worden war, um die Standpunkte alter Wege und Brunnen ausfindig zu machen.[6]

Die Veröffentlichung von Christopher Husseys »The Picturesque« lenkte 1927 die Aufmerksamkeit auf den Landschaftsgarten; dazu erschienen weitere Arbeiten anderer Autoren während und nach dem Zweiten Weltkrieg. Die kleine Abhandlung von Frank Clark »The English Landscape Garden« (1948) und die Untersuchungen zu »Capability Brown« und »Humphry Repton« von Dorothy Stroud (1957) stellen die wich-

[1] Elliott, Brent: Victorian Gardens. London 1986; Ders.: Historical Revivalism in the Twentieth Century: a brief Introduction. Garden History 28.1(2000), S.17–31.

[2] »The connection must be intimate, and the access not only convenient but inviting«. Jekyll, Gertrude/Weaver, Lawrence: Gardens for Small Country Houses. London 1915, S. xvii.

[3] »… laid out in the old-fashioned geometrical style, and it is a quaint and pleasing specimen of the kind found at many stately old castles and halls.« Sexby, J. J.: The Municipal Parks, Gardens and Open Spaces of London. London 1905, S.73.

[4] Singleton, Esther: The Shakespeare Garden. London 1923, S. 342.

[5] Harvey, John: Restoring Period Gardens from the Middle Ages to Georgian Times. Princes Risborough 1988, S.4.

[6] Shurcliff, Arthur A.: City Plan and Landscape Problems. The Architectural Record. December 1935, S. 382–386.

tigsten Meilensteine dieser Zeit dar. Clark wurde nach dem Krieg in die Restaurierung von »Chiswick House Grounds« eingebunden. Interessanterweise ist viel später seine persönliche Einstellung im Bezug auf die Restaurierung überliefert worden: »... der Restaurator sollte einen allzu pedantischen Ansatz der Epochengenauigkeit vermeiden, besonders bei Bepflanzungen.«[7] Stattdessen lag die Betonung auf dem »Ausmaß und einem Verständnis für die ursprünglichen Absichten des Gartenarchitekten, einem Bewusstsein der Kontinuität der Zeitskala und schließlich einem Gefühl für das, was jene ›bis ins kleinste Detail organisierten Einzelheiten‹ genannt worden ist, was Kunst und Wissenschaft, Vergangenheit und Gegenwart miteinander verknüpft«.[8] Im Falle von Chiswick führte dieser Ansatz zu einer Rekonstruktion, die in ihren Details falsch war, wodurch viel von der ursprünglichen Substanz verloren ging.[9]

Der National Trust und seine Gärten

Der National Trust, 1895 gegründet, wird oft als wichtigste nichtstaatliche Einrichtung in Beziehung zur Landschaft aufgefasst, hatte diesbezüglich aber keine entscheidende Auswirkung bis nach dem Ersten Weltkrieg, und Gärten wurden bis nach dem Zweiten Weltkrieg nicht ernsthaft als Bestandteil seiner Aufgaben betrachtet. 1947 wurde ein Gartenkomitee in Zusammenarbeit mit der »Royal Horticultural Society« gegründet, um die Tradition hoch qualitativer Gartenarbeit zu bewahren. Man beabsichtigte, dies durch einen separaten Gartenfonds zu finanzieren, da die jährlichen Einkünfte begrenzt waren und die Lohnkosten stark zugenommen hatten. Die Organisation überlebte nur durch jährliche Beiträge von anderen Organisationen, besonders über das »National Gardens Scheme«.

Der Gartenfonds erfüllte niemals alle Hoffnungen, hilft aber auch heute noch, Ressourcen für zusätzliche Projekte zu schaffen. Die generelle Instandhaltung der Gärten wird durch Mitgliedsbeiträge, Besuchereinnahmen und Stiftungen für einzelne Gärten finanziert. Die Betonung in dieser frühen Periode lag mehr auf gartenbaulichen Aspekten und pflanzlichem Fachwissen als auf der historischen Intention und Genauigkeit. Das Problem der Richtigkeit wurde erstmals 1960 von Brenda Colvin zur Sprache gebracht, als sie das Pflanzen von Rhododendren im frühen 20. Jahrhundert im Landschaftsgarten des 18. Jahrhunderts bei Stourhead kritisierte. Auch jetzt, über 40 Jahre später, bleibt das Problem noch ungelöst. Statt einen höheren sachlichen Standpunkt zu beziehen, ließ sich der National Trust von der öffentlichen Meinung beeinflussen; die Beliebtheit der Rhododendren garantierte ihr Überleben. Die allgemeine Strategie innerhalb der Trust-Gärten bestand in einer Instandhaltung und Gestaltung, die mit den Zielen des Schöpfers »harmonisiert« bzw. zu der jeweiligen Epoche »passt«.[10]

Die allgemein schwierige finanzielle Lage ermöglichte nur wenige umfassende Restaurierungen. Private Spenden wurden für diesen Zweck verwendet, was die Gärten von »Westbury Court«, »Claremont«, »Ham House« und »Erddig« einschloss. Westbury Court wurde ab 1965 restauriert, während die anderen Restaurierungen erst Mitte der siebziger Jahre erfolgten. Im Falle von Claremont bezog man ein internationales Expertengremium zur Diskussion verschiedener Ansätze ein. Hier wurde der Restaurierungsprozess als »gartenbauliche Archäologie« bezeichnet, womit ein »Wegschälen der verhüllenden Schichten, des ange-

[7] »...the restorer should avoid a too pedantic approach of period accuracy, especially in planting"

[8] »... scale and an understanding of the original designer's intentions, an awareness of the continuity of the time scale, and finally a feeling for what has been called those 'minutely organised particulars' which link art and science, the past and present« Clark, H.F.: The Restoration and Reclamation of Gardens. Garden History Society. Occasional Paper 1 (1969), S. 3–6.

[9] Jacques, David: What to do About Earlier Inaccurate Restoration? A Case Study of Chiswick House Grounds. APT Bulletin. The Journal of Preservation Technology. 24. 3–4 (1992/93), S. 4–13.

[10] Ein hervorragender Bericht über die Beteiligung des National Trusts an Gärten ist: Pavord, Anna: Gardens. In: Newby, Howard: The National Trust. The Next Hundred Years. London 1995, S.135–149, der zum Verfassen dieses Paragrafen benutzt worden ist.

[11] »...stripping back the layers of obscuring, massed undergrowth to reveal what lay beneath"

Die Gärten von Claremont gehören zu den ersten groß angelegten Restaurierungen, die der National Trust initiiert und zwischen 1975 und 1980 durchgeführt hat. Ein internationales Gremium an Experten war nötig, um mögliche Vorgehensweisen zu erörtern.

Chatsworth ist eines der Beispiele dafür, dass es möglich ist, aus einem historischen Gut ein profitables Geschäft zu machen. In den frühen neunziger Jahren wurden die Erhaltungsarbeiten an der Kaskade, ca. 1687 von Grillet gestaltet, und dem Tempel, 1703 von Thomas Archer entworfen, vollständig durch private Mittel finanziert.

[12] »...to recreate once again at Claremont the spirit of an English Landscape Garden"

[13] Beharrell, C.H.: Claremont Landscape Garden. London 1989.

sammelten Unterholzes, um das, was darunter lag, aufzudecken«[11], gemeint war, mit der Absicht »in Claremont noch einmal den Geist eines englischen Landschaftsgartens zu erschaffen«.[12] Der gesamte Baumbestand wurde erfasst und mit diversen Überlagerungen verglichen, um eine Rekonstruktionsgrundlage herzustellen. Allerdings lag der Hauptakzent nicht auf Bepflanzungen im Zeitstil, und die historische Genauigkeit stand nicht im Vordergrund des Interesses.[13] Die Restaurationen von Ham House und Westbury Court wurden mehr oder weniger mit derselben Einstellung durchgeführt, und obwohl der historischen Analyse Aufmerksamkeit geschenkt wurde, profitierten die Arbeiten nicht von der Archäologie.

In den meisten Fällen war eine vollständige Restaurierung nicht möglich, ja nicht einmal erwünscht. Unter der sorgfältigen Aufsicht des obersten Garteninspektors, Graham Stuart Thomas, und später John Sales, der Gartenkomitees und der jeweiligen Hauptgärtner lag die Betonung auf dem gärtnerischen Umgang, um den Wachstumsprozess zu lenken. Der Erfolg dieser Vorgehensweise ließ sich anhand der Besucherzahl messen; Mitte der neunziger Jahre war es schließlich so weit, dass die vom National Trust eröffneten 162 Gärten knapp 8,5 Millionen Besucher anzogen, mit einem Budget von ca. zehn Millionen Pfund für die Instandhaltung. Einer der Gründe für diesen Erfolg war die Anpassung der Gärten an die Bedürfnisse der Besucher, mit Parkplätzen, Toiletten und Restaurants, wie auch einer zusätzlichen Pflasterung, was zweifellos den Charakter vieler Stätten verändert hat. »Sissinghurst« ist ein bekanntes Beispiel für diese zusätzlichen Veränderungen und man wurde sich daraufhin bewusst, wie wichtig ihre ausreichende Dokumentation ist. Der National Trust begann schließlich 1979 mit Hilfe von Geldmitteln durch die Staatliche Manpower Services Commission, eigene Gärten zu erfassen und hatte zehn Jahre später Aufzeichnungen zu 45 Parks und 40 Gärten. Seitdem ist für die Dokumentation, die fortgeführt wurde, eigens jemand eingestellt worden.

Parks und Gärten in einem Planungsrahmen

Während der unmittelbaren Nachkriegszeit waren viele Besitzer froh darüber, ihre Gärten dem National Trust zu überlassen. Große Privatgärten waren zu dieser Zeit, als England sich langsam von den Kriegsschäden erholte, weniger beliebt. In den siebziger Jahren ersetzte die Steuer auf Kapitaltransfer die Erbschaftssteuer, was eine Steuerminderung erschwerte und für traditionelle Landgüter eine erneute Gefährdung darstellte. Später demonstrierten Beispiele wie »Longleat« und »Chatsworth«, dass es durchaus möglich war, mit Gut und Garten ein beträchtliches Einkommen zu erwirtschaften, anstatt sie als reine Belastung zu empfinden. Allerdings erforderten diese Lösungen kreative Vorgehensweisen, wobei nicht alle mit dem traditionellen Landhaus vereinbar waren, besonders wenn das besagte Gut unter Denkmalschutz stand. In diesem Kontext ist es vielleicht nicht überraschend, dass man sich scheute, den gesetzlichen Schutz für gestaltete Landschaften anzunehmen, da man dachte, dass dies die persönliche Freiheit noch weiter einschränken würde. Das Erbgesetz von 1983 sah daraufhin statt einer gesetzlich vorgeschriebenen Liste, wie sie auf Gebäude zutraf, ein Verzeichnis der gestalteten Landschaften, die geschichtlich relevant waren, vor, das zu Rate gezogen werden sollte.

Dieses eigentümliche Phänomen ist jedoch teilweise der Grund für seinen Erfolg. Anstatt Teil einer unflexiblen Gesetzgebung für Gebäude und Monumente zu sein, wie es in vielen anderen europäischen Ländern der Fall ist, funktioniert das Register aufgrund eines flexiblen und einflussreichen Planungssystems für Stadt und Land. Durch die Erstellung des »Register of Parks and Gardens of Special Historic Interest in England« (1984–1988) beabsichtigte English Heritage im Hinblick auf historische Parks und Gärten »das Bewusstsein über ihren Wert zu heben und diejenigen, die sie besitzen oder irgendeine andere Rolle bezüglich ihres Schutzes und ihrer Zukunft spielen, zu ermutigen, diese besonderen Orte mit gebührender Sorgfalt zu behandeln«.[14] Die sofortige Übernahme dieser Ziele innerhalb des Planungsrahmens schuf eine sehr effektive Methode der Kontrolle über die Entwicklung und so auch einen Schutz historischer Landschaften, da die örtlichen Behörden, wenn sie eine Anfrage erhielten, die einen eingetragenen historischen Park oder Garten betraf, mehr oder weniger automatisch das historische Interesse an der Stätte mit berücksichtigten. Bei Anträgen, die eingetragene Landschaften der Stufe I und II* betreffen, ist es erforderlich, die Liste des English Heritage zu Rate zu ziehen, während die Garden History Society bei denen, die eingetragene Stätten betreffen, befragt werden muss. Für Schottland und Wales gibt es separate Vorkehrungen, die jedoch ähnlich beschaffen sind. Die Garden History Society, eine 1965 gegründete wissenschaftliche Organisation, setzte sich für eine nationale Liste ein.

[14] »... [to] increase awareness of their value and encourage those who own them, or who otherwise have a role in their protection and their future, to treat these special places with due care«. Jordan, Harriet/Hinze, Virginia: The Register of Parks and Gardens. An Introduction. London 1998, S. 2.

[15] »... long-term conservation of our designed landscapes within the context of an overall plan«

Seit den frühen achtziger Jahren hat eine private Stiftung Painshill restauriert, einen bedeutenden Landschaftspark, der im 18. Jahrhundert von Charles Hamilton entworfen wurde.

Die Rekonstruktion der barocken Ansicht des »Privy Garden« 1995 setzte neue Maßstäbe für Forschungsmethoden. Die Anwendung verschiedener Erfassungsprozeduren, u.a. der Archäologie, und ein Konzept historischer Bepflanzung dienten als Grundlage.

[16] After the Storms. London 1997.

[17] Woudstra, Jan / Fieldhouse, Ken: The Regeneration of Public Parks. London 2000.

[18] Lockwood, Mary: Study methods. In: Ebd., S. 33–44.

[19] Jacques, David: A strategy for the park and gardens at Hampton Court Palace. The London Gardener 2 (1996/97), S. 43–55.

[20] Thurley, Simon: The King's Garden at Hampton Court Palace. 1689 to 1995. London 1995.

[21] Danksagungen: Lorna McRobie (Heritage Lottery Fund), das »Parks and Gardens«-Team des English Heritage und David Jacques haben hilfreiche Informationen oder Kommentare, die in diesem Aufsatz benutzt wurden, geliefert.

Ihr neuer Status als staatlich anerkannte Kultureinrichtung führte zu einer deutlichen Ausweitung ihrer Verantwortlichkeit in den neunziger Jahren.

Das Register hat zusätzlich eine Identifizierung potentiell gefährdeter historischer Landschaften ermöglicht. Als die Großen Stürme von 1987 und 1990 den Süden Englands heimsuchten, wurde der Schaden in historischen Parks und Gärten schnell geschätzt und Zuschüsse zur Schadensbehebung zur Verfügung gestellt. Das ist vielleicht das erste zweckorientiert entstandene Programm für gestaltete Landschaften überhaupt. Die mit Stufe I und II* klassifizierten Landschaften sollten von English Heritage subventioniert werden, während weniger bedeutende historische Landschaften Subventionen über die Countryside Commission erhielten, die ihrerseits die Hilfsgruppe Task Force Trees für die Verwaltung der Gelder ins Leben rief. Die Subventionsprogramme förderten »eine langfristige Erhaltung unserer gestalteten Landschaften im Kontext eines umfassenden Planes«.[15] Sie benötigten geschichtliches Forschen und die Vorbereitung vernünftiger Vorschläge für die zukünftige Verwaltung, was von Fachberatern durchgeführt werden sollte und ebenfalls subventioniert wurde. Eine Gesamtzahl von 280 Stätten erhielt Subventionen, und es wurden 180 Verwaltungspläne produziert. Die Gesamtsumme belief sich auf vier Millionen Pfund.[16]

Die Countryside Commission förderte ein »Countryside Stewardship«-Programm, das ab den frühen neunziger Jahren einige der landschaftlichen Qualitäten, die durch die industrialisierte Landwirtschaft in früheren Dekaden verloren gegangen waren, wiederherstellen sollte. Die Parklandschaft war eine der Landschaftskategorien, die Unterstützung in Anspruch nehmen konnte. 1996 wurde das »Urban Parks«-Programm speziell für öffentliche Parks von der »Heritage Lottery«-Stiftung gegründet. Es sollte bei der Beseitigung der Schäden durch die jahrelang währende, enorme Vernachlässigung der öffentlichen Parks helfen.[17] Wie bei dem Subventionsprogramm für die Sturmschäden diente das Register als Auswahlkriterium für Stätten innerhalb dieser Programme, und sowohl die Erfassung historischer Landschaften als auch Restaurierungspläne waren ein Teil des Prozesses. Innerhalb des Stadtparkprogramms erhielten insgesamt 203 Stätten Unterstützung und 144 Verwaltungspläne wurden produziert. Die Kosten erreichten bis April 2002 eine Höhe von 280 Millionen Pfund. Zusätzlich bekam eine Anzahl privater Landschaften, u.a. »Hestercombe«, »Trentham« und »Painshill«, insgesamt 15 bis 20 Millionen Pfund. Diese Summen veranschaulichen das Ausmaß des Problems bezüglich städtischer Parks, was nicht nur mit der eigentlichen Substanz, sondern auch mit gemeindebezogenen Themen zusammenhängt, weshalb der Schwerpunkt dieser Programme nicht auf historischer Genauigkeit liegt. Niemals zuvor waren so viele Ressourcen für die Erhaltung gestalteter Landschaften verwendet worden. Durch das Anmeldungsprocedere ist außerdem eine Methodik in Kraft gesetzt worden, die nunmehr generell bei Arbeiten im Gartendenkmalschutz angewandt wird. Sie beinhaltet die Erstellung einer Übersicht und Analyse unter denkmalpflegerischem Aspekt. Angeregt durch »The Burra Charter« (1979, 1999) liefert Letzteres eine wichtige Grundlage für ein Restaurierungskonzept. Zusätzlich sind Verwaltungs- und Instandhaltungspläne erforderlich.[18]

Neue Standards setzen

Neben den gerade beschriebenen allgemeinen Statistiken der Gartendenkmalpflege gab es aber auch andere Ziele, wie etwa das Setzen neuer Standards innerhalb der Praxis und Theorie des Denkmalschutzes. Der »Royal Parks Historical Survey« über die königlichen Parks in und um London setzte einen neuen Maßstab bezüglich der Erfassung historischer Landschaften. Besonders die Inventarisierung von »Hampton Court Palace« und »Bushy Park« durch Travers Morgan im Jahre 1982 ist immer noch beispielhaft in ihrer Vollständigkeit, sowohl im Hinblick auf den Umfang als auch auf die Forschungsanalyse. Sie ist regelmäßig aktualisiert worden, eine Aufgabe, für die eine Gardens Strategy Group verantwortlich ist. Somit stellte diese eine der wenigen Landschaften dar, für die eine Strategie veröffentlicht wurde.[19] Ähnlich steht es auch um Hampton Court, wo 1995 die Rekonstruktion der barocken Anlage des »Privy Garden« neue Maßstäbe im Hinblick auf die Methodik der Nachforschungen, die Anwendung diverser Erfassungsprozeduren inklusive umfangreicher Ausgrabungen und ein Konzept historischer Bepflanzung als Grundlage für die Rekonstruktion setzte.[20]

Die größeren Implikationen gartendenkmalpflegerischer Projekte sind jedoch nirgends so offensichtlich wie bei »Heligan« in Cornwall, einem überwachsenen Gut aus dem 18. Jahrhundert, »entdeckt« und restauriert von Tim Smit. Er vermarktete die Rekonstruktion der Gärten unter dem Motto »Die Verlorenen Gärten von Heligan« mit Hilfe des Fernsehens und der Werbung. Sein äußerst erfolgreiches Projekt brachte Massen von Menschen, die sich nie für Gärten interessiert hatten, dazu, den Garten und damit die Region zu besuchen, und hat der örtlichen Gemeinde zu einem bedeutenden Aufschwung verholfen. In diesem Fall war nicht die historische Genauigkeit das Hauptziel der Restaurierung, sondern die Fähigkeit, ein größeres Publikum anzuregen und mittels eines Regenerationsprozesses zu begeistern. Die erfolgreiche Methodik dafür wurde in der Fernsehserie »Lost Gardens« nachgestellt. Leider hat diese der allgemeinen Öffentlichkeit den irreführenden Eindruck vermittelt, dass solche Rekonstruktionen praktisch über Nacht durchgeführt werden können, aber ihre Befürworter behaupten, dass die Anhebung des Profils einer solchen Arbeit insgesamt zum Vorteil gereichen müsse.

Eines der Probleme, das im Verlauf jüngerer Denkmalschutzprojekte offensichtlich wurde, ist die eingeschränkte Fachkenntnis. Um diesem entgegenzuwirken, haben die Universität of York und die Architectural Association in London 1986 begonnen, Fachberater für Denkmalschutzprojekte auszubilden. Während diese Kurse von einem kleinen, aber ständigen Studentenstrom besucht werden, besteht ein aktuelles Problem im Mangel an qualifiziertem Fachpersonal in der praktischen Verwaltung restaurierter Parks und Gärten. Obwohl im Hinblick darauf über mehrere Programme diskutiert wird, zum Beispiel für »Garland«, bestehen zur Zeit nur wenige Möglichkeiten, etwas über die Instandhaltung historischer Parks und Gärten zu lernen. Diese rein praktische Frage ist jedoch eine der wichtigsten für die Zukunft.

Andere Aspekte haben sich innerhalb der letzten ca. zehn Jahre aber auch deutlich verbessert; zusätzlich zu der starken nationalen Präsenz der Garden History Society auf politischer Ebene haben die County Gardens Trusts, Stiftungen innerhalb der Grafschaften, eine weitere Lobby geschaffen. Durch ehrenamtliche Helfer, die auf kommunaler Ebene arbeiten, stellen die County Gardens Trusts die Basis für die Bemühungen dar, historische Landschaften zu schützen.[21]

Dr. Jan Woudstra
Landschaftsarchitekt und -historiker, aus den Niederlanden. Vor Beginn seiner akademischen Laufbahn in Großbritannien Tätigkeit bei privaten Unternehmen, besonders an Denkmalschutzprojekten beteiligt, die sich auf historische Parks und Gärten bezogen: Hampton Court, Chiswick House Grounds u.a. Mitarbeiter bei dem Denkmalpflegekurs Gärten und Landschaften der Architectural Association in London. Dozent an der Universität von Sheffield am Seminar für Landschaften, das die größte Schule für Landschaftsforschung in Großbritannien unterhält.

Eines der wichtigsten Themen für die Zukunft ist die Ausbildungsmöglichkeit für professionelle Gärtner auf dem Gebiet der Instandhaltung historischer Gärten. Momentan gibt es dafür zu wenige Gelegenheiten.

Die Suche nach einem Konsens für den Umgang mit Kultur und Natur am selben Ort könnte selbstverständlich sein. Voraussetzungen sind der Wille zu Gemeinsamkeit, Objektivität und Spezialwissen. Vorgestellt wird ein modellhaftes Projekt, an dem Hydrologen, Ökologen, Zoologen, Denkmalpfleger, Steinkonservatoren, Kunsthistoriker und Landschaftsarchitekten zusammengearbeitet haben.

Roland Puppe

»Man will Natur und Kunst beysammen haben« – Interdisziplinäre Studie zur Revitalisierung der Moritzburger Kulturlandschaft

Blick über den niederen Großteich auf die Fasanerieanlage und den Leuchtturm, 2003

Ausschnitt aus dem »Plan vom sogenannten Friedewald und darinnen liegendem Schloss »Moritzburg«. Zeichner unbekannt, 1723.
In die aus der Regierungszeit Augusts des Starken stammende Karte wurden einige Bereiche der späteren Fasanerieanlage nachträglich mit Bleistift eingezeichnet, zum Beispiel Canal und Dardanellen. Das alte Fasanenwärterhaus befindet sich auf dem Hügel am »Bernsdorfer-Gros-Teich«.

Kulturelle Identität und Sehnsucht nach der Welt

Die das 20. Jahrhundert prägende rasante Flexibilität hat die Kontinuität und Stetigkeit historisch gewachsener Strukturen in Mitteleuropa vielerorts in Frage gestellt. Gesellschaftlicher Gedächtnisverlust als Folge des bewussten Traditionsbruchs und die ausgrenzende Konkurrenz unterschiedlichster wirtschaftlicher und gesellschaftlicher Nutzungsansprüche haben die Strukturen und das Beziehungsgeflecht von Kulturlandschaften teilweise bis zur Unkenntlichkeit verschleiert. Der hinsichtlich der zukünftigen Nutzung dieser Regionen notwendig gewordene demokratische Abwägungsprozess setzt auf der Grundlage komplexer, interdisziplinärer Forschungen erstellte und zukunftsorientierte Planungen voraus.

In sich ausgewogene, nachhaltig bewirtschaftete Kulturlandschaften erfahren zunehmende Beachtung. Wohl auch, weil sich in ihnen »Vergangenheit und Gegenwart als ineinander verflochtene und nebeneinander wirksame Wesenszüge«[1] ausprägen. Über die wirtschaftlichen Nutzungsansprüche hinaus bewusst gestaltete Kulturlandschaften sind von besonderer Anziehungskraft für Erholung und Tourismus. Ihre spezifische Ausprägung erfolgte über einen langen Zeitraum (vor allem vom 17. bis zum 20. Jahrhundert).[2] Sie befinden sich meist in sehr reizvollen Gegenden und sind Zeugnisse einstiger herrschaftlicher Geisteshaltung und Macht, besonders gekennzeichnet durch ihre Bauwerke, Gärten, Alleen oder auch durch künstlich gestalteten Szenerien. Darüber hinausgehende Landesverschönerungen werden des Öfteren, in Anlehnung an das Werk des Fürsten Franz von Anhalt-Dessau, als Gartenreiche bezeichnet. In ihren raumgreifenden Kompositionen ist die jedem Garten mehr oder weniger innewohnende »Spannung zwischen dem Geist des Ortes und der Sehnsucht nach der Welt«[3] am eindrucksvollsten zu erleben. Von dieser Spannung geht die größte Anziehungskraft auf die heutigen Besucher aus.

Durch die mit den politischen und gesellschaftlichen Veränderungen im 20. Jahrhundert einhergehenden neuen, meist nicht standortbezogenen Nutzungen und die mit diesen im Zusammenhang stehenden Eingriffe und Überformungen sind die einst so spannungsreichen Gesamtgefüge ebenso gefährdet wie durch die unzureichende Pflege ihrer gartenkünstlerisch oder ökologisch besonders beachtenswerten Substanz. Da Pflege, Erhaltung und Bewirtschaftung der kulturhisto-

[1] Kröner, Karl: Die Lößnitz. Gestalt und Wirkung einer Landschaft. In: Jahrbuch zur Pflege der Künste. 2. Folge. Dresden 1954, S. 94.

[2] De Jong, Erik A.: Der Garten als Dritte Natur. In: Naturschutz und Denkmalpflege. Zürich 1998, S.17–25.

[3] Seiler, Michael: Die Potsdamer Gartenlandschaft im Wandel. In: Potsdam Grün/Gartenkunst zwischen Gestern und Morgen. Hamburg 2001, S. 22.

[4] Dank der großzügigen finanziellen Förderung durch die Deutsche Bundesstiftung Umwelt konnte in den Jahren 1999 und 2000 im Freistaat Sachsen eine entsprechende, beispielhafte Untersuchung in der Moritzburger Kulturlandschaft erfolgen.

[5] Das unter der fachlichen Leitung des Referats Gärten der Sächsischen Schlösserverwaltung zusammengeführte Team – fast ausnahmslos externer Spezialisten – hat sich sehr schnell auf die interdisziplinäre Zusammenarbeit eingestellt.

[6] Neben dem konsolidierten Abschlussbericht gehören folgende auf die Teilprojekte bezogene Abschlussberichte zur Studie:
· Bestandserhebung über den Artbestand ausgewählter Tiergruppen in ausgewählten Biotopen (52 Seiten),
· Analyse und Zielvorgabe für den Wasserhaushalt im Einzugsgebiet (81 Seiten und umfangreicher zusätzlicher Anlagenband),
· Analyse und Zielvorgabe für Standortverhältnisse und Flora im Bearbeitungsgebiet (72 Seiten und 23 Anlagen),
· Untersuchung zum Erhaltungszustand der Vasen und anderer ausgewählter Gestaltungselemente aus Sandstein im Bereich des Fasanenschlösschens in der Moritzburger Kulturlandschaft (45 Seiten),
· Venusbrunnen an der Fasanerie in Moritzburg (35 Seiten).

»Ansicht des neuen Pavilions zu Moritzburg«. Kolorierter Kupferstich von Carl Gottfried Nestler, 1777. Staatliche Kunstsammlungen Dresden, Kupferstich-Kabinett

risch wertvollen Areale nicht nur aus denkmalpflegerischen, sondern vor allem auch aus wirtschaftlichen Erwägungen notwendig sind, bedarf es zukunftsfähiger Gesamtkonzepte. Die naturräumlichen Gegebenheiten, die prägenden Bewirtschaftungsformen und die landschaftskulturelle Programmatik sollten in ihnen gleichermaßen Berücksichtigung finden. Voraussetzung dafür ist die interdisziplinäre Zusammenarbeit von Spezialisten und Wissenschaftlern unterschiedlichster Fachbereiche in einem Team. Die historischen Entwicklungen derart komplexer Landschaftsgefüge lassen nur im Zusammenhang betrachtet zukunftsorientierte Schlussfolgerungen im Sinne der Sachgesamtheit zu.[4]

Die Moritzburger Kulturlandschaft

Die Moritzburger Kulturlandschaft befindet sich nordwestlich der sächsischen Landeshauptstadt Dresden. Sie ist durch ein großes Waldgebiet, den Friedewald, und eine Kette von zum Teil miteinander verbundenen so genannten Himmelsteichen geprägt. Die topografisch reizvolle Hügellandschaft erstreckt sich bis zu den Ortschaften Bärwalde, Bärnsdorf, Volkersdorf im Nordosten und den Elbhängen bei Radebeul, Coswig, Weinböhla im Südwesten. Das Schloss Moritzburg bzw. seine Vorgängerbauten sind seit dem 16. Jahrhundert ideeller und gestalterischer Mittelpunkt der von Jagd-, Fischerei-, Forst- und Landwirtschaft gekennzeichneten Region. Die höfische Nutzung durch die in Sachsen bis 1918 regierenden Wettiner war von 1542 an mit gestaltprägenden, gravierenden Eingriffen in die Landschaft verbunden. Der Tiergarten, dessen Mauern nahezu vollständig erhalten geblieben sind, und die das Schloss umgebenden Gartenanlagen zeugen davon; ebenso die Fasanerieanlagen mit Fasa-

Zugewachsene Sichtachse vom Venusbrunnen zum Schloss Moritzburg, Oktober 2001 (vor dem Parkseminar)

Weltreise »en miniature«. Vogelschau auf die Fasanerieanlage Moritzburg (»Flottenfest bei Moritzburg«). Gemälde von Johann Friedrich Nagel, um 1800. Stadtmuseum Meißen

nenschlösschen, Hafen, Mole, Leuchtturm, den Bootshäusern, den zwei Inseln im Großteich, Dardanellen, Entenfang, Kanal und dem Venusbrunnen. In diesem Zusammenhang ist auch der Jagdstern mit dem in seiner Mitte befindlichen Hellhaus zu sehen. Das nahezu vollständig unter Landschaftsschutz stehende Gebiet hat zu großen Teilen auch Denkmalschutzstatus. Die dem Freistaat Sachsen gehörende Liegenschaft Schloss Moritzburg wurde 1992, einschließlich der kulturhistorisch bedeutsamen Fasanerieanlage, der Sächsischen Schlösserverwaltung zugeordnet. Für das Schloss Moritzburg steht seitdem die Aufgabe, das übertragene Kulturdenkmal unter Beachtung vorgegebener wirtschaftlicher Kriterien zu bewahren und seiner Bedeutung entsprechend objektverträglich zu nutzen. Unabdingbare Voraussetzung dafür sind möglichst umfangreiche Kenntnisse zur geschichtlichen Entwicklung und Zukunftsträchtigkeit der übertragenen Substanz. Wohl wissend, dass die Zukunft Moritzburgs maßgeblich von der Entwicklung der Kulturlandschaft und der Bewahrung ihrer wertgebenden Elemente abhängt, haben Schloss und Schlösserverwaltung die Initiative ergriffen und gemeinsam mit dem Sächsischen Landesamt für Denkmalpflege ein entsprechendes Forschungsprojekt vorbereitet und beantragt.

Das Forschungsprojekt

Das im April 1999 von der Deutschen Bundesstiftung Umwelt geförderte Projekt befasst sich beispielhaft mit einem ausgewählten Teilbereich der Moritzburger Kulturlandschaft, der Fasanerieanlage. Der Titel des bis zum Juni 2000 bearbeiteten Projekts lautet: »Studie zur langfristigen Revitalisierung der umweltgeschädigten Kulturlandschaft Moritzburg am Beispiel der Fasanerie«.

Die für das Beispielgebiet erarbeitete komplexe Landschaftsanalyse erfolgte unter besonderer Beachtung kultureller und ökologischer Gesichtspunkte. Sie gliedert sich in drei Schwerpunkte: Die historische Entwicklung, den derzeitigen Status und die Darstellung von Konfliktpunkten. Zeitpunkt und Umfang der Verluste an wertgebender Substanz ließen sich so exemplarisch ermitteln. Hydrologen, Ökologen, Zoologen, Denkmalpfleger, Steinkonservatoren, Kunsthistoriker und Landschaftsarchitekten haben sich zu diesem Zweck ausgiebig mit dem Untersuchungsgebiet beschäftigt.[5] Neben dem Landschaftsarchitektenbüro Dr. Bormann & Partner waren die Institute für allgemeine Ökologie und Umweltschutz und für Hydrologie und Meteorologie der Technischen Universität Dresden, das Staatliche Museum für Tierkunde Dresden und

[7] Altner, M./Lademann, J.: Die Akademie vom Anfang bis zum Tode Hagedorns (1680–1780). In: Von der Königlichen Kunstakademie zur Hochschule für Bildende Künste [1764–1989]. Dresden 1990, S. 64–74. Krubsacius hatte 1764 in einem Gartenprojekt für den polnischen Kronjägermeister, den Fürsten Czartorisky, eine derartige Anlage ganz im Sinne Homes vorgelegt. Eingebunden in einen raumgreifenden typisch englischen Landschaftsgarten mit Teichen, aufgeschütteten Hügeln, akzentuierten Baumgruppen, Feldern, Wiesen, künstlichen Ruinen, einer indischen Hütte, einem griechischen Tempel, einem gotischen Haus, Einsiedeleien und einem Stall für seltene Tiere. Bereits 1760 wurden von ihm »Elemente des englischen Gartenstiles« in Gottscheds Handlexikon publiziert (S. 72). Das ist beachtlich, denn Henry Home Lord Kames Werk »Elements of Criticism« erschien im Jahre 1762; dazu: Hammerschmidt, V./Wilke, J.: Die Entdeckung der Landschaft. Stuttgart 1990, S. 131, 188, 207.

[8] Beurteilung der architektonischen Ausstellung bey der Churfürstl. Sächsischen Kunstakademie zu Dresden, vom Jahre 1771. In: Neue Bibliothek der schönen Wissenschaften und der freyen Künste. Bd. XV. Leipzig 1773, S. 131f. Die ausgewählte Passage folgt wohl Homes Intuitionen und ist mit einer Kritik am Werk Thomas Watheleys verbunden. Man könnte den Beitrag auch als Vorgriff auf das durch Hamphry Repton eingeleitete Ende der Landschaftsgartenkunst sehen, welches ebenfalls auf Home begründet war. »… und so wird es eben auch mit der Zeit dem neuen englischen Garten gehen! Man wird der Geometrie und den guten Verhältnissen wieder Abbitte und Ehrenerklärung thun.« (S. 131).

[9] Reichenbach, L.: Erinnerungen an die Stunden der Muse Sr. Majestät des höchstseligen Königs Friedrich August. In: Allgemeine deutsche Naturhistorische Zeitung. Neue Folge. Bd.1. Hamburg 1855, S.1–29.

[10] Jungmann, H.: Gesetz zum Schutz von Kunst-, Kultur- und Naturdenkmalen (Heimatschutzgesetz) und Ausführungsverordnung. Radebeul-Dresden 1934.

[11] Töpfer, K.: Landschaftsplanung in den neuen Bundesländern. Rede in seiner Funktion als Bundesminister für Umwelt zur Abschlussveranstaltung des Modellprojekts »Landschaftsplanung Dresden« am 25. August 1994 in Dresden-Pillnitz: »… ohne das Engagement derer, die weder Zeit noch Mühe noch eigene Mittel scheuten, wäre im Naturschutz in der DDR wohl wenig erreicht worden. Gleiches gilt für die im Denkmalschutz – z.B. für Historische Gärten und Parke – engagierten Laien und Fachleute, die manchen Park vor dem völligen Verfall bewahrten. Übrigens gab es den im Westen häufigen Gegensatz zwischen den beiden Disziplinen in dieser deutlichen Ausprägung im Osten nicht; beide fühlten sich dem historischen Erbe – dem Naturerbe – verpflichtet; vielleicht entstand ihre relative Nähe zueinander auch aus ihrer – natürlich und kulturell – bedingten kritischen Distanz zum politischen Gebilde DDR.«

[12] Wie Anm. 3.

das Institut für Diagnostik und Konservierung an Denkmalen in Sachsen und Sachsen-Anhalt an dem Projekt beteiligt. Insgesamt konnten 24 Fachleute in die Forschungen einbezogen werden. Die bei der Bearbeitung ermittelten Ergebnisse wurden dem Team in Form von Zwischenberichten stets zeitnah zur Kenntnis gegeben und anlässlich der regelmäßigen Zusammenkünfte diskutiert und ausgewertet. Die dabei gewonnenen Erkenntnisse und herausgearbeiteten Fragen konnten so direkt in die weiteren fachspezifischen Betrachtungen einbezogen werden. Auf der Grundlagenforschung aufbauend, wurde ebenfalls interdisziplinär ein Maßnahmenkatalog für die Revitalisierung des Fasanerieareals erarbeitet. Dieser ist weitgehend auf einen mittel- bis langfristigen Umsetzungsprozess angelegt.

Besonders gefährdete floristische, ornithologische, herpetologische und entomologische Arten wurden in dem 155 Seiten umfassenden konsolidierten Abschlussbericht und den dazugehörigen Karten/Plänen ebenso berücksichtigt wie die kulturhistorisch denkmalpflegerischen Ansprüche.[6] Eine derartig komplexe, ganzheitliche Vorgehensweise entspricht inhaltlich nicht nur der historischen Entwicklung des Areals, sondern auch heutigen zukunftsorientierten Planungsansätzen.

Brücke von der Vergangenheit in die Zukunft

Die Ursprünge der Fasanenzucht im Untersuchungsgebiet gehen auf den sächsischen Kurfürsten Friedrich August I. (1670–1733), auch August der Starke genannt, zurück. Sie wurde 1728 als Endpunkt der über das Schloss Moritzburg hinausgehenden West-Ost-Achse auf einem Hügel direkt am Bärnsdorfer Großteich angelegt. Das Fasanenwärterhaus bildete den Ausgangspunkt für die letzte raumgreifende Gestaltung der Moritzburger Kulturlandschaft im 18. Jahrhundert. Nach 1769 entstand mit dem Neubau des chinoisen Fasanenschlösschens und den in seiner Umgebung gestalteten Szenerien eine in sich geschlossene »ferne Welt«.

In den während der Regierungszeit (1768–1827) des sächsischen Kurfürsten Friedrich August III. (1750 bis 1827) entstandenen, wohl von dem Italiener Camillo Graf Marcolini (1739–1814) maßgeblich beeinflussten Anlagen konnte man einst eine Weltreise »en miniature« unternehmen. Eine in dem mit Mole und Leuchtturm ausgestatteten Hafen liegende Fregatte lud dazu ein. Mit Blick auf die am gegenüberliegenden Ufer des Großteiches befindliche Windmühle ging die Schiffsreise an einer festungsartig ausgebauten und an einer »otahitischen« Insel vorbei bis zu den Dardanellen.

Morgendliche Einweisung der Teilnehmer des Parkseminars am 19. Oktober 2001

Beim Verlassen des »Europäischen Erdteils« war es notwendig, das Schiff zu wechseln. In einem kleinen Boot gelangte man auf dem Kanal bis zum Venusbrunnen und wurde von einem auf dem Dach des chinoisen Fasanenschlösschens thronenden kopfnickenden Chinesen begrüßt. Die bewusst in Henry Homes ländlicher Idylle angesiedelte Gestaltung entsprach dem damals modernen anglo-chinoisen Geschmack. Sie ist in ihrer Axialität aber durchaus auch strengeren Formen verbunden. Bereits seit 1764 lehrte Friedrich August Krubsacius (1718–1790) die moderne Gartenkunst an der Kunstakademie zu Dresden, den kritischen Anregungen Homes folgend und in einer spezifischen sächsischen Lesart.[7] Dem Bericht über die dem Lustgartenbau gewidmete Ausstellung der Kunstakademie im Jahre 1771 ist diesbezüglich zu entnehmen: »Ich verwerfe […] gar nicht das ungezwungene Schöne der Natur […]. Allein ich achte nur nicht eine schöne Gegend und die wilden Spaziergänge für einen Lustgarten. Wollen die Engländer eine schöne angepflanzte Landschaft einen Garten oder ein Paradies nennen, und sich damit begnügen? Gut. Mir scheint es, als ob die Natur ihrem Lande viel schönes versagt habe, das sie durch neue Anlagen ersetzen wollen. Dahingegen die gütige Natur so viele Schönheit in Italien und Sachsen verschwendet hat, daß wir bei weitem nicht über alle Kleinigkeit so entzückt sind wie sie. Daher verlangt man auch hier zu Lande einen schönen Garten in einer schönen Gegend zu sehen. Man will Natur und Kunst beysammen haben.«[8] Diese Aussage ist aus gartenkünstlerischer Sicht von großer Bedeutung, aber auch im Hinblick auf die umfangreichen entomologischen und botanischen Kenntnisse und Intentionen Kurfürst Friedrich Augusts III. beachtenswert. Die Begeisterung für den schwedischen Botaniker Carl von Linné (1707–1778) und dessen Lehre hatte ihn zu einem leidenschaftlichen Pflanzensammler werden lassen.[9]

Sichtachse vom Venusbrunnen zum Schloss Moritzburg, Frühjahr 2003

Sichtachse vom Schloss Moritzburg zum Fasanenschlösschen, Frühjahr 2003

KONSENS STATT KONKURRENZ

Das über einen langen Zeitraum vom Wechselspiel der Kräfte herausgebildete Landschaftsbild wird erst nach der Analyse des in ihm wirkenden Beziehungsgeflechts erfassbar. Aus diesem Grunde wurden alle in den einzelnen Fachdisziplinen separat erhobenen Daten im Team zusammengeführt und hinsichtlich ihrer Auswirkungen auf das Gesamtgefüge betrachtet.

Die auf hohem Niveau durchgeführte »Zusammensetzung« der einzelnen wissenschaftlichen Bausteine erfolgte in vorurteilsfreier Atmosphäre. Die auf das Miteinander der verschiedenen Wissenschaftsdisziplinen ausgerichtete Studie war von Anfang an als Teamprojekt angelegt. Die Erfahrungen zeigen, dass das Vorhaben nur zum erfolgreichen Abschluss geführt werden konnte, weil der vereinbarte Verfahrenskodex über den gesamten Forschungszeitraum uneingeschränkte Beachtung fand.

Alle erhobenen Daten wurden vom Team als »gleichberechtigtes« Basismaterial akzeptiert. Die vorurteilsfreie Diskussion aller (auch der konträren) Ergebnisse führte zur Erweiterung des Erkenntnishorizonts im Team. Sicherheit und Kompromissfähigkeit bei der Bewertung der Ergebnisse und der Formulierung anzustrebender Ziele waren die Folge.

Für eine ganzheitliche Betrachtung der Fasanerieanlage waren mithin die beiden historisch gleichermaßen bedeutungsvollen Komponenten Kultur und Natur vorrangig zu berücksichtigen. Die dabei gewonnenen Ergebnisse zeugen von großer Konsensfähigkeit beider »Pole«. Nicht selten ergänzen sich die jeweiligen Ansprüche gegenseitig. Die zu Beginn des 20. Jahrhunderts mit dem Sächsischen Kulturschutzgesetz geschaffene gemeinsame Basis für die Pflege und Erhaltung von Kunst und Natur wurde vor allem vom Sächsischen Heimatschutz ausgebaut,[10] hat im Kulturbund der DDR überlebt[11] und trägt auch heute noch, wie das vom Oktober 2001 vom Landesverein Sächsischer Heimatschutz initiierte 14. Parkseminar in der Fasanerieanlage belegt. Auf der Grundlage der Studie wurden dringend notwendige Pflegemaßnahmen entlang des Kanals an den Dardanellen und auf einer Insel durchgeführt. Von den 189 mit über 30 Motorsägen ausgestatteten freiwilligen und begeistert tätigen TeilnehmerInnen konnten in den zwei Tagen etwa 1000 Bäume gefällt, aufgearbeitet und beräumt werden.

Derart wertschöpfendes bürgerschaftliches Engagement für historische Gärten wäre auch über die sächsischen Grenzen hinaus wünschenswert. Dank der guten Zusammenarbeit zwischen dem Referat Gärten der Sächsischen Schlösserverwaltung und dem Staatlichen Vermögens- und Hochbauamt Dresden konnte die für die Kulturlandschaft überaus bedeutende Sichtachse durch weitere Schnittmaßnahmen im Herbst 2002 vollständig geöffnet werden.

AUSBLICK

Das Schloss Moritzburg hat inzwischen ein auf die Studie aufbauendes Nutzungskonzept vorgelegt. Die Vorplanungen für die im Umfeld des Fasanenschlösschens vorgesehenen Baumaßnahmen beziehen sich ausdrücklich auf die in der Studie genannten Maßnahmen zur Revitalisierung der landschaftskulturellen Programmatik unter besonderer Beachtung der naturräumlichen Gegebenheiten. Die in der Studie enthaltenen Vorschläge hinsichtlich der Entwicklung der Fischerei-, Wald- und Jagdwirtschaft bedürfen weiterer tiefgründiger Untersuchungen und Abstimmungen. Die Fasanerieanlagen in Moritzburg können und werden ihre Anziehungskraft erst wieder zurückerlangen, wenn die ihnen innewohnende »Spannung zwischen dem Geist des Ortes und der Sehnsucht nach der Welt«[12] wiederhergestellt ist.

Roland Puppe
Geb. am 24. Januar 1951 in Burg/Spreewald. Nach Abschluss einer dreijährigen Gärtnerlehre in der Zentralstelle für Sortenwesen in Nossen 1970 bis 1974 Studium der Landschaftsarchitektur an der Sektion Architektur der Technischen Universität Dresden. Beginn der beruflichen Laufbahn mit Gründung eines Landschaftsarchitekturbüros in der Gärtnerischen Produktionsgenossenschaft Rügen in Saßnitz. 1981 Wechsel in die Kurparkverwaltung der DDR-Staatsbäder Bad Brambach/Bad Elster. Von da an standen Pflege und Erhaltung historischer Gärten im Mittelpunkt seiner beruflichen Tätigkeit. Ab 1992 an der Reaktivierung der Sächsischen Staatlichen Gartenverwaltung und dem Aufbau der Sächsischen Schlösserverwaltung in Dresden beteiligt. Seit 1993 Referatsleiter Gärten der Sächsischen Schlösserverwaltung (nach dem 1. Januar 2003 Staatliche Schlösser, Burgen und Gärten Sachsen).

GARTENDENKMALPFLEGE IST HEUTE EIN BEMÜHEN VIELER. ES WIRD DEUTLICH, DASS DIE HISTORISCHEN GÄRTEN EINE LOBBY HABEN. NUR IN GEMEINSAMER SORGE UM DAS OBJEKT KÖNNEN EIGENTÜMER, DENKMALSCHÜTZER UND INTERESSIERTE DIESE WICHTIGE AUFGABE ERFÜLLEN.

Christiane Segers-Glocke

GARTENDENKMALPFLEGE IN NIEDERSACHSEN – EIN NETZWERK IM SYSTEM DENKMALPFLEGE

Park des Gutes Walshausen. Blick über den oberen Teich auf das von Laves errichtete Gutshaus, 1997

Schloss Clemenswerth. Blick auf das Gloriettchen am Ende der Blickachse des Klostergartens, 1997

Im Jahr 1991 ist in der zentralen Denkmalfachbehörde des Landes Niedersachsen das Spezialgebiet Gartendenkmalpflege eingerichtet worden. Die Intensivierung gartendenkmalpflegerischen Tuns bestätigte alsbald in alarmierender Weise den hohen Grad der Gefährdung unserer schützenswerten Gartensubstanz: in einigen Landesteilen Niedersachsens innerhalb von 20 Jahren an die 30 Prozent Verlust![1]

Das war mir Anlass genug, ein Kolloquium zum Thema »Gartendenkmale in Niedersachsen, Probleme und Chancen ihrer Erhaltung«[2] zu veranstalten. Hierfür hatten wir mit dem Institut für Grünplanung und Gartenarchitektur der Universität Hannover sowohl einen bedeutenden gartenhistorischen Ort, einen Standortvorteil, als auch einen nahezu »geborenen« Partner in Vorbereitung und Durchführung.

Der Veranstaltungsort Hannover war aber auch Ausdruck von Wertschätzung und Würdigung gegenüber diesem Institut, das mit dem Lehrgebiet Gartenkunst und Gartendenkmalpflege nicht nur für Niedersachsen, sondern bundesweit über Jahrzehnte hinweg Anstöße und Impulse dafür gegeben hat, die Gartendenkmalpflege in den Landesämtern für Denkmalpflege, den Denkmalfachbehörden, zu institutionalisieren.[3] Dafür gilt Dieter Hennebo, dem Mentor der Gartendenkmalpflege, unserer besonderer Dank.

In meiner Einführung in das Thema des bereits erwähnten Kolloquiums regte ich an, diese durch das Wirken von Dieter Hennebo gewachsene Tradition am hiesigen Institut für Grünplanung und Gartenarchitektur in kooperativer Zusammenarbeit weiterzuentwickeln: in Form eines »zentralen Forschungs- und Weiterbildungsinstituts«[4], das »große Chancen hätte, die unterschiedlichen Interessen und Aktivitäten hier zentral in Hannover zu bündeln«.[5]

Zum Kolloquium waren Gartendenkmalpfleger und Denkmalpfleger aus Niedersachsen, den angrenzenden Bundesländern und aus dem europäischen Aus-

[1] Segers-Glocke, Christiane: Blick zurück nach vorn. Niedersächsische Denkmalpflege. Bd.16. Hannover 2001, S. 28ff.; Hennebo, Dieter: Berichte zur Denkmalpflege in Niedersachsen 4. Hannover 1986, S.137–140.

[2] Gartendenkmalpflege in Niedersachsen. Dokumentation des Kolloquiums vom 29./30. Oktober 1993 in Hannover. Arbeitsheft zur Denkmalpflege in Niedersachsen. Nr.13. Hannover 1994.

[3] Hennebo, Dieter: Gartendenkmalpflege. Stuttgart 1985, S. 44; zur Situation in den östlichen Bundesländern S. 45.

[4] Wie Anm. 2, S. 73.

[5] Anstelle des ursprünglich für das ehemalige Schloss in Klein-Glienecke geplante Gartenkunstzentrum nach Ideen von Dieter Hennebo und Martin Sperlich, das nach 1989 nicht realisiert werden konnte; vgl. hierzu auch Projekt Herrenhausen, International Workshop, Hannover, 30./31. März 2001, S. 91–93.

[6] Nach holländischem Modell, siehe dazu Anm. 2, S. 66; vgl. auch Schmidt, Erika. In: Berichte zur Denkmalpflege in Niedersachsen. 4. Hannover 1990, S.164.

[7] Schmidt, Erika: Gartendenkmalpflegerische Maßnahmen. Übersicht und Begriffserläuterungen. In: wie Anm.3, S. 54.

[8] Wie Anm. 2, S. 66.

[9] »Wenn Simon Judä (28. Oktober) schaut, pflanze Bäume, schneide Kraut«. In: Sammlung von Franz Freiherr von Lipperheide. Berlin 1907, S. 679.

[10] Berichte zur Denkmalpflege in Niedersachsen. 2. 1994, S.101f.; Wie Anm. 2, S. 5.

[11] Ebd., S.73.

[12] Berichte zur Denkmalpflege in Niedersachsen. 1. 1997, S.79f.; »Als drittes Standbein der Gartendenkmalpflege in Niedersachsen« bezeich-

nete Klaus von Krosigk die Stiftung anlässlich der Übergabe der Bibliothek von Ursula Gräfin zu Dohna im Hardenbergschen Haus in Hannover am 17. Januar 2002.

13 Wie Anm. 3, S. 45.

14 Weltkulturdenkmal in Deutschland, dort: Schloß Sanssouci und die Potsdamer Schlösser und Gärten, Schloß Glienicke und Pfaueninsel, S. 78–81; ICOMOS. Nationalkomitee der Bundesrepublik Deutschland. München o.J.; Wie Anm. 3, S. 33.

15 Denkmalschutzgesetz Berlin 1977.

16 Am 13. März 1981; vgl. Karl Friedrich Schinkel. Werke und Wirkungen. Ausst.-Kat. Berlin 1981; Sperlich, Martin. In: Zehlendorfer Chronik. Berlin 1977 (2. erw. Aufl. 1979).

17 Segers-Glocke, Christiane: Zur Wiederherstellung der Großen Neugierde im Schloßpark zu Klein-Glienicke. In: Festschrift für Martin Sperlich zum 60. Geburtstag. Berlin 1979, S.131–144; vgl. auch Anm. 3, S. 33 f.

18 Wie Anm. 2, S. 25.

19 In den alten Bundesländern; vgl. Anm. 3, S. 33 f.

20 Seit 1993 ist in der Vereinigung der Landesdenkmalpfleger in der Bundesrepublik Deutschland die Arbeitsgruppe Gartendenkmalpflege installiert.

21 Diese ist für Niedersachsen flächendeckend im Überblick erfasst, vertiefende gattungsbezogene Bewertungen der Gartendenkmale steht allerdings für weite Teile der Regierungsbezirke Braunschweig, Hannover und Lüneburg noch aus.

22 Wie Anm.1, S.139.

23 Frankfurter Allgemeine Zeitung vom 27. Januar 2000.

24 Schmidt, Erika: wie Anm. 6, S.161-166.

Haus Altenkamp, Papenburg-Aschendorf. 250-jähriges Lindenspalier, 1996

land sowie Wissenschaftler, die sich speziell mit der Gartenkunst befassen, geladen. Im Mittelpunkt standen die privaten Gartendenkmaleigentümer und Eigentümer von Gärten und Parks in öffentlicher Hand, um gemeinsam Erfahrungen und Probleme im täglichen Umgang mit historischen Gärten, jenen »weiterwachsenden Kulturdenkmalen«, zu reflektieren und gemeinsame Erhaltungsstrategien zu entwickeln.

Hierbei wurde deutlich, dass Gartendenkmalpflege in Niedersachsen nur durch gemeinsame Anstrengung aller eine Zukunft haben wird. Nicht die gesetzliche Verpflichtung allein wird letztlich vor der Zerstörung von Gartendenkmalsubstanz schützen, sondern vielmehr ist das breite Verständnis für den Erhalt und ein daraus sich entwickelndes Netzwerk privater wie administrativer Unterstützungen von organisierten Pflegemöglichkeiten[6] erforderlich, um dem »schleichenden Substanzverlust« entgegenzuwirken.

Es war uns aber auch gelungen, die bei einer ganzen Reihe von Teilnehmern vorhandene Scheu vor dem »lebenden« Denkmal zu überwinden. Somit konnten für unsere Gärten und Parks zusätzliche »Mitwisser« und »Mitstreiter« gewonnen werden.[7] Und: Nahezu spontan wurde meine Anregung von den Teilnehmern aufgegriffen, sich in einem anderen Rahmen zur »Wahrung ihrer Interessen zusammenzuschließen«[8], um über die alte Gärtnerregel »pflanze Bäume, schneide Kraut«[9] hinaus sich zukunftsorientierten Lösungsmöglichkeiten durch Hilfe zur Selbsthilfe zu widmen. Am Ende des zweitägigen Kolloquiums entstand die Initiative zur Gründung einer Interessengemeinschaft, die sich im Januar 1994 als »Niedersächsische Gesellschaft zur Erhaltung historischer Gärten e.V.« in Hannover konstituierte.[10] Zum Abschluss des Kolloquiums sprach Dieter Hennebo von einem »Meilenstein« für die Gartendenkmalpflege in Niedersachsen.[11]

1996 konnte ergänzend zur Niedersächsischen Gesellschaft zur Erhaltung historischer Gärten die bisher bundesweit einmalige Stiftung historischer Gärten in Niedersachsen[12] gegründet werden. Seither haben sich Verein und Stiftung gut entwickelt. Beide tragen zur Förderung der gartendenkmalpflegerischen Infrastruktur in besonderem Maße bei.

Um die Anfänge der Gartendenkmalpflege in der Bundesrepublik[13] zu reflektieren, sei ein Blick zurück und über die Grenzen Niedersachsens hinaus erlaubt. Schon während meines wissenschaftlichen Volontariats bei der Verwaltung der Staatlichen Schlösser und Gärten Berlin (1974–1976) lernte ich gartendenkmalpflegerische Tätigkeiten der Kollegen in der DDR kennen. Im Südwesten von Berlin-West, im Schlosspark Babelsberg, damals noch getrennt vom anderen Teil der großartigen Kulturlandschaft Potsdam-Glienicke[14], heute Welterbe, begannen die Kollegen mit der Wiederherstellung des Parks. Behutsam wurden Sichtachsen und Blickverbindungen zwischen Babelsberg und Klein-Glienicke zurückgewonnen, um die zusammenhängende Kulturlandschaft deutlich zu machen. Überformte Wegeführungen, Bepflanzungen und Rückschnitte sowie Korrekturen am Geländerelief gaben dem Park dort augenfällig wieder Fasson und Struktur. All dies geschah, bevor in Berlin-West mit der gartendenkmalpflegerischen Wiederherstellung in Klein-Glienicke begonnen werden konnte und auch vor der Verabschiedung des Denkmalschutzgesetzes für das Land Berlin[15].

Während meiner Berliner Konservatorentätigkeit ab 1976 beim dortigen Landeskonservator wuchs mir die wahrhaftig dankbare und herausfordernde Aufgabe zu, in Vorbereitung von Karl Friedrich Schinkels 200. Geburtstag[16] dessen Bauten und die seiner Schüler im Park zu Klein-Glienicke in gemeinsamer Verantwortung sowohl für die Verwaltung der Staatlichen Schlösser und Gärten Berlin als auch für den Landeskonservator denkmalpflegerisch zu betreuen. Das ging einher mit den Anfängen der gartendenkmalpflegerischen Wiederherstellung des Parks in Klein-Glienicke.[17] Und dieses geschah nicht reibungslos!

Erhebliche Widerstände in der Bevölkerung, die dieses zum Volkspark mutierte einstige Gartenkunstwerk verteidigte, beim Naturschutz, bei der Forstverwaltung, Vorbehalte bei Verwaltungen und Politik machten es uns eng zusammenarbeitenden Denkmalpflegern und Gartendenkmalpflegern damals nicht gerade leicht, diesen verwilderten, seiner »historischen Strukturen und auch seines historischen Pflanzenspektrums«[18] entwachsenen und deshalb in seinen Gestaltqualitäten nicht mehr recht erkennbaren und somit als historischen Park gemeinhin nicht mehr gewürdigten

270

Park instand zu setzen. Dieses Gesamtkunstwerk, bestehend aus Park und Architektur, sollte wieder erlebbar und ablesbar werden. Der Schlüssel zum damaligen Erfolg in der Gartendenkmalpflege lag darin, »anzufangen«, d.h. Teile vorbildhaft instand zu setzen und der Öffentlichkeit die wiedergewonnenen Schönheiten und Qualitäten von Park und Architektur vor Augen zu führen.

Das Ergebnis war, dass Klein-Glienicke damals zum Synonym für Gartendenkmalpflege wurde,[19] zu Maßstab und Messlatte gartendenkmalpflegerischen Tuns in Berlin-West, und bundesweit Impulse für das entsprechende Spezialgebiet gab. Mithin setzte die Berliner Gartendenkmalpflege, insbesondere durch die Wiederherstellung des Pleasuregrounds in Klein-Glienicke, bundesweite Maßstäbe für dieses noch zu etablierende Spezialgebiet der Landesdenkmalpfleger in der Bundesrepublik Deutschland.[20]

Die unmittelbare Nähe zum Ort des gartendenkmalpflegerischen Geschehens hatte ohne Zweifel sowohl meine Neigung für den Umgang mit historischen Gärten und Parks genährt als auch für mein späteres Wirken in Niedersachsen Vorbildcharakter und stand auf seine Weise gewiss auch Pate beim Aufbau des Spezialgebietes der Gartendenkmalpflege in Niedersachsen.

Das angeführte Beispiel Klein-Glienicke macht deutlich, dass neben der dringend notwendigen inventarisatorischen Erfassung und vertiefenden Bewertung unserer Gartendenkmale[21] auch Vorbilder gartendenkmalpflegerischer Instandsetzungen erforderlich sind, um die Qualitäten der Gartenkunst einer interessierten Öffentlichkeit praktisch vor Augen zu führen. Denn: Die Alltagspraxis lehrt uns immer wieder, dass es schon schwierig genug ist, die mitunter verborgenen Qualitäten an unseren Baudenkmalen zu verteidigen. Um wie viel schwieriger kann sich die Verteidigung verwilderter und in ihren Strukturen und Konturen verloren gegangener Garten-, Park- oder Freiflächenanlagen[22] gestalten, zumal gerade bei Gärten und Parks die Vorstellungen über Schönheit, Qualitäten und Natur weit gespannt sein können. Während für unsere großen Gartenkünstler »Gärten wahre Raumkunstwerke sind, die sich nur im Gehen und Wandeln« darin vermitteln, schwärmen andere, dass »niemand schönere Landschaften baut als die Natur selbst«.[23] So bleibt es eine vorrangige Aufgabe der Gartendenkmalpflege, diese von Menschenhand geschaffenen »Architektonisierungen des natürlichen Wachstums« durch kontinuierliche Pflege zu lenken und der »Vergänglichkeit historischer Gartenelemente« infolge des »Weiterwachsens« entgegenzuwirken.[24] Mit anderen Worten und im übertragenen Sinne: »Auch wir in Niedersachsen brauchten unser Klein-Glienicke, also praktische gartendenkmalpflegerische Leistungen und Erfolge,

Schloss Hünnefeld, Bad Essen. Garteninsel und Park, 1995

um vor den Augen einer kritischen und zum Teil vorbehaltenden Öffentlichkeit überzeugende und ermutigende Beispiele mit multiplizierender Wirkung zu exemplifizieren.«[25]

Für Niedersachsen hieß das 1991, dass auch hier angefangen werden musste. Dabei war es mir ein wichtiges Anliegen, die Gartendenkmalpflege so zu strukturieren und darauf anzulegen, dass die Gartendenkmaleigentümer und Maßnahmenträger jene denkmalfachliche Beratung, jene Hilfe, auch finanzieller Art, aber zugleich jene denkmalrechtlichen Rahmenbedingungen erfahren sollen, die für Eigentümer von Baudenkmalen im Rahmen des Zusammenwirkens der Denkmalbehörden längst eine Selbstverständlichkeit waren. Im Sinne des Niedersächsischen Denkmalschutzgesetzes haben die Gartendenkmalbesitzer einen Anspruch auf Gleichbehandlung.[26]

Seit den Anfängen der Gartendenkmalpflege in Niedersachsen hat sich viel bewegt und aus einem partikularen »Nebeneinander hat sich ein strategisches Miteinander« im gartendenkmalpflegerischen Tun innerhalb des Systems Denkmalpflege entwickelt.[27] Wir haben im ersten Jahrzehnt der Gartendenkmalpflege viel erreicht, aber nicht allein aus eigener Kraft, sondern durch ein breit angelegtes und beharrlich gepflegtes Netzwerk von Partnern und den gemeinsamen Aufbau einer vielfältigen, lebendigen Infrastruktur.[28] Auch wenn die Zeitzeichen für die Denkmalpflege in den zurückliegenden Jahren nicht immer erfreulich waren, werden wir uns weiterhin um so nachhaltiger für eine gedeihliche Zukunft unserer Gartendenkmale engagieren, damit nicht wieder zuwächst, was durch Wissen, Wertung, Pflege und Wartung gerade erst den Blick auf die Vielfalt und den Reichtum der historischen Gärten in Niedersachsen geweitet hat.

Dr. Christiane Segers-Glocke
Geb. 1943 in Leipzig. Studium der Architektur, promovierte 1976 bei Hans Reuther an der Technischen Universität Berlin. Nach einem Volontariat bei der Verwaltung der Staatlichen Schlösser und Gärten in Berlin ab 1976 zunächst Tätigkeit als wissenschaftliche Mitarbeiterin, später als Konservatorin im Berliner Denkmalamt. Dort unter anderem Betreuung der denkmalpflegerischen Instandsetzungsarbeiten an Bauten von Karl-Friedrich Schinkel und denen seiner Schüler im Schlosspark Klein-Glienicke. Ab 1979 im Redaktionsausschuss, 1981 bis 1984 Mitglied der Dehio-Vereinigung. 1984 Wechsel in die staatliche Denkmalpflege des Landes Niedersachsen. Von 1978 bis 1991 Lehrbeauftragte an der TU Berlin (Fachbereich Architektur und Kunstgeschichte) und an der Universität sowie der Fachhochschule Oldenburg.
Seit 1991 Landeskonservatorin, seit 1998 Präsidentin des Niedersächsischen Landesamtes für Denkmalpflege. In dieser Eigenschaft Herausgeberin zahlreicher Fachpublikationen.

[25] Wie Anm. 2, S.73. Als Beispiele seien u.a. genannt: Gut Altenkamp im Emsland, Gutsparkanlagen in Walshausen und Remringhausen, Park auf dem Ohrberg bei Hameln.

[26] Ebd., S.139.

[27] Wie Anm. 28, S.15.

[28] Wie Anm.1, S. 28ff.

Bei den Bemühungen um Pflege und Erhalt historischer Gärten werden immer unterschiedliche Auffassungen über die geeignete Verfahrensweise auftreten. Das österreichische Beispiel zeigt neben unterschiedlichen Interessen und Zuständigkeiten wie der richtige Weg – oftmals als einziger möglicher Umgang verstanden – gesucht wurde. Letztlich ist jede Lösung jedoch Ergebnis ihrer Zeit und der bestehenden Bedingungen.

Géza Hajós

Österreichische Gartendenkmalpflege – Theorie und Praxis am Beispiel von Schönbrunn in Wien

Gegenwärtige Rekonstruktion eines Teils vom Schönbrunner Kammergarten »Am Keller« nach dem Plan von Louis de Nesle, genannt Gervais, um 1750

Rückwärtige Bepflanzung der Heckenwände im Großen Parterre von Schönbrunn, 2000

Erstmals ist der Autor Herrn Professor Dieter Hennebo kurz nach der im Jahre 1986 erfolgten Gründung eines kleinen »Referates für historische Gartenanlagen« im Österreichischen Bundesdenkmalamt in Ludwigsburg begegnet, wo der damals schon sehr bekannte Gelehrte die deutschen Landesdenkmalämter erneut attackieren musste, da sie dieses äußerst notwendige und aktuelle Arbeitsgebiet personell und finanziell noch immer vernachlässigten. Eine gut fundierte »Gartendenkmalpflege« existierte in der Praxis, trotz der Erscheinung des gleichnamigen Buches im Jahre 1985, in den achtziger Jahren nur selten.

Der Name Hennebo war mir schon 1964 in Budapest bekannt, als ich im Rigorosumsstoff das Autorenteam »Hennebo und Hoffmann« vorgefunden hatte. Für diese bibliografische Angabe war die Kunsthistorikerin und meine verehrte Professorin Anna Zádor (1904–1996) verantwortlich, die in Ungarn seit den 1930er-Jahren eine Bahnbrecherin für die Erforschung der Gartenkunstgeschichte gewesen ist. So entwickelte sich seit 1986 allmählich eine freundschaftliche und respektvolle Beziehung zu Professor Hennebo, der den schwierigen Weg der österreichischen Gartendenkmalpflege mit Rat und Tat begleitete, zum Beispiel als er schon 1987 beim ersten Wiener Gartenkongress für die geplante Rekonstruktion der zerstörten Neugebäude-Gärten aus der Zeit des Manierismus – als Unterstützung der anfänglichen Tätigkeit des Gartenreferats – von den Zuständigen eine strenge historische Wissenschaftlichkeit einforderte.

Zur Situation der Gartendenkmalpflege in Österreich

Die Gartenverwalter, aber leider auch die Landschaftsarchitekten in Österreich waren und sind heute vielfach noch historisch-methodisch nicht genügend ausgebildet. Dadurch war es hier sehr schwer, die Idee der Gartendenkmalpflege zu verbreiten. Da diese Aufgabe mir als einem auf dem Gebiet der Pflanzenkunde nicht sehr bewanderten Kunsthistoriker zufällt, musste zuerst die berufsbedingte Skepsis zerstreut und gezeigt werden, dass in methodischer Hinsicht viele Wege zum historischen Garten führen können. Es gibt auf dem ganzen Gebiet der Denkmalpflege vielleicht keine andere Disziplin, die in ihrem Wesen so interdisziplinär beschaffen ist wie die Gartendenkmalpflege. Deshalb war ich immer bemüht, die Projekte mit Historikern, Landschaftsarchitekten, Raumplanern, Botanikern und manchmal sogar auch mit Philosophen auszurichten. Beispielhaft seien die sieben internationalen Gartenkongresse in Wien und Eisenstadt erwähnt.[1] Inzwischen liegt nach einer rund zwanzigjährigen Forschungsarbeit ein erstes umfassendes Inventar der historischen Gärten Österreichs vor.[2]

Es ist gelungen, in Österreich den Begriff »Parkpflegewerk« nicht nur für die Fachleute, sondern sogar in der Tagespresse geläufig zu machen. In den ersten 15 Jahren – solange das Denkmalschutzgesetz für die 56 wichtigsten Garten- und Parkanlagen noch nicht novelliert war – entstanden im Bundesdenkmalamt etwa 120 Wiederherstellungskonzepte. Manche dieser Parkpflegewerke sind mehrbändig, andere wieder sehr klein im Umfang, wobei die Qualität in diesem Fall nicht von der Seitenanzahl abhängt, sondern vom praktischen Zweck: der Möglichkeit der Verwirklichung. Die Prinzipien dieser Parkpflegewerke wurden in der Österreichischen Zeitschrift für Kunst und Denkmalpflege veröffentlicht.[3] Mit ihnen gelang es, einen »internationalen Standard« insofern zu erreichen, dass ihre Grundstruktur einheitlich ist. Sie blieben nicht in der »Schublade«, d.h. in der Amtsbibliothek, sondern wurden den Eigentümern vielfach kostenlos zur Verfügung gestellt und in positiven Fällen auch verwirklicht.

Die gesetzliche Situation in Österreich ist noch immer nicht befriedigend: Obwohl ein wesentlicher und erster Schritt kann nach der Novellierung des Denkmalschutzgesetzes, beschlossen im Parlament am 19. August 1999[4], nur eine gewisse Anzahl von Gärten oder Parks, nämlich nur die wichtigsten in den neun österreichischen Bundesländern, unter Schutz gestellt werden. Die 24 sich im öffentlichen Besitz befindlichen Gartendenkmale lassen sich mehr oder weniger problemlos behandeln, die Unterschutzstellung der 32 sich in Privatbesitz befindlichen Anlagen kann jedoch nur mit Zustimmung der Eigentümer erfolgen! (Wieder eine Kuriosität in Österreich ...) Eine diesbezügliche Abänderung des Gesetzentwurfs erfolgte im letzten Moment unter Druck der Großgrundbesitzer, die fürchteten, steuerlich schlechter gestellt zu werden, wenn sie ihre großräumigen englischen Parks im Sinne des Steuergesetzes nicht als Forstbetrieb, sondern als »Liebhaberei« deklarierten. Bei der privaten Kulturdenkmalpflege gibt es in Österreich noch immer keine Steuererleichterung.

Trotz alledem gelang es, ein neues Gartenbewusstsein zu erzeugen. In der Öffentlichkeit ist der Begriff »historischer Garten« kein unbekanntes Wort mehr. In einem aktuellen Konflikt im Schönbrunner Park verwendete die Tagespresse[5] diese nicht einfach begreifliche und häufig missverstandene Bezeichnung schon wohlwollend in positivem Sinn. Man weiß, dass UNESCO und ICOMOS in Schönbrunn unter »Weltdenkmal« nicht nur das Schloss, sondern die gesamte Parkanlage verstehen.

Zur Verwaltung der Schönbrunner Anlagen

Obwohl weltberühmt, ist der Schönbrunner Park weiterhin ein Sorgenkind der österreichischen Gartendenkmalpflege. Viel zu verführerisch ist dieser Ort für die Marketingabsichten einer neoliberalen und postmodernen Gesellschaft. Seine Verwaltung liegt in mehreren rivalisierenden Händen: Die Schloss Schönbrunn Kultur- und Betriebsgesellschaft, eine vollrechtsfähige, dem Wirtschaftsministerium untergeordnete Institution, ist für alle Baulichkeiten zuständig; die Bundesgärten betreuen alle Pflanzen, die Wege, das Große Palmenhaus und das Sonnenuhrhaus und sind finanziell nicht unabhängig, sondern vollkommen dem Landwirtschaftsministerium untergeordnet; der Verein Schönbrunner Tiergarten ist unabhängig und verfügt über das historische Gelände der Menagerie und über Teile des ehemaligen Tirolergartens; die Schönbrunner Gartenbauschule mit Gebäuden und Versuchsgeländen im ehemaligen Fasanengarten und schließlich die ab 1937 erbaute Maria-Theresia-Kaserne am Ende des ehemaligen Fasanengartens.

Mit diesen verschiedenen Institutionen muss die Gartendenkmalpflege immer wieder verhandeln, um ihre Ziele zu verwirklichen. Selbstverständlich kann man diese Bereiche in historischer Hinsicht nicht trennen. Nicht nur die Menagerie, sondern auch alle Bauwerke sind in die pflanzliche Umgebung – die eine komplexe Entstehungsgeschichte hat – organisch integriert und jede denkmalpflegerische Entscheidung tangiert irgendwie alle Verwaltungen, die parallel zueinander autonom existieren. In Schönbrunn gibt es keine Institution wie in Deutschland die Schlösser- und Gärtenverwaltungen, deren ausdrückliche Aufgabe darin besteht, eine Einrichtung zur Erhaltung, Erforschung, Ergänzung und Vermittlung eines einzigartigen, gesamtheitlichen, künstlerischen und geschichtlichen Erbes zu sein.[6]

In diesem komplizierten Gefüge arbeitet die Abteilung für historische Gartenanlagen des Bundesdenkmalamtes in erster Linie mit den Bundesgärten zusammen und erstellt zusammen mit ihnen ein Gesamtkonzept als »work in progress«, basierend auf einem Parkpflegewerk[7] für Konservierung, Teilplanungen, Wiederherstellungen bzw. Rekonstruktionen. Die Abteilung Landeskonservatorat für Wien im selben Bundesdenkmalamt ist für die baulichen Restaurierungen zuständig.

---

[1] Der erste Kongress 1987 in Wien befasste sich mit den europäischen Gärten des Manierismus anlässlich der geplanten Rekonstruktion der Gärten des Neugebäudes; der zweite 1989 in Eisenstadt setzte sich mit dem europäischen Landschaftsgarten des 19. Jahrhunderts auseinander; der dritte 1991 in Wien behandelte den europäischen Barockgarten und seine heutige Verwendung; 1994 in Wien war das Thema: Gärten des Jugendstils und der Zwischenkriegszeit; 1996 in Eisenstadt hatte er zum Gegenstand: Gärten zwischen Kunst und Natur (Denkmalpflege und Ökologie); 1999 wurden die Probleme der Gärten der Gegenwart – Geschichte von Morgen erörtert; 2002 schließlich wieder in Wien war das Thema: Garten Kunst im Bild (in verschiedenen Medien). Die Texte wurden publiziert in den Zeitschriften ARX (1987) H. 2; Die Gartenkunst 1990. H.1; 1993. H. 2; 1995. H. 2; 1997. H. 2; .2000. H. 2 (einige Vorträge). Der Kongress »Garten Kunst im Bild« soll 2003 ebenfalls in der Gartenkunst publiziert werden.

[2] Berger, Eva: Historische Gärten Österreichs. Bd.1. Niederösterreich. Burgenland. Wien/Köln/Weimar 2002; der 2. Band wird die übrigen Bundesländer umfassen, der 3. Wien.

[3] Österreichische Zeitschrift für Kunst und Denkmalpflege XLV. 1991, S.124ff.

[4] Bundesgesetzblatt I/170 vom 19. August 1999.

[5] Es ging um die beabsichtigte Übersiedlung der Spanischen Hofreitschule in den Schönbrunner Fasanengarten mit mächtigen Betonkonstruktionen. Dieses Thema wurde im Sommer 2002 vor allem in der Wiener Tageszeitung »Der Standard« aufgegriffen.

Zur Pflege und Erhaltung des Schönbrunner Parks

Die Gärten von Schönbrunn sind in historischer Hinsicht sehr vielschichtig:[8] Aus der ersten Anlage des Architekten Johann Bernhard Fischer von Erlach und des Gartenkünstlers Jean Trehet aus der Zeit um 1700 sind nur noch überarbeitete Restbereiche übrig. Von der ersten wesentlichen Erweiterung des Gartens in den 1740er- und 1750er-Jahren – durch eine lothringische Künstlerkolonie im Gefolge des Kaisers Franz Stephan I. – ist die gesamte Rokokostruktur mit Alleen, Boskettts Rondeaus und Wegen sowie mit den Architekturen der Großen Orangerie, des Menageriepavillons und des Taubenhauses seit der Mitte des 18. Jahrhunderts mehr oder weniger unverändert erhalten. Hier wirkten u.a. der Architekt Nicolas Jadot, der Geometer Jean Brequin und der Gartenkünstler Louis Nesle, genannt Gervais.

Weitere bauliche Bereicherungen des Gartens entstanden in den 1770er-Jahren, kurz vor dem Tod der Kaiserin Maria Theresia, und sind ebenfalls gleich geblieben. Die »Gloriette«, der Neptunbrunnen, die »Römische Ruine« und der Obeliskenbrunnen stammen von dem Architekten Johann Ferdinand Hetzendorf von Hohenberg, die Skulpturen aus der Werkstatt des Bildhauers Wilhelm Beyer. Dieser Zustand ist auf einem Plan von dem Hofgärtner Franz Boos aus dem Jahr 1780[9] sehr genau dokumentiert.

Das Parkpflegewerk enthält Hinweise zur Erhaltung der Gesamtanlage vom Ehrenhof bis zur »Gloriette« im Sinne dieses Planes. Es sind aber auch die späteren schöpferischen Veränderungen des 19. Jahrhunderts im Kernbereich berücksichtigt: Der von Heinrich Schott zwischen 1828 und 1848 im landschaftlichen Stil neu gestaltete ehemalige »Holländische Garten«, später »Botanischer Garten« genannt, sollte freilich in seinen erhaltenen Bereichen nicht mehr verändert werden. Ebenfalls ist das in den 1880er-Jahren von Adolf Vetter in neobarockem Stil gestaltete Umfeld des Großen Palmenhauses heute selbstverständlich schützenswert.

Der Boos-Plan diente als Grundlage zur Verbesserung mancher Boskettbereiche, deren Feinstruktur im Verlauf der Jahrhunderte durch die kontinuierliche Pflege etwas verunklart worden ist. So wurden zum Beispiel das Umfeld des Taubenhauses und manche kleinen intimen Räume in der Nähe des Schlosses durch die Bundesgärten neu vermessen und bepflanzt. Ebenso wurde die Terrainmodellierung im Umfeld der Gloriette und hinter dem Obeliskenbrunnen rekonstruiert. Die terrassierte Schneise hinter der Ruine bis zur Herkulesstatue wartet noch auf eine Neubearbeitung. Im Kammergarten »Am Keller«, wo nur noch die Pergolas und vier Treillagepavillons erhalten waren, haben die

Rekonstruktion durch den neuen Pavillon gesehen, 2002

Bundesgärten begonnen, die Broderieparterres aufgrund des um 1750 gefertigten Gervais-Planes zu rekonstruieren (Abb. S. 272). Das ursprüngliche Brunnenbecken wurde freigelegt. Auf Anregung der Abteilung für historische Gartenanlagen wurde hier der fehlende fünfte Pavillon in moderner Form als leichte Metallkonstruktion mit einer Aussichtsplattform erbaut, um die rekonstruierten Broderieparterres besser betrachten zu können.

Mit dem schwierigsten methodischen Problem war und ist die Gartendenkmalpflege im Großen Parterre von Schönbrunn konfrontiert. Es ging hier zuerst einmal um die Blumengestaltung der Parterreflächen, die noch immer die mehr oder weniger erhaltene Struktur des späten 19. Jahrhunderts, geschaffen durch den Hofgärtner Anton Umlauft, aufweisen. Im Verlauf der Vorbereitung zum Parkpflegewerk haben wir eine Diskussion darüber geführt, ob diese Parterrestücke im Sinne des detailgenauen Gemäldes von Canaletto aus dem Jahr 1759 oder entsprechend dem Zustand im späten 18. Jahrhundert, als der Neptunbrunnen, die Skulpturen vor den Heckenwänden und die bekrönende Gloriette errichtet wurden, gestaltet werden sollten.[10] Das Bundesdenkmalamt gelangte jedoch noch vor dem Abschluss des Parkpflegewerks 1995 zu der Überzeugung, dass hier die barockisierende Blumenornamentik von Umlauft beibehalten werden sollte, da diese in den letzten 100 Jahren fast unverändert durch die Verwaltung der Bundesgärten tradiert wurde und daher als eine schöpferische historische Veränderung akzeptiert werden muss.

[6] Matthieu, Kai R. / Giersberg, Hans Joachim / Paulus, Eberhard: Facharbeitskreis Schlösser und Gärten in Deutschland. In: Reisezeit. Zeitreise zu den schönsten Schlössern, Burgen, Gärten, Klöstern und Römerbauten in Deutschland. Offizieller Führer der Schlösserverwaltungen. Regensburg 1999 (2. Aufl. 2000), S. 9.

[7] Hajós, Beatrix/Mang, Brigitte (Institut für Landschaftsplanung und Gartenkunst der TU Wien): »Parkpflegewerk Schönbrunn«. Manuskript in acht Bänden. Bundesdenkmalamt Wien 1995.

[8] Hajós, Géza: Schönbrunn. In: Wiener Geschichtsbücher. Bd. 18. Wien 1976; Hajós, Beatrix: Die Schönbrunner Schlossgärten. Wien/Köln/Weimar 1995.

[9] Österreichische Nationalbibliothek, Kartensamml.

[10] Letztere Meinung vertrat in den frühen 1990er-Jahren Detlef Karg, der als Fachberater für das Parkpflegewerk vom Institut für Landschaftsgestaltung und Gartenkunst der TU Wien herangezogen wurde.

[11] Eine Bestandserhebung und -beurteilung dieser Heckenwände wurde im Auftrag des Bundesdenkmalamtes vom Büro Doblhammer und Mitterstöger (Wien) erstellt; Manuskript im Bundesdenkmalamt. Wien 2001.

[12] Robert de Jong, Erika Schmidt, Stefan Rhotert und Klaus von Krosigk.

Das Große Schönbrunner Parterre vor der Umgestaltung durch Anton Umlauft im Jahre 1893. Historische Aufnahme

Das Große Schönbrunner Parterre nach der Umgestaltung im neobarocken Stil durch Anton Umlauft, um 1930. Historische Aufnahme

Das größte Kopfzerbrechen verursacht aber noch heute die Erneuerung der Heckenwände im Großen Parterre.[11] Hier prallen gärtnerisch-handwerkliche und gartendenkmalpflegerische Ansichten aufeinander. Auslöser der Diskussion waren der schlechte Zustand der Hecken und das Verschwinden der Skulpturen in den Heckenwänden, die seit vielen Jahrzehnten (wenn nicht Jahrhunderten) immer vorgepflanzt ergänzt wurden, um die Regelmäßigkeit zu sichern. Heute gibt es schon drei oder vier Linien für diese Heckenbepflanzung. Manche Bäume sind hier 150 Jahre oder älter, manche ganz jung. Im vor fast zehn Jahren konzipierten Parkpflegewerk war davon die Rede, dass alles gerodet werden müsse, um die spät-

276

barocke Linie wiederherzustellen und den künstlerischen Rhythmus der Standfiguren wieder sichtbar zu machen (Abb. unten). Vor zwei Jahren wurde von den Bundesgärten, vom Bundesdenkmalamt und von der Österreichischen Gesellschaft für historische Gärten ein Arbeitssymposion zur Klärung dieser Fragen veranstaltet, an dem auch ausländische Fachkollegen teilnahmen.[12] Es herrschte die übereinstimmende Meinung, dass man versuchen solle, das alte Pflanzenmaterial so lange wie möglich zu schützen. Es wurde ein Probeabschnitt gemacht, indem bei Stehenlassen der alten Bäume eine neue Hecke auf der vermuteten barocken Linie gepflanzt wurde. Im September 2002 wurde das Symposion wiederholt und der Probeabschnitt als nicht gelungen beurteilt. Die Verwaltung der Bundesgärten züchtete seit vielen Jahren Hainbuchen und behauptete, dass diese im November 2002 endgültig gepflanzt werden müssten. Die Argumente waren: die nicht mehr weiter hinauszuzögernde Verschulung der Bäume, der notwendige Erdaustausch, das automatische Bewässerungssystem, die Einheitlichkeit der Heckenwände und schließlich das Sichtbarmachen der Skulpturen. Die Verwaltung behauptete außerdem, dass sonst das sorgfältig gezüchtete Material verloren ginge. Die Gartendenkmalpflege, vertreten durch den Autor, war der Meinung, dass zu dieser Zeit solche altehrwürdigen Hecken nicht radikal entfernt werden dürften, sonst wäre leichtfertig historische Pflanzensubstanz endgültig vernichtet. Außerdem fehle noch die Untersuchung der schriftlichen Quellen: wie nämlich die Hofgärtner im 19. Jahrhundert dieses Problem gesehen und behandelt haben. Das 1995 abgeschlossene Parkpflegewerk konnte aus finanziellen Gründen einstweilen nur die alten Pläne und Abbildungen sowie die Fachliteratur berücksichtigen. Die Direktion der Schloss Schönbrunn Kultur- und Betriebsgesellschaft protestierte heftig gegen die radikale »gärtnerische« Lösung, denn sie befürchtete Reaktionen einer noch uninformierten in- und ausländischen Öffentlichkeit. Das Große Parterre von Schönbrunn sei nämlich ihrer Meinung nach eine »Visitenkarte« für ganz Wien.

Zusammenfassend kann festgehalten werden, dass es weder eine radikale Orientierung in Richtung »Konservierung« noch eine gefällige »Rekonstruktionsbereitschaft« (auch im Fall von Schönbrunn) geben darf. Zwischen historischem »Bildschutz« und materieller sowie häufig ruinenhafter »Substanzbewahrung« gibt es eine Palette von Zugangsweisen, die in jedem einzelnen Fall konkret geprüft und entschieden werden müssen. Der großartig erhaltene Pflanzenbestand steht auf der einen und die anschauliche Erinnerung an vergangene Epochen auf der anderen Seite der Methodik, die sich immer in der Praxis bewähren muss. Die Diskussion geht weiter, und Dieter Hennebos wissenschaftliche Ethik bleibt dabei für uns immer ein großes Vorbild!

Am 8. Mai fand nochmals eine Sitzung aller Beteiligten (in Anwesenheit der ausländischen Experten Rob de Jong als Evaluierer des UNESCO Welterbes und Stefan Rhotert als Direktor der Gärten in der Bayerischen Schlösserverwaltung) zur Frage der Heckenwände im Großen Parterre von Schönbrunn statt. Hier wurde – nach allen Argumenten pro und contra – beschlossen, dass die alten Heckenwände im November 2003 gänzlich gerodet werden und eine Neupflanzung mit 600 (bzw. 800) fünf Meter hohen vorgezüchteten Hainbuchen auf einer Linie hinter den Statuen (nachgewiesen durch archäologische Grabungen des Bundesdenkmalamtes) erfolgen wird. Die zwischenzeitliche Erforschung der schriftlichen Quellen im Österreichischen Staatsarchiv durch Dr. Beatrix Hajós hat gezeigt, dass die erste radikale Pflanzenbehandlung der Barockstrukturen auf Initiative von Kaiser Franz Joseph I. aus dem Jahr 1857 erfolgte und zwischen 1860 und 1880 durch den damaligen Hofgärtner Adolf Vetter verwirklicht wurde. Diese Aktion bezeichnete um 1900 der Hofgärtner Anton Umlauft als außerordentlich gelungen, obwohl die Öffentlichkeit und auch Teile des Kaiserhauses mehr Verständnis für den »englischen Gartenstil« zeigten. Dass aber Schönbrunn heute noch ein Weltdenkmal eines kontinuierlich erneuerten Barockgartens ist, verdanken wir dem Mut Vetters.

Dr. Géza Hajós
Geb. am 14. September 1942 in Budapest. Diplomarbeit an der do. Eötövös Loránd Universität, Doktorat an der Wiener Universität (beide über mittelalterliche Skulpturen des Domes von Pécs/Fünfkirchen). Seit 1965 im Bundesdenkmalamt Wien tätig. Zuerst mit der Österreichischen Kunsttopografie (zwei Bände zu Wien) beschäftigt, ab 1986 Leiter der Abteilung für historische Gartenanlagen. 1980 bis 1988 Vorstandsmitglied des Österreichischen Kunsthistorikerverbandes, einige Jahre Mitglied des Advisory Board im Journal of Garden History. Seit 1989 Mitglied des Herausgebergremiums der Zeitschrift »Die Gartenkunst«. Seit 1991 Generalsekretär der Österreichischen Gesellschaft für historische Gärten. 1992 Habilitation an der Grazer Universität für neuere Kunstgeschichte.
1990 Wissenschaftspreis für das Buch »Romantische Gärten der Aufklärung«, 2002 das Silberne Ehrenzeichen des Landes Wien für Wissenschaft. Zahlreiche Publikationen zu Architekturgeschichte des 18. bis 19. Jahrhunderts, zu Theorie und Geschichte der Denkmalpflege und vor allem zur Gartenkunstgeschichte.

Eine Standfigur aus der Zeit um 1780 verschwindet in der Heckenwand des Großen Parterres von Schönbrunn, 2000

TRADITIONELLE GARTENTECHNIKEN
ZUR FACHGERECHTEN AUSFÜHRUNG UND
PFLEGE SIND GRUNDLAGEN DER ERHALTUNG
VON HISTORISCHEN GÄRTEN.
SIE SIND WIEDER IN ERINNERUNG ZU RUFEN
UND ZU ERLERNEN.
DAS ALTE GÄRTNERHANDWERK MUSS
WIEDERKEHREND ALS ANSPRUCHSVOLLE
AUFGABE GESEHEN WERDEN.
ZUR ERHALTUNG VON GARTENDENKMALEN
KÖNNEN AUCH MODERNE KONSERVIERUNGS-
UND KONSTRUKTIONSTECHNIKEN
HERANGEZOGEN WERDEN.

Michael Rohde

GARTENTECHNIK ALS GRUNDLAGE DER ERHALTUNG VON HISTORISCHEN GÄRTEN

[1] Hennebo, Dieter: Bedeutung und Pflege unserer historischen Parke und Gärten. In: Der deutsche Gartenbau. 9. 1955, S. 252–254.

[2] Zur Berufsgeschichte: Hennebo, Dieter: Der Landschaftsgärtner – Geschichte und Wandlung eines Berufes. In: Die neue Landschaft 2. 1958, S. 20–23, hier S. 20; Ders.: Der Gärtner im Wandel der Zeiten. In: Deutsche Gärtnerbörse 58. 1958. H. 32, S. 373; Ebd. 59. 1959. H. 3, S. 38f., H. 4, S. 46; Ders.: Zur Geschichte und Gegenwart des Gärtnertums. Neue Landschaft 1. 1966, S. 10–14, hier S. 10;

Gartentechnik bezeichnet handwerkliche und künstlerische Fähigkeiten der Behandlung, Formung und Verwendung lebendigen und toten Materials durch Zuhilfenahme spezieller Maschinen und Geräte zur Ausführung und Erhaltung von Gärten und ihrer Elemente. Ohne spezifische Kenntnisse historischer Bau- und Pflanztechniken sowie ihrer denkmalpflegerischen Grundlagen ist ein qualifizierter Umgang mit historischen Gärten nicht gewährleistet.

»Historische Gärten gehören zu den Elementen des kulturellen Erbes, deren Fortbestand naturbedingt ein Äußerstes an unablässiger Pflege durch qualifizierte Personen erfordert. Durch zweckentsprechende Unterrichtsmethoden muß die Ausbildung dieser Fachleute gesichert werden, und zwar von Historikern, Architekten, Landschaftsarchitekten, Gärtnern und Botanikern.« (Charta von Florenz 1981, Art. 24)

Bereits 1955 hatte Dieter Hennebo die Bedeutung der Gartentechnik hervorgehoben, zu einer Zeit, als die Gartendenkmalpflege in Deutschland noch nicht etabliert war und die Forschungen über Gartenkunst im Rahmen der Kunstgeschichte ein »Schattendasein« führte. Die Pflege historischer Gartenanlagen müsse eine neue Wertigkeit und die Denkmalpflege eine neue Verantwortung erhalten. Denn zur Erhaltung eines historischen Parks sei »eine künstlerisch, gartentechnisch sowie historisch fundierte Arbeit notwendig«. Schutz allein reiche nicht aus, denn »Pflege heißt im Rahmen der Gartenkunst ständige sinnvolle, d.h. historisch und technisch gerechtfertigte Regeneration«.[1]

Gärtnerhandwerk als Grundlage zur Pflege und Erhaltung

Die Gärten wurden und werden »aus der handwerklichen Erfahrung des Gärtners angelegt«. Somit gibt uns die Berufsgeschichte auch Hinweise über die uralte »Geschichte der Anlage, der Ausführung und Unterhaltung von Gärten«. Schon den Ägyptern sei »eine bewundernswerte Gartentechnik« nachzuweisen, »denn sie kannten und beherrschten *das* Handwerk, *die* Künste, die zur Sicherung des Lebens, zur Bereicherung des Daseins und zur Vervollständigung des religiösen Zeremoniells notwendig waren«.[2] Über Jahrhunderte durch immer neue Aufgaben geprägt und weiterentwickelt, trat die Geschichte des Gärtnerberufs seit dem 19. Jahrhundert durch wirtschaftlichen, wissenschaftlichen und technischen Aufschwung in eine neue Phase. Mit dem Anwachsen des Abnehmer- und Auftraggeberkreises und den neuen gesellschaftlichen Aufgaben und Ansprüchen ergab sich eine immer stärkere Spezialisierung innerhalb des Gärtnerstandes. Infolgedessen differenzierte sich auch die Ausbildung und es kam schließlich zur Einrichtung von höheren Gärtnerlehranstalten und später Hochschulen.

Traditionelle Gartentechniken sind aber nicht nur für neue Anlagen angewendet worden, denn immer ist es auch Aufgabe der Gärtner gewesen, bestehende Parkanlagen zu erhalten und teilweise zu restaurieren. Die ständig wachsende Zahl der instandgesetzten historischen Gärten, auch die Maßnahmen der Restaurierungen und Rekonstruktionen bieten Maßstäbe im fachgerechten Umgang mit Gartenstrukturen. Die Konservierung und Restaurierung von Denkmalen hat sich »aller Wissenschaften und Techniken« zu bedienen, die zur Erforschung und Erhaltung des kulturellen Erbes beitragen können.[3] Durch neue Geräte und Maschinen, Materialien und Verfahren ergeben sich nach denkmalpflegerischen Vorgaben im Einzelfall durchaus zweckmäßige Alternativen zu den historischen Techniken, um die künstlerischen Wirkungen der Gärten wieder zur Geltung zu bringen. Auch erleichtern moderne Methoden heute die Sicherung von historischen Gartensubstanzen. So werden inzwischen neben der Luftbildauswertung geophysikalische Verfahren zur Auffindung archäologischer Gartenstrukturen angewendet, zum Beispiel 1996 im Park von Schloss Seehof oder 2001 im Park Branitz. Dies ist eine gegenüber bisherigen gartenarchäologischen Arbeiten weitaus effektivere Voruntersuchung.[4]

[3] Ders.: Betrachtung zur altägyptischen Gartenkunst. In: Archiv für Gartenbau 3. 1955. H. 3, S.175–218.

[3] Charta von Venedig 1964, Art. 2. Siehe auch Art.10 »Zum Einsatz moderner Konservierungs- und Konstruktionstechniken.«

[4] Fassbinder, Jörg: Geophysikalische Prospektion – ein Beitrag zur Rekonstruktion des Seehofer Parks. In: Die Gartenkunst des Barock. Hefte des Deutschen Nationalkomitees von ICOMOS. XXVIII. München 1998, S.71–76. Vgl. auch den Beitrag von Wolfgang Spyra in diesem Buch.

[5] Z.B. Woudstra, Jan / Fieldhouse, Ken: The Regeneration of Public Parks. London/New York 2000; Laird, Mark: Conjectural Replanting. In: Die Gartenkunst 2. 1994, S. 320–343;

Gartenarbeiten. »Frühling«, Gemälde von Jan Brueghel d.J., um 1616. National-Museum für Kunst, Bukarest

Neupflanzung der Bosketts in Versailles, 2000

Kronenrückschnitt in der Allée double in Berlin-Charlottenburg, 2000

Rohde, Michael: Zur Geschichte der Gartentechnik. Bd. 57. Schriftenreihe des Fachbereichs für Landschaftsarchitektur und Umweltentwicklung. Hannover 2001, S. 28–64. Siehe auch den Beitrag von Clemens Alexander Wimmer in diesem Buch.

[6] Vgl. Charta von Venedig 1964, Art. 16.

[7] Herzog, Rainer: Katalog der für historische Grünanlagen relevanten gärtnerischen und landschaftsgärtnerischen Tätigkeiten. In: Dokumentation Pflege- und Personalerfordernisse historischer Grünanlagen. Arbeitskreis Historische Gärten der DGGL 1996 (unveröff.).

[8] Die Deutsche Bundesstiftung Umwelt fördert derzeit Forschung »Modellvorhaben: Erarbeitung spezifischer Pflegekriterien in Zusammenarbeit mit dem Pückler-Park Muskau«, am Institut für Grünplanung und Gartenarchitektur der Universität Hannover.

[9] Schomann, Rainer: Gartendenkmalpflege in Niedersachsen. In: Hennebo, Dieter u. a.: Historische Gärten in Niedersachsen, Hannover 2000, S. 52–74.

[10] Vgl. den Beitrag von Michael Seiler in diesem Buch.

[11] Stritzke, Klaus: Über Schnitthöhen an Bäumen in schwedischen Gärten des 18. Jahrhun-

Seit einiger Zeit nimmt nun die Darstellung der traditionellen Aufgaben und Tätigkeiten von Gartenkünstlern durch die Auswertung ihrer Lehrbücher und Publikationen zu.[5] Wir wissen dadurch wieder mehr über die früheren technischen Ausführungs- und Erhaltungsgrundlagen. Ebenso wichtig sind jedoch auch neuere Informationen über die Verwendung historischer Pflanzenarten und ihrer Züchtungen, über den Einsatz und die Behandlung von Materialien oder über die ehemals verfügbaren Gartengeräte und ihre Anwendung. Die Arbeiten der Konservierung, Restaurierung und archäologischen Ausgrabungen in historischen Gärten werden jedoch nicht »immer« von der »Erstellung einer genauen Dokumentation in Form analytischer und kritischer Berichte, Zeichnungen und Photographien begleitet«.[6] Eine Diskussion über eine fachlich »richtige« Methodik der Konservierungs- und Konstruktionstechniken findet ebenfalls nur selten statt.

1996 legte der »Arbeitskreis Historische Gärten« der Deutschen Gesellschaft für Gartenkunst und Landschaftskultur e.V. (DGGL) eine umfangreiche Dokumentation über »Pflege- und Personalerfordernisse historischer Grünanlagen« vor, darunter auch einen Katalog der für historische Grünanlagen relevanten gärtnerischen und landschaftsgärtnerischen Tätigkeiten.[7] Das hier ausgebreitete Spektrum der heutigen gärtnerischen Pflege- und Erneuerungsarbeiten sollte als Grundlage dienen, um sie künftig mit früheren Arbeitstechniken und -anweisungen, Materialien, Bauweisen, Pflegehinweisen und Methoden für den jeweiligen Einzelfall zu vergleichen.[8] Ebenso sollten bereits durchgeführte Pflegemaßnahmen in historischen Gärten verstärkt systematisch dokumentiert und bewertet werden, um für die Zukunft Kenntnisse über die spezielle, fachgerechte Behandlung von Elementen zur Erhaltung oder Wiedergewinnung ihrer spezifischen Gestaltungsidee darzustellen.[9] Denn immer geht es um das einzigartige Gartendenkmal und um die Erhaltung seiner historischen Substanzen, die sich freilich heute in Bezug auf die Blütezeit der Anlage[10] verändert, d.h. als Baulichkeiten reliktbaft oder als Vegetation überaltert darstellen. Es kann insofern lediglich allgemeingültige Regeln zur Pflege und Instandsetzung von Gartendenkmalen geben. Für den Einzelfall sind jedoch frühere Anlage- und Pflegeanweisungen konkreter Beispiele zugrunde zu legen.

BEISPIELE GARTENTECHNISCHER ANFORDERUNGEN

Gehölze wie freiwachsende oder geometrisch geformte Bäume – als Solitär, in Gruppen, in geschlossenen Partien oder als Reihen – wirken in Garten- und Parkanlagen vor allem raumbildend. Entscheidend ist ihre Anordnung und ästhetische Wirkung durch die Artenwahl mit besonderer Ausprägung sowohl durch Habitus, Laub, Stamm und Früchte wie durch Form und Farbe als auch durch Effekte von Licht und Schatten. Ihr natürlicher Wuchs ist in landschaftlichen Parkanlagen durch angemessene Schnittmaßnahmen im Sinne einer Kronenerziehung oder -erhaltung zu lenken. So muss zum Beispiel die Frage der Schnitthöhen und der Astbehandlung beim Erhalt der Kronenformen an Altbäumen nicht nur die künstlerisch gewollten Absichten der verwendeten Gehölze in Perspektive und Proportionen berücksichtigen, sondern auch biologische Bedingungen zu Aufbau, Entwicklung und Pflege der neuen Krone wie auch Fragen der Wundbehandlung.[11] Selbstverständlich spielt auch Baumschulwissen eine Rolle, zum Beispiel hinsichtlich der Vermehrungstechniken, der Erziehungsmaßnahmen wie Binden und Stäben, Wässern und Düngen, der optimalen Pflanzzeit oder der Bodenverhältnisse, des Abstandes der Gehölze untereinander.

Wie haben sich aber spezifische Techniken tradiert? Dézallier d'Argenville beispielsweise hat für die Anlage und Pflege von Waldpartien (Boskette) empfohlen,

Neuanlage des Parterres unterhalb der Weinbergterrassen in Potsdam-Sanssouci, 2002

Wiederhergestellte Blumenbeete in Branitz, 2002

»kleine bewurzelte Stämme« in einem Abstand von ca. 90 Zentimetern zu pflanzen, um sie ständig zurückzuschneiden und alle neun Jahre auf den Stock zu setzen.[12] Für Gehölzpartien in Landschaftsgärten rechnete dagegen Eduard Petzold allgemein fünf bis zehn Gehölze pro Quadratmeter, empfahl die schnellwachsenden Bäume und Sträucher über einen längeren Zeitraum auszudünnen, um schließlich eine optimale Gehölzstruktur zu erzielen.[13]

Auch die Pflegeerfordernisse architektonisch geformter Gehölze, also die strukturell wichtigen und dominanten Alleen und Baumwände, erfordern große künstlerische und handwerkliche Kenntnisse.[14] So müssen Alleen mit frei wachsenden wie auch mit kastenförmigen Kronen jährlichen Schnittmaßnahmen unterzogen werden.

Im ausgewachsenen Stadium von Bäumen werden neben Erhaltungs- meistens auch Verjüngungsschnitte oder radikalere Maßnahmen notwendig. So wurden Baumkronen zu gegebener Zeit immer wieder stark eingekürzt, gekappt oder Baumreihen komplett durch jüngere Bäume ersetzt. Laubengänge, Formbäumchen oder Spaliere sind anzuziehen und durch Schnitt, auch durch den Einbau eines unsichtbaren Stützgerüstes, in der gewollten Gestalt zu halten. Dies war bereits in der Antike eine so große Kunst, dass man später die für die besonderen Schnitttechniken zuständigen Gärtner »Topiarist« nannte. Die »ars topiaria« ist noch heute ein Synonym für die Formkunst an lebenden Pflanzen. Je nach Gehölzart kann man Formbäumchen meist nur ca. 20 bis 30 Jahre in den gewollten Volumina halten. Sie müssen deshalb periodisch ersetzt werden. Ähnliche Fertigkeiten werden verlangt, um Hecken aller Art oder Baumwände zum Beispiel in lückenloser Belaubung und exakter Proportion zu halten.[15] Bei Ziersträuchern sind wiederum besondere Kulturbedingungen zu beachten, um den Blühaspekt voll zur Geltung zu bringen.

Blumen und Staudengewächse spielen in den historischen Gärten stets eine herausragende Rolle. Im Gegensatz zu den Gehölzen als Raumbildner sind Blumen das Gestaltungsmittel des Nahraums und bieten in allen ihren Anwendungen[16], vereinzelt oder in Gruppen, als Beete, Rabatten oder Parterres sowie als Blumengestelle oder in Verbindung mit Gehölzen oder Architekturen, die eigentliche Zierde in Farben, Mustern und Düften. Die Blumen zählen aber auch zu den vergänglichsten Gartenelementen, denn sie müssen periodisch ausgewechselt werden. Stauden und Zwiebelgewächse können zwar einige Jahre am Standort überdauern, müssen jedoch immer wieder geteilt und dann ebenfalls neu ausgepflanzt werden. Mehr als bei allen anderen Gartenelementen besteht also für Blumen- und Staudenpartien die Notwendigkeit ihrer alljährlichen Präsentation nach historischer Artenwahl und -anordnung. Stabilere Elemente wie die Beeteinfassungen zur reifen Phase des Landschaftsgartens sind dagegen leichter zu erhalten.

Besondere Anweisungen zur Ausgestaltung und Pflege von Blumenbeeten finden sich für das 17. Jahrhundert nicht nur in französischen Traktaten von André

Laubengänge im Garten von Schloss Linderhof, 2002

[11] ...derts. In: Garten-Kunst-Geschichte. Festschrift für Dieter Hennebo. Worms 1994, S. 75–80, Taf. 24–27; Wimmer, Clemens Alexander: Bäume und Sträucher in historischen Gärten. Muskauer Schriften Bd. 3. Dresden 2001.

[12] D'Argenville, Antoine Joseph Dezallier, als Le Blond, Alexandre: Die Gärtnerey sowohl in ihrer Theorie oder Betrachtung als Praxi oder Übung. Übers. von Frantz Anton Danreitter. Augsburg 1731. Reprint. Leipzig 1986, S. 235.

[13] Rohde, Michael: Von Muskau bis Konstantinopel. Muskauer Schriften Bd. 2. Dresden 1998, S. 239.

[14] Siehe u.a. Panning, Cord: Pflanzen-Schneiden-Kappen-Fällen-Pflanzen. In: Kowarik, Ingo / Schmidt, Erika / Sigel, Brigitt (Hrsg.): Naturschutz und Denkmalpflege. Zürich 1998, S. 267–276.

[15] Vgl. Doblhammer, Rupert / Mitterstöger, Thomas über die Erneuerung der Hecken in Schönbrunn. Siehe dazu den Beitrag von Géza Hajós in diesem Band.

[16] Wimmer, Clemens Alexander: Die Kunst der Teppichbeetgärtnerei. In: Die Gartenkunst. 1. 1991, S. 1–16.

[17] Elßholtz, Johann Sigismund: Vom Garten-Baw. II. Buch. Der Blumen-Garten. 1. Aufl. Cölln an der Spree 1666. Reprint. Leipzig 1987, S. 41–142.

Restaurierung der terrassierten Anlage Nordmansdalen in Fredensborg/Dänemark, 2002

Aufbau der Wegeflächen in Schwetzingen, 2000

[18] Seiler, Michael: Die abschließenden Arbeiten am Parterre im Park Sanssouci… In: Zehn Jahre UNESCO-WELTERBE der Potsdam-Berliner Kulturlandschaft. Hrsg. Stiftung Preußische Schlösser und Gärten Berlin-Brandenburg. Potsdam 2000, S. 79–84.

[19] Rohde, Michael/Schwarz, Henrike/Ludwig, Holger: Wegebaukunst und Gartendenkmalpflege. In: Stadt und Grün. 6. 2001, S. 391–398.

[20] Woltmann, Reinhard: Beyträge zur hydraulischen Architektur. Bd.1. Göttingen 1791/92; Fuchs, C.W.: Praktisches Handbuch für Hydrotechniker. Leipzig 1791.

[21] Lösken, Gilbert/Reichwein, Sabine (Hrsg.): Bau und Unterhaltung von Wasseranlagen. Seminar am Institut für Grünplanung und Gartenarchitektur. Universität Hannover, WS 1997/98 (unveröff.).

[22] So ist bei der Vereinigung der Landesdenkmalpfleger in der BRD neben der »Arbeitsgruppe Gartendenkmalpflege« z. B. eine für Bautechnik tätig. Im Hochschulbereich fehlen jedoch an den Fachbereichen der Landschaftsarchitektur für die Gartendenkmalpflege analoge Fächer wie »Bautechnik«, »Bauforschung« oder »Baukonstruktion«.

Mollet bis hin zu Dézallier d´Argenville. Auch Elßholtz beschreibt beispielsweise die Anlage von Wegen und Pfaden, die Einfassungen von Einzelbeeten oder Pflegemaßnahmen für spezifische Pflanzenarten.[17] Wie anspruchsvoll Wiederherstellungsarbeiten verloren gegangener Parterres sind, lässt sich am Beispiel von Sanssouci zeigen. 1998 wurden Plate bandes um die Außenkompartimente des Parterres – seit ihrer Umgestaltung durch Friedrich Wilhelm II. ab 1787 – wieder »neu angelegt«, um die friderizianische Gliederung des achtteiligen Parterres unterhalb der Terrassen wieder sichtbar zu machen. Die umrahmenden »Buchsbaumstreifen wurden gegen das Grün des Rasens durch 60 cm breite Kiesbänder, die von in die Erde versenkten Eichenbohlen gehalten werden, abgesetzt«. Bei der Frühjahrs- und Sommerblumenbepflanzung der Plates bandes wird – auch durch die Artenwahl und Zusammenstellung von Blumen aus der Zeit um 1750, im Gegensatz zur Artenwahl im Marlygarten um 1850 – »eine Annäherung an das Bild zur Zeit Friedrichs des Großen versucht«, die Michael Seiler als bewusste »gartengeschichtliche Inszenierung« bezeichnet.[18]

Die Anlage, Unterhaltung und Wiederherstellung von *Wegen* ist besonders für solche mit wassergebundenen Decken anspruchsvoll. Die Materialwahl und Verbindung der sie tragenden und deckenden Schichten, meist lehmige Sande, Naturkiese oder Kies-Sandgemische, ihre Einbautechniken und Arbeitsgänge haben sich seit Jahrhunderten ständig verändert, meist verbessert. Auch die zugehörigen Entwässerungseinrichtungen haben sich entwickelt, von Ableitungsmethoden des Wassers durch Oberflächenwölbung oder mittels eingebauter Barrieren in die Ablaufrinnen der Wegeränder über besonders ausgestaltete Einläufe bis hin zur Einrichtung von Abzugskanälen und Abläufen unterhalb der Tragschicht. In den Landschaftsgärten des 19. Jahrhunderts zeichneten die aufkommenden Kanteneinfassungen geschwungene Linien, formten und strukturierten also die Parkpartien. Für diese Ränder wurde in der Regel Naturstein, meist durch Schichtablagerung entstandene Gesteine wie Kalkstein, verwendet. Der Weg wurde damit zum ästhetischen Parkelement, das in Form und Farbe mit seiner Umgebung harmonieren sollte, aber auch durch Absenkung versteckt werden konnte und somit aus einiger Entfernung nicht mehr sichtbar war.[19]

Zur Restaurierung historischer Wege ist, wie auch bei anderen baulichen Anlagen, zuerst eine Befundanalyse mittels vorsichtiger gartenarchäologischer Maßnahmen wie Suchschürfungen und Handschachtungen unerlässlich, um an geeigneten Stellen das gesamte Aufbauprofil im Schnitt freizulegen. Denn trotz zeitgenössischer Regeln sind die historischen Substanzen wie Kantensteine, Rinnen, Materialien und Mischungen der Trag- und Deckschichten oder Einläufe des speziellen Weges wie auch dessen spezifische Bauweisen jeweils einzigartig. Ist der historische Wegeverlauf exakt lokalisiert und freigelegt, so sind die historischen Deckschichten zu sichern und zu erhalten.

Die oberen Schichten vieler historischer Wege, vor allem solcher mit Gefälle, sind jedoch im Laufe der Zeit durch Wasser- und Winderosion und den Pflegerückstand vermindert oder völlig abgetragen worden. Bei Ersatz sind dann authentische bzw. hinsichtlich der infrage kommenden Eigenschaften wie Farbbeständigkeit, Form, Korngröße und -zusammensetzung oder Haltbarkeit adäquate Baustoffe zu verwenden und ehemalige Schichtstärken zu beachten. Besondere Ansprüche sind bei der Wiederherstellung der historischen Seitenkanten in Höhe und Führung gegeben, um die ästhetischen Wegelinien – korrespondierend mit Kurvenverläufen und anstoßenden Parkflächen – wiederzugewinnen. Vorhandene Kantensteine müssen selbstverständlich am gleichen Ort wiederverwendet werden, indem sie grundsätzlich in das anstehende

Restaurierung der Grotte von Painshill, 1999

Instandsetzung der Graftufer in Menkemaborg/Niederlande, 1999

Dr. Michael Rohde
Geb. 1959. Gärtnerlehre in einer Baumschule. Studium der Landschaftsarchitektur an der Universität Hannover, Volontär in Stourhead beim National Trust England, 1993 zweites Großes Staatsexamen zum Assessor der Landespflege. Anschließend freischaffender Landschaftsarchitekt: Parkpflegewerke, u.a. Mariannenpark Leipzig oder Staatspark Karlsaue Kassel. Seit 1994 Tätigkeit am Institut für Grünplanung und Gartenarchitektur der Universität Hannover im Lehr- und Forschungsgebiet »Geschichte der Freiraumplanung« mit Schwerpunkt Gartendenkmalpflege. 1998 Dissertation über Eduard Petzold.
Seit 1996 Herausgeber der »Biographien europäischer Gartenkünstler« in Stadt + Grün (Patzer-Verlag Hannover/Berlin). Vorstandsmitglied in Gremien und Mitglied fachwissenschaftlicher Beiräte, u.a. Stiftung Preußische Schlösser und Gärten Berlin-Brandenburg, Stiftung Fürst-Pückler-Museum Park und Schloss Branitz.

Material zu setzen sind. Eine technische Perfektionierung bzw. Varianten, beispielsweise mit einem heute üblichen Mörtelbett oder Betonrückenstützen, entspricht nicht den Grundsätzen der Gartendenkmalpflege. Sind jedoch keine Wegeeinfassungen belegt, können zur Pflegemarkierung regelmäßig-punktuell unauffällige Metallstäbe eingebracht werden.

Zu den technisch anspruchsvollsten Aufgaben zählen *Wasseranlagen*. Hierzu gehören nicht nur Kanäle und Wasserbecken, sondern vor allem auch Grotten, Kaskaden, Springbrunnen oder Fontänen, die von speziellen Ingenieuren und Künstlern gefertigt werden mussten. Spätestens seit dem 18. Jahrhundert gehören jedoch die Anlage und Erhaltung von Teichen, Seen oder Bachläufen in Verbindung mit künstlichen Inseln und Felspartien sowie Wasserfälle zu den gärtnerischen Aufgaben. Auch hier können die technischen Ansprüche nur angedeutet werden. So spielt die Uferbefestigung und -sicherung gegen Wellenschlag, Strömungen oder Tritt eine große Rolle. Während die Instandhaltung durch historische, stabil-massive Bauweisen mit Wasserbau- oder Natursteinen oftmals gewährleistet werden kann, sind die periodisch zu erneuernden Einbauten der Ingenieurbiologie komplizierter. Im 18. Jahrhundert waren u.a. Steckholzbesatz, Setzpflockreihen, Faschinenbau oder die Verwendung von »Sandwürsten«, auch so genannte Streichdämme und -zäune, Flechtwerke oder Hilfsmittel wie die der »Sandkörbe« üblich, auch Sicherungen durch Weidenbesatz, Rasenstücke oder Strohmatten.[20] Natürlich haben sich in der Folgezeit die Techniken und Arbeitsweisen entsprechend den künstlerischen und konstruktiven Zielsetzungen auch in dieser Frage weiterentwickelt. Inzwischen sind hierfür neuere Baustoffe und Systeme auf dem Markt, die jedoch nur im Einzelfall ersatzweise zur Reparatur oder Restaurierung geschädigter Uferbereiche in historischen Garten- und Parkanlagen angewendet werden können.[21]

Ausblick

Eingehende und systematische Untersuchungen über historische Arbeitstechniken und Materialverwendungen sind anzumahnen. An den Hochschulen behandeln die Lehrgebiete der technisch-konstruktiven Grundlagen der Grünplanung vor allem die aktuellen Methoden. Um aber die technisch-denkmalpflegerischen Fragen zu historischen Gärten zu berücksichtigen, ist nicht nur eine Kooperation mit den Fachgebieten der Gartenkunstgeschichte und Gartendenkmalpflege sinnvoll, sondern auch deren Stärkung notwendig.[22]

Die Qualitätsanforderungen zur Erhaltung historischer Gärten sind zu verbessern, nicht zuletzt dadurch, dass die handwerklich-technischen Anforderungen des gärtnerischen Berufsstandes mehr als bisher anerkannt und die Ausbildungssituation für Gärtner und Führungskräfte der Regiebetriebe wie auch der Ausführungsbetriebe des Garten- und Landschaftsbaus in dieser Hinsicht angereichert werden. Bisher können derartige Techniken vor allem in den Gartendirektionen der Schlösser- und Gärtenverwaltungen wieder erlernt werden. Die kürzlich von der Stiftung Fürst-Pückler-Park Bad Muskau gegründete »Muskauer Schule« ist ein zusätzlicher Schritt in diese Richtung.

Über die 1964 in der internationalen Charta von Venedig neu formulierten Forderungen der Denkmalpflege »über die Konservierung und Restaurierung von Denkmalen und Ensembles« meinte Hennebo schon 1967, dass sie »mit gesetzlichen und technisch-konservierenden Maßnahmen der zuständigen Behörden allein nicht zu erfüllen« seien. Sie müssten eben auch das Verständnis der Allgemeinheit finden, ein Anspruch, den er noch 1985 wiederholte, damit »sich schließlich auch größere Chancen für die zu ihrer Erhaltung unerlässliche Anerkennung, Institutionalisierung und Weiterentwicklung der Gartendenkmalpflege ergeben«.[23]

[23] Hennebo, Dieter: Wertung historischer Gärten im Wandel der Zeit. In: Das Gartenamt. 12. 1967, S. 2–8; Ders.: Gartendenkmalpflege in Deutschland. In: Ders. (Hrsg.): Die Gartendenkmalpflege. Stuttgart 1985, S.11–48.

Historische Gärten können authentisch über die Vergangenheit berichten. Die materielle wie immaterielle Substanz stellt die überkommene Information dar. Ihre Bewertung ist von unserer Wahrnehmung abhängig.

Rainer Schomann

Der historische Garten als Dokument

Park auf dem Ohrberg, Hameln. Blick auf die Weser mit Gut Ohr, um 1860

Schlosspark Wendhausen. Blick in die Tiefe des Schlossgrabens, 1999

Entwicklung und Fortschritt, Kultur und Wissenschaft, Politik und Gesellschaft, die Prozesse des Lebens schlechthin sind ohne Erfahrung, ohne Informationen aus der Vergangenheit nicht denkbar. Unsere Existenz funktioniert nur, weil es möglich ist, Wissen zu sammeln, auf dieses jederzeit zurückgreifen zu können, damit es individuell nutzbar gemacht werden kann. Wissen wird heute im Allgemeinen in beschreibender Form vermittelt, so zum Beispiel durch Bücher, grafische Darstellungen oder fototechnische Methoden, es ist uns aber vielfach auch in Form von Produkten wie Bauwerke, Kleidung oder Maschinen überkommen. Wir benötigen heutzutage in unserer westlichen Welt nicht mehr viel aus der Vergangenheit, da sich die Art zu leben revolutionierte und zum Beispiel selbst einfachste Handlungen technisiert sind. Dennoch können wir immer wieder erleben, dass es durchaus gut ist zu wissen, wie Probleme und Vorgänge in früherer Zeit mit anderen Methoden gelöst wurden. So ist heute nur noch schwer vorstellbar, Licht und Wärme nicht auf Knopfdruck zu erhalten. Ein Fußmarsch von drei Stunden Dauer wird schon als Sport bezeichnet oder das Fällen eines Baumes mittels Axt und Kerbsäge als Kuriosität gesehen. Doch ist es gut zu wissen, wie man Feuer entzünden oder mit einfachen mechanischen Methoden Kraft erzeugen kann. Ebenso ist es gut, dass Johann Gottfried Seume seine Wanderung von Leipzig in Sachsen nach Syrakus auf Sizilien[1] beschrieben hat und damit ein Beispiel für eine Möglichkeit vorliegt, die uns heute eher absurd, wenn nicht undenkbar erscheint. Die Art unseres Lebens und die Fülle des überkommenen Wissens ermöglichen uns nicht mehr, Erfahrungen und Informationen ausschließlich auf dem direkten Weg der verbalen Vermittlung von einer Generation an die nächste weiterzugeben. Gleich, welche Bereiche wir betrachten, ob

[1] Seume, Johann Gottfried: Spaziergang nach Syrakus im Jahre 1802. Braunschweig 1803.

[2] Brockhaus Enzyklopädie. 19. neubearb. Aufl. Bd. 10. Mannheim 1989, S. 109.

[3] Ebd. Bd. 5. Mannheim 1988, S. 584.

[4] Die Entwicklung des Parks auf dem Ohrberg beginnt im ausgehenden 18. Jahrhundert unter Christian Ludwig v. Hake. Ab 1818 gestaltet Georg Adolf v. Hake das Objekt zu einem Refugium oberhalb der Weser mit Blicken in die Landschaft nach allen Himmelsrichtungen. Ernst Adolf v. Hake führt schließlich in der Mitte des 19. Jahrhunderts das Werk seines Vaters weiter und gibt dessen Schrift zur Landschaftsgartengestaltung postum heraus: Hake, Adolf von: Über Höhere Gartenkunst. Stade 1842.

[5] Adolf von der Decken und seine Frau Louise geb. Wallmoden-Oberhaus, die ein beträchtliches Vermögen geerbt hatte, ließen das ehemalige Garten- und Fischteichgelände des Klosters Ringelheim in den Jahren 1847/48 völlig neu gestalten.

[6] Das Dorf Ruthe liegt westlich der Stadt Sarstedt, die sich ihrerseits nördlich von Hildesheim befindet.

Handwerk oder Industrie, Seefahrt oder Luftverkehr, Kunst oder Kultur, alles bedarf des festgehaltenen abrufbaren Wissens, es bedarf der Dokumente, die unser Wissen transportieren.

Der Nutzen des Dokuments

Gärten sind Produkte unseres Wissens und Ausdrucksformen unserer Kultur. Sie erscheinen als Kunstgegenstände mit einer entsprechenden Wirkung auf Gemeinschaften und Individuen, können aber auch ausschließlich von praktischem Nutzen sein, indem sie als Anbaustätte für Nahrungsmittel dienen. In Kombination mit dem Wort historisch werden sie zu einem Begriff, mit dem zwar immer häufiger lediglich solche Gärten beschrieben werden, die alt sind, doch eigentlich nur jene zusammengefasst werden können, die in der Vergangenheit ihren Ursprung haben, für die Geschichte bedeutungsvoll sind und deshalb heute für uns einen allgemein gültigen Wert besitzen. Niemand würde bestreiten, dass jeder Garten möglicherweise für irgendeinen Menschen Bedeutung haben könnte. Deshalb wäre er jedoch noch nicht für die Allgemeinheit erhaltenswert, vielmehr müssen übergeordnete Bedeutungen, herausragende Besonderheiten oder Beispielhaftigkeit ein solches Objekt von anderen unterscheiden. Historische Gärten gehören nicht der Vergangenheit an, weshalb der Begriff verwirrend bzw. ungenau ist. Sie sind existent, haben hohe Beweiskraft, ja sie künden im ursprünglichen Sinne des Wortes Historie von etwas Vergangenem. Das aus dem Griechisch-Lateinischen stammende »Historia« kann mit unserem heutigen Wort Wissen übersetzt werden, da es im Ursprung eben diese Bedeutung hatte.[2] Somit wäre erklärbar, dass die Bezeichnung »historischer Garten« heute eben nicht lediglich alte oder ehemalige Objekte meinen kann, sondern jene, die aus der Vergangenheit stammen, überkommen sind und als Dokumente Wissen vermitteln.

Die Vielfalt dessen, was historische Gärten dokumentieren, wird im Alltag sicherlich nicht deutlich. Für die meisten Menschen sind sie Orte, an denen man sich aufhält, besondere Welten im Freien mit einer ureigenen Atmosphäre, die an anderen Orten nicht zu finden ist. Häufig wird jedoch nicht einmal ihr Charakter als Kunstwerk wahrgenommen, selbst wenn ein Objekt zum Staunen anregt und beeindruckt. Und doch besitzen die in der Vergangenheit geschaffenen und bis heute unter ständiger Pflege erhaltenen Gärten Informationswerte, die aufgrund ihrer Unmittelbarkeit und Authentizität nicht verloren gehen sollten. Die Besonderheit von Gärten der Vergangenheit liegt einerseits in dem Ausdruck des jeweiligen Objekts selbst, andererseits aber auch in der Komplexität der Bedingungen, die zu diesem Ausdruck, dem entstandenen und überkommenen Bild, führten. Es ist dabei gleich, ob es sich um einen künstlerisch hochwertigen Landschaftspark aus dem ausgehenden 18. Jahrhundert handelt oder lediglich um einen Nutzgarten mit Obst- und Gemüsequartieren, der Techniken der Bodenbearbeitung aus dem 19. Jahrhundert dokumentiert. Beide führen uns etwas vor Augen, was jeweils zur Zeit der Entstehung sinnvoll war, vielleicht heute so nicht genutzt werden würde, aber immer noch direkt am Ort des Geschehens, in Originalität, Form und Weg präsentiert ist.

Der Begriff Dokument wird vom lateinischen »docere«, lehren, abgeleitet und kann somit als »das zur Belehrung über etwas oder zur Erhellung von etwas dienliche«[3] definiert werden. Eben das ist auch mit bzw. durch historische Gärten möglich. Sie sind nicht nur Orte schöner Gestaltung und gepflegte Freiräume, sondern vielmehr berichtende Gegenstände. So wurde zum Beispiel der Park auf dem Ohrberg bei Hameln[4] zum Rückzugsort eines Menschen, der hier abseits der Gesellschaft sein eigenes Paradies schuf und wohl in der Gestaltung eines Landschaftsparks Erfüllung und Ausdruck seines Lebens fand. Auch der Park des Schlosses Ringelheim bei Salzgitter[5] hat eine vielschichtige Bedeutung, da er in den Hungerjahren von 1847 und 1848 angelegt wurde. Er entstand, um Menschen Arbeit zu geben, damit diese sich Brot kaufen konnten, da eigene Herstellung nicht möglich war. Heute kann er demnach davon berichten, dass andere über so viel Mittel verfügten, um sich einen weitläufigen, die idealisierte Landschaft darstellenden Park anlegen lassen zu können, aber in ihrer gesellschaftlichen Stellung auch Verantwortung wahrnahmen und sich dadurch beispielhaft verhielten. Der geschichtliche Hintergrund beider Parkanlagen kann sicherlich auch in schriftlicher Form überliefert werden. Die Anlagen selber können jedoch objektiv und eindringlicher als jede Beschreibung Eindrücke von den Leistungen vermitteln. Das Original besitzt also ursprüngliche, aus der Zeit stammende Ausdruckskraft. Es ist keine Übersetzung in Sprache, keine auf Zweidimensionalität reduzierte fotografische Wiedergabe oder von Programmen und Dateneingabe abhängige digitalisierte Darstellung. Im Gegenteil, ein historischer Garten ist echt, im Material unmittelbar und in der Form wie gewollt, eben ein Dokument mit hoher Beweiskraft.

Die Dokumentationsfähigkeit des Objekts

In dem kleinen Dörfchen Ruthe[6] im Hildesheimer Land wachsen in einem Garten hinter der katholischen Gemeindekirche drei knorrige alte Linden. Ihr kurzer

Kirchgarten in Ruthe. Rudimente eines bischöflichen Amtssitzes des Barock, 1996

Stamm ist mächtig und die Kronen verzweigen sich in gleicher Höhe mit vielen starken Ästen. Entlang dieser Linden verläuft ein Weg in die Tiefe des Gartens, der nicht klein, aber auch nicht groß zu nennen ist. Er scheint keine besondere Gestaltung aufzuweisen, kann aber auch nicht als ungepflegt bezeichnet werden. Inzwischen hat er jenen Zustand von Alter erreicht, in dem sich Verwilderung und notwendigste Pflege die Waage halten. Auf der einen Seite grenzt das Pfarrhaus an diesen Garten, auf der anderen ein großes massiges Wirtschaftsgebäude, und gegenüber der Kirche reicht noch immer Acker- und Weideland bis an die Einfriedung heran. Versucht man nun aufgrund dieser visuell erfassbaren Informationen eine Definition dieses Gartens zu erstellen, so lassen diese Hinweise vermutlich an einen Pfarrgarten oder vielleicht aufgelassenen Friedhof denken. Selbst Fachleute, die jene Wuchsart der Linden interpretieren können und im Bereich des Kronenansatzes einen alten, so genannten Schnitthorizont erkennen, würden keine andere Deutung vornehmen. Kennt man jedoch die Geschichte des Ortes, wird schnell deutlich, dass hier bis vor gut 110 Jahren ein Schlösschen stand, das im Auftrag des Hildesheimer Fürstbischofs[7] in den Jahren 1753 bis 1755 errichtet wurde. Ein Teil dieser lange Zeit als Amtssitz genutzten Anlage war ein kleines, auch für den Spätbarock noch typisches achsensymmetrisch gegliedertes Luststück, welches auf zwei Seiten von einem Laubengang räumlich gefasst wurde. Die heute noch erhaltenen Linden sind Reste dieses kleinen Schlossgartens, ja sie können als letzte materielle Anzeichen des Laubenganges gelten.

Dieses Beispiel führt in seiner Vielschichtigkeit deutlich vor Augen, dass Grenzen der Dokumentationsfähigkeit bestehen und Qualitätsunterschiede gelten müssen. Wenn Dokumente beweiskräftige Unterlagen sind, so sollten sie in der Regel aus sich heraus auch das erläutern können, wofür sie stehen. Die alten Linden im Garten hinter der Kirche in Ruthe sind Materialreste, Bausteine des Laubenganges jenes Lustgartens aus der Mitte des 18. Jahrhunderts. Sie sind nicht Garten des Barock, sondern wachsen immer noch an einem Ort, der durch die Entwicklung der Zeit verändert wurde. Sie können nicht mehr von der Gestalt jenes ehemaligen Schlossgärtchens zeugen, haben nicht die Fähigkeiten erkennen zu lassen, welche Nutzung und Bedeutung der gesamte Ort einst hatte, sondern sind lediglich bereits veränderte

[7] Clemens August v. Wittelsbach, Kölner Kurfürst und Erzbischof, Fürstbischof von Münster, Paderborn, Hildesheim und Osnabrück sowie Hochmeister des Deutschen Ritterordens, lebte von 1700 bis 1761.

Schlosspark Ringelheim. Romantische Szenerie vor dem Schloss

Relikte ohne jeglichen sinngebenden Zusammenhang. Sie verweisen auf etwas längst Vergangenes und ermöglichen höchstens noch einen materiellen Bezug.

Wenn historische Gärten als Dokumente gesehen werden, müssen sie mehr sein als Hinweise auf die Vergangenheit. Sie dürfen auch nicht nur in ihrer Materialhaftigkeit gesehen werden, sondern als das, was die materielle wie auch immaterielle Substanz aus ihnen macht, nämlich Produkte menschlicher Kreativität und menschlichen Handelns. Es kommt auf die Aussagekraft wie auch Darstellungsfähigkeit der Substanz an. Also kann ein rudimentär erhaltener Garten nicht als jener gelten, der ehemals gestaltet wurde, sondern gegebenenfalls nur noch ein Teil dieses Gartens oder eine Ruine sein, die davon künden. Diese Differenzierung ermöglicht jedoch nicht den Schluss, das lediglich gut und vollständig erhaltene historische Gärten für uns Bedeutung haben, sondern verlangt vielmehr, sich mit dem Dokument auseinander zu setzen und die Qualitäten dessen, was überkommen ist, entsprechend zu würdigen.

Vom Sorgen für das Dokument

Historische Gärten als Dokumente sind anderen Bedingungen unterworfen als normale Gärten. Sorgt eine entsprechend qualitätvolle gärtnerische Pflege dafür, dass ein Garten erhalten bleibt und sich im Rahmen der ihm zugrunde liegenden Gestaltungsidee bis zu einem ausgereiften Stadium entwickelt, kann der historische Garten im Gegensatz dazu nicht ausschließlich unter gärtnerischen und gartengestalterischen Aspekten betrachtet werden. Die Freiheiten des Umgangs mit einem normalen Garten sind facettenreich und können nicht auf jenen mit der Qualität eines Dokuments übertragen werden. In diesem Dilemma und Interessenkonflikt befinden sich jedoch häufig jene Fachleute, die sich um den Erhalt eines historischen Gartens bemühen.

Sehen wir das Dokument als Beweismittel, als authentische Quelle der Vermittlung und Erhellung von etwas in der Vergangenheit Geschaffenem und der damals zu diesem Objekt führenden Bedingungen, muss die Konservierung der erhaltenen historischen Substanz Ziel aller Bemühungen sein. Gärtnerische Pflege allein kann dies nicht leisten, vielmehr sind Konzepte und Methoden gefragt, die gärtnerische Notwendigkeiten berücksichtigen und in Verbindung mit dokumentatorischen Intentionen die Aussage- bzw. Beweiskraft des Überkommenen langfristig sichern. Hierfür sind drei Aspekte von entscheidender Bedeutung, die das Objekt zum Dokument machen und den Umgang mit ihm erheblich beeinflussen. Zum einen ist der historische Garten ausschließlich am Ort des Entstehens authentisch: Die Bedingungen des Standorts haben ihn geprägt und in seiner Entwicklung mitbestimmt. Zum anderen bestehen Abhängigkeiten von der Wahrnehmung des Objekts aus der Umgebung sowie der Erlebbarkeit der Umgebung aus dem Garten. Nur in den seltensten Fällen wird man in sich völlig geschlossene Anlagen vorfinden, aber selbst in diesen Fällen verfügen sie immer noch über eine bestimmte Form der Außenwirkung. Ein Garten wird also immer unter Berücksichtigung und im Zusammenhang mit der Umgebung entstanden sein, selbst wenn er keine gestalterische Einheit mit dieser bildet. Neben der Echtheit von Standort und Umgebung bestimmt drittens selbstverständlich die Ursprünglichkeit der Substanz die Dokumentationsfähigkeit des historischen Gartens. Dies bedeutet, dass eine solche nicht vorliegt, wenn ein Objekt reproduziert wurde, also eine Kopie ist. Vielmehr muss eine substanzielle Unmittelbarkeit zwischen Entstehung, Entwicklung und Vorhandenem gegeben sein und nachgewiesen werden können.

Der Gedanke, den historischen Garten als Dokument zu sehen, stellt das substanziell Überkommene vor eine materiell-bildhafte Vollständigkeit des ehemaligen Objekts. Die Differenzierung der Aussagekraft der Substanz unter dem Aspekt der Authentizität lässt den Umgang mit Beweisbarem zu und versucht nicht, die Nachbildung von Geschichte als Ziel zu definieren. Er berücksichtigt den Informationspool, den die Substanz heute und morgen zu bieten vermag. Hieraus ergibt sich auch, dass die Eigenschaften des Dokuments jedoch nicht ausschließlich im Material bzw. in der Originalität des Materials begründet sind, sondern die Art und Weise der Aussage hierdurch beeinflusst wird. Ein nur in Teilen überkommenes Objekt, wie zum Beispiel der Garten des Schlosses in Wendhausen bei Braunschweig[8], der nur noch durch die Fläche und den umgebenden breiten Graben auf die ehemalige Gestaltung aus der Zeit des Barock verweist, kann aber immer noch Kunde von einem interessanten Garten geben, auch wenn dieser nicht mehr

[8] Graf Conrad Detlef v. Dehn ließ nach 1720 bei dem bereits bestehenden Wasserschloss einen großzügigen Park nach den Vorbildern in Wolfenbüttel-Salzdahlum und Hannover-Herrenhausen anlegen.

Gutspark Remeringhausen, Stadthagen. Verfallenes Parktor aus dem beginnenden 19. Jahrhundert, 1999

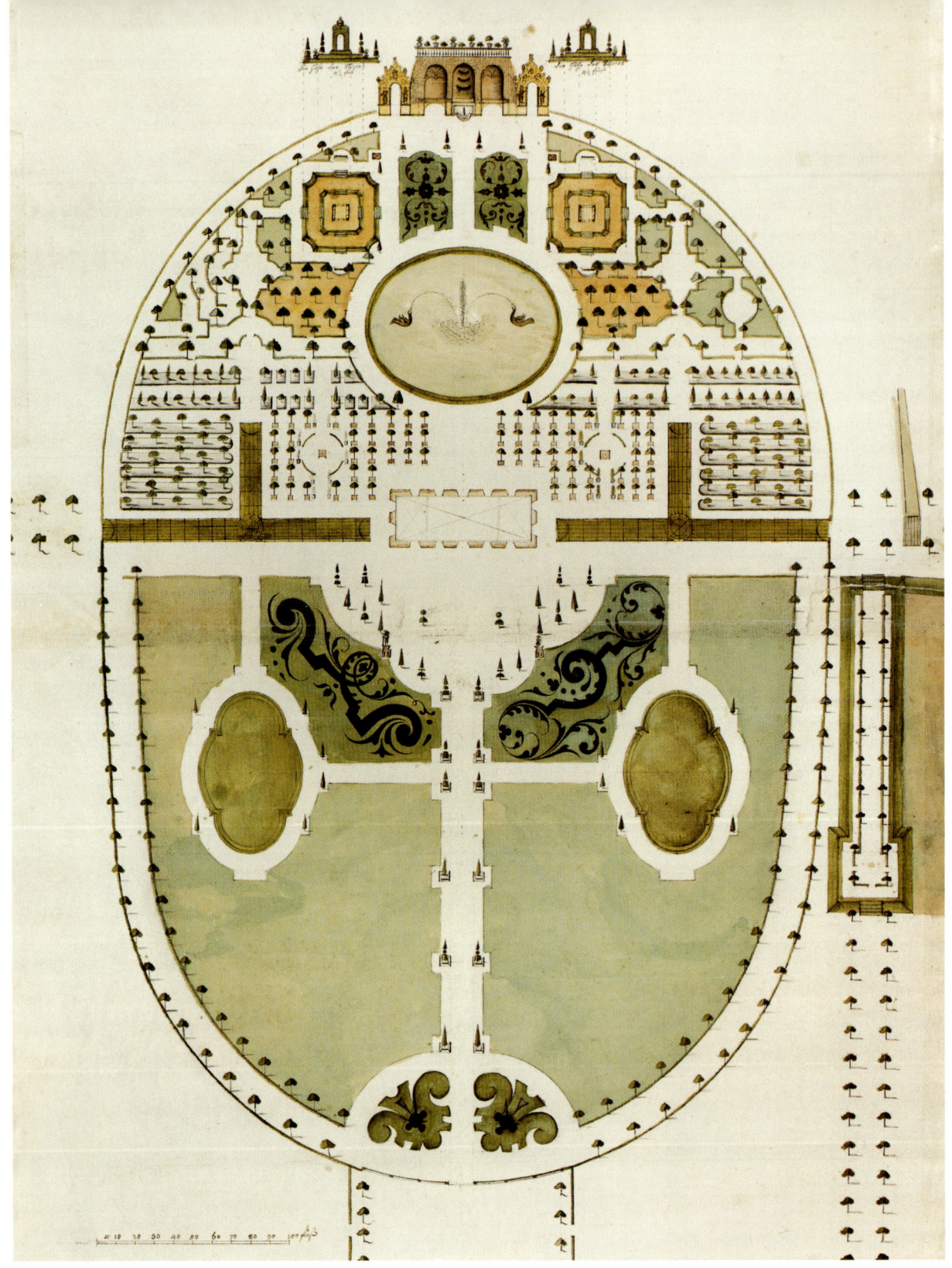

Eremitage Baum, Bückeburg. Idealplan der Gartenanlagen, 1757

9 Die Eremitage Baum entstand ab 1757 wohl nach eigenen Plänen des Bauherrn Graf Wilhelm zu Schaumburg-Lippe.

als Gestaltung vorhanden ist. Ebenso vermag die rudimentär überkommene Substanz des ehemaligen Gartens der Eremitage Baum bei Bückeburg[9] noch heute Gestaltung nachzuweisen, Dimensionen aufzuzeigen und beachtenswerte Details der ehemaligen gartenarchitektonischen Konzeption zu belegen. Es handelt sich dabei nicht mehr um einen vollständig erhaltenen Garten des Spätbarock, aber immer noch um ein sehr bedeutendes Dokument, das im Zusammenhang mit dem Schlösschen und der Umgebung Kenntnisse über den ehemaligen Garten nachvollziehen lässt. Dem Erhalt dieser Eigenschaften wird Aufmerksamkeit zu widmen sein, nicht den Gedanken an Rekonstruktionen. Ob es nun Teile von Gärten sind oder Ruinen, ob wir mit vollständig überkommenen Anlagen umgehen wollen oder nur noch materielle Hinweise zu behandeln haben, stets muss definiert werden, worin die Dokumentationswürdigkeit beteht, bevor irgendein Handeln die Beweisfähigkeit beeinflusst oder zerstört.

Dokumente für die Sinne

Die historischen Gärten sind aufgrund ihrer ganz besonderen Eigenschaften sicherlich nicht solche Dokumente wie schriftliche Urkunden, dennoch belegen sie etwas durch ihre Existenz bzw. dadurch, dass sie von Menschenhand geschaffen wurden. Diesen Dokumenten fehlt das beschreibende Wort, sie sind nicht zu lesen, sondern sprechen mit all ihrer Substanz die verschiedenartigsten Sinne des Menschen an. Deshalb sind sie auch nicht allein verstandesmäßig zu erfassen, vielmehr lösen sie direkt Emotionen aus. Das wiederum bedingt eine oftmals nicht einfache Diskussion über Werte und Qualitäten vor allem dann, wenn die Gefühle nicht positiv angesprochen werden. Gegenüber anderen Dokumenten verfügt ein historischer Garten über zwei Ebenen bzw. Wege der Informationsvermittlung, einen direkten und einen indirekten, was diese Objekte aber auch besonders interessant erscheinen lässt. Einen Garten sehen, hören, riechen, schmecken und fühlen zu können, bedeutet ein Erleben des Dokuments, also die unmittelbare Erfahrung. Andererseits kann er intellektuell ausgewertet werden und so weitere zusätzliche Informationen vermitteln.

Ein historischer Garten spricht Gefühl und Verstand an. Diese beiden Pole spiegeln sich schließlich auch in der Verschiedenartigkeit und vermeintlichen Gegensätzlichkeit der überlieferten Informationen wider. Kunstwerk oder Nutzungsgegenstand, künstlerische Leistung oder Handwerk, Material oder Substanz, aber auch Kunst und Nutzen, handwerkliche Leistung und künstlerische Qualität sowie die materielle Sache und der aus ihr gebildete Erlebnisgegenstand können mit historischen Gärten verbunden sein. Aus diesem Grund ist es auch nicht möglich, diese Objekte lediglich als Gegenstände von Geschichte zu sehen, denn sie werden heute mit unseren Maßstäben und unserem Vermögen wahrgenommen, empfunden und interpretiert. Wir können deshalb heute nicht sagen, dass Werte, die wir in ihnen sehen, morgen noch alle Gültigkeit haben. Wir müssen also bei ihrer Bewertung vorsichtig sein und differenzieren. Vor allem sollten wir uns darüber bewusst sein, dass sie sicherlich von den Menschen unterschiedlich wahrgenommen werden, weil über die Sinne deren Gefühle erheblichen Einfluss nehmen. Information, Dokumentationsfähigkeit und Wahrnehmung sind deshalb die bestimmenden Parameter des historischen Gartens als Dokument.

Rainer Schomann
Geb. 1958 in Oldenburg/Niedersachsen. Nach dem Besuch eines naturwissenschaftlich orientierten Gymnasiums Ausbildung zum Gärtner im Ammerland. Im Anschluss daran Studium der Landespflege an der Universität Hannover. Ab 1987 Inventarisierung historischer Gärten im Auftrag des Senators für Stadtentwicklung und Umweltschutz in Berlin. Seit 1991 Tätigkeit beim Niedersächsischen Landesamt für Denkmalpflege, zuständig für das Fachgebiet Gartendenkmalpflege. 1997 bis 2000 Lehrauftrag zum Thema Gartendenkmalpflege an der Universität/Gesamthochschule Paderborn. Seit 2000 Sprecher der Arbeitsgruppe Gartendenkmalpflege der Vereinigung der Landesdenkmalpfleger in der Bundesrepublik Deutschland. Verfasser von Publikationen im Zusammenhang mit dem Thema Gartendenkmalpflege. Die Erarbeitung der »Landesausstellung Historische Gärten in Niedersachsen«, die seit dem Jahr 2000 durch das Land wandert, zusammen mit Dieter Hennebo, Peter Hübotter und Michael Rohde war für ihn ein besonderes Erlebnis.

Landsitz Walshausen, Heinde. Blumengarten und Pleasureground vor der Villa, Mitte 19. Jahrhundert

DER EUROPÄISCHEN AUFFASSUNG
VON DER AUTHENTIZITÄT EINES DENKMALS BZW.
DER MATERIELLEN SUBSTANZ STEHT EIN FERNÖSTLICHES
KONZEPT DER DENKMALPFLEGE GEGENÜBER.
ES BERUHT AUF DER AUTHENTIZITÄT
VON FORM, FUNKTION UND TRADITION.
WIE LASSEN SICH UNTERSCHIEDLICHE STANDPUNKTE,
DIE SICH AUS RELIGIÖSEN UND KULTURELLEN
HALTUNGEN ODER AUS KLIMATISCHEN
BEDINGUNGEN ENTWICKELT HABEN, ZU EINEM
UNIVERSELLEN KONSENS FÜHREN UND
KANN HIERBEI DIE GARTENDENKMALPFLEGE
IMPULSE GEBEN?

Andrzej Tomaszewski

IM BLUMENGARTEN DER DENKMALPFLEGE

Auf dem »2. Internationalen Kongreß der Architekten und Techniker der Denkmalpflege« im Mai 1964 in Venedig wurden 13 Schlussdokumente verabschiedet. Mit Ausnahme von einem, später »Charta von Venedig« genannt, sind die anderen in Vergessenheit geraten.

Die Charta ist zwar zur Legende geworden, doch sind mit ihr auch viele falsche Vorstellungen verbunden. Ihr Inhalt bestätigt aber keinesfalls diese geläufigen Meinungen. Es heißt, sie sei die Reaktion auf den massenhaften Wiederaufbau von Denkmalen nach dem Krieg gewesen. Indessen erwähnt die Charta das Wort »Wiederaufbau« erst gar nicht und liefert damit ein argumentum ex silentio für die These, dass der Wiederaufbau eines zerstörten Denkmals nicht zur Denkmalpflege gehört. Es scheint auch, dass die Charta den Begriff »Authentizität« ausschließlich in Verbindung mit materieller Substanz geprägt hat.

Indessen wird in dem Dokument lediglich von der Notwendigkeit gesprochen, die Denkmale »in vollem Reichtum ihrer Authentizität« zu erhalten. Die Interpretation dieses Begriffs bleibt jedoch offen. In Venedig wurde ein theoretisches Dokument für Denkmalpfleger verfasst, das sich nur auf einzelne Denkmale und archäologische Ruinen beschränkte, was angesichts der wachsenden Problematik der Revalorisierung historischer Ensembles und Städte schon damals archaisch anmutete. Warum bleibt sie trotzdem immer lebendig? Der Erfolg der Charta von Venedig scheint auf deren ausgezeichneter Redaktion zu beruhen. Die Wortknappheit und die Umsicht der Verfasser, die zumeist Europäer waren, ließ ein offenes Dokument mit universellen Merkmalen entstehen. In den Händen seiner europäischen Anhänger und Verehrer begann es jedoch in Kürze sein eigenes Dasein.

ICOMOS schrieb sich die Charta von Venedig auf seine Fahne, die man gewaltsam zu europäisieren und der Philosophie von Alois Riegl, Max Dvořák und Georg Dehio anzupassen versuchte. Mit diesen theoretischen Grundlagen wurden Vertreter anderer Kulturräume bekannt gemacht, als sie sich dem ICOMOS anschlossen. Die europäische Philosophie vom Beginn des 20. Jahrhunderts, in welche die harmlose Charta von Venedig verstrickt wurde, ist ein Exportartikel geworden.

Interkontinentale Diskussion um die Denkmalpflege

Die 1972 beschlossene Welterbe-Konvention der UNESCO forderte einheitliche Kriterien für die Eintragung von Gütern weltweiter Kulturräume auf die Welterbeliste. Zwar muss man eingestehen, dass die Hauptkriterien den kulturellen Pluralismus berücksichtigen. Der Teufel steckte aber im Detail, nämlich in dem auf europäische Art formulierten Authentizitätstest. Auf diese Weise wurde Denkmalen oder Ensembles, die teilweise rekonstruiert worden waren, in einem internationalen Dokument der Eintrag in die Welterbeliste verwehrt. Das wurde toleriert, solange die meisten Eintragungen die westliche Welt, hauptsächlich Westeuropa, betrafen. Zu den ersten Konfrontationen kam es in den 1980er-Jahren, als immer mehr Staaten aus Fernost der Konvention beitraten und ihre Denkmale anmeldeten. Damals wurde die gravierende Widersprüchlichkeit zwischen beiden Betrachtungsweisen sichtbar:

- des europäischen Konzepts der Authentizität eines Denkmals, die ausschließlich auf der Authentizität der materiellen Substanz beruhte und direkt aus dem römisch-christlichen Kult der Heiligenreliquien herrührte;
- des fernöstlichen Konzepts, das ausschließlich auf der Authentizität von Form, Funktion und Tradition beruhte, die im Glauben an Reinkarnation wurzelte.

Das erste Konzept spiegelte sich in theoretischen Beiträgen der westlichen Autoren, das zweite aber in der regionalen Bauweise, die oftmals im zeitgenössischen Baurecht gesetzlich niedergelegt war.

Diese Kontroverse, deren konkrete Ursache in der Auflistung des Welterbes lag, hatte zur Folge, dass die Denkmalpflege wieder zu einer umfassenden – erstmals interkontinentalen – intellektuellen Diskussion erwachte. Die in weltweiten Organisationen immer mehr an Bedeutung gewinnenden Staaten der außerhalb von Europa liegenden Kulturräume manifestierten immer offener ihren Standpunkt. Sie befanden sich in Opposition zum europäischen Diktat und lehnten die von den Europäern eingeführte und als universell dargestellte Philosophie ab. Einen Durchbruch bildete die ICOMOS-Generalversammlung von 1993 in Colombo. In dem Schlussdokument (für das alle europäischen Delegierten nolens volens stimmten, um nicht des Rassismus bezichtigt zu werden) lesen wir: »Die westliche Philosophie besitzt keinen universellen Wert.« Das gleiche Dokument fordert dazu auf, regionale denkmalpflegerische »Charten« zu schaffen. Diese starke Herausforderung erfolgte in einer Zeit, als die Diskussion über die Authentizität bereits weltweit im Gange war. Sie fand ihren Höhepunkt im November 1994 auf einer Konferenz im japanischen Nara. Das Schlussdokument dieser Tagung – wiederum von Europäern in Schrift gesetzt – wich von den Diskussionsergebnissen ab und stellte niemanden zufrieden. Dennoch war damit wieder ein Schritt nach vorn getan. Deshalb versuchte die UNESCO, die Kriterien der Authentizität weiter zu präzisieren, bis hin zu der Empfehlung, sie durch den unklaren Begriff der »Integrität« zu ersetzen.

Die dauernden Diskussionen haben ihr geistiges Eigengewicht, regen viele Denkmalpfleger aller Kulturräume zum Nachdenken an. Man kann nur die Hoffnung hegen, dass aus diesem Schmelztiegel eine neue (diesmal wahrhaft universelle) denkmalpflegerische Denkweise hervorgeht. Eine Schlüsselfrage bleibt nach wie vor das Problem der »Authentizität«, eher als »Originalität« verstanden, denn das Wort »Authentizität« gibt es in den orientalischen Sprachen nicht, also auch nicht im Arabischen. Demnach versteht über die Hälfte der Menschheit diesen Begriff nicht. Das Problem besteht darin, zwei scheinbar gegensätzliche Konzepte – die des Westens und die des Fernen Ostens – in Übereinstimmung zu bringen. Lässt sich das erreichen bei gleichzeitiger Wahrung des gebührenden Respekts für das Kulturerbe beider großer Kulturräume, ohne es auf eine Kraftprobe ankommen zu lassen und ohne die Überlegenheit der einen oder anderen Philosophie beweisen zu wollen?

Zuerst muss man feststellen, dass jede der gegensätzlichen Philosophien universelle Elemente enthält und sich um den Schutz des Kulturerbes verdient gemacht hat. Beide entspringen nicht nur religiösen und zugleich kulturellen Wurzeln, sie entstanden unter konkreten physikalischen Bedingungen:

- Das westliche Konzept steht in Einklang mit festen Baustoffen und gemäßigtem Klima. Diese Bedingungen sind unumgänglich, damit ein Baudenkmal Jahrhunderte oder Jahrtausende in unveränderter Bausubstanz überdauern kann.
- Das fernöstliche Konzept ist unbeständigen Baustoffen (Erde, Holz, Bast, Rinde) und einem sehr aggressiven Klima angepasst. Nur dank dem systematischen Austausch abgenutzter Elemente oder ganzer Teile von Bauwerken konnten die oftmals über 1000 Jahre alten Architekturdenkmale im Fernen Osten in Originalform bis heute überdauern. Hätte man sie auf die »westliche« Weise behandelt, würden sie nicht mehr existieren

Das westliche ist im Gegensatz zu dem durch weisen Realismus gekennzeichneten östlichen Konzept in seinem Wesen fundamentalistisch. Es lässt sich nicht vollständig und konsequent verwirklichen. Es zwingt ständig zu Zugeständnissen und zur Heuchelei, wenn nicht gar zur Bewusstseinsspaltung. Vom Gesichtspunkt der Bedürfnisse der zeitgenössischen Wissenschaft aus betrachtet, besitzt es aber »absoluten Wert«: Nur ein in seiner originalen Bausubstanz überliefertes Denkmal kann eine glaubwürdige geschichtliche Quelle/ein glaubwürdiges historisches Dokument für die Heuristik der Architektur- und Kunstgeschichte (also der Bauforschung und Bauarchäologie) sein, während dagegen ein perfekt originalgetreu wieder aufgebautes Denkmal für den Forscher nur eine »ikonografische« Quelle darstellen kann! Ungeachtet der Behinderungen und der Schwierigkeit, sie konsequent in die Praxis umzusetzen, wird dieser wissenschaftliche Wert der westlichen Philosophie von den Denkmalpflegern in Fernost immer mehr wahrgenommen. Sie betonen dabei, dass, insofern der Grundsatz des Austausches der Bausubstanz in der Vergangenheit die einzige Methode der Erhaltung eines Denkmals war, dank neuer Baustoffe und Technologien heutzutage die Konservierung originaler Bausubstanz möglich ist. Die Weiterentwicklung der Forschungsmethoden in der Architektur- und Kunstgeschichte sei ihrer Ansicht nach ein ebenso wichtiges Argument.

PLÄDOYER FÜR EINE UNIVERSELLE DENKMALPFLEGERISCHE PHILOSOPHIE

Wenn wir also in der Diskussion zwischen Ost und West von gegenseitiger Achtung für unsere Denkweisen ausgehen und ihre großen, aber auch unterschiedlichen Verdienste um die Erhaltung von Kulturgütern im Auge behalten sowie darauf hinweisen, dass Wissenschaft und Technik uns die Erhaltung originaler Bausubstanz überall dort erlauben und suggerieren, wo dies möglich ist, werden wir einen weiteren Schritt in Richtung einer universellen denkmalpflegerischen Philosophie getan haben. Diese wird einen pluralistischen Charakter haben. In den verschiedenen Kulturräumen wird man die jeweiligen dem Kulturboden und den natürlichen Bedingungen entspringenden lokalen Erfahrungen und Betrachtungsweisen achten und pflegen müssen. Ein Teil davon wird sich als universelles Gemeingut erweisen. Die künftige globale denkmalpflegerische Philosophie kann am Beispiel einer Blume dargestellt werden. Die Blütenblätter werden die regionalen Philosophien und Erfahrungen (in Form von regionalen Charten) sein. Das Gemeinsame wird das universelle Innere bilden. Die gemeinsamen Regeln sollen flexibel sein, ständiger Informationsfluss durch Erfahrungsaustausch und mittels immer besserer Kommunikationstechnik wird gesichert.

Liest man die Charta von Venedig genauer, merkt man, dass sie sich samt ihrer Forderung nach »einem vollen Reichtum der Authentizität« im Inneren der Blume befindet. In voller Blüte stünde diese Pflanze, wenn alle Elemente – Bausubstanz, Form, Funktion und Tradition – sich gegenseitig ergänzen würden, sich notfalls aber auch austauschen ließen. In unserer Blume fänden sich nicht wenige Gedanken und Erfahrungen der »westlichen Philosophie«. Im europäischen Blütenblatt würden Importe aus Fernost zu sehen sein: Die gleiche Achtung für alle Elemente der »Authentizität« und die fernöstliche Weisheit, die gebietet, alle gedanklichen Extreme zu meiden, in jedem Fall realistische und individuelle Kompromisslösungen zu suchen, wobei die ganze Aktivitätenskala erfasst wird – von der Kulturlandschaft bis hin zu den einzelnen Denkmalen. Mit einem Wort, weniger Dogmen, mehr Verstand und Vernunft. Dies würde unsere Disziplin gesünder, ehrlicher und humaner werden lassen.

Zur Rolle der Gartendenkmalpflege

Bei der Bildung der künftigen universell-pluralistischen denkmalpflegerischen Philosophie könnte und sollte die Kulturlandschafts- und Gartendenkmalpflege die Rolle eines Katalysators übernehmen. Die Gartendenkmalpflege ist eine junge Disziplin. Und doch ist sie so alt wie die Zivilisation und die Gestaltung der Natur durch den Menschen. Heute ist sie eine wissenschaftlich begründete denkmalpflegerische Disziplin, früher hieß sie Gärtnerei oder Gartenpflege. Ihr Hauptmerkmal ist, dass sie an der Kreuzung der beiden Philosophien steht und Fragen auslöst, die anderswo schwer zu beantworten sind. Die Gestaltung eines Parks oder Gartens ist grundsätzlich etwas anderes als die Schaffung eines Bauwerks. Der schöpferische Akt des Architekten ist eine einmalige Handlung und sein Ergebnis ist grundsätzlich endgültig. In der Gartenkunst dagegen ist die Schöpfung eine perspektivische Handlung. Es wird ein Wachstumsprozess in Gang gebracht, der in einer gewissen, manchmal langen Zeit zu dem vorgegebenen Ergebnis kommt und es dann überschreitet. Wie ist also die »Authentizität« einer sich dynamisch verändernden Form zu verstehen, etwa in der vierten Dimension, als schreitende »Authentizität« im zyklischen Spiel der Jahreszeiten? Die grüne Substanz ist unbeständig, sie bedarf oftmals eines alljährlichen Austauschs, oder sie erneuert sich jedes Jahr, altert und stirbt. Wie ist die »Authentizität« dieser Substanz zu verstehen? Auch die Funktion ist veränderlich. Viele ehemals exklusive Gärten oder Parkanlagen sind heute für die Bevölkerung erschlossen. Sind die im alten königlichen Tiergarten biwakierenden Berliner Familien aus dem Land am Bosporus, die den Duft von Blättern und Blumen mit dem verlockenden Geruch gegrillten Hammelfleischs mischen, etwa kein Beispiel dafür, wie flüssig der Begriff »Authentizität von Funktion und Tradition« eines Gartens ist?

Das Problem wird noch komplizierter, wenn ein denkmalgeschützter Garten oder Park verwüstet wurde und wir anhand vorliegender Dokumentationen und archäologischer Ausgrabungen versuchen ihn wiederherzustellen. Neue Bäume und Sträucher werden dort gepflanzt, wo sie einst vorhanden waren. Gelten für einen solchen Garten oder Park noch die Kriterien der »Authentizität der Substanz«?

Die Gartendenkmalpflege fokussiert die Relativität und Förmlichkeit unserer Kriterien in einem Prisma. Sie überzeugt davon, dass der Pluralismus der methodologischen Betrachtungsweise zum Grundprinzip unserer Handlungen werden muss und sich auf den Verstand und nicht auf Dogmen verlassen sollte. Diese Erfahrungen der Gartendenkmalpflege sollten zu einem Exportartikel in die anderen Betätigungsfelder der Denkmalpflege werden: in großräumigen, urbanen und architektonischen Maßstäben. Es würde diesen Bereichen erleichtern, Grenzen zwischen dem abzustecken, was regional oder der jeweiligen Disziplin der Denkmalpflege eigen, und dem, was gemeinsam und universell ist. Wenn wir durch den Austausch von Methoden und Erfahrungen zwischen Kulturräumen und Disziplinen der Denkmalpflege am Anfang des neuen Jahrhunderts eine pluralistisch-universelle Philosophie erarbeitet haben, wird dies für Europa nicht bedeuten, dass die bisherige Tradition aufgegeben würde, sondern dass sie mit den Erfahrungen aus anderen Kulturräumen in Einklang gebracht wird.

Je schneller der Westen mit dem Export des eigenen Standpunkts aufhört, den er als universelle Ware absetzt, um so eher kann er sich damit abfinden, dass es auch andere Bereiche mit beachtlichen und wertvollen Erfahrungen gibt. Er wird sich die Philosophie des Pluralismus zu eigen machen und sich damit um neue Farbtöne bereichern. Dann wird dem Westen ein besonderer Platz in den Blütenblättern unserer Blume zukommen, gleichwohl als primus inter pares.

Prof. Dr. Andrzej Tomaszewski
Kunsthistoriker und Architekt, Professor der Architekturgeschichte und Denkmalpflege an der Technischen Universität Warschau. Präsident des Polnischen Nationalkomitees des ICOMOS. 1984 bis 1993 Präsident und seit 1994 Honorarpräsident des ICOMOS-Internationalen Ausbildungskomitees. 1988 bis 1992 Generaldirektor des ICCROM. 1995 bis 1999 Generalkonservator der Republik Polen. Mitglied der Deutschen Akademie für Städtebau und Landesplanung u.a. Träger des Bundesverdienstkreuzes.

Bildnachweis

Archiv der Familie von Kielmannsegg: S. 291
Archiv der Familie von Hake: S. 284
Archiv für Schweizer Landschaftsarchitektur, Rapperswil: S. 100, 101o., (Hagenbeck, Evelyn) S. 101u., (Steiner, Emil) S. 96, 97r.
Archiv J. G. von Decken: S. 288
ARTOTHEK Weilheim: S. 103, 122

The Bard Graduate Center, New York: S. 108l./r.
Bassler, Markus, Dosquers/Girona: S. 224
Bayerische Staatsbibliothek, München: S. 134, 136
Bayerische Verwaltung der Staatlichen Schlösser, Gärten und Seen:
 (Hermann, Rainer/Mayr, Tanja) S. 42, 44, 45, 46r., 47,
 (Pfeuffer, Ulrich) 46l., (Schneider & Partner) 43r., (Türk, Andreas) 43l.
Bednorz, Achim, Köln: S. 220
Bibliothèque Nationale, Paris, Dép. des Estampes: S. 79
BTU Cottbus, Lehrstuhl Altlasten: S. 173, 176, 177o./u.
Bürgi, Paolo L.: S. 71
Busch, Werner: S. 115, 116, 117, 118, 119

Crivelli, Giosanna, Montagnola: S. 67, 68, 69o./u., 70o./u.

Deutsche Bundesstiftung Umwelt, Osnabrück/PUNCTUM, Leipzig:
 S. 26, 27, 149, 201, 226, 233

Ettrich, B. E.: S. 209, 210, 211o./u., 212, 213

Ferriolo, Massimo Venturi: S. 185, 186, 187, 188
Frank, Werner, Lingen: Umschlag, S. 197o.

Garden Library, Dumbarton Oaks, Trustees for Harvard University, Washington D.C.: S. 109
Geheimes Staatsarchiv Preußischer Kulturbesitz: S. 111
Grothe, M., Kirchentellinsfurth: S. 72
Gustav-Lübcke-Museum, Hamm: S. 279

Hajós, Beatrix: S. 276o./u.
Hajós, Géza: S. 272, 273, 275, 277
Hannover Tourismus Service: S. 191o./u.
Hartge, Karl Heinrich: S. 159
Herrenhäuser Gärten Hannover: S. 169
Heyser, Wolfgang: S. 161, 162, 163o./u., 164o./M./u., 165
Historic Royal Palaces, The Photographic Library, Hampton Court Palace, London: S. 254
Höhler, Frank, Dresden: S. 262, 267l./r.

Ibe, Peter: S. 151
Institut für Metallrestaurierung GmbH, Westheim Neusäß: S. 170, 171

Krosigk, Klaus von: S. 240, 245l./r.

Lahr, Reinhard: S. 215, 216, 217, 218
Landesdenkmalamt Berlin, Gartendenkmalpflege: S. 241, 242, 244u.
Landesverein Sächsischer Heimatschutz (Schröder, R.): S. 266
Landkreis Emsland: S. 192, 193, 194, 195, 196, 197u., 199
Latz + Partner: S. 60, 61, 62, 63, 64, 65
LAUBAG: S. 175
Lauterbach, Iris: S. 137o., 139u.
Lefort, Herve: S. 86
Lehmann, Ingo: S. 147, 179, 180, 181, 183
Luckwald, Georg von: S. 289

Maes, Peter: S. 124
Mauritshuis, Den Haag: S. 110
Möller, Dieter: S. 249, 250, 251, 253
Monheim, Florian, Meerbusch: S. 143

Namslauer, Stefani, Berlin: S. 239r.
Niedersächsisches Landesamt für Denkmalpflege, Hannover: S. 166, 167
Niedersächsisches Staatsarchiv Bückeburg: S. 290

Panning, Cord: S. 203, 205, 206o./u.l./u.r., 207
Papst, René: Zeichnungen S. 157, 158
Plachter, Harald: S. 150, 152o.l./o.r./u.
PUNCTUM, Leipzig (Krammisch, Wolfgang): S. 4/5, S. 247

Racine, Michel: S. 85, 87o./u., 88o./u.
Rohde, Michael: S. 12, 16, 39, 40, 41, 204, 280l./r., 281l./r./u., 282l./r., 283l./r., 287
Rothe, Helmut, Adorf bei Chemnitz: S. 238

Schomann, Rainer: S. 19, 271
Schweizerisches Wirtschaftsarchiv, Basel (Heman, Peter): S. 97l.
Segers-Glocke, Christiane: S. 268, 269, 270
Seiler, Michael: S. 23, 25u.
SLUB Dresden, Abt. Deutsche Fotothek: (Hahn, F.) S. 128, (Würker, F.): S. 131
Spyra, Wolfgang P.W.: S. 174
Staatliche Museen zu Berlin, Preußischer Kulturbesitz, Gemäldegalerie (Anders, Jörg P.): S. 123
Staatliche Schlösser und Gärten Sachsen: (Schöner) S. 127, 130l., 263, 264o., (Puppe, Roland) 264u., 265
Staatsbibliothek Preußischer Kulturbesitz, Handschriftenabteilung: S. 113
Stiftung Fürst-Pückler-Park Bad Muskau (Thomas, Martina): S. 202
Stiftung Preußische Schlösser und Gärten Potsdam-Sanssouci: S. 20, 21, 22, 24, 25o.r., 28, (Plansammlung) 24o.l., 25o.
Stiftung Weimarer Klassik, Dezernat Gartendenkmalpflege: S. 244o.
Stoffler/Lüpke: S. 76, 77

Trapp, Tobias: S. 285
Trauzettel, Ludwig: S. 229l./r., 230l./r.,231o./u., 232o./u.l./u.r.

UNESCO (Burke, N.): S. 221, 223l., 227
UNESCO World Heritage Centre, Paris: S. 223r.

Verlagsarchiv: S. 75, 132, 133, 140, 141, 235, 236, (Herre, Volkmar) 59
Verwaltung der Staatlichen Schlösser und Gärten Hessen: S. 243

Webersinke, Andreas: S. 178
Wimmer, Clemens Alexander: S. 31, 32
Wirtz International, Schoten/Belgien: S. 92, 93, 94, 95
WLMKuK (Wakonigg, Rudolf): S. 125
Woudstra, Jan: S. 255, 256, 257o./u., 258, 259, 260, 261

Zangheri, Luigi: S. 57
Zentralinstitut für Kunstgeschichte, München: S. 135, 137u., 138, 139o.

Weitere Abb. wurden entnommen aus:
V. Cazzuto, 2002, S. 86: S. 52
E. M. Phillipps, A.T. Bolton, 1919, S. 319, 320, 322: S. 53, 54, 55
G. Lowell, 1922, S. 32: S. 56
Ebenezer Howard, Garden Cities of Tomorrow, 1902: S. 80
Frampton, S. 153, 165: S. 81, 82r.
Organische Stadtbaukunst, Braunschweig 1948, S. 107: S. 82l.
Rudolf Schwarz, Von der Bebauung der Erde, Heidelberg 1949: S. 83
Folkwin Wendlandt, Berlins Gärten und Parke von der Gründung der Stadt bis zum ausgehenden neunzehnten Jahrhundert, Frankfurt a. M./Berlin/Wien: S. 112
Petra Kathke, Portrait und Accessoire, Berlin 1997, Nr. 34: S. 121
Eberhard Hempel, Der Zwinger zu Dresden, Deutscher Verein für Kunstwissenschaft, Berlin 1961, Taf. 8: S. 130r.
Sabine Kunz, Der Zwingerhof im Wandel der Zeit, TU Dresden, Institut für Landschaftsarchitektur: S. 237
Christine Opitz, Die Persönlichkeit Hermann Schüttauf, TU Dresden 1979: S. 239l.
Günther, Harri: Der Mosigkauer Schlossgarten. In: Zwischen Wörlitz und Mosigkau. Schriftenreihe zur Geschichte der Stadt Dessau und Umgebung, H. 19, Dessau 1976: p. 235